吴江年鉴 2021

苏州市吴江区人民政府 主办
《吴江年鉴》编纂委员会 编

古吴轩出版社

图书在版编目（CIP）数据

吴江年鉴. 2021 / 《吴江年鉴》编纂委员会编. --
苏州 : 古吴轩出版社, 2021.11
ISBN 978-7-5546-1832-5

Ⅰ. ①吴… Ⅱ. ①吴… Ⅲ. ①吴江－2021－年鉴
Ⅳ. ①Z525.34

中国版本图书馆CIP数据核字(2021)第206634号

责任编辑：李　倩
责任校对：俞　都
封面设计：南京德玺文化发展有限公司
责任照排：南京德玺文化发展有限公司

书　　名：吴江年鉴（2021）
编　　者：《吴江年鉴》编纂委员会
出版发行：古吴轩出版社
地址：苏州市八达街118号苏州新闻大厦30F　　邮编：215123
电话：0512-65233679　　传真：0512-65220750
出 版 人：尹剑峰
印　　刷：南京凯德印刷有限公司
开　　本：889 × 1194　　1/16
印　　张：31
插　　页：72
字　　数：1086 千字
版　　次：2021年11月第1版　第1次印刷
书　　号：ISBN 978-7-5546-1832-5
定　　价：120.00元

《吴江年鉴》编纂委员会

主　　任　王国荣
副 主 任　钱　斌　汤卫明
编　　委　陈　宇　沈卫良　曹月见　钟永林　沈伟荣
　　　　　沈伟江　王　炜　吴吉祥　沈卫民　金海洪
　　　　　施国强　陈若峰　徐炳华　王　君　徐文磊

《吴江年鉴》编辑部

主　　审　曹月见
主　　编　施国强
副 主 编　范红明　钱晓燕
编　　辑　（按姓氏笔画排列）
　　　　　朱琰斐　江函泽　沈　瑶　陈凤贤　范红明
　　　　　钱晓燕　浦德琪
特约编辑　王　炜　潘福官　钮泉娜　吴　斌
公共彩页编辑　徐　铭
宣传彩页编辑　徐　剑

《吴江年鉴（2021）》审稿人员

丁　皓	丁　明	丁晓华	王　庆	王　君	王世峰	王明辉
王建国	王雪良	卞如景	卞晓智	石　荣	冯　煜	朱　焱
朱国华	朱春赋	朱钰芯	朱　祥	朱　颖	华熙艳	刘　峥
刘　军	刘先雁	刘　毅	许晓江	许雪华	孙　峰	孙志剑
孙阿利	孙俊良	孙曙东	纪向明	李小迟	李英敏	李树民
李洁敏	李静宇	杨晓鹰	肖　江	吴　誌	吴吉祥	吴颖育
沈　宇	沈卫民	沈卫芳	沈卫良	沈卫林	沈永明	沈伟江
沈伟荣	沈志勇	沈林东	沈春荣	沈保平	沈跃华	沈跃明
张一斌	张亚勤	张　芸	张林法	张明军	张　建	张建国
张　燕	陆　晨	陆　斌	陆　欣	陆　铭	陈　宇	陈宇威
陈若峰	陈　秋	陈　胜	陈洪亮	陈晓君	林振德	季小峰
金海洪	周佳雨	庞新荣	郑　炜	孟庆利	胡明忠	胡洪明
俞剑刚	施国强	施建中	姜德宏	胥海铭	胥锦荣	姚文明
顾　焱	顾人肇	顾　全	钱伟健	钱　斌	倪　民	倪绍徐
徐文磊	徐永红	徐国平	徐炳华	徐惠林	徐　瑾	殷　健
翁琳燕	凌　云	高　峰	郭　超	黄小明	曹月见	龚　洁
梁海军	蒋剑虹	蔡　薇	薛建国	戴　丹	戴忠浩	瞿　勇

编辑说明

一、《吴江年鉴》编纂出版坚持以马克思列宁主义、毛泽东思想、邓小平理论、“三个代表”重要思想、科学发展观、习近平新时代中国特色社会主义思想为指导。

二、《吴江年鉴》是苏州市吴江区人民政府主办，《吴江年鉴》编纂委员会编纂，吴江区档案馆、《吴江年鉴》编辑部组织编辑的地方综合年鉴，是系统记述吴江自然、政治、经济、文化和社会等方面情况的年度资料性文献。《吴江年鉴》编纂工作始于1986年，1987年9月，第一部《吴江年鉴》——《吴江年鉴（1986）》以内部资料形式出版。1988年起，《吴江年鉴》逐年由出版社出版，《吴江年鉴（2021）》是第36部。

三、《吴江年鉴（2021）》采用分类编辑法，分类目、分目、条目三个层次，以条目为基本组成单位，用【】引出；其中“媒体聚焦”“专记”“大事记”“索引”类目仅列类目、分目两个层次。《吴江年鉴（2021）》在纲目设置上稍作调整，增设“民营经济”类目，下设“综述”“民营企业”“资本市场”“企业选介”4个分目；“军事·法治”类目名称修改为“法治·军事”，并调整各分目顺序，“苏州市吴江区人民政府”类目中“法治政府”的内容移至“法治·军事”类目，并与“司法行政”的内容合并；“资源生态”类目移至“社会生活”类目后面；分目“关心下一代工作”从“社会生活”类目移至“中共苏州市吴江区委”类目；修改部分纲目名称，如类目名称“金融”“城建”分别修改为“金融业”“城市建设与管理”、分目名称“供销”“粮食”“档案·方志”分别修改为“供销合作”“粮食购销”“史志档案”等。全书分为31个类目：（1）媒体聚焦；（2）专记；（3）大事记；（4）长三角生态绿色一体化发展示范区建设；（5）专项工作；（6）吴江概况；（7）中共苏州市吴江区委；（8）苏州市吴江区人大；（9）苏州市吴江区人民政府；（10）政协苏州市吴江区委员会；（11）中共苏州市吴江区纪委监委；（12）群众团体；（13）法治·军事；（14）经济管理与监督；（15）工业；（16）农业和农村工作；（17）服务业；（18）民营经济；（19）开放型经济；（20）金融业；（21）城市建设与管理；（22）科学技术；（23）教育；（24）文化；（25）卫生·体育；（26）社会生活；（27）资源生态；（28）区镇街道；（29）人物；（30）附录；（31）索引。共有分目217个、条目1128个、彩页44页、插图123张。

四、《吴江年鉴（2021）》的内容均由区各部门、单位和各区镇指定专人负责撰写，并经过各单位领导和年鉴编辑部审稿；资料收录时间为2020年1月1日至12月31日，部分内容适当上溯或下延；人事名单以组织部门年报为准；涉及的统计数据以区统计局《统计年鉴》为准，但有些由于统计口径和方法不同而有差异，请读者利用时加以注意。

五、部分常用缩略语、专业词语在右上角用“*”标注（文件、书籍等名称及表格内容除外）（同一条目下标注首次出现的，仅设类目、分目的标注自然段中首次出现的），在“附录”类目中进行注释。部分常见机构直接使用简称，在“附录”类目中设“吴江区部分机构全称—简称对照表”对照。

数读“十三五”

地区生产总值（亿元）

服务业增加值（亿元）

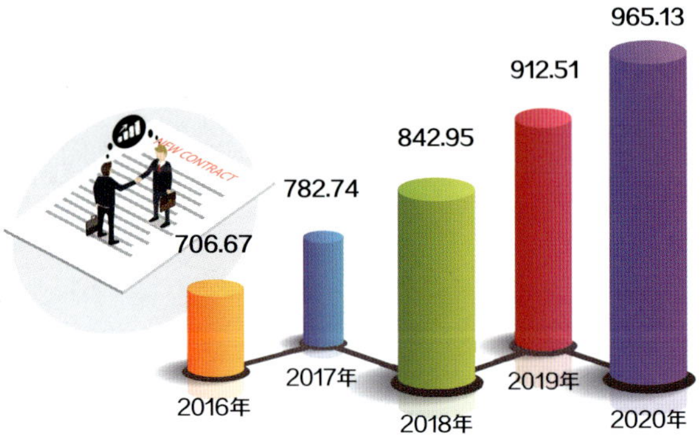

工业总产值（亿元）

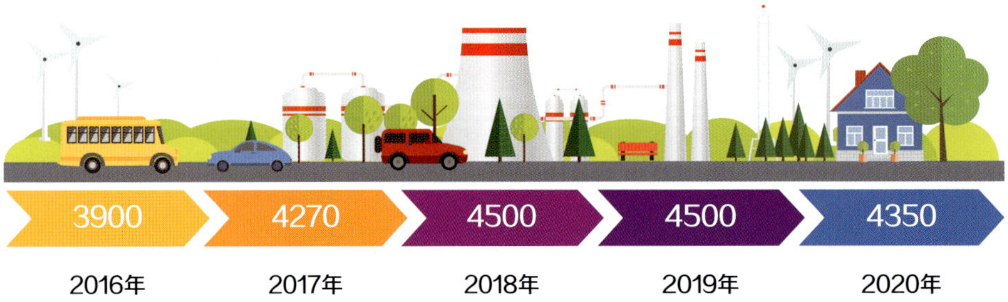

一般公共预算收入（亿元）

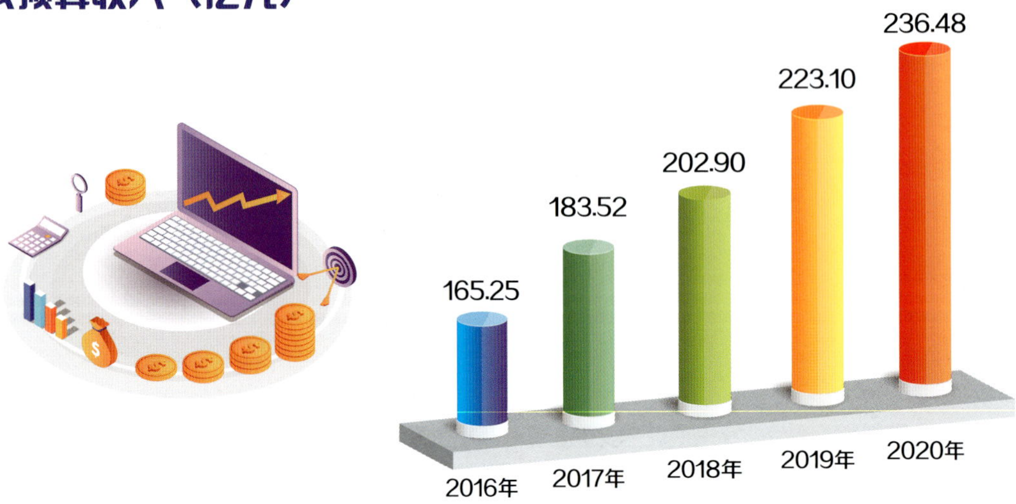

社会消费品零售总额(亿元)

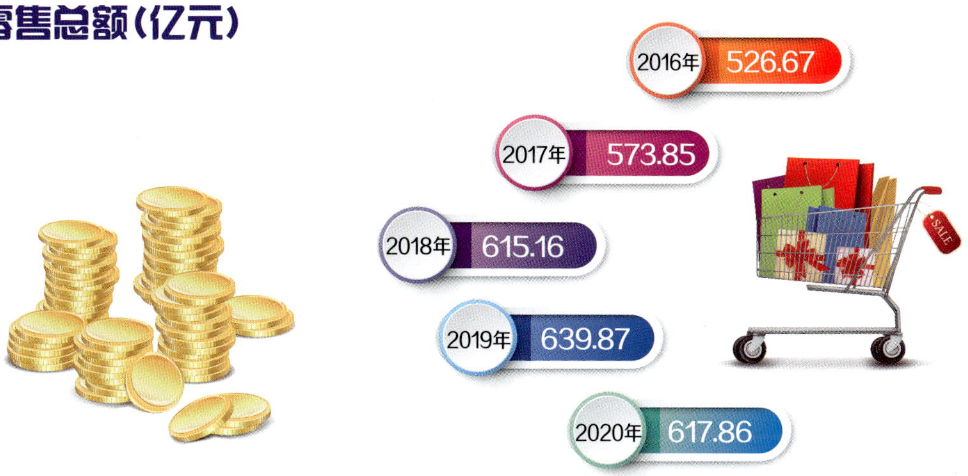

实际使用外资（亿美元）

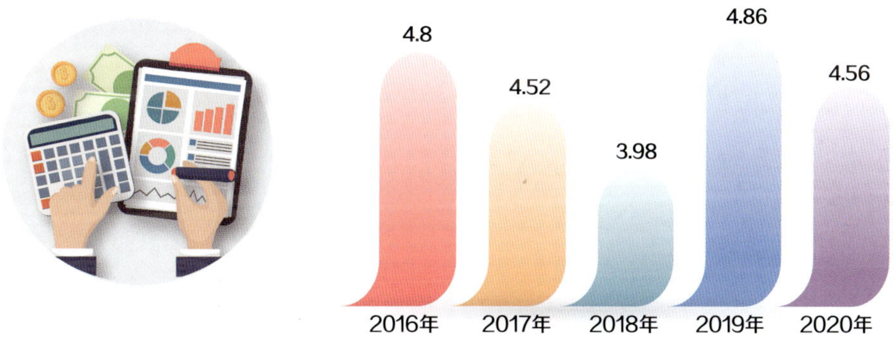

全社会固定资产投资完成额（亿元）

注：1.2016—2018 年地区生产总值、服务业增加值数据根据第四次经济普查数据修订；
2. 社会消费品零售总额数据根据第四次经济普查数据调整；
3. 全社会固定资产投资完成额 2018 年起投资统计口径变化。

吴江援鄂医疗队人员名单

第　一　批：

张婷婷　王雅萍　章梅妹　周　琴

第　二　批：

肖佩华　李　莉　王　霞　施晓青　王　菁　汪静波　刘秋兰
杨　洁　杨　琴　张露艳　冯　青　周　敏　沈　燕　沈家辉
徐曼玉　赵柳华　郑　林　温利华　浦秦华　管光辉　郑江南
殷人麟　钱静芳　王　芹　仲芬芳　朱凤娟　董春华　范菁菁
陆艳华　陆芳静　沈　燕　熊　佳　王莹莹　柯　俊　宋丽丽
姜　闯　邹王军　顾学明

2020年4月16日，吴江区援鄂医疗队全部42名医护人员在返吴欢迎仪式上合影　　（王　炜/摄）

2020年1月27日，江苏盛泽医院第一批援鄂医疗队队员出征仪式　　（江苏盛泽医院/供）

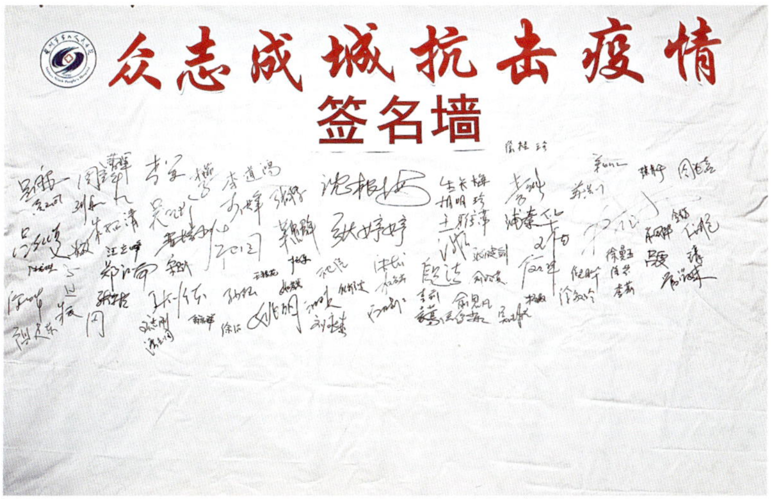

2020年1月27日，医务工作者在“众志成城　抗击疫情”签名墙上郑重签下自己的名字　　（黄芳芳/摄）

2020年2月9日，苏州市第九人民医院第二批援鄂医疗队队员在出征仪式上的合影　　（苏州市第九人民医院/供）

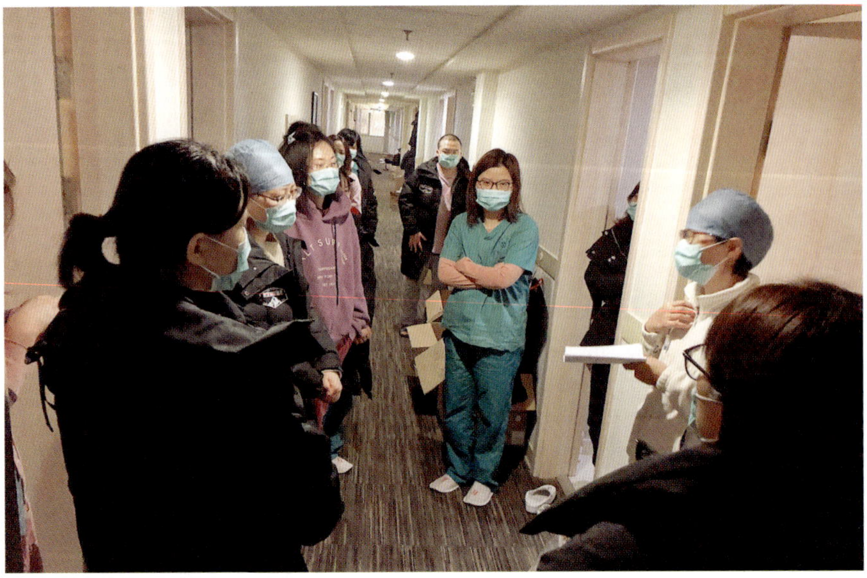

2020年2月，肖佩华(右2)深夜在住处嘱咐队员防护注意事项
（苏州市第九人民医院/供）

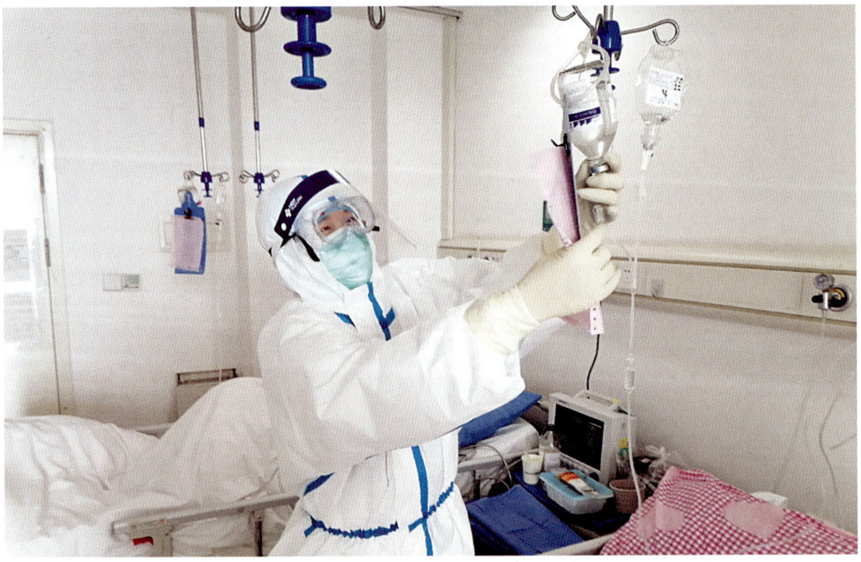

2020年3月4日，章梅妹在武汉江夏区第一人民医院（江苏盛泽医院/供）

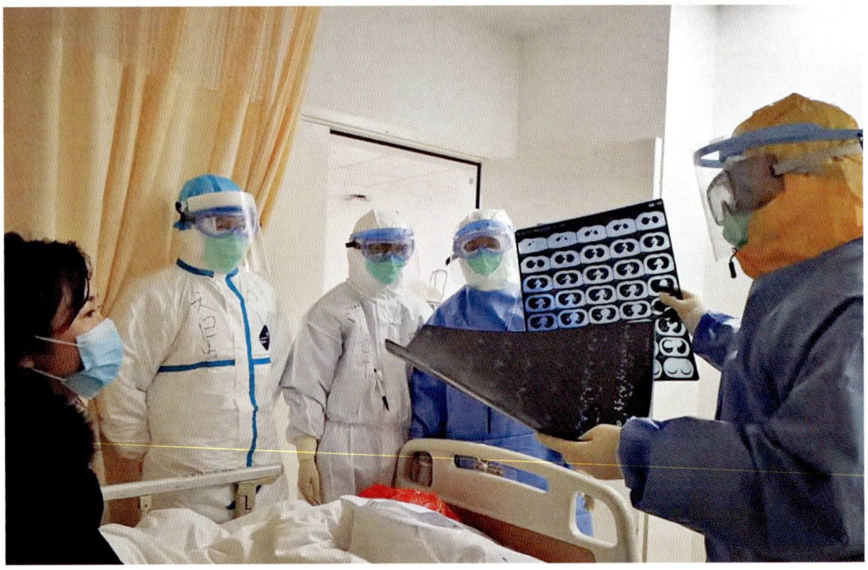

王雅萍(左3)在江夏区第一人民医院和医生一起查房
（苏州市第九人民医院/供）

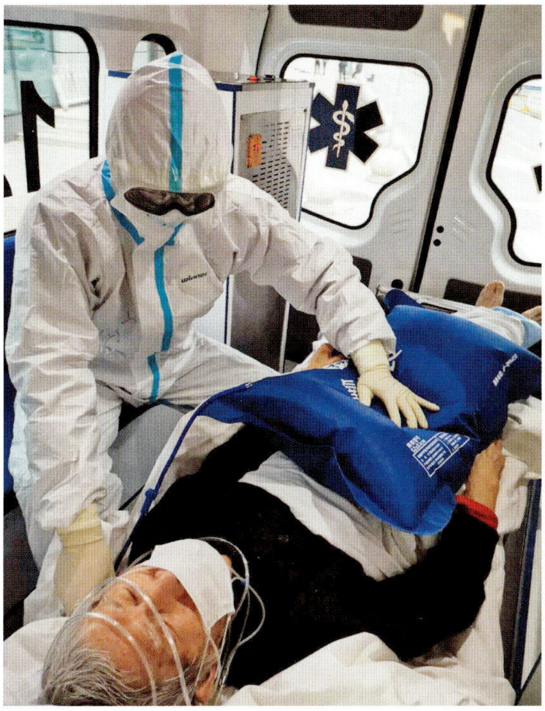

援鄂医疗队队员邹王军在运送患者

（江苏盛泽医院/供）

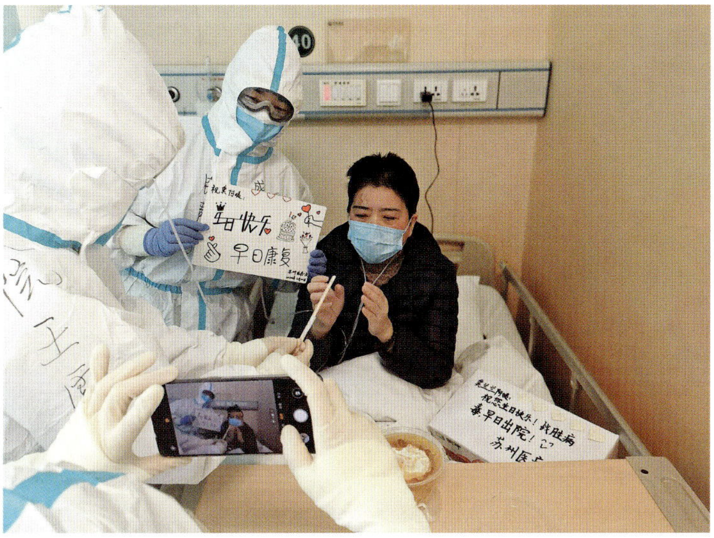

2020年2月20日，援鄂医疗队队员为一名病人举行了一个简单的生日仪式，还为病人拍摄视频送给家人

（苏州市第九人民医院/供）

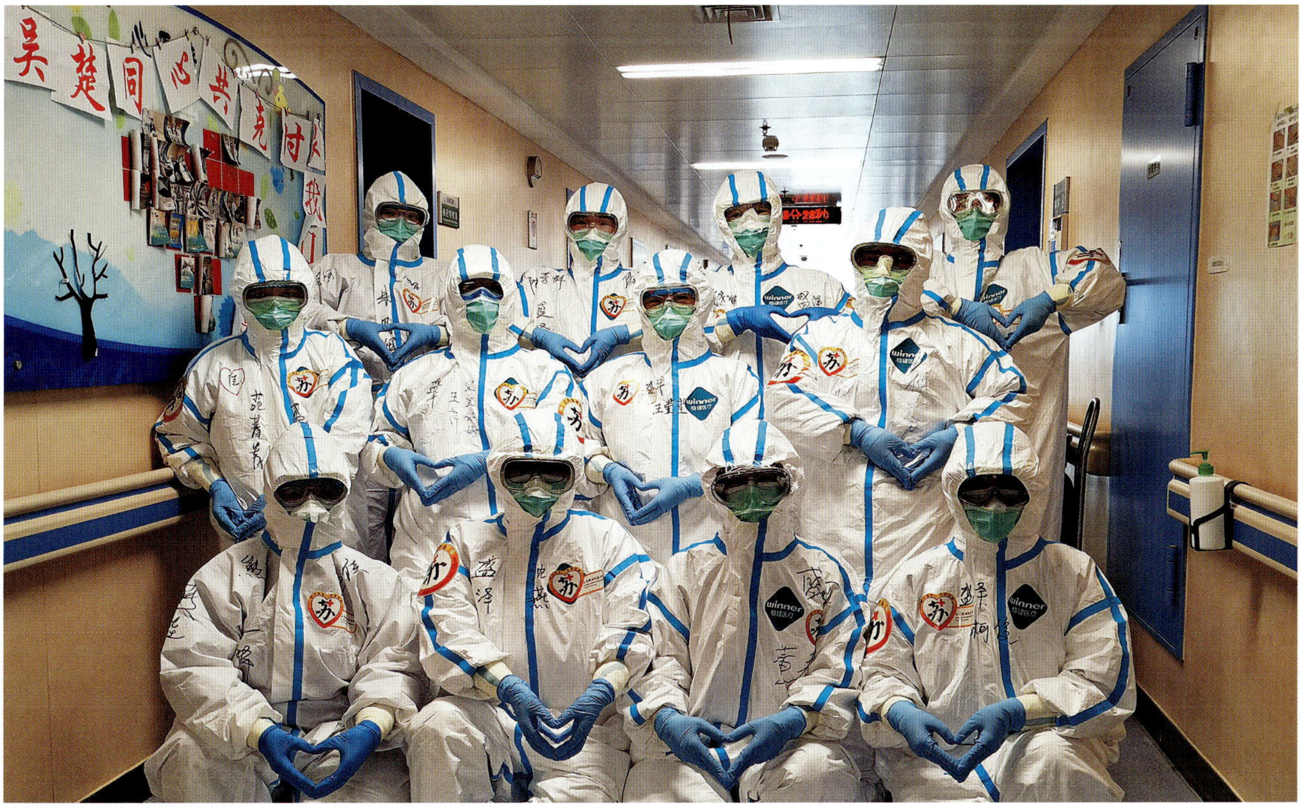

2020年3月20日，江苏盛泽医院部分援鄂医护人员在武汉光谷医院合影　（江苏盛泽医院/供）

章梅妹（左）、周琴（右）结束援鄂返吴时在武汉天河国际机场合影　　（江苏盛泽医院/供）

张婷婷凯旋时在机场展示限量版机票
（苏州市第九人民医院/供）

2020年4月16日，归来的援鄂医务人员与家人拥抱　　（吴　斌/摄）

2020年4月16日，市民热烈欢迎吴江援鄂医疗队队员返吴　　（吴　斌/摄）

2020年4月22日，苏州市第九人民医院在护士节为驰援湖北的全部24名医务人员举行庆祝仪式

（苏州市第九人民医院/供）

2020年2月10日，江苏华佳控股集团有限公司科学有序组织复工生产（孙　鹏/摄）

2020年1月26日，吴江彩钢板企业援建武汉雷神山医院（区融媒体中心/供）

2020年2月17日，澳拓美盛、博众精工联合捐赠“新一代高速口罩生产设备”设计图纸　　（金圣悦/摄）

2020年2月16日，亨通集团电力物资运达雷神山医院建设现场　　（区融媒体中心/供）

2020年1月22日，全区新型冠状病毒感染的肺炎疫情防控工作会议召开　　（黄明娟/摄）

2020年2月2日，区委副书记、区长李铭（右3）在七都调研疫情防控工作　　（区公安局/供）

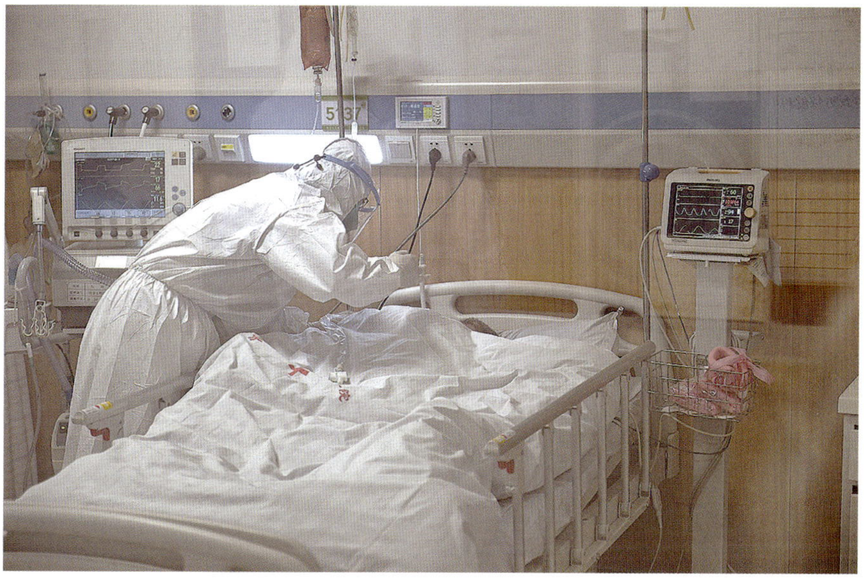

2020年1月30日，苏州市第九人民医院隔离区内的医生奋战在防疫一线　　（吴　斌/摄）

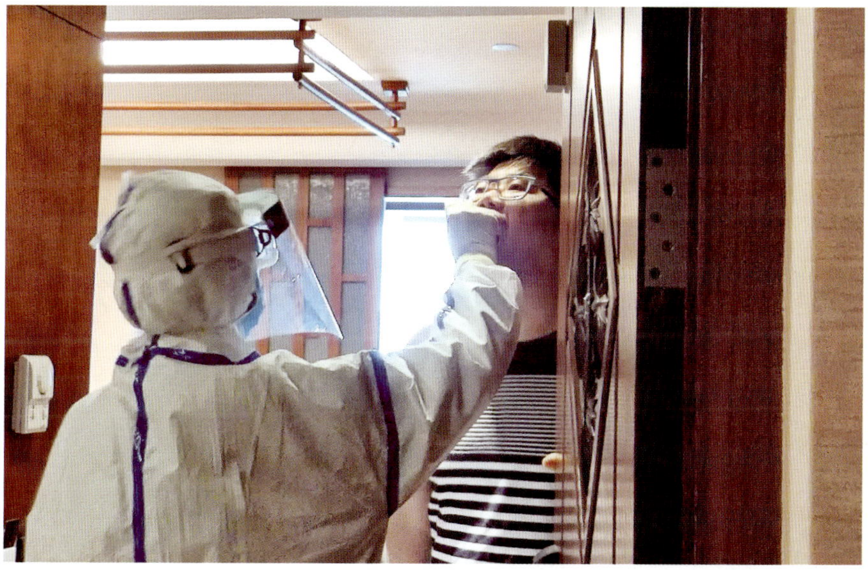

2020年7月14日，医护人员上门开展核酸检测　　（黄芳芳/摄）

2020年2月27日，在集中观察点，党员宣誓　　（区融媒体中心/供）

2020年2月2日，吴江公安、交通运输及卫健等部门的检查人员在常台高速吴江出口处对进入吴江境内的车辆和人员进行信息核对及体温测量　　（吴　斌/摄）

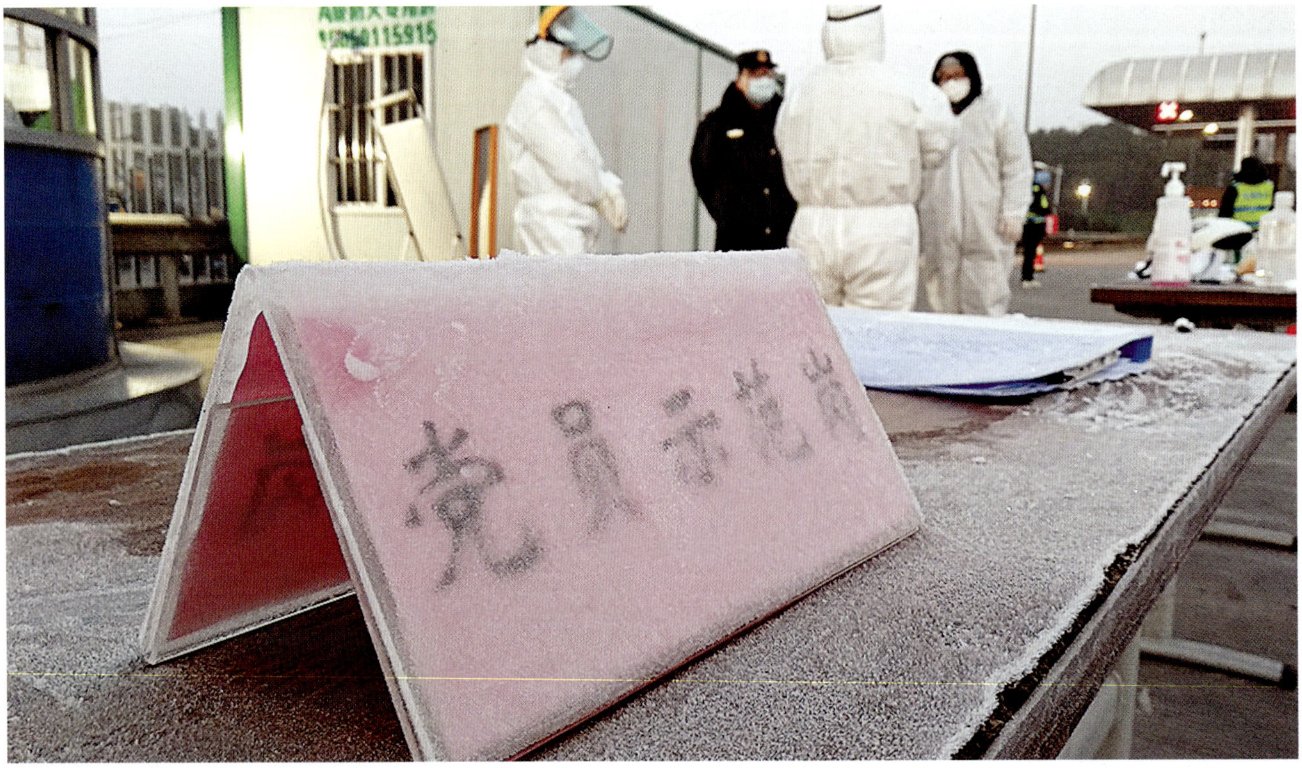

交通党员示范岗　　（区融媒体中心/供）

2020年1月28日，吴江综合保税区设立卡口，对入区的车乘人员进行体温检测

（陈　曦/摄）

2020年2月5日，志愿者在疫情防控服务点对过往车辆进行检查、登记

（区文体广电和旅游局/供）

2020年2月23日晚起，吴江境内11个交通管控检查点撤除，在常台高速吴江出口，来自交通、公安、卫健、城管等部门工作人员和机关志愿者在检查点前合影

（区融媒体中心/供）

2020年2月4日，在平望镇莺湖村防疫检查点，志愿者对进村人员进行核查信息和测温　　（吴　斌/摄）

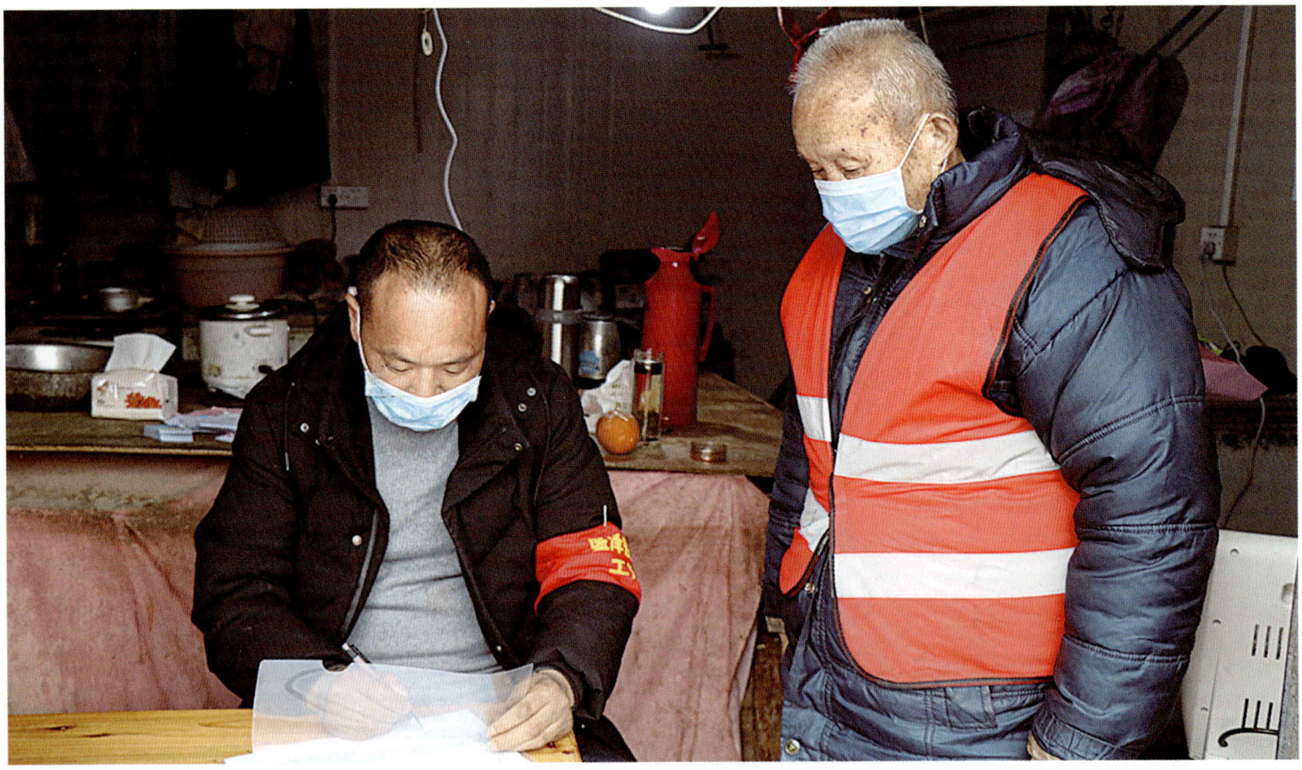

2020年2月11日，92岁老党员褚咬弟（右）协助志愿者登记信息　　（沈佳丽/摄）

2020年2月10日，吴江开发区防疫志愿者张贴防疫知识宣传海报
（区融媒体中心/供）

2020年3月6日，苏州轨交4号线江陵西路站安保人员检查乘客“苏城码”
（区融媒体中心/供）

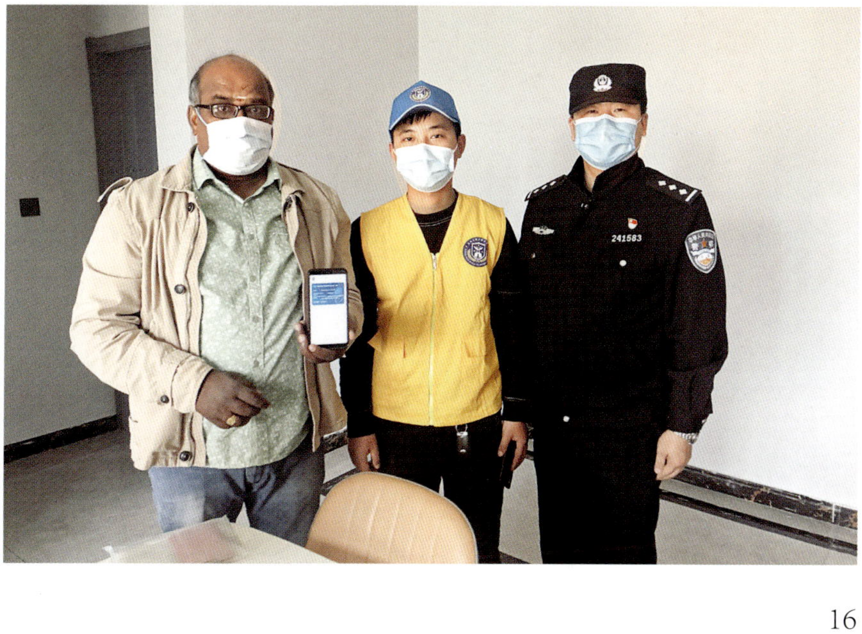

盛泽派出所民警和志愿者一起，来到辖区印度籍居民家中，介绍最新疫情防控政策，帮助其申领“苏城码”
（龚　轩/摄）

新冠肺炎疫情防控

2020年2月5日，江陵街道新柳溪社区党员志愿者为居家隔离医学观察人员送去生活必需品　（吴　斌/摄）

2020年2月13日，受到新冠肺炎疫情影响，临床供血紧张。江苏盛泽医院医务工作者纷纷撸起袖子无偿献血（区融媒体中心/供）

2020年2月26日，德国友好城市向区红十字会捐赠抗疫物资（乔煜青/摄）

2020年2月12日，盛泽民间艺人朱海洋正在修润《抗疫英雄》雕塑作品　（陆　军/摄）

2020年3月31日，湖北当地人员感谢江苏盛泽医院副院长张卫红（右）为抗疫所作的贡献　（区融媒体中心/供）

2020年2月21日，中国东方丝绸市场正式开门迎市。图为东方丝绸市场内的经营者正在卸货　（黄　正/摄）

2020年3月16日，农行吴江分行工作人员在苏州吉仕达塑胶制品有限公司实地查看生产情况，及时发放借款保障企业正常生产　（胡希明/摄）

2020年2月20日，盛泽镇与安徽省六安市叶集区人社部门通过“专列大巴车”，让300多位来自叶集区的工人返盛上岗　（吴　斌/摄）

2020年2月26日，七都派出所民警深入企业车间，指导企业做好复工人员信息统计，分类管理复工人员　（金　晶/摄）

2020年7月31日，“姑苏八点半·繁华吴江夜”体育专场夜市在旗袍小镇拉开帷幕，吸引大批市民前来体验和消费（区融媒体中心/供）

2020年5月13日，吴江区全国文明城市建设工作推进会召开 （区融媒体中心/供）

2020年8月12日，区委书记李铭（左2）在同里镇叶建村，调研农村人居环境整治工作 （王 炜/摄）

2020年5月23日，汾湖高新区开展"青清汾湖"新时代文明实践活动。图为志愿者在中山花园小区合影

（杨文清/摄）

2020年9月22日，吴江区第五届骑行大会活动举行，吸引大批市民参加

（区融媒体中心/供）

2020年10月26日，道德讲堂活动——"加强国防教育，共筑钢铁长城"

（吴静静/摄）

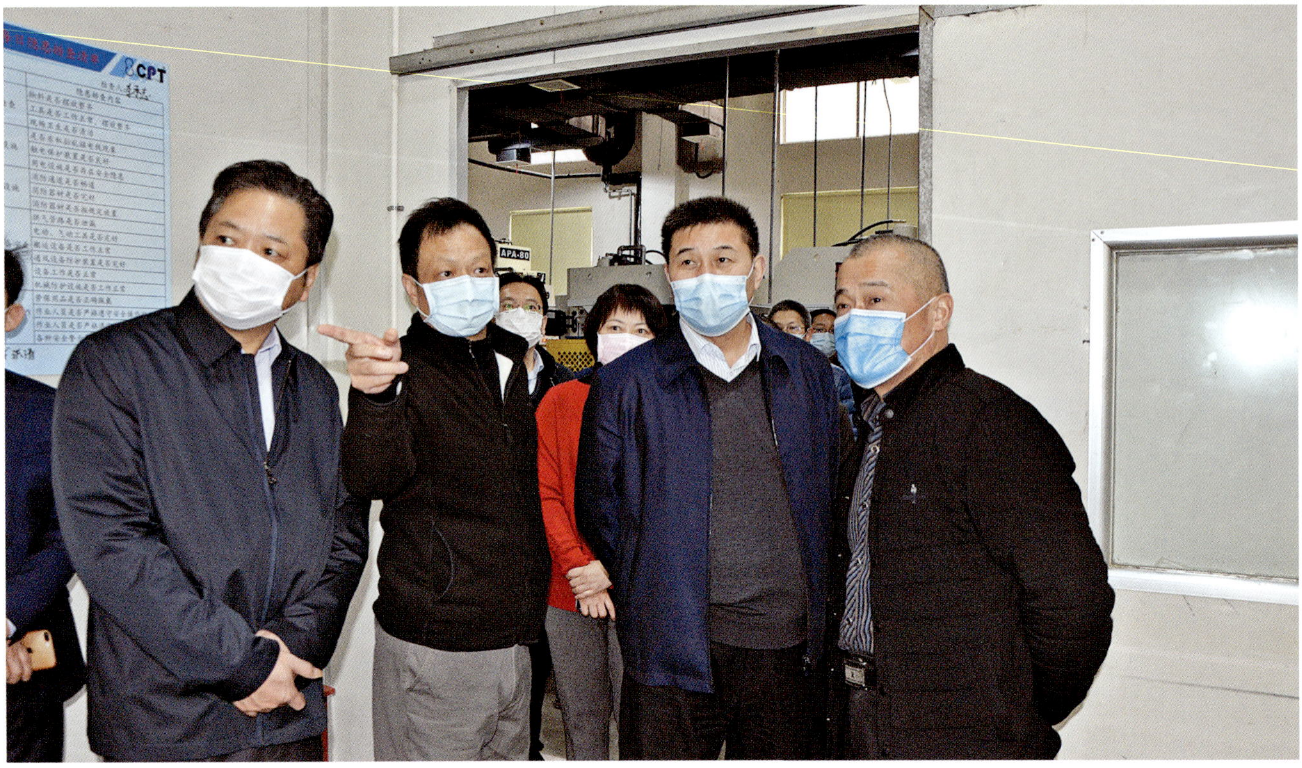

2020年2月28日，区人大常委会主任徐晓枫（右2）赴东太湖度假区督查安全生产工作 （顾潇佳/摄）

2020年9月10日，区交通局工作人员开展文明城市创建工作夜查行动 （丁 婕/摄）

2020年9月12日，联动中心志愿者在江新村开展文明城市百日攻坚志愿服务　（严　霖/摄）

2020年10月10日，机关生活服务站志愿者正在铲除户外广告　（顾依虹/摄）

2020年9月18日，多功能抑尘车正在进行降尘、降温、保湿作业　（吴　斌/摄）

2020年8月18日，盛泽镇残联组织20余名残疾人及助残志愿者，在黄家溪果园开展采摘猕猴桃的活动（吴江高新区/供）

2020年8月24日，"我为城市文明行车

2020年5月9日，区住建局新时代文明实践志愿者在震泽金星村手绘美丽乡村（区住建局/供）

彩”活动中汾湖高新区志愿者引导市民
（陈　军/摄）

2020年8月11日，志愿者在整理爱心物资　（乔煜青/摄）

2020年10月2日，在第一届社区花园节上，鲈乡二村、三村居民正在参加创意与趣味性并行的活动
（区融媒体中心/供）

文明城市建设

2020年4月23日，青年志愿者来到居民家中宣传垃圾分类知识，指导居民如何将垃圾正确分类　（何　清/摄）

2020年9月18日，鲈乡实验小学教育集团流虹校区小学生光盘行动　（吴　斌/摄）

2020年5月29日，横扇街道新湖村通过文明积分换绿植，推进人居环境整治　（区融媒体中心/供）

2020年3月19日，老党员、汾湖志愿者张群帮助带娃，给孩子们讲故事，做好企业复工“后勤官”　（鲍宇清/摄）

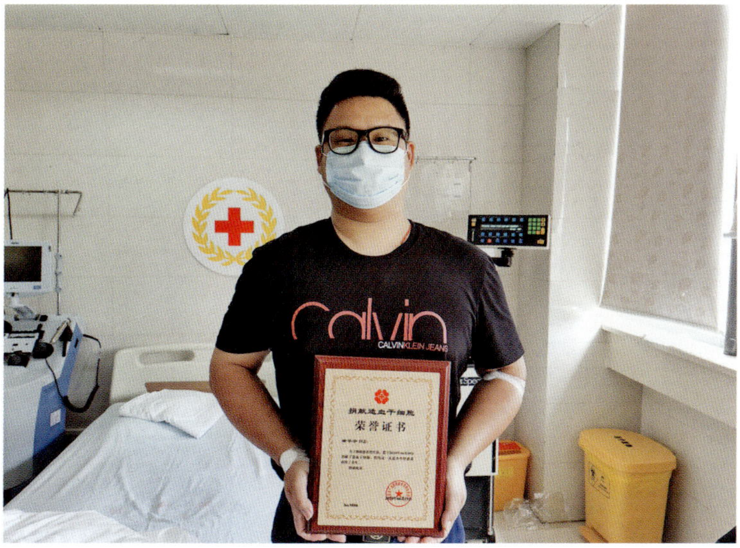

2020年6月19日，徐华宇成功捐献造血干细胞

（乔煜青/摄）

安娜因疫情期间创作儿童广播剧，陪伴孩子度过“宅家”时光而获评“中国好人”。图为安娜正在录制节目

（安　娜/供）

中国历史文化名镇——黎里古镇浒泾街风貌　　（钮泉娜/摄）

2020年12月4日，元荡慢行桥　　（吴　斌/摄）

2020年11月12日，无人机航拍下的长三角生态绿色一体化发展示范区先行启动区——汾湖高新区（黎里镇）（钮泉娜/摄）

2020年12月11日，区委副书记、代区长王国荣（左1）到苏州湾大厦，调研政务服务工作　（王　炜/摄）

2020年3月30日，区政协主席李斌（中）调研“三位一体”工作载体建设，走访委员企业恒宇纺织　（管　乐/摄）

2020年11月9日，康力大道—东航路正式通车　　（吴　斌/摄）

2020年6月5日，沪苏湖铁路开工建设
（吴　斌/摄）

2020年12月24日，沪苏湖铁路苏州段首墩浇筑　　（吴　斌/摄）

苏州大剧院　　（钮泉娜/摄）

长三角生态绿色一体化发展示范区内首个省际对接交通基础设施工程江苏部分——康力大道东延工程（吴　斌/摄）

2020年11月9日，长三角生态绿色一体化发展示范区吴江区建设工作现场会在汾湖召开。图为会上发布吴江一周年建设成果　　　（王　炜/摄）

2020年11月9日，中车绿地长三角绿色智能制造协同创新示范区开工仪式现场　　　（吴　斌/摄）

第三代半导体硅基氮化镓生产企业——英诺赛科（苏州）半导体有限公司厂区全景　　　（吴　斌/摄）

长三角一体化示范区

“世界500强企业”恒力集团位于苏州金鸡湖畔的全球运营总部 （恒力集团/供）

盛虹集团世界级绿色石化产业基地 （盛虹集团/供）

2020年3月26日，首张住所冠名“长三角生态绿色一体化发展示范区”的营业执照在吴江发放　（邱　纳/摄）

2020年6月19日，青浦、吴江、嘉善三地医保部门共同签署《长三角生态绿色一体化示范区医保一体化建设合作协议》　（区医保局/供）

2020年9月21日，嘉善参保人员在吴江区黎里卫生院免备案刷卡就医　（区融媒体中心/供）

2020年8月10日，吴江法院联合区检察院、公安局、司法局全国首创的建立破产司法联动机制发布　（程　浩/摄）

2020年8月21日，吴江在全国率先启动“互联网+不动产金融”创新服务项目。图为“互联网+不动产金融”创新服务签约仪式　（赵　浩/摄）

自2020年2月16日下午起，汾湖在318国道芦墟公安检查站颁发跨省通行证，提高省际卡口通行效率。图为青浦驾驶员在检查站申领通勤证　（杨　华/摄）

2020年8月18日，区委书记李铭（左2）结合河长治河护河工作赴大运河吴江段巡河并调研大运河文化带建设工作情况　　（王　炜/摄）

“跨界联合河长制”入选“中国改革2020年度50典型案例”。图为2020年10月19日，青浦、吴江、嘉善三地河长办联合开展巡河活动　（顾国方/摄）

2020年6月6日，青浦、吴江、嘉善三地开展同步放流及联合执法巡航　（区融媒体中心/供）

长三角一体化示范区

“中国美丽休闲乡村”震泽镇众安桥村 （吴　斌/摄）

省级特色田园乡村盛泽镇黄家溪村 （盛泽镇/供）

媒体聚焦

专　　记

大 事 记

长三角生态绿色一体化发展示范区建设

苏州市吴江区人大

苏州市吴江区人民政府

政协苏州市吴江区委员会

中共苏州市吴江区纪委监委

群众团体

经济管理与监督

工　业

农业和农村工作

服务业

民营经济

开放型经济

城市建设与管理

科学技术

教　育

卫生·体育

社会生活

资源生态

区镇街道

附　录

索　引

Main Contents

People's Congress, Wujiang District, Suzhou

People's Government, Wujiang District, Suzhou

Committee of the CPPCC, Wujiang District, Suzhou

CPC Commission for Discipline Inspection and supervision, Wujiang District, Suzhou

Mass Organization

Legal and Military Affairs

Economic Management and Supervision

Industry

Agriculture and Rural Work

Service Industry

Private Economy

Open Economy

Finance

Urban construction and management

Science and Technology

Education

Culture

Public Health and Sports

Social Life

Resources and Ecological Environment

Towns & Streets

Figures

Appendix

"在这里，5分钟走遍苏浙沪！"

——长三角一体化"示范区"江苏吴江走访见闻

潘　晔　刘诗平

沿着318国道自东向西，太浦河北岸，坐落着素有"水乡明珠"之称的江苏省苏州市吴江区汾湖高新区。这里东接上海，西濒太湖，南延浙江，北依苏州，是苏浙沪交界处，"五分钟走遍苏浙沪"，在此处成为现实。

28日，记者从上海青浦区奔赴苏州吴江区，首站来到位于汾湖高新区的康力电梯试验塔。乘坐电梯登顶，可以鸟瞰长三角一体化"绿色样板间"——长三角生态绿色一体化发展示范区"先行启动区"全貌。

去年11月1日，长三角生态绿色一体化发展示范区揭牌，江苏省苏州市吴江区的黎里镇、上海市青浦区的金泽镇和朱家角镇、浙江省嘉兴市嘉善县的西塘镇和姚庄镇，成为示范区中的"先行启动区"。而在苏浙沪"一县两区"三地交界的核心地区，三方正在合力共建35平方公里的"江南水乡客厅"。

"这里将打造成为长三角一体化'绿色样板间'的'门面'。"吴江汾湖高新区建设局局长姚俊站在试验塔观景台、指向东面正在修建的康力大道向记者介绍，"过去这里是对接上海东航路的'断头路'，去年'先行启动区'揭牌后启动了道路东延工程，未来还将规划浦港路西延对接浙江嘉善。"

站在288米电梯试验塔高处俯瞰，清晰可见上海淀山湖、汾湖浙江段水面，以及江苏吴江的湖泊群、美丽乡村群，水城交融，烟岚相映。

"江南水系发达，仅吴江就拥有大小河道2600多条、50亩以上的湖泊320多个，一条太浦河，把青吴嘉三地串联在一起，三地百姓同饮一河水。"吴江区河长制改革科副科长沈建伟带着记者走在太浦河沿岸，他指着河面问记者，"是不是看起来河畅、水清？"

沈建伟说，随着示范区建设步入"快车道"，三地水务部门启动了协同治水行动，联合青吴嘉三地区（县）、镇（街）、村（社区）三级河长，共同制定责任清单，不以省界为单位，而以河段为单位重新划定了"包干区"，开展定期联合巡河、交叉巡河，初步形成了区域治水一体化格局。"如今协同治水大半年，合作更顺畅了。"他说。

太浦河长50多公里，吴江段就占了40多公里，又处于上游，治水治污压力更大。截至目前，吴江地区共清理太浦河沿线“散、乱、污”企业3000多家。其中，拆除建筑面积46.9万平方米，拆除占地面积1715.6亩，产生“三优三保”*土地指标1073.4亩。

离开汾湖高新区，驱车29公里，记者来到苏州市吴江区人民政府所在地。下午时分，吴江区政务服务中心人头攒动，前来办理业务的市民戴着口罩在工作人员的引导下，或在窗口、或在自助“一体机”上办理着业务。

记者看到，自助“一体机”放置在政务服务中心一楼大厅北侧，类似一台落地式电脑。点开页面，长三角一体化各类行政审批事项一目了然，包括不动产登记证明、参保证明、户籍证明等事项的打印以及社保查询、公积金账户查询、办事预约等。

“推进三地‘一网通办’建设以来，现已梳理各类事项35项，并形成了一批‘网上办’‘不见面’‘就近办’的高频便民惠企服务清单。”吴江区行政审批局副局长赵小华说，目前已梳理出三地在资质、企业经营许可方面21项共有事项，确保在年底全部实现互认。

“民生共享”“生态共治”“交通互联”……通过区域协调发展，协同推进城市群建设，是长三角“先行启动区”吴江的发展重心，正不断向前推进。

（刊发于2020年5月29日新华网）

江苏吴江与贵州印江架起劳务合作“金桥”

王伟健

前不久，来自贵州省印江土家族苗族自治县的田海英和老乡们乘坐免费专车，前往江苏苏州吴江区。下了车，经防疫检测，她来到峻凌电子（苏州）有限公司报到，正式上岗后每月可以拿到5000多元的工资。

印江是吴江对口帮扶地区，一直以来，转移就业是两地合作帮扶的重要内容。“我们选聘了一批在各村有影响力的村民担任劳务经纪人，在每个村的小卖店等场所设立就业服务站。”吴江区人力资源与社会保障局局长张燕介绍。在两地的合作下，目前吴江已在印江县设立就业服务站50个，选聘劳务经纪人60人，形成了县乡村三级服务体系。

企业复工复产以来，吴江区人社局迅速收集区内企业用工需求信息，将就业的橄榄枝伸向了印江。在印江，县就业局统筹就业指导，各乡镇就业服务中心推送岗位，劳务经纪人在各村宣传发动报名。企业开辟远程视频面试，不到一周，首批97名印江籍务工人员与用人企业达成就业意向，乘坐专列、专车直达吴江。

随着企业陆续复工复产，目前已有250多名来自印江的务工人员进入吴江生产一线，热火朝天地忙碌起来。其中，建档立卡贫困人员达141人。“多亏了两地的劳务协作新模式，架起了‘金桥’，打通了就业服务的‘最后一米’。”印江县人社局副局长黄进波欣慰地说。

（刊发于2020年3月27日《人民日报》18版）

在疫情大考中激活治理智慧

吴春芳

广大基层干部织密防护网，激活治理智慧，使社区在疫情大考中展示出较强的韧性。

“急煞人了，能不能快点，这么多人等着呢。”排在周国忠前面的人不耐烦地催促。

正值下班高峰期，在小区门口，电瓶车排成长队，其中还夹杂着步行出入的居民，等着测体温、检查出入证，时不时会有居民因为排队时间过长，跟负责防控的工作人员发脾气。这是疫情防控中，社区进行封闭管理后，周国忠进出小区常能看到的场景，而这种现象不仅发生在他居住的苏州吴江区。

额温枪接触距离只有5厘米，人员一旦聚集，存在一定的安全隐患，而且不精准。基层干部和志愿者不惧风险坚守一线防控疫情，却不被个别人理解。连续担任过7届苏州市人大代表的周国忠陷入沉思：如何让基层干部防控更精细、更高效？他忽然想起某个单位使用的智能红外测温仪。这种仪器无需近距离接触，如果有人快速通过时体温异常，系统会立刻报警，并自动拍照。这时，对发热人员再采用体温计进行复测，可以确保不遗漏。

为了尽快减少防疫工作人员的压力，让群众尽早享受到高科技带来的便利，74岁的周国忠当起了"推销员"，和几个生产厂家了解产品性能及价格后，他又和多个小区物业沟通，但都被婉拒。

资金短缺是现实问题，如何破解？街道、社区、物业和企业经过多次会商，最后提出自愿申请、政府担保、分期支付、企业让利的方式购买，这个方法很快得到吴江区吴越锦源花园小区物业的积极响应。

接着，周国忠联系调研过的智慧社区管理研发生产单位，协调设备人员进场安装调试，仅用两天时间就让该小区居民用上智能测温设备。

"您体温正常，但是人脸识别通不过，不能进小区！"在吴越锦源花园小区门口，周国忠被保安拦下。

"这个'智慧门神'的确非常智能，当有老人、儿童出入社区，家人马上能收到消息提醒，大大减轻了防疫一线工作人员的负担。"值守在社区门口的志愿者杨大爷说。

"面对突如其来的新冠肺炎疫情，中国在两条战线同时开展抗疫斗争，一条是疫情防控第一线，另一条就是科研和物资生产。"疫情考验了城市的应急处理能力和公共卫生管理体系，广大基层干部织密防护网，激活治理智慧，使社区在疫情大考中展示出较强的韧性，成为迅速复工复产、恢复秩序活力的生力军。

今年以来，各地全面提升街区管理服务智能化水平，打造智慧街区、智慧照明、智慧安防等，让停车难、消防隐患等得到极大缓解，也提升了基层治理现代化水平。最近，周国忠还在各小区奔走，他希望多做一些调研，把智能停车、智慧守护等科技成果推广到更多社区，进一步提升社区居民的获得感、幸福感、安全感。

（刊发于2020年7月8日《人民日报》11版）

民营经济重镇的小康"密码"
来自苏州吴江的产业升级纪实

王一彤

80多年前，社会学巨擘费孝通先生完成了他的杰作《江村经济》。《江村经济》被公认为是我国社会人类学实地调查研究的一个里程碑，当中所描摹和调查的情景来自费孝通的家乡——苏州吴江。通过对太湖东南岸开弦弓村的实地考察，费孝通生动构建了彼时中国农民的生活全貌。

经历80多年沧海桑田，如今的苏州吴江区早已发生了天翻地覆的改变。"江村"成为拥有"网红民宿"的富庶乡村；吴江城区成为高楼林立、坐拥两家世界500强企业的民营经济重镇；城镇和乡村的居民也都先后步入了现代化的小康生活。

是什么让"江村"成为今天的样子？苏州吴江区人的小康生活源自何处？9月中旬，带着这些疑问，《金融时报》记者深入吴江区的街头巷尾、工厂车间、田间地头，去探寻这里的小康“密码”。

从“一滴油”到“一匹布”的产业升级之路

在吴江，不得不提的是当地两家明星企业：恒力集团与盛虹集团。两家企业有着相似的发展历程：都是从粗放的纺织业白手起家，在石油化工、新材料、高端纺织领域艰苦奋斗，一步一个脚印地发展成为炼油、石化、聚酯新材料和纺织全产业链发展的国际型企业。观察其发展历程，可以看到吴江民营经济步履坚实的升级之路以及现代工业、大型产业对社会发展形态、民众生活面貌的改变。

步入恒力集团的生产园区，相关负责人向《金融时报》记者反复提到“从一滴油到一匹布”这句话。从炼一滴油到产一匹布，看似简单，但两者间却包含了一条完整的产业链。从大型石化产业，到高精尖的聚酯新材料，再到高端纺织产品，恒力集团样样都做在了前面。这条走了20多年的路，正是吴江区民营经济的一部转型升级史。

恒力集团的前身是镇办企业吴江化纤织造厂，是一家低技术劳动密集型企业。伴随企业在产业链上逐步向中高端攀升，技术“卡脖子”的问题不断显现。如何打破国外对PX和PTA两种原料的垄断，成为企业面临的最大难题。PX和PTA不仅是纺织领域的重要原料，也是重要的大宗有机原料之一，既关乎人们的衣食住行，更与国家能源安全直接挂钩。为了企业长久发展、破除技术垄断，恒力集团决定向上游石化产业进军。企业响应国家全面振兴东北老工业基地的战略部署，不惜研发投入，斥巨资在辽宁大连长兴岛建设了年产1200万吨PTA项目、2000万吨/年炼化一体化项目、150万吨/年乙烯项目，使企业拥有了全球产能最大的PTA工厂，也使恒力集团由一家脚踏纺车的小厂家成长为掌握核心技术的大型民营企业。

无独有偶。同在吴江区盛泽镇的盛虹集团，走过了与恒力集团相仿的奋斗之路。起步于100余名员工的村办砂洗厂，成长为世界领先的石化、高端纺织企业，盛虹集团依靠的同样是坚守实业的定力与不遗余力的技术投入。走在盛虹集团创建的“先进功能纤维创新中心”，除了感叹于纺织业技术的日新月异外，企业技术负责人向记者介绍的一个细节也令记者印象深刻：拉伸变形丝（DTY）是化纤工业中的一种重要材料，盛虹集团生产的DTY，通过技术攻坚，已经可以做到国际公认极限细度的一半以下。细度的突破意味着精细度的提升以及产品技术含量的上升，这背后，是企业对技术进步的孜孜以求。

除了这两家位居世界500强的明星民营企业外，小小一个吴江区还潜藏着不少“隐形冠军”和技术龙头企业。例如，国内领先的光纤通信业企业亨通光电、深耕智能制造的博众精工等。探访上述企业的生产基地，《金融时报》记者有着相似的感受：现代化程度高，技术含量足，从事简单机械劳动的工人已经很少，高技术工人与工程师占了多数。这几家企业，无一例外都是以一个主业为起点，以技术研发为“利器”，顺着产业链不断向上升级、攀登。当被问及在产业升级大潮中拼搏的经验时，企业负责人一致认为，当地政府深知自身在制造业上的良好基础，一心瞄准产业升级大方向，为企业提供了极佳的政策支持环境与人文环境，使企业在技术迭代之路上走得心无旁骛。事实也的确如此，吴江区位于长三角腹地，具有得天独厚的产业集群优势。据介绍，在参与长三角区域一体化建设中，吴江区锚定了丝绸纺织、电子信息、光电光缆、装备制造等支柱产业，力图充分发挥吴江制造业产业基础庞大、民营龙头企业众多的优势，积极对接上海，加强区域合作，为企业提供了广泛有力的支持。

一个吴江区，分布着五家中国500强民营企业、两家世界500强企业，从这样高的“高企密集度”中，记者读出了吴江区的小康“密码”：以产业兴旺为根基，走坚实的发展道路。最终，兴旺的产业反哺了城市发展与人民生活。吴江区凭借发达的制造业吸引了大批人才在此安居乐业，辖内发展势头良好的企业提供了大量的就业岗位和较高的工资水准，使当地的财政金融与城市运转形成了良性循环，构筑了吴江人和吴江这座城市迈入小康生活的坚实基础。

从单打独斗到抱团取暖的“闪转腾挪”

作为制造业和民营经济重镇，吴江区有的不仅仅是高科技大企业，更有为数众多的劳动密集型中小企业，它们同样是推动吴江迈入小康的中坚力量。而这些中小企业的发展现状，也展示出了另一个产业升级样本。

吴江区震泽镇，以彩钢板产业闻名。“村村冒烟、户户点火”，这句话生动展现了震泽镇彩钢板产业的密集程度。然而，旧的生产方式存在用地粗放、工艺落后、产出低效的问题，也制造了环境污染问题。面对日趋激烈的市场竞争和日益严格的环保要求，作坊式的单打独斗已无法让震泽镇的彩钢板产业焕发光彩。

针对这种状况，震泽镇于今年7月出台意见，在淘汰散乱污、加强环境保护的同时，全力培育打造更大能级的彩钢板产业集群。当地确立了“政府引导、抱团发展、控制污染、技术升级”的总体思路，变原来“自产自销、粗放发展”为“共享车间、分散经营”或建立股份制的现代治理法人企业，推动传统产业抓住有限空间实现转型升级。建立集中生产的彩钢板产业园，就是实现转型升级中重要的“一步棋”。

当《金融时报》记者走进业已成型的产业园，一股“转型升级之风”扑面而来：干净敞亮的共享车间、异味很小的生产环境、多种多样的彩钢板产品、自觉遵守安全规定的工人……这一切都与旧日“脏乱差”的家庭作坊有着天壤之别。产业园中一家较大彩钢板企业的负责人拿出手机，兴致勃勃地向记者展示着新近收到的订单：“你看，这一单是昨天凌晨非洲来的，这一单来自新疆……”他还给《金融时报》记者播放了一段视频，那是几个月前，工人在武汉火神山、雷神山医院建设工地传回的画面。“这种临时性医院建筑主要由彩钢房组成，对通风、保暖等技术有比较高的要求。震泽生产的彩钢板既能满足技术需求，产量也跟得上，能给这种重大紧急项目建设出一份力。”

产业集群的建立，使震泽镇的彩钢板产业由单打独斗走向抱团取暖。谈及这种模式的优点，该企业负责人说：“抱团生产，分散经营，让各家的订单和利润更有保障。企业抱团也突出了产业集群优势，降低了各家成本，使技术水平都提升了，能更好地满足环保要求。”彩钢板产业园将震泽镇支柱产业的根基打得更为牢固，也带动了大量就业，提升了居民收入水平。“产业园给我们镇工人解决了就业的大问题，而且因为抱团发展，企业利润更稳定了，工人的收入也比从前更高了。”彩钢板产业园的一位负责人说。

劳动密集型产业通过优化生产经营模式，从而抓住有限的空间实现了产业升级，这是《金融时报》记者观察到的吴江区另一个“小康密码”。在既有的劳动密集型制造业仍占据重要地位、发挥支柱作用的情形下，那些看似低技术、没有太大升级空间的产业，仍能借由政府支持、通过革新生产经营方式，在有限空间内“闪转腾挪”，成功实现升级，并提高了地方经济活力与人民生活水平。震泽镇的彩钢板产业升级就是一个鲜活的例证。

金融“活水”为产业升级带来绵绵不绝动力

吴江的小康“密码”，是多种产业的转型升级与蓬勃发展，而实业兴旺，离不开金融“活水”。在中共中央、国务院印发的《长江三角洲区域一体化发展规划纲要》中，明确提出了“加快金融领域协同改革和创新，促进资本跨区域有序自由流动”的目标要求。作为一体化示范区重要组成部分的吴江，自然要顺应一体化金融合作的大势，为辖内实体经济和一体化示范区建设提供充分金融支持。

据了解，为了在长三角一体化大背景下做好金融支持实体经济工作，吴江区着力创新金融服务，鼓励金融机构提供跨区同城化金融服务，支持地方法人银行设立一体化金融机构，推进金融机构参与跨区域联合授信，要求助力金融机构开发绿色金融产品，充分利用资本市场开展直接融资，推动一体化产业基金服务示范区产业发展。

为此，当地政府各部门牵头人民银行吴江支行、银保监局吴江监管组等部门，共同参与建立专项工作机制，明确深化金融合作创新工作各项任务分工，形成强大合力。在政策协力之下，一体化示范区内首笔跨区域授信业务今年成功落地吴江，为接下来示范区内金融业务的进一步联动提供了宝贵经验，也为当地企业更加灵活便捷地获取金融资源创造了条件。

实体经济兴旺催动金融业活跃发展，金融业创新蹄疾步稳哺育着实体经济转型升级，成功升级的企业创造出更多就业岗位，提高了平均收入水平。这条良性循环链，正是苏州吴江的小康“密码”，吴江人也正沿着这条坦阔大道，奔向更美好的明天。

（刊发于2020年09月30日《金融时报》）

（本栏编辑　沈　瑶）

苏州市吴江区国民经济和社会发展第十四个五年规划纲要和二〇三五年远景目标纲要

（节选）

“十四五”时期是我国全面建成小康社会、实现第一个百年奋斗目标之后，乘势而上开启全面建设社会主义现代化国家新征程、向第二个百年奋斗目标进军的第一个五年，也是吴江在新的起点上推进长三角生态绿色一体化发展示范区建设，打造“创新湖区”、建设“乐居之城”的关键五年，在吴江发展史上具有里程碑意义。《苏州市吴江区国民经济和社会发展第十四个五年规划纲要和二〇三五年远景目标（草案）》根据《长江三角洲区域一体化发展规划纲要》《中共苏州市吴江区委关于制定苏州市吴江区国民经济和社会发展第十四个五年规划和二〇三五年远景目标的建议》等编制，是“十四五”期间吴江区国民经济和社会发展的中长期规划，是指导吴江未来五年发展及展望二〇三五年基本实现现代化目标愿景的宏伟蓝图，是全区人民共同奋斗的行动纲领，也是政府履行职责和安排年度工作的重要依据。

第一章
回顾“十三五”，高水平全面建成小康社会

“十三五”时期，全区上下深入贯彻新发展理念，坚持稳中求进工作总基调，思想再解放、开放再出发、目标再攀高，全力建设“强富美高”*新吴江，实现高水平全面建成小康社会的目标。

第一节 “十三五”实现高水平全面建成小康社会目标

*全面改革释放新活力。*坚持深化改革为第一动力，革故鼎新，发展动能更加强劲。“十三五”期间，围绕“六个重大”，全力推进长三角生态绿色一体化发展示范区建设，跨省交通、公共服务、生态保护、社会治理等方面的区域联动取得实效，

“跨界联合河长制”推进生态治理区域一体化入选“中国改革2020年度50典型案例”名单，一体化示范区吴江片区形象加速展现，感受度、标识度、满意度全面提升。供给侧结构性改革深入实施，“三去一降一补”成效显著，全省首创的工业企业资源要素配置改革深入推进。行政管理体制改革扎实推进，完成党政机构改革、基层整合审批服务执法力量改革，老有所养基本公共服务标准化专项试点获批“国家基本公共服务标准化试点”。营商环境持续优化，位列2020赛迪营商环境百强区第十。“吴江区农村人居环境整治”作为江苏唯一案例入选第二批全国农村公共服务典型案例。“放管服”改革成效明显，1462个政务服务业务完成标准化制定。“一门式一窗式”政务服务改革及“不见面审批”标准体系建设持续推进，“1330”改革目标基本实现。

“经济强”迈上新台阶。坚持创新转型为第一战略，激发活力，产业结构更加优化。经济发展稳中有进，“十三五”期间，地区生产总值年均增长5.9%，达到2002.83亿元；一般公共预算收入年均增长10%，达到263.48亿元，保持全国综合实力百强区前列。民营经济全省“领头羊”优势不断扩大，民营企业总数超8万家，注册资本突破4000亿元。恒力、盛虹入围世界企业500强，亨通、通鼎等4家企业入围中国企业500强，永鼎等5家企业入围中国民营企业500强，上市公司总量达20家。创新实力不断提升，2019年“中国创新百强区”位列全国第三，名列长三角地区榜首，万人有效发明专利数达到60.56件，有效高新技术企业数达920家。汾湖高新区(黎里镇)获评“国家知识产权试点园区”，恒力化纤获评“中国专利奖银奖”。累计拥有国家级科技企业孵化器4家，国家级企业技术中心10家，国家先进功能纤维创新中心获批江苏首家、全国第13家国家级制造业创新中心。智能制造领跑全省，累计建成134家省级示范智能车间，完成智能化改造投资超过640亿元。重点项目有序推进，累计完成重大项目投资2666亿元，占全社会固定资产投资的90%。

“百姓富”实现新跨越。坚持民生福祉为第一目标，以人为本，人民生活更加幸福。“十三五”期间，城乡居民人均可支配收入年均增速达7.8%，城镇登记失业率保持在2%以下低位运行。社保体系全面接轨苏州，住房保障体系建设有效推进，住房公积金制度覆盖面逐步提高，基本实现全区户籍人口全民参保，退役军人服务保障体系全面建成。教育名区建设深入推进，教育规划布局持续优化，苏州大学未来校区、苏州中学苏州湾校区等学校先后落户，教育集团化改革持续深化，成功获评“全国社区教育实验区”。基层医疗卫生机构价格改革不断推进，基层医疗机构药品目录全面放开，苏州第九人民医院、吴江区儿童医院等医院投入运营，吴江中医医院异地新建，北部、中部、南部三大健康医疗集团建成。公共服务设施不断优化，苏州湾文化中心、体育中心等配套建设持续推进，“15分钟文化圈”“10分钟体育健身圈”布局逐步完善。全域旅游加快推进，获评“省级全域旅游示范区”，“最苏式”水乡旅游体验区基本成型。大运河文化带建设持续推进，成功创建“中国曲艺之乡”。

“环境美”呈现新气象。坚持生态绿色为第一理念，放眼长远，蓝绿空间更加美丽。“十三五”期间，生态环境面貌持续改善，统筹推进“三治”“三优三保”*工作，全力打好蓝天、碧水、净土保卫战，国省考断面水质优Ⅲ比例提高14.3个百分点，PM2.5年平均浓度下降46.4%，空气质量优良天数达标比例提高11个百分点，高质量完成太湖围网拆除。美丽镇村建设加速推进，震泽众安桥谢家路等10个村庄获评苏州市特色田园乡村，新建三星级康居村294个，新认定省级传统村落4个。基础设施加快建设，轨道交通4号线开通运行，沪苏湖铁路正式开工建设，苏州南站、盛泽站通过审查，通苏嘉甬铁路完成工程可行性研究审查。有序推进“智慧城市”建设，大数据、政务云、视频云、智慧吴江App等信息化基础平台上线运行，获评“2019中国领军智慧城区”。地下综合管廊、海绵城市规划等建设稳步推进。乡村振兴战略加快实施，国家现代农业示范区建设水平在全国281个示范区中名列第二，国家农产品质量安全县(市、区)创建通过验收。“中国·江村”长漾特色田园乡村带、同里农文旅融合发展区和元荡美丽乡村群建设扎实推进。

“社会文明程度高”彰显新内涵。坚持安定有序为第一方向，久久为功，社会环境更加和谐。“十三五”期间，文明城市测评成绩逐年提升，“省双拥模范城”创建实现“六连冠”，同里镇获评“全国文明镇”，黎里镇杨文头村、震泽镇众安桥、盛泽镇黄家溪村获评“全国文明村”，恒力集团荣膺“全国文明单位”，涌现了“时代楷模”“中国好人”“最美人物”等一批先进模范。社会治理持续创新，构建“网格+警格”联动融合机制，在全省率先建立社会治理大联动机制，区社会综合治理联动指挥中心获评“全国巾帼文明岗”，建成全国首个镇级出入境分理点智慧大厅。区检察院、区法院分别荣获“全国先进基层检察院”“全国优秀法院”称号。平安吴江、法治吴江建设有力推进，扫黑除恶专项斗争深入开展，安全生产事故起数和死亡人数实现大幅下降，人民群众幸福感、获得感、安全感不断提升。

第二节 新背景下的发展形势

“十四五”时期，国际发展环境日趋复杂，新发展格局加快构建，长三角区域一体化发展纵深推进，发展形势变中有危，危中有机。

当今世界正经历百年未有之大变局。全球大流行的新冠肺炎疫情给世界经济运行带来巨大冲击，世界经济将承受较大的下行压力。同时，代表先进生产力发展方向的一批颠覆性技术将引领和带动新科技产业革命走向高潮，有望带来超预期的发展机遇和经济价值。面对国际环境的新变化，吴江要进一步提升经济发展的韧性，推进科技创新，大力培育新兴产业，全力抢占科技赋能、产业融合的窗口机遇，在加快推动新旧动能转换中构建长期发展的战略性优势。

我国加快构建新发展格局。我国经济正由高速增长转向高质量发展，处在转变发展方式、优化经济结构、转换增长动力的关键期。“逐步形成以国内大循环为主体、国内国际双循环相互促进的新发展格局”，是当前党中央积极应对国内外发展形势新变化的主动战略抉择。吴江要深度融入新发展格局，充分发挥智能制造长板优势，增强产业创新能力，强化产业链关键环节的掌控能力，抢占产业链、创新链、价值链的制高点，为长三角加快提升产业基础能力和产业链水平作出更大贡献。

长三角区域纵深推进一体化发展国家战略。长三角区域肩负着打造“一极三区一高地”的战略任务，提升为国家战略以后，长三角一体化发展将会加速推进、纵深发展，有望在更高层次上率先突破行政区经济模式，实现更强的协同效应。作为长三角一体化发展国家战略的重要承载地，吴江要树立国家视野、战略眼光，从更高战略层面、更大发展格局、更广时空维度对经济社会发展进行重新审视和全新谋划，做到“跳出吴江看吴江”和“站在长三角看吴江”，全力以赴做好融入长三角一体化这篇大文章。

苏州加快建设社会主义现代化强市。苏州积极扛起为全国全省发展探路使命，围绕打造“苏州制造”和“江南文化”品牌，争做“强富美高”新江苏建设再出发先行军、排头兵，把“可以勾画”的目标真实展现出来，打造向世界展示社会主义现代化的“最美窗口”，建设社会主义现代化强市。面对新要求，吴江要不断提高贯彻落实新发展理念的能力和水平，积极调结构、转方式、激活力、增优势、补短板、强弱项，争做全国、全省高质量发展领跑者，在率先实现现代化上走在前列。

吴江全面深化一体化示范区建设。吴江被列入长三角一体化示范区以来，经济社会发展呈现出新的阶段性特征，有望实现产业结构加速转型、城市功能加速提升、生态价值加速释放、公共服务加速补短、空间格局加速重塑。站上新的历史起点，吴江要牢牢把握历史机遇，前瞻谋划思考，树立“一盘棋”思想，紧扣“一体化”和“高质量”两个关键，充分发挥吴江既有基础和优势禀赋，全面提升示范区吴江片区标识度，坚决扛起长三角一体化示范探路重任，乘势推动高质量发展跨上新台阶。

同时，受外部环境及内生因素影响，吴江经济社会发展仍然面临一些问题与瓶颈，主要体现在：发展的质量效益不够高，关键资源要素的投入产出效率还处在相对低位水平，亩均税收、单位能耗等指标在全市排名靠后；新动能培育不够聚焦，新业态、新产业的培育成效未达预期，在经济发展中真正发挥引擎作用仍需时间和空间；公共服务优质资源尚需完善，优质公共服务资源供给存在短板，难以有效满足社会个性化需求，高端教育和养老机构等存在较大缺口；关键要素供给存在制约，土地、人才等关键要素资源供给存在明显不足，难以保障未来经济和社会发展的需求；重大产业项目储备相对不足，全区百亿以上项目多集中在基础设施等方面，重大产业项目储备相对较少，将会影响到区域经济的综合竞争力和发展后劲。

第二章
描绘崭新蓝图，开启
全面建设社会主义现代化新征程

落实国家战略，响应时代要求，体现高质量发展新目标、生态绿色新理念、人居品质新示范、江南文化新空间，探索“立足新发展阶段、贯彻新发展理念、构建新发展格局”的“吴江模式”，在“争当表率、争做示范，走在前列”实践中展现更大作为。

第一节 指导思想

（略）

第二节 战略定位

按照习近平总书记在扎实推进长三角一体化发展座谈会上提出的“紧扣一体化和高质量两个关键词，率先形成新发展格局，勇当我国科技和产业创新的开路先锋，加快打造改革开放新高地”和视察江苏提出的“紧扣‘强富美高’美好蓝图，着力在改革创新、推动高质量发展上争当表率，在构建新发展格局上争做示范，在率先实现社会主义现代化上走在前列”重要指示精神，在危机中育先机、于变局中开新局，为全面建设社会主义现代化开好局、起好步。

——*在改革创新、推动高质量发展上争当表率*。紧扣高质量发展的重点领域、关键环节，更大力度地谋划改革、鼓励创新，激发发展活力、体现表率要求。坚持创新在现代化建设全局中的核心地位，提升区域创新浓度，增强科技创新能力，推动创新链和产业链深度融合，加快形成以创新为主要动力和支撑的现代化经济体系。推动重要领域和关键环节改革走深走实，加快实现更高质量、更有效率、更加公平、更可持续、更为安全的发展。

——*在服务全国构建新发展格局上争做示范*。立足长三角生态绿色一体化发展示范区的定位使命，深化供给侧结构性改革，注重需求侧管理，形成需求牵引供给、供给创造需求的更高水平动态平衡，依托良好的产业基础和相对完备的产业链、供应链体系，发挥开放度高、区域配套强等优势，坚持沪苏同城化发展路径，突出“学习上海、对接上海、服务上海、融入上海”的鲜明导向，抢抓上海打造国内大循环的中心节点、国内国际双循环的战略链接的契机，在服务全国构建新发展格局中作出更大贡献。

——*在率先实现社会主义现代化上走在前列*。践行习近平总书记“勾画现代化目标”“为中国特色社会主义道路创造经验”的殷殷嘱托，准确把握现代化建设规律，科学谋划现代化建设的步骤和重点，更加主动开展前瞻性、创新性探索，创造更多制度性成果、规律性经验。牢固树立“绿水青山就是金山银山”理念，构建生态文明与经济社会发展相得益彰的新发展路径，建设人与自然和谐共生的现代化强区。构建高质量民生产品和文化产品体系，进一步提升现代化的民生底色和精神品格，确保在进度的率先和质量的领先上更好体现走在前列要求。

第三节 2035年远景发展目标

到2035年，经济强、百姓富、环境美、社会文明程度高的发展内涵全面提升，“争当表率、争做示范、走在前列”的目标要求如期实现，一体化和高质量发展走在全国前列，率先成为美丽中国吴江样板，打造引领长三角的“创新湖区”和世界级水乡人居文明典范的“乐居之城”，建成展现“强富美高”新图景的社会主义现代化强区。

到2035年，全区人均地区生产总值在2020年基础上实现翻一番，人均收入和消费能力达到发达国家水平，消费成为经济增长的重要拉动力。对标浦东新区、临港新片区等先进地区，综合竞争力和经济创新能力大幅跃升，人民群众过上现代化的高品质生活，迈入全国综合实力百强区前5位。现代经济体系基本形成，“4+5”产业体系竞争优势明显。产业科技创新能力、全要素生产率和产品质量全面提高，主要创新指标达到创新型国家和地区中等以上水平。城乡融合发展和区域协调发展水平继续领跑全国，农业农村现代化率先全面实现。人民群众对美好生活的向往得到更充分满足，基本公共服务均等化覆盖全部常住人口，率先实现教育现代化，生态环境质量稳定向好，绿色低碳发展卓有成效，环境综合监管更加严格，环境保护监控体系趋于完善。社会文明程度达到新高度，区域治理体系和治理能力现代化走在全国前列。

第四节 “十四五”经济社会发展目标

总体目标：到2025年，围绕“创新湖区”“乐居之城”发展定位，打造生态绿色是底色、创新引领是亮色、文化底蕴是彩色、高质量发展是成色的吴江样板，聚焦“智能制造看吴江”、宜居宜业首选地，建设示范引领长三角一体化发展的创新吴江、人文吴江、开放吴江、幸福吴江、美丽吴江。

主要目标：

——一体化发展加快推进。一体化发展的制度框架初步构建，共商、共建、共管、共享、共赢的一体化发展新格局初步形成，示范区建设形成可复制可推广经验，突出抓好先行启动区建设，坚定走在一体化示范区建设前列。

——经济实力显著增强。产业结构更趋优化，绿色、人文、创新有机融合的现代化经济体系框架基本建立，产业能级、竞争力、带动力持续增强，勇当科技和产业创新的开路先锋，形成产业“高原”，筑就创新“高峰”，突出发展四大“强”制造集群，聚焦培育五大“新”经济，建设示范引领“苏州制造”品牌的先行区。综合实力位列全国百强区第一方阵前列。

——民生福祉不断增进。人民生活水平持续提升，社会保障水平稳步提高，形成供给充足、结构合理、布局优化的公共服务新体系，不断增强人民群众获得感、幸福感、安全感，促进人的全面发展和社会全面进步。

——城市能级全面提升。高铁科创新城建设加快推进，基于信息化、数字化、智能化的城市基础设施体系基本建成，符合人民高品质生活需要的城市服务功能体系基本形成，服务辐射长三角区域的能力和影响力持续提升，构建绿色高效的长三角枢纽城市。

——治理效能显著提高。法治吴江、平安吴江、智慧吴江建设持续加强，优质高效的营商环境不断优化，区域社会治理现代化工作体系初步形成，打造长三角治理体系和治理能力现代化样板区。

——“美丽吴江”形成示范。江南文化标识地和全域旅游目的地建设成果初步显现，城乡区域协调发展格局全面形成，全面实现农业强、田园美、水韵足、百姓富的农文旅融合发展新成果。社会文明程度得到新提高，生态文明建设向深层次推进，成为美丽中国建设的先行区和示范区。

指标体系：聚焦一体化和高质量发展，确定“十四五”时期吴江经济社会发展的指标体系为4类38项。

吴江区“十四五”经济社会发展主要指标

类别	序号	指标	单位	“十三五”完成值	“十四五”目标值
高质量经济（10项）	1	地区生产总值年均增速	—	5.9%	7%
	2	单位建设用地地区生产总值	亿元/平方公里	5.5	≥8
	3	全员劳动生产率年均增速	—	2%	5%
	4	生产性服务业增加值年均增速	—	4%	5%
	5	文化产业增加值占地区生产总值比重	—	4.39%	10.5%
	6	高新技术产业产值占规模以上工业产值比重	—	49.9%（预计）	50%
	7	全社会研发经费支出占地区生产总值比重	—	3.35%	≥4%
	8	万人有效发明专利拥有量	件	60.56	77
	9	进出口总额	亿美元	210.9	230
	10	高新技术企业数	家	920	1800

（续　表）

类别	序号	指标	单位	“十三五”完成值	“十四五”目标值
高品质生活（10项）	11	居民人均可支配收入增幅	—	4.1%	7%
	12	城镇登记失业率	—	1.77%	≤2.6%
	13	劳动年龄人口平均受教育年限	年	12	12.5
	14	普惠性幼儿园覆盖率	—	85%	90%
	15	城乡基本社会保险参保缴费率	—	98.2%	98.7%
	16	异地就医门诊费用直接结算率（沪浙两地）	—	93%	98%
	17	人均预期寿命	岁	83.74	84%
	18	每千常住人口执业（助理）医师数	人	2.62	2.74
	19	社区养老服务设施社会化运营率	—	16.5%	100%
	20	人均体育场地面积	平方米	4.1	4.5
高颜值城市（9项）	21	单位地区生产总值用水降低	—	5.9%	25%
	22	单位地区生产总值能耗降低	—	4.4%	完成上级下达任务
	23	单位地区生产总值二氧化碳排放降低	—	完成上级下达任务	完成上级下达任务
	24	空气质量优良天数比率	—	82.5%	完成上级下达任务
	25	国控水质断面优于Ⅲ类（含Ⅲ类）比例	—	100%	100%
	26	垃圾分类集中处理率	—	≥95%	≥99%
	27	耕地保有量	万亩	完成上级下达任务	完成上级下达任务
	28	林木覆盖率	—	19.82%	20.14%
	29	粮食综合生产能力	万吨	15.63	完成上级下达任务
高效能治理（9项）	30	法治建设满意度	—	90%	≥90%
	31	常住人口城镇化率	—	70%—72%	75%%
	32	群众安全感	—	96%	98%
	33	5G网络用户普及率	—	40%	100%
	34	社会文明程度测评指数	—	91%	93%
	35	示范区政务服务一体机事项互联互通数占比	—	60%	85%
	36	人均接受文化场馆服务次数	次	6	8
	37	注册志愿者人数占城镇常住人口比重	—	20%	30%
	38	亿元GDP人员死亡率	—	0.01%	≤0.02%

第五节　空间布局

围绕长三角区域一体化发展国家战略的空间落地，融入一体化示范区的整体布局，对接上海“中心辐射、两翼齐飞、新城发力、南北转型”空间新格局，进一步优化全区空间布局和板块功能定位，打造形成“三大功能片区”和“三个中心四点并进”空间布局。

打造彰显特色的三大功能片区。加快集聚功能，促进转型升级，打造彰显特色的三大功能片区。

——开放融合片区。吴江开发区和东太湖度假区（太湖新城），强化主城区功能，推动太湖新城高端服务功能集聚、吴江开发区高端制造能级提升，聚焦产城融合，聚力两业融合，突出开放协同，提升吴江国际化城市竞争力和吸引力，打造高端引领的开放融合片区。

——绿色创新片区。汾湖高新区（黎里镇），突出先行启动区战略优势，高标准打造高铁科创新城、“水乡客厅”，建成长三角枢纽节点城市，以优越的生态环境和景观品质吸引新经济新业态，打造绿色、创新、人文融合发展的绿色创新示范片区。

——转型升级片区。吴江高新区（盛泽镇）和七都镇、桃源镇、震泽镇、平望镇，以转型和融合为导向，全面提升城市公共服务水平和品质，充分发挥“百湖之城”生态优势和“中国·江村”为代表的品牌优势，加快推动纺织产业向绿色智能、高端时尚、创意休闲、功能多样的方向转型，建设“时尚之都”，打造世界级高端纺织产业的转型升级片区。

构建“三个中心四点并进”城镇体系。优化城镇发展空间，构建新型城镇体系。

——“三个中心”是指吴江城区、汾湖和盛泽。

吴江城区由东太湖度假区（太湖新城）和吴江开发区的建成区组成，是吴江能级最高的城市节点和城镇体系的核心。吴江开发区要聚力主城区能级提升和功能优化，发挥智能制造、电子信息产业规模和能级优势，打造创新高地、生态高地、人居高地的国际化活力城区。东太湖度假区依托太湖优美自然风光和总部楼宇群等优势，打造湾区经济、服务经济、总部经济的制高点，建设沿太湖产城融合新标杆。

汾湖由汾湖高新区（黎里镇）建成区组成，是吴江创新发展的动力源，打造一体化示范区先行启动区的“创新绿核”，合力共建“水乡客厅”，打造创新引领、产城融合的特色高铁科创新城和枢纽经济的新节点，建设成为以绿色为底色、创新为亮色的新门户。

盛泽由吴江高新区（盛泽镇）建成区组成，是吴江南部区域的综合服务功能节点，要加快推进城镇有机更新，优化城市服务功能，提高宜居品质，建设成为集高端制造、商务会展、时尚创意、文旅康养于一体的特色城镇和辐射服务吴江南部区域的城市核心。

——“四点并进”是指七都、桃源、震泽、平望四镇。

七都依托太湖特色风光和“中国·江村”文化，促进“湖区水岸”＋“文化创意”的功能集聚，以“智造、创意”为引领，打造特色产业、特色生态相得益彰的滨湖精致创意新镇。

桃源着力挖掘生态、古镇、文化资源优势，凝聚发展新动能，实现与乌镇的跨区域协同发展，树立生态文旅标杆，打造生态优势转化成为产业优势的森林小城镇。

震泽以“丝绸”为特色，挖掘和传承传统文化，全力打造“震泽蚕丝”国家地理标志，形成农商旅文联动的发展格局，加强和南浔的联动发展，打造彰显丝绸文化特色和独具江南水乡风韵的丝绸名镇。

平望充分发挥水陆交通便利、河湖荡漾汇集优势，依托科创走廊、古镇、运河、中医等资源，推动科技创新、文化繁荣、城乡协调，打造产业强、文化兴、交通达、生态优的通运康养小城镇。

第三章
践行国家战略，建设长三角生态绿色一体化发展示范区

带头对接上海，坚定走在沪苏同城化前列，贯彻落实长三角区域一体化发展国家战略，全力推进长三角生态绿色一体化发展示范区建设，全面提升示范区吴江片区标识度，打造引领长三角一体化发展的标杆。

第一节　率先推进沪苏同城化

全力学习上海、对接上海、服务上海、融入上海，参与打造具有世界影响力的社会主义现代化国际大都市，精准锁定重点领域和关键环节，努力形成目标同向、措施一体、优势互补、互利共赢的协同发展格局。主动融入上海“五个中心”建设，推动吴江区重大战略、规划和制度与上海相关领域的战略同向、规划互补、制度相融，提升城市发展能级。强化发展战略和规划体系无缝对接，推动产业创新和文商体旅协同融合，促进交通能源和基础设施共建共享，推进生态环境保护与建设

联保共治，实现公共服务和社会治理协同发展。

第二节 全力建设先行启动区

举全区之力支持汾湖高新区推进先行启动区建设，积极争创国家级高新区，努力把先行启动区打造成生态、创新、人文融合发展的中心区域和示范区建设的“极中之极”。

打造高品质“生态绿心”。以最先进的理念、最高的标准、最好的质量建设元荡美丽乡村群和美丽湖泊群，完善区域水利发展布局，提升区域生态品质，跨界形成一体化的滨水景观系统，打造长三角区域的“生态绿心”。

合力共建“最江南”的水乡客厅。联合青浦和嘉善打造集中展示示范区一体化和高质量的功能样板。通过优越的生态和风景资源吸引创新要素集聚，加强跨区域的集群协作、平台共建、产业联动，促进创新空间与生态资源相融合、产业链与创新链相融合，培育辐射带动长三角地区的多层次创新体系。

联合打造高水平“创新绿核”。积极参与蓝色创新珠链建设，率先集聚标志性产业项目和功能性创新平台，加快推动存量载体转型升级为创新驱动的新兴产业地标，建设创新型总部集聚区，打造长三角世界级城市群的“创新绿核”。

第三节 探索一体化制度创新

聚焦规划管理、土地管理、投资管理、要素流动、财税分享、公共服务以及生态管控、公共信用等方面，探索跨区域制度创新和政策突破，形成一批可复制可推广的首创性、变革性的重大改革成果。重点是：

要素流动机制创新。建立统一的企业登记规范标准，实施统一便利化服务。推动人才资质互认共享，联合打造长三角高层次人才交流平台、人力资源服务平台。深化户籍制度改革，探索示范区率先实现户籍准入年限同城化累计互认。探索建立人才柔性流动机制。率先开展长三角一体化示范区专业技术人才评审。

财税分享机制创新。推动实现示范区办税服务平台数据交互，探索异地办税、区域通办。重点探索建立跨区域产业转移、重大基础设施建设、园区合作的成本分担和利益共享机制、税收征管协调机制、利益争端处理机制。

公共服务一体化。探索部分基本公共服务项目财政支出跨区域结转机制。探索建立居民服务“一卡通”，力争实现教育、医疗、养老等领域“同城待遇”。推动长三角教育一体化江苏试验区建设，积极推动示范区医疗联合体建设，用好上海—吴江医疗卫生数据共享平台，推动与更多上海知名医院开展跨区域诊疗合作。深化青吴嘉跨区域政法和社会治理协同联动，形成一批可复制可推广的经验，扩大“C位长安”的品牌效应。

生态管控一体化。健全生态环境协同保护机制，建立完善生态环境“三统一”制度。加强水环境联合治理，深化“跨界联合河长制”经验，深入实施太浦河“沪湖蓝带”计划，加快建立主要水体生态管控制度。探索构建绿色发展的综合政策体系，搭建统一的生态大数据平台，贯彻执行统一的生态环境型执法规范。探索跨区域生态补偿机制创新，建立跨区域的生态治理市场化平台和生态项目共同投入机制。

推进重大改革系统集成。加快推进国家全面深化改革举措以及沪苏浙等地改革创新试点经验在吴江系统集成、集中落实，推动两省一市支持一体化示范区高质量发展的政策措施尽早落地生效。培育发展数据等新型要素形态，挖掘数据资源价值，推动示范区率先实现数据开放共享。聚焦土地、劳动力、资金、技术、数据等要素市场化配置体制改革，推进示范区重大改革系统集成。

第四节 融入一体化发展格局

牢固树立“一盘棋”思想，全方位融入长三角一体化发展大格局，全面布局半导体和集成电路、智能制造装备、工业互联网等领域，走在打响“苏州制造”品牌前列。紧盯“五大经济”和新基建、新业态、新模式，自觉融入以上海为龙头的长三角城市群协同互补的产业格局，着力将吴江打造成长三角世界级产业链“核心链”上的重要节点和关键一环。积极参与G60科创走廊、长三角双创示范基地联盟、材料科学姑苏实验室建设，共同构建长三角“政产学研用”创新共同体，发挥科技创新券的政策引导作用，支持企业面向示范区、长三角区域及更广范围购买科技服务，着力打造长三角科研成果转化的最佳承载地。抢抓上海打造世界级科创中心“溢出效应”，努力争取“长三角示范区知识产权保护服务中心”落户。

第四章
聚焦创新发展，建设示范引领“苏州制造”品牌的先行区

强化创新能力，提升开放水平，持续优化产业发展环境，加快推动产业智能化改造、数字化转型，构建面向未来的“4+5”产业体系，建设绿色、创新有机融合的现代化经济体系，走在打响“苏州制造”品牌前列。

第一节　突出发展四大“强”制造集群

依托吴江制造优势，进一步做强核心技术掌控力、产业链引领力、品牌影响力，打造四大“强”制造集群。

电子信息。做产业补链文章，抢抓核心元器件国产替代机遇，强化“卡脖子”关键核心技术攻关和成果转化，完善产业链上下游配套，打造技术水平领先、掌控产业链核心环节的旗舰产业集群。聚焦英诺赛科氮化镓项目、京东方（苏州）创新中心等重点项目，推动发展第三代半导体产业，重点发展从芯片设计、晶圆制造到封装测试及专用设备的半导体全产业链，大力发展新型显示终端。

光电通信。做5G强链文章，抢抓5G发展风口，打通本地供应链，布局5G产业链，共建示范区具有标识度的5G产业集群。聚焦长三角中关村集成电路创新港、苏州大学·亨通未来通信与人工智能技术研究院、亨通长三角科大亨芯研究院、永鼎智慧科技产业园等重要载体，重点发展光子芯片、高速光模块、高性能光纤预制棒及光无源器件等5G通信器件，大力推动5G通信终端设备技术研发及产业化和场景应用，加快布局量子通信产业链。

智能装备。做智造升级文章，抢抓数字经济时代智能产业化和产业智能化发展新机遇，深耕智能装备制造，保持吴江智能工业领先优势，实现“智能制造看吴江”目标，打造长三角绿色智能制造协同创新示范区。重点发展柔性制造、检测、装配等智能成套装备，依托博众精工助力工业自动化转型升级项目，大力发展工业机器人关键部件、本体与系统集成，培育提升智能制造系统集成服务，着力发展柔性加工中心及高端数控机床等，围绕中车交通绿色协同创新产业示范区等重点项目，全力发展智能化电梯、先进通用专用仪器仪表、智能轨道交通等智能专用装备。聚焦亨通航空产业园项目建设，推动智能无人机技术创新和产业化发展。

高端纺织。做转型增值文章，把握消费升级趋势，促进产业链延伸，推动纺织产业绿色化、智能化、高端化、功能化、品牌化升级。加强无水印染等高端后整理技术的研发及产业化，推动后整理技术向产品高档化、工艺低碳化方向发展。推动恒力（吴江）智能化超级工厂等项目建设，积极开展基于各类纺织纤维面料新技术、新工艺、新需求的应用设计研发，扩大高端纺织产品的使用范围，提升面料附加值和竞争力。推动关键技术创新突破，大幅提升高性能纤维、功能性纤维及复合材料的技术开发与产业化水平。

第二节　聚焦培育五大“新”经济

激活生态人文价值和提升服务经济内涵，以低环境影响、高技术含量、高附加值、高创新能力为导向，全力培育战略性新兴产业，构建面向未来的五大“新”经济。

融合型数字经济。顺应新一代信息技术发展趋势，推进产业数字化和数字产业化，积极培育数字经济新产业、新业态和新模式。聚焦“互联网+”“数字+”“人工智能+”等重点方向，加快数字技术深度应用，引进新型绿色超级数据中心，推动产业融合，赋能产业升级。大力推进工业互联网标识解析体系建设，积极对接工业互联网研究院、信息通信研究院等高端院所和华为、浪潮等“双跨”平台，支持制造业龙头企业与互联网重点企业合作打造业内领先的工业互联网平台，开发一批引领作用突出、示范应用性强的工业软件，提供更丰富的应用场景，打造“工业互联网看吴江”品牌。大力发展智能芯片及硬件产品，积极培育智能传感器产业集群。加快发展云服务产业，推进顺丰长三角创新中心等项目建设，着力培育数字软件开发及应用服务。瞄准文化内容数字化、网络化、智能化前沿，推动文化新技术、新应用、新业态创新发展，全力发展数字文化产业。

前沿型创新经济。集聚全球高端创新资源，瞄准前沿科技和产业变革趋势，引进新主体、打造新载体、应用新技术，培育新增长点。依托国家先进功能纤维创新中心、恒力长三角国际新材料产业基地、德尔新能源新材料产业园等载体，打造以高性能纤维、先进功能材料等为核心的千亿级新材料产业集群。围绕高端医疗器械、医药研发检测、智慧医疗研发及应用等方向，聚焦千健国科研发中心及生产基地等项目建设，大力发展生命健康产业。依托吴江纺织循环经济产业园等重点载体，聚焦高效节能、绿色新能源、资源循环利用、洁净净化技术等方向，大力发展节能环保产业。

功能型总部经济。依托太湖新城总部楼宇群的集群优势，聚焦云梨路总部经济带、苏州湾国际企业中心等重要载体，提升总部服务功能，强化支持总部企业在全球范围开展跨区域运营的服务能力，吸引具有全球影响力、辐射长三角、面向“一带一路”的旗舰型企业总部、创新型企业总部、平台型企业总部落地，集聚工程技术中心、新型研发机构等总部型机构，重点打造“民营总部”高地。

特色型服务经济。以产业升级需求为导向，打造特色服务产业集群，增强吴江服务产业在长三角地区的辐射力和影响力。推进现代服务业和先进制造业融合发展，围绕产业链部署服务链，强化生产性服务业对先进制造业的全产业链支撑作用。依托中国东方丝绸市场等载体，打造现代商贸服务集群。聚焦京东华东智能产业基地等重点项目，积极发展物流和供应链服务新业态，着力强化企业上市、创业孵化、技术转移、知识产权等科技服务，依托苏州湾金融集聚项目等重点项目，推动发展供应链金融、科技金融、物流金融、会展金融、文旅金融、绿色金融等特色金融服务，积极发展总集成、总承包、检验检测认证、人力资源等专业服务业。

生态型湖区经济。整合湖荡水网、田园风光、古镇文化等资源，重点发展现代滨湖产业，打造生态型、江南韵、国际范的湖区经济示范区。实施“文化+”发展战略，充分挖掘历史文化资源价值，大力发展创意设计、影视制作等文化创意产业。全力发展旅游休闲产业，培育“观光+休闲+体验”旅游业态，打响吴江全域旅游品牌。开发滨湖体育时尚休闲运动，联合打造马拉松、自行车、水上运动、户外运动等体育活动品牌。加快布局研究机构、特色学院、职业教育、教育咨询等服务机构，大力发展现代特色教育产业。以创建国家现代农业产业园和建设特色田园乡村为契机，推动一、二、三产业深度融合，培育发展生态农业、科技农业，打造都市创意农业示范样板。

第三节 加快提升全域创新浓度

依托苏南国家自主创新示范区等平台载体，增强区域科技创新实力，提升吴江全域创新浓度，以科技创新引领产业加快转型升级。

强化创新平台建设。加快创新载体建设，推动优质企业和顶尖高校院所共建创新联合体，鼓励全球知名高校、科研院所在吴江合作建设科研创新平台、科技成果转化中心和国际研发机构。支持社会力量自建专业科技企业孵化器、创新园区等创新创业载体，推进绿地AI创新产业复合社区建设。推动科创园区腾笼换凤、盘活资源，围绕重点产业和龙头企业架设专业孵化器，积极推进海内外离岸孵化器建设。加强与先进创新型国家科技合作，着力建设国际科技合作联盟。支持国际化人才和团队发起设立专业性、开放性新型研发机构。探索吴江科创飞地、智造飞地新模式。到2025年，力争新培育1家国家级产业创新中心，新增1家国家工程中心、6家省级工程研究中心、60家企业技术中心和30家工程技术研究中心。

提升企业创新能力。强化企业创新主体地位，支持引导企业加大研发投入，加强原始创新和源头创新，积极承担国家重点研发计划、国家科技重大专项，着力突破一批卡脖子的关键核心技术。支持鼓励重点骨干企业和领军企业瞄准价值链高端，积极参与国际、国家行业标准制定，抢占话语权。加大关键技术、前沿领域攻关力度，抢占行业制高点，加快重大科技成果转化，抢占发展主阵地。到2025年，全社会研究与试验发展经费支出占GDP比重达4%，高新技术产业产值占规上总产值比重达50%，高新技术企业数量达1800家，上市公司数量翻番，累计不少于40家，其中新增科创板10家以上。

打造高端人才高地。突出市场机制，坚持企业主体，实施人才优先发展战略，打造人才创新集聚区、产才融合示范区、双创生态标杆区。实施

"揭榜挂帅"机制，大力引进具有引领性、原创性、标志性的顶尖人才（团队）。引进符合重点产业发展需求的国际一流人才（团队），积极承接央企、国内头部企业等溢出人才（团队）资源。发挥苏州湾人才基金母基金引导作用，撬动更多社会资本参与多领域全产业链合作，持续打造全链条基金引才模式。支持重点企业与大院大所开展项目合作、联合攻关、协同创新，共建高层次人才创新平台，培育高层次人才。深化产才融合，构建"产业+人才+大赛+基金+项目+专业孵化器"的精准引才闭环生态。全面升级人才全生命周期生根服务体系，建设人才社区、国际社区，推动人才扎根吴江。探索建立符合国际惯例的人才治理体系，加快形成具有全球竞争力的人才制度优势。到2025年，全区人才总量突破40万人，高层次人才总量达4万人。

第四节　打造高水平开放先行区

承接国际国内高端要素资源，促进高水平对外开放，增强对外贸易综合竞争力，开拓合作共赢新局面，打造高水平开发开放先行区。

提升"引进来"和"走出去"水平。深入实施外资提质增效工程，推行准入前国民待遇加负面清单，抓住中欧投资协定谈判达成和区域全面经济伙伴关系协定（RCEP）签署完成等契机，加强与意大利、德国、法国、日本、韩国等国家的合作，精准联动招商引智强链，提高利用外资质量、水平和效益。加强对央企、国企、跨国公司总部项目招引和培育，吸引更多央企、国企、跨国公司在吴江投资布局。支持外资企业设立研发中心、拓展研发功能，导入优质创新资源，助力产业转型升级。完善企业"走出去"支持政策体系，实施本土跨国企业培育计划，鼓励区内企业通过直接投资、并购、合资等方式开展跨境投资。挖掘光电通信、装备制造等优势产业潜力，培育具有较强国际竞争力的承包工程企业，推动对外承包工程向高端化、多元化发展。加强企业"走出去"服务体系建设，引进培育一批专业化的法律、税务、会计、资产评估、信用评价等中介机构，鼓励金融机构创新和丰富服务境外投资项目的金融产品和投融资模式。加强"走出去"企业培训，全面提升企业跨国经营管理能力，强化境外投资企业的风险防控意识。

推进开放"再出发"。发挥中国（江苏）自由贸易试验区苏州片区吴江联动创新区与国家级开发区、省级高新区叠加联动优势，推动综合保税区打造具有全球影响力和竞争力的"五大中心"，大力提升吴江开放经济发展能级。加快与"一带一路"沿线国家投资贸易合作，深化服务贸易创新发展，鼓励发展服务贸易新业态、新模式。提升跨境贸易便利化水平，持续推广关税保证保险改革等税收担保创新模式，持续加快开放创新合作平台推广应用，积极推动综合保税区21条措施落地，加快推进跨境电商保税进口发展。积极融入上海开放型经济体系，主动承接进博会溢出效应，加快推动上海自贸试验区和临港新片区扩大开放举措在吴江复制落地。

第五节　着力构筑消费新业态新模式

顺应消费升级趋势，优化消费服务供给，促进消费向高端领域延伸，努力打造成为苏州建设国际消费中心城市的首选地。优化消费结构，以质量品牌为重点，推动消费品质提升，开展新一批"吴江老字号"认定工作，促进消费向绿色、健康、安全发展。创新消费模式，增加消费场景，在重要节点和节日举办"城市购物节"等系列节庆消费活动，开拓夜间商业市场，持续打造"双12苏州购物节—乐购吴江""家门口的进博会"等品牌。丰富消费形式，加强与各类电商平台的产销合作，带动丝绸纺织等传统消费品开拓销路、升级品牌，形成线上线下联动的良好局面。完善消费载体，促进水秀天地奥特莱斯、绿地中心全球商品贸易港等商业综合体以及各类商业步行街特色发展，满足多元化消费需求。加强消费者权益保护，全方位优化消费环境。

第五章
优化公共服务，建设"新鱼米之乡"特质的乐居首选地

统筹抓好底线民生、基本民生、质量民生，持续增进民生福祉，尽力而为、量力而行，推进区域公共服务一体化和城乡优质均衡发展，促进人的全面发展和社会全面进步，让人民生活更有品质、更有尊严、更加幸福。

第一节　做优就业乐业首选地

坚持就业优先战略，把稳就业摆在民生保障的首要位置，扩大就业容量，提升就业质量，全力打造劳动者就业乐业首选地。

促进富民增收。推进体现效率、促进公平的收入分配体系建设，促进工资合理增长。健全以税收、社会保障、转移支付等为主要手段的再分配调节机制，增加低收入群体收入，扩大中等收入群体。全面优化创业环境，提档升级创业政策服务体系，推动创业向大众化、发展型、全领域转变，拓宽居民劳动收入和财产性收入渠道，稳步提高经营性收入和转移性收入。

推动更稳定、更高质量就业。发展新经济，充分挖掘小微企业、新兴行业吸纳就业潜力，广辟用工渠道，拓展劳务基地，促进和扩大就业。扩大公益性岗位安置，帮扶残疾人、零就业家庭成员就业。完善重点群体就业支持体系，做好困难群体就业帮扶和低收入人群就业脱贫等工作。健全就业需求调查和失业监测预警机制。深化长三角区域调解仲裁合作机制，推进省级和谐劳动关系综合试验区建设，高质量构建和谐稳定劳动关系。

提升就业公共服务品质。以"四零"标准营造最舒心就业创业环境，做强做优"就在苏州·乐业吴江"服务品牌。编制"乐业吴江"热力导引图，统筹建设覆盖全区、辐射长三角、服务全链条的人力资源市场供求信息系统。积极对接省人力资源社会保障一体化信息平台，构建区、乡镇(街道)、村(社区)协同运行、纵横对接一体的人社服务新体系。

强化劳动技能素质培训。健全终身职业技能培训制度，优化社会培训和企业培训双向机制，加强梯次化精准培训，推进劳动者职业技能提升，加快建设知识型、技能型、创新型产业工人大军，打造产业工人"最能融入、最被关爱、最有成长"的就业创业首选城市。用好"中国国家人事人才培训网长三角培训基地"平台，发挥太湖培训中心等现有国家级基地平台辐射作用，推进示范区专业技术人才继续教育资源共享、学时互认，提升吴江人力资源核心竞争力。

第二节　打造现代化教育名区

深入推进现代化"教育名区"建设，营造良好教育生态，建设高质量教育体系，办好人民满意的教育，全区教育生态不断优化，人民群众对教育满意度和获得感持续攀升。

扩充优质教育资源。坚持教育优先发展战略，加大教育投入力度，优化教育资源布局，满足人民群众日益增长的教育需求，推进长三角教育一体化战略，引进优质教育资源和品牌学校，推动与上海世外教育集团合作办学，加快国际学校、"双一流"高校分校区落户。高水平建设并启用苏州大学未来校区，推进苏州丝绸中专异地新建、苏州旅游与财经高等职业技术学校迁建等项目建设。建立现代化、多路径、有层次的教师引进培育体系，利用好长三角一体化示范区教师发展学院，做好新时代教师专业发展培训，建设一支拥有国际视野、高素质、专业化、创新型的教师队伍。

提升教育办学质量。坚持立德树人，加强师德师风建设，培养德智体美劳全面发展的社会主义建设者和接班人。实施"中小学生品格提升工程"，落实核心素养，推动"健康校园"行动计划。打造普惠安全优质的学前教育体系，普惠性幼儿园、优质幼儿园覆盖率均达到90%。深化"名校+"集团化办学管理模式和跨区域教育共同体改革，积极创建省义务教育优质均衡发展区。持续增加普通高中学位供给，努力让有意愿就读普高的学生都能进入普通高中就读。推进震泽中学高品质示范高中建设。积极拓宽高校入学渠道，不断提升品牌高校录取比率。实施民办学校"引优提质"工程，加大规范治理力度，推动民办教育高质量发展。深化特殊教育优质融合发展。

打造教育服务高地。提升教育服务社会经济发展的水平，推动产教融合、校企合作，探索示范区"中高本"贯通培养试点。提升职业教育综合人才培养能力，打造示范区职业教育一体化高地。提高教育服务群众的能力，加快推进"智慧教育"建设，构建线上线下教育常态化融合发展新模式，创建全国数字化学习社区。提升教育公共服务品质，实施学习型城区建设工程，建立灵活开放的终身教育体系。

第三节　健全社会保障体系

健全覆盖全民、统筹城乡、公平统一、可持续的多层次社会保障体系，完善现代社会救助体系，优化社会福利制度，织牢社会保障安全网。

优化社会保障体系。推进社会保险制度改革，深化医保基金监管等重要机制改革，积极防范化解风险。巩固精准扩面成果，继续扩大社保覆盖面，统筹提高社会保险待遇，实现基本养老金合理增长。研究扩大商业保险产品供给，促进商业健康保险和基本医疗保险有效衔接。加强社会保险基金监管，健全社会保险基金财务管理制度。持续开展“省双拥模范城”创建工作，全力做好退役军人服务保障。

完善社会救助体系。健全社会救助工作机制，稳步实施困难对象生活救助、临时救助政策。健全分层分类的社会救助体系，不断深化“一户一档一策”，提升社会救助精准服务能力。健全老年人、残疾人、妇女儿童关爱服务体系和设施，完善帮扶残疾人、关爱困境儿童等社会福利制度。健全慈善资源对接机制，促进社会救助与慈善救助协同运作。

健全基本住房保障体系。坚持“房住不炒”，不断完善房地产调控机制，确保房地产市场平稳健康发展。切实解决中低收入家庭住房困难，保质保量建设保障性住房。进一步规范发展公租房，强化对困难群体的住房精准保障。推动土地有序供应，更多向租赁住房建设倾斜。完善长租房政策，对租金水平进行合理调控，规范发展长租房市场。

第四节　推进健康吴江建设

把保障人民健康放在优先发展的战略位置，织牢织密公共卫生防护网，加快提高医疗卫生服务能力，全面提升人民健康获得感、幸福感。

筑牢公共卫生防线。推动建立健全一体联动、智慧高效、多元参与的重大突发公共卫生事件协同应急体系，建立区域协同应急监测预警处置机制，健全应急指挥、医疗救治、科技支撑、物资保障体系，提高区域应对突发公共卫生事件能力。加强公共卫生人才队伍专业化建设。重视精神卫生和心理健康，探索具有吴江特色的社会心理服务模式。持续推进健康社区（村）、健康单位建设，创建省级健康促进区。加强卫生监督联合执法工作机制，建立防范和打击无证行医、跨区域重大案件会商督办、信息通报等制度。

提升医疗服务品质。加快城乡优质医疗资源扩容和区域均衡布局，推动苏州九院、江苏盛泽医院创建三级甲等医院、区中医医院异地新建争创三级中医院、儿童医院争创三级乙等专科医院，推进苏州京东方医院建设和运营。努力引进国际国内一流医院落户。提升基层医疗卫生服务能力与水平，加大全科医生在基层卫生机构驻扎服务力度。到2025年，社区卫生服务站标准化建设率达到100%，每万名城乡居民拥有全科医生4.4名。坚持中西医并重，做优做亮区中医医院皮肤科、骨伤科等中医特色专科。做强长三角一体化医学专科联盟，深化区域医疗机构专业联动和专科协作。开展互联网医院试点，积极吸纳更多社会优质医疗资源服务广大居民群众。

第五节　提高养老幼护水平

聚焦“一老一小”，实施更加积极的人口发展政策，促进人口长期均衡发展，整体提升养老、婴幼儿照护服务能级与水平，建设省域养老服务高质量发展先行区，形成多样化、多层次的照护服务体系。

打造养老服务体系。建立健全居家社区机构相协调、医养康养相结合的养老服务体系。深化区域性养老服务中心建设和规范化管理。加快推进社区嵌入式养老服务机构建设，推进社区（村）老年人日间照料中心社会化运营，提升“原居安老”服务水平，构建“15分钟养老服务生活圈”。完善家庭病床服务规范和质控体系。深化公办养老机构改革，探索具备条件的公办养老机构改制为国有养老服务企业。深化医养融合发展，加大基本医疗保险对养老服务的支持力度，深入推进长期护理保险制度。大力推进养老服务专业化职业化队伍建设。支持和鼓励志愿养老服务等互助养老模式。加强老年人权益保障，丰富老年人精神文化生活。

推进养老产业发展。推进养老事业与养老产业协同发展，鼓励社会资本建设专业性养老服务机构，引进社会力量积极参与养老服务设施运营管理，推动养老产业品牌化发展。促进养老从业人员队伍规模扩大、素质提升。培育和发展养老服务新业态，推动智慧养老发展，促进新一代信息技术和智能硬件等产品在养老服务领域深度应用。

发展婴幼儿照护服务。坚持政府引导、社会参与、普惠优先，建立健全婴幼儿照护服务体系。

践行科学育儿理念，完善生育支撑体系，积极构建生育友好型社会。建立健全“机构自律、政府监管、社会监督”的综合监管体系，切实保障婴幼儿安全和健康。在示范区率先开展普惠性婴幼儿照护服务示范点建设。

第六节　提升公共文体服务品质

传承弘扬中华优秀传统文化，实施公共文化、体育惠民质量工程，多方位提升公共文化、体育服务质量，构建现代公共文化服务体系，推进公共文化服务标准化、均等化、社会化和数字化。加快推进城乡“10分钟文化生活圈”建设。实施公共文化“精品”计划，深入推进太湖文化节等文化品牌建设。推动博物馆、图书馆等群众文化场馆区域联动共享。积极融入长三角地区全民健身工作，完善“10分钟体育健身圈”，共建高品质公共体育服务体系。推进全民健身和全民健康深度融合，持续加强全民健身活动和科学健身指导服务，提升智慧体育公共服务能力。推动体育社会组织法制化建设与规范化发展。

第六章
完善基础设施，建设
绿色高效的长三角枢纽节点城市

坚持新城建设与旧城有机更新并行，构建系统完备、高效实用、智能绿色、安全可靠的现代化基础设施体系，打造便捷联通、布局合理、配套完善的交通枢纽城市，构建天蓝水清、生态宜居、绿色发展的高品质城市空间。

第一节　建设汾湖高铁科创新城

积极打造轨道上的“吴江”，推动高铁苏州南站与上海虹桥枢纽共同打造国家级高铁枢纽。创新“站城一体”综合枢纽建设模式，加速推进苏州南站高铁科创新城的规划设计与建设，实现铁路与城市发展高度融合。推进与示范区交通网络的互融互通，提供高速铁路、城市轨道和中低运量公交等公共交通服务，构建多层次公共交通系统。加快建设与枢纽功能相适应的产业平台和生态环境，打造服务枢纽、创新枢纽，建设流量经济、创新经济、生态经济相互叠加的长三角枢纽节点城市。

第二节　优化调整全区水系结构

发挥吴江“百湖之城”的生态优势，通过串湖、连荡、接漾，构建“淞浦达江湖、塘浦织圩田、运河系文脉、荡漾驻乡愁”水网总体格局，提升河湖生态效益和土地利用效率，实现城市空间、产业、生态的有机更新和融合共生。统筹协调河湖水生态空间与国土空间“三区三线”的关系，分层分级推进水系结构优化调整。加快环太湖、太浦河、京杭大运河、吴淞江等生态廊道建设，完善水利基础设施网络，增强水运通达能力。聚焦“五链”“六群”“一网”，围绕防洪安全、供水安全、生态安全，开展以防洪保安为基础的河湖综合治理，以线带面，打造全域安全生态绿色智能水网。围绕特色“湖区”，在有风景的地方培育新经济，以世界500强等龙头企业为依托，建设具有世界水平的“生态+”产业研发中心，先行先试打造三白荡、北麻漾等五大湖区经济样板。

第三节　强化新型基础设施建设

围绕“工业互联网看吴江”品牌创建，发挥现有基础优势，加快建设适用于工业互联网的企业网络基础设施。系统布局新型基础设施，推动新一代信息技术、物联网等基础设施建设和智慧应用超前布局、集约化建设、协同发展，实现5G网络全覆盖与综合应用，推进5G、千兆光纤跨区域共建共享，率先推进5G技术全场景应用，打造长三角一体化示范区5G先行区。深入推进IPv6等新技术规模化部署，加快网络和应用升级改造。大力实施“光网乡村”工程，实现农村地区光纤宽带网络、5G网络全覆盖。参与建设示范区智慧大脑，实现交通、旅游、文化、环保等“智能+”应用场景。科学规划铁塔、基站、管线及相关配套设施的规模、布局、用地安排及相关控制要求。加快宽带网络、数据中心、基础平台等各类支撑性资源统筹共建共享。加快推进在线教育、互联网+医疗健康、城市智慧物流等基础设施建设，促进5G+新兴技术与工业互联网、智能制造、智慧园区、社会治理和民生服务深度融合。推进量子科技等技术研究，提升网络安全技术保障能力，形成健全的安全防护体系。

第四节　加快交通基础设施建设

构建现代综合立体交通运输体系，打造由高速铁路、城市轨道和中低运量公交等构成的多层次公共交通系统，提升区域公共交通服务能力，助力长三角更高质量一体化发展。

打造多层次轨道交通体系。加快沪苏湖、通苏嘉甬高铁建设，建好苏州南站、盛泽站，打造示范区门户枢纽。加快城市轨道交通对接，建设城际铁路网，推动10号线、14号线轨道交通建设，推进如通苏湖城际铁路、示范区城际线建设，构建与长三角核心城市"1小时交通出行圈"。谋划太湖新城、汾湖、盛泽城际轨道交通互联互通规划建设，加快凯旋广场综合交通枢纽建设。推动上海地铁17号线西延与苏州轨交10号线实体衔接贯通实现无缝换乘，深入研究推动上海轨道接入苏州南站枢纽。

提升区域交通通达能力。加快推进苏台（苏震桃）高速，推进苏同黎等道路快速化改造，对524等国省道干线公路实施改扩建，形成便捷通达的跨区域高速公路网络。规划建设230省道、605省道、609省道（江陵路）、盛八线等快速化通道。深化长三角毗邻地区公交客运衔接工作共商共建协调机制，加强城镇组团之间交通建设。高质量推进"四好农村路"建设，实现行政村双车道四级公路覆盖率100%并向自然村延伸，农村公路路面使用性能指数达到90。统筹发展城市公交、城乡公交和镇村公交，加大农村公交客运场站配套建设，合理设置公交站点，形成以区为中心、覆盖镇村的公交网络。到2025年，全区镇村公交通达率保持100%，全区清洁能源公交车比例达到85%，公共交通出行率达到35%。推进通用机场建设。加快航运建设，发展多层次水运航道交通体系。

第五节　推进能源基础设施建设

全面加大源头管控，严格产业准入，推进重点行业和重要领域绿色化改造，强化能源消费总量和强度"双控"，大幅降低能源消耗。逐步提高清洁能源占比，形成煤、电、气、油和可再生能源等互为补充的能源结构。加速规划布局充电桩，高标准建设新能源汽车充电设施，推广公共和私人领域充电设施，满足全社会新能源汽车充电需求，构建车桩相随、有序充电、智能高效的充电基础设施体系。探索建设能源综合服务站。超前布局氢能源基础设施，推进加氢功能站建设，推广氢能分布式能源系统应用。加快区域电网建设，完善电网主干网架结构，提高区域电力交换和保障供应能力，推进电网建设改造和智能电网应用，推进全区广域智能电网建设。研究推进华电吴江热电扩建燃机蒸汽联合机组、大唐苏州重型燃机发电项目。建立健全燃气应急储备制度，研究推进共享西气东输、川气东输门站资源，推动与上海的天然气管道互通互联。推进区域高压燃气管网建设，联通汾湖、盛泽、太湖门站，形成区域2.5MPa高压管道环布置，确保供气安全。探索建立健全跨区域能源监管联防联控机制。

第六节　全面推进城市有机更新

采用"微改造"有机更新理念，推进城市生态修复和功能完善，让城市"旧貌换新颜"。以城镇老旧小区改造提升为抓手，重点推进盛泽未来时尚城等城市更新项目，提升住房设施功能，优化住房系统。全力推动住房综合整治和街区整体塑造，着力提升城市环境品质。构建沿太浦河海绵轴、环元荡海绵示范圈、临东太湖的海绵生态廊。积极推动绿色居住建筑和装配式建筑发展，提升住宅品质。到2025年，完成96个城镇老旧小区改造，实现建成区面积40%达到海绵城市建设要求，城镇新建民用建筑100%执行绿色建筑标准。加快完善被撤并乡镇基础设施建设。强化农贸市场规划建设管理。深挖地下空间利用潜力，结合轨道交通建设，探索苏州湾CBD区域等地下空间综合开发利用。大力推进管线入地等工作，构建层次化、骨架化、网络化的综合管廊系统，增强城市防洪排涝能力。以"三治""三优三保"等为抓手，持续加大治违拆旧工作力度，不断提高土地利用效率，每年完成治违拆旧不少于1万亩、盘活存量土地不少于8000亩。

第七章
提升治理水平，
建设幸福美好的数字城市新标杆

统筹发展与安全，深化"平安吴江"建设，持续深化社会治理创新，优化营商环境，强化科技支撑，推动吴江区域社会治理水平明显提高，防范化解重大风险，体制机制更加健全，全力打造区域社会治理现代化先行区。

第一节 推进“平安吴江”建设

紧盯社会更安定、百姓更安宁的目标，夯实平安建设基层基础，深化重点领域风险防控，优化公共安全服务保障体系，全力提升区域安全水平和群众安全感。

*夯实“平安吴江”建设根基。*健全完善平安建设协调推进机制，促进区镇两级平安建设组织机制有序运行，深入推进平安系列创建。深化推进“两个一站式”建设，健全矛盾纠纷多元化解综合机制，强化重点信访矛盾化解攻坚和社会治安重点地区排查整治。推动扫黑除恶常态化，着力打造青吴嘉“无黑联动区”，升级社会治安综合防控体系，构建全民防骗反诈工作格局，加快新一代“雪亮技防”工程建设，深化社会心理服务体系建设，推动建设水准更高、品质更优、群众更认可的平安吴江。

*提升本质安全水平。*牢固树立总体国家安全观，强化安全发展理念，深化风险防控机制和国家安全重点领域协调机制，全面提升风险防控信息化智能化水平，进一步提高风险防控能力，筑牢安全发展底线，提升城市韧性。城市安全常态化管控和应急管理体系初步建成，风险防控和应急处置能力持续优化，长三角一体化应急机制基本建成。

*统筹实施安全发展。*落实安全生产责任制，加强安全生产监管执法，有效遏制重特大安全事故，持续推进危化品、城市建设、道路运输、消防安全等重点行业领域安全生产专项整治，持续推进安全生产事故起数和死亡人数双下降。完善事故与自然灾害监测预警机制，提升应急物资储备及保障能力，提高防灾、减灾、抗灾、救灾水平，强化安全生产应急管理基层基础建设。

*构建公共安全服务保障体系。*加强金融监管，持续防控金融风险，建立健全金融系统性风险的早期预警和化解机制。积极防范化解劳动关系领域风险隐患，构建和谐劳动关系。加强食品药品安全监管，构建药品、卫生器械等不良反应监测体系。完善基础设施安全保障，建立基础设施全生命周期数字档案和监控预警平台。强化公共气象服务，推进气象事业高质量发展，全面提升气象防灾减灾服务能力。推进粮食仓储设施建设，加强种质资源保护和利用，完善粮食安全和战略应急物资储备保供体系。

第二节 推动社会治理现代化

以自治增活力、以法治强保障、以德治扬正气，打造精准化、系统化、集成化治理体系，树立吴江现代治理典范。

*加强和创新社会治理。*完善党委领导、政府负责、民主协商、社会协同、公众参与、法治保障、科技支撑的社会治理体系，探索“善治达六和”“八心映八景”的社会治理现代化吴江路径，构建区域社会治理一体化指挥平台，形成“1+1+8+N”政策支撑体系，全力创建市域社会治理现代化示范城市基层实践的吴江样板。健全完善综合网格工作体制机制，完成专业网格改革提升，建成网格化社会治理大数据交换共享平台，“大数据+网格化+铁脚板”工作方法形成长效机制，打造网格化治理2.0版。坚持和发展新时代“枫桥经验”，深化党建引领基层治理，健全党组织领导的自治、法治、德治相结合的城乡治理体系，打造公共服务圈、群众自治圈、社会共治圈，构建富有活力和效率的新型基层治理体系，打造党建引领乡村振兴的样板区。

*提高社会文明程度。*积极培育和践行社会主义核心价值观，树立新吴江风尚的城市文明品格，有效发挥新时代文明实践中心作用，深入开展文明城市、文明村镇、文明单位、文明家庭、文明校园等群众性精神文明创建活动，不断提升公民道德素质。推进媒体深度融合，实施全媒体传播工程，建强用好区融媒体中心，扩大主流媒体的传播力、引导力、影响力和公信力。加强网络强区建设，推进网络空间治理体系和治理能力现代化，建设风清气正、正能量充沛的网络精神家园。

第三节 打造“最舒心”营商环境

秉持“用户思维”“客户体验”，主动对标最高标准，不断优化政务服务水平，全力打造市场化、法治化、国际化的营商环境，全面提升法治建设满意度。

*营造良好法治环境。*统筹推进法治吴江、法

治政府、法治社会建设。树牢执法司法为民理念，公正高效地履行司法职能，切实保障公民基本权利，有效维护各类社会主体合法权益。全面组织实施“八五”普法规划，推进法治乡村建设，建成区法治宣传教育中心。推进科学民主依法决策，严格执行行政决策程序制度，强化重大行政决策责任追究。优化区域法律服务，加快建设覆盖全业务、全时空的法律服务网络。健全完善执法权责清单等制度，全面落实防止干预司法“三个规定”，严格规范公正文明执法，筑牢“亲商护商”法治生态体系。

*激发市场主体活力。*支持民营经济发展壮大，破除制约民营企业发展的各种壁垒，构建亲清新型政商关系，加大产权和企业家合法权益保护力度。弘扬企业家创新精神，树立对企业家的正向激励导向，深入实施“创二代薪火工程”，加强企业家队伍建设。支持更多民营企业在“世界500强企业”“中国民营企业500强”中扩容进位，扶持一批主营业务精、竞争力强、成长性好、专注细分市场的“专精特新”“小巨人”企业，培育一批“隐形冠军”企业和“新地标”企业，推动吴江民营经济在高原之上再筑高峰。继续深化国资国企改革，加快国有经济布局优化和结构调整，推进国有资本向重点产业、重要行业和关键领域集中，更好服务高质量发展大局。

*加快提高政务服务效率。*围绕“扁平化管理、全链条审批”，加快审批制度改革，持续推进简政放权。深化政务公开，推进政务服务标准化、规范化、便利化。持续优化业务流程，缩短行政审批时限，提升企业水电气获取便利度、通关速度，优化出入境服务。加快推进“证照分离”改革，持续精简涉企经营许可事项。完善吴江政企信息化平台，打通服务企业的“最后一米”。高标准建设“1+10”基层“互联网+政务服务”线上平台，持续推进“不见面审批（服务）”业务流程标准化、协同化与便利化。

*营造公平稳定市场环境。*完善公平竞争市场秩序，全面实行市场准入负面清单制度，保障各类市场主体公平参与市场竞争。完善覆盖知识产权交易、评估、咨询、投融资、保险、维护等知识产权公共服务体系，探索建立与国际接轨的知识产权保护和交易机制，强化知识产权保护以及违法处罚力度。优化企业注销和破产程序。严格落实国家各项减税降费政策，保障减税降费政策全面及时惠及市场主体。深化行业协会、商会和中介机构改革。加强社会信用体系建设，进一步发挥信用在创新监管机制、提高监管能力和水平等方面的基础性作用，加快构建以信用为基础的新型监管机制。探索实施包容审慎监管，对新业态、新模式分类制定和实行相应的监管规则和标准。

第四节　提升城市智慧管理水平

全面推动数据资源共享协同，推进新兴技术的全方位、多领域融合应用，打造数字化治理高地。推进运行信息枢纽建设，强化综合运行管理“总体态势感知、自动运行监测、日常态势管理、应急联动指挥、智能决策分析”等关键能力建设，打造区域智慧服务、智慧展示、智慧决策中心，推动城区管理与服务统筹、集中化，区域综合运行可视化、业务协同化、决策智能化。推动智慧应用开发和推广，实现场景驱动下的智能化改造和数字化升级。完善区政务云服务平台、物联网平台、大数据平台、视频资源管理平台、城市信息模型（CIM）基础平台等五大核心管理服务平台，铸造以数据驱动为核心的创新发展引擎，建设数字政府。打造数据驱动、人机协同、跨界融合的智能化治理新模式，着力形成用数据治理、用数据服务、用数据考评的社会治理新局面。

第八章
强化传承发展，建设
世界级水乡人居文明典范

厚植最美生态底色，推动城乡融合发展，走在打响“江南文化”品牌前列，高标准打造长三角生态绿色一体化发展示范区乡村振兴美丽吴江样板区。打响“中国·江村”品牌，争创国家级全域旅游示范区，建设各美其美、美美与共的世界级水乡人居文明典范。

第一节　实施乡村振兴战略

大力实施乡村振兴战略，坚持乡村振兴与新型城镇化双轮驱动，推动吴江城乡融合发展，推动率先实现农业农村现代化。

发展现代农业。推动农业供给侧结构性改革，优化农业生产结构和区域布局，切实增加农业投入产出，深入实施藏粮于地、藏粮于技，深化高标准农田、高标准蔬菜基地、高标准池塘和美丽生态牧场建设，提高重要农产品自给水平。实施现代农业提质增效工程，实现以科技促品质、以品牌促增值，健全农业专业化社会化服务体系，打造都市生态农业、智慧农业、种源农业高质量发展新标杆。推动农业园区由生产型向生态涵养、休闲观光、稳产保供、富民增收综合型转变。开展种源“卡脖子”技术攻关，大力发展农产品加工业，强化绿色导向、标准引领和质量监管，加快打造为农服务的供销综合平台，推动综合性农产品区域公共品牌建设。健全农村金融服务体系，提升农业政策性保险覆盖面。

提升乡村建设品质。因地制宜编制“多规合一”*的实用性村庄规划，打造农耕渔事妙趣横生、田园村舍相映成趣的乡土景观。以特色田园乡村建设为统领，构建由特色精品乡村、特色康居乡村、特色宜居乡村三类标准组成的乡村建设体系。深化农村人居环境整治，加强农村生活污水治理，推动农村厕所革命，推动农村基础设施提档升级。实施最严格的耕地保护制度。

提高农民获得感。制订村级集体经济“倍增”计划，推动农村集体经济高质量发展，促进农民增收致富，城乡居民收入和生活水平差距进一步缩小。深化农村集体产权制度改革，推动农村土地经营权、农村宅基地使用权有序流转和农村集体经营性建设用地入市，加快新型农业经营主体培育试点，探索形成不同的专业合作社模式。逐步实现城乡基本公共服务均等化。提高农民科技文化素质，推动乡村人才振兴。进一步完善乡村治理体系，推动乡风文明达到新高度。

促进城乡融合发展。统筹城乡一体化发展，实施乡村建设行动，实现城乡空间布局清晰、功能互补的发展格局，打造多中心、网络化、融合式发展模式，形成活力城区、特色小城镇和美丽村庄三级城乡体系，城郊融合类和其他一般村庄建成特色宜居乡村。鼓励开展庭院美化行动，建设新型农村社区，有效保持乡土特色、自然风貌和传统文化，实现生产、生活、生态“三生”融合的空间布局。健全城乡融合发展机制，深化农村改革，推动城乡要素平等交换、双向流动，增强农业农村发展活力。

打造“中国·江村”品牌。加快“中国·江村”乡村振兴示范区建设，推动桃源吴越融创乡村客厅、盛泽古韵丝路黄家溪、平望运浦乡境拾光、八坼乡村风情片、长漾特色田园乡村带、同里农文旅融合发展区、元荡美丽乡村群、浦江源渔耕水韵建设，打造“魅力大运河”和“美丽湖泊群”吴江特色田园乡村组团，有效提升“江村”面貌，打响“中国·江村”品牌。用好用足农业、文化、旅游优势资源，以农文旅融合发展思维大手笔整体规划发展蓝图，高标准打造长三角生态绿色一体化发展示范区乡村振兴美丽吴江样板区。促进农业、旅游、文化、生态等产业的深度融合发展，推出一批高品位农文旅融合发展项目，以共享农庄（乡村民宿）为载体，串珠成链、抱团发展。到2025年，全区建成乡村旅游精品线路不少于8条，休闲农业和乡村旅游年接待人次达到1000万以上，累计培育共享农庄（乡村民宿）不少于15家。

第二节　加强文化保护传承

以江南文化贯穿文体旅发展，推动江南文化与时尚文化、国际元素融合，全方位演绎古典江南、生态江南、现代江南、时尚江南，争当文化强区。

擦亮“江南水乡”文化名片。挖掘水乡文化内涵特质，突出水乡文化、古镇文化、丝绸文化、大运河文化，建设江南文化设施群落，联动青浦、嘉善合力建设具有世界影响力的江南文化标杆区。积极推动江南水乡古镇联合申遗工作，充分展示古镇独特的遗产价值和文化内涵，共建江南水乡古镇生态文化旅游圈。启动吴江大运河遗产馆和大运河文化带试点段建设，以“云梨桥畔”城市更新、“平望四河汇集”、盛泽“丝绸水路”和桃源“小镇客厅”为重点，因地制宜，串珠成线，打造一批标志性项目，以点带面，将大运河文化带吴江段打造成为承接国家战略的沿河开放利用带，成为大运河文化带中“最精彩的一段”和世界运河文化中“最璀璨的明珠”。

打造优质文化设施。启动江南文化设施群落建设，突出集聚效应和产业功能，规划建设江南文化展示体验中心，研究建设国家级水文化博物馆。传承吴越文化，依托古镇、湖泊、园林资源，延续芦墟山歌、同里宣卷、七都提线木偶、铜罗黄酒酿造

技艺和平望灯谜等非遗传承，打响平望辣酱、同里红等“中华老字号”品牌，与青浦、嘉善合办江南文化高端论坛、江南文化国际艺术节等活动。擦亮“丝绸文化”金字招牌，赋予“江南文化”品牌更加鲜明的吴江特质。发挥丝绸纺织全产业链集聚优势，推进丝绸文化传承创新发展，开展宋锦制作技艺、丝绵翻制技艺等传统工艺传承文化工程。

第三节　促进文体旅融合发展

以无限创意和科技创新为驱动力，充分激活吴江富集的文化生态资源，全力推动文体旅一盘棋融合发展。

推进全域旅游。完善文旅产业规划和政策，扩大优质文旅产品和服务供给，提升吴江旅游市场影响力，争创国家级全域旅游示范区，太湖新城争创国家级旅游度假区，打造长三角近郊旅游休闲首选地。在同里、黎里、震泽等古镇空间新布局发展一批文旅创融合发展业态，全力打造以水为脉、城水相依、构思精巧、韵味十足的古镇布局，推进产业、古镇、人文融合，融入创新基因、植入特色功能，实现古色古香的建筑外表和现代时尚的产业内核有机统一。

做大做强做优文体旅产业。大力实施文化产业“倍增”计划，加快构建现代文化产业体系，推动文化产品和服务走出去，共建江南水乡古镇生态文化旅游圈，形成特色明显的文旅产业链。发展时尚创意产业，加快推进丝绸等专业化产业基地建设，推动纺织品的应用领域不断向高附加值、高应用性拓展。重点发展创意设计业，形成在长三角乃至全国具有影响力的吴江设计品牌。提升亨通文化产业园和苏州湾体育中心建设水平，发挥苏州湾文化中心作用，办好同里天元围棋赛、汾湖世界杯攀岩赛、环太湖公路自行车赛等品牌赛事，积极引入文旅品牌运营商。推进太湖苏州湾度假乐园（二期）、融创桃源国际生态文旅度假区等重大项目，加快建设“智慧景区”。瞄准数字化、网络化、智能化前沿，推动文旅新技术、新应用、新业态创新发展，打造数字文化产业集聚区和引领区。

第四节　构建生态环境治理新优势

把保护生态环境摆在更加突出的位置，厚植生态绿色基底，构建共融共生共享生态空间格局，打造互联互通河网水系，构建水岸同治生态廊道。

提升生态系统质量。推广示范区“联合河长制”建设经验，统筹“山水林田湖草”系统治理和空间协同保护。推进东太湖百里风光带建设，加大太浦河、汾湖、元荡等岸线贯通及沿岸综合整治力度。坚持“共抓大保护、不搞大开发”，严格落实长江流域重点水体“十年禁渔”重大任务。健全耕地休耕轮作制度，完善农田水利建设。完善自然保护地、生态保护红线监管制度，开展生态系统保护成效监测评估。

加强生态环境管控。逐步完善监管体制，创新监管手段、补齐监管短板，建立覆盖全区的“三线一单”生态环境分区管控体系。重点强化饮用水水源保护和主要水体生态管控制度，协调统一太浦河、吴淞江等主要水体的环境要素功能目标、污染防治机制及评估考核制度，提升生态系统质量和稳定性。进一步推进第二水源地选址研究。推动乡村河湖水系活水畅流工程建设。

加大生态整治力度。深入打好污染防治攻坚战，统筹推进水、气、土生态环境质量提升。加强节能减排工作，全面削减水污染物排放，国省考断面水质稳定向好，深化推进PM2.5和臭氧浓度“双控双减”，降低碳排放强度，实施重点流域防护林建设工程，构建共融共生生态空间格局。到2025年，高质量完成苏州市造林绿化目标任务，林木覆盖率排名保持苏州大市前列，自然湿地保护率稳定在70%以上。

推进“无废城市”建设。持续推进固体废物源头减量和资源化综合利用，加快形成废旧物资循环利用体系。实施吴江区生活垃圾焚烧发电扩容建设工程，到2025年，全区生活垃圾焚烧日处理能力达到3000吨，全面建成生活垃圾分类投放、收集、运输、处置体系，垃圾分类集中处理率超过99%。加快构建危险废物全过程监管体系，全区危废焚烧处置能力保持在每年7万吨左右。

第九章 统筹保障措施，凝聚规划实施的强大合力

（略）

苏州市吴江区疫情防控工作情况汇报

区疫情防控指挥部

（2020年5月18日）

自新冠肺炎疫情发生以来，我区认真贯彻落实习近平总书记系列重要指示精神和中央、省、市系列部署，牢固树立“全国一盘棋”思想，始终坚持“外防输入、内防扩散”的防控策略，多措并举、严防死守，经过全区上下共同努力，我区疫情防控形势持续巩固向好，经济社会正常秩序加快恢复。现将有关情况汇报如下：

一、最新疫情情况

截至5月17日24时，全区累计报告确诊病例10例、无症状感染者3例(其中境外输入1例)，全部治愈出院。累计筛查密切接触者256人，全部解除观察。自2月13日至今，全区无新增确诊病例，疫情防控由应急状态向常态化防控转变。

二、工作开展情况

自2020年1月24日24时，江苏省启动突发公共卫生事件一级响应至今，我区疫情防控工作主要经历了三个阶段。

第一个阶段是严防国内重点地区疫情输入阶段。此阶段主要工作：

*一是建立防控体系。*第一时间成立区应对新型冠状病毒感染的肺炎疫情工作领导小组和区防控指挥部，并下设办公室、预防控制、医疗救治、交通管控、社会及社区防控、农村防控、学校防控、企业防控、新闻宣传、保障保供、涉外防控等一办十组。各区镇、街道也迅速成立相应工作机构，全面构建反应快捷、盖边沉底的防控网络。

*二是加强预防控制。*合理进行分级诊疗，在全区6所定点医院开设发热门诊，完善转诊流程和操作办法。科学设置集中观察点，设立区级集中观察点2处，共计95张床位，用于密切接触者集中观察，各区镇、街道共设立14处集中观察点，共计1185张床位，用于非密切接触者集中观察。严格落实医学观察管理，全区所有密切接触者均执行集中隔离观察，对于非密切接触但需要集中观察的人员，由各区镇统一安排进入各地集中观察点观察，所有集中观察点均配备专业医护和安保人员，进行24小时看护管理。同时，对于其他需要居家观察的人员，由各地安排居家观察，各区镇对居家观察人员采取“一人一册”，监管责任落实到人。

*三是强化医疗救治。*集中全区优秀的急救、重症、呼吸、公共卫生等方面专家，组建区级专家组，按照国家诊疗规范进行诊断治疗，做好疫情处置和救治工作，确保整个医疗救治工作顺利开展。截至目前，全区无一例因新冠肺炎死亡的病例。同时加强对医疗机构等重点场所的精准管理，从严实行防控措施，规范院内管理流程，加强医护人员安全防护，实现全区医护人员零感染。积极支援重点疫区开展救治工作，先后派出两批，共计42名医护人员赶赴湖北，医疗队圆满完成救援任务，并于4月16日平安返吴。

*四是开展联防联控。*严守入吴大门，按照上级统一部署，临时关闭3条过境高速公路的部分出口和部分国省道干线，在保留的9个主要交通出口设立卡口，严格执行“每车必查、每人必检”要求，对入吴车辆和人员开展24小时排查。同时，派专班驻点苏州火车站、高铁北站接驳转运外地返吴人员。开展基础信息采集，逐一核查在吴江的重点疫区人员情况，逐一建档并落实监管措施。发布《关于进一步加强疫情防控期间小区管理的通告》，对小区管理提出针对性防疫要求，压实社区(村)、物业公司、居民个人三方责任。细化学校防控方案，开展对全区学生、教师及教育系统人员的情况排摸。同时，按照上级要求落实延迟

开学，加强假期线上教育服务，“一校一策”做好延迟开学期间教学方案，为疫后的复学提前做好准备。

五是强化物资保障。组织防护用品、消毒物品、药品、救治器械等防控物资供应企业加快复工复产，协调解决企业原料供应、运输物流、水电气生产要素等方面的需求和困难，让企业心无旁骛抓生产，全力以赴保供应。另外，从保障源头供给、搞好商贸流通、畅通运输通道、加强价格监管、引导市场预期等方面，系统性地抓好市民日常生活物资的供应，对哄抬物价、囤积居奇、制假售假、造谣传谣等扰乱市场及社会稳定的违法行为予以严厉打击。

第二个阶段是统筹推进科学防控和有序复工复产阶段。此阶段在继续落实第一阶段各项工作的同时，主要抓好以下工作：

一是推动复工复产。陆续出台《关于应对疫情支持中小企业健康发展的十八条政策意见》《吴江区关于疫情防控期间保障企业用工服务的若干政策意见》等系列文件，帮助企业渡过难关，健康发展。全区12个区机关部门和各区镇分别牵头成立服务工作组，采用包干制度，主动靠前服务，协调解决企业在用工、配套企业复工、生产要素保障等方面难题，帮助企业加快复工复产。

二是加强企业防控。成立10个指导服务组，对企业防疫责任落实、防控物资储备、食堂用餐防控、安全生产防控、宿舍防控等方面情况开展指导检查，指导督促企业落细落实各项防控措施。同时，利用信息化手段，创新性开发“吴江区企业复工安全管控平台”，实现全区工业企业的基本信息及员工数据的云端汇集和实时更新，为强化分类指导和精准服务提供有力支撑。累计有11792家企业、超40.5万名员工在该平台进行登记注册和信息录入。

三是推行科学防控。结合大数据平台对重点地区来吴人员信息进行梳理，累计筛查数据3.4万余条，下发各地落实排查管控。全面强化健康码推广使用和互认互通，在村（社区）、学校、公共场所、公共交通、医疗卫生等重点领域，严格执行“苏城码”“苏康码”亮码准入制度。落实湖北健康码互认互通，为符合条件的离汉离鄂人员提供“苏城码”“苏康码”转码服务。

第三个阶段是“外防输入、内防反弹”落实常态化防控阶段。此阶段在落实前两个阶段防控工作的同时，主要突出抓好以下工作：

一是严防境外输入。随着境外疫情形势的扩散蔓延，我区第一时间成立涉外防控协调组，组建昆山转运专班，按照“管理有力度、服务有温度”的工作要求，全面加强对境外入吴人员的服务管理，累计排查并落实医学观察的境外入吴人员901人，其中发现无症状感染者1人（治愈出院），其他人员均解除观察。

二是全面开展核酸检测。为全面筛查无症状感染者，对苏州下发的2万余条重点人员数据逐条筛查核实，同时在全区建立8个检测服务点，邀请指定的第三方检测机构下沉驻点，按照“应检尽检、愿检尽检”的原则，对3月25日起离鄂来吴人员，4月8日起离汉来吴人员，离鄂、离汉来吴的学生和教职工以及4月13日起高、中风险地区来吴人员进行全面的核酸检测。截至5月15日，上述人员分别完成检测13000人、693人、693人、28人，综合检测率分别为99.3%、98.8%、99.9%和100%。

三是有序开学复课。对全区学生及教职工开展排查摸底，做好开学前14天的行踪轨迹甄别，并严格按照上级要求，对从重点地区和境外返吴的学生和教职工落实14天医学观察和核酸检测要求。全区所有学校均组建防控专班，同时成立高校防控工作小组，开展校园防疫工作和师生健康管理。在此基础上按照错峰、错区域、错层次的总要求，制定“一校一策”开学方案，落实学校开学复课准备工作，对全区所有学校开展全覆盖、拉网式防疫验收，做到学校基本防控条件不具备的不开学、师生和校园公共卫生安全得不到切实保障的不开学。目前，全区所有中小学安全有序复课。

四是有序恢复服务业。先后印发《吴江区关于服务业企业全面复工复产复业的通告》《吴江区旅游景区景点、体育场馆复工指南的通知》等文件，公布吴江首批恢复宴会预定的40家餐饮企业名单，以及《关于剧院、影院、网吧等娱乐场所的复工指南》，加快推动各类生活服务业恢复到正常水平。

虽然，当前全区生产生活秩序加快恢复的态

势不断巩固和拓展，统筹推进疫情防控和经济社会发展工作也取得了积极成效，但当前疫情防控形势依然严峻。一方面，境外疫情仍呈暴发增长态势，截至5月15日1时，全球累计确诊新冠病例440.57万例，累计死亡病例30余万例，全球累计确诊超10万例的国家10个，自4月初以来，世卫组织平均每天收到约8万例新增病例报告，境外疫情输入风险持续存在；另一方面，国内防范疫情反弹任务仍然艰巨繁重，黑龙江、吉林等地近期发生的聚集性疫情再次给我们敲响了警钟。

5月7日，国务院下发了关于做好新冠肺炎疫情常态化防控工作的20条指导意见。前期，苏州市制定关于常态化疫情防控工作的实施意见，要求切实做到"五个毫不放松"，全力以赴守好"五扇门"。苏州市第98次常务会上，李亚平市长对全市疫情防控提出了"坚决防止思想麻痹，始终保持耐力定力；坚决防止责任松懈，全力确保压紧压实；坚决防止措施松动，切实做到精准精细；坚决防止意识弱化，持续加强引导倡导"的具体要求，接下来我们将继续认真贯彻习近平总书记关于疫情防控的系列重要指示精神，严格按照国务院14号文件最新要求和省、市各项决策部署，全面抓好贯彻落实，抓紧抓实抓细我区常态化疫情防控各项工作。

一、突出严密"防"。打赢疫情防控阻击战，重点在"防"。只有"防"得好，才能使"控"取得最好效果，为"治"争取更多时间。一是高度重视发热门诊建设。继续发挥好发热门诊的监测"前哨"作用，持续强化发热门诊标准化建设、规范化管理、常态化运行，进一步充实预检分诊力量，优化流程，提高预检能力，切实做到对确诊、疑似病例及无症状感染者的"早发现""早报告"。持续加强医疗机构感控管理，构筑院感防控的严密防线。二是有效提升核酸检测能力。进一步加快医疗机构和疾控机构实验室建设，推动区内二级以上综合医院尽快具备核酸检测能力。加强实验室人员能力建设，确保检测质量和生物安全，为疫情防控关口前移、实施精准防控策略提供基础性技术支撑。三是继续加强交通场站管控。持续做好车站、地铁等交通枢纽的健康和交通检测，严格落实测温、健康申报等卫生检疫措施。继续严格落实旅客佩戴口罩进入场站、乘车和出入站体温检测、发热乘客移交等制度。进一步加强交通场站和交通工具的消毒、通风、卫生保洁等工作。四是全力做好来吴人员管理。严格落实苏城码"绿码"通行，加强健康码核验，特别加强对于红黄码人员的健康管理。密切关注各地风险等级和应急响应级别，第一时间掌握来自高中风险地区的人员信息，全部实施集中医学观察和核酸检测，实现闭环管理。

二、突出有效"控"。把常态化思维融汇贯穿于防控工作的全过程、各方面，把各项防控措施精准落实到所有单位和个人，严防漏管失控，持续巩固疫情防控向好态势。一是动态有序加强重点场所防控。对前期已经开放的密闭场所通过预约、分时、限流等措施严格控制人员密度，在疫情结束前不允许举办大型宴席等人员集聚活动。对网吧、影院等密闭式娱乐休闲场所以及线下培训机构、幼托机构等，制定开业指引、完善防控预案，严格落实各项常态化防控工作。对养老机构、看守所等特殊监管场所严格落实人员进出管理、人员防护、健康监测、消毒等防控措施，严防集聚性疫情发生。二是精准有力加强重点人群管控。全面加强两会期间重点人群管控，全力维护社会大局稳定。严防疫情防控期间，信访人员进京非正常上访和集体上访。持续加强社会保障救助，指导老年人、儿童、孕产妇、残疾人、严重慢性病患者等重点人群做好个人防护，积极开展心理疏导和关爱帮扶等工作，努力营造"规范管理强防控、暖心服务促发展"的良好氛围。三是一以贯之加强社区联防联控。坚持"可知可控、精准防控"，运用"苏城码+大数据+铁脚板"工作法，依托"网格+警格"双网融合模式，优化社区管控、群防群控，筑牢社区防控安全屏障。严格小区人员进出"体温检测+苏城码绿码"查验，继续减少社区不必要的人员聚集活动，防止人员聚集性风险。四是持续用力做好企业防控。严格推动复工企业常态化疫情防控，督促企业、建筑工地等按规定落实返岗人员登记、体温测量、食堂分餐、宿舍封闭式管理、公共区域消毒等防疫工作，确保健康信息查检到位、防疫物资落实到位、防控措施执行到位。对企业新复工人员做到核酸检测全覆盖，坚决避免出现新的风险源。五是严之又严抓好学校防控。对境外返校的师生，严格落实100%集中医学隔离、

100%核酸检测。严格落实校园防控工作流程和疫情报告、健康体检、清洁消毒等制度。制定完善应急处置预案，确保覆盖到所有学生在校活动区域和环节。

三、突出全力“保”。慎终如始地做好各类机制和要素保障工作，做到责任不减、要求不降、机制不变、措施不松。一是强化机制保障。坚持和完善疫情联防联控工作机制，保持指挥部“一办十组”工作格局不变、机制不变。继续严格落实防控工作属地责任，健全覆盖区、镇(街道)、村(社区)的三级疫情防控网络，持续加强镇、村两级工作网络，把疫情防控融入基层综合治理和经济社会秩序恢复的每一个环节。二是强化物资保障。鼓励口罩、防护服、消毒液等重点防控类物资生产企业，按需加大生产调度力度，保障社会供应，满足企业复工、学校复课、群众日常生活需要。督促各企事业单位，足额储备防疫物资，严格做好应急物资储备，确保需要时能够调得出、供得上。三是强化法治保障。宣传引导社区居民依法防疫、科学防疫知识，强化疫情防控法律服务，确保社会和谐稳定。

苏州市吴江区2020年东西部扶贫协作自评报告

区扶贫协作和对口支援领导小组办公室

（2020年11月）

根据党中央、国务院和江苏省、苏州市关于东西部扶贫协作的决策部署，吴江区委、区政府高度重视，始终把东西部扶贫协作对口帮扶印江作为义不容辞的重大政治任务，坚持深入学习贯彻习近平总书记关于脱贫攻坚的重要论述，紧紧围绕“两不愁三保障”的基本要求，聚焦精准扶贫、精准脱贫，坚持真情帮扶、科学帮扶、持续帮扶，在全区各部门各区(镇)以及全体援建干部共同努力下，吴江区东西部扶贫协作工作扎实开展、有序推进，助力印江县决战脱贫攻坚取得了明显成效。现将2020年吴江区东西部扶贫协作工作汇报如下：

一、脱贫攻坚战以来东西部扶贫协作工作进展

2016年以来，吴江区聚焦组织领导、资金帮扶、产业协作、劳务协作、人才支持和携手奔小康等六大重点任务，持续深化对口帮扶印江工作。一是强化组织领导，交流日趋密切，两地党政主要领导互访达到15次，各个领域互访交流达到2300多人次；机制日趋完善，两地累计召开联席会议11次，吴江召开专题部署会议11次。二是加强人才交流，5年来共选派3名党政干部赴印江挂职，深入当地抓东西部扶贫协作，助力脱贫攻坚，援印干部获省级脱贫攻坚先进个人表彰3人；抓培训充电，举办干部培训班17期，培训党政干部378人，举办专业技术人才培训94期，培训专业技术人才2306人；抓三支帮扶，打造医疗教育“组团式”帮扶试点2个，累计选派128名“三支”人才赴印江，累计输出医疗技术项目11个。三是加大资金支持，累计落实各级各类财政帮扶资金1.1832亿元，其中吴江区镇两级财政帮扶资金4328万元，用于扶贫协作项目107个，累计带动贫困人口7.39万人。四是提升产业合作，引导到印江开展扶贫企业数累计26家，投资额累计18.4亿元，带动贫困人口1267人；共建产业园1个，累计引导入园企业7家，投资额5.85亿元；累计建立扶贫车间10个，吸纳就业755人，其中贫困人口333人；累计采购销售印江带贫农畜牧产品3601万元，带动贫困人口2022人次。五是深化劳务协作，累计在吴江举办东西部劳务协作培训班19期，培训贫困人口365人；帮助铜仁籍贫困劳动力在吴江就业298人，帮助印江籍贫困劳动力就近就业3572人，在其他地区就业230人。通过“1+2”两校一企合作累计引导28名贫困学生来吴江学习，其中1人实现就业。六是携手奔小康，结对帮扶深入开展，实现吴江区8个区镇与印江11个乡镇（街道、开发区）结对，完成49所中小学校结对，18个乡镇卫生院结对，实现与印江28个深度贫困村结对帮扶全覆盖。累计培训农村致富带头人329人，累计投入社会帮扶资金1535万元。

五年来，对口帮扶的印江县实现了跨越式发展，脱贫攻坚取得了辉煌成就。一是脱贫攻坚让贫困渐远，印江县于2019年成功通过国家第三方评估实现脱贫摘帽，贫困发生率从2015年底的14.6%降低至2019年底的0.00%，成功实现贫困人口“清零”；二是脱贫攻坚让乡村向美，通过“农村公路组组通”“安全饮水户户用”“人居环境家家美”“电力通讯处处有”补齐了农村基础设施短板，为印江群众带去实实在在的便利；三是脱贫攻坚让生活向好，印江政府以易地扶贫搬迁作为党政“头号工程”，让搬迁群众实现搬得出、稳得住、能致富。截至2019年底，印江城镇居民人均可支配收入31142元，相比2015年增长43%，农村居民人均可支配收入9843元，相比2015年增长48%。

二、2020年东西部扶贫协作工作进展

（一）以提高站位为首要，组织领导更重视

今年来，吴江区委、区政府高度重视东西部扶贫协作工作，虽受疫情影响，但主要领导调研对接热度不减、部署落实及时，推动各项重点工作有序开展。一是互访交流热度不减，双方党政主要领导全年互访达3次，共计召开2次党政联席会议。其中，5月铜仁市政协副主席、印江县委书记田艳率队赴吴江考察，召开第一次党政联席会议，双方签订生猪购销合作协议；8月区委副书记、代区长王国荣带队赴印江调研，召开第二次党政联席会议；10月印江县长张浩然带队来吴江进行招商考察。在主要领导的带领下，双方部门、乡镇间交流热度依旧，截至11月，两地共计交流104批次、825人次。二是专题部署及时到位，贯彻落实总书记在决战决胜脱贫攻坚座谈会讲话精神，3月13日区委第103次常委会专题进行学习。3月区政府第54次常务会议审议通过了《2020年吴江对口帮扶印江工作要点》，同月十三届区委第104次常委会听取并同意了对口帮扶印江的汇报，指明了全年东西部扶贫协作工作的重点和方向；8月区政府召开半年度东西部扶贫协作和对口支援工作推进会，9月召开吴江区消费扶贫月活动启动会暨专柜专馆专区现场观摩推进会，通过专题部署有力推进东西部全年帮扶重点任务。

（二）以内生动力为引领，人才支援更深入

一是党政干部挂职双向扩面，常态化做好2名在印江挂职干部的管理服务工作，继续完善印江干部在吴江“集中培训+跟班锻炼+调研总结”的培养模式，完成5名印江籍干部的跟班锻炼和1名印江干部的挂职交流。二是专业技术人才交流持续深入，全年新增选派34名“三支”人才赴印江开展专业技术帮扶工作，其中10名教师、18名医生、6名农技人员，通过协议方式向印江输出5项医疗新技术，为印江带去了先进的教育、医疗和农业理念和技术指导。三是培训工作有序开展，深入践行扶贫先扶智的理念，区委党校举办3期东西部协作扶贫干部教育专题培训班，为150名印江党政干部提升了理论素质。通过开展教育、医疗等方面的互动交流为708名印江专业技术人员提供了技术培训。四是组团式帮扶深入推进，继续按要求做好教育医疗两个“组团式”帮扶，深化吴江实验初中与思源中学的教育组团式帮扶和苏州市第九人民医院、江苏盛泽医院与印江县人民医院的医疗组团式帮扶。

（三）以聚焦精准为核心，资金支持更有力

一是财政帮扶资金力度不减，今年来，累计落实各级财政帮扶资金4159.45万元。其中，省、市两级财政资金2469.45万元，吴江区级财政帮扶资金1500万元，镇级财政帮扶资金190万元，区、镇两级合计1690万元。在财政帮扶资金使用上重点围绕培育和壮大特色优势产业、改善公益性生产生活条件、增强贫困人口自我发展能力和抵御风险能力等方面，并向易地扶贫搬迁安置点倾斜，向深度贫困地区倾斜。全年共实施帮扶项目44个。二是社会帮扶资金稳步增加，积极动员社会各界向印江捐款，全年累计落实社会帮扶资金613万元。动员社会各界向扶贫协作地区捐款436万元、捐物折价约177万元，“大爱吴江·心心相印”帮扶品牌进一步打响，“面包树”公益、“美美与共”助学联盟等社会帮扶组织持续输送

"吴江温度"，慈善总会、工商联募集企业捐助150万元。

（四）以印江所需为关键，产业合作更紧密

产业协作有序推进，通过前方印江工作组的协调沟通参与，全年帮助印江累计引导企业9家，实际投资额9.44亿元，带动贫困人口693人；其中入驻共建园区企业数3家，实际投资额2.49亿元，吸纳贫困人口就业数9人。当年新增建立扶贫车间4个，累计协助在印江建立扶贫车间10个，吸纳带动建档立卡贫困人口333人。文旅协作积极开展，继续加大旅游推介、市场拓展、项目开发、精品路线等方面的合作力度，协助印江在江苏开展旅游推介活动，积极帮助印江打响旅游品牌。消费扶贫多面拓展，通过政府采购、线上线下销售模式以及"三专"一平台活动，多渠道推动"印货"入苏，区财政层转下发开展2020年预算单位采购贫困地区和经济薄弱地区农副产品行动，动员政府单位开展消费扶贫采购；苏州三港农副产品配送公司与印江签约共同设立"黔（印）货入苏"电商综合服务平台，带动印江农副产品进入长三角地区市场；区供销社全力推进吴江农村电商展示展销中心项目建设，联合印江有关企业在展示展销中心设立"印江专区"；组织吴江云商公司参加"2020年货供销大集暨扶持经济薄弱村爱心行动"。通过线上线下同步多途径打开销路，更高平台、更宽领域打响印江农特产品知名度。截至11月底，采购、销售印江未认定带贫农畜牧产品68.8万元，已认定扶贫产品金额2158万元，开展消费扶贫带动贫困人口1694人。

（五）以就业增收为目标，劳务协作更务实

一是全方位开展就业扶贫，贯彻国家、省、市关于今年脱贫攻坚的要求，把就业扶贫作为今年的东西部扶贫协作的重点，全年帮助铜仁市贫困劳动力在吴江就业151人，印江县贫困劳动力在江苏省就业173人，贵州省内就近就业1321人，其他地区就业142人。积极落实帮助铜仁籍、印江籍贫困劳动力在江苏稳定就业的各类文件。截至目前，在江苏省稳定就业贫困人口46人。克服疫情影响，帮助贫困人口返岗115人。二是多举措开展就业培训，依托太培中心等各类职业培训机构、用工企业内训基地和技工院校开展印江贫困劳动力定向就业培训。全年在吴江组织开展培训班6期，培训贫困人口67人；与印江商议143万元吴江区级财政帮扶资金用于印江劳动者就业技能培训，协助在印江培训贫困劳动力536人。三是高标准落实"两校一企"合作。帮助印江贫困学生接受学历教育并提高就业能力，两地中专和吴江酒店管理集团合作采用"1+2"模式的高级酒店管理班依序开班，2019级7名贫困生进入吴江中专学习，2017级15名贫困毕业生中有1人实现就业。

（六）以广泛参与为支撑，携手奔小康更扩面

一是结对帮扶深入拓展，乡镇结对方面吴江8个区（镇）与结对的印江方11个镇（街道、开发区）互相往来开展了帮扶活动。村村、村企结对方面，持续推动吴江行政村、企业、社会组织与印江31个贫困村建立结对关系，实现印江28个深度贫困村结对全覆盖，具体结对关系如下：吴江12个村与印江12个贫困村结对、15个企业与印江16个村结对、5个商会与印江5个村结对。教育、卫生健康系统结对进一步深化，吴江区49所中小学（幼儿园）与印江区49所中小学（幼儿园）、21所医院与印江21所医院（卫生院）结对。二是社会帮扶全面开展，区慈善总会、常青爱心帮困会、青商会、残联、"面包树"、"美美与共"公益组织等单位和社会组织赴印江开展助困、助医、助学、助残、助老等主题活动，营造全社会参与帮扶的良好局面。三是致富带头人培训大力实施，通过万山党校和张家港善港村干部培训基地，协助印江完成致富带头人培训100人次。四是舆论宣传氛围持续浓厚，围绕"吴江·印江，两江相映"，积极组织各新闻单位大力宣传吴江对口帮扶印江工作，营造全社会帮扶氛围，凝聚强大帮扶合力。开展"苏州人家的小康生活·共同奔小康（走进泗阳、印江）"系列专题报道，全年各级媒体报道270余篇，其中国家级媒体报道20篇。

（七）以创新举措为前提，自选动作再发力

在全面贯彻落实省、市关于东西部扶贫协作协议的规定动作外，吴江区围绕克服疫情影响、帮助残疾人脱贫、动员社会力量助力挂牌督战等方面不断创新工作举措，提升扶贫协作新成效。一是克服疫情影响助力脱贫攻坚。区委、区政府高度重视受援地区的需求，在我区驻印江前方工作组协调下，专题部署，特事特办。2月初，先后为

贵阳公共卫生救治中心应急工程建设及铜仁市思南县公共卫生救治中心应急工程建设紧急协调，力促相关企业复工复产，为工程如期投用提供强力保障。同时加大防疫物资支持，汾湖高新区向印江捐赠一次性医用口罩2.05万只。二是持续探索助力残疾人脱贫，通过吴江区级财政拨付10万元，针对印江县城异地移民安置点的残疾人搬迁户，开展残疾人就业等帮扶活动。三是动员社会力量助力挂牌督战，响应国家、省、市要求，在工商联发动下，我区盛泽镇总商会、新一代企业家商会分别与云南省曲靖市大海乡下属2个贫困村结对，帮扶资金40万元用于基础设施改善，通过直播带货等方式购买当地农产品6万余元。

（八）典型案例：打造东西部劳务协作的“吴江模式”

1.强化政策激励，打造扶贫协作“样板区”。积极探索更高起点就业扶贫方式，为发挥人力资源机构作用助力脱贫攻坚先行“探路”。一是市场运作、先行试水。通过政府搭台、市场化运作模式，联合印江县就业局与文鼎集团合作，签订三方合作协议，开启对口扶贫劳务协作社会化运作新模式。二是政策扶持、全面保障。从企业、劳动者和人力资源服务机构三个维度，落实吸纳受援地建档立卡人员社保补贴、稳定就业一次性奖励和职业介绍补贴等各项政策，全方位保障稳定就业。三是全链服务、多域支援。经过一年多的运行，形成信息共享、专场招聘、劳务输出、人才培养等全链式、多领域支援合作格局。全年累计开展扶贫巡回专场招聘16场，提供2100个岗位。构建“互联网+”就业扶贫，每周定期推送岗位需求，形成常态化的岗位信息共享和发布机制，全年累计线上推送31批次，总需求人数2712人。

2.强化协作机制，畅通就业转移“快车道”。通过三方合作联手打造“零距离就业扶贫”的“吴印良品”。一是搭建三级服务体系。通过文鼎集团在印江县人社局设立劳务协作服务窗口，14个乡镇设立就业服务中心，77个村选聘128名劳务经纪人，形成“县级建就业服务窗口，各乡镇设就业服务站，各村聘劳务经纪人”的三级就业扶贫服务体系。二是打通帮扶“最后一公里”。在各村选聘一批在当地有影响力的人当劳务经纪人，除在村委会设立就业服务站外，将村内小卖部、零售店发展为村级就业服务站，作为公共就业服务平台的“末梢延伸”，以“精准模式”释放扶贫劳务协作巨大能量。三是畅通就业转移机制。疫情发生后，三级服务体系高效运转，通过视频面试等途径，吴江企业迅速、精准匹配到合适劳动力。同时，开辟“点对点”送工绿色通道，仅上半年累计转移就业430人，其中建档立卡贫困劳动力199人。

3.强化技能提升，发挥就业帮扶“内生力”。针对印江多数劳动力文化偏低、年龄偏大、缺乏劳动技能，无法满足企业需求的情况，我区多措并举、多管齐下，提高培训针对性、有效性。一是线上与线下结合。开通“吴江—印江在线学习中心”，开发线上培训资源，上线电梯制造专业等13个专业143门课程。二是岗前与岗后结合。联合用工企业共同对印江务工人员开展防疫知识、安全生产等岗前培训，选派技能培训机构，结合以工代训、以老带新方式开展岗位操作技能培训。三是输出前与输出后结合。由文鼎集团在印江投资组建铜仁智能手职业培训学校，引进吴江智能制造先进专业、理念、设备，开办工业机器人、电工等7个专业。四是新成长与存量劳动力相结合。以吴江中专与印江中专联合办学为平台，为在校学生技能水平进行常态化帮扶，针对在校学生薄弱技能开办专题培训班，帮助在校学生做好技能储备，提高其就业能力。

4.强化稳岗措施，提升就业扶贫“成功率”。打造“就在苏州　乐业吴江”公共服务品牌，营造“最舒心”就业环境，全方位提升扶贫就业的稳定性。一是鼓励企业扩就业。发挥企业吸纳就业“蓄水池”作用，开展对口帮扶交流企业座谈会，鼓励企业优先吸纳安置建档立卡贫困劳动力，选送欧普照明、大鼎模具两家公司参加就业扶贫先进企业评选。二是优化服务促就业。成立服务专班，每100名务工人员配备1—2名“专职生活导师”，对建档立卡贫困劳动力，提供“一人一档”精准服务，及时掌握就业动态，帮助解决工作和生活实际问题。开辟维权“绿色通道”，及时化解纠纷，保障合法权益。三是增强关怀稳就业。依托“铜仁之家”先后组织各类活动20余次，拉家常、话乡情、看变化，给铜仁籍务工人员在吴“就业路”增添温暖，全面增强印江务工人员对吴江的认同感和归属感，更好地帮助他们融入吴江的工作、生活氛围。

三、2019年脱贫攻坚专项巡视和考核发现问题整改情况

围绕2019年脱贫攻坚专项巡视和考核中发现的问题，我区高度重视，坚持问题导向，严肃整改，高标准严要求落实《苏州市2019年东西部扶贫协作国家考核反馈问题整改方案》。针对国家考核中发现的携手奔小康结对帮扶工作不深入的问题，吴江区积极落实整改要求，虽受疫情影响，但乡镇结对帮扶资金于上半年全部到位，村村、村企结对全部结合实际开展并落实帮扶资金。

四、2021年东西部扶贫协作工作思路

2021年是“十四五”的第一年，是我国迈向社会主义现代化强国建设的起点，吴江区将贯彻习近平总书记在决战决胜脱贫攻坚座谈会上的讲话精神，严格落实“四个不摘”（即摘帽不摘责任、摘帽不摘政策、摘帽不摘帮扶、摘帽不摘监管）要求，根据省、市部署要求，保证帮扶政策相对稳定，帮扶力度不减，进一步加强与印江的沟通对接，推动东西部扶贫协作迈向更高质量发展阶段。

（一）着力消费扶贫，推动产业合作走“深”。一是进一步推动消费扶贫。以消费扶贫专柜、专馆、专区行动为抓手，落实国家、省、市分解的任务，持续扩大消费者购买扶贫产品的渠道，持续推动政府预算采购、扶贫农产品进商超等既有的消费扶贫政策，不断健全产销对接长效机制，持续助推“印货”入苏。二是进一步推动旅游互动协作。加大印江旅游资源宣传推介，探索深化两地文化旅游方面合作力度，发挥吴江培训旅游人才、开发旅游产品、拓展旅游市场的引领力，帮助印江打造精品旅游线路，深化合作成效。三是进一步推动产业协作。探索乡村振兴战略与东西部扶贫协作之间的结合，加强与印江在农业产业方面的合作，有效利用“两江产业园”等平台，推动有意向的东部企业赴印江投资。

（二）稳定就业扶贫，推动劳务协作走“实”。一是强化引领，确保“出得来”。不断完善三级就业服务体系，以特色化为引领走出就业扶贫新路径。二是挖掘潜能，确保“干得好”。全面排摸企业用工需求，引导更多吴江企业与印江各类院校开展校企合作，采用订单式、冠名班、校园招聘等多种形式，强化人才培养和技能培训。三是完善服务，确保“留得住”。围绕帮助实现稳定就业的目标，集聚政策和服务资源，努力实现保存量、扩增量。针对就业扶贫中存在“留不下、稳不住”问题，建立用工跟踪精准管理机制，实现精准掌握务工人员的就业状况和动态跟踪管理。多措并举关心、关怀铜仁籍务工人员，真正实现“就业苏州　乐业吴江”。

（三）加强对接交流，推动东西协作走“近”。在现有的镇、村、企结对帮扶基础上，在中小学校、医院结对全覆盖的基础上，进一步深化双方结对帮扶方式，探索建立常态化的交流机制。继续打响“大爱吴江·心心相印”等社会爱心帮扶品牌，充分发挥中国社会扶贫网的平台，发动社会各方面力量，让全社会参与到东西部扶贫协作事业中来，让吴江印江“两江”协作这面旗帜始终飘扬在两地民众之间。

（本栏编辑　沈　瑶）

1月

3—6日 中国人民政治协商会议苏州市吴江区第十五届委员会第四次会议举行。

4—7日 苏州市吴江区第十六届人民代表大会第四次会议举行。会议补选徐晓枫为苏州市吴江区人大常委会主任。

5日 第二届吴江十大民心工程揭晓。苏州市第九人民医院等10项工程获评吴江十大民心工程,东环快速路南延(吴江段)工程等10项工程获得提名奖。

8日 2020年吴江区文化科技卫生"三下乡"集中服务活动启动。

10日 在北京召开的国家科学技术奖励大会上,亨通集团参与的"铝合金节能输电导线及多场景应用"项目和苏州绿控传动科技股份有限公司参与的"商用车机械自动变速式混合动力系统总成关键技术及其产业化应用"项目分别获得2019年度国家科学技术进步奖二等奖。

13日 吴江与青浦、嘉善协同治水经验登上央视《新闻联播》,以题为"走进长江经济带:美丽长江共治理"的专题报道进行播出。

14日 2020年江苏省"世界湿地日"宣传活动启动仪式在同里国家湿地公园举行。

△ 吴江区检察院创新检察技术应用办理的一起围湖造地案以及推动建立的太浦河流域生态资源检察公益诉讼协作机制入选最高人民检察院《绿色发展·协作保障服务保障长江经济带发展检察白皮书(2019)》。

17日 2019年国家级经济技术开发区综合发展水平考核评价结果公布,吴江经济技术开发区位列第35。

20日 吴江区设分会场,组织收听、收看苏州市"不忘初心、牢记使命"主题教育总结大会视频会议,并在会后召开吴江区"不忘初心、牢记使命"主题教育总结大会。

△ 2019年第二批全国休闲农业与乡村旅游星级示范企业(园区)名单发布。吴江现代农业产业园和震泽镇众安桥村分别获评全国休闲农业与乡村旅游四星级和三星级企业(园区)。

22日 吴江区新型冠状病毒感染的肺炎疫情防控工作会议召开。

25日 吴江召开紧急会议,贯彻落实江苏省启动突发公共卫生事件一级响应相关工作,宣布成立区新型冠状病毒感染的肺炎疫情防控工作现场指挥部。

27日 吴江举行第一批援鄂抗疫医疗人员欢送会。首批援鄂医护人员由张婷婷、王雅萍、章梅妹和周琴4人组成。

△ 恒力集团向武汉市慈善总会捐赠1亿元人民币，专门用于武汉地区新型冠状病毒肺炎防治工作。

28日 省委常委、苏州市委书记蓝绍敏率队到吴江，检查调研新型冠状病毒感染的肺炎疫情防控工作，并看望慰问奋战在疫情防控最前线的工作人员。

2月

5日 区政府出台《关于应对疫情支持中小企业健康发展的十八条政策意见》。

6日 吴江发布《关于进一步加强疫情防控期间小区管理的通告》。

9日 吴江区第二批援鄂医疗队38名医护人员启程，支援武汉抗击疫情。

17日 博众精工联合澳拓美盛向江苏省工业和信息化厅捐赠口罩全自动生产设备解决方案。

18日 2020年吴江区春季重大项目集中开工暨恒力国际新材料产业园签约仪式举行，43个集中开工项目总投资465亿元。省委常委、苏州市委书记蓝绍敏出席仪式并致辞。

△ 省委常委、苏州市委书记蓝绍敏到吴江区调研督查企业复工复产工作。

19日 区委副书记、区长李铭接听美国新泽西州马伯洛市市长乔纳森·何尼克（Jonathan Hornik）电话，感谢其专程致电慰问并支持吴江疫情防控工作。

△ 吴江区召开金融业应对疫情挑战支持实体经济发展座谈会。

20日 汾湖高新区与亨通集团举行长三角科大亨芯研究院项目签约仪式。

△ 2020年汾湖高新区推进一体化建设重大项目开工仪式在海派生物制药研发及生产项目现场举行。

24日 吴江开发区博洛尼天空之城开工，这是吴江开发区云梨路总部经济带第一个奠基开工的重点项目。

26日 区委、区政府发布《吴江区建设长三角生态绿色一体化发展示范区实施方案》。

3月

1日 省委常委、苏州市委书记蓝绍敏到吴江区调研长三角一体化推进情况，并现场服务挂钩联系的重大项目。

4日 苏州市第九人民医院护理部主任肖佩华获评“全国卫生健康系统新冠肺炎疫情防控工作先进个人”称号。

6日 吴江区2019年度综合考核工作总结暨作风建设大会召开。

10日 吴江开放再出发暨经济工作表彰动员大会召开。

11日 由东吴证券主承销并提供信用保护的全国首单绿色创新创业疫情防控公司债券——“江苏凯伦股份绿色双创防疫债券”在深交所发行。此次发债规模为5000万元，期限为1年期，票面利率5%。

12日 江苏聚杰微纤科技集团股份有限公司股票首次在深圳证券交易所创业板上市交易。

19日 吴江区召开专题会议部署全区涉外疫情防控工作。

20日 吴江区台企直通车第一期沙龙举办。

25日 吴江区深化河（湖）长制*改革暨生态美丽河湖建设部署会召开。

26日 吴江发出首张住所“长三角生态绿色一体化发展示范区”营业执照，标志长三角一体化发展示范区市场主体准入、跨域资质互认、电子证照通用、改革红利共享进入实质性启动阶段。

4月

1日 省安全生产第五督导组到平望镇和吴江开发区等地，现场督导吴江安全生产专项整治和危化品安全综合治理进展情况及企业安全生产工作。

△ 长三角生态绿色一体化发展示范区首期“创新工场”活动举办。

2日 《关于在长三角生态绿色一体化发展示范区深化落实金融支持政策推进先行先试的若干举措》正式发布，内容涉及推进同城化金融服务等8个方面16条措施，并在示范区内先行先试。

8日 吴江区新时代文明实践志愿服务“垃圾分类新时尚”入户宣传启动。

9日 亨通集团成为江苏首家获得高级职称评审权的民营企业。

△ 吴江检察院建成全国检察机关首家一体化听证室。

15—16日 江苏省人大常委会副主任、党组副书记陈震宁带队到吴江，调研长三角生态绿色一体化发展示范区建设推进情况，并召开长三角一体化示范区立法座谈会。

16日 吴江举行援鄂医疗队返吴欢迎仪式。

17日 区政府召开第56次常务会议。会议审议并原则同意《关于促进吴江夜间经济发展的十条政策措施》等议题。

△ 吴江“人才贷”启动仪式暨首期吴江人才“微”讲堂举行。

△ 吴江开出全国首张水产苗种“动物检疫合格证明”电子证。

23日 中共苏州市吴江区第十三届纪律检查委员会第五次全体会议暨全区领导干部警示教育大会召开。

△ 吴江企业家崔根良、沈小平获评第一届“长三角慈善之星”。

25日 2020年江苏省暨苏州市版权宣传周活动在盛泽东方纺织城启动。

26日 “姑苏八点半·繁华吴江夜”夜间经济品牌发布会暨滨投集团“夜间经济提振计划”云启动仪式在旗袍小镇举行。

28日 吴江区农村工作会议暨率先基本实现农业农村现代化动员部署会召开。

30日 苏州赛伍应用技术股份有限公司首次公开发行A股在上交所上市交易。

5月

9日 长三角生态绿色一体化发展示范区“水滴”青年志愿者护河突击队成立。

12日 吴江办结全省首例个人债务清理案。

13日 吴江区全国文明城市建设工作推进会召开。

△ 区委、区政府发布《吴江区打造“最舒心”营商环境创新行动2020》。

△ 吴江发出长三角一体化示范区企业跨省迁移首单，原苏州石磊企业管理有限公司由江苏省吴江区迁至上海市青浦区。

19日 吴江·印江东西部扶贫协作2020年第一次党政联席会议在吴江区召开。

△ 吴江开出首张先落户后就业人才准迁证。

21日 嘉诺高端环保装备园在嘉诺环境（苏州）科技园开工建设。

22日 中达电子（江苏）有限公司成立全区首个台资企业关工委。

△ “‘云’聚吴江·共赢未来”——2020吴江产业平台载体推介会在苏州湾金融小镇举行。

23日 长三角自驾论坛暨首届环太湖旅居启动仪式在吴江宾馆举行。

28日 苏州自贸片区汾湖高新区联动创新区授牌成立。

29日 吴江区装备制造科学技术协会成立。

6月

1日 吴江区召开传达学习全国“两会”精神报告会。

4日 江苏省副省长费高云到吴江区调研装配式建筑生产基地建设情况。

5日 沪苏湖铁路江苏段开工建设动员会在吴江区举行。省委常委、苏州市委书记蓝绍敏出席动员会并宣布沪苏湖铁路江苏段工程启动，副省长费高云出席活动并讲话。

△ 省委常委、苏州市委书记蓝绍敏到吴江区调研发展情况并召开座谈会，督促“六保”*“六稳”*工作落实，推动目标任务“双过半”。

6日 中车绿地长三角智慧绿色制造协同创新示范区项目推进会暨合作签约揭牌仪式在汾湖高新区举行。

△ “姑苏八点半·舒心夜相伴”——繁华吴江夜水秀天地专场夜市、第七届吴江太湖文化节暨2020丝绸文化旅游节开幕式在水秀天地举行。

7日 水利部副部长魏山忠带队到吴江调研湖泊群治理工作。

10日 江苏省科学技术奖励大会召开。吴江获得6个奖项，获奖数在苏州大市范围内排名第一。

12日 吴江区城警联动中心揭牌成立，城警联动协作机制进一步深化。

15日 吴江区人民政府与生态环境部环境规划院签订长三角生态绿色一体化发展吴江示范区环境质量提升战略合作协议。

16日 2020盛泽时尚周暨第七届江苏（盛泽）纺织品博览会云展会开幕。

18日 江苏省政协副主席周继业率专题调研组到吴江区，就“长三角区域污染防治协作机制落实情况”开展专题民主监督调研。

△ 江苏省首个文明单位联盟——吴江区文明单位联盟成立，首批成员单位由2016—2018年度江苏省文明单位（23家）组成。

△ 吴江区举行长三角一体化示范区5G基础设施建设战略框架协议签约仪式。

19日 吴江区领导干部会议召开。会上，宣布省委、市委关于吴江区主要领导调整的决定，李铭任吴江区委书记、吴江经济技术开发区党工委书记，王国荣任吴江区委副书记，被提名为吴江区区长候选人。省委常委、市委书记蓝绍敏参加会议并讲话。

△ 中国农工民主党苏州市吴江区支部全体党员大会暨农工党苏州市吴江区基层委员会成立大会召开。

23日 吴江区第十六届人大常委会第二十九次会议召开，审议和通过有关人事任免，同意李铭同志因工作变动辞去吴江区区长职务，任命王国荣同志为吴江区人民政府副区长，并决定其代理区长职务。

27日 2020年吴江区半年度重大项目集中开工，59个重大项目总投资约881.8亿元。

28日 省委常委、苏州市委书记蓝绍敏到吴江专题调研基层党建工作，看望慰问部分困难党员。

△ 中国移动（江苏苏州）数据中心二期工程在汾湖高新区开工建设，项目计划投资约19亿元。

29日 吴江泗阳产业合作园区建设启动暨重大项目集中开工仪式在泗阳县举行。

△ 吴江正式获评省级全域旅游示范区。

7月

1日 吴江区党风廉政教育馆开馆。

3日 《关于支持长三角生态绿色一体化发展示范区高质量发展的若干政策措施》发布。

8日 江苏省委常委、组织部部长郭文奇到吴江调研基层党建等工作。

△ 江苏省人大常委会副主任邢春宁到吴江开展水污染防治立法调研。

10日 2020年（第十二届）苏州国际精英创业周吴江分会场暨吴江国际精英创新创业洽谈会在吴江宾馆开幕。

13日 省委常委、苏州市委书记蓝绍敏视频调度吴江区防汛工作。

16日 水利部副部长陆桂华到吴江检查防汛工作。

17日 江苏省委副书记、省长、太湖防总总指挥吴政隆到吴江检查指导防汛抗洪抢险工作，并看望慰问奋战一线的防汛人员。省委常委、苏州市委书记蓝绍敏，副省长赵世勇，武警第二机动总队副司令员向明清，省政府秘书长陈建刚等陪同检查。

△ 吴江·安吉E产业园项目合作签约。

19日 胡毓芳、仲鸿天、朱婧文、钱恺、章梅妹成为首批“吴江时代新人”。

21日 吴江区关爱退役军人协会成立。

27日 2020年《财富》中国500强排行榜发布，恒力石化股份有限公司、江苏亨通光电股份有限公司、江苏东方盛虹股份有限公司3家吴江企业进入榜单。恒力石化股份有限公司列榜单99位，首次进入百强。

30日 全国首单民营企业未贴现商票标准化票据落地吴江，苏银亨通2020年度第一期标准化票据成功发行，金额1亿元，期限334天，利率4.4219%。

31日 创建全国文明城市暨全区市容环境卫生与居民小区百日攻坚行动部署会召开。

8月

1日 中共苏州市吴江区委十三届十九次全体会议举行。

2日 康力大道东延工程元荡桥合龙。该工程线路全长4.5千米，其中吴江段2.27千米，为长三角生态绿色一体化发展示范区内首个省际对接基础设施工程。

3日 工商银行金融支持吴江开发区产城融合发展战略合作签约。

4日 吴江区人民政府、中车城市交通有限公司、绿地控股集团三方合作的长三角绿色智能制造协同创新示范区项目签约，项目预计总投资约260亿元。

6日 吴江区召开“奋战一百天，快上新台阶”全国文明城市创建冲刺迎检动员大会。

7日 吴江区政府全体（扩大）会议召开。

10日 吴江区总工会和苏州信息职业技术学院共建江苏

省工匠学院(吴江)项目签约。

△ 美国《财富》杂志发布新一期世界500强名单,吴江2家企业进入榜单,恒力集团连续4年上榜,盛虹控股集团首次入围。

△ 吴江区发布《关于建立司法联动保障破产工作规范运行机制的意见》,在全国首创破产司法联动机制。

11日 青浦、吴江、嘉善三地政协联合开展“水环境治理与保护”联动视察监督活动。

13日 省委常委、苏州市委书记蓝绍敏到吴江区调研长三角一体化示范区美丽苏州建设情况,出席长三角一体化示范区乡村振兴美丽吴江样板区项目签约仪式并致辞。

14日 上海市委书记李强,市委副书记、市长龚正带队到吴江考察。江苏省委书记娄勤俭陪同考察。

△ 长三角“芯”科技产业园项目在吴江区会议中心签约。

21日 吴江发生2.3级地震,震源在花港附近,震源深度11千米。

△ 2020第六届梅沙教育全国青少年帆船联赛(苏州吴江站)开幕。

22日 第八届吴江区市民网络文化节暨长三角生态绿色一体化示范区短视频大赛(吴江站)启动。

24日 首批创业板注册制上市企业江苏海晨物流股份有限公司在深交所挂牌交易。

△ 汾湖高新区开出吴江首张租赁违法“罚单”,这也是苏州大市范围内首次以集体土地违法建筑出租住人为案由查处的租赁违法案件。

25日 长三角地区三省一市政协联合调研组到吴江区就“长三角地区污染防治协作机制落实情况”开展联合调研。上海市政协副主席李逸平、浙江省政协副主席周国辉、安徽省政协副主席郑宏、江苏省政协副主席周继业等参加活动。

28日 青吴嘉政法系统推进高质量平安法治一体化合作框架协议在吴江签订。

9月

1日 第二十一届中国专利奖授奖,吴江4家企业5个专利分别获中国专利奖银奖和优秀奖,创历史最佳成绩。

2日 2019年度全省经济开发区科学发展综合考核评价情况公布,吴江经济技术开发区在118家经济开发区中位列第7。

7日 吴江区红十字会第六次会员代表大会召开。

8日 长三角一体化示范区教育合作项目签约启动仪式在吴江举行,南京师范大学附属吴江小学等一批项目签约。

△ 2019中国百强镇榜单公布,同里镇、盛泽镇、黎里镇、平望镇入围。

9日 亨通集团与苏州大学签订战略合作协议。

△ 九三学社吴江区支社全体社员大会暨基层委员会成立大会召开。

10日 2020长三角光电产业协同创新发展年会暨中国(苏州)光通信产业知识产权运营峰会在吴江召开。

△ 2020中国民营企业500强榜单发布,吴江的恒力集团、盛虹控股集团、亨通集团、通鼎集团、永鼎集团再次上榜。

12日 2020吴江(深圳)创新驱动投资说明会在深圳举行。现场集中签约20个项目,总投资约134.95亿元。

△ 吴江区人民政府与华为技术有限公司签署工业互联网框架合作协议,华为—吴江产业使能平台揭牌。

17日 “中国好人榜”发布,吴江的安娜当选“助人为乐好人”。

18日 以“科学抗疫、科技为民,决胜全面小康”为主题的吴江区第三十二届科普宣传周暨2020全国科普日开幕式举行。

19日 世界首条采用IDM模式8英寸第三代化合物半导体硅基氮化镓大规模量产线在英诺赛科(苏州)半导体有限公司正式进入试生产阶段。

21日 江苏省第八届全民健身运动会龙舟比赛暨2020运河名镇龙舟平望邀请赛在吴江举行。

26日 中国科学院半导体研究所与汾湖高新区就苏州微电子与光电子融合技术研究院项目签约。

27日 江苏省第四批次特色田园乡村名单公布,同里镇北联村洋溢港、七都镇开弦弓村开弦弓、松陵街道南厍村南厍上榜。

29日 纪念费孝通先生诞辰110周年暨“游学江村”旅游服务品牌发布活动在开弦弓村举行。

30日 吴江部署启动全区村(社区)“两委”换届工作。

△ 吴江首家在科创板上市的企业——苏州世华新材料科技股份有限公司正式上市交易。

△ 吴江举行烈士纪念日敬献花篮仪式。

10月

3日 2020“吴江汾湖”中国攀岩联赛总决赛暨第十四届全国运动会攀岩资格赛在汾湖文体中心开幕。

9日 吴江区行政审批局(政务服务中心)整体搬迁至水秀天地苏州湾大厦，新址全面启用。

10日 中广核加速器智能制造基地一期项目开工。

△ 江苏省人大常委会副主任曲福田到盛泽镇黄家溪村、费孝通江村纪念馆等地开展调研。

11日 中国现代化新征程暨纪念费孝通诞辰110周年学术研讨会举行。全国人大常委会副委员长、民盟中央主席丁仲礼出席研讨会开幕式并致辞。北京师范大学中国社会管理研究院、社会学院院长、国务院研究室原主任魏礼群，全国人大常委会委员、民盟中央副主席、中国文联副主席张平，省委常委、苏州市委书记许昆林，江苏省政协副主席、民盟省委主委胡刚等参加开幕式。

14日 吴江区检察院获得“全国先进基层检察院”奖牌。

17日 世界品牌实验室(WorldBrandLab)发布2020年度《世界品牌500强》。恒力集团的“恒力”品牌列总榜第398位，成为国内石化、纺织行业唯一入围品牌。

21日 “立足新发展格局，推动长三角制造业高质量发展”2020致公党长三角区域合作发展论坛在吴江开幕。全国政协常委、致公党中央副主席、上海市政协副主席、致公党上海市委主委张恩迪，浙江省政协副主席、致公党浙江省委主委郑继伟，全国人大常委会委员、安徽省人大常委会副主任、致公党安徽省委主委谢广祥，全国政协常委、江苏省政协副主席、致公党江苏省委主委麻建国等出席开幕式。

24日 省委常委、苏州市委书记许昆林到吴江调研落实长三角一体化国家战略、推进示范区建设情况。

△ 第十一届长三角地区城乡规划研讨会在吴江区举行。

28日 第八届江苏(盛泽)纺织品博览会暨第二十一届中国盛泽丝绸旅游文化节开幕。

29日 盛虹集团有限公司被认定为“国家级绿色工厂”。

30日 “不忘初心、牢记使命·长三角生态绿色一体化发展示范区协同治水再深化”主题活动在吴江举行。

△ 吴江区涉审中介网上交易大厅正式启用，为全省首个涉审中介网上交易大厅。

△ 苏太猪育种(保供)中心桃源基地落成揭牌。

11月

4日 2020第七届中华灯谜文化节暨第七届“平望杯”中华灯谜邀请赛开赛，来自全国20多个省近200位猜谜选手参加。

7日 2020年智慧农业改革发展大会在吴江举行。中央农村工作领导小组办公室副主任、农业农村部党组副书记、副部长韩俊，省委常委、苏州市委书记许昆林出席会议并讲话。

9日 康力大道对接东航路工程正式通车，吴江汾湖到青浦金泽的车程由40多分钟缩短到5分钟。省委常委、苏州市委书记许昆林，上海市副市长汤志平出席通车仪式。

△ 中车绿地长三角绿色智能制造协同创新示范区项目在汾湖开工。

10日 吴江经济技术开发区晋升国家级十周年大会暨2020中国吴江投资贸易洽谈会举行。

△ 56个吴江区重大项目集中竣工，总投资748亿元。

△ 吴江启动江南运河云梨桥畔城市更新(运河小镇)项目等22个城市有机更新项目。

△ 苏州湾金融小镇正式启动运营。

12日 吴江获评“首届全国公共资源交易百强县”称号。

△ 吴江区获评“2020中国领军智慧城区”称号。

13日 2020中国吴江第十八届酒乡旅游文化节在桃源镇举办。

17日 苏州大学附属苏州九院揭牌。

19日 学习贯彻党的十九届五中全会精神省委宣讲团首场宣讲报告会在吴江举行。

△ 由国家管网集团华东公司与盛虹控股集团合作建设国内首条“央企+民企”合建成品油管线项目签约。双方将合资共同建设、运营连云港—徐州—郑州成品油管道及配套油库项目。

20日 全国精神文明建设表彰大会在吴江召开。吴江区盛泽镇黄家溪村和震泽镇众安桥村获得第六届“全国文明村镇”称号，恒力集团有限公司（本部）获得第六届“全国文明单位”称号。

△ 区委农村工作领导小组会议、区扶贫工作领导小组会议暨全区扶贫工作会议召开。

23日 恒力（昆山）国际新材料产业园、恒力（吴江）智能化超级工厂项目签约。

26日 第三届（2020）中国营商环境特色50强评选结果发布，区法院“全国首创破产司法联动机制”案例榜上有名，获评投资环境创新奖。

△ 第十二届长三角教育一体化发展会议在吴江举行。会上，上海市、江苏省、浙江省、安徽省一市三省签署《长三角一体化教育协同发展三年行动计划》。

△ 在江苏省抗击新冠肺炎疫情表彰大会上，吴江有6人获“江苏省抗击新冠肺炎疫情先进个人”称号，1个集体获“江苏省抗击新冠肺炎疫情先进集体”称号。

30日 第34届同里杯中国围棋天元赛决赛开赛。杨鼎新挑战现任“天元”连笑。

12月

1日 吴江区学习贯彻党的十九届五中全会精神宣讲动员部署会召开。

△ 2020年全国企业家活动日暨中国企业家年会召开，恒力集团董事长陈建华获“全国优秀企业家”称号。

3日 2020苏州吴江（北京）央企对接会在北京召开。

△ 吴江全面启动根治欠薪冬季专项行动。

6日 外交部副部长、中国—中东欧国家合作秘书处秘书长秦刚到汾湖高新区（黎里镇）考察，并召开中国—中东欧国家商务座谈会（苏州吴江）。

7日 赛迪顾问城市经济研究中心发布赛迪营商环境百强区（2020）榜单。吴江区位列全国第十。

9日 世界知识产权组织版权保护优秀案例示范点（吴江丝绸产业）调研项目成果结项专家论证会在吴江举行。该示范点是中国第三个版权保护优秀案例示范点，由国家版权局和世界知识产权组织（WIPO）于2018年确定。

10日 吴江“跨界联合河长制”入选中国改革2020年度50典型案例，为江苏省唯一治水改革创新实践案例。

△ 江苏省副省长马秋林到吴江调研民营企业发展情况。

11日 亨通航空产业园暨无人机项目奠基，该项目由中国航空工业集团公司第一飞机设计研究院与亨通集团联合共建。省委常委、苏州市委书记许昆林出席奠基仪式。

△ “双12苏州购物节——乐购吴江”正式启动。

12日 苏州湾大剧院正式启幕。省委常委、苏州市委书记许昆林出席开幕仪式。

△ 中建八局科创产业发展有限公司在汾湖高新区（黎里镇）揭牌成立。

14日 全区“四史”*学习教育动员部署会召开。

15日 吴江区“三张榜单”引领农村人居环境整治入选全国第二批23个农村公共服务典型案例。

19日 融创桃源国际生态文旅度假区项目奠基启动。

25日 党建引领省属企业与吴江合作共建一体化示范区现场会在吴江召开，省属企业与吴江区基层党组织签约34个合作项目，并启动非公党务工作者专业技术资格专项评审启动工作。

26日 吴江召开强寒潮天气防范应对工作会议，对防范应对强寒潮天气作出部署。

28日 新华网发布2020城市市辖区高质量发展100强榜单，吴江区位列地级城市第三。

30日 中国共产党苏州市吴江区第十三届代表大会第六次会议举行。

31日 全国妇联表彰第十二届全国五好家庭暨家庭工作先进集体、先进个人，吴江的周根宏家庭获“全国五好家庭”称号。

（本栏编辑　范红明）

综 述

【概况】 长江三角洲区域一体化发展国家战略是习近平总书记亲自谋划、亲自部署、亲自推动的重大战略。建设长三角生态绿色一体化发展示范区(以下简称“示范区”)是实施长三角一体化发展战略的先手棋和突破口。

2020年是示范区建设的开局之年。苏浙沪两省一市凝聚力量共推示范区建设。4月9日，示范区理事会第二次全体会议举行，对2020年示范区建设重点工作安排及责任分工、示范区国土空间规划(2019—2035年)草案等重要文件进行审议；6月5—6日，长三角地区主要领导座谈会在浙江湖州举行，研究部署今后一段时期共同推进的重大事项；8月26日，示范区开发者大会举行，三峡集团、阿里巴巴、华为、中金、复旦等12家创始成员单位加入示范区开发者联盟；10月31日，示范区建设工作现场会举行，总结一年来示范区32项具有开创性的制度创新成果，聚焦生态环保、互联互通、创新发展和公共服务四大领域推进建设60个亮点项目，国家发改委主任何立峰评价示范区“呈现出生机勃勃、欣欣向荣的景象，大大好于预期”。示范区政策红利释放。4月2日，示范区执委会会同人民银行上海总部等12个部门牵头起草的《关于在长三角生态绿色一体化发展示范区深化落实金融支持政策推进先行先试的若干举措》正式发布；6月11日，上海市、江苏省、浙江省人民政府联合印发《关于支持长三角生态绿色一体化发展示范区高质量发展的若干政策措施》，围绕改革赋权、财政金融支持、用地保障、新基建建设、公共服务共建共享、要素流动、管理和服务创新、组织保障8个方面，提出具体政策措施22条，支持示范区加快发展。

吴江抢抓国家战略机遇，系统推进示范区建设，取得“走在前、当示范”的一系列成果。2月21日，区委、区政府印发《吴江区建设长三角生态绿色一体化发展示范区实施方案》；5月20日，区委、区政府印发《吴江区建设长三角生态绿色一体化发展示范区2020年工作要点》，聚焦“六个重大”，排定年度工作任务143项，作为建设示范区的年度着力点和重要抓手，紧扣“一体化”和“高质量”两个关键，聚焦重大项目、重大事项、重大平台、重大改革、重大突破、重大活动，完善机制、加大力度、优化措施，至年底，启动年度工作任务143项，其中取得实质性进展136项，完成年度任务132项，竣工45项。5月13日，刊登于《代表之声》2020年第2期的《关于推进长三角生态绿色一体化发展示范区建设若干重要事项的建议》获江苏省委副书记、省长吴政隆批示“请长三角办将有关建议分送各相关部门进一步研究，我适时专题研究”；5月19日，获江苏省委书记娄勤俭批示“请发改委、自然资源厅牵头支持吴江在一体化发展示范区中抓住机遇创新发展，走在前列”。刊登于《苏州信息》第50期的《吴江区紧扣“六个重大”加快建设一体化发展示范区》获时任省委常委、苏州市委书记蓝绍敏批示肯定。刊登于《吴江信息（一体化示范区专刊）》的《吴江区紧扣“六个重大”，示范区建设全面起势》获苏州市市长李亚平批示肯定。11月9日，长三角生态绿色一体化发展示范区吴江区建设工作现场会召开，会上发布示范区挂牌以来吴江区建设示范区制度创新案例37项、项目建设经典案例45项和一批苏州自贸片区联动创新区建设成果（吴江开发区34项、汾湖高新区40项），长三角投资发展（江苏）有限公司、示范区教师发展学院和华为5G+数字化人才产教融合基地揭牌，与江苏省环保集团、国家开发银行苏州分行就示范区生态环境科创中心建设、深化开发性金融合作签订合作协议，11个示范区建设项目获银团融资500亿元。

环元荡岸线贯通工程（示范段环境提升工程）鸟瞰图

［汾湖高新区（黎里镇） 提供］

是年，吴江全力推进先行启动区（汾湖）建设。区级层面针对先行启动区出台实施定向支持政策11条及组织保障举措12条，明确财税返还、土地保障、项目倾斜等具体措施。为先行启动区争取到中央预算内财政专项资金项目5项（江苏省8项，吴江区7项），包括605省道、康力大道、黎里镇排水达标区建设工程、芦墟污水处理二期工程、乌龟荡水系连通5个项目，资金规模约2亿元。成立改革创新、工程建设、项目招引三个指挥部，抢抓先行启动区年度重点建设项目22个。改革创新率先突破。汾湖高新区成为苏州首个列入自贸片区联动创新区的省级高新区，颁发首张住所冠名示范区的营业证照，首家推出并首批发行长三角联动科技创新券，新引进高层次创新创业人才23名，与高等院校、科研院所新签订合作协议25项。一体协同纵深推进。元荡路（康力大道东延工程）通车，环元荡岸线贯通先导段按期完工，跨区域慢行系统为示范区首创；两条高铁建设序时推进，对接先行启动区660平方千米，规划开展“三大片区”控规研究；实现医保一体化异地结算、中职院校一体化招生，与复旦大学附属儿科医院、上海世外集团达成合作协议。发展质效明显提升。推动四大类22个先行启动区重点项目落地见效；全年签约重大项目20多个，总投资超1100亿元，其中超百亿元项目4个；英诺赛科进入试生产，永鼎总部建成启用，中车“智能星舰”项目推进，蓝城集团美丽吴江样板区项目开展前期建设，恒力长三角国际新材料产业基地、长三角科大亨芯研究院、京东智能供应链项目等重点项目稳步推进。城乡环境面貌一新。环元荡美丽湖泊群项目先导段完工，美丽乡村群建设序时推进，太浦河共保联治江苏先行工程完成前期项目，建立生态联防联控体系；创新推进城市和产业双优融合更新，启动国赵路等片区产业更新项目。

（吴志祥　朱铁成　唐　也　吴　娱　冯嗣婷）

【党建引领】 2020年，示范区构建党建工作创新发展“1+2”（《关于以组织体系建设为重点推进长三角生态绿色一体化发展示范区党建高质量创新发展的意见》《关于在长三角生态绿色一体化发展示范区进行党建系统集成创新的实施意见》+《关于在长三角生态绿色一体化发展示范区先行启动区推进“城镇圈”党建工作的实施意见》)文件体系，分别从区县党委、组织部门、先行启动区三个层面，对示范区党建进行整体布局、系统谋划。吴江、青浦、嘉善三地共建城市基层、非公、农村基层三个党建领域的组织力学院，选定30个党群服务阵地作为示范区首批党群服务示范阵地。启动“美美与共”长三角挂职轮训计划，吴江5批90名年轻村(社区)后备干部到上海、浙江挂职锻炼，三地36名农村干部到毗邻地区担任兼职委员，实现毗邻村全覆盖。先行启动区深化实施“吴根越角”毗邻片区党建一体化合作，以高质量党建引领高质量发展。

（吴志祥　朱铁成　唐　也　吴　娱　冯嗣婷）

【规划研究】 2020年，吴江区围绕示范区“1+1+6”规划体系(第一个“1”指“2413”范围的示范区国土空间规划，第二个“1”指“660平方千米”范围的先行启动区国土空间规划，“6”指生态环境、水利、产业、综合交通、市政基础设施、文旅6个专项规划)，参与示范区各类规划编制工作；开展苏州南站枢纽及周边地区城市设计研究、汾湖高铁科创新城规划研究；推进太浦河“沪湖蓝带”计划、交通运输战略规划研究等专题规划编制工作；对接示范区相关规划，开展吴江区“十四五”规划、国土空间规划、产业发展规划等编制工作。

（吴志祥　朱铁成　唐　也　吴　娱　冯嗣婷）

【改革创新】 3月17日，区委深改办印发《吴江区推进长三角生态绿色一体化发展示范区建设2020年度重点改革工作方案》，重点推进14项重大改革。开发建设工业企业大数据云平台，以市场化手段助推864家低效企业实现淘汰或转型。探索开展城市产业双优融合更新，启动22个城市有机更新项目。开展最佳营商环境综合改革，全省率先试点产业准入环评审批制度，全国率先启动“互联网+不动产金融”创新服务项目。全区全年梳理形成一体化制度创新案例37个，其中25个入选示范区执委会制度创新和改革举措典型案例汇编，“跨界联合河长制”入选中国改革2020年度50典型案例；全区全年梳理形成示范区项目建设经典案例45个，其中25个入选示范区执委会项目建设经典案例。在示范区一周年现场会上，吴江区一体化制度创新和项目建设入选典型案例数位居三地首位。

（吴志祥　朱铁成　唐　也　吴　娱　冯嗣婷）

基础设施

【轨道交通】 2020年，吴江推动沪苏湖铁路、通苏嘉甬铁路及沿线基础设施建设，6月5日沪苏湖铁路开工，通苏嘉甬铁路通过工可审查。构建临沪“1小时商务出行圈”，推进城际铁路网建设，吴江境内完成通苏湖线、示范区线规划。推进综合高铁枢纽建设，苏州南站高铁枢纽站城一体规划设计通过审查。推进沪苏城市轨道交通对接，规划上海轨交17号线与苏州地铁10号线在汾湖进行对接。

（吴志祥　朱铁成　唐　也　吴　娱　冯嗣婷）

【路网公交】 2020年11月9日，元荡路(康力大道东延工程)完工通车，浦港路东延接青浦南延接嘉善工程、吴江大道—周湖公路—金商公路、华天路西延接南浔等跨省通道项目开展前期工作，跨区域公路通达能力提升。年内，吴江加大跨省毗邻

2020年6月5日，沪苏湖铁路江苏段开工建设动员会在汾湖举行

［汾湖高新区(黎里镇)　提供］

公交开行力度，全面对接青浦、嘉善、嘉兴、桐乡、南浔等周边区域，累计开通跨省公交线路8条、毗邻公交线路2条，跨省毗邻公交线网总长180千米，平均每月服务市民出行近15万人次。

（吴志祥　朱铁成　唐　也　吴　娱　冯嗣婷）

产业发展

【绿色创新】 2020年6月30日，区委、区政府印发《关于加快打造世界级高端纺织产业集群推动生态绿色发展的实施意见》，推动传统纺织业更新提质、向高端发展，创建一批绿色制造示范工厂。8月30日，区委、区政府印发《关于推进新型基础设施建设培育新产业的实施意见》，围绕5G和工业互联网布局信息基础设施、融合基础设施和创新基础设施。推进示范区创新共同体建设，全国第一家由民营企业牵头的国家级创新中心——国家先进功能纤维创新中心开工建设；苏州自贸片区第一家省级高新区联动创新区落户汾湖高新区，与中车绿地共同打造长三角绿色智能制造协同创新产业示范区。吴江区被评为江苏省"大力培育发展战略性新兴产业、产业特色优势明显、技术创新能力较强、产业基础雄厚的地方"。

（吴志祥　朱铁成　唐　也　吴　娱　冯嗣婷）

【智能升级】 2020年，吴江区以智慧城市为引领，深化交通、教育、医疗、社区等重点领域项目的研发和应用，参与制定《长三角绿色一体化发展示范区智慧大脑工作方案》。加快赋能智造体系升级，吴江工业企业大数据云平台建设率先完成，吴江区获评中国领军智慧城区、江苏省大数据开放共享与应用试验区。永鼎股份获国家级大数据产业发展试点示范项目，博众精工获国家级工业互联网试点示范项目，亿友慧云—纺织云App应用解决方案获评国家级工业互联网App优秀解决方案。航发航空的"航空发动机高可靠性燃油电磁阀"和迈为科技的"HJTPECVD真空镀膜设备"获省关键核心技术（装备）攻关项目立项。明志科技获评省级智能工厂，博众精工中标工信部智能制造系统方案供应商。

（吴志祥　朱铁成　唐　也　吴　娱　冯嗣婷）

【强链补链】 2020年，吴江区推进构建汽车、工业机器人、数控机床、生物医药、5G等特色产业链图谱，探索电梯、纺织、印染产业链高质量转型路径，推动传统产业链有序更新、焕发活力。对接苏州开放创新合作热力图，吴江"热力图"累计提供投资线路33条，投资平台载体信息26条，可供产业用地10.8平方千米，产业链上图企业416家。开展税收大数据"云链通"行动，为示范区内48家企业匹配到108户上下游企业，搭建产销对接桥梁。

（吴志祥　朱铁成　唐　也　吴　娱　冯嗣婷）

【产业基金】 2020年，吴江区整合组建长三角一体化、城市投资、资本运作、文旅开发、水务运营等5大集团公司，将长三角投资发展（江苏）有限公司打造为示范区建设的投资和运行平台，以服务国家战略。设立"德同合心股权投资基金"，基金规模20亿元，是长三角一体化发展上升为国家战略后首支落地示范区的创投基金。联合中国光大控股有限公司、江苏乾融集团有限公司发起设立"长三角一体化示范区光控吴江创新基金"，基金规模100亿元。与上海中车绿脉基金共同发起设立"中车绿脉汾湖智能制造基金"，基金规模10亿元。

（吴志祥　朱铁成　唐　也　吴　娱　冯嗣婷）

【大型活动】 2020年，吴江区先后举办系列大型推介和招商活动。5月22日，举办2020年吴江产业平台载体推介会；9月12日，举办吴江（深圳）创新驱动投资说明会；11月10日，举办吴江经济技术开发区晋升国家级10周年暨2020中国吴江投资贸易洽谈会；12月3日，举办2020苏州吴江（北京）央企对接会。全年累计新签约项目120个，恒力国际新材料产业园、京东方创新中心等一批项目相继落地。赴高校开展系列招才引智活动，深化校地合作，亨通苏大合作共建"未来信息通信与人工智能技术研究院"。

（吴志祥　朱铁成　唐　也　吴　娱　冯嗣婷）

生态建设

【联防联治】 2020年，吴江区

发起建立边界水环境、大气、固废污染防治联防联治机制，国考断面达标率100%，水质较考核目标提升一个类别，集中式饮用水水源地水质达标率保持100%，PM2.5累计平均浓度比2019年（下同）下降18.6%，空气质量优良天数达标比例提高11.4个百分点。省际边界联合河（湖）长制*治水经验入选中组部生态文明建设典型案例。深化与青浦、嘉善的共建共治共享，合力建立统一标准、统一监测和统一执法“三统一”的生态环境保护制度，签订青吴嘉生态环境合作框架协议，实施太浦河“沪湖蓝带”计划，开展“一河三湖”等重点跨界水体联保共治。

（吴志祥　朱铁成　唐　也　吴　娱　冯嗣婷）

【环境提升】2020年，吴江区聚焦空间格局、水韵、田园、古镇、产业、人文等“六美”特质，推进美丽吴江建设21项重点任务，推动先行启动区美丽湖泊群、元荡美丽乡村群、环元荡岸线贯通先导段、太浦河绿廊示范段工程建设。长三角绿色智能制造协同创新示范区、融创桃源国际生态文旅度假区等地标性生态优势转化项目相继落地。

（吴志祥　朱铁成　唐　也　吴　娱　冯嗣婷）

【绿色生产】2020年，吴江区探索绿色经济新模式，形成“一企一策”整改方案，全年关停化工企业9家，淘汰低端低效产能企业283家，完成治违拆旧735公顷，“三优三保”*复垦352公顷，获“江苏省国土资源节约集约利用模范县（市、区）”称号。全区节能项目入库48个，总投资1.7亿元，预计节标煤2.5万吨。明志科技、科林环保中标2020年工信部绿色制造系统解决方案供应商，盛虹集团、科林环保获评国家级绿色工厂，亨通光电等6家公司14个产品获绿色设计产品，江苏亨通光导新材料有限公司等5家企业完成国家级绿色工厂复核。

（吴志祥　朱铁成　唐　也　吴　娱　冯嗣婷）

公共服务

【政务服务】2020年，吴江区梳理完成15项青吴嘉跨省通办“一件事”清单，实现示范区“一网通办”专窗在街镇级政务服务大厅全覆盖；发出首张住所冠名为“长三角生态绿色一体化发展示范区”营业执照，示范区内企业实现跨省自由迁移；完善政务数据共享互通，实现青吴嘉三地758项政务事项异地自主办理无缝对接；在全区投放119135台政务服务自助一体机，整合人社、发改等10余个部门功能，为企业、群众提供“24小时”不打烊政务服务。

（吴志祥　朱铁成　唐　也　吴　娱　冯嗣婷）

【营商环境】2020年，吴江区实施“最舒心营商环境”重点改革，出台《吴江区打造“最舒心”营商环境创新行动2020》，紧扣制约企业发展的“高频事件”开展专题行动，评选出11个吴江营商环境建设优秀事例。在2020年长三角营商环境发展水平评估的88个区县中，吴江位列第九名；在赛迪顾问城市经济研究中心发布的赛迪营商环境百强区（2020）中，吴江位列第十名。

（吴志祥　朱铁成　唐　也　吴　娱　冯嗣婷）

【人才服务】2020年内，长三角（汾湖）人力资源服务产业园开园，沪苏浙皖高校毕业生就业去向信息共享机制建立，长三角地区高校大学生创业联动工作站、长三角一体化示范区人力资源服务联盟、中国国家人事人才培训网长三角培训基地设立。示范区实现示范区部分专业技术人才资格和继续教育学时互认，人员证书和资质互认互准；突破示范区内户籍及社保限制，拟定示范区高校毕业生创业优惠政策。建立示范区人才工作联席会议制度，共同编制《示范区“十四五”人才发展规划》。加强人才数据资源共享，共同发布长三角一体化示范区创业发展生态圈，全面推介示范区内各类创新创业资源（人才创业空间72个、人才创新平台219个、人才服务生态160个）。吴江与青浦启动双向4名科级干部交流使用，签订示范区人才服务战略合作框架协议。

（吴志祥　朱铁成　唐　也　吴　娱　冯嗣婷）

【医疗卫生】2020年，吴江区中医院异地新建、京东方（苏州）数字医院建设有序推进。实现长三角地区异地门诊直接结算，示范区85家定点医疗机构门诊免备案直接刷卡结算，三地免备案惠及230万人，其中吴江全区享受免备案120万人。以门诊大病“尿毒症血透腹透”为突破口，在示范区选取具有相应诊疗资质的特定医疗机构，采用“就医地目录、参保地政策”的方式实现跨省异地就医门特大病费用直接刷卡结算。推进跨区域医联体建设和专科联盟，对接上海优质医疗资源，实现吴江区5家医院与上海华山、瑞金、曙光等27家三级医院开展远程会诊，完成82例长三角远程医疗会诊。与复旦大学附属儿科医院签订合作协议，成立一体化示范区家庭医生联盟。建立急救医疗网络体系三地联动协同机制，合作框架初步完成。与青嘉两地民政部门签署《长三角一体化区域养老协作备忘录》，达成13条协作意向。

（吴志祥　朱铁成　唐　也　吴　娱　冯嗣婷）

【教育合作】 2020年，苏州大学未来校区、苏州中学附属苏州湾学校加快建设，吴江与南京师范大学、上海世外教育集团等合作办学项目签约。长三角一体化示范区教师发展学院揭牌，“长三角高中名校发展联盟”组建。示范区实现中职学校一体化招生，吴江接受青浦、嘉善“3+2”招生计划60人、中职招生计划100人，汾湖高新区与上海名校的合作化办学进入实质性阶段。

（吴志祥　朱铁成　唐　也　吴　娱　冯嗣婷）

【文旅融合】 2020年，苏州湾文化中心全面竣工，苏州湾大剧院启用。吴江推进大运河文化带建设，策划“通运小镇”“四河汇集”“丝绸水路”等地标性项目。深化大运河文化带文旅长廊建设，全面提升大运河沿岸整体风貌和旅游服务配套，举办第七届吴江太湖文化节暨2020年丝绸文化旅游节、2020苏州黎里梨花文化节暨首届吴歌节、震泽镇旅游文化节暨蚕花节、盛泽时尚周、吴江运河文化旅游节、第八届江苏(盛泽)纺织品博览会等活动，打造国家级全域旅游示范区和长三角近郊旅游休闲首选地。提升江南水乡品牌价值，推动同里、黎里、震泽等古镇群落文化休闲和旅游资源的联动开发，打造江南水乡古镇生态文化旅游圈。

（吴志祥　朱铁成　唐　也　吴　娱　冯嗣婷）

社会治理

【司法协作】 2020年，吴江、青浦、嘉善三地建立示范区政法协同联动机制，围绕8方面22项合作重点打造“C位长安”政法协同品牌。在“春运”“两会”“进博会”期间，启动卡口单项检查互信机制。在疫情防控期间，建立卡口“一站两检”机制、“通勤证”跨省互认机制，发放全国首张跨省“通勤证”，累计惠及6万余车次，9万人次通行。实现示范区视频监控系统、公安对讲系统互联互通，开展边界重点区域跨界巡逻，复杂场所的联合巡查、重大安保事项联合保障。吴江在全国首创破产司法联动机制。围绕社区矫正服刑民营企业主外出请假难问题，在全国率先探索破解办法，推进沪苏浙皖三省一市在吴江签署专项协议，获最高人民检察院主要领导肯定。

（吴志祥　朱铁成　唐　也　吴　娱　冯嗣婷）

【民事服务】 2020年，吴江、青浦、嘉善三地推进示范区“1+5”公共法律服务共建，确定16项服务清单，探索推进“出生一件事”跨区域联办，建立跨区域公证联动机制。成立青吴嘉矛盾纠纷联合人民调解委员会，组建调解专家库，推进矛盾纠纷联合调解。示范区三地信访部门形成“三跨三分离”人员信息数据库，对敏感重大问题开展预警通报、联合应对；示范区三地“12345”便民服务热线跨区域工单实现有效分流，明确青吴嘉接壤区域网格治理边界，实现三地网格无缝对接。

（吴志祥　朱铁成　唐　也　吴　娱　冯嗣婷）

【公共信用】 2020年，示范区三地公共信用信息目录及公共信用信息查询报告模板发布，统一信用信息归集标准，实现信用信息标准互认。吴江探索示范区三地信用联合奖惩机制，区社会公共信用信息平台共享法院失信被执行人数据419条。示范区三地法院建立失信被执行人联合信用惩戒机制，共同办理委托事项、联合发布失信被执行人名单、办理跨域立案，开设“一体化示范区诉讼服务专窗”。

（吴志祥　朱铁成　唐　也　吴　娱　冯嗣婷）

（本栏编辑　范红明）

乡村振兴

【概况】 2020年，吴江区坚持以习近平新时代中国特色社会主义思想为指导，深入贯彻中央和省、市委决策部署，以实施乡村振兴战略为总抓手，牢牢把握长三角一体化发展机遇，全面落实率先基本实现农业农村现代化目标任务，启动率先基本实现农业农村现代化市级示范镇建设。突出“中国·江村”品牌打造，聚焦“新鱼米之乡”“新江南空间”目标导向，坚持“试点、试验、示范”“率先、争先、领先”不动摇，全力打造乡村振兴吴江样板，奋力走在农业农村现代化发展最前列。全年确立乡村振兴重点项目40个，完成投资31.76亿元，占年度计划的110.7%，被评为2020年度江苏省乡村振兴实绩考核县级年度重点任务完成第一等次。

（徐　政）

【“中国·江村”乡村振兴示范区打造】 2020年，吴江区以“中国·江村”品牌示范为引领，打造“魅力大运河”和“美丽湖泊群”吴江特色田园乡村组团，形成以片区示范带动全域发展的良好格局。“江村”的水韵之美、田园之美、人文之美亮点显现，长漾特色田园乡村带、元荡美丽乡村群被列入市特色精品示范区培育计划，开弦弓村综合提升项目建设全面推进，众安桥村上榜中国美丽休闲乡村，三好村善湾被列为苏式水乡经典样板村庄，七都、震泽精心打造的旅游路线入选江苏省乡村旅游精品线路。统筹依托农业农村优质资源，发展乡村特色产业，引入“白相里”“柴米多”“苏小花”等一批农文旅融合新业态，不断优化“中国·江村”产业层次，太湖雪蚕桑文化园成为全国首个蚕桑生态园、蚕桑科研、乡村旅游一体的特色文化园。坚持项目化推动，推进长三角一体化示范区乡村振兴美丽吴江样板区项目、融创桃源国际生态旅游度假区项目等一批有亮点、有特色、有显示度的重点项目建设，21个“中国·江村”乡村振兴示范区重点项目完成投入约10.42亿元，占年度计划的100.38%。制作“中国·江村”品牌宣传片和宣传标识，邀请中央电视台《人民日报》等主流媒体举办专题宣传。开弦弓村、庙头村、吴江现代农业产业园多次受到央媒关注，央视一套《晚间新闻》《小康在哪里》栏目组专门赴开弦弓村找寻小康印记；《人民日报》聚焦北联村，介绍现代农业、人居环境和生态旅游相关情况。

（徐　政）

【产业振兴】 2020年，吴江区稳产保供任务全面落实，全年粮食种植面积20273公顷，粮食总产量3.13亿斤，推进2333公顷高标准农田建设，实施退渔还田1133公顷，基本完成生态化改造573公顷，生猪存栏任务提前完成，苏太美丽生态牧场建成投产，全国优质稻产业化现场观摩交流会在吴江召开，获评省粮食生产全程机械化整体推进示范县，有效提升“六大环节”高性能农机装备技术集成配套应用水平，全区粮食生产全程机械化水平93.75%。绿色优质农产品供给有力，精心打造“吴江大米”“吴江太湖大闸蟹”“吴江香青菜”等区域公用品牌，启动“菀坪柑橘”镇级农产品区域公用品牌建设，元鹤牌大米、金利牌食用植物油入选省首届百强农业品牌，新认证绿色食品、有机农产品16个，“震泽蚕丝”成为吴江首个国家地理标志集体商标，“吴江大头菜”申报国家地理标志农产品，获批全国绿色食品原料标准化生产基地2993公顷、省绿色优质农产品基地10047公顷。推进“三定一考核”网格化监管提档升级，完成区级农产品质量安全监测1185批次，比2019年增加48%。现代农业水平稳步提升，吴江现代农业产业园纳入国家现代农业产业园创建管理体系，优化产业布局，加大新模式和新业态引入，推动“农业+休闲观光”“农业+互联网”“农业+服务业”发展，全年新增区级现代农业产业园区2家，新增园区面积2833公顷，园区覆盖率在苏州领先。“加快新型农业经营主体培育”获批全国农村改革试验区拓展试验任务，签订首笔承包地经营权抵押贷款协议，新成立农业产业化联合体5家，总数20家。持续做大做强农业龙头企业，晋升市级农业龙头企业2家、省级农业龙头企业1家，全区有市级以上农业龙头企业37家，总数列苏州第一，获评苏州市“十佳”农产品加工示范企业3家、苏州市“十佳”农业科技企业2家。持续开展家庭农场和合作社示范建设，新增市级示范家庭农场8家，被列入2020年政府优先扶持合作社名录76家，获评苏州市“十佳”家庭农场1家、苏州市“十佳”农民合作社2家。年内新认定新型职业农民208名，开展新型职业农民培训2020人次，生产型新型农业经营主体带头人培训220人次。产业融合发展深入推进，制定《苏州市吴江区全面实施乡村振兴战略推进农村一、二、三产业融合发展“十四五”规划》，推进吴江农业产业结构优化升级。围绕区域特色产品“一根丝”“一只蟹”“一壶酒”，构建农业电商支撑体系，发展培育电商品牌“太湖雪”，该企业年销售额超亿元。大力发展乡村休闲旅游，吴江获评第二批省级全域旅游示范区，全年休闲农业营业收入5.83亿元，建成共享农庄6家。紧抓数字经济为乡村发展提供的历史机遇，承办全国智慧农业改革发展大会，入选全省首批数字乡村试点地区，制定《吴江区智慧农业农村试点建设实施方案》，全力打造智慧农业“新生产场景”应用示范，建成省级信息化示范基地8个，市级智慧农业示范基地11个，农业信息化覆盖率72%，“太湖雪电子商务串起传统产业智慧化转型升级”入选苏州市十佳智慧农业品牌案例。

（徐　政）

【生态振兴】 2020年，吴江区聚焦全域乡村空间格局、地形地貌、产业布局、人口结构、就业关系等情况，启动镇村布局规划优化工作，明确到2025年重点发展村庄327个，其中集聚提升类157个、特色保护类141个、城郊融合类29个。按照《村庄建设风貌管控指导意见》《农村建筑工匠管理指导意见》，从规划、建设、管理、控制等环节，落实农房风貌管控要求，提升村庄

2020年特色田园乡村建设——平望长漾里稻作文化展示中心

（区农业农村局　提供）

设计建设标准,确保吴江乡村整体风貌协调统一。有序推进特色田园乡村建设,年内完成投资额1.56亿元,新增省级特色田园乡村10个、总数居苏州大市第一;建成康居特色村3个、三星级康居乡村98个,完成投资额约3.37亿元;北联村洋溢港、东联村许庄、南厍村、开弦弓村被列为江苏省传统村落。开展"净美江村"大整治行动,建立"1+1+N"干部挂钩联系制度(1名副科职以上干部+1名中层干部+若干名区镇两级干部),2288个整治自然村实现646名副科职以上干部挂钩全覆盖,"'三张榜单'引领农村人居环境整治高质量推进"成为全省唯一入选第二批全国农村公共服务典型案例,整治经验被农业农村部向全国推介。同里镇获评2020年度苏州市农村人居环境整治工作示范镇。加快创建"美丽村景",打造"美丽菜园",建设"美丽庭院",其中创建"美丽村景"1800多个,通过申报补助审核1000多个;打造区级"美丽菜园"示范村20个;建设苏州市级"美丽庭院"示范组3组30户、"美丽庭院"130户。深入实施农村厕所、垃圾、生活污水专项整治"三大革命",保持行政村治理全覆盖,不断提升农村生活污水治理水平,巩固农村生活垃圾分类、无害化卫生户厕普及成果。(徐　政)

【文化振兴】 2020年,吴江区构建"十百千万"新时代文明实践体系,串联10条文明实践品牌线路,打造100个文明实践示范站和100个文明实践示范点。搭建"1+11+X"志愿服务团队("1"指区级志愿服务总队,"11"指11个区镇街道的志愿服务分队,"X"指机关单位、村社区志愿服务队以及社会各界志愿团队),以党员干部和乡贤为引领,带动广大群众特别是农村群众参与志愿服务,全区注册志愿者31.8万人,志愿团队1951余支,择优选取100支文明实践优秀团队和1000名优秀实践员。深入开展文明村镇创建工作,区级以上文明镇、街道实现全覆盖,文明村占比70.29%。盛泽镇黄家溪村、震泽镇众安桥村获评第六届全国文明村。出台《吴江区基层公共文化服务配送办法》,启动第三届吴江区基层文化服务配送工程,近百场文艺演出和文化讲座进村入户,打通公共文化服务最后一公里。拓展区、镇、村三级群众性精神文明建设阵地体系,累计建成乡风文明馆14个、乡风文明长廊50条。做实乡风文明志愿"移风易俗岗",通过发放倡议书、签订承诺书、张贴宣传标语等形式,引导广大村民摒弃陈规陋习,厉行勤俭节约。建立健全吴江时代新人"选评礼述"培育机制,全方位提升道德典型的先进示范性、社会认同感、道德引领力。是年,胡毓芳获评"全国劳动模范",安娜获评"中国好人",沈小平获评"江苏最美人物",张友华获评"江苏好人"。近年来,先后涌现"全国时代楷模"1名、"全国劳动模范"1名、"中国好人"15名、"江苏省劳动模范"9名、"江苏最美人物"3名、"江苏省道德模范"3名、"江苏好人"16名。

(徐　政)

【组织振兴】 2020年,吴江区加强党建引领,大力实施"新时代美美江村新接力"工程,探索成立"美美江村"乡村振兴党建联盟,汇聚政企银学22个单位优势资源,助力"中国·江村"乡村振兴示范区建设。高标准部署村(社区)"两委"换届工作,严格落实省委、市委指导意见,结合全区实际制定换届实施意见,全面优化村干部队伍结

2020年乡村振兴重点项目——开弦弓"研学旅行、美美江村"建设。图为费孝通纪念馆

(区农业农村局　提供)

构，整体实现“三升一降”；组织听取各区镇、街道换届人事方案，对换届预备人选实现区级联审全覆盖，全面清理干部队伍中的“害群马”。持续深化农村党建“六强六过硬”（强引领，作用发挥过硬；强素质，队伍建设过硬；强发展，小康业绩过硬；强规范，乡村治理过硬；强投入，基础保障过硬；强督导，责任落实过硬），开展软弱涣散基层党组织集中整顿，实行党员“双亮一考三服务”（“双亮”指党员亮身份、亮承诺，“一考”指党员积分考核，“三服务”指岗位服务、结对服务、志愿服务），推动农村党组织和党员当好农村建设和发展的参与者、组织者、推动者。推行“行动支部”工作法，把党组织建在“三优三保”*“263”专项行动*、农村人居环境整治、疫情防控等急难险重任务上，让党旗飘在一线、党员作用发挥在一线。结合长三角生态绿色一体化发展示范区建设，实施“一体化发展中党建引领乡村振兴示范区建设”书记项目，以“项目思维”推动基层党建创新发展，把推动农业产业发展、旅游景点升级等重点目标任务落实到具体单位、细化为具体措施。（徐　政）

【人才振兴】 2020年，吴江区出台《关于进一步加强村干部激励保障的意见》，实施“美美与共”村社干部挂职计划，累计选派5批90名年轻后备干部到上海、浙江等地学习先进经验。举办“长三角村书记讲坛”，邀请青吴嘉三地12位村书记共话乡村振兴。以村干部队伍和后备人才队伍建设为重点，选拔优秀村（社区）书记进事业编制5人，提拔重用到区镇、街道任职的副科以上领导干部35人，1位省“百名示范”村书记挂职乡镇党委班子，与扬州大学、苏州农业职业技术学院签订农业农村专业人才定向培养协议，首批34名定向培养生入校。出台《吴江区乡土人才培养激励办法》，累计引进和培育符合时代要求、发挥引领和带动乡村振兴作用明显的优秀乡土人才约150名；入选江苏省第一批乡土人才“三带”行动计划34人，其中“三带”名人1人、“三带”能手9人。制定《苏州市吴江区城乡劳动者就业技能培训实施细则》，明确建档立卡的低收入农户、城乡低保对象中的劳动力和登记失业的农村转移就业劳动者等群体可接受免费培训，开展农村劳动力引导培训31733人，新生代农民工职业技能培训1734人。（徐　政）

重点项目建设

【省、市重点项目】 2020年，吴江区承担省重大项目4个，包括京东方（苏州）智慧产业基地、英诺赛科氮化镓、吴江国家先进功能纤维创新中心和港虹50万吨差别化功能性纤维及配套智能加弹，总投资310.1亿元，年度计划投资30.6亿元，完成投资40.6亿元。承担市重点项目40个，总投资1132.1亿元，年度计划投资200.9亿元，完成投资238.5亿元。（徐　帅）

【区重点项目】 2020年，全区安排重点建设项目258个，计划总投资2737亿元，年度计划投资580.3亿元。其中，结转续建项目137个，计划总投资1542.5亿元，年度计划投资295.8亿元；新开工项目98个，计划总投资968.4亿元，年度计划投资261.7亿元；前期项目23个，计划总投资226.1亿元。全年完成投资620.3亿元，占年度投资计划的106.9%。137个结转续建项目完成投资324.9亿元；98个新开工项目完成投资281.3亿元。（徐　帅）

京东方（苏州）智慧产业基地　　（区发改委　提供）

2020年吴江区重点项目建设情况汇总表

项 目	项目数(个)	总投资(亿元)	年度计划投资(亿元)	全年完成投资(亿元)	完成年度投资比例
一、按建设性质分					
结转续建	137	1542.5	295.8	324.9	109.8%
新开工	98	968.4	261.7	281.3	107.5%
前期项目	23	226.1	22.8	14.1	61.8%
总 计	258	2737.0	580.3	620.3	106.9%
二、按项目类别分					
先进制造业	77	709.4	128.2	148.4	115.8%
现代服务业	53	756.6	104.5	91.1	87.2%
道路交通	15	311.1	36.1	36.4	100.8%
环境生态	17	77.9	26.6	25.2	94.7%
能源电力	5	41.6	17.8	15.1	84.8%
农业水利	2	10.7	6.0	7.7	128.3%
社会事业	59	238.3	78.7	81.5	103.6%
市政建设	6	19.0	5.7	6.3	110.5%
乡村振兴	5	11.3	4.9	7.0	142.9%
房地产	19	561.1	171.8	201.6	117.3%
总 计	258	2737.0	580.3	620.3	106.9%

(徐 帅)

【区实事项目】 2020年,全区安排实事项目九大工程33个项目,包括教育文体、医疗养老、就业社保、生态环境、人居环境、乡村振兴、公共交通、便民服务和公共服务一体化等。至年底,33个项目均进入实质推进阶段,23个项目已经建成或基本完成全年任务,其余项目按序推进中。 (徐 帅)

2020年吴江区实事项目进展情况表

项目类别	项目责任单位	项目完成情况
教育文体	汾湖高新区(黎里镇)、东太湖度假区(太湖新城)、平望镇、教育局、文体广电和旅游局	苏州湾体育中心、汾湖文体中心进入工程收尾阶段;苏州大学未来校区综合楼施工;苏州湾文化中心启用;吴江博物馆新馆内部装修;新增笼式球场11片、篮架12副、乒乓桌34张,新增健身步道35.15千米,安装健身路径133套,新增体育公园6个
医疗养老	民政局、卫健委	各区域性养老服务中心陆续建成;吴江区中医医院处于基础施工阶段
就业社保	民政局、人社局、人才办	累计发放各类救助(补贴)金11731.49万元;发放失业保险金9.6万人次14959.08万元,累计举办公益招聘活动557场,提供岗位165901个,帮助就业115241人;全区养老、工伤、失业三项社会保险政策及待遇标准全面融入苏州市区;人才聚集工程举办"感知吴江·走进名校"、苏州湾人才基金座谈会、"双招双引"*专题培训班,全面推进人才创新集聚区建设

（续　表）

项目类别	项目责任单位	项目完成情况
生态环境	城管局、生态环境局	生活垃圾焚烧发电扩容项目主体结构封顶，各类处理设备安装调试；蓝天保卫工程统计空气质量优良天数299天，优良比例82.4%，比2019年上升9.2%
人居环境	住建局、水务局	鲈乡二村、三村片区老旧小区立面改造、三线入地、绿化提升、社区服务、智能化建设等配套提升类项目推进；50个雨污分流改造项目完工29个，其余处于施工阶段
乡村振兴	桃源镇、城管局、住建局、水务局	苏太猪育种保种基地开始运营；建成农村公厕700座；特色田园乡村建设中涉及的76个三星级康居乡村全部完工；农村生活污水治理项目全部完成
公共交通	城管局、交通运输局	轨交4号线松陵大道综合交通枢纽全面施工；新增、调整公交线路40条次，新建、改建公交候车亭110个，新购车辆142辆并全部上线运营；完成吴江区机动车停车设施普查
便民服务	公安局、行政审批局、市场监管局、江苏有线吴江分公司	网格化社会治理体系和治理能力现代化基本收尾；区行政审批局（政务服务中心）整体搬迁至苏州湾大厦，进一步完善“一门式”“一窗式”政务服务模式；完成全区农贸市场升级改造32个；基本完成有线智慧乡镇全覆盖项目土建工程
公共服务一体化	交通运输局、卫健委、行政审批局	开通汾湖交管所至上海大观园、平望新城社区至王江泾镇公交枢纽站2条跨省公交线路；累计开展长三角远程会诊76例；全区135台政务服务一体机实现青、吴、嘉三地互联互通，一体化示范区首批758项事项纳入“自助通办”范围

（徐　帅）

智能工业

【智能制造标杆】 2020年，吴江区紧扣“信息技术与制造技术深度融合”的数字化、网络化、智能化制造主线，围绕智能化改造、数字化转型、工业互联网平台等方面的建设，超额完成三年行动计划目标任务。智能制造先发优势得到进一步巩固和扩大，初步形成智能制造“吴江模式”。

新增省级智能工厂1家、市级智能工厂3家，居全市前列；新增省级示范智能车间10个，居全市第一，累计创建省级示范智能车间134个，占全市26.64%、全省10.3%，居全省县区级首位；新增市级示范智能车间31个，累计创建市级示范智能车间138个，占全市20.41%，居全市首位。

通过吴江区“智造转型　互联发展”主题沙龙活动、智能制造主题培训等活动，宣传成功经验，营造发展氛围，提高企业认识；实施标杆培育计划，1家企业中标国家级智能制造系统方案供应商，1家企业获评省智能制造领军服务机构，23家企业入选市智能制造系统方案供应商，评选智能工业标杆企业8家、区级智能制造系统集成商5家，开展“看标杆、学标杆、做标杆”，从点、线、块、面4个方向全方位推进智能工业发展；完成2个行业的智能制造创新分中心建设，发布铸造、纺纱、光棒、电梯层门板和光缆五个智能车间团体标准，亨通光电和绿控传动两个工信部智能制造新模式项目通过验收。（顾春华　金圣悦）

吴江区省级智能工厂一览表

年　份	企业名称	年　份	企业名称
2018	江苏通鼎光棒有限公司	2019	江苏亨通光电股份有限公司

（续　表）

年　份	企业名称	年　份	企业名称
2019	江苏国望高科纤维有限公司	2020	高创（苏州）电子有限公司

（顾春华　金圣悦）

吴江区省级示范智能车间一览表

年　份	企业名称	车间名称
2015	江苏亨通光纤科技有限公司	全自动智能集控光纤制造车间
	苏州明志科技有限公司	铝合金热交换器智能生产车间
	江苏永鼎股份有限公司	全程管控光纤智能生产车间
	江苏盛虹科技股份有限公司	差别化涤纶低弹丝加弹车间
	苏州捷力新能源材料有限公司	高分子隔膜材料智能生产车间
	通鼎互联信息股份有限公司	单模光纤智能生产车间
	苏州震纶生物质纤维有限公司	再生纤维材料智能生产车间
	江苏亨通光电股份有限公司	光缆智能生产车间
	江苏亨通光电股份有限公司	光纤预制棒智能生产车间
	江苏国望高科纤维有限公司	加弹自动化、信息化智能车间
2016	江苏通鼎光棒有限公司	光棒智能生产车间
	吴江南坡玻璃有限公司	全自动太阳能玻璃智能生产车间
	苏州博众精工科技有限公司	数字电子及家电产品生产装备智能生产车间
	飞旭电子（苏州）有限公司	汽车电子产品智能生产车间
	群光电子（苏州）有限公司	百级无尘芯片贴合封装智能生产车间
	江苏永鼎股份有限公司	光缆制造智能生产车间
	江苏海岸药业有限公司	冻干粉针剂智能生产车间
	苏州欧普照明有限公司	LED筒射灯智能生产车间
	吴江京奕特种纤维有限公司	涡流纺智能生产车间
	吴江佳力高纤有限公司	纺丝智能生产车间
	苏州捷力新能源材料有限公司	锂离子动力电池隔膜智能生产车间
	通鼎互联信息股份有限公司	通信光缆智能生产车间
	江苏亨通光电股份有限公司	特种光缆智能生产车间
2017	苏州博众精工科技有限公司	精密部件机加工智能生产车间
	高创（苏州）电子有限公司	液晶电视整机智能化组装生产车间
	中达电子零组件（吴江）有限公司	电机驱动器智能生产车间
	江苏亨通光导新材料有限公司	新一代光纤预制棒智能生产车间
	苏州顶津食品有限公司	现代化无菌饮品智能生产车间
	苏州蒙特纳利驱动设备有限公司	曳引机部件智能生产车间
	苏州欧普照明有限公司	精密模具智能生产车间

（续　表）

年　份	企业名称	车间名称
2017	盛虹集团有限公司	精品面料印染智能生产车间
	江苏恒力化纤股份有限公司	全拉伸丝（FDY）智能生产车间
	吴江市鑫凤织造有限公司	涡流纺纱智能生产车间
	江苏亨通线缆科技有限公司	数字通信电缆智能制造车间
	江苏国望高科纤维有限公司	涤纶长丝熔体直纺智能生产车间
	苏州市佳禾食品工业有限公司	速溶咖啡智能生产车间
2018	飞旭电子（苏州）有限公司	全自动化半密闭式电子烟智能组装车间
	江苏亨通光纤科技有限公司	新一代光纤智能化制造车间
	碧然德净水设备（江苏）有限公司	Maxtra+净水器生产车间
	中达电子（江苏）有限公司	变压器智能生产车间
	博众精工科技股份有限公司	面向小规模生产示范的高效高精益机加工智能车间
	江苏奔腾汽车科技有限公司	全自动电枢智能生产车间
	飞旭电子（苏州）有限公司	电子雾化智能制造无尘车间
	苏州绿控传动科技有限公司	新能源汽车动力耦合系统智能加工车间
	瑞仪光电（苏州）有限公司	4.7寸BLU智能生产车间
	苏州通产丽星包装科技有限公司	塑料包装吹塑智能生产车间
	苏州普丽盛包装材料有限公司	进口无菌包装生产车间
	亿光电子（中国）有限公司	亿光电子智能封装车间
	苏州艾恩西精密五金有限公司	金属零部件智能制造车间
	和信精密科技（吴江）有限公司	冲压智能车间
	中达电子零组件（吴江）有限公司	编码器智能生产车间
	亚旭电子科技（江苏）有限公司	SMT智能制造车间
	苏州世华新材料科技股份有限公司	保护膜及环保型高分子膜智能化生产车间
	江苏海岸药业有限公司	固体制剂1号智能生产车间
	康力电梯股份有限公司	电梯门板智能车间
	苏州海顺包装材料有限公司	医药包装材料智能生产车间
	苏州亚德林股份有限公司	汽车轻量化智能压铸车间
	苏州新里程电控系统有限公司	SMT智能制造车间
	江苏永鼎股份有限公司	汽车线束智能化制造车间
	苏州诚模精密科技有限公司	精密模具注塑成型自动化车间
	盛虹集团有限公司	印染新纤维面料智能生产车间
	江苏恒力化纤股份有限公司	涤纶低弹丝智能制造车间
	盛虹集团有限公司	盛虹印花智能车间
	江苏盛恒化纤有限公司	高性能差异化海岛纤维中控智能车间

（续　表）

年　份	企业名称	车间名称
2018	苏州捷力新能源材料有限公司	锂离子动力电池隔膜智能生产车间
	通鼎互联信息股份有限公司	光纤拉丝智能制造车间
	苏州捷力新能源材料有限公司	锂离子电池涂布隔膜智能车间
	苏州震纶棉纺有限公司	再生纤维智能纺纱车间
	苏州震纶生物质纤维有限公司	智能混纺纱线车间
	江苏欣达通信科技股份有限公司	通信光缆制造智能车间
	江苏亨通电力特种导线有限公司	智能化高端铝合金线杆自动化生产车间
	江苏亨通线缆科技有限公司	工业特种线缆智能制造车间
	江苏亨通精工金属材料有限公司	铜杆智能制造车间
	江苏国望高科纤维有限公司	全消光涤纶长丝智能制造车间
	苏州市吴江合众科技纤维有限公司	高档环保天然纤维智能车间
	苏州泓聚纤维科技有限公司	空变丝智能制造车间
	苏州美山子制衣有限公司	女士内衣智能制造车间
	苏州彤帆智能科技有限公司	SMT智能制造车间
	苏州吴江光大环保能源有限公司	垃圾焚烧环保发电智能车间
2019	中达电子零组件（吴江）有限公司	汽车马达制造车间
	江苏亨通光导新材料有限公司	芯棒制造车间
	江苏微康生物科技有限公司	益生菌菌株发酵车间
	贝润医疗包装（苏州）有限公司	医药泡罩包装PVDC高阻隔膜制造车间
	江苏亨通智能物联系统有限公司	量子融合通信网关制造车间
	瑞仪光电（苏州）有限公司	4.7寸LGP制造车间
	亿光电子（中国）有限公司	SMD B智能联控制造车间
	索格菲（苏州）汽车部件有限公司	汽车悬挂弹簧制造车间
	苏州世华新材料科技股份有限公司	功能性胶带制造车间
	苏州璨鸿光电有限公司	DB贴合制造车间
	福斯润滑油（苏州）有限公司	润滑油制造车间
	苏州中成新能源科技股份有限公司	电动汽车空调压缩机制造车间
	明阳科技（苏州）股份有限公司	粉末冶金滑块制造车间
	群光电子（苏州）有限公司	微软平板键盘制造车间
	苏州耀新电子有限公司	汽车车灯制造车间
	博洛尼家居用品（苏州）有限公司	品牌家具制造车间
	苏州江天包装彩印有限公司	不干胶标签环保印刷车间
	航空电子（吴江）有限公司	角度传感器制造车间
	广泰电机（吴江）有限公司	高效散热风扇制造车间
	苏州铁近机电科技股份有限公司	精密轴承制造车间
	江苏永鼎盛达电缆有限公司	建筑用电力缆制造车间

（续　表）

年　份	企业名称	车间名称
2019	苏州欧福蛋业股份有限公司	液体蛋制品生产车间
	吴江佳力高纤有限公司	差别化纤维制造车间
	苏州新民印染有限公司	智能染色车间
	苏州市星京泽纤维科技有限公司	智能纺纱车间
	英特斯(苏州)新型纺织材料科技有限公司	智能纺纱车间
	苏州世祥生物纤维有限公司	差别化纤维智能纺纱车间
	苏州苏震生物工程有限公司	PDO发酵制造车间
	江苏亨通电力智网科技有限公司	不锈钢光单元造管制造车间
	通用电梯股份有限公司	电梯门板制造车间
	江苏亨通电力电缆有限公司	耐高压交联绝缘电缆制造车间
	江苏亨通电力特种导线有限公司	节能增容特种导线制造车间
	苏州亨利通信材料有限公司	线缆传输材料制造车间
	江苏凯伦建材股份有限公司	防水卷材智能制造车间
	江苏国望高科纤维有限公司	差别化涤纶纤维制造车间
	江苏港虹纤维有限公司	阳离子功能性纤维制造车间
	苏州美山子制衣有限公司	高端品牌内衣制造车间
	吴江市兰天织造有限公司	高端面料生产车间
	苏州华源中鲈包装有限公司	金属包装容器制造车间
	吴江华衍水务有限公司	洁净、健康自来水制造车间
	苏州中耀科技有限公司	高精高密金属零件制造车间
	原秀科技(苏州)有限公司	笔电精密注塑件生产车间
	苏州大卫木业有限公司	高端家具制造车间
	富士精工电梯有限公司	智能化电梯门板制造车间
	苏州普路通纺织科技有限公司	智能纺纱车间
2020	京东方杰恩特喜科技有限公司	3D精密成型智能车间
	江苏亨通光网科技有限公司	配线产品制造车间
	伊之密精密机械(苏州)有限公司	大型注塑成型装备生产车间
	和信精密科技(吴江)有限公司	小钣金冲压车间
	金亭汽车线束(苏州)有限公司	汽车线束柔性制造车间
	吴江市双盈化纺实业有限公司	高端面料织造车间
	江苏巨联环保有限公司	工业危废资源化处置车间
	超美斯新材料股份有限公司	芳纶纸生产车间
	苏州立邦新材料科技有限公司	外墙保温装饰板涂布车间
	苏州丹宇美纤维科技有限公司	高纤制造车间

（顾春华　金圣悦）

【工业技术创新】 2020年，吴江区围绕建设自主可控的先进制造业体系，以技术创新为驱动力，加速推进创新资源集聚和关键核心技术攻关。全区新增省级企业技术中心20家、市级企业技术中心34家，累计建成三级企业技术中心343家（国家级10家、省级111家、市级222家），其中国家级企业技术中心累计数占全市（30家）三分之一，数量超省内镇江、扬州、泰州、徐州、淮安、盐城、连云港、宿迁等8个地级市，列全省区（县）首位、全国同类区域前列。国家先进功能纤维创新中心中试基地开工建设，股东单位由9家增至15家，联盟单位由15家增至110家；融入姑苏实验室建设，各项研发有序推进，全年申请发明专利11项、参与标准制修订8项；累计获得各级政府配套和奖励资金19722万元。由清华大学苏州汽车研究院（吴江）牵头，按照“公司+联盟”模式创建的“智能网联汽车创新中心”获批省级建设试点，成为苏州唯一、全省第9家省级制造业创新中心。工业设计中心累计33家，其中，新增省级7家，占苏州大市新增数（32家）的22%，为历年最多；新增市级9家，新增数居苏州大市（58家）第一。新增省级智能制造领军服务机构1家（科林环保技术有限责任公司），省级服务型制造示范企业4家（东南电梯股份有限公司、苏州琼派瑞特电子科技有限公司、苏州百得胜智能家居有限公司、中广核达胜加速器技术有限公司）。新增苏州市级服务型制造示范企业3家（苏州市青田企业发展有限公司、科林环保技术有限责任公司、吴江金通力电器成套有限公司）。法兰泰克“实施两化融合与卓越绩效形成精益服务能力的经验”获评全国质量标杆，亨通特导“导入1—3—4卓越绩效管理模式标杆经验”、吴江变压器“基于卓越绩效模式的质量管理—系统化解决变压器抗短路能力问题的实践经验”获评江苏省质量标杆，累计获评数均列苏州大市第一。48个项目被列入“省重点技术创新项目导向计划”目录，17家企业的46个新技术、新产品通过省级鉴定。迈为科技、凯伦建材获批第三批苏州市自主品牌大企业和领军企业先进技术研究院，吴江区累计9家，数量居苏州各区（市）第一。诺威起重、亨通光网两家企业的产品获苏州市工业设计产品金奖，上久楷丝绸、久富农机、博众精工3个产品获评江苏省“2020紫金奖·工业设计大赛”产品组优秀奖。

（顾春华　金圣悦）

2020年吴江区新认定苏州市级及以上企业技术中心一览表

分　类	企业名称	分　类	企业名称
省级企业技术中心（20家）	江苏微康生物科技有限公司	省级企业技术中心（20家）	科林环保技术有限责任公司
	依工聚合工业（吴江）有限公司		苏州信能精密机械有限公司
	明阳科技（苏州）股份有限公司		苏州优力克流体控制科技有限公司
	苏州普丽盛包装材料有限公司		江苏亨通电力智网科技有限公司
	江苏创源电子有限公司		苏州市吴江神州双金属线缆有限公司
	德维阀门铸造（苏州）股份有限公司		江苏凯灵纺织科技研发中心有限公司
	苏州恒美电子科技股份有限公司		江苏亿友慧云软件有限公司（软件业）
	苏州顶裕节能设备有限公司	苏州市级企业技术中心（34家）	沪华五金电子（吴江）有限公司
	大峡谷照明系统（苏州）股份有限公司		群光电能科技（苏州）有限公司
	苏州兴亚净化工程有限公司		常宝新材料（苏州）有限公司
	苏州欧福蛋业股份有限公司		亿光电子（中国）有限公司
	吴江市涂泰克纺织后整理有限公司		凯扬光电（苏州）有限公司
	吴江嘉嘉福喷气织品有限公司		江苏丁是丁精密科技有限公司

（续 表）

分 类	企业名称	分 类	企业名称
苏州市级企业技术中心（34家）	崧腾电子（苏州）有限公司	苏州市级企业技术中心（34家）	苏州高求美达橡胶金属减震科技有限公司
	广泰电机（吴江）有限公司		江苏海岸药业有限公司
	江苏亨通光导新材料有限公司		吴江市永顺达喷织有限公司
	苏州嘉诺环境工程有限公司		苏州前航实业有限公司
	苏州丰川电子科技有限公司		吴江市天缘纺织有限公司
	高创（苏州）电子有限公司		苏州科伦特电源科技有限公司
	江苏亨通光纤科技有限公司		苏州亿迈化纤有限公司
	苏州清研微视电子科技有限公司技术中心（软件业）		苏州中耀科技有限公司
	苏州华德电子有限公司		吴江市亨达机械配件有限责任公司
	苏州古河电力光缆有限公司		苏州苏震生物工程有限公司
	苏州新达电扶梯部件有限公司		苏州新东南纺织科技有限公司
	苏州安特威阀门有限公司		吴江精美峰实业有限公司
	吴江古乐包装有限公司		苏州华兆林纺织有限公司
	金亭汽车线束（苏州）有限公司		苏州扬昇纺织科技有限公司

（顾春华 金圣悦）

【工业信息化】 2020年，吴江区工信局重点引导大数据、物联网及云计算等产业科学发展，大力推进工业互联网建设，夯实工业信息化基础，推动工业化和信息化在更广范围、更深程度、更高水平融合发展，为推动工业经济快上新台阶贡献力量。成功创建相关项目297个，其中国家级8个、省级261个、市级23个、区级5个。深入实施云网融合工程，新增省“星级上云”企业207家，稳居全省区县级板块首位。亨通集团建成全国光电缆行业首个综合型标识解析二级节点，成为苏州首批建成3个二级节点的企业之一。工业互联网平台建设与应用成效走在全国前列，博众TSAMO工业互联网平台和盛虹智慧印染工业互联网平台分别获评国家级工业互联网试点示范项目和制造业与互联网融合发展项目。支持龙头企业建设具有行业示范引领作用的工业互联网标杆项目，通鼎互联、永鼎股份和兰天织造3家企业获评省级工业互联网标杆工厂。亿友慧云纺织云App获评国家级工业互联网App优秀解决方案。组织新型显示企业参加苏州产业链全球合作云对接活动，2家企业参加现场企业对接活动，意向签约项目3个累计55亿元、意向签约订单17个累计50.15亿元。亨通光电获评国家级网络安全技术应用试点示范项目。（顾春华 金圣悦）

【重要成果】 2020年，全区有33个项目获评12大类国家级荣誉，获得国家、省、市三级资金支持逾2.3亿元。至年底，全区累计完成智能工业投资超130亿元，占工业技改投资比重超78%，在苏州大市保持领先；全区新增省级示范智能工厂1家、市级4家；新增省级示范智能车间10个，累计134个，新增数和累计数继续领跑省、市。

（顾春华 金圣悦）

【长三角一体化示范区5G基础设施建设战略框架协议签约】 2020年6月18日，吴江区人民政府分别与苏州移动、苏州联通签订长三角一体化示范区5G基础设施建设战略框架协议，共同打造优质5G网络及5G应用生态圈，树立全国5G应用示范标杆区，为打造“创新湖区”、建设“乐居之城”注入新动能。（顾春华 金圣悦）

【“城+市+产”三位一体数字吴江】 2020年9月12日，吴江区人民政府与华为技术有限公司在深圳签署工业互联网框架合作协议，双方致力于共同推动工业互联网建设在加快吴江区发展智能制造产业生态、打造数字化转型标杆企业方面进行全方位的合作，助力产业数字化升级及新一代信息技术产业聚集，培养新技术人才。（顾春华　金圣悦）

大运河文化带建设

【建设规划】2020年12月，《大运河文化带（吴江段）建设规划》（以下简称《规划》）分别在区常务会上和区常委会审议通过。《规划》范围涵盖两个层次，一是对大运河河道两侧1千米范围内的文物遗产、资源布点、生态建设等进行集中规划和管控；二是对吴江全域的非物质文化遗产、旅游资源、重点项目等进行统筹。规划期限分为近期2020—2025年和远期2026—2035年。按照“汇聚江南精华的运河生态文化风光带”的总体定位，从“文化脉、旅游脉、生态脉”三个角度对定位进行分解。总体上，形成“一带两轴、四核多点”的空间结构。其中，一带是运河传承带，依托京杭大运河，串联重要文物景点、历史文化名镇和现代风貌节点等资源；两轴是太浦河活力轴和頔塘——古运河活力轴，前者以自然观光为主，后者以特色休闲为主；四核是松陵——开发区、平望、盛泽、桃源；多点分别是震泽、同里、七都、黎里等。大运河文化带（吴江段）建设从文化建设、旅游布局、道路交通、服务设施、景观风貌和生态修复六个方面编排，融合项目37个，总投资额约278.3亿元。（邱芳芳）

【调研指导】2020年4月7日，区委书记王庆华，区长李铭，区委常委、宣传部部长刘伟，副区长张炳高，区委办、政府办、区大运河文化带建设推进领导小组各成员单位主要负责人听取大运河文化带（吴江段）总体规划中间成果汇报。7月13日，一体化示范区执委会公共服务和社会发展组组长曹雪娟就大运河桃源段文旅项目“融创桃源国际生态文旅度假区”进行调研。8月18日，区委书记李铭赴大运河吴江段巡河，调研大运河文化带建设工作情况。11月12日，江苏省文投集团党委书记、董事长盛蕾一行调研大运河文化带建设工作情况。11月16日，全区大运河文化带建设工作专题会议召开。会议听取区大运河文化带建设工作领导小组成员调整、区大运河文化带建设工作领导小组及办公室规则制定情况、《大运河文化带（吴江段）建设规划》编制情况和大运河项目情况、《吴江区大运河文化带堤岸加固和沿线绿化美化提升方案》等汇报，围绕下一步工作进行深入研究讨论。（邱芳芳）

【活动宣传】2020年，大运河文化带建设过程注重保护传承与宣传并举。1月1—2日，平望镇开展腊八民俗风情节“聚文化之韵游走运之旅”活动。4月29日，举办“繁华吴江夜·运河小夜曲”夜秀活动。6月5日，发布“繁华吴江夜·运河小夜曲”平望夜经济品牌。6月24日，第三届“桃源日”主题活动、“繁华吴江夜　寻梦桃花源”夜经济品牌和运河非遗美食节在严慕文化广场同时启动。8月17日，央视CCTV4《远方的家》栏目组走进运河小镇平望，用镜头聚焦这座因运而生、因运而兴的城镇的历史文化和自然人文之美。11月10日，吴江运河遗产馆展示馆开始施工建设。11月24日，吴江“运河八景”交流座谈会召开。12月15日，苏州“运河十景”建设策划务虚会召开。（邱芳芳）

【“运河八景”】2020年，全域

吴江大运河　　（区文体旅局　提供）

联动,高标准打造“运河八景”。对标苏州“运河十景”,重点打造三里飞桥、垂虹秋色、九里石塘、四河汇集、禊湖秋月、丝绸水路、慈云夕照、林海寻梦等吴江“运河八景”。把吴江“运河八景”与大运河文化带和大运河国家文化公园建设有机结合,明确建设目标、区域范围、工作计划和责任单位,项目化、节点化推进各项任务落实落细。做好八景建设配套工程、航道整治和码头提升工程的配合工作。推出“运河八景”手绘地图和系列短视频等。 (邱芳芳)

“三治”工作

【统筹推进】 2020年,区委、区政府把“三治”(治违、治污、治隐患)工作作为践行高质量发展的重要举措,列入年度重点项目,强势推进。主要领导多次专门批示明确要求、现场调研精心指导、查阅报表督促进度,通过召开部署会、推进会等方式,统筹各方力量、协调解决难题、狠抓措施落实。区委组织部专题调研“三治”工作推进情况,重申目标任务,提出意见建议。各区镇、各有关部门对照自身职责、聚焦重点难点、主动担当作为。区镇两级三治办充分发挥统筹协调作用,通过每月联席例会、每周现场督查、每天通报进度等方式,明任务、查不足、抓落实,推进各项措施落地见效。 (祁庆文)

【保障措施】 2020年,区委、区政府印发《2020年度“三治”工作计划》《2020年“三治”工作绩效考核办法》,明确全年目标、传达工作导向;通过下发区级重点整治区块文件,明确任务重点;通过实施“清零”攻坚行动,将年度整治任务化整为零,逐月清零。区三治办党支部与区水务局党委举办党建联建签约仪式,通过党建引领、跨部门联动,激发“三治”工作新动能。区财政局全年累计下发补偿经费4批2.83亿元,为治违拆旧提供资金保障。 (祁庆文)

【区镇亮点】 2020年,吴江开发区加快推进同里镇农文旅融合步伐,改善、优化居民生活环境,同步推进江陵街道云梨路改造,打造云梨路总部经济带。汾湖高新区(黎里镇)紧扣长三角一体化发展,重点围绕太浦河沿岸、环元荡区域,集中攻坚,拆除“史北废金属市场”“圆顶”“大富豪”等重点地块36余公顷,为一体化示范区建设腾出空间。吴江高新区(盛泽镇)秉承创新、协调、绿色、开放、共享发展理念,拓展空间格局,优化人居环境,加快乡村振兴,年度累计拆除农村辅房近23公顷。东太湖度假区(太湖新城)紧扣太浦河“沪湖蓝带”计划,围绕运河沿岸开展城市更新,抓紧、抓实治违拆旧各项任务,多管齐下、齐头并进,为发展腾出空间。七都镇以专啃“硬骨头”的态度直面久攻不下的老大难问题,通过各部门联合施策、精准执法,完成以东风村“百亩漾”为典型的重点区块整治任务。桃源镇以“三治”为抓手,让淘汰落后产能和“腾笼换凤”成为盘活工业经济的重要举措,嘉盛源长、金叠环保等项目落户桃源,盘活土地13多公顷。震泽镇通过“三治”实现“三优”,进一步优化“产业布局”,实现转型升级;优化“退二优二”,实现“腾笼换凤”;优化“退一还一”,实现乡村振兴。平望镇坚持系统思维,统筹施措,将农村人居环境整治同出租房整治、家禽养殖规范化整治工作一并推进,切实改善村庄环境,提升村民的幸福指数。 (祁庆文)

【整治成效】 2020年,全区治违拆旧完成767.36公顷,“三优三保”*完成355.53公顷,城市有机更新不断完善,生态环境日益向好。6月,吴江被省政府办公厅认定为资源节约集约利用综合评价成绩优异区,获33.3公顷建设用地指标奖励,获评江苏省国土资源节约集约利用模范县(市、区)。“331”专项行动*排查10.8万处,在册隐患整改率100%,严格落实两级专班常态化巡查工作,坚决杜绝隐患回潮反复。 (祁庆文)

(本栏编辑 沈 瑶)

区情概览

【建置沿革】 吴江历史悠久。后梁开平三年(909),吴越王钱镠奏割吴县南地及嘉兴北境置县,其名取境内江名吴淞江的简称——吴江,县治设松陵,属苏州。元贞二年(1296),吴江县升为州,明洪武元年(1369)复为县。清雍正四年(1726)分吴江县,偏西地设震泽县,偏东地为吴江县。民国元年(1912),吴江、震泽两县复合为吴江县,隶属江苏都督府。1949年4月29日,吴江解放,建立人民政权。全县先后分设8个区、10个区、9个区、5个区。1957年,全县撤区并乡,设23个乡,7个县属镇。1958年,全县农村成立20个人民公社。1959年5个县属镇撤销并入人民公社。1962年增设3个人民公社。1983年,全县农村恢复乡建置,设23个乡,7个县属镇。同年7月起,各乡镇陆续合并、撤乡建镇,实行镇管村体制,至1994年完成时,全市(1992年吴江撤县建市)辖23个镇。2000年7月,镇行政区划调整,至2012年1月,全市辖8个镇,10月,吴江撤市设区。至2020年底,吴江辖7个镇、4个街道,含1个国家级开发区(吴江开发区),2个省级高新区(汾湖高新区、吴江高新区)、1个省级旅游度假区(东太湖生态旅游度假区)。

(区档案馆)

【位置面积】 吴江区位于江苏省东南部,北纬30°45′36″—31°13′41″,东经120°21′4″—53′59″。东接上海市青浦区,南连浙江省嘉兴市,西临太湖,北靠吴中区,东南与浙江省嘉善县毗邻,东北和昆山市接壤,西南与浙江省湖州市交界。全区总面积1176.68平方千米(不包括所辖太湖水面)。区人民政府驻东太湖生态旅游度假区(太湖新城)。

(区档案馆)

【自然条件】 吴江全年四季分明,气候温和,雨量充沛,属北亚热带季风海洋性气候,年平均气温16℃左右,年降雨量1000毫米左右,适合农作物和水生作物生长,素有“鱼米之乡”“丝绸之府”的美誉。全境无山,地势低平,自东北向西南缓慢倾斜,南北高差2米左右,田面高程一般3.2—4.0米,最高处5.5米,极低处1.0米以下。土壤以壤土质的黄泥土和粘土质的青紫泥为主,其次为小粉土,还有少量的灰土和堆叠土。全区耕地面积40万亩(2.7万公顷),主要农作物有水稻、麦子、油菜和蚕桑、苗木等,水生作物有席草、莲藕、芡实、茭白等。境内河道纵横,湖荡密布,水面面积40万亩(2.7万公顷,不包括所辖太湖水面),占全区总面积的22.7%。水产资源丰富,主要有太湖大闸蟹、“太湖三白”(白鱼、银鱼、白虾)、南美对虾、罗氏沼虾、青虾、塘鳢鱼、加州鲈鱼、鳜鱼、甲鱼等。吴江畜禽养殖颇具规模，并逐步引进鸵鸟、獭兔、肉鸽、梅花鹿等名特优新品。

(区档案馆)

【人文历史】 古往今来，吴江大地人文荟萃，英才辈出。自春秋起至明清的两千多年间，涌现出一大批著名的历史人物。据资料反映，属吴江籍或长期生活在吴江的著名历史人物有140多名，其中有春秋时期的范蠡，西汉辞赋家严忌、严助父子，西晋文学家张翰，南朝梁陈间文学训诂学家、画家顾野王，唐代文学家陆龟蒙，宋代进士谢涛、谢景初，明代戏曲家沈璟、诗文家史鉴、画家沈颢、园林建筑师计成，清代天文学家王锡阐、文学家吴兆骞、词曲家徐曦、医学家徐大椿等。近代，诞育出辛亥革命风云人物陈去病，民主主义战士、爱国诗人柳亚子，革命烈士张应春，国学大师金松岑，文学家范烟桥等一大批杰出人物。悠久的历史，造就吴江深厚的文化底蕴，展现出鲜明的吴文化特色。吴江民间文学源远流长，蕴藏丰厚，尤以声音高亢嘹亮、感情真挚朴实、曲调优美清新、乡土气息浓厚的芦墟山歌为最，在吴江独树一帜。流传的民间舞蹈、戏曲曲艺、民间工艺流派纷繁，各呈千秋。 (区档案馆)

【风景名胜】 同里镇位于太湖边、运河旁，四周为五湖环抱，建于宋代，有1000多年历史，是名副其实的水乡古镇。同里是江苏省最早(1982年)，也是唯一将全镇作为文物保护单位的古镇，1995年被列入江苏省首批历史文化名镇。镇内退思园2001年被列入世界文化遗产名录。同里，是块不可多得的江南“富土”。小镇面积不足1平方千米；然而镇小规模不小，横竖15条河道，长短49座石桥。咫尺之内，曲折幽深。同里的主要景点有退思园、三桥、珍珠塔园、费巩故居、王绍鏊故居、陈去病故居、严宝礼故居、同里湿地公园、明清建筑群、陈家牌楼、耕乐堂、崇本堂、嘉荫堂、穿心弄、松石悟园、南园茶社、明清街、计成故居、罗星洲。

静思园占地超6公顷，为江南一带最大的私家园林。园中建筑沿袭苏州古典园林文脉，开拓创新。既有苏州园林的小巧别致，又有皇家园林的宏大气派。为当代民营企业家陈金根之私家园林。园名“静思”乃宁静思远之意。

师俭堂位于江南古镇震泽镇宝塔街，地处“吴头越尾”的苏浙交汇之地，坐北朝南，三面临水，南濒頔塘运河，西傍斜桥河，北枕藕河(吴江解放后被填满)，当时有如半岛地势。可前门上轿，后门下船，为典型的江南水乡大宅门。

慈云禅寺创建于宋咸淳(1265—1274)年间。明正统(1436—1449)中重建，旧名广济寺。自明万历至清康熙、乾隆、道光，历朝多次增建殿宇堂轩，成为吴江境内规模较大的佛教寺院，历代高僧辈出，明有道泽、慈林，清有净眼、超伟法师及断手誓修天王殿的化主天衣僧。古刹名寺历来文人游踪不绝，留下诗篇甚多。

柳亚子纪念馆坐落在黎里中心街30号，馆址设在全国文物保护单位柳亚子故居内，是一幢典型的江南水乡格局的清初宅第，前后六进，气宇轩昂，其前身是清乾隆时工部尚书周元理的私邸。

2020年5月，同里湿地公园 (钮泉娜 摄)

小九华寺位于风光秀丽的

平望莺脰湖畔，创于唐代，重建于明万历年间（1573—1620），占地超6公顷，有殿堂楼阁300余间，是苏州地区名寺之一，更因近代佛教领袖太虚大师16岁在寺中手植桂树，披剃出家，而后闭关普陀，游化中外而誉满江南。近年，小九华寺恢复山门、天王殿、大雄宝殿、三圣殿，恢复重修地藏殿、观音殿、钟鼓二楼、千佛宝塔等，恢复重修藏经楼、地藏阁、万佛塔、念佛堂、放生池及太虚大师纪念堂等。

先蚕祠又名蚕花殿或蚕王殿，清道光年间（1821—1850）盛泽丝业商人公建，有180余年历史。中国历来有祭祀祖先和行业祖师的传统，先蚕祠就是祭祀蚕丝行业祖师的公祠，当时还是盛泽丝业公所和农会的办事处所。如今江南各地的类似祠庙俱已消失，盛泽先蚕祠可以说是硕果仅存，1995年被列为省级文物保护单位。

（区档案馆）

【地方特产】 吴江人主食以大米为主，杂粮用于调节口味。熏青豆、松糕、盘龙糕、状元蹄、芡实、袜底酥、闵饼、酒酿饼、黑豆腐干、麦芽塌饼、辣油、辣酱、小黄瓜、香大头菜是吴江颇具特色的名吃名点。

熏青豆（熏青豆茶）。熏青豆制品是震泽、七都地区传统土产。将新鲜毛豆加适量盐煮熟，用炭火烘熏干燥，即成碧青的熏青豆。熏青豆加上丁香萝卜（胡萝卜）丝、橘皮丝、芝麻、茶叶等泡茶待客，熏青豆茶色香味俱佳。本品营养丰富，含有大量的人体所必需的脂肪酸、蛋白质、胡萝卜素、维生素和矿物质。

松糕。松糕为盛泽镇特产之一，有百余年制作历史，因其色泽嫩黄，又称黄松糕。制作时先以红糖拌粗米粉，米粉粳糯搭配（以糯为主），然后把拌糖米粉铺入蒸笼内，中间夹放豆沙馅、糖制猪油和核桃肉，糕面撒上松子肉、瓜子仁、玫瑰花丝、桂花和红绿丝等，用大火蒸制即成。该糕软糯宜人，香甜可口。

盘龙糕。盘笼糕属松糕的一个品种，是盛泽镇传统名糕点。因蒸糕形如盘曲的龙，故亦名盘龙糕，迄今有上百年历史。盘龙糕里圈称为盘龙芯，售价最昂贵，旧时通常被商行等老主顾定购，中外圈售价较低，切块出售。历来盘龙芯作为馈赠佳品，如今作为筵席上的一道点心。

状元蹄。状元蹄是蜜汁蹄髈，色泽味美，咸甜相宜，酥而不烂，肥而不腻，同里镇的传统土产。古镇旅游兴起后，为纪念南宋淳祐四年（1244）特奏名状元魏汝贤，把蹄髈命名为状元蹄。

鸡头米。鸡头米是芡实的俗称，水八仙之一。同里西北荡种植鸡头历史悠久，质量较高。同里鸡头米果实大而无刺，采摘手法颇为讲究，大多为手工剥壳，新鲜果肉呈嫩黄色，干燥果实呈米白色，口感软糯香嫩，其加工过程暂时无法用机器完全替代。

袜底酥。袜底酥是同里特产风味糕点，形似袜底，故名。相传袜底酥是南宋民间仿效宫廷茶点制作而成。清朝康熙皇帝到吴江，吃到袜底酥，香酥松软，极为赞赏。

闵饼。闵饼是同里闵家湾闵氏本堂斋的特产，有400余年历史。因制作仅闵氏一家，世传其业，故称闵饼。用“闵饼草”揉入米粉作皮子，以豆沙、核桃肉作馅蒸制而成，色泽黛青，光亮细洁，入口油而不腻，清香滑糯，具有独特的江南农家风味。民国元年（1912），闵氏在上海创建大富贵闵饼公司，产品远销海内外。后同里富土坊制作的闵饼，风味不减当年。

同里状元蹄　　（钮泉娜　摄）

酒酿饼。酒酿饼是由酒酿和面粉经发酵、烘焙，并包入甜馅而制成的一种馅饼。相传酒酿饼是从元朝开始出现的，吴江人有春天吃酒酿饼的习惯。

黑豆腐干。黑豆腐干是震泽著名土特产，有250多年历史。最初由“聚顺号”豆腐干作坊经营。相传乾隆皇帝南巡时，品尝黑豆腐干后称赞不已，从此黑豆腐干成为贡品，“聚顺号”特立黑漆金字招牌“进贡茶干”于店堂。清末民初时，“聚顺号”增设“西聚顺”“南聚顺”分号，并在苏州胥门和浙江南浔开设分店。震泽黑豆腐干制作工艺讲究。因为黑豆腐干也可作茶点，所以又称茶干，其味鲜美，甜咸适中，质细韧，折而不裂，被人誉为素火腿。

麦芽塌饼。麦芽塌饼的特色取决于制作该饼的重要原料佛耳草和麦芽。佛耳草，学名鼠曲草，俗称清明菜。其茎叶可祛风散热、化痰止咳。麦芽则具有开胃、健脾、消食之功能。每年清明至立夏之间，将佛耳草等草头煮烂沥干出渣后，拌入糯米粉和麦芽粉，以赤豆沙或黄豆沙为馅做成团子，蒸熟后再用油煎，食之清凉甜软。此品可贮放多日而不变质，境内各镇均有销售。

辣酱、辣油。辣酱始产于20世纪30年代初，辣油始产于1934年。由平望达顺酱园相继开发。两种产品均具有色泽鲜红，油质醇厚，味美可口、辣中带鲜等特色。1952年5月，在苏南地区土特产展销会上被初评为一等奖。抗美援朝时被列为军需物资。1983年，在苏州市食品展览会上被评为优质产品。

小黄瓜。乳小黄瓜始产于20世纪30年代初，具有鲜、嫩、甜、脆等特色。1952年5月在苏南地区土特产展销会上和1983年在苏州市副食品工艺展销会上均被定为优质产品，1962年销往日本。

香大头菜。大头菜又名疙瘩菜，是芥菜的变种之一。吴江腌香大头菜有200多年历史，销往中国香港和东南亚各国，有一定声誉。大头菜皮滑色青，个头大不空心，分量重点的一棵达二三斤。腌好的大头菜具有色泽好、口味鲜美、咸淡适宜、略带甜味、闻有香气、菜头脆嫩、纤维细腻等特色，是居家旅行的佐膳上品。香大头菜以震泽、七都所产的最为著名。（区档案馆）

【四季气候】 2020年，吴江全区年平均气温显著偏高，降水量偏多，降水日数略偏多，日照正常。春季、冬季平均气温异常偏高，高温日数多，持续时间偏长，强度不强。强对流天气早发、频发。秋、冬季出现5段持续阴雨（雪），对初冬作物生长、春运和春耕春播等有一定影响。梅雨典型，入梅早，出梅晚，梅期偏长，强降水过程多，梅雨量异常偏多。夏、秋季先后受4个台风影响，影响均偏弱。秋、冬季全区出现大雾13天。霾日39天，全年霾天气以轻微霾为主，持续霾天气发生次数和严重程度均有所下降。

年平均气温18.1℃，较常年偏高1.9℃，属于显著偏高，列历史第2位；年降水量1591.4毫米，较常年偏多42.9%，属于偏多，月际分布不均；年降水日数163天，比常年偏多11天；年日照时数1759.2小时，比常年偏少8%，属于正常；全年无霜期317天，创历史新高，比常年偏多84天。年极端最高气温38.0℃，出现在8月13日；年极端最低气温-6.4℃，出现在12月31日。全年最长连续降水日数12天，出现在6月14—25日，累计雨量198.0毫米。连续最长无降水日数15天，出现在8月10—24

2020年12月，三里桥生态园的初冬秀色 （吴斌 摄）

日。年内主要灾害性天气有寒潮、连阴雨（雪）、暴雨、高温、台风、强对流天气（短时强降水、雷暴大风等）、大雾和霾等。

冬季（2019年12月至2020年2月）平均气温8.1℃，比常年同期偏高2.9℃，属于异常偏高，列历史最高值。3个月均属于异常偏高，其中，2月平均气温列历史同期第1位。冬季日最低气温≤0℃的日数3天，为历史同期最低值。冬季雨雪量298.3毫米，比常年同期偏多80%，属于显著偏多，列历史同期高值第3位。其中，12月和1月属于异常偏多，2月属于正常。冬季雨雪日41天，比常年同期偏多13天。冬季日照时数351.3小时，与常年同期基本持平，属于正常。其中，12月属于正常，1月属于显著偏少，2月属于偏多。冬季降雪日数1天，在2月16日。

春季（3—5月）平均气温17.3℃，列历史同期次高值，比常年同期偏高2.2℃，属于异常偏高。其中，3月属于异常偏高，列历史同期高值第2位，4月属于偏高，5月属于异常偏高，列历史同期最高值。春季降水量273.1毫米，比常年同期偏少6.9%，属于正常。其中，3月属于偏多，4月和5月属于偏少，4月列历史同期降水量低值第5位。春季降水日数36天，比常年同期偏少1天。春季日照时数526.3小时，比常年同期偏多1%，属于正常。其中，3月和5月属于正常，4月偏多。终霜日期是2月18日，与常年相比，偏早35天。

夏季（6—8月）平均气温27.9℃，比常年同期偏高1.0℃，属于正常。其中，6月偏高，7月显著偏低，8月异常偏高。夏季降水量757.7毫米，比常年同期偏多58%，属于异常偏多。其中，6月显著偏多，7月异常偏多，列历史同期降水量第1位，8月偏少。夏季降水日数47天，比常年同期偏多9天，列历史同期第6位。夏季日照时数440.6小时，比常年同期偏少25%，属于偏少。其中，6月、7月均偏少，8月正常。

秋季（9—11月）平均气温19.6℃，列历史同期第6位，比常年同期偏高1.4℃，属于偏高。其中，9月和10月正常，11月异常偏高。秋季降水量328.0毫米，比常年同期偏多51.8%，属于显著偏多。其中，9月显著偏多，10月正常，11月偏多。秋季降水日数27天，比常年同期偏多1天。秋季日照时数450.1小时，比常年同期偏少1%，属于正常。其中，9月、10月和11月均正常。

2020年12月平均气温6.7℃，比常年同期偏高0.6℃，属于正常。降水量11.4毫米，比常年同期偏少68.3%，属于显著偏少。雨雪日6天，比常年同期偏少1天。12月日照时数134.6小时，与常年同期基本持平，属于正常。本年度初霜和初雪分别出现在12月4日和12月29日。

（潘　哲）

【异常气候】 春季、冬季平均气温异常偏高。2020年冬季、春季平均气温均异常偏高，分别列平均气温历史最高值和次高值。适逢新冠肺炎疫情防控和消费市场回暖的关键时期，有助于全区旅游热潮逐步回温。对农业生产有利有弊。其中，冬季气温整体偏高，土壤墒情充足，有利于晚播小麦分蘖和小麦初冬继续生长，有利于促进三类苗转化，小麦生育进程普遍提前。2月中旬连续阴雨和寒潮天气，小麦出现轻度冻害。连续阴雨和低温天气不利于河蟹放养，放养进度较慢。春季利大于弊，总体有利于小麦孕穗、抽穗和开花等，小麦生育进程普遍提前，赤霉病等病虫害防治进展顺利，防治效果较好，气温日较差大有助于小麦灌浆。3月下旬连续阴雨和寒潮天气对小麦开花不利，影响小麦结实率，生育进程略放缓，不利于小麦赤霉病的防治；5月上旬多阴雨天气，小麦灌浆略不利，早衰面积较大，葡萄开花结实不利。

梅雨典型，暴雨多。2020年夏天，副热带高压主体偏南，梅雨锋在江淮到江南北部一带南北摆动，造成长江流域多次强降水。吴江区6月9日入梅，比常年偏早7天，7月21日出梅，梅长达42天，比常年偏长18天，梅雨天数并列历史第二位。梅雨量641.8毫米，比常年偏多165%，为2000年以来第一位，列历史第二位。其中，累积雨量最大乡镇为盛泽镇（679.8毫米）。梅雨期全区出现7轮强降水，暴雨日数7天，为2000年以来最多。其中，最强降水过程出现在7月14—16日，全区普降大暴雨，累积最大雨量207.8毫米，出现在盛泽镇。梅雨期全区自动站单日最大累积雨量108.4毫米，于7月15日出现在盛泽镇；最大小时雨强64.8毫米，于6月23日夜间出现在菀坪社区；日极大风速16.3米/秒（7级），于6月24日夜间出现在平望镇。2020年梅雨期长，出梅晚，梅雨期期间气温偏低，日照奇缺，暴雨偏多，全区各地不同程度受灾，对农业产生不利影响，水稻分蘖缓慢，够苗期出现偏晚。长期阴雨寡照天气导致水稻病虫害防治难于落实，纵卷叶螟发生较重，旱地作物果树、蔬菜等根系活力下降，部分葡萄出现日灼裂果，部分蔬菜脱水明显，少量出现死亡，部分低洼田块作物受淹，对水产养殖较不利。 （潘 哲）

2020年6月15日，气象台发布雷暴橙色预警信号 （吴斌 摄）

【灾害性天气】 寒潮。2020年春、冬季有3次寒潮天气过程，分别出现在2019年12月30—31日和2020年2月14—16日、3月27—28日，无明显灾情发生。

2019年12月30—31日，受强冷空气影响，全区气温大幅下降，48小时最低气温降幅10.0℃，29日最低气温降至零-0.2℃，达寒潮等级，全区普遍出现7级西北大风，30日傍晚到夜里太湖湖面出现瞬时极大风速14.5米/秒（7级）。2月14—16日，受强冷空气影响，全区气温大幅下降，48小时最低气温降幅12.1℃，16日早晨最低气温0.4℃，达寒潮等级。全区普遍出现5—6级偏北大风，太湖湖面出现瞬时极大风速16.7米/秒（7级）。3月27—28日，受强冷空气影响，48小时最低气温降幅14.1℃，28日早晨最低气温3.5℃，达寒潮等级，全区西南部出现5—6级东北风，太湖湖面出现瞬时极大风速14.0米/秒（7级）。此次寒潮引起的强降温和大风对小麦造成轻微冷害，影响后期灌浆。

连阴雨（雪）。2020年出现5段连阴雨（雪）天气，对初冬作物生长、春运和春耕春播等有一定影响。2019年12月17—26日，出现连续阴雨天气，累计雨量71.1毫米，其中，21—22日全区普遍出现中到大雨，25日雨量达小到中等，其间全区总日照时数5.1小时。持续10天的阴雨寡照，对蔬菜及初冬作物生长较为不利。1月有两段连阴雨，分别出现在1月9—12日和21—27日。其中，9—12日累计雨量26.3毫米、21—27日累计雨量105.6毫米，26日全区普遍出现中到大雨。持续阴雨天气对春运、蔬菜和初冬作物生长有一定影响。2月11—16日出现连续阴雨（雪）天气，其间15日夜间全区普降小到中雨（雪），雨雪量8.0毫米，无积雪。3月25—31日出现连续阴雨（雪）天气，累计雨（雪）量102.5毫米。其间全区总日照时数9.1小时。持续7天的阴雨（雪）寡照对春耕春播的顺利开展及小麦赤霉病防治造成一定影响。11月22—27日出现连阴雨天气，累计雨量42.1毫米，其中25—26日全区普降小到中雨。其间全区无日照，对秋收、秋种产生一定影响。

暴雨。2020年有11天出现暴雨，其中7天单站或局地暴雨。时间分布为6月4天，7月3天（其中一天为大暴雨），8月3天，9月1天。7天单站或局地暴雨分别出现在6月3天，8月3天和9月1天。空间分布上，汾湖7天，同里6天，松陵和盛泽各5天，其余各乡镇4天。最大日雨量180.4毫米，于7月15日出现在盛泽镇。

强对流天气（短时强降水、雷雨大风等）。2020年强对流天气早发、频发，3月27日首次出现强对流天气。全区有37天出现强对流天气（雷雨大风、短时强降水等），时间分布为3月、9月各3天，4月1天，5月2天，6月11天，7月10天，8月7天。瞬时极大风速19.6米/秒，于6月6日15时出现在东太湖生态站。1小时最大雨量80.3毫米，于8月4日12时出现在汾湖中学站。其中，4月12日傍晚受东北冷涡南掉影响，全区北部地区出现雷电活动，局地伴有小冰雹和陆地阵风7—9级、水面阵风12级的雷暴大风等强对流天气。其中，屯村实小站出现21.0米/秒（9级）偏北大风，太湖湖面出现27.4米/秒（12级）西北大风。强对流天气对全区北部地区的设施农业和安全生产等的产生不利影响。

高温。2020年高温日数27天，比常年同期偏多16天。6月17日首日出现高温，8月9—21日和23—25日出现连续高温，其中8月13—16日出现区域性37℃以上高温，给市民生活和健康等带来不利影响。

台风。2020年全区先后受4个台风影响，影响偏弱，均无明显灾情发生。8月4日中午至5日早晨，受第4号台风“黑格比”影响，全区出现6—7级偏东风，太湖湖面最大风速15.5米/秒（7级），4日夜里至5日早晨全区东北部地区出现局地性的短时强降水，其中最大小时雨量出现在4日23时屯村实小站，雨量33.6毫米。8月25日下午至26日，受第8号台风“巴威”外围影响，全区出现区域性强对流天气，单站短时强降水出现在25日16时黎里镇，小时雨量23.5毫米，极大风速15.8米/秒（7级）。9月1日傍晚至2日，受第9号台风“美莎克”外围影响，全区出现分散性阵雨天气，太湖湖面上最大风速15.2米/秒（7级）。9月6日夜里至7日，第10号台风“海神”远海北上，对吴江区无明显风雨影响。

大雾。2020年出现大雾13天，春季1天、夏季3天、秋季1天，冬季8天，其中浓雾6天。大雾和浓雾天气，对交通造成一定的影响。

霾。2020年出现霾39天，春季9天、夏季3天、秋季4天、冬季23天，霾日数连续7年持续下降。全年霾天气以轻微霾为主，中重度霾显著减少，持续霾天气发生次数和严重程度均有所下降。全年中度污染天气主要集中在秋、冬季，主要由于其间无明显降水，大气较为静稳，空气自净条件较差，风向上有利于外源污染的输入。夏、秋季的轻微霾天气主要是其间天气晴好，光照充足，臭氧浓度超标。（潘　哲）

2020年吴江区逐月平均气温、降水量、降水日数、日照时数一览表

要　素	1月	2月	3月	4月	5月	6月	7月	8月	9月	10月	11月	12月	全　年
平均气温（摄氏度）	6.7	9.1	12.7	16.0	23.2	25.8	26.9	31.0	24.7	19.0	15.0	6.7	18.1
降水量（毫米）	164.0	57.1	150.3	44.4	78.5	305.2	376.8	75.7	221.3	46.6	60.1	11.4	1591.4
降水日数（天）	19	12	18	8	14	22	20	8	13	9	12	8	163
日照时数（小时）	62.8	144.8	150.0	226.3	150.0	89.8	95.4	255.4	156.5	158.9	134.7	134.6	1759.2

（潘　哲）

【交通】 2020年底，吴江境内公路通车总里程2374.84千米。其中，国道152.76千米（含高速公路100.18千米）、省道113.24千米、县道370.61千米、乡道565.38千米、专用公路34.22千米、村道1138.63千米。

吴江境内有航道42条450.67千米，其中等级航道10条218.68千米，等外级32条231.99千米。港口码头133家，泊位数239个。航道密度38.4千米/百平方千米。44.16千米的京杭大运河纵贯南北，41.5千米的长湖申线横穿东西，将全区其他航道连成一片，形成得天独厚的水运网络。

（王峥嵘）

2020年吴江境内等级航道一览表

单位：千米

名　称	等　级	起点名称	终点名称	里　程	备　注
京杭大运河	三	吴江吴中界牌	鸭子坝	44.16	—
苏申外港线	四	白蚬湖14号标	内外港汊口	14.2	—

（续　表）

名　称	等　级	起点名称	终点名称	里　程	备　注
长湖申线	四	芦墟野毛荡	南浔	41.5	已扣与京杭大运河重复的里程4.4千米
太浦河航道	四	新池渡口	太湖太浦河节制闸	26.28	已扣与长湖申线重复的里程14.45千米
乍嘉苏线	五	长虹桥（王江泾）	平望草荡	15.2	—
申湖复线	六	杨家荡	莺脰湖	4.7	—
吴芦线	七	太浦河窑港口	浮玉洲桥	35.5	—
麻溪港	七	太平港口	郑产桥港	18.4	—
严墓塘	七	铜罗粮库	震泽申湖线	9.14	—
紫荇塘	七	乌镇郊	大德塘桥	9.6	—

（王峥嵘）

2020年吴江境内国道（含高速公路）一览表

单位：千米

公路名称	起　始	境内长度
G1522（常台高速）	苏州吴中—盛泽（苏浙界）	36.77
G50（沪苏浙高速）	苏沪界（莘塔）—苏浙界（八都）	49.947
G1521（常嘉高速）	苏州吴中—苏浙界	13.5
G318（沪聂线）	苏沪界（汾湖）—苏浙界（震泽）	52.618
G524（常熟—海宁）	吴中界—王江泾	41.107

（王峥嵘）

【人口概况】 2020年末，全区户籍总户数为280542户，总人口为876671人，比2019年末增加20837人。其中男性429678人、女性446993人，男女性别比为96.13∶100。全年出生人口8231人，出生率为9.50‰；死亡人口7114人，死亡率8.21‰；人口自然增长率为1.29‰。全区非农业人口710694人。

（区统计局）

【民族】 2020年，吴江区除汉族外，有常住少数民族33个2692人。少数民族为：回族、壮族、满族、布依族、苗族、白族、蒙古族、黎族、畲族、彝族、瑶族、土族、土家族、侗族、仡佬族、哈尼族、傣族、水族、傈僳族、朝鲜族、藏族、维吾尔族、毛南族、达斡尔族、俄罗斯族、哈萨克族、柯尔克孜、仫佬族、裕固族、锡伯族、保安族、佤族、羌族。另有暂住少数民族43个19920人。（胡杨文）

【宗教】 2020年，吴江区有佛教、道教、天主教、基督教4种宗教。全区依法登记开放的寺院、道观、天主教堂、基督教堂（活动点）等宗教活动场所40处，其中佛教有圆通寺、小九华寺、慈云寺、观音寺、泗洲禅寺、佛教居士林等14处，道教有黎里昭灵观1处，天主教有黎里天主教堂、同里天主教堂、盛泽天主教堂3处，基督教有吴江基督教堂、松陵基督教堂、八坼基督教堂、震泽基督教堂等活动场所22处。全区有专兼职宗教教职人员125名，其中，佛教78名，道教1名，天主教2名（神甫1名、修女1名），基督教44名（牧师6名、牧师级长老1名、长老11名、传道26名）。宗教教职人员中有吴江区人大常委1名，政协委员5名（其中常委2名）。全区有天主教信徒3632人，基督教受洗人数15020人，佛道教居士及经常性参加重大宗教活动的信众约6800余人。（胡杨文）

2020 年吴江区基本情况

项　目	计量单位	2020年	2019年	2020年为2019年
一、行政组织				
镇人民政府	个	7	7	100.0%
社区居民委员会	个	79	78	101.3%
村民委员会	个	227	235	96.6%
村民小组数	个	5469	5560	98.4%
二、土地面积				
行政区域土地面积	平方千米	1176.6	1176.6	100.0%
年末耕地面积	公顷	—	21388	—
其中：水田	公顷	—	15572	—
旱地	公顷	—	4796	—
水浇地	公顷	—	1021	—
人口密度	人/平方千米	745	727	102.5%
三、水面资源				
水面总面积	公顷	26707	26707	100.0%
常年蓄水量	立方米	5.74亿	5.74亿	100.0%
已养殖面积	公顷	11737	15412	76.2%
其中：池塘	公顷	6034	8074	74.7%
湖泊	公顷	5703	7338	77.7%
四、人口				
年末总户数	万户	28.05	27.05	103.7%
年末总人口数	万人	87.67	85.58	102.4%
总人口中：男	万人	42.97	42.02	102.3%
女	万人	44.70	43.57	102.6%
总人口中：非农业人口	万人	71.07	68.92	103.1%
农业人口	万人	16.60	16.66	99.6%
本年出生人口数	人	8231	7407	111.1%
出生率	—	9.50‰	8.73‰	108.8%
本年死亡人口数	人	7114	6079	117.0%
死亡率	—	8.21‰	7.17‰	114.5%
本年净增人口数	人	1117	1328	84.1%
自然增长率	—	1.29‰	1.57‰	82.1%
五、从业人员	万人	92.56	86.16	107.4%
第一产业	万人	3.56	3.33	106.9%
第二产业	万人	56.09	52.54	106.8%

（续 表）

项 目	计量单位	2020年	2019年	2020年为2019年
第三产业	万人	32.91	30.29	108.6%
六、气候				
年降雨量	毫米	1591	1251	127.2%
年平均温度	摄氏度	18.1	17.7	102.3%
年日照时数	小时	1759	1756	100.2%
初终间霜日数	天	78	62	125.8%
全年雨日	天	163	158	103.2%
全年雾日	天	13	16	81.3%
全年雪日	天	3	4	75.0%

注：1.2020年国土变更调查尚未结束，2020年年末耕地面积暂无，2019年数据根据第三次土地调查结果修订；

2.2020年从业人员数据根据第七次人口普查结果修订。

（区统计局）

行政区划

【城镇】 2020年，吴江区设松陵、横扇、八坼、江陵4个街道，以及同里、平望、盛泽、七都、震泽、桃源、黎里7个镇。

（沈心怡）

【居委会、村委会】 2020年，吴江全区城镇下辖79个社区居民委员会、210个村民委员会。

（沈心怡）

2020年吴江区城镇社区一览表（按实际管辖划分）

单位：个

区镇（街道）	数 量	社区名	区镇（街道）	数 量	社区名
松陵街道	19	西塘社区	同里镇	6	鱼行社区
		北门社区			东新社区
		三村社区			富渔社区（涉农社区）
		二村社区			屯渔社区（涉农社区）
		东门社区			屯村社区
					富土社区
		城中社区	吴江高新区（盛泽镇）	8	坛丘社区
		石里社区（涉农社区）			舜湖社区
		西元圩社区（涉农社区）			桥北社区
		梅石社区			衡悦社区
		祥泰社区			镜湖社区
		奥林清华社区			目澜社区
		水乡社区			山塘社区
		新园社区			南麻社区

（续 表）

区镇（街道）	数 量	社区名
松陵街道	19	苏河社区
		湖滨华城社区
		龙河社区
		水秀社区
		长板社区
		冬梅社区
横扇街道	4	菀坪社区
		横扇社区
		沧浦社区（涉农社区）
		渔业社区（涉农社区）
八坼街道	1	八坼社区
江陵街道	12	西湖社区
		淞南社区
		运东社区
		雅辉社区
		庞山湖社区
		江陵社区
		城南社区
		三里桥社区
		山湖社区
		湖东社区
		新港社区
		新柳溪社区
桃源镇	3	桃源社区
		青云社区
		铜罗社区

区镇（街道）	数 量	社区名
汾湖高新区（黎里镇）	9	镇西社区
		镇东社区
		莘塔社区
		新区社区
		兴黎社区
		黎新社区
		振黎社区
		北厍社区
		金家坝社区
震泽镇	6	石瑾社区
		镇南社区
		砥定社区
		金阳社区
		麻漾新城社区
		八都社区
平望镇	7	南斯港社区
		学才社区
		东溪河社区
		城壕里社区
		西塘社区
		新诚社区（涉农社区）
		梅堰社区
七都镇	4	七都社区
		西漾渔业社区（涉农社区）
		庙港社区
		渔村社区（涉农社区）

（沈心怡）

2020年吴江区村委会一览表

单位：个

区镇(街道)	村数	村名	区镇(街道)	村数	村名
松陵街道	10	南厍村、芦捕村、江新村、南刘村、联杨村、第二渔业村、高新村、戗港村、吴模村、梅里村	汾湖高新区（黎里镇）	43	黎花村、雄锋村、梅墩村、史北村、黎星村、华莺村、汾湖村、大联村、沈家港村、汤角村、永新村、青石村、大长港村、建南村、川心港村、黎阳村、新鹤村、方联村、乌桥村、东胜村、东秋村、莘南村、元荡村、城司村、港南村、芦东村、龙泾村、高新村、三好村、伟明村、东联村、汾湖湾村、莘西村、大潮村、禾田村、跃胜村、新钢村、银杏村、杨文头村、星谊村、红旗村、雪巷村、梅石村
横扇街道	14	星字湾村、四都村、太浦河村、北横村、诚心村、叶家港村、安湖村、沧洲村、同芯村、姚家港村、王焰村、圣牛村、双湾村、菀南村			
八坼街道	8	直港村、双联村、石铁村、新营村、黑龙村、汤华村、友谊村、农创村			
吴江高新区（盛泽镇）	30	红洲村、南塘村、圣塘村、群铁村、东港村、兴桥村、胜天村、庄平村、黄家溪村、桥南村、荷花村、寺西洋村、前跃村、永平村、坛丘村、龙旺村、坝里村、沈家村、大谢村、北角村、茅塔村、人福村、杨扇村、龙桥村、盛虹村、幸福村、永和村、双溪村、渔业村、郎中村	平望镇	20	联丰村、上横村、金联村、溪港村、群星村、顾扇村、中鲈村、莺湖村、平西村、万心村、双浜村、南杨村、龙南村、胜墩村、三官桥村、庙头村、平安村、联合村、秋泽村、新南村
江陵街道	9	花港村、九龙村、三兴村、三庞村、联兴村、叶泽湖村、叶津村、益联村、龙杨村	震泽镇	21	朱家浜村、曹村村、大船港村、夏家斗村、永乐村、龙降桥村、众安桥村、桃花庄村、齐心村、贯桥村、兴华村、前港村、新乐村、长家湾村、花木桥村、金星村、三扇村、联星村、双阳村、蠡泽村、新幸村
同里镇	10	叶建村、屯溪村、九里湖村、屯南村、北联村、肖甸湖村、湘溇村、合心村、文库村、白蚬湖村			
桃源镇	25	仙南村、杏花村、严慕村、戴家浜村、迎春村、桃花源村、富乡村、大德村、贤胡村、青云村、澄源村、宅里桥村、前窑村、后练村、利群村、九里桥村、广福村、文民村、陶墩村、瑾下浜村、水家港村、天亮浜村、新和村、梵香村、新蕾村	七都镇	20	望湖村、盛庄村、双塔桥村、庙港村、吴溇村、陆港村、爘烂村、东风村、联强村、隐读村、太浦闸村、丰田村、联漾村、东庙桥村、开弦弓村、长桥村、吴越村、光荣村、群幸村、菱田村

（沈心怡）

（本栏编辑　沈　瑶）

中共苏州市吴江区委

综　述

【概况】 2020年，中共苏州市吴江区委坚持以习近平新时代中国特色社会主义思想为指导，贯彻落实中央、省委、市委部署要求，紧扣打造“创新湖区”、建设“乐居之城”发展定位，扎实做好“六稳”*工作，全面落实“六保”*任务，在构建“双循环”新发展格局中主动作为，在一体化示范区建设中走在前列，全区经济社会发展稳中有进。一是积极应对风险挑战，夺取“抗疫情、稳发展”的双胜利。严格落实“外防输入、内防反弹”总体策略，抓好常态化疫情防控，始终保持患者零病亡、医护零感染。全区经济展现巨大韧性，全年实现地区生产总值2002.83亿元，比2019年（下同）增长0.6%；完成一般公共预算收入236.48亿元，增长6%；完成全社会固定资产投资586.79亿元，保持增长，其中工业投资215.3亿元，增长23.5%；实际使用外资4.56亿美元，增长13.1%。新增上市公司4家，累计境内外上市公司20家；恒力、盛虹上榜“世界500强”企业。二是抢抓国家战略机遇，取得“走在前、当示范”的丰硕成果。紧扣“一体化”和“高质量”两个关键，带头做好对接上海大文章，编制“十四五”规划和国土空间规划、产业规划，143项示范区建设重点工作全部启动实施。出台支持先行启动区建设定向支持政策和组织保障举措，建立三个指挥部高位协调、驻点攻坚。康力大道东延、元荡生态岸线贯通工程示范段、英诺赛科三个展示项目收获好评，一体化制度创新和项目建设入选典型案例数位居青吴嘉三地首位，“跨界联合河长制”入选中国改革2020年度50典型案例。在2020赛迪营商环境百强区中排名全国第十、全省第二。三是优化全域功能布局，描绘“产业强、城市兴”的现实图景。坚持创新驱动和人才优先发展战略，主导产业之一的装备制造业首超千亿能级，有效高新技术企业数920家。举办“双12苏州购物节——乐购吴江”等系列活动。聚焦空间格局、水韵、田园、古镇、产业、人文等“六美”特质，推进美丽吴江建设21项重点任务，入选省级全域旅游示范区。推进大运河文化带建设，策划融创桃源生态文旅项目、平望四河汇集等地标性项目。完成治违拆旧735公顷，“三优三保”*复垦352公顷，获“江苏省国土资源节约集约利用模范县（市、区）”称号。四是坚持以人民为中心，干成“看得见、摸得着”的实事好事。坚持就业优先政策，稳步提升兜底保障水平，确保居民持续增收。高标准配置教育、医疗、文化等公共服务资源，苏州大学未来校区、苏州中学附属苏州湾学校加快建设，吴江区中医院异地新建、京东方（苏州）数字医院有序推进，苏州湾大剧院开门迎客，高水平全面小康成色十足。全面落实防汛抗灾工作，顶住太湖超保证水位、太浦闸大流量泄洪等压力。抓牢抓紧安全生产“一年小灶”和“三年大灶”，事故起数、死亡人数分别下降66.3%和66.7%。五是深化党建引领作用，凝聚“敢担当、善作为”的强大合力。开展“四史”*学习教育，持续巩固深化“不忘初心、牢记使命”主题教育成果。深入实施“融入式党建”*创新工程，创新开展“百人百企、助力发展”挂职惠企行动，推动41个省级机关党组织、37个省属企业党组织与吴江基层党组织结对共建。制定“对标找差、再攀新高”常态化机制，出台激励干部担当“1+N”系列文件，开展新时代吴江精神大讨论。筑牢意识形态主阵地，制定意识形态工作“三张责任清单”。抓好省委乡村振兴战略专项巡视反馈意见整改，实现常规巡察全覆盖。 （金 伟）

【区第十三届党代会第六次会议】中国共产党苏州市吴江区第十三届代表大会第六次会议，于2020年12月30日在吴江举行。

大会全面贯彻党的十九大和十九届二中、三中、四中、五中全会以及中央经济工作会议精神，落实习近平总书记视察江苏重要讲话指示精神、对长三角一体化发展重要指示批示精神，落实省委十三届九次全会、市委十二届十一次全会要求，回顾总结2020年工作，研究部署“十四五”和2021年工作，动员全区各级党组织、广大党员和干部群众，统一思想、凝聚共识、激发干劲，聚焦沪苏同城化，聚力建设示范区，乘势开启全面建设社会主义现代化新征程。

大会听取并审议通过李铭代表中共苏州市吴江区第十三届委员会所作的《聚焦沪苏同城化，聚力建设示范区，乘势开启全面建设社会主义现代化新征程》工作报告，审议通过中共苏州市吴江区纪律检查委员会《一体推进“三不”机制，为吴江开创示范区建设新局面提供坚强保障》的工作报告，审议通过《中共苏州市吴江区委关于制定苏州市吴江区国民经济和社会发展第十四个五年规划和二〇三五年远景目标的建议》。

大会肯定2020年区委工作和全区经济社会发展取得的成绩。一致认为，2020年以来，区委坚持以习近平新时代中国特色社会主义思想为指导，统筹推进疫情防控和经济社会发展，扎实做好“六稳”*工作，全面落实“六保”*任务，在构建“双循环”新发展格局中主动作为，在一体化示范区建设中走在前列，全区经济社会发展保持稳中有进良好态势。2020年是“十三五”规划收官之年。五年来，全区经济社会发展取得历史性成就，经济实力显著增强，民生福祉持续增进，生态环境明显改善，文明程度全面提高，“强富美高”*成为吴江发展的鲜明标识。

大会强调，2021年是中国共产党建党100周年，是“十四五”开局之年和国家现代化建设进程中具有特殊重要性的一年。要坚持把习近平总书记系列重要讲话和指示批示精神作为行动纲领和根本遵循，坚定不移沿着总书记指引的方向奋勇前行。要深刻领会党的十九届五中全会和总书记重要讲话精神的时代内涵，科学把握新发展阶段、深入贯彻新发展理念、加快构建新发展格局；深刻领会总书记视察江苏重要讲话指示的殷切期望，紧扣“争当表率、争做示范、走在前列”的最新要求，坚定发展信心、坚定前进方向、坚定探路先行；深刻领会总书记对长三角一体化发展的战略指引，对照“率先形成新发展格局，勇当国家科技和产业创新的开路先锋，加快打造改革开放新高地”的定位要求，强化机遇意识、协同意识、奋进意识，切实扛起国家使命的历史担当。

大会提出，全力以赴推动“十四五”发展高质量开局，落实带头对接上海、走在沪苏同城化前列，主动服务新发展格局、建设绿色创新发展新高地，全面深化改革、优化发展环境，完善治理体系、提高治理现代化水平，推进“美丽吴江”建设、打造生态优势转化新标杆，加快城乡融合发展、争创人与自然和谐宜居新典范，创造高品质生活、增进民生福祉，繁荣发展文化事业和产业、提升文化软实力等八个方面重点任务，确保到2025年实现一体化发展更快突破、经济发展更高质量、区域治理更加高效、生态环境更为优美、城乡发展更加协调、群众生活更具品质、文化实力更大加强，建设成为“世界级水乡人居文明典范”，位列全国综合实力百强区第一方阵前列。

大会同意区委提出的2021年工作总体要求和主要预期目标，要求以习近平新时代中国特色社会主义思想为指导，深入贯彻党的十九大和十九届二中、三中、四中、五中全会以及中央经济工作会议精神，深刻把握习近平总书记对江苏、对苏州以及对长三角一体化发展系列重要讲话和指示批示精神，全面落实省委十三届九次全会、市委十二届十一次全会部署要求，坚持稳中求进工作总基调，立足新发展阶段，贯彻新发展理念，构建新发展格局，以推动高质量发展为主题，以深化供给侧结构性改革为主线，以改革创新为根本动力，坚定走在沪苏同城化前列，加快推进长三角生态绿色一体化发展示范区建设，打造“创新湖区”、建设“乐居之城”，确保“十四五”开好局、全面建设社会主义现代化起好步，以优异成绩庆祝中国共产党成立100周年。

大会强调，要在毫不松懈抓好常态化疫情防控基础上，重点做好四个方面：一是着力开创示范区建设新局面，带头做好对接上海大文章，彰显生态优势，深化改革创新，狠抓项目建设，打造走在前列的吴江。二是着力培育高质量发展新动能，聚焦构建“双循环”新发展格局，以创新驱动为引擎，以智能化改造和数字化转型为抓手，巩固壮大实体经济根基，打造融合创新的吴江。三是着力展现美丽吴江新风貌，精心雕刻江南韵、小镇味、现代风交织共鸣的生活场景，呈现“新鱼米之乡”和“新江南空间”现代面貌，打造水韵江南的吴江。四是着力构筑民生福祉新高度，深入践行以人民为中心的发展思想，持续加大民生社会事业投入，加快推动增收富民、优化服务便民、创新治理惠民，打造幸福乐居的吴江。

大会强调，要以加强党的全面领导为根本保证，持之以恒推动全面从严治党向纵深发展。加强政治建设、队伍建设、组织建设、作风建设，强化狠抓落实和“以实绩论英雄”的用人导向，坚持“马上就办”“一线去干”，坚定引领发展理想信念，锤炼驾驭发展过硬本领，筑牢推动发展坚强堡垒，营造保障发展良好生态，不断增强党的创造力、凝聚力、战斗力。

大会充分肯定区纪委一年来的工作，同意区纪委提出的2021年全区党风廉政建设和反腐败工作的总体思路和工作建议，要求聚焦主题主线、以高质量监督促进高质量发展，以人民为中心、坚决整治群众身边腐败和作风问题，健全监督制度、充分发挥监督治理效能，擦亮巡察利剑、推进新时代巡察工作高质量发展，为吴江开创示范区建设新局面提供坚强保障。

大会开展党代表提案工作，审议通过列入大会议题的《关于加快融入长三角创新体系助推吴江高质量发展的提案》《关于振兴中华老字号创出行业新标杆的提案》等重点提案，作出相关决议。

大会号召，要更加紧密地团结在以习近平同志为核心的党中央周围，立足新发展阶段、贯彻新发展理念、构建新发展格局，求真务实、拼搏进取、继往开来，打造“创新湖区”、建设“乐居之城”，把社会主义现代化建设的宏伟蓝图变成美好现实。

（徐烨娉）

【区委十三届十九次全体会议】 中国共产党苏州市吴江区第十三届委员会第十九次全体会

2020年8月1日，中国共产党苏州市吴江区第十三届委员会第十九次全体会议举行

（王炜　摄）

议，于2020年8月1日在吴江举行。区委常委会主持会议。出席会议的区委委员31名，候补委员6名。区纪委委员、有关方面负责同志、区十三届党代会部分基层代表和企业党组织代表列席会议。

全会以习近平新时代中国特色社会主义思想为指导，全面落实党的十九大和十九届二中、三中、四中全会精神以及省委十三届八次全会、市委十二届十次全会精神，总结上半年工作，分析形势，研究部署下半年工作，动员全区上下聚焦打造“创新湖区”、建设“乐居之城”，中流击水勇争先、挑战极限再攀高，坚定走在一体化示范区建设最前列，为完成全年目标任务、夺取疫情防控和经济社会发展“双胜利”而努力奋斗。

全会认为，2020年以来，面对突如其来的新冠肺炎疫情，全区上下深入贯彻习近平新时代中国特色社会主义思想，扎实做好“六稳”工作，全面落实“六保”任务，统筹推进疫情防控和经济社会发展各项工作并取得阶段性成果。防控工作成效显著，经济运行企稳向好，示范区建设全面起势，改革攻坚持续突破，乡村振兴深入实施，民生福祉不断增进，党的建设有力加强，在应对疫情冲击中，经济社会发展展现“韧”的特质。

会议强调，2020年以来全区上下逆势拼搏取得的成绩来之不易。面对千难万险，必须坚持以习近平新时代中国特色社会主义思想为指导，才能不惧任何困难挑战，保证正确前进方向；必须始终保持战略定力、久久为功，才能完成既定目标任务，打下长远发展坚实基础；必须弘扬“三大法宝”，激发干事创业精气神，才能闯出一番广阔天地，干出一番新的业绩。

全会指出，要把握发展大势，坚定“进”的信心。面对外部环境前所未有的挑战和困难，必须奋楫前行、逆势而上；肩负长三角生态绿色一体化发展示范区建设的历史使命，必须勇立潮头、敢为人先；决胜“十三五”收官，谋划“十四五”布局，必须久久为功、善作善成；实现美丽吴江的愿景和人民对美好生活的期盼，必须不忘初心、创新实践；应对高质量发展争先进位的比拼和日益激烈的区域竞争，必须激发斗志、追求卓越。

全会提出，要突出率先领先，打造“融”的示范。牢固树立“一盘棋”思想，紧扣“一体化”和“高质量”两个关键，把握示范定位，引领一体化发展新路；锚定五大经济，争当高质量转型标杆；坚持生态绿色，塑造新江南水乡风貌；全面深化改革，打造制度创新试验田；聚力服务共享，建设高品质乐居新城；全面提升示范区吴江片区标识度，在一体化发展国家战略中站稳“C位”中的“C位”。

会议提出，要紧扣目标任务，干出“实”的成效。一着不让抓“六保”、促“六稳”，抓实抓细常态化疫情防控，保护和激发市场主体活力，加速加力提升产业链层次，扬长补短打造社会治理新高地，确保全面完成年度各项目标任务。

全会强调，要全面加强党的领导和党的建设，以提炼激扬吴江发展精神为各项工作赋能，树立“争第一、创唯一”的目标追求，锤炼“育新机、开新局”的过硬能力，筑牢“最坚强、最硬核”的战斗堡垒，营造“再出发、再攀高”的政治生态，建强干部队伍，激发“越是艰险越向前”的斗争意志，彰显“勇”的担当。

全会号召，要紧密团结在以习近平同志为核心的党中央周围，扛起“先遣队”“领头羊”使命重任，攻坚“双胜利”“上台阶”奋斗目标，坚持人民至上、勇担时代使命，撸起袖子加油干、迎着困难向前进，坚定走在一体化示范区建设最前列，奋力谱写“创新湖区”“乐居之城”新篇章！ （徐烨娉）

【区委十三届二十次全体会议】 中国共产党苏州市吴江区第十三届委员会第二十次全体会议，于2020年12月27日在吴江举行。本次会议应到区委委员32人，候补委员6人，实到区委委员26人，候补委员5人。区纪律检查委员会全体委员列席会议。

会议决定于2020年12月30日在吴江召开中国共产党苏州市吴江区第十三届代表大会第六次会议，会议的主要议程：一是听取和审查中国共产党苏州市吴江区第十三届委员会2020年度工作报告；二是听取和审查中国共产党苏州市吴江区委员会关于制定苏州市吴江区国民经济和社会发展第十四个五年规划和2035年远景目标的建议；三是审查中国共产党苏州市吴江区纪律检查委员会

2020年度工作报告。

会议号召全区各级党组织和全体共产党员，坚持以习近平新时代中国特色社会主义思想为指导，认真贯彻党的十九大和十九届二中、三中、四中、五中全会以及中央经济工作会议精神，深入落实习近平总书记视察江苏重要讲话指示精神，继往开来、奋勇前行，加快推进长三角生态绿色一体化发展示范区建设，引领沪苏同城化发展，全力打造“创新湖区”、建设“乐居之城”，以“争当表率、争做示范、走在前列”的使命担当，奋力开启全面建设社会主义现代化新征程，以优异成绩迎接区第十三届党代会第六次会议的胜利召开！

（徐烨娉）

【其他重要会议】 2020年1月20日，吴江区“不忘初心、牢记使命”主题教育总结大会召开。苏州市政协副主席、区委书记王庆华在会上强调，各级党委（党组）要切实履行全面从严治党的主体责任，将巩固拓展主题教育成果与中心工作同谋划、同部署、同推进、同考核，坚决防止“一手硬、一手软”；各级党员领导干部要坚持身先士卒、率先垂范，在一线指挥、实干担当中，带头做坚守初心、勇担使命的标杆和表率；全区广大党员干部要进一步增强“四个意识”、坚定“四个自信”、做到“两个维护”，在推动“强富美高”*新吴江建设的前进道路上，始终不忘初心、牢记使命，只争朝夕、不负韶华，努力为打造“创新湖区”、建设“乐居之城”作出新的更大贡献。

2020年3月25日，吴江区深化河（湖）长制*改革暨生态美丽河湖建设部署会召开。苏州市政协副主席、区委书记、区第一总河长王庆华在会上强调，要认真贯彻落实习近平总书记关于生态文明建设和全面推行河长制湖长制重要讲话指示精神，深入践行新发展理念，深化河（湖）长制*八大任务工作，加快推进生态美丽河湖建设，着力打造世界级“创新湖区”，把“生态优势”转化为“发展动能”。

2020年1月20日，吴江区“不忘初心、牢记使命”主题教育总结大会召开

（王炜 摄）

2020年4月2日，一季度全区经济运行分析会召开。苏州市政协副主席、区委书记王庆华在会上强调，要振奋精神，统筹兼顾，增强信心，积极应对发展的新问题、新挑战，咬定全年目标不放松，因时因势调整工作着力点和应对举措，奋力夺取疫情防控和经济发展“双胜利”。

2020年4月28日，吴江区农村工作会议暨率先基本实现农业农村现代化动员部署会召开。苏州市政协副主席、区委书记王庆华在会上强调，要以习近平新时代中国特色社会主义思想为指导，更加深刻认识做好新时代“三农”工作的重要性，紧盯目标、加压奋进，统筹做好农村疫情防控和“三农”重点工作，确保农村如期同步高水平全面建成小康社会，奋力展现出农业农村现代化的“现实模样”。

2020年4月28日，吴江区区域社会治理现代化建设暨政法工作会议召开。苏州市政协副主席、区委书记王庆华在会上强调，推进区域社会治理现代化建设、做好2020年政法工作，任务艰巨、时不我待，各地各相关部门要切实增强责任感、紧迫感，以实干迎战、用业绩作答，奋力谱写新时代吴江社会治理和政法工作新篇章。

2020年5月6日，长三角一体化示范区先行启动区重点项目建设推进会召开。苏州市政协副主席、区委书记王庆华在会上强调，要深入贯彻习近平总书记关于长三角一体化发展和长三角生态绿色一体化发展示范区建设的重要讲话精神，紧扣10月份示范区建设一周年现场会这个关键节点，举全区之力支持推动汾湖先行启动区建设，以硬的作风、实的举措奋力走在示范区建设最前列。

2020年7月6日，吴江区推进长三角区域一体化建设领导小组会议暨长三角一体化示范区工作推进会召开。区委书记李铭在会上强调，要凝聚共识、抢抓机遇、真抓实干、争先进位，以敢立“潮头浪尖”、敢到“中流击水”的奋进姿态，全力当好融合发展的“先遣队”和开放再出发的“排头兵”。

2020年7月25日，吴江区《吴江区产业发展规划（2020—2035年）》编制情况汇报会召开。区委书记李铭在会上强调，要以习近平新时代中国特色社会主义思想为指导，深入贯彻落实习近平总书记关于长三角一体化发展的重要讲话精神，坚持新发展理念，聚焦“一体化”和“高质量”，努力将生态优势转化为产业创新发展优势，高质量做好产业发展规划编制工作。

2020年8月5日，吴江区环保督察等突出环境问题整改暨加快提升水气环境质量推进会召开，动员全区上下进一步提高思想认识、明确目标要求、强化责任落实，坚决打好、打赢污染防治攻坚战、收官战。区委书记李铭在会上强调，各地各部门要深入贯彻习近平生态文明思想，以善始善终、善作善成的姿态，踏石留印、抓铁有痕的劲头，进一步抓实抓紧抓细污染防治各项工作。

2020年8月5日，吴江区环保督察等突出环境问题整改暨加快提升水气环境质量推进会召开 （王炜 摄）

2020年8月10日，区委农村工作领导小组会议暨全区率先基本实现农业农村现代化工作推进会召开，动员全区上下全力推动率先基本实现农业农村现代化工作落细落实。区委书记李铭在会上强调，率先基本实现农业农村现代化，功在当代、利在长远。要坚持以习近平新时代中国特色社会主义思想为指导，咬定目标、坚持不懈，久久为功、实干苦干，在示范区建设中呈现乡村振兴美丽吴江样板，体现率先、领先、争先、试验、示范、先行，确保农业农村现代化的美好蓝图率先在吴江大地展现现实模样。

2020年8月30日，吴江区“十四五”发展规划务虚会召开。区委书记李铭在会上强调，要把握发展大势，提升“十四五”规划认识高度；要扛起时代使命，进一步明晰“十四五”规划的目标、定位、途径和各项任务；要以改革创新的姿态，做好“十四五”规划编制工作。

2020年10月8日，吴江区“冲刺四季度，打好收官战”动员大会召开，回顾总结前三季度情况，分析研判当前形势，部署安排四季度重点任务。区委书记李铭在会上强调，全区上下要坚持以习近平新时代中国特色社会主义思想为指导，进一步解放思想、振奋精神、再攀新高，在经济社会发展各个战场展现新担当、实现新作为、答好新答卷，全力以赴完成好2020年各项目标任务，为打造“创新湖区”、建设“乐居之城”，坚定走在示范区建设最前列作出新的更大贡献。

2020年11月9日，长三角生态绿色一体化发展示范区吴江区建设工作现场会召开。江苏省委常委、苏州市委书记许昆林出席现场会并讲话。区委书记李铭在会上表示，吴江将牢固树立“一盘棋”意识，带头做好对接上海大文章，加快梳理排

2020年11月9日，长三角生态绿色一体化发展示范区吴江区建设工作现场会召开 （王炜 摄）

定示范区三年重点项目清单，编制好“660”范围的先行启动区国土空间规划，更好地服务于国家区域协调发展战略。聚焦科技创新，聚焦数字经济、创新经济、总部经济、服务经济和湖区经济，坚持生态优先、绿色发展，切实扛起“率先形成新发展格局，勇当科技和产业创新开路先锋，加快打造改革开放新高地”责任使命，为示范区打造引领长三角一体化发展的标杆作出更大贡献。 （沈雨岑）

重要决策

【概况】 2020年，区委认真贯彻落实民主集中制，坚持科学决策、民主决策、依法决策，先后召开常委会会议36次，研究出台《吴江区建设长三角生态绿色一体化发展示范区实施方案》《中共苏州市吴江区委关于构建亲清新型政商关系推动民营经济高质量发展的意见》《新时代吴江产业工人队伍建设改革实施方案》等政策文件，推动全区经济社会高质量发展。

（沈晨曦）

【一体化示范区建设】 2020年2月21日，区委、区政府印发《吴江区建设长三角生态绿色一体化发展示范区实施方案》（以下简称《实施方案》）。《实施方案》分五个部分。第一部分为总体要求，明确指导思想和基本原则，响应国家规划纲要及省、市要求，与示范区总体方案基本原则相一致。第二部分为定位与布局，明确吴江发展“四新”（生态优势转化新标杆、绿色创新发展新高地、一体化制度创新试验田、人与自然和谐宜居新典范）战略定位，“多中心、组团式、网络化、集约型”的空间格局以及层次丰富、各具特色、功能互补的多中心产业发展格局。第三部分为发展目标，明确吴江在2022、2025和2035三个时间节点的发展目标，以战略思维、国际视野、一流标准全力打造“创新湖区”、建设“乐居之城”。第四部分为重点任务，围绕“三个聚焦”，梳理21类86项重点任务。一是聚焦推进重点领域一体化制度创新，包括规划管理、生态环境保护、土地管理、投资管理、促进要素流动、财税分享、公共服务政策和公共信用管理等八类制度创新；二是聚焦重大改革系统集成和改革试点经验共享共用，包括实施高质量发展体系、市场经济体制、生态文明体制、乡村振兴、高水平对外对内开放、简政放权行政体制等六个方面的深化改革；三是聚焦引领高质量发展的七大类重大工程，包括转型升级、绿色创新发展新高地建设、重大基础设施、文明城市新高地建设、民生幸福美好生活建设、社会治理新高地建设和生态价值新高地建设等七大类工程。第五部分为强化实施保障，明确要加强组织领导、健全推进机制、完善政策支撑、强化督促落实。

（沈晨曦）

【亲清新型政商关系】 2020年2月28日，区委印发《中共苏州市吴江区委关于构建亲清新型政商关系推动民营经济高质量发展的意见》（以下简称《意见》）。《意见》分四个部分。第一部分明确意见实施的总体要求，以“亲”而有界、“清”而有为来构建“清”上加“亲”的良好政商交往模式。第二部分明确规范政商交往行为的“正面清单”和“负面清单”，包括与企业发展密切相关的党员干部和公职人员尤其是领导干部，在与企业及其负责人交往中，可以参加或组织的活动和在活动中应严格遵守的有关规定，以及不得从事的行为和不得违反党规党纪、法律法规的情形。第三部分是拓展深化容错纠错机制，明确政商交往中符合可予容错免责的情形，程序依据吴江区《激励干部干事创业建立防错容错纠错机制的实施办法（试行）》《苏州市吴江区健全容错纠错机制的实施细则》执行。同时明确需打破常规或惯例，对现有体制机制有较大突破探索，党规党纪和法律法规未作禁止性规定的，可向有关纪检监察组织提出干事创业廉洁风险报备申请。第四部分是保障措施，包括强化责任落实、推进三项机制、严肃监督执纪、加大宣传引导四个方面，确保《意见》精准有效实施。（沈晨曦）

【产业工人队伍建设改革】 2020年7月15日，区委、区政府印发《新时代吴江产业工人队伍建设改革实施方案》（以下简称《实施方案》）。《实施方案》分三个部分。第一部分为指导思想，明确以习近平新时代中国特色社会主义思想为指导，深入贯彻落实党的十九大及十九届二中、三中、四中全会精神，坚持党对产业工人队伍建设改革的领导。第二部分为主要举措，包括5个方面20条措施。一是注重政治建设，团结引领产业工人为高质量发展发挥主力军作用。主要包括突出思想政治引领、创新党工共建模式、推进示范区工建一体化发展和落实各项制度安排。二是注重素质提升，加快建设知识型、技能型、创新型产业工人大军。主要包括深化职业教育现代化、推进职业技能提升、优化职工竞赛体系、畅通职业发展渠道和强化技能导向激励。三是注重维权服务，有力促进产业工人共享改革发展成果。主要包括完善权益服务机制、推动合理有序流动、搭建网上服务平台和精准帮扶困难群体。四是注重保障措施，有效巩固产业工人队伍建设基础。主要包括健全法治保障机制、完善财政保障机制和鼓励多元投入举措。五是注重聚力共建，切实推动产业工人队伍建设改革落地见效。主要包括加强党的领导机制、提升政府服务效能、强化舆论宣传引导和深化工会改革工作。第三部分为组织实施，包括健全制度机制、强化督促检查和加大宣传力度三个方面。（沈晨曦）

【美丽吴江建设】 2020年9月1日，区委、区政府印发《中共苏州市吴江区委苏州市吴江区人民政府关于推进美丽吴江建设的实施意见》（以下简称《实施意见》）。《实施意见》分三个部分。第一部分为总体要求，明确推进美丽吴江建设的基本原则和主要目标。第二部分为主要任务，一是聚力展现示范引领、双优融合的空间格局之美，包括融入国家战略大局、谋划城乡空间发展全局、优化产业发展布局、构建共融共生生态空间格局。二是聚力展现太湖大运河河湖荡漾的水韵之美，包括打造互联互通河网水系、构建水岸同治生态廊道、推进生态美丽河湖建设。三是聚力展现江南水乡的田园之美，包括打响“中国·江村”乡村振兴示范品牌、争创美丽镇村建设样板、打造农文旅融合发展亮点。四是聚力展现底蕴深厚的古镇之美，包括打造宜居乐居的古镇、打造富有文化的古镇、打造“三创”融合的古镇。五是聚力展现绿色智能的产业之美，包括提升三大产业发展能级、打造“吴江智造”新高地、倡导生产方式绿色发展、构建清洁低碳能源体系。六是聚力展现各美其美、美美与共的人文之美，包括打造功能现代宜居地、打造就业乐业首选地、打造社会和谐新高地、打造美美与共向往地。第三部分为保障措施，包括加强组织领导、强化政策支撑、引导公众参与、完善考核机制。文件以附件形式对有关概念进行说明。（沈晨曦）

【示范区试点干部交流】 2020年12月21日，区委印发《中共苏州市吴江区委关于在长三角生态绿色一体化发展示范区试点开展干部交流工作的实施意见（试行）》（以下简称《实施意见》）。《实施意见》分八个部分。第一部分为指导思想。明确以《长江三角洲区域一体化发展规划纲要》《长三角生态绿色一体化发展示范区总体方案》《党政领导干部选拔任用工作条例》《党政领导干部交流工作规定》等文件精神为指导，立足长三角生态绿色一体化发展示范区实际，努力造就一支忠诚干净担当的高素质干部队伍。第二部分为目的意义。在示范区内试点开展干部交流任职工作，对推进长三角区域一体化发展战略意图的落地和实施，具有非常重要的战略和现实意义。力争形成可实施有成效、可复制可推广的经验，而后可在长三角的跨界地区推广复制，推动干部人事制度改革。第三部分为人选要求。重点围绕产业发展、乡村振兴、规划建设、公共服务、生态环保等重大项目和重要领域，交流干部选派主要以优秀年轻干部为主，原则上以正科、副科干部为主。第四部分为岗位交流。首批干部交流工作在青浦与吴江之间先行开展试点。后续批次交流岗位由三地组织部门再行协商确定。试点期间可以“低职高任”或者“高职低任”，任职年限为2—3年。第五部分为晋升机制。对表现优秀的交流干部，涉及“低职高任”的干部，可在交流地晋升职务（职级）；涉及“高职低任”的干部，如干部继续留在交流地工作，应适时予以同级别安排工作。交流任职期满后，实行双向选择，鼓励干部在交流地继续工作，如交流干部本人提出返回原地区工作的，原派出单位应优先考虑安排相关岗位，根据其交流期内综合表现予以进一步使用。第六部分为实施程序。由组织部门拟定干部交流方案，征集交流岗位，组织报名遴选，初步审核报名资格后，经综合比选，确定交流人选，并报上级组织部门和区委同意后实施干部任免程序，办理人事调动、干部报到等手续。第七部分为保障措施。包括建立干部培养激励机制、干部施展才华的平台、定期会商工作制度、关心关爱干部保障机制四个方面。第八部分为其他。明确解释权及其他相关事项。

（沈晨曦）

【基层整合审批服务执法力量改革】 2020年4月17日，区委办、区政府办印发《苏州市吴江区关于推进基层整合审批服务执法力量的改革方案》（以下简称《改革方案》）。《改革方案》分三个部分。第一部分为总体要求，明确以习近平新时代中国特色社会主义思想为指导，按照区委、区政府统一部署要求，统筹机构设置，优化职能配置，合理划分事权，创新体制机制，推进相关审批服务执法力量向基层集中，确保基层有人有物有权办事。第二部分为工作任务，梳理7项19条重点任务：一是加强党的全面领导，包括健全基层党组织体系、落实基层党建工作责任、突出基层党组织政治功能；二是构建简约精干的组织架构，包括重新组建职能机构、优化整合派驻资源；三是实现审批服务一窗口，包括完善政务服务平台、优化政务服务流程、创新基层政务服务模式；四是健全综合执法一队伍，包括加强综合执法机构建设、完善综合执法工作机制、建立健全综合监管体系；五是实现基层治理一网格，包括建立网格化服务管理体系、推进网格服务标准化建设、加强网格员队伍建设；六是构建指挥调度一中心，包括建立综合指挥平台、发挥指挥平台作用；七是推动资源整合重心下沉，包括依法赋予审批服务执法权限、优化编制与人力资源配置、建立健全相适应的配套机制。第三部分为组织实施，包括加强组织领导、稳妥有序推进、强化刚性约束。文件以附件形式明确区内涉改镇（街道）职能机构设置。

（沈晨曦）

【世界级高端纺织产业集群打造】 2020年6月28日，区委办、区政府办印发《关于加快打造世界级高端纺织产业集群推动生态绿色发展的实施意见》（以下简称《实施意见》）。《实施意见》分九个部分。第一部分为坚持

鑫凤织造智能化车间　（吴斌　摄）

纺织产业控总量、优存量、提质量的工作目标。一是对土地资源利用效率低的，工业资源集约利用系统评级为D类的工业企业地块，引导和鼓励企业和社会资本原地盘活，促进提质增效，增强纺织行业高质量发展基础；二是坚持“亩均税收论英雄”“科技创新论英雄”导向，对符合条件的企业予以奖励或淘汰；三是加快纺织产业结构调整，积极引导其向高附加值、低能耗方向转型。第二部分为加大对纺织产业的金融扶持力度。一是鼓励提高土地抵押评估价格；二是引导金融机构创新金融服务模式，依托产业链核心企业信用与真实交易背景，为上下游企业提供无须抵押担保的订单及应付账款融资；三是充分发挥国有融资担保体系作用，引导国有担保公司拓展产品业务，为纺织企业提供担保增信支持；四是加快处置纺织企业的存量担保圈风险，“一企一策”帮助企业化解债务风险。第三部分为加大纺织产业智能制造示范推广力度。一是实施“智能+”“数字+”战略，给予纺织企业争取国家、省级智能工厂和车间以及服务型制造各类试点示范项目优先支持；二是鼓励纺织龙头企业参与制定化学纤维、织造、印染行业标准；三是创建一批绿色智造工厂；四是制订实施纺织行业清洁生产提升计划，开展重点企业强制性清洁生产审核。第四部分为全面推进建设印染产业循环经济试验区建设。主要内容是：用3—5年时间将盛泽主城区范围内不适应城镇发展规划、存在环保安全风险的印染企业进行整体搬迁改造。用3—5年时间开展涂层等后整理行业整治行动，全面提升涂层等后整理行业环保、安全水平。第五部分为推动纺织产业创新能力提升。主要内容是：加快推进纺织新材料的开发、应用，积极推荐纺织产业申报上级重大科技专项、重点研发载体，支持纺织产业与国内外知名高校及大院大所共建新型研发机构，给予纺织企业中新材料研发生产认定高新技术企业重点服务。第六部分为落实纺织产业人才政策。一是落实纺织行业创新引领型人才的奖励、落户、安居、科研、收益、生活等方面的政策；二是对纺织新材料人才，在评定人才类项目上，在年龄、收入、职称等方面予以倾斜；三是对引进行业高层次人才工作突出的单位和个人给予奖励；四是积极向上争取，支持吴江丝绸中专升格为大专院校。第七部分为推进东方丝绸市场有机更新，加快“时尚之都”建设。一是推进吴江高新区（盛泽镇）国际贸易集聚区建设，依托国家先进功能纤维创新中心、盛泽纺织科技产业园和国望高科产业园等载体，推进东方丝绸市场转型创新，加快“时尚之都”建设；二是将“时尚之都”列为区级重点项目，带动盛泽、平望、桃源等板块打造国际级时尚特色小镇；三是支持东方丝绸市场转型升级，提升市场对纺织产业的带动力，吴江高新区（盛泽镇）土地出让金的吴江区级财政留成部分参照吴江开发区、汾湖高新区（黎里镇）标准，一定三年，吴江高新区（盛泽镇）土地出让金地方留成增加部分专项用于东方丝绸市场能力建设，推进产业转型创新和城市有机更新；四是支持发行专项债，推动市场有机更新。第八部分为加大纺织业品牌建设力度。一是开展质量提升行动，鼓励龙头企业争创国家、省、市质量奖，组织企业开展各类质量品牌评选评优活动，树立质量品牌示范标杆，完善“新地标”和“专精特新”梯队培育机制；二是聚焦纺织产业集群需求，全面推进“标准化+”战略，抢占纺织业标准话语权，以标准化推动产业高质量发展；三是深入实施知识产权强区战略，充分利用审协江苏中心优势，不断强化纺织产业知识产权创造发展，引导企业完善商标国际注册和PCT专利布局，开启品牌国际化发展之路。第九部分明确本意见的施行、修订和解释权相关内容。

（沈晨曦）

【新型基础设施建设与新产业培育】 2020年8月30日，区委办、区政府办印发《吴江区关于推进新型基础设施建设培育新产业的实施意见》（以下简称《实施意见》）。《实施意见》分四个部分。第一部分为总体思路，明确着力形成“2+3+6”的新基建与产业融合发展体系，提出近、中、远期目标。第二部分为发展方向，明确围绕信息基础设施、融合基础设施、创新基础设施三大领域，着力构建全产业链、全价值链的新基建生态系统。第三部分为重点举措，明确实施“六个一批”工作举措，建成一批创新载体，打造一批重要平台，培育一批龙头企业，推进一批重点项目，挖掘一批典型应用，引进一批高端人才，形成新型基础建设推进与产业融合发展良性互动的局面。第四部分为保障措施，从强化组织领导、保障要素供给、形成工作合力三个层面明确各部门任务分工。

（沈晨曦）

组 织

【概况】 2020年，全区由区委管理的领导班子有区级机关一级局建制单位（不含挂牌机构）64个、二级局建制单位128个，镇7个，街道4个，学校7所，医院4所，以及吴江经济技术开发区内设职能机构11个，汾湖高新区（黎里镇）内设职能机构10个，吴江高新区（盛泽镇）内设职能机构11个，东太湖度假区（太湖新城）内设职能机构6个。区委及区委组织部管理的干部总数1360名，其中区管干部1210名、部管干部150名，现职领导998名。区级机关党政领导班子成员平均年龄46.2岁，镇、街道党政领导班子成员平均年龄44.1岁。全区有基层党组织3903个，其中党委235个、党总支221个、党支部3447个。全区党员总数59848名，其中女党员16816名、35周岁以下党员14977名、大专文化以上党员30834名。全区发展新党员628名，其中35周岁以下党员392名、女性党员242名、大专以上学历党员547名，在非公有制企业、社会组织发展新党员283名。全区有人才总量33万人，其中高层次人才2.7万人、高技能人才8.93万人。拥有“国家级重大人才引进工程”57人（自主培养18人）、“国家级重大人才培养工程”7人（自主培养3人），省“双创团队”4个、“双创人才”66人、“双创博士”46人，市“姑苏重大创新团队”1个、“姑苏人才计划”194人。

（祁庆文）

【领导班子和干部队伍建设】 2020年，区委组织部贯彻落实《2019—2023年全国党政领导班子建设规划纲要》和全省“五抓五强”（抓根本强政治、抓关键强引领、抓源头强活力、抓结构强功能、抓作风强担当）领导班子建设要求，全年调整干部447人次，其中提拔重用127人次。提前谋划契合“十四五”发展需求的领导班子配备，启动区镇、街道领导班子换届考察。积极探索建立与长三角一体化相适应的干部交流培养机制，制定《关于在长三角生态绿色一体化发展示范区试点开展干部交流工作的实施意见（试行）》，与青浦区各选派2名科级领导干部交流任职。落实“1020”年轻干部培养计划，打造4个“高质量发展攻坚专班”，举办能政善政中青年干部培训班、年轻干部专题研修班，常态化选派优秀年轻干部到巡察、信访、“三治”等急难险重岗位挂职。选派30名年轻干部开展新一轮结对互培互挂。全年新增“80后”正科职干部7名，“85后”副科职干部18名，其中“90后”7名。

（祁庆文）

【干部教育培训】 2020年，区委组织部持续深化习近平新时代中国特色社会主义思想学习教育，扎实推进政治理论和党性党史教育。印发《关于加强全区干部教育培训工作的意见》，提升干部教育培训工作制度化、规范化、体系化建设水平。联合青浦、嘉善出台《关于在长三角生态绿色一体化发展示范区构建干部教育培训共同体的实施意见》，创新一体化示范区干部教育培训体制机制。围绕“推进一体化示范区建设”“聚焦生态绿色，深化协同治水”等主题举办主体班次12个，开展“四新”讲座*线下5期、线上6期。确定亨通集团等18家单位为首批吴江区干部教育培训本土化现场教学基地。

（祁庆文）

【干部监督管理】 2020年，区委组织部坚持严管和厚爱结合、激励和约束并重，持续深化“三项机制”（干部鼓励激励、容错纠错、能上能下机制），围绕疫情防控、复工复产、示范区建设、营商环境提升等中心工作，发布典型案例4期。严格个人事项报告制度，开展市管干部个人事项报告专项整治专题辅导和自查整改，开发个人有关事项查核比对系统，查核干部个人有关事项报告158人次，做好103名新提任领导干部个人事项公开。突出抓早抓小抓预防，常态化开展提醒函询诫勉工作，对干部的苗头性、倾向性问题，实施提醒33人次、诫勉3人次。组建选人用人检查“人才库”，配合区委巡察办对13家单位开展选人用人专项检查，举办干部选拔任用工作业务培训，推动干部业务能力提升与监督检查工作同频共振。以数字化提升中层干部管理质效，开发吴江区人事管理信息系统，打通组织部、编办和人社局的人事信息平台，实现数据互融共享，在基层减负、干部选配、监督管理等方面进行有效探索。

（祁庆文）

【干部综合考核】 2020年，在苏州市2020年度综合考核中，吴江区位列县区综合考核第二等次第2名，在三项专项考核中，获“有效投入”专项考核三等奖、“创新发展”专项考核二等奖、“产业招商”专项考核三等奖。吴江开发区、东太湖度假区（太湖新城）获“2020年度推进高质量发展先进地区”，吴江高新区（盛泽镇）获“2020年度推进高质量发展进步地区”，范建龙、曹月见获评2020年度苏州市“担当作为好干部”。在全区2020年度综合考核工作中，区委组织部牵头制定出台“1+1+5+2”（1个工作规定管长远+1个实施办法管年度+5个实施方案管指标+2个实施办法管个人）综合考核系列文件，从高质量发展、加强党的建设、社会满意度三个方面进行基本考核，将新设的“三项专项考核”、改革创新“特别奖”作为“附加分”。设立个性化指标，开展区镇、区级机关部门及领导班子和领导干部年度考核。丰富测评方式，建立日常监测、半年度评估、年终考核“三位一体”考评机制，对重点指标进度进行半年度评估反馈，常态化开展“过程管控”。（祁庆文）

【公开招录】 2020年度，区委组织部面向社会公开招录事业单位工作人员139名，其中70%面向应届毕业生。开展2020年专业化青年人才“定岗特选”工作，赴“双一流”大学推介优质岗位52个，795人报名成功，拟聘用人员48人，“到岗率”92%，创历史新高。牵头实施“知名高校大学生来苏暑期实习计划”，加大紧缺专业年轻干部源头培养力度。（祁庆文）

11月6日，吴江区承办2020年“校园苏州日”——走进浙江大学系列活动

（区委组织部 提供）

【公务员管理】 2020年，区委组织部有序开展职务与职级并行工作，实施全区公务员（含参公人员）职级套转，全年晋升二级巡视员1名、一级调研员1名、三级调研员5名、四级调研员1名以及一级主任科员23名。统筹推进公务员招录、转任、调任（选任）工作，2020年度新招录公务员86人，转任10批次41人，调任（选任）4人。对于在上半年疫情防控工作中表现突出的公务员，进行奖励。开展“弘扬吴江发展精神，再创火红年代”主题实践活动，推动全区公务员思想再深化、能力再提升。

（祁庆文）

【人才工作】 2020年，区委组织部深入实施党管人才“书记项目”，创新开展“双招双引”*专项述职制度，全年通过“双招双引”认定项目108个。打造“产业+人才+大赛+基金+项目+专业孵化器”的引才聚才新模式，举办第十二届吴江国际精英创新创业洽谈会和“感知吴江·走进川大”系列活动，承办2020年“校园苏州日”——走进吉林大学、浙江大学系列活动。开展吴江人才“微”讲堂、“人才四季”“姻为有你·乐居吴江”等系列主题交流活动。打造集“人才投”“人才贷”“人才房”“人才卡”“人才课”五位一体的人才服务品牌矩阵。新增自主申报入选国家级重大人才引进工程1人、江苏省“双创人才”11人、省“双创博士”1

人、苏州市“姑苏创新创业领军人才”18人、区科技领军人才67人。（祁庆文）

【党建主体责任】2020年，吴江区做好党代会常任制试点工作，落实党代表提案提议、巡视、列席全委会和常委会等制度，拓宽党代表参与决策、发挥作用的渠道和方式，20件党代表提案全部办结。区委组织部印发《关于常态化开展软弱涣散基层党组织集中整顿工作的实施办法》，完成软弱涣散基层党组织集中整顿工作，进一步探索“行动支部工作法”，持续推进支部标准化、规范化建设。（祁庆文）

【基层组织建设】2020年，区委组织部持续深化“融入式党建”*创新工程，围绕党建引领长三角一体化发展和乡村振兴示范区建设，启动实施融入式党建“书记项目”83个。疫情防控阻击战中，选派1750余名机关企事业单位党员、干部下沉村（社区）、交通卡口等疫情防控一线。打造“毗邻党建”升级版，推动建立示范区城市基层党建、非公党建、农村基层党建三个组织力学院，确定一体化示范区示范阵地30个，27个毗邻村党组织委员跨区域互任全覆盖。部署开展村（社区）“两委”换届工作，稳步推进书记、主任“一肩挑”。开展“抓党建促联建，助推万企联万村，共走振兴路”行动，汇聚政企银学22个单位优势资源，成立乡村振兴党建联盟。实施村社干部挂职轮训计划，累计选派5批90名年轻后备干部到上海、浙江等地学习基层治理先进经验。举办长三角村书记讲坛，青吴嘉12位村书记代表共话乡村振兴，3000余人线上观摩。持续深化非公组织力标准体系，遴选确定第二批“四个一”工程企业党组织。推动第二批省级机关党组织与重点民营企业党组织结对共建，累计41个省级机关党组织和吴江45家民营企业党组织达成结对共建协议。开展“百人百企，助力发展”挂职惠企行动，选派107名党群机关科长挂任重点非公企业党组织副书记。举办党建引领省属企业与吴江合作共建一体化示范区现场会，推动37家省属企业党组织与吴江25个基层党组织合作共建，现场签约意向合作项目34个。（祁庆文）

2020年7月24日，吴江区召开一体化示范区党建引领民营企业高质量发展现场会（区委组织部　提供）

【党员教育管理】2020年，区委组织部做好“海棠花红”先锋阵地群建设，吴江“海棠花红”初心广场、盛泽镇党群服务中心入选苏州市第二批“海棠花红”先锋阵地，组织遴选并命名首批区级“海棠花红”先锋阵地39个。联合青浦、嘉善共同发布推进一体化示范区党建工作创新发展“1+2”文件体系。全区551人在抗击疫情一线递交入党申请书，其中明确为入党积极分子372人、被列为发展对象40人；通报表扬战“疫”先锋基层党组织三批90个、战“疫”先锋共产党员103名。深入开展党内、党员关爱帮扶行动，发放党员关爱基金、党内补助及走访慰问金730余万元。（祁庆文）

【“对标找差、再攀新高”行动】2020年，吴江出台《“对标找差、再攀新高”常态化机制实施办法》，并成立专项工作组和工作专班，确定关键监测指标36个，作为把脉吴江发展态势的重要手段；排定赶超计划39项，督促相关单位完成年度赶超目标；制订体验一线流程计划85项，由各单位“一把手”领衔参与,以普通群众或市场主体身份深入一线,直接办理业务,推动服务流程优化升级。在《吴江日报》、"吴江党建"微信公众号开设对标找差工作专栏,宣传吴江对标找差工作成效,相关工作受到《苏州新闻》、"苏州先锋"微信公众号关注。（祁庆文）

老干部工作

【概况】 2020年,全区有离休干部106人,比2019年(下同)减少10人。享受县处级以上待遇的退休干部78人。区委老干部局结合重大纪念日及传统节日,组织老干部开展各类活动20余次,参与人数3000余人次;组建100人的"银发生辉"志愿者队伍,开展各类志愿服务活动;组织老干部参观考察、学习培训、座谈会、主题党日活动等近20次,参加人数近2000人次;离退休干部党支部实现"六有一提升"应达标支部全覆盖,1个支部获评江苏省首批"六有一提升"示范支部。（徐晓岚）

【离退休干部政策落实】 2020年,区委老干部局为全区离休干部、四套班子离退休领导及离退休干部党支部订阅《中国老年报》《银潮》《党的生活》《离退休干部学习参考》《大江南北》《铁军》等学习材料。全年刊发老干部宣传信息近120篇次。1月、8月,区委分别召开十八级以上离休干部暨原四套班子离退休领导情况通报会,向老干部通报全区经济社会发展情况,近70人次参加会议。11月,组织近20名四套班子离退休领导赴嘉善博物馆、越里文化创意街区参观考察特色产业。做好日常走访慰问,开展春节、高温两次集中走访慰问及抗日战争胜利75周年专题走访,走访慰问老同志近300人次,吊唁去世离退休干部10人。在疫情期间,对全区离休干部进行电话慰问,宣传防疫知识。9月,组织离休干部体检。全年探视老领导老干部100余人次,为3名离休干部举办百岁庆生活动;落实上级部门关于老干部各项医疗待遇政策,定期开展"回访"及跟踪服务,确保"三有一落实"(有就医绿色通道、有家庭签约医生、有医疗特困帮扶机制,落实好离休干部提高享受医疗待遇政策)惠及每个离休干部。

（徐晓岚）

【离退休干部活动】 2020年2月,区委老干部局制订《"银发生辉"老干部志愿者服务站实施方案》,建立工作机制。5月,成立由18名离休"南下干部"子女组建的"红色志愿者服务队";完成100名老干部注册志愿者登记工作,组建宣传教育、平安法治等5支志愿者服务队。5月,联合松陵小学举办"晚霞·朝晖映丹心"老同志与小学生书画摄影作品公益巡展,展出作品100件。6月,与青浦区委老干部局、嘉善县委老干部局签订《长三角生态绿色一体化发展示范区离退休干部工作共同体建设合作框架协议》,培育"吴越同舟"合作品牌。7月,加入沪苏浙皖九地联盟,签订《长三角老干部工作协同发展框架协议》,后续扩展到十一地。举办"吴越同舟·走心长三角"青吴嘉三地老干部老同志摄影采风和作品联展巡展活动,展出94幅作品。选送老同志书画作品20件参与"银晖共聚齐抗疫·众志同心护平安——长三角老干部工作联盟防疫抗疫作品展"。7月,开展"我身边的小康"巡讲活动,邀请3名老同志在机关和区镇社区宣讲4场,约200人次参加。8月,组织红色志愿队开展"行走太浦河,家风传美德"主题活动。10月,举办"再出发·再接力"新退休

2020年10月10日,举办"再出发·再接力"新退休干部荣誉退休仪式

（区委老干部局　提供）

干部荣誉退休仪式，约140人参加活动；合作举办“传承红色基因，争做新时代好少年”松陵小学第七届演讲比赛；协调区老年大学选送3门精品课程，参加三省一市九地老年大学（老干部大学）云课堂录制展播活动。全年，老干部广泛参与疫情防控、垃圾分类宣传、扶贫助学等志愿服务活动。捐款112.5余万元助力战“疫”，其中吴江常青爱心帮困会定向捐款100万元。捐资4万元为印江县易地扶贫搬迁试点学校——印江六小援建“爱心书屋”。（徐晓岚）

【离退休干部党建】2020年，区委老干部局实施支部“星级评定”推进计划，经过四轮申报验收评定，52家单位获评星级支部，实现“六有一提升”应达标支部全覆盖。卫健委机关离退休党支部获评江苏省首批“六有一提升”示范支部，桃源镇、区政协办、区教育局离退休干部党支部获评苏州市“六有一提升”示范支部。组建党建联建、社会治理、文明创建等6个功能片组，建立“党建+志愿服务+N”工作机制。先后组织收看苏州市离退休干部党员“云”主题党日活动直播，“晚霞生辉——助力火红年代”主题活动启动仪式直播和“从疫情防控中感悟中国特色社会主义制度优势”网上联合党课，开启线上教学。6月，召开全区离退休干部党建工作推进会暨离退休支部书记助理员（联络员）培训班。9月，组织参与市委老干部局主办的“学用新思想、助力火红年代”网上学习知识竞赛，参与成绩名列全市第三，6人成绩进入全市前30名；与嘉善两地组织开展“对标找差攀新高，银发生辉践初心”互学共进活动。10月，举办全区离退休干部培训班，组织学习抗疫先进事迹、《习近平谈治国理政》第三卷和《民法典》，110余人参加活动。全年各离退休干部党支部开展提炼和激扬“吴江发展精神”大讨论、结合“长三角一体化战略”开展“看发展、忆初心”“决胜全面小康”等学习与交流活动。举办银龄党建工作站活动4次，主题分别为“助力火红年代——老干部谈‘吴江发展精神’”“缅怀革命前辈、传承红色基因”“学军史　忆初心　励斗志”“牢记使命　传承红色基因”。通过“老支书微信群”向老干部推送学习资料，传播正能量。（徐晓岚）

2020年6月17日，区银龄党建工作站举办第二季度主题党日活动。工作站老干部老同志近30人赴陈云纪念馆进行现场教学，接受革命传统教育

（区委老干部局　提供）

机构编制

【行政管理体制改革】2020年，区委编办制定中心城区行政管理体制改革十条操作口径，按照“总体稳定、权责清晰、高效协同、统分结合、分级管理”的原则，进一步理顺开发区（度假区）和代管镇（街道）的管理体制和运行机制，完善机构设置和职能体系，优化人员配置，推动开发区（度假区）和镇（街道）各自聚焦主责主业。指导区、镇（街道）编制权责清单，建立健全清单动态调整机制。会同区司法局、区城管局组成评估组对相关镇（街道）开展行政执法规范化建设督查调研评估工作。同里镇、松陵街道、江陵街道、横扇街道、八坼街道5个综合行政执法局升格为副科级建制，下设若干执法中队以及法制和保障中队，按区域履行综合执法职能。明确各镇（街道）综合行政执法机构人员编制最低配备数，为基层配齐配强人员力量。推行“1+6+N”全域综合行政执法改革*，获评

2018—2020年度江苏省法治建设创新奖。深化盛泽镇、平望镇党建引领为核、“四个一”为翼的“1+4”改革，完善基层行政管理体制机制。完善一体化指挥平台建设，开发实战化特色模块，将各领域的工作形成可视化的任务菜单，加快实现全域化智慧管理。打造以镇为民服务中心为主体，村(社区)便民服务中心为支撑的便民服务体系，下沉公共服务事项，将便民服务延伸至村(社区)。完成平望镇职能机构调整，综合设置10个职能机构，保持基层行政管理体制相对统一。

（计利民　沈虓天）

【机构编制管理】 2020年，区委编办按照“撤一建一”原则，将区政府金融工作办公室由区政府办公室挂牌机构调整为单独设置，并更名为区地方金融监督管理局，对外加挂“区政府金融工作办公室”牌子，为区政府工作部门，正科级建制。将区委研究室由单独设置调整为区委办公室挂牌机构，区委全面深化改革委员会办公室改设在区委办公室。理顺全区园林绿化管理体制，将分散的城市、农村园林绿化行业管理职责调整为由区住建局统一履行。遵循“上下衔接、有利工作”的原则，将外商投资市场主体登记注册管理职责调整至区市场监管局。优化安全生产监管机构设置，明确区安全生产委员会办公室设在区应急管理局，区安委会各成员单位按职责分工负责本系统、本行业安全生产监管工作。明确两个省级以上开发区的安全生产监管机构由原先的挂牌机构调整为独立设置，核定相关区(镇)安全生产委员会办公室专职副主任职数，加强对安全生产工作的领导。建立区长三角一体化发展研究中心。优化水务管理体制，整合组建区水利工程运行中心和区水务服务中心。建立长三角生态绿色一体化发展示范区教师发展学院，合力推进长三角一体化示范区教育综合改革。按标准核定区疾病预防控制中心人员编制，明确苏州九院为副处级，明确区儿童医院、妇幼保健院机构及人员编制。建立八坼社区卫生服务中心(八坼卫生院)，进一步完善区、镇(街道)、村(社区)三级医疗卫生服务体系。建立区新市民事务中心，保障新市民服务管理工作。优化区劳动保障监察大队、区交通运输综合执法大队机构设置，增加住建、交通、应急等领域安全生产监管人员编制。用活用好机构编制资源，保障专业化青年人才定岗特选、2021年教师人才引进招录工作。

（计利民　刘伟禄　慎　瑾）

【基层“三整合”工作】 2020年，全区基层“三整合”(整合审批服务执法力量)工作在全市率先基本完成。年初，全区推进基层整合审批服务执法力量工作办公室和专项工作组成立。印发《吴江区推进基层整合审批服务执法力量的改革方案》，建立健全联络机制和进度上报制度。指导涉改镇(街道)拟订改革方案和机构实施方案，明确镇(街道)“1+4”改革内容、管理体制和运行机制。按照“编随事走、人随编走、费随事转”的原则，将原隶属于区交通运输局、水务局、农业农村局的基层站所下沉至镇(街道)，基层人员编制增加28%。会同区司法局编制“属地管理”事项主体责任和配合责任清单(第一批)，涉及15个部门119项事项，厘清区级部门和镇(街道)间的职责边界。拟订涉改镇(街道)“三定”规定，优化主要职责，明确职责分工，构建运行顺畅的工作体系。按照“基础版免费使用、个性版有偿定制”的原则，会同区大数据管理局打造区、镇(街道)两级一体化指挥平台。“三整合”改革经验做法被《苏州改革》推介；获评苏州市基层“三整合”改革经验做法一等奖1个、三等奖2个，优秀案例1个；获评2020年度吴江区改革创新“特别奖”三等奖。　（沈虓天）

【区级机关绩效管理】 2020年，根据年度综合考核要求，区委编办完成区级机关部门服务高质量成效(绩效管理)考核和全区满意度测评。研究制定《2020年度综合考核满意度评价实施方案》，根据区级机关和区镇的实际情况，确定评价指标体系和评议对象。研究制定《苏州市吴江区2020年度区级机关部门服务高质量发展成效(绩效管理)考核实施方案》，确定考核指标，优化考核分组，细化考核细则，进一步加大对安全生产、生态文明等重点工作、关键领域的考核力度。加强对部门履职的日常监管，印发《关于报送区级机关部门日常主要工作指标的通知》，运用绩效考核系统对部门日常主要工作完成情况进行督查，组织第三方公司开展明察暗访，对发现的问题及时进行反馈，督促部门提高履职能力，开展区级机关部门服务高质量发展成效考核（绩效管理）考核重点工作半年评估，对照要求及时查找差距，督促部门狠抓落实，高质量完成全年工作任务。

（王 婷 薛 翔）

【机构编制监督检查】 2020年，区委编办严格机构编制管理，抓好源头把控，将用编审批作为人员调动、招录招聘的依据，用职审批作为中层干部职务变动的依据，进出编手续作为社保登记、工资发放的依据。开展“超审批权限设置机构等问题自查自纠”工作，参与巡察期间选人用人专项检查、“三责联审”中机构编制责任审核，发现问题及时提出整改意见，规范机构编制的使用。机构编制实名制信息系统有效对接吴江区人事管理信息系统，提供机构、核定编制、核定职数等基础数据。加强与各区镇（街道）的联系，对接“三整合”涉改镇（街道）中层岗位使用，进一步规范职数管理。实行用编用职“即时审批”制度，通过规范工作规程、简化操作流程，实现用编用职、人员进出编闭环管理和“只见一次面”审批，有效防止数据偏差，提高机构编制统计的准确性，全年完成用编用职审批458批次，办理人员进出编2811人次。

（王 婷 薛 翔）

【事业单位法人登记管理】 2020年，全区完成事业单位法人设立登记11家、变更登记351家、注销登记24家，办理事业单位法人证书补领4家、换领7家。完成425家事业单位法人年度报告公示工作。推行事业单位法人异常名录管理，对有出现异常登记情形可能的单位进行提醒，对存在异常登记情况的事业单位进行清理，进一步规范事业单位法人登记。加强登记档案规范化管理，及时完成登记档案的数字化，按时向区大数据、双公示、电子证照等平台报送相关政务信息数据，按要求完成各级政务服务平台相关事项的维护工作。开展区事业单位登记管理局行政执法规范化建设工作，出台行政执法公示制度、行政执法全过程记录制度、重大行政执法决定法制审核制度“三项制度”。组织开展吴江区事业单位新任职法定代表人培训。

（刘伟禄 慎 瑾）

【机关群团法人赋码】 2020年，全区办理机关群团统一社会信用代码证书初领3家、变更29家、撤销7家、到期换证4家。

（刘伟禄 慎 瑾）

宣传工作

【概况】 2020年，全区宣传思想文化工作围绕中心、服务大局，持续深化思想理论武装，加强新闻舆论引导，推进精神文明建设，繁荣发展文化事业和文化产业，社会文明程度不断提高，主流意识形态不断巩固，为统筹推进疫情防控和经济社会发展、加快推进一体化示范区建设提供强大的思想文化保证。区委宣传部获评苏州市“激励干事创业、奉献火红年代”先进集体，区社科联被省人社厅和省社科联联合表彰为“全省社科联系统先进集体”。

（温晓静）

【理论工作】 2020年，全区深入推进学习宣传贯彻习近平新时代中国特色社会主义思想，持续在学懂弄通做实上下功夫。组建学习贯彻党的十九届五中全会区委宣讲团，深入各地各系统开展宣讲。常态化、规范化推进理论中心组学习，广泛推广中心组联组学习。持续推广使用“学习强国”学习平台，全区日活跃度保持在83%以上，打造“学习强国”学习平台“学·无疆”品牌。实施吴江区基层理论宣讲骨干“1+1+N”讲习培育工程（各区镇确定1名讲师为“导师”，以“导师”为基础建立讲师工作室，遴选N位理论宣讲员为“徒弟”，同时由区委党校为每个讲师工作室配1名指导老师，以师傅带徒弟的方式，打造一批有理论功底、有工作热情、有实践经验的基层宣讲队伍）。在区委党校布置吴江区新时代文明实践中心理论宣讲分中心，加强与苏科大马克思主义学院合作共建。利用新时代文明实践网络平台、党员冬训等载体，开展分众化、特色化理论宣讲活动。

（温晓静）

【新闻宣传】 2020年，区委宣传部围绕学习宣传贯彻十九届五中全会精神、抗击新冠肺炎疫情、全面建成小康社会、长三角一体化示范区发展等重大主题，开设“战疫”系列、“学习贯彻党的十九届五中全会精神”“苏州人家的小康生活”“聚力长三角一体化”“一体化示范区一周年巡礼”“十三五精彩回眸”等主题宣传专栏。建立健全对外新闻宣传工作机制，在央媒等重点主流媒体开展对外宣传，全年在《人民日报》、新华社、央视、《光明日报》四大央媒发稿119篇，其中央视26条(次)、央视《新闻联播》6条(次)。推进媒体融合发展，区融媒体中心顺利通过省级验收，实现区镇融媒体分中心全覆盖。制作示范区一周年汇报片，在浦东国际机场、虹桥高铁站推出“乡愁小栈”主题展区，在央视推出城市形象广告，全方位、多视角展示吴江城市形象。（温晓静）

【网信工作】 2020年，区委宣传部深化吴江网信品牌“吴小e”建设，制作50期防疫漫评《吴小e的一天》，首创首发网络强国系列四格漫画《小e说网》。举办以“网聚长三角e路奔小康C位创辉煌”为主题的第八届吴江区“市民网络文化节”，文化节有5个板块54项活动。协助中央网信办举办“大国小鲜@基层之治”“潮涌长三角·共建进行时”网络主题宣传活动。

（温晓静）

【精神文明建设】 2020年，全区持续推进文明城市创建工作，构建网格化管理体系，实施“红黄绿”三色管理模式，落实攻坚行动红黑榜制度；开设“文明创建大家谈”专栏，开展“不文明行为随手拍”活动和“五个一”示范创评活动等，助力苏州顺利通过复评，在省社会文明程度测评中实现继续进位。深入开展区级文明称号评选，在省内率先成立省级文明单位联盟；震泽镇众安桥村和盛泽镇黄家溪村获评“全国文明村”称号，恒力集团(本部)获评“全国文明单位”称号。深入推进新时代文明实践中心建设，实现文明实践阵地全域覆盖，广泛开展“我为城市添光彩”“文明实践进网格”“净美江村”等文明实践活动。在志愿服务总队下配置“8+N”专业志愿服务队伍(包括理论政策宣讲、文化文艺服务、助学支教、医疗健身、科学普及、法律服务、卫生环保、扶贫帮困等8支常备队伍和其他具有特色和优势的志愿服务队伍)，全区累计注册志愿者人数32万人，注册志愿团队1958个。打造“吴江区时代新人——选评礼述”培育体系，全区40多位先进人物进入“‘吴江时代新人’典型库”。苏州九院疫情防控先遣队、公益救援组织负责人周根宏、亨通集团副总裁崔巍入选2020年“苏州时代新人”；松陵一中教师张友华入选“江苏好人”；网络儿童节目主播安娜入选“中国好人”。

（温晓静）

恒力集团旗下化纤企业智能化、自动化长丝生产车间

［吴江高新区(盛泽镇) 提供］

【文化工作】 2020年，吴江加强公共文化服务体系建设，出台《吴江区基层文化服务配送办法》，完成文化演出、讲座及特色文化活动配送600多场，苏州湾大剧院建成启用。区委宣传部举办吴江太湖文化节、市民网络文化节等大型文化活动，举办第十五届吴江阅读节，全年组织举办“我家最爱读的一本书”等各类阅读活动300余场。加强精品文艺创作，电视剧《向光明》被国家广电总局列为2018—2022百部重点电视剧、江苏省第二批2018—2022年重点电视剧选题名单，歌曲《丝语江南》入选江苏省“中国梦”

主题创作歌曲，评弹情景组曲《红军故事》入选“江苏省庆祝中国共产党成立100周年舞台艺术精品创作工程”。加快大运河文化带建设，编制《大运河文化带建设(吴江段)规划》，梳理重点项目38个，总投资305亿元。“吴江亨通苏州湾文化旅游开发”入选2020年度省重点文旅项目，“博洛尼天空之城”等7个项目入选苏州市文旅产业重点项目。全面推进世界知识产权组织版权保护优秀案例示范点建设，通过结项论证，桑尚丝绸获评全国版权示范单位，盛泽东纺城、华佳丝绸、慈云蚕丝、辑里丝绸获评省版权示范单位(园区)。加强文化人才队伍建设，建立全区文化人才库，加强人才引进和分层培养。

（温晓静）

【社科工作】 2020年，区社科联持续发挥公益讲座品牌“鲈乡大讲坛”、电视“鲈乡讲坛”等平台作用，广泛开展社科理论宣讲活动，全年开课近500场。举办“众说学习·名家说——传承‘三大法宝’弘扬新时代苏州精神”、江苏智库学者沙龙“长三角一体化与美丽江苏建设”吴江专场等活动。召开区社科联三届五次理事会。举办区第十五届社科普及宣传周活动。全年社科重点应用研究课题立项155项，获苏州市第十五届哲学社会科学优秀成果评选二等奖1项、三等奖3项。（温晓静）

【中国现代化新征程暨纪念费孝通诞辰110周年学术研讨会】 2020年10月10—12日，由民盟中央主办，民盟江苏省委、中国社会学会、中国社会科学院社会学研究所、苏州大学、吴江区人民政府共同承办的“中国现代化新征程暨纪念费孝通诞辰110周年学术研讨会”在吴江区举行。全国人大常委会副委员长、民盟中央主席丁仲礼，国务院研究室原主任魏礼群，全国人大常委、民盟中央副主席、中国文联副主席张平，江苏省委常委、苏州市委书记许昆林，江苏省政协副主席、民盟江苏省委主委胡刚及全国社会学界专家学者200余人参会。研讨会旨在传承发扬费孝通先生“脚踏实地、胸怀全局、志在富民、皓首不移”的精神，践行“各美其美、美人之美”理念，探索中国现代化新征程，开创吴江现代化建设各项事业新局面。会上现场揭牌成立民盟中央学习实践基地，中宣部主题出版重点出版物《世纪江村》首发。

（温晓静）

2020年10月11日，中国现代化新征程暨纪念费孝通诞辰110周年学术研讨会开幕（吴斌 摄）

统战工作

【概况】 2020年，区委统战部开展区各民主党派、无党派知联会与区镇(街道)合作共建活动。加强基层组织建设，各区镇先后成立新联会，实现区镇两级新联会组织全覆盖。新增商会2家，新增基层商会党组织3家，至年底，全区有商会93个、会员单位4850家，基层商会党组织15家。民盟中央学习实践基地在吴江开弦弓村揭牌。（武文杰）

【合作共事】 2020年，区委统战部支持民主党派围绕全区中心工作开展调查研究，区各民主党派、工商联、无党派知联会形成调研材料12篇，召开2020年度区各民主党派、工商联、无党派知联会重点调研成果交流会。区政协十五届四次全会上，区各民主党派、无党派知识分子联谊会集体和委员提交提案136件，其中集体提案41件、个人提案95件，占提案总数的65.7%。民进会会员曾建宏紧扣国家战略撰写的相关建议被全国政协《每日社情》采用，多名党派成员的建议被民主党派中央采用。发挥民主党派资源优势，助力长三角生态绿色一体化高质量发展。举办2020致公党长三角区域合作发展论坛，50余位来自沪苏浙皖三省一市的专家学者畅谈长三角制造业的高质量发展，推动中国工业互联网研究院江苏分院落地吴江。农工党苏州市委助力示范区医卫发展三年行动计划启动，打造服务平台3个，11位知名农工党医卫专家与区五院结对，50余位医卫专家走进示范区。民盟中央学习实践基地揭牌，“游学江村”品牌发布。开展区各民主党派、无党派知联会与区镇(街道)结对共建活动，民进吴江区总支部与吴江开发区、区市场监管局开展结对共建活动，调研吴江开发区营商环境建设和高质量发展情况；致公党吴江区基层委与区交通运输局联合开展农村公路管理调研活动，与苏州工业园区二支部开展结对共建；民革吴江区基层委与太湖新城举办“初心向党”结对共建活动，在星字湾村打造“同心实践”阵地。支持区各民主党派和无党派知联会开展交流互动，联合举办同心话四史暨青吴嘉三地南社文化交流联盟启动仪式，成立青吴嘉三地南社文化联盟。民建吴江支部赴上海市金山区学习交流，九三学社吴江区基层委员会与九三学社青浦区委签署联建合作协议。

（查慎初）

【民主党派、无党派知联会工作】 2020年，继续强化政治引领，支持全区各民主党派和无党派人士巩固“不忘合作初心，继续携手前进”主题教育活动成果。疫情期间，区委统战部引导和支持民主党派组织发出防疫抗疫倡议书，党派成员主动投入防疫一线，民进吴江区总支部会员肖佩华、宋丽丽奔赴武汉。各民主党派发挥资源优势，捐款捐物，参与社会服务，助力疫情防控和复工复产。肖佩华获评“全国卫生健康系统新冠肺炎疫情防控工作先进个人”，宋丽丽获江苏省新冠肺炎疫情防控“记功”奖励。致公党吴江区基层委获省委会“抗击新冠肺炎疫情先进集体”。做好社情民意收集，党派成员提交意见建议和社情民意信息22件，线上举办人才政策专题宣讲一期。支持民主党派加强自身建设，完成区内民革、民建、民进、农工党、致公党、九三学社6个民主党派基层组织和无党派知联会换届工作，选优配强民主党派领导班子。九三学社江苏省委思想教育基地、九三学社专家工作站在盛泽镇程开甲小学揭牌。农工党吴江区基层委获评“省级先进基层组织”称号。

（查慎初）

2020年10月11日，民盟中央学习实践基地在吴江开弦弓村揭牌

（区委统战部 提供）

【新的社会阶层人士统战】 2020年，区委统战部组织新阶层代表人士赴浙江大学开展“担当新使命、奋进新时代”学习培训活动。开展“同心同行‘典’亮生活”之《民法典》专题讲座、赴青浦学习考察、国防专家现场授课等各项活动。出台《关于构建“1+8+N”新的社会阶层人士统战工作实践创新示范基地(点)的实施方案》，各区镇先后成立新联会，实现区镇两级新联会组织全覆盖。吴江区网络人士专委会正式成立。加强新的社会阶层人士统战工作实践创新基地建设，盛泽镇“东

纺·织家”、松陵旗袍小镇新阶层人士之家得到中央和省委考察组高度评价，“东纺·织家”获评首批江苏省新的社会阶层人士统战工作实践创新示范基地。组织新阶层人士为湖北武汉捐款捐物，参与抗击疫情志愿服务。开展“暖流”行动，为吴江抗疫一线捐助口罩、防护服、保暖防寒大衣等物资。率先开展“共聚夜沙龙、畅议夜经济”活动，组织各区镇新阶层人士开展“姑苏八点半·繁华吴江夜”系列活动。开展“同心同行、精准扶贫”助力脱贫攻坚活动，“这箱有爱”慈善集市等慈善公益活动。（查慎初）

【非公经济领域统战】 2020年，区委统战部落实支持民企发展的“三项制度”（民营企业家月度沙龙制度、民营企业家微信群联系制度和民营企业信息直报制度），督办民企沙龙意见建议49条，满意率测评均为100%。联合区委组织部、区委党校上门指导区河南商会、新一代企业家商会、家居木品商会、震泽蚕丝同业公会党支部的创建，全年新增川渝商会、头巾纺织商会2家商会，新增基层商会党组织3家，总计15家。协助七都镇、纺机、大提花、涂层等基层商会开好年会，指导市场协会、黄家溪商会做好换届筹备工作。与上海青浦区、嘉兴市嘉善县工商联开展互访互联、主办联动会议5次；组织会员企业、商会赴云南、泗阳等地学习交流。以“吴江商会大厦”为平台，打造“区民营经济人士理想信念教育中心”。（武文杰）

【港澳统战】 2020年，区委统战部持续发挥江苏吴江（香港）同乡会、震泽海外校友联谊会等团体在海内外交流过程中的桥梁纽带作用。建立“港澳企业代表人士联谊群”，了解收集区内相关港澳企业复工复产后面临的主要困难、问题和意见建议，并协调解决。江苏吴江（香港）同乡会与香港苏州商会为抗疫进行捐款。通过微信群、公众号等新媒体平台宣传港澳代表人士先进事迹，发挥示范引导作用。（武文杰）

【基层统战】 2020年，区委统战部开展吴江“最美同心人”寻访活动，评出“最美同心人”10名和“最美同心人”提名奖10名。创建“同心先锋”机关党建品牌，与结对区镇、街道建立长效联系机制，实地走访调研，推动解决统战领域重点难点问题。出台《全区统战工作信息、宣传、调研考核办法》，加强和改进全区统战系统信息质量。举办全区统战干部能力提升班，开展新的社会阶层人士统战工作、民族宗教工作等相关内容培训。将统战理论政策纳入党校主体培训班次课程，加强党的统一战线政策理论宣传教育。强化对基层的考核，构建齐抓共管民宗工作的体制机制，与各区镇、街道签订《民族宗教工作目标责任书》，明确区镇、街道民宗工作职责任务和重点工作。（武文杰）

【唐仲英基金会】 2020年，区委统战部接待《江苏海外华侨华人史》课题组一行赴基金会调研，就基金会慈善事业开展及唐仲英先生生平开展座谈交流。完成2021年度奖学金面试选拔工作；举办第二十二次唐仲英德育奖学金颁发仪式，88名学生获2019年度唐仲英德育奖学金。在疫情期间，组织吴江唐仲英爱心社成员发起线上抗疫宣传活动，并协调捐赠防护服250件支援湖北省黄石市。（杨 丹）

2020年5月，吴江区第五期民营企业家沙龙举办　（区委统战部　提供）

政策研究

【调查与研究】 2020年，区委办公室(研究室)围绕夺取“双胜利”、长三角生态绿色一体化发展示范区建设、产业转型升级等中心工作，组织开展调查研究。全年完成《新冠肺炎疫情对吴江主导产业影响调研》等课题报告10余篇，刊发《调查与研究》16期,《吴江区喷水织机中水回用情况调查》《吴江区产业园及商务楼宇情况调查》《吴江区电梯产业发展情况调查》获区委、区政府主要领导批示肯定。加强与长三角一体化发展专家咨询委员会沟通对接，形成咨询建议汇编，重点课题《推进吴江创新湖区建设与产业链创新链深度融合研究》在示范区一周年现场会上展示。参与区委十三届十九次全会、区第十三届党代会第六次会议、区委关于“十四五”规划和二〇三五年远景目标的建议及说明等重要文稿起草，完成《江苏通讯》《北京西路瞭望》《苏州日报》《苏州蓝皮书》等约稿文章4篇、各类综合文稿150余篇。(张贤桦)

【深化改革】 2020年，吴江区主动对标总书记关于长三角一体化发展和视察江苏的重要讲话指示批示精神，切实扛起“一体化制度创新试验田”使命担当，推动全面深化改革工作落地见效。召开区委深改委会议7次，研究部署重点改革工作29项，基本完成年度10个方面30大类85项改革任务。25项制度创新案例入选示范区执委会“制度创新和改革举措典型案例”，数量居青吴嘉三地之首；“跨界联合河长制”入选“中国改革2020年度50典型案例”，为苏州大市唯一上榜案例。对接长三角区域合作办公室和示范区执委会，常态化做好成果梳理、工作汇报、政策争取等工作。长三角生态绿色一体化发展示范区吴江区建设工作现场会召开，大会集中发布制度创新案例37个，其中国家级首创率13.9%，省级首创率52.8%。设立改革创新“特别奖”，45个部门50个项目申报。研究制定《吴江区推进长三角生态绿色一体化发展示范区建设2020年度重点改革工作方案》，全力推进重点改革项目14个，在全国、全省率先实施一批具有突破性、首创性的改革举措。(施丽丽)

对台工作

【概况】 2020年，区委统战部(台办)坚持践行“两岸一家亲”理念，持续深化两岸经济社会融合发展，助力全区高质量发展快上新台阶。全区台企数量465家，是年，全区台企销售额超853亿元，占全区外资企业销售总额的45%。吴江台企在2020年吴江区百强企业占11席，10大纳税企业占2席，进出口10强占7席。“台企直通车”项目获2020年度全省台办系统创新创优项目优秀奖。(盛景景)

【对台经济】 2020年，区委统战部(台办)紧扣中心任务，围绕“直通政府、直通企业、直通智库”，打造“台企直通车”品牌。“直通政府”，发挥桥梁作用。推进部门联动，设置港澳台统战工作协调组。分别围绕复工复产困难和打造双循环格局举办两期台企沙龙，区主要领导和相关部门主要领导现场解答问题；依托第二期沙龙形成的系列活动，获省三季度苏台交流合作重要事件投票活动“人气王”。“直通企业”，提升客户体验。常态化走访台资企业，全年走访119家次，收集并解决台企诉求和相关问题57件。开展便捷式服务，推动“台企直通车”进台企，做好上门服务，受到台胞好评并获赠锦旗。推动台企、民企相互交流参观，为台企拓展本地市场畅通渠道。组织台企赴华为青浦研发基地洽谈交流。“直通”智库，助推融合发展。受疫情影响，以线上开展为主，同步做好线下培训，与专业机构合作提高师资力量和课程精准度，全年累计安排46节课；与上海社科院合作做好吴江台企和民企融合发展调研，形成调研文章在省台办《台湾工作动态》上单篇发表，获省台办副主任孙继兵批示。携手外企协会、安全生产顾问单位，邀请台企参加2020年优质外资企业申报、安全生产培训等专题辅导会。做好涉台疫情防控工作。苏州大市范围内首发台商台企抗疫倡议书，就疫情防控和复工复产对重点台企进行专题调研，及时联系相关单位做好协调处理工作；根据省台办部署，开通吴江台企团队经上海返吴复工复产通道，在做好疫情防控工作的前提下，服务台商以闭环管理模式提前进

2020年9月25日，举办吴江台企直通车第二期沙龙　（区委统战部　提供）

企业复工复产。协调苏州市第九人民医院开设台胞核酸检测绿色通道。（盛景景）

【对台交流】 2020年，区委统战部（台办）依托江苏省对台交流基地、江苏省台湾青年就业创业基地以及海峡两岸青年就业创业示范点，以体育、文化、就业等为载体开展各类交流活动。举办首场吴、台青年交流会，吴江台青会与青商会签订《战略合作框架协议》，为吴、台青年交流常态化、制度化奠定基础，组织台青会参访青商会企业。举办吴江区“两岸一家亲，欢乐太湖行”系列赛事活动，被省台办纳入2020年“环太湖”经贸文化系列活动。接待两批62人的两岸青年大学生到吴调研学习。协助举办长三角世界高校人才洽谈会，包括台资企业在内的22家在吴企业向台湾青年抛出橄榄枝，邀请苏州大学14名台湾大学生参会，并与26名台湾学生视频连线交流；会上吴江开发区与台企签署《台湾高层次人才引才工作站合作协议》。邀请台湾电电公会到吴交流，探讨疫情对电机电子行业的后续影响和进一步深化合作。会同一体化示范区公共服务组做好一体化示范区台胞“同城待遇”调研。（盛景景）

【涉台宣传】 2020年，区委统战部（台办）开展多形式宣传，全年推送涉台信息41条。配合区委宣传部做好中央广播电视总台《深化合作、携手共进——长三角区域一体化发展纪事》信息采编。在台谊会理监事会上做好当前台海形势宣传，指导台谊会会员正确认识和把握当前台海局势。向旅台同乡会寄送新年贺卡，送去新年祝福。（盛景景）

【涉台团体管理】 2020年，区委统战部（台办）坚持践行“两岸一家亲”理念，继续做好对区台协和区台谊会的管理指导。指导台协通过微信公众号、微信群等途径向台胞台属推送疫情防控和复工复产信息200余条，对自台返吴人员进行梳理统计，协助涉外疫情防控指挥机构做好隔离工作。组织台协和台谊会分别调研台企和台属企业疫情防控、复工复产情况，赠送和协助订购防疫物资。通过台协统计台胞子女入学信息，对台胞子女中考加分进行审核，53名台胞子女办理入学，审核中考加分台胞子女28名。鼓励和支持台协妇慈会开展爱心包裹捐赠活动，组织台协全体理监事调研震泽镇美丽乡村建设。组织台谊会全体理监事参观汾湖长三角一体化规划馆等地，赴嘉善台联参访开展学习交流等。加强联络联系台属，重阳节和春节前集中走访慰问台胞台属。（盛景景）

保密工作

【概况】 2020年，区国家保密局调整区委保密委员会各成员单位，面对疫情、防汛多重因素带来的挑战，压实保密责任，强化监督检查，创新宣传方式，为全区经济社会发展提供坚强的保密服务保障。（崔家豪）

【保密执法检查】 2020年，区国家保密局协同相关单位开展疫情防汛重点单位文件档案保密检查；做好中央文件管理保密检查；开展全区机关单位保密工作自查自评；配合上级单位做好企业资质检查；会同相关部门做好各类国家级考试考前检查和现场巡查工作，严防失泄密事件发生。（崔家豪）

【保密宣传教育】 2020年，区国家保密局邀请省国家保密局专家开展全区保密教育专题讲座；按照各单位实际需求，赴全区各类主体班次、部分区镇和部门开展保密知识讲座；组织开展宣传海报、涉密文件夹的制作分发及《保密科学技术》《保密工作》等杂志的征订工作；依托各平台全方位宣传全民国家安全教育日和《保密法》修订实施10周年活动；创作《保密教育宣传片》，在全区范围播放，提升全区机关工作人员保密意识。（崔家豪）

2020年5月6日，苏州市委第二轮对村（社区）提级巡察"回头看"综合情况汇报会现场（区纪委监委 提供）

巡察工作

【概况】 2020年，区委开展两轮巡察、两轮对村（社区）巡察以及一轮安全生产专项巡察，对15家区属党组织和汾湖高新区（黎里镇）、吴江高新区（盛泽镇）所辖的90个村（社区）党组织开展巡察，对6家重点单位和4个重点区镇开展危化品安全生产专项巡察，发现问题1322个，移送问题线索24条。至年底，十三届区委巡察区属党组织79个，实现常规巡察全覆盖；巡察村、社区党组织196个，覆盖率67.82%。运用第一种形态谈话184人，给予党纪政务处分103人，移送司法机关9人。

（张曼婷 梁 程）

【巡视巡察联动】 2020年，区委做好省委专项巡视反馈意见整改落实情况跟踪，每月上报整改工作进度。区委配合完成市委对苏信学院巡察、对5个村（社区）开展的提级巡察"回头看"、对吴江开发区开展的优化营商环境专项巡察，以及落实"六保"*任务专项巡察。选派10名巡察干部参加市委第二轮对村（社区）提级巡察"回头看"。与苏州市中级人民法院司法巡查联动，同步开展对区人民法院的巡察。结合省委、市委危化品安全生产专项巡视巡察工作部署要求，以延伸调研监督方式同步开展危化品安全生产专项巡察。（张曼婷 梁 程）

【巡察成果运用】 2020年，区委巡察组对巡察发现村庄环境较差、安全隐患较多、村务党务公开不及时等涉及民生的问题，下达立行立改通知书35份，整改率100%；针对巡察发现的群众身边的腐败问题，与区纪委监委对接实施立查立处，党纪政务立案2人。区委巡察组对农村"四议两公开""三资"管理、农村产权交易等方面存在的共性问题，形成专题调研报告6篇。针对巡察反馈问题，区委书记运用第一种形态，约谈6名被巡察单位主要负责人。

（张曼婷 梁 程）

【巡察规范化工作】 2020年3月，区委巡察办上线区委巡察工作管理系统，实现巡察工作数字化、全流程、标准化管理。印发《区委巡察组巡察档案材料立卷归档操作规程》，落实问题底稿和档案管理要求，12月完成档案室标准化建设，持续推进巡察档案信息化、科学化、规范化管理。

（张曼婷 梁 程）

2020年十三届区委巡察工作推进情况一览表

时 间	巡察进度	被巡察对象
1月	开展巡察反馈意见整改完成情况自查	—

（续　表）

时　间	巡察进度	被巡察对象
2月	2020年巡察工作计划经区委常委会审议通过	—
4月	召开2020年区委巡察工作动员部署会	—
5月	启动区委第十一轮巡察	区人大常委会办公室、区政府办公室、区政协办公室、区人民法院、区委统一战线工作部、区委政法委员会、区委机构编制委员会办公室、区信访局、苏州市高级人才太湖培训中心9家单位党组织
	启动区委第十一轮对村（社区）巡察	黎花村、雪巷村、雄锋村、东胜村、史北村、梅墩村、华莺村、黎星村、大联村、汾湖村、汤角村、沈家港村、青石村、永新村、建南村、大长港村、黎阳村、川心港村、方联村、新鹤村、乌桥村、莘南村、东秋村、元荡村、城司村、港南村、芦东村、龙泾村、高新村、三好村、伟明村、东联村、汾湖湾村、莘西村、大潮村、禾田村、跃胜村、杨文头村、新钢村、红旗村、银杏村、梅石村、星谊村、镇西社区、镇东社区、莘塔社区、新区社区、兴黎社区、黎新社区、振黎社区、北厍社区、金家坝社区52个汾湖高新区（黎里镇）所辖村（社区）党组织
8月	完成区委第十一轮巡察、第十一轮对村（社区）巡察情况反馈	—
9月	启动危化品安全生产专项巡察	区工业和信息化局、区公安局、区交通运输局、区应急管理局、区市场监督管理局、吴江生态环境局6家重点单位；吴江经济技术开发区、吴江高新区（盛泽镇）、桃源镇、平望镇4个重点区镇
	启动区委第十二轮巡察	区委办公室、区委宣传部、区社科联、区委研究室；区农业农村局党委、吴江农村产权交易中心有限公司6家单位党组织
	启动区委第十二轮对村（社区）巡察	红洲村、群铁村、圣塘村、兴桥村、东港村、庄平村、胜天村、桥南村、寺西洋村、荷花村、黄家溪村、永平村、前跃村、龙旺村、坛丘村、沈家村、坝里村、南塘村、大谢村、茅塔村、北角村、杨扇村、人福村、盛虹村、龙桥村、永和村、幸福村、渔业村、双溪村、郎中村、坛丘社区、舜湖社区、桥北社区、衡悦社区、镜湖社区、目澜社区、山塘社区、南麻社区38个吴江高新区（盛泽镇）所辖村（社区）党组织
11月	举办区委巡察干部能力提升培训班	—
12月	完成区委第十二轮巡察、第十二轮对村（社区）巡察和危化品安全生产专项巡察情况反馈	—

（张曼婷　梁　程）

党校工作

【概况】 中共苏州市吴江区委党校、吴江区行政学院（简称“党校”）是江苏省优秀县级党校，有微信公众号“锤红讲习堂”，网站“中共苏州市吴江区委党校”“苏州市吴江区全民国防教育网”，兰州大学网络与继续教育学院本科班（高起本、专升本）。与区纪委监委共建区党风廉政教育馆，与区委宣传部共建区新时代文明实践宣讲中心。2020年，党校在编教职工32人，其中专兼职教师23人，包括副教授1人、高级职称7人、中级职称6人、初级职称3人、博士研究生2名，其中党校办公室主任王冬入选全省党校行政学院系统“三个一批”人才培养对象，自编课程《“中国制造”走向“中国创造”——以亨通集团为例》入选苏州“干将”精品课程，5人入选苏州基层理论宣讲名师培育对象。　（褚晨阳）

【干部教育培训】2020年，党校举办各类培训班71期(次)，培训6558人。其中本地班次54期(次)，培训5594人，包括主体班16个，培训人数832人，主要有吴江区能政善政年轻干部专题研修班、吴江区“双招双引”*专题培训班、吴江区推进长三角生态绿色一体化发展示范区建设研修班(第二期)、2020年全区新录用公务员初任培训班、吴江区安全生产干部能力提升培训班(共两期)、“聚焦生态绿色，深化协同治水”河长制主题培训班(共两期)等。完成各机关、区镇、村(社区)等联合办班、委托办班33期，培训人数2304人，主要有区发改委集中宣讲“春风行动”暨安全生产教育培训、2020年吴江区农业农村局青年干部党性教育暨能力素质提升班、全区网络新闻发言人培训班、2020年机关事业单位中层任职培训班(共三期)、先行启动区能政善政年轻干部培训班、吴江海关2020年干部素质能力提升专题培训班(共三期)、东太湖度假区(太湖新城)美丽乡村建设培训班、2020年震泽镇年轻干部能力素质提升班等；外来班17期，培训人数964人，主要有常州市天宁区青龙街道中层干部履职能力提升暨理想信念教育培训班、嘉兴市秀洲区第十六期中青班、2020年嘉善县纪检监察干部业务专题培训班(共两期)、印江县2020年党建引领下的乡村治理模式专题培训班、印江县2020年乡村振兴之产业振兴路径专题培训班、长三角生态绿色一体化示范区青年干部培训班等。配合区委组织部举办“四新”讲座*5期，计2458人次。开展“送教上门”活动，全年送教到各镇(区)、部门、村(社区)、企业和学校超300场次(含上半年疫情防控期间的视频教学)，涉及50多个教学专题，受训人数超1.8万人次。

(褚晨阳)

2020 年吴江区委党校干部教育培训一览表

单位：人

班次类别	培训时间	班级名称	培训人数
主体班	7月1—24日	吴江区能政善政中青年干部培训班	28
	7月1—24日	吴江区能政善政年轻干部专题研修班	43
	9月2—4日	吴江区“双招双引”专题培训班	62
	9月7—11日	吴江区推进长三角生态绿色一体化发展示范区建设研修班(第二期)	60
	9月20—24日	党政办公系统培训班(第一期)	50
	9月21—25日	攻坚“城乡乐居提升行动”，深化农村人居环境专项研修班	70
	9月23—28日	审计干部综合能力提升培训班(第一期)	28
	10月12—17日	审计干部综合能力提升培训班(第二期)	36
	10月12—17日	全区纪检干部培训班	50
	10月12—24日	2020年全区新录用公务员初任培训班	96
	10月15—17日	吴江区安全生产干部能力提升培训班(第一期)	61
	10月18—22日	党政办公系统培训班(第二期)	50
	10月22—24日	吴江区安全生产干部能力提升培训班(第二期)	70
	11月16—20日	“聚焦生态绿色，深化协同治水”河长制主题培训班(第一期)	38
	11月23—27日	“聚焦生态绿色，深化协同治水”河长制主题培训班(第二期)	38
	12月17—19日	吴江区宣传思想文化干部“守正创新”能力提升培训班	52
委托办班	5月8日	全区GDP核算改革专题培训班	56
	5月8日、10日、16日、17日、23日、24日、30日、31日	2020年黎里中青年干部能力提升班	77

（续　表）

班次类别	培训时间	班级名称	培训人数
委托办班	5月12日	区发改委集中宣讲“春风行动”暨安全生产教育培训班	51
	5月21—23日	2020年吴江区农业农村局青年干部党性教育暨能力素质提升班	54
	5月27日	全区网络新闻发言人培训班	97
	7月28日至8月1日	2020年机关事业单位中层任职培训班（第一期）	81
	7月31日至8月4日	汾湖基层党组织书记培训班	60
	8月4—8日	2020年机关事业单位中层任职培训班（第二期）	84
	8月11—15日	2020年机关事业单位中层任职培训班（第三期）	87
	8月17—19日	2020年吴江区财政系统骨干能力素质提升班（第一期）	68
	8月19—21日	中广核达胜加速器技术有限公司入党积极分子培训班	25
	8月24—26日	2020年吴江区财政系统骨干能力素质提升班（第二期）	68
	8月26—29日	2020年吴江区七都镇中青年干部能力提升班	40
	9月9—12日	先行启动区能政善政年轻干部培训班	50
	9月21—22日	2020年全区意识形态工作责任制专题培训班	150
	9月23—25日	2020年吴江区妇女干部能力提升培训班	80
	9月28—30日	政法系统政治轮训班	100
	10月12—16日	吴江海关2020年干部素质能力提升专题培训班（第一期）	36
	10月13—14日	吴江区太湖新城年轻干部培训班	45
	10月19—23日	吴江海关2020年干部素质能力提升专题培训班（第二期）	36
	10月20日	东太湖度假区（太湖新城）美丽乡村建设培训班	39
	10月26—30日	吴江海关2020年干部素质能力提升专题培训班（第三期）	40
	10月27—28日	吴江经济技术开发区纪检书记（委员）“厚学强基，明识笃行”业务技能培训班	57
	10月31日至11月3日	2020年秋季自主就业退役士兵适应性培训班	79
	11月2—3日	2020年度吴江区基层团干部培训班	169
	11月3日	吴江区事业单位新任职法定代表人培训班	72
	11月6—8日	吴江区住建局第三期青年干部素质提升班	42
	11月17—18日	2020年吴江区卫健委文秘研修班	74
	11月20—21日	两区一县生态环境系统党性提升班	46
	12月1—3日	2020年区级机关新党员培训班	190
	12月5日	吴江法院2020年新任人民陪审员业务培训班	40
	12月10—11日	江陵街道综合执法新进人员培训班	61
	12月11—14日	2020年震泽镇年轻干部能力素质提升班	50
“四新”讲座	6月12日	优化营商环境　建设高质量发展现代化经济体系（郭爱军）	58
	7月27日	中国脊梁：三个“三部曲”，一个聚焦点（章剑华）	600
	8月21日	区块链与未来社会发展趋势（高奇琦）	600

（续　表）

班次类别	培训时间	班级名称	培训人数
“四新”讲座	9月25日	政府招商引资思维创新与营商环境完善	600
	12月4日	领导干部上讲台	600
外来办班	8月22—26日	常州市天宁区青龙街道中层干部履职能力提升暨理想信念教育培训班	36
	9月14—16日	2020年嘉善县纪检监察干部业务专题培训班（第一期）	63
	9月17—24日	2020年嘉善县纪检监察干部业务专题培训班（第二期）	59
	9月21—25日	印江县2020年党建引领下的乡村治理模式专题培训班	50
	9月25—26日	海安法院干警履职能力提升培训班	64
	10月13日	长三角生态绿色一体化示范区青年干部培训班	52
	10月14—16日	嘉兴市秀洲区第十六期中青班	37
	10月19—23日	印江县2020年乡村振兴战略下的农村电商新机遇发展专题培训班	49
	10月24—25日	2020嘉善县长三角一体化市场准入业务培训班	60
	10月26—30日	印江县2020年乡村振兴之产业振兴路径专题培训班	50
	11月5—6日	姑苏区党外中青年干部培训班	35
	11月6—8日	光大银行苏州分行党支部书记暨纪检委员培训班	70
	11月9—15日	县级党委编办新任主任培训班	170
现场教学	9月18日	G60九城市专题班（现场教学）	45
	10月30日	推进灵山经济社会高质量发展（现代农业方向）培训班（现场教学）	38
	11月21日	滕州开发区两新组织党建负责人培训班（现场教学）	26
	11月26日	苏州党校党性教育班（现场教学）	60

（褚晨阳）

【科研咨询】 2020年，党校发表各类科研文章34篇，其中国家级5篇、省级15篇。完成各类立项课题31项，其中市级以上10项，《提高基层党组织建设质量》《关于提升“两新”组织党员管理质效的对策建议》2篇党建文章分别发表于《中国组织人事报》《党建参阅》等国家级刊物；《推进基层整合审批服务执法力量的吴江实践》刊载于中央党校主管的《行政改革内参》；《“党建+人才”，汇聚企业创新发展的强大动能》发表在《党的生活》；《非公企业党管人才助推高质量发展的实践探索》《吴江打造“慢生活”旅游新模式的路径研究》发表在《江南论坛》；《开创区域协调发展新局面，构建长三角一体化发展新格局》《以乡村振兴示范区建设促城乡均衡发展的路径思考》2篇文章入选2020年全国党校（行政学院）系统社会建设学科发展研讨会论文集；《擘画未来区域协调发展蓝图，乘势推进长三角区域更高质量一体化发展》一文被省委办公厅采用并推荐上报；《让“江村”焕发新时代价值——关于加快江村（开弦弓村）综合提升的建议》得到区委主要领导批示；《“吴江制造”的创新实践》《打造民营经济发展新高地的对策建议》《疫情下保障中小企业健康发展，看吴江如何出招》等文章分别发表在《江苏企业管理》《产业创新研究》《苏报智库》上。（褚晨阳）

2020年吴江区委党校科研成果发表情况一览表（省级及以上）

级 别	成果名称	成果类型	发表刊物
国家级	以乡村振兴示范区建设促城乡均衡发展的路径思考	调研报告	入选2020年全国党校（行政学院）系统社会建设学科发展研讨会
	开创区域协调发展新局面　构建长三角一体化发展新格局	调研报告	入选2020年全国党校（行政学院）系统社会建设学科发展研讨会
	推进基层整合审批服务执法力量的吴江实践	研究论文	《行政改革内参》2020年第11期
	提高基层党组织建设质量	调研报告	《中国组织人事报》2020年10月12日
	关于提升“两新”组织党员管理质效的对策建议	调研报告	《党建参阅》（人民日报社主管）2020年9月25日
省级	以先行启动区为突破口　全面融入一体化示范区建设	调研报告	《苏州发展与改革》2019年第6期
	“吴江制造”的创新实践	调研报告	《江苏企业管理》2020年第3期
	“党建+人才”，汇聚企业创新发展的强大动能	调研报告	《党的生活》2020年5月
	推进民营经济健康发展的法治环境研究	研究论文	《环球市场》2020年第10期
	进一步做实“虚拟养老”的路径思考——以苏州市吴江区为例	调研报告	《管理学家》2020年第17期
	打造民营经济发展新高地的对策建议	调研报告	《产业创新研究》2020年第11期上
	基于党校文书档案管理的演变及优化研究	研究论文	《经济与社会发展研究》2020年第340期
	加强党校档案管理工作的建议	评论文章	《卷宗》2020年9月上
	发掘和弘扬大运河文化带吴江段建设的文化特质	调研报告	《作家天地》2020年3月
	非公企业党管人才助推高质量发展的实践探索	调研报告	《江南论坛》2020年第4期
	吴江打造“慢生活”旅游新模式的路径研究	研究论文	《江南论坛》2020年第7期
	擘画未来区域协调发展蓝图，乘势推进长三角区域更高质量一体化发展	理论文章	《江苏信息》2020年第994期
	加快推进乡村振兴示范区建设研究——以苏州市吴江区为例	研究论文	《乡村科技》2020年12月
	高质量编制好“十四五”规划的若干思考	研究论文	《社会科学》2020年7月
	做好“创二代民营企业家”代际交接的对策建议	宣传信息	《江苏信息》2020年949期

（褚晨阳）

【“四史”*学习教育】 2020年，区委成立“四史”学习教育领导小组办公室，设在区委党校。党校将“四史”学习教育作为学好习近平新时代中国特色社会主义思想的重要抓手，把“四史”作为对党员干部理想信念教育、对党忠诚教育、爱国奋斗教育的重点，做好全区“四史”学习教育教学点和课程体系的开发利用工作，协助领导小组印发《全区首批“四史”学习教育教学点》《全区“四史”学习教育课程体系（2020年版）》和《2020—2021年度吴江区“四史”学习教育工作项目任务分解表》，推动全区党员、干部学好用好历史。（褚晨阳）

关心下一代工作

【概况】 2020年，面对新冠肺炎疫情，区关工委调整工作着力点，坚持线上线下结合，推进全区关心下一代工作进一步发展。全区有区镇、街道关工委13个，社区（村）关工委297个，系统关工委4个，区级机关部门关工委82个，学校关工委95个，民营企业关工委1826个，“五老”（老干部、老战士、老专家、老教师、老模范）志愿者7800余人。围绕校外教育、民工子弟学校、民企和脱贫攻坚、三扶两创、新农村建设、培育新型职业农民等专题开展调研，形成《火红年代火红情——吴江区关工委调研基层假日学校工作综述》《让民工子弟学校在发展中不断提档升级》《七都职业青年渔农自主创业变身淘宝销售冠军》《红旗村里“红旗”如画》等10多份调研材料，多篇被江苏少年网、中国火炬网刊用。是年，关工系统编发各类稿件1712篇，被省、市关工委网、媒、刊录用311篇，被国家级关工委网、媒、刊录用202篇。坚持党建带关建，巩固基层组织建设，31个社区（村）关工委被评为区“五有五好”基层关工委。吴江区关工委被中央文明办、中国关工委评为全国关心下一代工作先进单位。

（蒋永仙）

【青少年思想道德建设主题教育】 2020年，区关工委以立德树人为根本，以“爱党爱国，立德立行”为主题开展青少年教育活动。编写“爱党爱国，立德立行”青少年主题教育巡讲参考材料，收录文章20篇16万余字。参考材料中特别增加抗疫精神1章3篇文章，普及抗疫知识，讲好抗疫故事，颂扬抗疫英雄，诠释抗疫精神。视疫情情况，全区围绕主题采用“小型分散为主，线上线下结合”形式开展美学美育、美德美行、抗疫精神、家风家训、乡贤文化、法伴人生、国防安全教育。全区关工委组织各类主题教育及社会实践活动2900多场次，近5万人参加。广泛开展“梦圆小康”老少同台演讲比赛系列活动，征文择优选送省关工委、省健康广播电台241篇，其中114篇入围音频录制，在省健康广播频道专版播放，选送的《绸都骄子　戈壁丹心》参加省老少同台演讲比赛决赛获特等奖。参加苏州市“致敬抗疫战士，弘扬大爱精神”电子小报制作竞赛取得优异成绩。区关工委获评苏州市未成年人思想道德建设工作先进集体。

（蒋永仙）

【校外教育辅导站】 2020年，区委组织部、宣传部、区教育局、财政局、关工委五部门联合印发《关于推进全区校外教育辅导站“强内涵、提质量、上水平”建设管理的实施意见》（吴关发〔2020〕13号）文件，对校外教育辅导站（假日学校）在组织建设、队伍建设、制度建设、功能建设及保障等方面作出明确规定。区校外教育辅导总站在建立“委馆站校艺术教育联盟”基础上，与吴江中专建立“委馆站校一体联动”合作项目，对加强青少年科普教育、艺术普及教育、职业教育、综合实践活动和成长成才起到推动作用和优势互补作用。区校外教育辅导总站承办苏州市关工委“梦圆小康”老少同台演讲比赛，总站的组织工作受到省、市关工委领导好评。各区镇、村（社区）辅导站（假日学校）按照区关工委“抓好八门辅导课目，举办九类专题活动，培养十种技能特长”要求，不断丰富教学内涵，提升办站活力。围绕“颂时代楷模，赞中国精神”老少同台讲好中国故事，广泛开展征文和朗诵活动。开发区关工委选送的《情系家国的时代楷模——崔根良》获省一等奖。松陵街

2020年4月2日，汾湖“五老”在辅导站宣传抗疫英雄事迹（区关工委　提供）

2020年7月22日，松陵街道苏河社区辅导站举办“爱党爱国　立德立行”社会实践活动　　（区关工委　提供）

道东门社区辅导站、桃源青云社区辅导站被省文明办、关工委评为全省优秀校外辅导站。区关工委获评江苏省校外教育工作先进集体。　（蒋永仙）

【关爱服务】 2020年，区关工委继续开展未成年人零犯罪社区（村）创建活动，107个社区（村）被评为创建先进单位。稳步推进“好苗苗”学习班，全区有50所学校联合社区（村）开办各类“好苗苗”学习班80个，参加学生2209人，扩大“五失”（失足、失业、失学、失管、失亲）青少年和弱势群体的受教育面。区公安局全面推进派出所“关爱工作站”建设，全区20个派出所全部挂牌成立关爱工作站。派出所关爱工作站在辖区中小学校开设校园安全课堂，开展形式多样的安全防范宣传，全年授课236次，实现学生安全宣传全覆盖。震泽派出所联合“面包树”公益组织，开展留守儿童、困境儿童帮扶工作，推出暑期公益夏令营，组织35名困难学生参加。在苏州市关工委召开的推进公安派出所关爱工作站建设经验交流会上，吴江区关爱工作站做专门交流。　（蒋永仙）

【爱心助学】 2020年，区关工委联合区镇、教育部门、爱心企业、公益组织多渠道开展公益助学活动。区关工委与教育局关工委联合向21所民工子弟学校50名品学兼优、家庭困难学生发放苏州市关心下一代基金会助学金5万元。苏州市孙福林慈善基金会助学金资助52名中小学生7.4万元；道善得公益助学协会助学65名中小学生13.5万元；爱无疆青少年帮扶社助学贵州4所小学1所初中，进行一对一爱心助学，帮助310名学生31万元；爱无疆与区爱心小学签订助学金协议，初步落实受助学生30名6万元（一学年）；下发省关心下一代基金会助学金0.72万元，下发关心下一代周报社冰凌花助学金1.1万元。8月26日，吴江区温州商会党委、关工委资助中小学、大学学生19名，发放助学金9.83万元。9月，苏圃生态集团公司董事长、青年农民创业之星柳建国捐资3万元首次帮扶松陵地区10名品学兼优、家庭经济相对困难学生。　（蒋永仙）

【推进“网上关工”】 2020年，在因疫情影响减少聚集形势下，网上关工委工作发展迅速。吴江区关心下一代工作网站、微信公众号发挥宣传窗口作用，及时发布全区工作动态，全年发布信息671条。“吴江区关工委”QQ工作群发挥联系沟通作用，吸纳区镇、条线关工负责人、工作人员入群，上传下达联系工作。“晚霞生辉　关工情深”微信群发挥信息共享作用，除各级关工委人员外，吸纳“五老”志愿者入群，共享时事信息、交流工作经验等。“主题教育材料撰写群”吸纳关工委讲师团成员入群，交流、商讨、撰写全区关工系统青少年思想道德建设主题教育参考材料，开展讲师团进社区（村）、进学校、进企业讲课活动。全区区镇关工委通过网络开展青少年主题教育、校外辅导、关爱服务工作。组织参加省关工系统“我为国旗点个赞”网络点赞活动，广泛动员中小学生通过网络学习国旗知识、理解国旗意义、维护国旗尊严，感受五星红旗神圣，并参与点赞，吴江区以161余万点击量居全省县市区榜首。　（蒋永仙）

（本栏编辑　范红明）

综　述

【概况】 2020年，吴江区人大常委会按照宪法和法律赋予的工作职责，推进民主法治建设。先后召开常委会会议8次、主任会议19次，组织执法检查5次、专题视察9次、专题询问1次，听取和审议"一府一委两院"(政府、监察委员会、法院、检察院)工作汇报22项，作出决议、决定10项，任免国家机关工作人员72人次。至年底，全区有全国人大代表1名、江苏省人大代表3名、苏州市人大代表66名、吴江区人大代表324名。

（徐晓敏）

【区第十六届人大第四次会议】 2020年1月4日，区第十六届人民代表大会第四次会议在吴江举行。会议应到代表325名，出席代表319名。会议听取和审议区长李铭所作的《苏州市吴江区人民政府工作报告》、区人大常委会主任沈金明所作的《苏州市吴江区人民代表大会常务委员会工作报告》、区人民法院院长陈晓君所作的《苏州市吴江区人民法院工作报告》、区人民检察院检察长刘军所作的《苏州市吴江区人民检察院工作报告》，审查和批准《苏州市吴江区2019年国民经济和社会发展计划执行情况及2020年国民经济和社会发展计划草案的报告》《苏州市吴江区2019年财政预算执行情况和2020年财政预算草案的报告》并作出相应决议，会议补选徐晓枫为苏州市吴江区第十六届人大常委会主任，王鹏宇、孙飞、孙峰、沈琼、陆筱明、金健康、赵菊观、黄明康为苏州市吴江区第十六届人大常委会委员。会议以举手表决的方式通过沈金明同志辞去区人大常委会主任职务的请求、区第十六届人民代表大会监察和司法委员会和社会建设委员会组成人员名单。会议期间，代表提出议案1件，建议、批评和意见166件。

（徐晓敏）

【区第十六届人大常委会会议】 2020年1月21日，区第十六届人大常委会第二十六次会议在吴江举行。会议审议和通过区人大常委会人事代表联络工委主任崔夏萍代表区人大常委会所作的《苏州市吴江区第十六届人民代表大会常务委员会代表资格审查委员会组成人员调整名单》。会议听取区人大常委会主任徐晓枫所作的人事任免提名报告。会议以电子表决方式通过《苏州市吴江区人大常委会2020年工作要点(草案)》以及有关人事任免。

3月27日，区第十六届人大常委会第二十七次会议在吴江举行。会议听取和审议区委常委、区人民政府副区长李卫珍代表区人民政府所作的关于人代会议案办理意见的报告、区人

2020年1月7日，吴江区十六届人大四次会议顺利闭幕　（区人大　提供）

社局局长张燕代表区人民政府所作的关于吴江区促进就业工作情况的报告、区农业农村局局长沈卫民代表区人民政府所作的关于吴江区农村人居环境整治推进情况的报告。会议审议和通过《苏州市吴江区人民代表大会监察和司法委员会工作规则（草案）》《苏州市吴江区人民代表大会社会建设委员会工作规则（草案）》《关于开展乡镇人民政府副镇长述职工作的实施意见（试行）（草案）》以及区人大常委会主任徐晓枫、区人民法院院长陈晓君、区人民检察院检察长刘军分别所作的人事任免提名报告。会议以无记名投票和电子表决的方式通过有关人事任免。

5月26日，区第十六届人大常委会第二十八次会议在吴江举行。会议听取和审议区生态环境局局长沈志勇代表区人民政府所作的关于2019年度环境状况和环境保护目标完成情况的报告，区科技局局长季小峰代表区人民政府所作的关于全区科技创新工作的报告，区人大常委会副主任王悦代表区人大常委会执法检查组所作的关于《中华人民共和国安全生产法》执法检查情况的报告，审议和通过区人大常委会办公室主任沈卫良所作的关于区人大常委会关于2020年评议工作实施意见的说明，以及区委常委、区人民政府副区长李卫珍，区委常委、区纪委书记、区监察委员会主任乐江，区人法院院长陈晓君分别所作的关于人事任免的提名报告。会议以电子表决的方式通过《苏州市吴江区人大常委会关于开展2020年评议工作的实施意见（草案）》和《关于接受吴琦同志辞去区人民政府副区长职务的请求的决定（草案）》。会议以无记名投票和电子表决方式通过有关人事任免。

6月23日，区第十六届人大常委会第二十九次会议在吴江举行。会议听取区委书记、区人民政府区长李铭所作的关于人事任命情况说明。会议以电子表决方式通过李铭同志辞去区人民政府区长职务的请求，以无记名投票表决方式通过任命王国荣为区人民政府代理区长、副区长职务。

7月24日，区第十六届人大常委会第三十次会议在吴江举行。会议审查和批准区财政局局长吴吉祥代表区人民政府所作的关于2019年财政收支决算的报告。会议听取和审议区审计局局长周群代表区人民政府所作的关于2019年本级预算执行及其他财政收支审计工作情况的报告、区发改委主任陈建忠代表区人民政府所作的关于2020年上半年国民经济和社会发展计划执行情况的报告、区财政局局长吴吉祥代表区人民政府所作的关于2020年上半年财政预算执行情况的报告、区人民法院院长陈晓君所作的关于依法保障民营经济健康发展情况的报告、区人民检察院检察长刘军所作的关于依法保障民营经济健康发展情况的报告、区人大常委会副主任吴卫中代表区人大常委会执法检查组所作的关于《中华人民共和国土壤污染防治法》执法检查情况的报告，以及区人大常委会主任徐晓枫所作的关于人事任免的提名报告。会议以电子表决方式通过《关于批准吴江区2019年财政决算的决议（草案）》《苏州市吴江区第十六届人民代表大会常务委员会关于接受沈心明辞去苏州市吴江区第十六届人民代表大会代表职务的请求的决定（草案）》，会议以无记名投票方式进行有关人事任命。

9月28日，区第十六届人大常委会第三十一次会议在吴江举行。会议听取和审议区工信局、商务局、科技局、市场监督管理局工作情况汇报及四个评议组的评议报告，区自然资源和规划局局长曹月见代表区人民政府所作的关于全区国有自然资源资产管理工作情况的专项报告，区人大常委会农业农村工委主任黄明康代表区人大常委会执法检查组所作的关于《苏州市河道管理条例》执法检查情况的报告，以及区委常委、区人民政府副区长李卫珍，区人大常委会主任徐晓枫，区人民法院院长陈晓君分别所作的关于人事任免的提名报告。会议以电子表决的方式通过《吴江区人民代表大会常务委员会关于实施民生实事项目人大代表票决制工作的决定（草案）》《吴江区人大常委会关于民生实事项目人大代表票决制的实施办法（草案）》《吴江区第十六届人民代表大会常务委员会代表资格审查委员会关于补选代表的代表资格审查报告（草案）》，会议以无记名投票和电子表决的方式通过有关人事任免。会议对四个受评部门的工作情况进行测评，以电子表决的方式通过区第十六届人大常委会关于对四个受评部门的工作评议意见。

11月25日，区第十六届人大常委会第三十二次会议在吴江举行。会议审查和批准区财政局局长吴吉祥代表区人民政府所作的关于2020年度本级财政预算调整（草案）的报告，区发改委主任沈伟江代表区人民政府所作的关于2020年吴江区国民经济和社会发展部分经济指标调整的说明，区审计局局长周群代表区人民政府所作的关于对2019年本级预算执行及其他财政收支审计查出问题整改情况的报告，区委常委、区人民政府副区长李卫珍代表区人民政府所作的关于人代会议案以及代表建议、批评和意见办理结果情况的报告，区发改委主任沈伟江代表区人民政府所作的关于吴江区“十四五”规划编制工作情况的报告，区人大常委会副主任张志成代表区人大常委会执法检查组所作的《中华人民共和国人民调解法》执法检查情况的报告以及区委常委、区人民政府副区长李卫珍，区纪委副书记、区监察委员会副主任李小迟、区人民法院院长陈晓君分别所作的关于人事任免的提名报告。会议以电子表决方式通过《关于批准调整2020年度吴江区财政预算的决议（草案）》《关于召开吴江区第十六届人民代表大会第五次会议的决定（草案）》《关于接受张炳高同志辞去吴江区人民政府副区长职务的请求的决定（草案）》《关于接受王鹏宇同志辞去吴江区第十六届人民代表大会常务委员会委员职务的请求的决定（草案）》。会议以无记名投票方式补选苏州市第十六届人民代表大会代表，以无记名投票和电子表决方式通过有关人事任免。会议以无记名投票方式对2020年政府部门办理人大常委会审议意见情况进行测评，对本年度确定的重点督办意见建议进行满意度测评。

2020年11月25日，吴江区“十四五”规划“问计于民”系列座谈会召开
（王炜　摄）

12月31日，区第十六届人大常委会第三十三次会议在吴江举行。会议听取区人大常委会副主任、区十六届人民代表大会第五次会议筹备处秘书长王悦代表大会筹备处所作的关于区第十六届人大第五次会议筹备工作情况的报告。会议听取和审议区生态环境局局长沈志勇代表区人民政府所作的关于突出环境问题整治整改落实情况的报告，区发改委主任沈伟江代表区人民政府所作的关于2021年度民生实事候选项目

的情况报告，区人大常委会人事代表联络工委主任崔夏萍所作的关于补选苏州市人大代表的情况说明和关于代表资格的审查报告，部分苏州市人大代表所作的代表履职情况报告。会议听取区人民政府代区长王国荣、区人大常委会主任徐晓枫、区人民法院副院长高宇鹤分别所作的人事任免提名报告。会议以电子表决方式通过《区人大常委会工作报告（审议稿）》《苏州市吴江区第十六届人民代表大会常务委员会代表资格审查委员会关于代表资格的审查报告（草案）》《苏州市吴江区第十六届人民代表大会常务委员会关于同意区政府提请区十六届人大五次会议就吴江区2021年政府民生实事项目人大代表投票表决的决定（草案）》、区第十六届人大第五次会议列席人员建议名单、《苏州市吴江区第十六届人民代表大会常务委员会关于接受李卫珍同志辞去苏州市吴江区人民政府副区长职务的请求的决定（草案）》《苏州市吴江区第十六届人民代表大会常务委员会关于接受戚振宇同志辞去苏州市吴江区人民政府副区长职务的请求的决定（草案）》《苏州市吴江区第十六届人民代表大会常务委员会关于接受王庆华同志辞去苏州市第十六届人民代表大会代表职务的请求的决定（草案）》《苏州市吴江区第十六届人民代表大会常务委员会关于接受庄永先同志辞去苏州市吴江区第十六届人民代表大会常务委员会委员职务的请求的决定（草案）》。会议以鼓掌形式通过区第十六届人大第五次会议的建议议程、日程，主席团和秘书长建议名单、议案审查委员会建议名单、各代表团正副团长建议名单、主席团常务主席建议名单、副秘书长及各组正副组长建议名单、关于代表提出议案截止时间的决定草案。会议以无记名投票方式补选苏州市第十六届人民代表大会代表，以无记名投票和电子表决方式通过有关人事任免。（徐晓敏）

【区第十六届人大常委会主任会议】 2020年1月13日，常委会召开第73次主任会议，会议讨论2020年工作要点和各工委、专委会与政府部门的对口联系情况，审议常委会第二十六次会议有关议题，并商量一月份工作。

2月13日，常委会召开第74次主任会议暨党组（扩大）会议，专题传达学习习近平总书记关于新冠肺炎疫情防控的重要指示精神，省、市人大常委会关于依法防控新型冠状病毒感染肺炎疫情，切实保障人民群众生命健康安全的决定、决议，研究部署听取基层人大代表关于疫情防控的意见建议相关事项，商量讨论青吴嘉三地人大常委会2020年度联动协同监督议题，并商量二月份工作安排。

3月2日，常委会召开第75次主任会议，学习习近平总书记关于统筹推进新冠肺炎疫情防控和经济社会发展工作部署会议讲话精神，讨论监察和司法委员会、社会建设委员会工作规则，各专委会、工委室汇报全年工作计划，并商量三月份工作。

3月17日，常委会召开第76次主任会议，听取区人民政府关于全区“双创”（大众创业、万众创新）工作情况的汇报，审议常委会第二十七次会议有关议题，并商量四月份工作。

4月28日，常委会召开第77次主任会议，传达省人大常委会副主任、党组副书记陈震宁到吴调研精神以及区第十三届纪律检查委员会第五次全体会议精神，结合主题党日活动开展讨论，办公室汇报区委第十一轮巡察相关事项，会议讨论通过办公室三项制度办法，并商量五月份工作。

5月12日，常委会召开第78次主任会议，听取区人民政府关于全区建设工程招投标管理情况的汇报，讨论通过本单位档案管理办法和档案升级工作，审议常委会第二十八次会议有关议题，并商量六月份工作。

5月22日，常委会召开第79次主任会议，讨论区委人大工作会议暨纪念苏州市吴江区人大设立常委会40周年大会的实施方案和《苏州市吴江区人民代表大会志》编纂工作实施方案，通报各镇人大、人大各街道工委建立年度环境报告制度相关事宜。

6月9日，常委会召开第80次主任会议，开展“一把手”上党风廉政公开课，传达全国“两会”精神，商议二季度乡镇（街道）人大工作例会内容。

6月24日，常委会召开第81次主任会议，听取区公安局关于依法保障民营经济健康发展情况的汇报，并商量七月份工作。

7月6日，常委会召开第82次主任会议，商议区委书记李铭调研人大机关相关事宜。

7月17日，常委会召开第83次主任会议，传达落实区委书记李铭专题调研人大工作会议精神，审议区十六届人大常委会第三十次会议有关议题，并商量八月份工作。

8月3日，常委会召开第84次主任会议，学习贯彻吴江区委十三届十九次全会精神。

8月25日，常委会召开第85次主任会议，开展学习《习近平谈治国理政》第三卷的交流研讨活动，讨论通过人大机关日常办公事务管理相关制度，并商量九月份工作。

9月21日，常委会召开第86次主任会议，审议常委会第三十一次会议有关议题，讨论通过人大机关日常办公事务管理相关制度，听取吴江区智慧人大平台建设项目进展情况，并商量十月份工作。

10月19日，常委会召开第87次主任会议，专题听取区人民政府关于全区教育工作情况的汇报，传达学习吴江区“冲刺四季度，打好收官战”动员大会会议精神，讨论全区民生实事项目人大代表票决制和全区突发公共卫生事件应急管理专题询问等事项。

10月30日，常委会召开第88次主任会议，专题听取受评部门整改工作情况汇报，并商量十一月份工作。

11月19日，常委会召开第89次主任会议，专题听取区人民政府关于退伍军人安置工作情况汇报，传达学习党的十九届五中全会精神，审议常委会第三十二次会议有关议题，商量区十六届人大五次会议有关议程，并商量十二月份工作。

12月4日，常委会召开第90次主任会议，传达学习习近平总书记视察江苏重要讲话指示精神，讨论通过常委会2021年度监督工作计划和关于2020年度乡镇(街道)人大工作格次赋分法考核的具体操作办法，讨论十六届五次人代会人大常委会工作报告提纲。

12月28日，常委会召开第91次主任会议，开展“四史”*学习教育动员部署，学习贯彻《中国共产党基层组织选举工作条例》，审议常委会第三十三次会议有关议题，并商量2021年一月份工作。（徐晓敏）

人大执法检查

【概 况】 2020年，吴江区第十六届人大常委会成立执法检查组，分别对全区贯彻实施《中华人民共和国安全生产法》《中华人民共和国土壤污染防治法》《苏州市河道管理条例》和《中华人民共和国人民调解法》的情况开展执法检查。常委会第二十八次会议听取和审议区人大常委会执法检查组关于《中华人民共和国安全生产法》实施情况的报告。常委会第三十次会议听取和审议区人大常委会执法检查组关于《中华人民共和国土壤污染防治法》实施情况的报告。常委会第三十一次会议听取和审议区人大常委会执法检查组关于《苏州市河道管理条例》实施情况的报告。常委会第三十二次会议听取和审议区人大常委会执法检查组关于《中华人民共和国人民调解法》实施情况的报告。会后形成常委会执法检查意见交区政府办理。区政府认真落实常委会执法检查意见，加大宣传和执法力度，进一步完善有关政策，推动四项法律条例的贯彻实施。（徐晓敏）

【安全生产法执法检查】 2020年4月23日，区人大常委会对

2020年10月27日，区人大常委会召开突发公共卫生事件应急管理专题询问会（区人大 提供）

全区贯彻执行《中华人民共和国安全生产法》的情况开展执法检查。区人大常委会检查组指出，区人民政府在依法监管、源头防范、系统治理、狠抓重点领域整治等方面做出富有成效的工作，全区安全生产工作总体保持平稳向好的态势。并强调要进一步深化思想认识，确保安全发展理念“无盲区”；进一步细化主体责任，确保层层落实到位“无漏洞”；进一步优化部门监管，确保全面排查隐患“无死角”；进一步强化执法管理，确保铁腕整治违法“零容忍”。本次执法检查首次引入行业专家参与现场检查环节，针对现场检查问题直接提出建议对策。（徐晓敏）

【土壤污染防治法执法检查】2020年6月10日，区人大常委会对《中华人民共和国土壤污染防治法》在全区的贯彻实施情况开展执法检查。执法检查组表示，区人民政府高度重视土壤污染防治工作，支持、督促有关部门和各区镇（街道）依法履行土壤污染防治职责，在建章立制、摸底调查、规划建设、污染防治等方面持续发力，全区土壤污染防治工作取得初步成效。并强调要进一步健全工作机制，压紧压实污染防治责任；进一步突出防治重点，持续提升土壤保护水平；进一步加大软硬件建设，强化处置和监管能力；进一步加强宣传教育，提升全民生态环保意识。（徐晓敏）

【人民调解法执法检查】2020年10月29日，区人大常委会对《中华人民共和国人民调解法》（以下简称《人民调解法》）在全区的贯彻实施情况开展执法检查。执法检查组认为，近年来区人民政府统筹协调各地各相关部门认真贯彻落实《人民调解法》，特别是在2018年11月区委、区政府出台《苏州市吴江区加强矛盾调解体系人民调解员队伍建设的实施方案》后，形成依法履职、分类指导、齐抓共管的工作格局。并强调政府及相关职能部门要在加强学习、提高认知之余，加强人民调解员队伍建设，健全人民调解各项制度，促进人民调解与行政调解、司法调解的衔接和联动，形成三调联动的工作合力，促进全区人民调解工作的开展，为吴江“打造世界级创新湖区，建设高品质乐居新城”作贡献。（徐晓敏）

【涉野生动物“一决定一法”及省《条例》执法检查】2020年6月28日，区人大常委会对全区涉野生动物“一决定一法”及省《条例》（一决定是《全国人大常委会关于全面禁止非法野生动物交易、革除滥食野生动物陋习、切实保障人民群众生命健康安全的决定》；一法是《中华人民共和国野生动物保护法》；省《条例》是《江苏省野生动物保护条例》）贯彻实施情况开展实地检查。结合前期上下联动检查和座谈，执法检查组强调，区人民政府及相关部门充分认识这次执法检查的重要意义，宣传贯彻“一决定一法”及省《条例》，凝聚思想共识，加大执法力度，保持高压态势，强化统筹安排，夯实工作基础。（徐晓敏）

【苏州市河道管理条例执法检查】2020年8月27日，区人大常委会对《苏州市河道管理条例》在全区的贯彻实施情况开展执法检查。执法检查组认为，区人民政府近年来切实对照新标准、新规定、新要求，依法履职，狠抓重点，推动全区河道管理工作逐步迈入法制化轨道，河道管理水平得到有效提升。并强调要进一步强化组织保障，上下联动落实主体责任；进一步强化规划引领，统筹兼顾完善河道布局；进一步强化体制机制，推动“建管护”协同发展；进一步强化依法治水，综合施策实现水岸同治。（徐晓敏）

依法监督

【概况】2020年，区人大常委会创新采用“方法叠加+内容叠加+力量叠加”三位一体监督模式，全方位提升监督质效，打好“听取审议报告+专题视察+专题询问”“工作评议+测评”“专题视察+代表约见+测评”“学法+执法检查”等多套监督组合拳。运用新思维新方法，探索人大工作创新实践，探索推进吴江区民生实事项目代表票决制，征集群众代表意见建议，激发代表履职热情，强化人大监督实效，增强群众获得感和幸福感。创造性开展“百名代表验流程，千名代表进企业”活动，首次综合运用人大各项法定职权推动“代表评营商，助力最舒心”专项工作，彰显人大监督之力。（徐晓敏）

【议案办理监督】2020年3月

27日，区第十六届人大常委会第二十七次会议听取和审议区人民政府关于人代会议案办理意见的报告。会议认为，区政府高度重视办理工作，对议案办理安排周密，细化办理措施，明确时间节点。并提出高起点抓好谋篇布局，聚焦“奋力再创一个高质量发展新汾湖”目标，全面做优“生态和营商”两个环境，全力做强“江南水乡客厅、高端智能装备集聚区和高铁科创新城”三大片区；高能级构建经济体系，加强与长三角高端科研创新平台的全面合作，集聚高端制造、智能制造，形成具有世界级影响力的智造走廊，加快重大显示度项目的建设，重点推进重大交通设施建设，集中力量和资源保障项目进程。（徐晓敏）

【促就业工作监督】 2020年3月27日，区第十六届人大常委会第二十七次会议听取和审议区人民政府关于全区促进就业工作情况的报告。会议认为，区政府高度重视就业工作，坚持把“惠民助企”作为工作的出发点和落脚点，全区就业局势保持稳定。并提出区人民政府把发展经济和促进就业工作结合起来，坚持以发展拉动就业；继续完善促进就业的各项服务，坚持以服务推动就业；持续激发创新创业活力，坚持以创业带动就业。（徐晓敏）

【农村人居环境整治工作监督】 2020年3月27日，区第十六届人大常委会第二十七次会议听取和审议区人民政府关于全区农村人居环境整治工作情况的报告。会议认为，区人民政府全面落实中央、省、市工作部署及省委第八巡视组乡村振兴专项巡视中关于农村人居环境反馈问题的整改，积极对标长三角生态绿色一体化示范区建设要求，狠抓工作推进，高效完成全区农村人居环境整治年度任务。并强调区政府进一步强化宣传引导，调动和激发群众积极性，形成全民共同爱护人居环境的良好氛围；进一步保障农村基础设施建设，做好治理运行费用的资金保障，提升农村公共基础设施建设水平；进一步完善长效管理机制，立足本地实际，强化工作举措，细化分解任务，坚持建管并重，探索行之有效的长效管护机制。（徐晓敏）

【环保工作监督】 2020年5月26日，区第十六届人大常委会第二十八次会议听取和审议区人民政府关于2019年度环境状况和环境保护目标完成情况的报告。会议认为，区政府统筹推进生态文明建设，打好“水、气、土”三大污染防治攻坚战，全区环境状况持续改善，环境质量稳中向好，年度环境保护目标任务完成较好。并提出进一步提高思想认识，坚持以习近平生态文明思想为指导，坚定不移打好污染防治攻坚战和生态保护持久战；进一步坚持问题导向，整体施策、多措并举、统筹推进重点区域、重点行业、重点流域的污染防治工作；进一步提升监管能力，健全生态保护管理体制及生态补偿机制，加强环保联合执法，为保护生态环境提供强有力的法治保障。（徐晓敏）

【科技创新工作监督】 2020年5月26日，区第十六届人大常委会第二十八次会议听取和审议区人民政府关于全区科技创新工作的报告。会议认为，区政府深入实施创新驱动发展战略，着力优化科技创新发展环境，不断提升企业自主创新能力，为推动全区高质量发展奠定良好基础。并提出做优龙头，培育科技创新发展引擎，抢抓长三角一体化发展国家战略的机遇，下大力气扶持一批大型龙头企业，加大对科技创新型中小微企业的特殊政策扶持；做精服务，夯实科技创新保障机制，完善投入保障机制，引导金融资本、社会资本积极参与实施科技创新，完善政策保障机制，破除影响创新发展的体制机制障碍，在引资引智、科技研发、科技运用等方面优化激励政策。（徐晓敏）

【保障民营经济健康发展监督】 2020年7月24日，区第十六届人大常委会第三十次会议听取和审议区人民法院关于依法保障民营经济健康发展情况的报告。会议认为，区人民法院充分发挥司法职能作用，推进“僵尸企业”及时退出市场，释放被挤占的生产要素和资源。在疫情期间全国首例紧急许可破产企业复工复产的做法获最高院肯定，取得良好的法律效果和社会效果。并提出立足职能，创新依法保障民营经济健康发展机制；主动作为，优化依法保障民营经济健康发展服务；凝聚合力，提升依法保障民营经济健康发展质效。

会议听取和审议区人民检察院关于依法保障民营经济健

康发展情况的报告。会议认为，区人民检察院推动统一示范区执法司法标准，依法保障各类市场主体的合法权益，维护公平竞争的市场环境，相关工作获最高检肯定，取得良好的法律效果和社会效果。并提出延伸检察监督职能，优化服务民营经济健康发展保障措施；构建亲清政商关系，为民营经济健康发展营造良好法治环境；凝聚司法保护合力，提升依法保障民营经济健康发展质效。（徐晓敏）

【国有自然资源资产管理监督】2020年9月28日，区第十六届人大常委会第三十一次会议听取和审议区人民政府关于2019年度国有自然资源资产管理情况的专项报告。会议认为，区政府及自然资源和规划部门开展国有自然资源资产调查和监测，初步摸清国有自然资源资产总量，优化国土空间开发保护格局，落实执法监管责任，统筹做好国有自然资源保护和利用，全区生态文明建设效果逐步显现。并提出提高站位，坚持绿色发展理念，深入践行“绿水青山就是金山银山”的发展理念；夯实基础，提升精细化管理水平，加强对国有自然资源资产管理工作的研究；统筹发力，推进经济发展和生态保护，加强部门联动、统筹治理，发挥规划引领作用，聚焦长三角一体化发展，进一步优化国土资源空间布局和结构。（徐晓敏）

【国有资产管理监督】2020年9月28日，区第十六届人大常委会第三十一次会议审议区人民政府关于2019年度国有资产管理情况的综合报告。会议认为，区政府重视本区国有资产管理工作，国有资产监管体制不断完善，监管手段不断优化，国企改革稳妥推进，国有资产运营质态得到提高，助力区域经济高质量发展。并提出深化改革，进一步激发国企活力；多措并举，进一步提高监管质量。（徐晓敏）

【议案以及代表建议、批评和意见办理情况监督】2020年11月25日，区第十六届人大常委会第三十二次会议听取和审议关于人代会议案以及代表建议、批评和意见办理结果情况的报告。会议认为，区政府在议案和代表建议办理过程中，强化组织领导、规范办理、严格督办，继续深化分管区领导领衔办理重点建议工作机制，办理工作取得较好成效。特别是“一号议案”的办理，瞄准“一体化”和“高质量”，坚持“目标节点化、节点责任化”的基本方法，一步一个脚印让示范区建设美好蓝图成为吴江现实。并提出继续以此次议案办理为契机，继续坚持把推进示范区建设摆在全区工作最中心位置，学习上海、对接上海、融入上海，用好用足支持示范区吴江建设系列政策；继续抓好落实，提高代表建议办理工作的实效性，加强对各承办单位办理工作事前、事中、事后三个阶段的全过程监督，不断优化代表建议意见办理工作水平，切实提高建议办成率。（徐晓敏）

【区“十四五”规划编制工作监督】2020年11月25日，区第十六届人大常委会第三十二次会议听取和审议区人民政府关于吴江区“十四五”规划编制工作情况的报告。会议认为，区人民政府高度重视“十四五”规划编制工作，组织启动较早、统筹推进有力、科学有序开展，各相关部门做出大量卓有成效的工作，形成一系列专项规划成果，为顺利完成规划编制任务奠定坚实基础。并提出区人民政府及相关部门注重紧扣“一体化”，继续立足吴江实际，谋划好城市发展定位，规划编制要兼顾突出时代性与体现传承性，坚定长三角生态绿色一体化发展示范区这一发展定位不动摇，将其贯穿于“十四五”规划始终；注重突出“高质量”，发挥新发展理念的引领作用，深度融入国内国际“双循环”和上海龙头带动的长三角内部循环，加快产业数字化、智能化转型，提高产业链供应链稳定性和竞争力，实施有针对性的重大举措，统筹谋划好重要领域的接续改革工作。（徐晓敏）

【突出环境问题整治整改落实情况监督】2020年12月31日，区第十六届人大常委会第三十三次会议听取和审议区人民政府关于突出环境问题整治整改落实情况的报告。会议认为，区政府主动作为，目标从严、措施从实、工作从紧，推动全区生态环境质量持续改善，取得良好成效。区政府在思想认识上要再统一、再提高，以极端负责的态度、强劲有力的举措、务实管用的办法，抓紧抓实抓好生态环境保护各项工作，确保取得实实在在的成效；在跟踪整改上要再聚焦、再攻坚，健全领导体制和工作推进机制，对整改工作开展“回头看”专项督查，坚持不懈、久久为功地推动生态文明建设。（徐晓敏）

审议与任免

【人大代表建议】 吴江区第十六届人民代表大会第四次会议期间，收到代表建议、批评和意见166件，议案1件。代表对办理结果表示满意（含基本满意）160件，占96.39%；理解6件，占3.61%。（徐晓敏）

【主任会议审议】 2020年，吴江区第十六届人大常委会主任会议专题听取区人民政府报告5项，包括关于全区工作情况的汇报、全区建设工程招投标管理情况的报告、区公安局关于依法保障民营经济健康发展情况的汇报、全区教育工作情况的汇报、退伍军人安置工作情况的汇报。（徐晓敏）

【人事任免】 2020年6月23日，区十六届人大常委会第二十九次会议，接受李铭辞去苏州市吴江区人民政府区长职务的请求；通过王国荣同志任苏州市吴江区人民政府代理区长的决定。是年，吴江区第十六届人大常委会任免国家机关工作人员72人次；对21名提请任命人员进行任前法律知识考试。任命人民法院人民陪审员46名。（徐晓敏）

2020年吴江区人大常委会任免国家机关工作人员一览表

时　间	会　议	姓　名	任免情况
1月21日	吴江区第十六届人大常委会第二十六次会议	邵　玮	免去区人大常委会松陵街道工作委员会委员职务
3月27日	吴江区第十六届人大常委会第二十七次会议	陈国云	免去区人大常委会江陵街道工作委员会副主任职务
		陈　斌	任区人民法院副院长（挂职）、审判委员会委员、审判员
		郝　振	任区人民法院审判委员会委员、清算与破产审判庭庭长，免去区人民法院吴江经济技术开发区人民法庭副庭长、清算与破产审判庭副庭长职务
		章　伟	任区人民法院审判委员会委员，免去区人民法院清算与破产审判庭副庭长职务
		李建波	任区人民法院吴江经济技术开发区人民法庭副庭长
3月27日	吴江区第十六届人大常委会第二十七次会议	洪永洋	任区人民法院盛泽人民法庭副庭长，免去区人民法院刑事审判庭副庭长职务
		康　琳	任区人民法院震泽人民法庭副庭长，免去区人民法院速裁审判庭副庭长职务
		赵程程	任区人民法院刑事审判庭副庭长
		范媛娟	任区人民法院民事审判第二庭副庭长
		程　鹏	任区人民法院速裁审判庭副庭长
		吴龙章	任区人民法院清算与破产审判庭副庭长
		杨　柳	任区人民法院立案庭副庭长
		向　军	任区人民法院立案庭副庭长
		张有顺	免去区人民法院清算与破产审判庭庭长职务
		张松海	免去区人民法院立案庭副庭长职务
		沈国荣	免去区人民法院审判员职务
		陈春玲	免去区人民法院审判员职务

（续　表）

时　间	会　议	姓　名	任免情况
3月27日	吴江区第十六届人大常委会第二十七次会议	屠晓平	免去区人民检察院检察员职务
		高　敏	免去区人民检察院检察员职务
5月26日	吴江区第十六届人大常委会第二十八次会议	谢王挽	任区人民政府副区长(挂职)
		葛志正	任区监察委员会副主任
6月23日	吴江区第十六届人大常委会第二十九次会议	王国荣	任区人民政府副区长
7月24日	吴江区第十六届人大常委会第三十次会议	陆永忠	任区人大常委会内务司法工作委员会副主任
		陈建忠	任区人民政府副区长，免去区发展和改革委员会主任职务
		沈伟江	任区发展和改革委员会主任
7月24日	吴江区第十六届人大常委会第三十次会议	徐惠林	任区工业和信息化局局长
		陈宇威	任区住房和城乡建设局局长
		朱云根	免去区工业和信息化局局长职务
		王雪良	免去区住房和城乡建设局局长职务
9月29日	吴江区第十六届人大常委会第三十一次会议	金雨雯	免去区人大常委会八坼街道工作委员会委员职务
		周　斌	免去区人大常委会八坼街道工作委员会委员职务
		沈慧芬	任区人大常委会八坼街道工作委员会委员
		施志毅	任区人大常委会八坼街道工作委员会委员
		张白帆	任区人民法院审判员
		陈玮芝	任区人民法院审判员
		曹欢欢	任区人民法院审判员
		孙星星	任区人民法院审判员
9月29日	吴江区第十六届人大常委会第三十一次会议	陆亮亮	任区人民法院审判员
		姚燕彬	任区人民法院审判员
		朱应明	任区人民法院审判员
		俞国方	免去区人民法院人民陪审员职务
11月25日	吴江区第十六届人大常委会第三十二次会议	高建民	任区人民政府副区长
		张　磊	任区监察委员会委员
		陆　蕴	免去区人民法院审判员职务
12月31日	吴江区第十六届人大常委会第三十三次会议	万　利	任区人民政府副区长
		季恒义	任区人民政府副区长
		曹月见	任区人民政府办公室主任
		王明辉	任区城市管理局局长
		姚文明	任区交通运输局局长
		刘　峥	任区市场监督管理局局长
		沈卫芳	任区医疗保障局局长

（续　表）

时　间	会　议	姓　名	任免情况
12月31日	吴江区第十六届人大常委会第三十三次会议	戴忠浩	任区信访局局长
		吴　誌	任区地方金融监督管理局局长
		徐国华	免去区人民政府办公室主任职务
		蔡建忠	免去区城市管理局局长职务
		孙雪龙	免去区交通运输局局长职务
		杨志荣	免去区市场监督管理局局长职务
		孙阿利	免去区医疗保障局局长职务
		丁晓华	免去区信访局局长职务
		赵小华	任区人大常委会办公室副主任
		赵丽丽	任区人民法院审判员
		张　勇	免去区人民法院民事审判第二庭庭长职务

（徐晓敏）

【视察活动】 2020年，区人大常委会组织部分委员和区人大代表视察全区公共文化服务体系建设发展情况、垃圾分类实施情况、全区体育场馆安全管理情况、“中国·江村”乡村振兴示范区建设情况、“一号议案”《关于全力支持和推进长三角生态绿色一体化发展示范区先行启动区的议案》办理情况、区政府重点工程和实事项目建设情况，对视察中发现的问题向政府提出建议和意见。（徐晓敏）

【专题询问】 2020年10月27日，区人大常委会举行突发公共卫生事件应急管理工作专题询问会，听取区政府关于全区突发公共卫生事件应急管理工作情况的报告，区人大常委会组成人员及部分人大代表从医疗救治、物资保障、民生、社会秩序等角度出发提出问题。在区镇两级政府及社会面上形成良好的影响。此次专题询问聚焦热点，反映群众关注焦点，充分发挥人大监督职能，达到预期目的。

（徐晓敏）

2020年10月15日，区人大常委会视察“中国·江村”乡村振兴示范区建设情况（区人大　提供）

【评议工作】 2020年，区人大常委会组织对区市场监督管理局、工信局、商务局、科技局四个部门开展工作评议。走访测评各级人大代表和群众1000多名，召开座谈会近20场。常委会会议审议和通过评议意见，主任会议专题听取评议部门的整改方案和工作措施。评议工作促进“一府一委两院”机关部门转变作风、改进工作，收到预期效果。（徐晓敏）

（本栏编辑　浦德琪）

苏州市吴江区人民政府

综　述

【概况】 2020年，区政府落实习近平总书记对江苏、苏州以及长三角一体化发展系列重要讲话指示精神，统筹推进疫情防控和经济社会发展，构筑新冠肺炎疫情防控坚实防线，完成年度及“十三五”规划确定的主要目标任务，高水平全面建成小康社会取得决定性成果。全区经济社会发展稳步向好，实现地区生产总值2002.83亿元；完成一般公共预算收入236.48亿元；全社会固定资产投资586.79亿元；全区三次产业结构比为1.9∶49.9∶48.2；农林牧渔业总产值63.33亿元；规模以上工业总产值3578.55亿元；进出口总额216.68亿美元，实际使用外资4.56亿美元；社会消费品零售总额617.86亿元；城乡居民人均可支配收入59997元；年末辖区内金融机构人民币存、贷款余额分别为3393.52亿元和3529.63亿元。在新华网发布的2020地级市辖区高质量发展百强榜单中，吴江区位列第三。（赵俊亭）

【重要会议】 2020年1月14日，全区安全生产专项整治工作推进大会召开。会议强调要树牢底线思维、强化红线意识、坚持标本兼治，以高度的政治责任感和使命感，抓紧抓实抓好专项整治，确保隐患见底、措施到底、整治彻底，推动全区安全生产形势持续稳定向好。

1月19日，区政府第50次常务会议召开。会议审议并原则同意《区政府2020年重点工作目标任务分解落实方案》《苏州市吴江区智慧防控“建维管用”一体化工作方案》《苏州市吴江区关于警务辅助人员队伍薪酬激励改革的实施方案》，听取《2020年全区“三治”工作计划的情况汇报》《关于相关行政审批事项下放的情况汇报》，研究讨论其他有关事项。

1月22日，全区新型冠状病毒感染的肺炎疫情防控工作会议召开。会议强调要提高政治站位，高度重视疫情防控工作；完善方案预案，积极采取防范应对措施；严格疫情监测，规范应急处置和动态报告；落实收治机构，做好医疗救治各项准备；强化联防联控，确保防控措施落实到位。

1月25日，全区贯彻落实江苏省启动突发公共卫生事件一级响应相关工作紧急会议召开。会议强调要科学、有序、规范部署防控工作，严防死守新冠肺炎疫情，会议宣布成立区新型冠状病毒感染的肺炎疫情防控工作现场指挥部，统筹指导、协调、督促全区各地各部门履行防疫工作责任，扎实做好疫情防控工作，坚决保卫全区群众生命健康。

1月26日，吴江区组织收听收看全省和全市新型冠状病毒感染的肺炎疫情防控工作电视电话会议，并在会后召开吴江区续会。吴江会议强调要把思想和行动高度统一到习近平总书记重要指示精神和党中央、国务院、省、市有关决策部署上，明确任务、位置和责任，确保组织领导到位、工作责任到位、工作措施到位，坚决打赢疫情防控阻击战和持久战。

1月30日，吴江区组织收听收看省疫情防控工作领导小组视频调度会议，并在会后召开吴江区续会。吴江会议强调要加强群防群治，落细落实防控措施，做好保供稳价工作，扎实抓好宣传引导，充分发挥各级党组织作用，织密织牢防控网络，坚决打赢疫情防控阻击战。

2月11日，全区2020年第一期产业用地挂牌上市专题会议召开。会议强调要坚持疫情防控不松动、重点项目抓推进，基层协同协作做好服务，抓紧落实重点项目相关手续和程序，推进重点项目落地开工，不断优化产业结构和空间布局。

2月19日，区政府召开传达贯彻国务院、省、市安全生产督导工作精神专题会议。会议强调要高度重视、统筹协调、压实责任，全面落实各级督导巡查工作要求，把专项整治开展到位、隐患排查落实到位、反馈问题整改到位，有效防范化解重大安全风险，确保全区安全生产形势持续稳定向好。

2月19日，区政府第52次常务会议召开。会议深入学习贯彻习近平总书记关于疫情防控工作的重要讲话精神，听取《关于区政府承办区十六届人大四次会议代表建议、区政协十五届四次会议提案工作计划的汇报》《安全生产专项整治行动派驻督导及安全生产巡查工作开展的情况汇报》，审议并原则同意《关于进一步加强安全生产工作的实施意见及任务分工方案》《关于聚力“三农”攻坚确保高水平全面建成小康社会的意见》《吴江区级部门开展服务管理需村（社区）盖章事项清单》《吴江区村（社区）不予盖章事项清单》《关于调整吴江区工伤保险有关政策的方案》，研究讨论其他有关事项。

3月7日，全区“治违、治污、治隐患”工作会议召开。会议强调要增强推进“三治”工作的责任感、紧迫感，聚焦关键环节强势推进治违拆旧，加强组织领导、宣传和检查指导，全力确保“三治”工作取得更大成效，进一步优化空间布局、改善生态环境、消除安全隐患。

3月11日，区政府党组中心组学习暨常务会议学法举行。会议专题学习《优化营商环境条例》，强调要高度重视优化营商环境工作，聚焦企业关切，解决好痛点、难点、堵点问题，全面提升营商环境综合评价水平，不断提升吴江城市发展的软实力和竞争力。

3月11日，区政府第53次常务会议召开。会议传达学习《苏州市党政领导干部防范和惩治统计造假、弄虚作假责任制实施细则》，听取《2019年全区高质量发展考核指标完成情况的汇报》《关于开展吴江区第七次全国人口普查工作情况汇报》，审议并原则同意《〈吴江区关于推进基层整合审批服务执法力量的改革方案〉和〈七都镇关于推进基层整合审批服务执法力量的改革方案〉及配套方案》《关于加快推进产业用地高效利用的若干措施（试行）》《2020年度吴江区职工医疗保险政策调整方案》，研究讨论其他有关事项。

3月13日，全区打好污染防治攻坚战指挥部调度会议召开。会议强调要对照污染防治攻坚战各项责任目标，扎实完成各项重点任务和上级督察审计反馈问题整改，充分发挥大气环境治理联防联控机制作用，改善提升区域大气环境治理局面，坚决打赢污染防治攻坚战。

3月19日，全区部署涉外疫情防控工作专题会议召开。会议强调要抓紧抓实抓细涉外疫情防控，坚持按照国民待遇、体现人文关怀、严格依法依规、实行联防联控四个原则，准确把握全面精准掌握人员信息、有效前移防控关口、压实属地责任、涉外集中观察点“接得住、管得好”四个环节，持续绷紧疫情防控之弦，夺取疫情防控和经济社会发展双胜利。

3月26日，全区学校疫情防控及复学准备工作部署会议召开。会议强调要强化认识、强化责任、强化协同，时刻紧绷校园疫情防控之弦不松懈，织密织牢学校疫情防控网络，凝聚校园疫情防控战的整体合力，稳妥有序推进开学复课各项工作，坚决守住校园安全底线。

3月26日，全区农村人居环境整治推进会召开。会议强调要将农村人居环境整治提升

2020年7月7日，区委副书记、代区长王国荣（左1）率相关部门负责人在鲈乡四区开展防汛及安全生产工作检查　（王炜　摄）

工作放在长三角生态绿色一体化发展示范区建设目标格局中，以更高的定位促进思想认识再提升，以更美的标准促进整治标准再提升，以更高度的自觉来促进长效机制再提升，以人居环境整治的显著成效助推吴江乡村生态更有魅力、农民生活更加美好。

3月27日，区政府第54次常务会议召开。会议听取《关于全区恢复生猪生产工作推进落实情况和进一步促进恢复生猪生产的政策举措起草情况的汇报》，审议并原则同意《苏州市吴江区党政领导干部安全生产责任制规定实施办法》《区安委会成员单位等部门安全生产工作职责任务清单》《区镇、街道和区安委会成员单位等部门履行安全生产工作责任考核评价指标》《2020年苏州市吴江区生活垃圾分类处置工作行动方案》《2020年吴江对口帮扶印江工作要点》，研究讨论其他有关事项。

3月31日，区政府第55次常务会议召开。会议审议并原则同意《苏州市吴江区既有多层住宅增设电梯实施意见》《苏州市吴江区工业企业红黄牌警示和黑名单管理制度暂行办法（修订）》《苏州市吴江区工业企业综合评价分类实施办法（修订）》《关于全面落实预算绩效管理的实施意见》《2020年全区企业上市工作推进计划》《吴江区区镇空气质量补偿实施办法（试行）》，研究讨论其他有关事项。

4月10日，吴江区组织收听收看全国安全生产电视电话会议及省、市续会，并在会后召开吴江区续会。吴江会议强调要全面压实责任，坚决做到守土有责、持续排查整改、注重协同联动、强化安全防范，坚决防范遏制重特大事故发生，大幅压降生产安全事故总量和死亡人数，全力确保安全生产形势稳中向好。

4月15日，全区安全生产专项整治行动领导小组会议暨安委会全体成员（扩大）会议召开。会议强调要充分认识安全生产形势依然严峻复杂，坚决扛起安全生产工作政治责任，扎实开展专项整治，全力提升安全发展水平，推动全区安全生产形势持续向好。

4月17日，区政府第56次常务会议召开。会议审议并原则同意《关于打造“姑苏八点半·鲈乡夜繁华（暂定）”夜经济品牌的实施办法》《关于促进吴江夜间经济发展的十条政策措施》《吴江区探索率先基本实现农业农村现代化三年行动计划（2020—2022年）》《吴江区元荡水环境专项整治方案》，听取《关于2020年吴江区劳动模范（先进工作者）推荐评选工作的汇报》，研究讨论其他有关事项。

4月24日，全区生态环境保护工作会议暨打好污染防治攻坚战指挥部全体会议召开。会议强调要坚决扛起决战决胜政治责任，坚持问题导向做好对标找差，紧扣目标任务加快攻坚落实，加强统筹保障凝聚工作合力，推进经济高质量发展和生态环境高水平保护，持续改善全区生态环境质量。

4月28日，区政府第57次常务会议召开。会议学习传达《全国安全生产专项整治三年行动计划》和国务院集中督导推进会的精神，审议并原则同意《吴江区建设长三角生态绿色一体化发展示范区2020年工作要点》《吴江区关于开放再出发的若干政策意见》《吴江区打造“最舒心”营商环境创新行动2020》《2020年苏州市吴江区大气污染防治工作计划》，听取

《苏州市集中督导反馈情况及近期安全生产工作的情况汇报》《关于吴江区产业投资建设项目帮办代办制度的汇报》，研究讨论其他有关事项。

4月29日，全区教育工作专题会议召开。会议强调要坚定打造现代化"教育名区"目标不动摇，坚持教育优先发展，增强教育供给能力，全力保障教育优质均衡，着眼长远破除体制机制障碍，切实保障教育公平、提升教育质量、办出教育特色，更好体现教育惠民。

5月11日，全区法治政府建设和营商环境法治保障工作会议召开。会议强调要进一步凝聚法治共识、强化法治服务、汇聚法治力量，为打造最舒心营商环境提供法治保障，推动法治政府建设向纵深发展。

5月14日，区政府第58次常务会议召开。会议听取《关于全区1—4月经济运行情况及下阶段重点工作安排的汇报》《有效投入、创新发展、产业招商三项专项考核的情况汇报》，审议并原则同意《关于加快推进吴江区社会信用体系建设构建以信用为基础的新型监管机制的实施方案》《吴江区突发事件总体应急预案》《关于开展法治政府建设"补短板、强弱项"专项活动的实施方案》，研究讨论其他有关事项。

5月20日，吴江工业企业大数据云平台最新建设情况专题汇报会召开。会议强调要更好发挥全区大数据效能，更加突出数据的完整性、实时性、安全性及互动性，发挥平台导向作用，加强板块产业发展现状及趋势研判，让数字化赋能产业转型升级，进一步推动全区工业企业高质量发展走在前列。

5月29日，区政府党组中心组学习会召开。会议专题学习传达习近平总书记近期关于疫情防控工作的重要讲话精神，强调要慎终如始紧绷常态化防控这根弦，织密织牢疫情防控网络，持续深化落实"外防输入、内防反弹"各项措施，加强防控成果推广转化，不能让来之不易的疫情防控成果前功尽弃。

5月29日，区政府第59次常务会议召开。会议审议并原则同意《2020年度吴江区服务业工作要点》《关于优化提升苏州市吴江区生产性服务业的实施意见》《苏州市吴江区关于加快生产性服务业高质量发展的政策意见》《关于与生态环境部环境规划院开展长三角生态绿色一体化发展吴江示范区环境质量提升战略合作框架协议》《关于吴江区调整生态补偿政策的意见》，听取《太湖治理和安全度夏应急防控工作的汇报》，研究讨论其他有关事项。

6月13日，区政府第60次常务会议召开。会议组织专题学习《中华人民共和国外商投资法》，听取《1—5月GDP测算初步情况的汇报》，审议并原则同意《关于加快打造高端纺织产业集群推动生态绿色发展的实施意见》《2020年度吴江区社会保险缴费基数调整方案》，研究讨论其他有关事项。

7月3日，区政府第61次常务会议暨安委会扩大会议召开。会议开展题为"学习宣传贯彻习近平总书记关于安全生产重要论述，推进城市安全发展"安全生产专题宣讲，学习传达省委常委、市委书记蓝绍敏在吴江区领导干部会议上的讲话精神，听取《关于我区全国文明城市创建情况工作汇报》《全区防汛工作情况的汇报》《吴江区上半年重点项目进展情况的汇报》，研究讨论其他有关事项。

7月6日，全区长江流域禁捕退捕工作会议召开。会议强调全区上下要进一步统一思想、提高认识、迅速行动，突出"高、快、准、稳、狠"，勇于担当，真抓

金融产业园 （吴斌　摄）

实干，确保全面、高质、提前完成禁捕退捕任务。

7月15日，开弦弓村综合提升项目建设指挥部第一次工作会议召开。会议强调要举全区之力加快推动开弦弓村实现全面振兴，进一步提高站位、明晰定位、行动到位，深刻理解、准确把握开弦弓村综合提升的重大意义和内涵，结合经济发展、乡村肌理、民俗文化、文化传承、时代特征优化规划设计，把项目建设摆在吴江全域发展的高度布局推进，全面提升开弦弓村综合发展水平。

7月15日，全区2020年半年度重点项目推进会召开。会议动员各地各单位以更加昂扬的精神状态，抓项目、促投资、谋发展，为经济社会高质量发展提供更加有力的支撑，强调要高质高效推进重点项目建设，在项目重要性认识上再提高、在项目谋划招引上再发力、在项目落地投产上再提速，聚焦建链补链、强链扩链，谋划一批重点项目，确保完成年度目标任务。

7月16日，全区防汛工作视频调度会议召开。会议强调要客观认识防汛形势，针对问题、隐患以及老百姓诉求突出重点、防而不乱，切实落实预案部署，做好舆情引导，加强源头防控，发动各级党员干部、广大群众参与，确保实现“不亡人、不伤人、少损失”目标。

7月18日，全区安全生产百日“雷霆行动”动员大会暨“百团进百万企业”安全生产学习宣讲活动召开，会议强调要全面强化落实安全生产主体责任，提高站位、突出重点、标本兼治，切实增强从根本上消除事故隐患的思想自觉和行动自觉，通过“雷霆行动”根本扭转全区安全生产态势，全力消除重特大事故隐患、大幅压降一般事故发生。

7月23日，区政府第62次常务会议召开。会议传达学习中央政治局常委会关于防汛救灾工作最新重要指示精神，听取《关于我区上半年经济运行情况及下阶段重点工作建议的汇报》《关于吴江区推进新型基础设施建设相关情况汇报》，审议并原则同意《吴江区安全生产专项整治三年行动实施方案》《吴江区贯彻落实国务院江苏安全生产专项整治集中督导反馈“四个清单”的责任分工》，研究讨论其他有关事项。

7月23日，区政府召开廉政工作会议。会议强调对党风廉政建设认识要深、制度要明、方法要当、作风要实，从“两个维护”角度保障中央决策部署落实到位，坚持弘扬法治精神，持续推动公平公正和透明化，因地制宜地开展党风廉政建设，强化对目标任务的细化落实，纵深推进党风廉政建设。

7月24日，全区“治违、治污、治隐患”工作现场推进会召开。会议强调要从长三角生态绿色一体化发展示范区建设和吴江发展的角度看待“三治”工作，坚持系统治理、系统谋划、系统推进，以“清零”为底线，防范反弹现象发生，衔接好“三优三保”拆除、复垦、验收三个环节，加大对上争取力度，确保全年任务圆满完成。

7月29日，区政府第63次常务会议召开。会议听取《1—6月全区高质量发展考核指标完成情况，有效投入、创新发展、产业招商三项专项考核完成情况以及优化营商环境的相关情况汇报》《我区水系结构优化调整工作进展的情况汇报》《关于赋予乡镇（街道）经济社会管理权限情况的汇报》，审议并原则同意《关于建立分类审批流程切实落实吴江区工程建设项目审批制度改革优化措施的意见》《吴江区城乡生活污水处理提质增效精准攻坚“333”行动实施意见》《区安委会成员单位等部门安全生产工作职责补充任务清单》，研究讨论其他有关事项。

8月3日，全区疫情防控工作会议召开。会议强调要充分认清疫情形势，克服麻痹思想、厌战情绪、侥幸心理、松劲心态，按照“外防输入、内防反弹”防控策略，抓细抓实疫情防控各项工作，主动寻机对冲疫情带来的损失，夺取疫情防控和经济社会发展双胜利。

8月6日，全区“奋战一百天　快上新台阶”全国文明城市创建冲刺迎检动员大会召开。会议强调要把文明城市建设作为践行“四个意识”、落实“两个维护”的行动自觉，突出问题导向，聚焦薄弱环节，紧扣“快”“实”“好”三个关键字，凝聚共识、铆足干劲，坚决打赢全国文明城市复评迎检攻坚战，在全省文明城市测评高质量考核中争先进位。

8月7日，区政府全体（扩大）会议召开。会议强调要聚焦打造“创新湖区”、建设“乐居之城”战略目标，围绕全年各项目标任务，把上级的要求、吴江内在发展需求以及党员干部自身的追求结合起来，以更实的举措和更强的担当，统筹抓好疫情防控和经济社会发展，全力做好“六稳”“六保”工作，夺取疫情防控和经济社会发展双胜利。

8月15日，区政府第64次常务会议召开。会议学习贯彻省、市国务院督导组安全生产专项整治“回头看”服务保障工作专题会议精神，听取《苏州市安全生产第四督导组关于安全生产集中督导的情况反馈》《今年以来安全生产工作情况和下一阶段工作安排的汇报》，研究讨论其他有关事项。

8月25日，吴江区召开长三角生态绿色一体化发展示范区建设调研座谈会。会议学习传达习近平总书记在扎实推进长三角一体化发展座谈会上的重要讲话精神，强调要站位更高、谋划更远、发力更准、起势更快，紧扣“一体化”和“高质量”两个关键词抓好重点工作，把握好近期和远期、局部和整体、城市和乡村、硬件和软件、市场和政府、为自己干和为后人谋、自力更生与争取外援等几重关系，举全区之力推进一体化建设，交出践行国家战略优异答卷。

8月26日，区政府第65次常务会议召开。会议审议并原则同意《区委、区政府党政领导干部食品安全工作责任清单》《关于深化改革加强食品安全工作的实施方案》《关于推进美丽吴江建设的实施意见》《吴江区关于推进新基建培育新产业的实施意见》，研究讨论其他有关事项。

8月30日，全区生活垃圾分类工作推进会召开。会议强调要坚决贯彻落实生活垃圾分类工作决策部署，进一步增强行动自觉、抓好工作落实、形成工作合力，推进吴江生活垃圾分类工作取得更加扎实、更高质量的成效。

9月5日，全区2020届优秀高中毕业生座谈会召开。会议强调教育事业要重普惠、强根基，加强全区对教育的重视和对人才的培养，努力为每一名吴江学子创造最优的教育环境、让每一个吴江家庭接受最好的教育，通过教育兴区、教育强区打造教育名区。

9月20日，区政府党组中心组学习会召开。会议专题学习交流《习近平谈治国理政》第三卷有关内容，强调要从践行“两个维护”的高度增强学习的自觉性，从增强“四个意识”的高度增强学习的主动性，从坚定“四个自信”的高度增强学习的创造性，深刻领会其丰富内涵，把握精髓要义，进一步提高领导干部政治素养。

9月20日，区政府第66次常务会议召开。会议传达学习习近平总书记重要讲话精神，听取《全区“三治”工作情况汇报》《关于2019年度吴江区新申报总部企业认定情况的汇报及其他有关情况汇报》，审议并原则同意《苏州市吴江区建设省健康促进区实施方案》《苏州市吴江区长江流域禁捕退捕补偿安置实施意见》《苏州市吴江区企业家参与涉企政策制定工作的实施细则》《关于吴江区农家乐规范管理的实施意见》《关于支持震泽中学创建高品质示范高中的实施方案》，研究讨论其他有关事项。

10月2日，全区安全生产紧急会议召开。会议强调全区上下要再警醒、再落实、再发动，时刻绷紧安全生产这根弦，全面开展隐患排查整治工作，确保全区安全生产态势平稳可控、百姓安全祥和过“双节”。

10月10日，区政府党组中心组专题学习会召开。会议认真学习贯彻习近平总书记关于推进长三角一体化发展的系列重要讲话精神，进一步深入学习《长江三角洲区域一体化发展规划纲要》和《长三角生态绿色一体化发展示范区总体方案》，强调要进一步提高站位、解放思想，在不断学习中识大势、观大势、顺大势，全力做好对接上海的大文章，实干巧干拼命干，为推动吴江更高质量发展、坚定走在示范区建设最前列增添新的动力。

10月18日，区政府第67次常务会议召开。会议听取《油气输送管道、电力、危险化学品、冶金等工贸行业，寺庙等宗教场所，医疗卫生机构，文化和旅游行业安全生产专项整治工作情况的汇报》《国家全域旅游示范区创建工作情况汇报》《关于吴江区机动车停放服务政府定价和政府指导价定价方案的汇报》，审议并原则同意《关于苏州市吴江区2019年度国有自然资源资产管理情况的专项报告》《吴江区各建制镇人民政府街道办事处集中行使行政处罚权调整目录》，研究讨论其他有关事项。

11月11日，区政府第68次常务会议召开。会议传达上级关于疫情防控有关会议精神和研究部署全区下一阶段疫情防控工作，听取《加油站和商业场所、校园和校车、养老等社会服务机构、特种设备、道路交通安全、“331”专项行动、火灾防控等领域安全生产专项整治工作情况的汇报》，审议并原则同意《苏州市吴江区秋冬季新冠肺炎疫情防控应急预案（试行）》，研究讨论其他有关事项。

11月16日，区政府党组中心组专题学习会暨常务会议学法举行。会议专题学习《中华人民共和国基本医疗卫生与健康促进法》，强调要坚决抓好疫情防控，加快提升专业水平，推动资源均衡共享，加快推进全区基本医疗卫生与健康促进事业。

11月16日，区政府第69次常务会议召开。会议学习贯彻习近平总书记系列重要讲话和指示批示精神，听取《关于吴江厨余垃圾协同处置项目相关情况的汇报》《关于落实失业保险支持企业稳定就业岗位有关政策情况》，研究讨论其他有关事项。

11月19日，全区经济运行分析会召开。会议强调要坚持问题导向、目标导向、结果导向，保持定力、精准发力、持续用力、善用巧力，谋求高质量发展、安全发展、可持续发展，确保高水平完成全年经济工作。

11月20日，全区安全生产百日“雷霆行动”总结大会召开。会议强调要继续常态化落实“雷霆行动”各项要求，常抓不懈、警钟长鸣，用更大力度举措再谋划、再部署、再推动、再落实，持续实现安全观念理念大转变、安全监管服务大提升、安全知识技能大强化，努力推动全区安全生产形势持续稳定向好。

11月23日，区政府党组中心组专题学习会召开。会议集中学习交流党的十九届五中全会精神，强调要提高站位深入学、深刻领会主动谋、保持定力抓紧干，将各项重点工作与抓好全会精神的贯彻落实紧密结合，全面完成收官任务，积极谋划开局工作，努力探索高质量发展新路径。

11月23日，区政府第70次常务会议召开。会议听取《秋冬季新冠肺炎疫情防控情况汇报》，审议并原则同意《苏州市吴江区城镇老旧小区改造工作方案》，研究讨论其他有关事项。

11月30日，区政府第71次常务会议召开。会议传达学习贯彻习近平总书记视察江苏重要指示和全面推动长江经济带发展座谈会重要讲话精神，听取《化工行业领域、交通运输、建筑施工、城镇燃气（含加气站）、危废固废和民爆物品、船舶修造行业、森林防火、铁路运输安全生产专项整治工作情况汇报》《吴江区大气环境质量情况的汇报》，审议并原则同意《苏州市吴江区关于加快培育创建特色小镇的实施意见》《苏州市吴江区进口冷链食品集中监管工作方案》，研究讨论其他有关事项。

12月7日，区政府第72次常务会议召开。会议审议并原则同意《苏州市吴江区智慧农业农村试点建设实施方案》《吴江区粮食流通仓储设施安全保障提升规划（2021—2025）》《吴江区城区排水防涝规划》，听取《第四批苏州市吴江区文化产业示范基地认定命名情况》，研究讨论其他有关事项。

12月14日，区政府第73次常务会议召开。会议审议并原则通过《吴江区产业发展规划》，听取《关于全区2021年经济社会发展主要预期目标安排的建议》《吴江区第二十三批（2020年第二批）科技领军人才计划项目评审情况汇报》，研究讨论其他有关事项。

12月15日，吴江区“十四五”规划“问计于民”系列座谈会召开。会议强调要把“以人民为中心”发展思想贯穿到“十四五”发展的全过程、各领域，做好“开放、融合、创新”三篇文章，切实把社会的期盼、群众的智慧、基层的经验、专家的意见凝聚起来，吸纳到“十四五”规划中，编制出顺应人民意愿、契合发展需要的高质量规划。

12月16日，全区区域社会治理现代化建设工作领导小组第一次全体会议召开。会议强调要坚持系统治理、依法治理、精准治理、全民治理，牢固树立“一体化”“一盘棋”“一张网”理念，充分结合本地工作实践，积极建设市域社会治理现代化基层实践的吴江样板，打造区域社会治理现代化先行区，推进全区治理体系和治理能力现代化。

12月21日，区政府第74次常务会议召开。会议审议并原则同意《吴江区危险化学品使用安全专项治理行动工作方案》，听取《关于大运河文化带（吴江段）建设规划工作情况汇报》《2021年吴江区重点和实事项目投资计划拟定情况的汇报》，研究讨论其他有关事项。

12月26日，全区强寒潮天气防范应对工作会议紧急召开。会议强调要落实强寒潮冰冻防范应对任务，高度重视强寒潮影响及安全风险，抓重点、抓关键、抓最容易出大事的薄弱环节，全面排查隐患，确保全区运转不因寒潮天气影响出现停摆，及时沟通相关信息，最大程度减少可能造成的损失，坚决保障好人民群众生命财产安全。

12月28日，区政府党组中心组专题学习会暨常务会议学法举行。会议专题学习《中华人民共和国土地管理法》，强调要坚持学法、用法、守法、宣法并重，统筹发展和安全，推动生产、生活和生态融合发展，实现吴江全域自然资源保护和高效利用、国土空间规划科学布局。

12月28日，区政府第75次常务会议召开。会议传达学习贯彻习近平总书记在中央经济工作会议上的重要讲话精神，审议并原则通过《苏州市吴江区高质量发展产业政策的若干实施意见（修订）》《吴江区丝绸产业高质量发展行动计划（2021—2025）》《吴江区科技创新政府奖（职业组）实施办法（试行）》，听取《关于管道燃气配气价格核定有关情况的汇报》，研究讨论其他有关事项。

（赵俊亭）

【重要文件】 2020年1月23日，印发《区政府关于印发2020年重点工作目标任务分解落实方案的通知》（吴政发〔2020〕1号）。内容包括：一、2020年经济社会发展主要预期目标；二、坚持高端引领，强化科创赋能，吹响经济高质量发展的新号角；三、抢抓国家战略重大机遇，统筹城乡建设，打造区域融合发展的新典范；四、坚持绿色发展导向，狠抓重点攻坚，谱写生态文明建设的新篇章；五、立足普惠共享，创新社会治理，建设宜居乐居的幸福新家园；六、牢记初心使命，加强自身建设，打造一流政务服务的新高地。

1月23日，印发《区政府关于下达实施苏州市吴江区2020年重点项目和实事项目的通知》（吴政发〔2020〕2号）。内容包括：苏州市吴江区2020年重点项目投资计划；苏州市吴江区2020年实事项目。

1月26日，印发《苏州市吴江区人民政府关于在全区范围内启动突发公共卫生事件应急预案的通知》（吴政发〔2020〕12号）。内容包括：一、成立区新型冠状病毒感染的肺炎疫情防控工作现场指挥部；二、统筹调集各类资源；三、减少和取消大型公众聚集性活动；四、加强重点人群管理；五、落实隔离措施；六、强化卫生检疫；七、做好新闻宣传；八、开展群防群治；九、维护市场秩序。

2月3日，印发《区政府关于赋予吴江开发区、盛泽镇和平望镇相关经济社会管理权限的通知》（吴政发〔2020〕15号）。内容包括：赋予吴江开发区第一批经济社会管理权限目录；赋予盛泽镇第六批经

乐居之城，美丽吴江　（吴斌　摄）

济社会管理权限目录；赋予平望镇第二批经济社会管理权限目录。

2月4日，印发《苏州市吴江区人民政府关于公布行政规范性文件清理结果的通知》（吴政发〔2020〕17号）。内容包括：一、废止的行政规范性文件；二、宣布失效的行政规范性文件；三、拟修改的行政规范性文件；四、继续有效的行政规范性文件。

2月5日，印发《苏州市吴江区人民政府关于应对疫情支持中小企业健康发展的十八条政策意见》（吴政发〔2020〕16号）。内容包括：加大金融支持、稳定职工队伍、激发企业活力、优化政务服务等，涉及四个方面十八条措施。

2月23日，印发《区政府关于在新型冠状病毒疫情期间支持服务业企业共渡难关的政策意见》（吴政发〔2020〕21号）。内容包括：增强企业社会信用激励、助力企业缓解经营压力、做好民生服务保障、助力企业妥善解决融资问题、发挥科技创新对疫情防控支撑作用、助力企业稳定职工队伍等，涉及六个方面十四条措施。

2月23日，印发《区政府关于对2020年度69项重大安全生产事故隐患项目实施挂牌督办的通知》（吴政发〔2020〕22号）。内容包括：一、提高思想认识、压紧压实责任；二、加强工作力度，确保整改到位；三、强化考核验收，确保安全稳定；附件，包括2020年苏州市级挂牌督办重大事故隐患项目名单、2020年吴江区级挂牌督办重大事故隐患项目名单、2020年镇（区）级挂牌督办重大事故隐患项目名单。

3月16日，印发《区政府关于做好我区第七次全国人口普查工作的通知》（吴政发〔2020〕34号）。内容包括：一、充分认识做好我区第七次全国人口普查的目的和意义；二、明确普查的对象、内容和时间；三、准确把握普查基本要求；四、扎实做好普查组织实施；附件，为吴江区第七次全国人口普查领导小组组成人员名单。

4月10日，印发《关于印发苏州市吴江区既有多层住宅增设电梯实施意见的通知》（吴政发〔2020〕49号）。内容包括：一、适用范围；二、实施原则；三、职责分工；四、责任主体；五、资金筹集；六、组织实施；七、保障措施。

6月1日，印发《区政府关于印发苏州市吴江区突发事件总体应急预案的通知》（吴政发〔2020〕74号）。内容包括：苏州市吴江区突发事件总体应急预案，分为总则、组织体系、风险防控监测与预警、应急响应、后期处置、保障措施、预案管理、附则、附件。

6月4日，印发《苏州市吴江区人民政府关于印发中国（江苏）自由贸易试验区苏州片区吴江联动创新区建设实施方案的通知》（吴政发〔2020〕76号）。内容包括：一、总体要求；二、布局定位；三、重点任务和主要措施；四、组织保障；附件，为中国（江苏）自由贸易试验区苏州片区吴江联动创新区建设实施方案任务分解表。

8月3日，印发《区政府关于赋予区镇、街道相关经济社会管理权限的通知》（吴政发〔2020〕109号）。内容包括：赋予区镇、街道经济社会管理权限目录。

8月4日，印发《关于印发吴江长江流域退捕渔民养老保障方案的通知》（吴政发〔2020〕106号）。内容包括：吴江长江流域退捕渔民养老保障方案，有十条内容。

10月30日，印发《区政府关于建立长三角投资发展（江苏）有限公司的通知》（吴政发〔2020〕145号）。内容包括：将苏州市融湖投资发展有限公司、苏州市吴江交通投资集团有限公司、苏州市吴江项目建设管理有限公司相关资源重组整合，建立长三角投资发展（江苏）有限公司。

10月30日，印发《区政府关于建立苏州市吴江城市投资发展集团有限公司的通知》（吴政发〔2020〕146号）。内容包括：将苏州市吴江城市投资发展有限公司、苏州市吴江滨湖投资集团有限公司、苏州市吴江智慧城市运营管理有限公司及苏州市吴江区市政公用集团有限公司部分资源重组整合，建立苏州市吴江城市投资发展集团有限公司。

10月30日，印发《区政府关于建立苏州市吴江水务集团有限公司的通知》（吴政发〔2020〕147号）。内容包括：将苏州市吴江区市政公用集团有限公司污水处理、排水管网资源以及苏州市吴江城市投资发展有限公司区域供水资源重组整合，建立苏州市吴江水务集团有限公司。

12月28日，印发《区政府关于命名第四批苏州市吴江区文化产业示范基地的通知》（吴政发〔2020〕195号）。内容包括：第四批苏州市吴江区文化产业示范基地名单。（赵俊亭）

政府施政

【概况】 2020年，区政府统筹推进疫情防控和经济社会发展，扎实做好"六稳"*工作，全面落实"六保"*任务，全力打好三大攻坚战，加快长三角生态绿色一体化发展示范区建设。疫情防控方面，根据不同应急响应等级精准调整举措，确保新冠肺炎疫情可防可控、精准防控。经济发展方面，针对性出台《苏州市吴江区人民政府关于应对疫情支持中小企业健康发展的十八条政策意见》等政策，逆势推动经济企稳向好，全年地区生产总值首次突破2000亿元，省、市重点项目建设全部超序时进度，258个区级以上重点项目完成投资586亿元。恒力跃升至"世界500强"企业第107位、盛虹新入选"世界500强"企业，京东、中车、绿地等世界500强企业投资项目落户吴江，新增上市企业4家、过会4家。中国工联院江苏分院和国家工业互联网大数据中心江苏分中心落户吴江，成立全国光通信产业首个知识产权联盟和专利池，新增省级示范智能车间10个、省星级上云企业207家，均列全省第一，有效高新技术企业数升至920家。改革创新方面，坚持用好示范区平台，复制推广、先行先试、自主创新先进经验，一体化制度创新和项目建设典型案例数位列示范区三地首位，通过"三治""三优三保"*等行动治违拆旧767公顷，盘活存量建设用地813公顷，"1+6+N"全域综合行政执法改革*获省法治建设创新奖，全国首推"互联网+不动产金融"创新服务，营商环境在2020赛迪百强区排名中列全国第十、全省第二、全市第一，获评中国领军智慧城区、省大数据开放共享与应用试验区。对外开放方面，扎实推进苏州自贸片区吴江联动创新区、汾湖联动创新区建设，持续深化综合保税区企业增值税一般纳税人资格试点改革、通关一体化改革，新设立外商投资企业94家，注册外资14.64亿美元、增长114.2%，到账外资4.6亿美元、增长13%，外贸进出口保持正增长。城乡融合方面，统筹城乡布局和功能优化，启动城市有机更新项目22个，改造老旧小区89个，鲈乡二村、三村片区列入国家试点，建设污水主管网50千米，完成445个村庄生活污水治理、86个小区雨污分流改造，提标改造污水处理厂13家，沪苏湖铁路开工建设，康力大道东延建成通车，公交线路里程2600千米。美丽吴江建设方面，扎实推进长三角绿色智能制造协同创新示范区等21项美丽吴江建设重点任务，以全市一流成绩助力苏州通过全国文明城市复评，入选2020年度中国文旅融合发展名县（区）案例名单，获评第二批省级全域旅游示范区，"平望·四河汇集"入选苏州运河十景。乡村振兴方面，吴江现代农业产业园纳入国家现代农业产业园创建名单，承办全国智慧农业改革发展大会，新型农业经营主体培育获批全国农村改革试验区拓展试验任务。民生事业方面，突出普惠性、基础性和兜底性，人均可支配收入增幅高于地区生产总值增幅，城镇新增就业3.11万人，城镇登记失业率保持在1.77%低位运行，持续提升城乡居民养

2020年6月27日，吴江区举行中医医院异地新建开工奠基仪式（吴斌　摄）

老保险待遇、低保标准，困难群众精准救助率100%，老有所养基本公共服务标准化列入国家试点项目。公共服务供给方面，建成投用17所新改扩建学校，新增学位近1.5万个，苏州大学未来校区加快建设，示范区教师发展学院落户，实现示范区内中职学校一体化招生。苏州九院挂牌苏州大学附属苏州九院，区中医医院异地新建开工并挂牌扬州大学医学院附属医院，在全省率先实现省级健康镇建设全覆盖，加快推进长三角跨省异地就医门诊费用“一单制”结算、示范区医保“同城化”。建成启用苏州湾文化中心，苏州湾体育中心竣工。保供抗灾方面，抓好粮食、生猪等重要生活物资保供，有效应对“黑格比”台风正面冲击、太湖超保证水位、太浦闸大流量泄洪等压力，取得防汛抗灾全面胜利。安全生产方面，铁腕开展安全生产百日“雷霆行动”，系统推进27个领域专项整治，完成三级政府挂牌重大隐患项目整改69项，消除问题隐患1.84万个，实现全区事故起数、死亡人数均比2019年下降60%以上。生态环境方面，顺利实现中央环保督察“回头看”问题销号验收，全部整改完成12项中央环保督察问题、34项省环保督察反馈问题，全面落实长江“十年禁渔”重大任务，深入推进太浦河“沪湖蓝带”规划、元荡（淀山湖）岸线贯通，启动太浦河共保联治江苏先行工程，全面消除城乡黑臭水体，生活垃圾分类“三定两清一督”*居民小区实现全覆盖。政府自身建设方面，深入推进依法行政，会议、文件、督查、考核持续精简，“三公”经费进一步压缩，受理“12345”热线、区长信箱等平台公众诉求196.5万余件，办结率99%以上，主动公开政府信息4万余条，依申请公开305件，答复率100%，按期办复人大代表建议158件、政协提案193件。

（赵俊亭）

【新冠肺炎疫情防控】 2020年，区政府发挥新冠肺炎疫情防控指挥部的统筹协调作用，在区疫情防控领导小组的统一安排和指挥下，扎实做好疫情防控工作。坚持靠前指挥、干在一线，召开工作部署会111次、印发相关文件133件，区政府领导班子成员赴一线检查44次，以积极有效举措把牢疫情防控关键环节和重要关口。注重形成全社会合力，组织全区党员、干部、医务人员、志愿者冲锋在前，发动全区人民积极参与，一个月内实现本土确诊病例“零增长”，两个月内实现本土确诊病例治愈清零。坚决服务抗疫大局，紧急支援雷神山医院建设，选派42名医护人员驰援湖北。针对性出台“吴江惠企十八条”等政策，兑现政策资金超60亿元，全力帮助企业复工复产，推动经济社会秩序加快恢复。坚持“外防输入、内防反弹”“人物同防”不放松，落实进口冷链食品集中监管等措施，大幅提高核酸检测能力，常态化抓好疫情防控，巩固来之不易的抗疫成果。

（赵俊亭）

水乡花园清洁屋　　（区城管局　提供）

【城市和产业双优融合更新】 2020年9月15日，区政府印发《关于印发长三角生态绿色一体化发展示范区（吴江区）城市和产业双优融合更新实施方案的通知》，明确吴江实施城市更新必须以推动生态绿色高质量发展、优化资源配置为首要目标，通过城市和产业双优融合更新，进一步完善城市功能、优化产业结构。11月10日，吴江区启动总面积超过1万亩、计划总投资1030亿元的22个城市有机更新项目，通过项目推进进一步加快优化空间布局、提升产业能级和城市品质。22个项目分为先期启动项目的8个试点城市更新单元以及14个备选区块，包括拆除重建类18个项目，更新单元面积484公顷、总投资约823亿元；综合整治类3个项目，更新单元面积235公顷、总投资约205亿元；改变用途类1个项目，更新单元面积约3.7公顷、总投资约2亿元。先期启动的8个试点城市更新单元面积约507公顷，计划投资约707亿元，包括承载运河文化、体现江南水美的江南运河云梨桥畔城市更新（运河小镇）项目，定位打造“江南智谷、运东文枢”的云梨路总部经济带项目，汇集人工智能产业园和城市功能配套一体的汾湖“AI人工智能未来社区”项目和体现“一体化、高质量、可持续、快时尚、慢生活”的盛泽未来时尚城项目等。

（赵俊亭）

齐心村香洞湾特色田园乡村建设项目 （区农业农村局 提供）

【跨界联合河长制】 2020年，吴江区全国首创的“跨界联合河长制”入选“中国改革2020年度50典型案例”。主要指2018年起，吴江区与青浦、嘉善、秀洲、吴中、昆山等周边区县共聘“联合河长”315名，覆盖周边区县所有交界河湖，推动区域一体化协同治水。具体做法包括建立联合巡河机制，实现巡河制度化，开展联合巡河1000余人次，解决各类涉水问题60多个；建立联合保洁机制，实现保洁常态化，打捞水葫芦水草20多万吨，有效保障进博会等重大活动水事安全；建立联合监测机制，实现监测互通化，统一整合水质监测点、统一明确监测内容、统一联合监测时间；建立联合执法机制，实现执法高压化，建立专业执法巡查队伍，开展定期联合执法巡查；建立联合治理机制，实现治理项目化，示范区三地签订16个项目、总投资13.15亿元的跨界河湖联合治理协议。“联合河长制”打破区域行政壁垒，解决交界河湖治理执法难、管理责任不清等难点问题，跨界河湖水环境得到有效改善。2018年1月至2020年11月，吴江区114个区级河湖达到或好于Ⅲ类水质水体数量从24个提升至76个，太浦河、江南运河等重点河湖水质持续稳定达标，7个太湖流域省考断面水质优Ⅲ比例稳定为85.7%，2个集中饮用水水源地水质达标率100%，水功能区水质达标率95%。 （赵俊亭）

【“三张榜单”推进农村人居环境整治】 2020年，区政府以“红黑榜”“三色榜”“光荣榜”三张榜单为抓手，在全域加快推进农村人居环境整治，相关做法入选全国第二批23个农村公共服务典型案例，为江苏省在此次案例遴选中唯一入选案例。具体做法包括以“红黑榜”掀起全域整治热潮，探索建立“红黑榜”考核制度，开展日检查、周汇总、月通报，考核结果与区（镇）高质量发展考核指标、村干部年终报酬、行政村奖励资金直接挂钩，同步建立干部约谈、调整机制，压实压紧区、镇、村三级整治责任；以“三色榜”提升乡村治理水平，在外来租住人员较多的村庄先期开展“三色榜”管理，对人居环境、消防安全均不合格、一项不合格、双合格的农户按红、黄、绿三色分级管理，推动形成相互监督；以“光荣榜”培育优良文明乡风，鼓励各村创新探索多种形式的“光荣榜”制度，通过正向引领调动农户参与整治积极性。全区建成中国美丽休闲乡村2个、三星级康居乡村294个，形成政府、村民自治组织和农户三方合力推进农村人居环境整治新局面，探索出生态优先、绿色发展、乡村振兴有机融合新路径。

（赵俊亭）

行政审批服务

【概况】 2020年，吴江区行政审批局紧扣“智慧政务”主线，通过聚焦项目显示度、改革创新度和群众感受度，落实“1158”行动（坚持党建引领核心，紧扣智慧政务主线，实施审批法治化、服务标准化、联动一体化、便民自助化、管理精细化五项基础行动，推动长三角政务服务一体化、深化“一件事”套餐、加快政务数据共享互认、有序推进政务服务大楼搬迁、优化两棵树两张清单、力促中介监管改革、升级公共资源及农村产权交易平台、探索GIS平台在行政审批中的应用八大创新任务）。完成区政务服务大厅搬迁至苏州湾大厦的“华丽提升”，构建线上线下相融合的“智慧大厅”，在省内率先上线涉审中介交易平台，实现“1330”改革（开办企业“1”个工作日、不动产登记“3”个工作日、工业建设项目施工许可“30”个工作日内完成）常态化。全年总办件量707526件，网办事项占比98.07%，“不见面”审批事项占比97.43%，实现即办率占比59.17%。区行政审批局获全省政务服务技能竞赛苏州区域选拔赛团体三等奖。区行政审批局推行的《区镇村三级政务服务体系建设及运营规范标准》获中国科技产业化促进会标准创新项目二等奖，长三角一体化建设项目“委托审批”模式获评吴江区十佳优秀营商环境建设示例，“24小时”不打烊政务服务获“2020中国数字政府卓越成就奖”，苏州市公共资源交易中心吴江分中心获“2020年全国十佳公共资源交易中心（区县级）”称号。

（王沁楠）

【优化服务】 2020年，区行政审批局深化“吴江服务 服务无疆”党建品牌效应，开展“党建惠企”系列活动，通过头雁领阵的方式，将惠企便民政策送到企业、群众手中；开设“四色课堂”，提升队伍素质，通过“红色党性课堂”淬思想、“橙色提智课堂”促发展、“灰色警示课堂”守底线、“金色技能课堂”抓落实，以“晨学+夜学”的模式强化“党建+业务+技能”的融合培训；深化“五色服务”内涵，以蓝、橙、绿、黄、红五种颜色分职能为办事群众提供特色服务；优化五级“星级员工”评选，激发工作的积极性、主动性和创新性；引入现场管理先进理念，持续对资源管理、服务礼仪、安全监管等方面实施精细化管理，提高政务服务大厅管理水平，提升吴江政务窗口服务效能。

（王沁楠）

【高效服务】 2020年，区行政审批局深入推进“1330”改革，完成企业开办1个工作日的常态化，0.5个工作日最优化，8—12月，新注册企业0.5个工作日办结率80%以上。全年全区新增市场主体量34660户，新增量居苏州大市第二，完成市场主体总量5年连续增长；完成施工许可“30”改革，一般工业建设项目20个工作日内取得施工许可证，全年完成投资立项审批777件、工程规划许可证审批182件、施工许可核发534张，实现在疫情防控常态化下吴江区建设投资总投资额、建设规模、施工许可审批办结率正增长。打造“四个一”（多方委托，一方受理；各方参与，一次评审；统一文号，一“号”通办；一枚公章，区内互认）工程。至年底，政务服务大厅可网办事项1557项。推进区、镇、村三级体系标准化建设、异地通办标准化建设和“一件事”套餐服务标准化建设，综窗受理涵盖12个镇级大厅（含开发区），289个村级便民服务中心，全年累计梳理105件“一件事”清单。

（王沁楠）

“五色服务” （区行政审批局 提供）

自助服务一体机　　（区行政审批局　提供）

【便民服务】 2020年，区行政审批局推出“惠企八条”；推行容缺审批，制定31个事项47项材料实行容缺审批；推行告知承诺制，针对直接面向企业和群众、依申请办理的行政事项，全面推行证明事项和涉企经验许可事项告知承诺制，全年推行5个事项实行告知承诺制，办件总数3万余件；推行产业帮办代办制，制定《苏州市吴江区产业投资建设项目帮办代办实施意见》，推进帮办代办区镇全覆盖、审批全流程，全年完成247个项目帮办代办服务；梳理“企业开办一件事”“出生一件事”“企业迁移服务一件事”等105项“一件事”清单，其中“出生一件事”全面落地，可就近为吴（江）青（浦）嘉（兴）三地新生儿一次性办理“出生医学证明、户口本、城乡居民医保参保（少儿）、实名卡、预防接种证”五证。（王沁楠）

【跨省通办】 2020年，区行政审批局完善政务数据共享互通应用机制，在首批政务事项及部分服务功能纳入“自助通办”基础上，继续扩大异地通办事项办理范围，实现青吴嘉三地自助服务机无缝对接。吴江区135台政务服务一体机与青吴嘉三地一体机实现互联互通，一体化示范区首批758项事项纳入“自助通办”范围，包括吴江区433项事项9类证明、青浦区114项事项、嘉善县171项事项31类证明。实现与上海、江苏、浙江、安徽、湖南、河南六个省、市近40个地区的一体机实现互联互通。5月，耗时一天为苏州石磊企业管理有限公司办理完成长三角一体化发展示范区企业跨省迁移手续。10月，携手上海青浦区以委托审批模式完成跨行政区域第一个项目：环元荡岸线贯通工程（示范段环境提升工程）立项审批。（王沁楠）

【“智慧政务”建设】 2020年，区行政审批局以“智慧政务”建设为核心，构建“1+11+317”基层“互联网+政务服务”体系（1个吴江区、11个镇（区）、317个村），开通“自助办、刷脸办、掌上办、线上办”等多渠道智慧模式，通过“云柜存取”、政务服务一体机“刷脸”打印群众身份信息凭证、“刷脸”完成实名认证，直接打印“可信身份网络认证凭证”“掌上申请、网上流转、线上审批、物流送达”，以及打造全省首个涉审中介网上交易平台，引导中介机构进驻“网上超市”等多种方式，构建线上线下相融合的智慧大厅。是年，通过“智慧政务”体系平台服务123610人次，年度打印次数69067次，年度模块点击量509876次。（王沁楠）

2020年吴江区行政审批业务统计表

单位：件

业务（专）区名称	办　件	承诺件提前办结率	镇（区）、街道政务服务大厅名称	办　件	承诺件提前办结率
市场准入区	19969	100%	吴江经济技术开发区行政审批局	27646	100%
投资建设区	4528	100%	盛泽镇行政服务局	250576	100%

（续　表）

业务（专）区名称	办　件	承诺件提前办结率	镇（区）、街道政务服务大厅名称	办　件	承诺件提前办结率
民生业务区	129537	100%	平望镇行政审批局	190647	100%
公安专区	7270	100%	汾湖高新区行政服务中心	125704	100%
税务专区	55794	100%	七都镇行政审批局	102393	100%
不动产专区	86740	100%	桃源镇行政审批局	100610	100%
车管分中心	190461	100%	震泽镇行政审批局	128752	100%
			江陵街道为民服务中心	59815	100%
			松陵街道为民服务中心	111709	100%
			八坼街道为民服务中心	10163	100%
			横扇街道为民服务中心	11177	100%
合　计				1613491	100%

（王沁楠）

外　事

【概况】 2020年，区政府外事办公室（以下简称“区外事办”）、区接待办公室围绕全区中心工作，服务发展，服从服务于中央整体外交要求，坚持外事为民，完成各项外事工作，为北京、上海、深圳投资说明会提供后勤保障，促进吴江经济社会发展。（吴　颋）

【涉外接待】 2020年，区外事办完成外事接待5批47人次，其中使领馆3批20人次、其他2批27人次。12月，中东欧国家驻华大使、参赞等使领馆人员一行13人到吴江汾湖高新区参加中国—中东欧国家商务座谈会。（吴　颋）

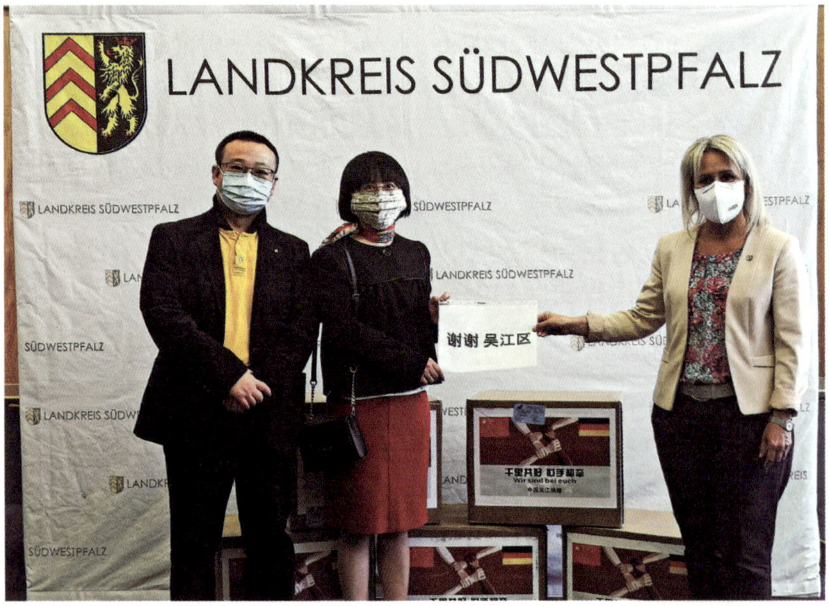

2020年5月15日，吴江在德国西南普法尔茨区政府举行接受口罩捐赠仪式
（区外事办　提供）

【因公出国（境）管理】 2020年，区外事办受理因公出国（境）团组1批1人次，系苏州市组团。（吴　颋）

【涉外管理】 2020年，区外事办健全党委外事工作委员会制度，落实区委外事工作委员会会议精神，系统谋划部署全区涉外工作。全年上报和依法妥善处理涉外事件9起，受理上报外国人来华17批59人次。（吴　颋）

【APEC商务旅行卡】 2020年，区外事办受理APEC商务旅行卡材料17批30人次，办出6批8人次，全年零丢卡。（吴　颋）

【友城工作】 2020年，吴江区和意大利拉齐奥大区拉蒂纳省

伽爱达市、丰迪市、意特里市分别签署建立友好城市交流关系协议书。在国内新冠肺炎疫情暴发后，吴江收到来自日本、韩国、法国、美国、澳大利亚、德国、英国、罗马尼亚、意大利等国的友城及友好交流城市慰问信函27封；德国西南普法尔茨区政府联合当地德中友好协会、学校和爱心企业向吴江区捐赠FFP2口罩620个、一次性口罩1500个、一次性手套2700副；罗马尼亚布加勒斯特117中学向盛泽二中捐赠口罩12000个；美国马博洛市市长乔纳森·何尼克亲自致电区长李铭表示慰问。在全球新冠肺炎疫情暴发后，吴江区向各友好城市致慰问信函29封；向法国布尔昆·雅里昂市、德国西南普法尔茨区、罗马尼亚锡吉什瓦拉市，以及意大利伽爱达市、意特里市和丰迪市捐赠一次性医用口罩60000个、一次性医用手套3000副，盛泽二中向布加勒斯特117中学捐赠口罩5000个、防护服20件、额温枪10把，以小城之力，展大爱无疆。（吴　颋）

【涉外疫情防控】 2020年，面对新冠肺炎疫情，区外事办联合多部门全面摸排相关统计数据，建立基础数据库。1月30日和2月26日，通过媒体发布两封《致在吴外籍人士的公开信》。2月26日，开通24小时服务热线受理涉外疫情防控事宜，并面向在境外的吴江籍人员开通回国报备热线，及时、动态掌握涉外信息，为涉外防控工作制定有效措施提供数据支撑。根据上级要求，及时成立由区外事办牵头，各涉外协调小组成员单位配合的昆山专班（客车），为入境人员安全回吴江进行医学观察形成闭环管理，切实做好涉外疫情防控的“最后一公里”。3月，昆山专班转运境外人员460人。从8月3日昆山专班恢复运转至12月31日，累计转运1063人次，全部闭环转运至区涉外集中隔离点。协助有关企业办理来华邀请函，制定经“快捷通道”来吴江的工作方案，监管企业做好闭环管理，确保企业在复工复产的同时，有效防范境外疫情输入风险。苏州市吴江区涉外疫情防控专班获“苏州市抗击新冠肺炎疫情先进集体”称号。（吴　颋）

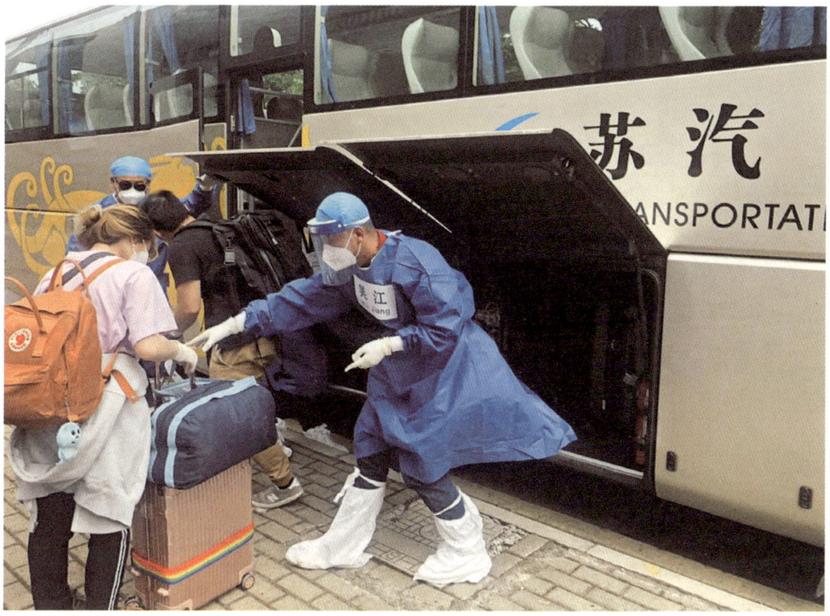

2020年8月10日，吴江区昆山工作专班人员在昆山花桥博览中心转运从境外到吴江进行“3+11“模式隔离的旅客（区外事办　提供）

信　访

【概况】 2020年，区信访局以“一战两整治”（矛盾化解攻坚战、规范越级进京访和城乡建设领域信访问题专项整治）为主线，以信访制度改革为重点，全力防疫情、解民忧、保稳定、促和谐，信访工作呈现“总体平稳、结构向好、秩序规范、质效提升、群众满意”的良好态势，实现“四升六降一进位”（“四升”是信访事项办结时效、初信初访办理质量、积案化解率、群众满意率进一步提升；“六降”是进京到非接待场所数、进京越级访数、进京集访数均实现下降50%以上，去省集访数、到市重复集访数、来区集访数均实现下降40%以上；一进位是在全省信访工作考核中居前列）目标任务，吴江区被授予“省信访工作先进县（市、区）”称号，区人民来访接待中心被评为省“人民满意窗口”提升工程示范单位。（杨炎辉）

【矛盾预防】 2020年，区信访局在疫情防控期间按照“畅通网信来信、严控现场接访、防范集访聚集”原则，发挥网上信访主

2020年6月18日，区领导接待来访群众　　（区信访局　提供）

渠道作用，开通24小时涉疫信访通道，实行“当天受理、当天办理、跟踪督办”，化解涉疫矛盾148件次，解决复产复工问题66件次。涉疫风险提前防范，完善“大数据+网格化+铁脚板”矛盾管控体系，健全镇级每周排查、区级机关半月排查、重点日期日排查工作制度，对重要日期重点人员实行“一日三报”，建立“日报告、周分析、月总结”隐患排查机制，织密织牢涉疫矛盾风险联防联控、群防群治两张网，全年累计发送风险预警219次，开展多部门联合风险研判52次，确保所有涉疫矛盾发现在一线、解决在萌芽。成立抗疫志愿者队伍，发动区镇两级信访干部到村（社区）、交通卡口参与疫情防控，累计排查人员5000余人次，1人被评为吴江区战“疫”先锋共产党员。（杨炎辉）

【基层基础】 2020年，区信访局瞄准“最多访一次，最多跑一地”改革，实现就地就近及时解决群众诉求。全面推行国家信访局八项业务规则、省信访局六项业务规范，对来信来访、网上信访等业务，落实“马上办、就近办、一次办”服务，实施信访事项“两天受理、七天办结”提速工程，全区及时受理率、按期办结率均为100%，群众满意率97%，平均办结时效提高70%，位居苏州大市前列。完善“阳光信访”平台，标准化自动验证模块投入应用，网上录入、网下办理工作更加规范。建成“智能信访”平台，集成信息融合、案件办理、数据分析、场所监控等功能，充分利用智能化、大数据手段，实现事项联办、矛盾联防、情报联动，走好网上群众路线。优化25个职能部门依法分类工作清单，推进信访局与政法社会综合治理中心、联动指挥平台、公安指挥中心分工协作，全面推行诉访分离，推广“两代表一委员”（党代会代表、人代会代表，政协委员）、人民调解员、律师定期参与机制，形成“办事依法、遇事找法、解决问题用法”的信访生态。（杨炎辉）

【问题解决】 2020年，区信访局启动为期三年的集中治理重复信访、化解信访积案专项工作，对上级交办信访事项分类落实区、镇（街道）、村（社区）三级领导包案，高层级组织推动、实体化专班运作、分阶段目标管理，超额完成省定目标。开展规范越级进京访秩序专项整治，紧盯突出问题，逐一摸清情况、逐一评定难度、逐一制表建档，按序推进，限期办结；全国“两会”等重大活动期间零进京、零登记，为五年来最好。按照“精排细查、分级管理、重点突破、标本兼治”的思路，扎实开展城乡建设领域信访问题专项整治，着力在“减存量、控增量、提质量”上下功夫，全年累计梳理交办城乡建设领域信访事项938件，化解率92%以上，有力维护社会和谐稳定。（杨炎辉）

民族宗教

【民族团结进步创建】 2020年，区委统战部（区民宗局）以“六进”（进机关、进乡镇、进社区、进学校、进企业、进宗教场所）为抓手，扎实推进全区民族团结进步创建工作。青云小学被江苏省推荐上报为国家民委民族团结进步示范单位。江苏华佳控股集团有限公司获评江苏省民族团结进步模范集体。苏州美山子制衣有限公司、吴江区青云小学2家单位获评苏州市外来少数民族服务示范点，江苏华佳控股集团有限公司、苏州震纶棉纺有限公司、吴江区盛泽小学、吴江区横扇街道菀坪社区4家单位获评苏州市民族团结进步创建示范基地。江苏省民族团结进步创建工作经验交流会、苏州市民族团结进步创建互学互看活动均把吴江区民族团结进步创建示范点作为现场观摩学习点。（胡杨文）

【民族工作暖心工程】2020年，区委统战部（区民宗局）会同区民政局、慈善总会共同制定《吴江区少数民族困难家庭帮扶方案》。全年走访慰问少数民族困难家庭50户，送上生活扶贫金、医患扶贫金、助学扶贫金、住房扶贫金和生产扶贫金9.75万元。（胡杨文）

【少数民族管理服务】2020年，区委统战部（区民宗局）贯彻吴江区《进一步完善少数民族群众服务体系的意见》精神，加强部门间工作协调机制，推进少数民族管理服务制度化、规范化、精细化。会同区教育局为20名流动穆斯林子女入学入园提供帮助，协助少数民族考生落实加分优惠政策95人次。与区财政局共同落实10个少数民族居民清真饮食补贴发放政策，向232人发放补贴4.03万元。落实少数民族特需用品定点生产企业优惠政策，向3家民品企业审核发放贷款贴息资金203.35万元。（胡杨文）

【宗教界人士政治引领】2020年，区委统战部（区民宗局）围绕“导”字下功夫，举办全区各界人士情况通报会两次，邀请宗教界代表人士与会，听取区委、区人大、区政协有关会议精神，进一步统一思想、凝聚共识。在全区宗教界开展“迎国庆，促和谐”五个一（一次专题学习、一次主题观览、一次讲经说法、一次集中升国旗、一次安全大检查）主题学习教育实践活动。在国庆、中秋双节前夕走访慰问宗教界代表人士。组织宗教团体和宗教场所负责人赴苏州工业园区开展爱国主义主题观览活动，引导全区宗教界人士与党同心同行。组织各宗教团体负责人召开《江苏省宗教事务条例》专题学习座谈会。组织宗教界人士参加“筑梦新时代”知识竞赛。向各场所赠阅《条例》单行本及宣传挂册。指导区基督教三自爱国会组织开展基督教青年神学生“爱国爱教”讲经活动。（胡杨文）

【宗教场所安全监管】2020年，区委统战部（区民宗局）按照安全专项整治“一年小灶”工作要求，根据《苏州市深入开展安全生产专项整治行动工作方案》，结合全区宗教工作实际，开展吴江区宗教活动场所安全工作专项整治行动，出台《吴江区宗教活动场所安全工作专项整治行动方案》，成立领导小组，建立工作专班，明确成员单位、宗教团体、宗教活动场所安全责任清单。结合宗教场所实际和宗教活动特点，按照日常监管和节点监管相结合的原则，在全覆盖、拉网式大排查的基础上，重点开展防雷措施落实情况、电瓶车集中充电问题、厨房燃气安全、出租门面房安全隐患、打通“生命通道”等6项集中整治。元旦、春节、国庆、进博会、圣诞节等重大节点期间，联合公安、城管等相关部门召开部署会，提前谋划、超前部署，制定切实可行的检查计划和应急预案。全年开展宗教场所安全隐患排查行动146次，累计参与检查指导463人次，检查场所279处（次），发现安全隐患393处，并全部整改到位。（胡杨文）

【宗教工作督查整改】2020年，区委统战部（区民宗局）对照中央、省、苏州市宗教工作督查问题反馈清单，坚持问题导向和高压态势，持续扎实开展中央宗教工作督查整改工作。全年根据整改方案及39条具体整改措施，落实主体责任，在全面完成整改任务的基础上，持续加大“回头看”工作力度，成立“打邪治非”专项行动领导小组，高位协调开展专项工作。持续关注佛、道教去商业化后续管理、基督教财务管理，确保整改成果不反弹。持续加强网络宗教活动监管，处置市民热线涉宗舆情7起、信众投诉举报6起。（胡杨文）

【宗教场所规范化管理】2020年，区委统战部（区民宗局）在全区宗教场所开展“四进”（即国旗、宪法和法律法规、社会主义核心价值观、中华优秀传统文化进宗教活动场所）活动，以圆通寺为试点，打造“一栏一廊一室一厅”普法宣传载体，以点带面推进宗教场所法制宣传示范点创建。制定宗教活动场所规范管理制度，建立基层宗教工作台账制度，细化、项目化宗教各项工作要求，推进宗教活动场所法治化、规范化、标准化建设。编制《民间信仰活动场所制度汇编》，完成对全区民间信仰活动场所编号建档，申报首批八坼街道城隍庙、七都镇祠山庙、盛泽镇盛天寺3处省级认定的民间信仰活动场所。（胡杨文）

【宗教场所疫情防控】2020年，区委统战部（区民宗局）贯彻落实中央、省、市、区关于新冠肺炎疫情防控的决策部署，1月24日12时起全面暂停宗教活动场所对外开放和开展活动。同时全面保障各项疫情防控工作落实落细，全年全区宗教活动场所实现零疫情、零感染。动员信教群众为武汉疫区和有关部门捐款捐物，全区宗教界全年累计捐款54万余元，捐赠口罩7800只、手套15500副、医用帽子10000只、防护服350件、医用酒精150桶，参与志愿服务182人次。（胡杨文）

【宗教领域依法行政】2020年，区委统战部（区民宗局）全面落实苏州市民宗局有关工作部署，进一步健全民宗领域行政执法建设。结合区政务服务有关要求，对民宗领域政务服务事项库进行修改和完善，并做好“互联网+监管”管理系统事项认领和维护工作。依法履行宗教场所建设行政许可和登记赋码等工作，黎里基督教堂完成登记赋码，松陵江兴基督教堂和平望基督教堂完成登记赋码材料向上申报工作。对震泽基督教堂进行负责人变更登记，对七都双塔寺进行场所名称和负责人变更登记。启动同里安养院改建为法喜禅寺的筹备设立工作。（胡杨文）

信息化建设

【概况】2020年，区信息中心继续推进智慧吴江运行管理中心建设，形成“物（物联网）+云（政务云）+图（GIS时空信息图）+端（视频共享端）+库（大数据库）”五大区级支撑平台；推动综治、产业、生态、民生四大领域协同发展。编制并下发《苏州市吴江区电子政务项目管理办法》和《苏州市吴江区电子政务技术架构治理指南》。《吴江区公共服务移动门户（智慧吴江App）升级工作方案》经区委全面深化改革委员会第十一次会议审议通过。吴江区入围江苏省区域大数据开放共享与应用试验区。（华　威）

【“145”工程建设】2020年，区信息中心继续推进1个“中心”（城市运行管理中心）、“4大领域”（综治、产业、生态、民生”）和5大支撑平台为主体的“145”工程建设。政务云和大数据库平台二期投入使用并初见成效，12月15日，地理信息、视频管理平台通过初步验收。（华　威）

【数据管理运用】2020年，区信息中心完成机构改革后全区信息资源目录修订，推进平台数据增量提质，累计归集72家单位1400类信息资源，数据总量11.94亿条，发布API（数据服务接口）共享服务620多个，累计被调用1.28亿次，为40个部门70多个业务系统提供34.15亿条数据支撑。持续推动政务服务从“线下跑”向“网上办”、“分头办”向“协同办”转变，“智慧吴江”App累计注册用户超17万人，对外提供服务84项，其中政务服务24项。（华　威）

【政务“上云”和应用整合】2020年，区信息中心完成48个部门、7个镇（区）的275个业务“上云”运行，升级政务云为混合云架构，降低平台使用费用。深化安全服务体系，持续完善业务系统上云流程和安全管理规范，牢固树立政务云网络安全一盘棋的思路。在国家、省、市以及条线系统的各级护网行动中，未发生网络安全事件。（华　威）

机关事务管理

【概况】2020年，区机关事务管理中心围绕“作风建设提高年”主线和全区中心工作，推进机关事务集中统一管理和信息化、标准化建设，推动机关事务管理更严格、保障更充分、服务更优质。（杨伊安）

【机关物业服务】2020年，机关物业管理有效应对新冠肺炎疫情下的新常态，做好苏州湾大厦入驻准备工作。通过ISO9001质量管理体系、ISO22000食品安全管理体系、ISO14001环境安全管理体系和OHSAS18001职业健康安全管理体系年审，完善物业服务制度标准。做好设施设备维护和工程维修，完成报修2861项、设备设施保养230项；完成吴江大厦9楼平台改造、行政审批大楼风机盘管更换、会议中心电梯改造、监控报警联动系统升级改造和苏州湾大厦充电桩安装、电梯便民功能增设改造等74项改造项目。机关食堂设立多功能区、上线微信公众号订餐系统，提供净菜订购等增值服务，全年累计服务就餐62万人次。在机关食堂推行餐厨垃圾分类，全年分类处理垃圾103.7吨，其中可回收垃圾38.9吨、有害垃圾0.5吨、厨余垃圾1.4吨。会议中心完成会议保障2807场次，接待12.4万人次。（杨伊安）

【机关办公用房管理】 2020年，区机关事务管理中心继续推进区级党政机关办公用房统一权属管理工作，完成全区70家党政机关、事业单位合计286幢独立建筑物的办公用房测绘工作，与江苏省、苏州市办公用房管理"一张网"对接，推进办公用房动态管理。推行"六个统一"建设（统一规划建设、统一权属管理、统一配置管理、统一维修管理、统一物业规范、统一处置利用），做好县府路99号、油车路428号等办公楼交接工作，与吴江城投集团签订资产委托管理协议。结合节假日"清风行动"，到街道、学校、公立医院开展办公用房使用情况督查。持续抓好21家统管单位固定资产管理，完成账目和实有资产核对、固定资产新增登记、报废处置等工作。（杨伊安）

【公务用车管理】 2020年，区机关事务管理中心把好车贴发放初审关，更新全区公务用车档案，完善管理信息平台功能。做好公车购置审批受理，全年新增、更换公务用车177辆。做好公务用车疫情防控相关工作，开展全区公务用车管理情况自查，召开公务用车管理工作会议，对乡镇、街道办公务用车开展实地督查。节假日期间，配合区纪委监委、派驻纪检监察组以平台督查和现场抽检相结合的方式开展"清风行动"，就公务用车管理、定点停放、公务加油卡管理等情况进行督查。（杨伊安）

【机关垃圾分类】 2020年，区机关事务管理中心继续做好区级机关生活垃圾分类工作。制定印发《关于在区级机关开展绿色办公的通知》和《党政机关生活垃圾分类工作实施方案》及督查评价表。举办生活垃圾分类培训班，专题学习《苏州市生活垃圾分类管理条例》及日常生活垃圾分类知识；完善分类设施配置，更新分类垃圾桶约1000个。严格督查考核，每季度联合区生活垃圾分类管理工作领导小组办公室开展督查考核，全年发出"整改通知单"93份，并跟踪督促整改到位。（杨伊安）

太培中心

【概况】 2020年，苏州市高级人才太湖培训中心（简称"太培中心"）紧扣长三角一体化国家战略和吴江主导产业，主办、承办各类培训班277期，培训104165人次。其中，国家级培训班2期174人次、各类专技人员培训8期864人次、干部教育类培训8期645人次、技能人才培训192期5745人次、在线学习67期96737人次。（赵　敏）

【服务一体化国家战略】 2020年，太培中心作为长三角生态绿色一体化发展示范区内唯一的

2020年11月16日，太培中心承办"中央国家机关事业单位养老保险培训班"（太培中心　提供）

国家级基地，培训职能写入示范区执委会、一市两省《长三角生态绿色一体化发展示范区专业技术人才资格和继续教育学时互认暂行办法》文件。9月16日，人社部中国国家人事人才培训网发函将原“中国国家人事人才培训网太湖培训基地”更名为“中国国家人事人才培训网长三角培训基地”。11月9日，中国国家人事人才培训网长三角培训基地在线平台项目入选长三角生态绿色一体化发展示范区项目建设经典案例。

（赵 敏）

2020年5月7日，举办吴江丝绸纺织产业版权保护培训班暨《丝脉》书籍发布仪式

（太培中心 提供）

【高级研修、合作培训项目】 2020年，太培中心申报并承办“乡村振兴战略背景下的文旅融合发展”“中央国家机关事业单位养老保险业务培训班”2期国家级高级研修班，174人参加。承办区人社部门委托举办的“吴江区人社局‘争先锋·正青年’年轻干部素质提升行动集中培训班”“吴江区专业技术人才知识更新工程继续教育培训”等培训项目9期，培训人数893人次；与区内部门合作举办“吴江区全科社工能力提升培训”“吴江高新区（盛泽镇）年轻干部‘长三角一体化’专题研修班”等培训班3期，培训人数193人次；与区外部门合作举办“铜仁市国有企业、公立医院党组织书记和党务工作者示范培训班”“海南自贸港人才工作者培训班”等培训班4期，培训人数423人次。（赵 敏）

【在线学习项目】 2020年，太培中心利用“吴江区干部在线学习中心”“中国国家人事人才培训网长三角培训基地”两个在线学习平台开展在线学习教育，全年组织在线培训96737人次。其中，干部在线培训5期10060人次，专技在线培训5期15088人次，技能在线培训2期4669人次。精准开展印江来吴务工人员技能帮扶培训，全年举办培训班54期，培训建档立卡人员837人，继续列苏州市各板块第一；疫情防控特殊期间，承担全区“防疫”制培训任务，累计培训66083人次，发放补贴1982.49万元，为企业复产复工提供培训保障。（赵 敏）

【职业技能培训】 2020年，由太培中心统筹指导的全区职业培训37478人，其中城乡劳动力引导性培训31733人次，城乡劳动力技能培训5745人次；围绕苏州“营商环境创新年”各项目标任务，组织开展“党建惠企”培训项目，举办可编程控制系列设计师、工业机器人操作与示教等示范培训班6期，培训学员291人，惠及全区79家企业。

（赵 敏）

【教材视频开发】 2020年，太培中心自主研发“党建引领乡村振兴”江村探索沉浸体验研学课程《开弦弓篇》《谢家路篇》2篇13分钟，出版《丝脉》及视频课程99分钟，入选“国家职业技能提升行动公共服务平台”，推进《丝根》书籍的撰写；联合区人社局打造“人社e播间”直播平台，定期开展人社政策解读，全年开播11讲，累计制作视频近300分钟。（赵 敏）

（本栏编辑 浦德琪）

政协苏州市吴江区委员会

综　述

【概况】 2020年是“十三五”规划的收官之年，也是吴江全面开启“长三角生态绿色一体化发展示范区”建设的一年。面对新冠肺炎疫情，在中共吴江区委的领导和区人民政府的支持下，区政协及其常委会围绕全区工作大局，发挥专门协商机构作用，在建言资政和凝聚共识上双向发力，为全区夺取疫情防控和经济社会发展双胜利、坚定走在“长三角生态绿色一体化发展示范区”建设最前列贡献政协力量。（刘　峰）

【区政协十五届四次会议】 中国人民政治协商会议苏州市吴江区第十五届委员会第四次会议于2020年1月3—6日在吴江举行。王庆华代表中共吴江区委在会议开幕式作讲话。讲话肯定区政协一年来的工作，认为全区政协组织和政协委员始终坚持正确政治方向，认真学习贯彻习近平总书记关于加强和改进人民政协工作的重要思想以及在庆祝中国人民政治协商会议成立70周年大会上的重要讲话精神，紧扣区委决策部署和发展大局，不断提高政治协商、民主监督、参政议政水平，做出大量富有特色、卓有成效的工作。讲话对做好2020年的政协工作提出希望和要求：一要旗帜鲜明讲政治，不断夯实思想根基；二要把握方位强担当，全力助推改革发展；三要团结民主促和谐，切实汇聚强大合力；四要常抓不懈建队伍，全面提升履职水平。委员们倍受鼓舞，深感责任重大，使命光荣，表示要深入学习领会讲话精神，在工作中认真贯彻落实。会议赞同李铭代表区人民政府所作的政府工作报告及其他报告。会议认为，过去的一年，在上级党委、政府和中共吴江区委的正确领导下，全区上下深入贯彻新发展理念，坚持稳中求进总基调，紧扣“一体化”和“高质量”，勇当先遣队，勇做领头羊，全力打造“创新湖区”、建设“乐居之城”，全区经济社会发展呈现良好态势，较好完成区十六届人大三次会议确定的各项目标任务。政府工作报告对2019年工作的总结实事求是，对2020年工作安排目标明确、重点突出、措施有力，委员们对做好今后工作充满信心。会议审议通过李斌代表区政协十五届委员会常务委员会所作的工作报告、屠福其代表区政协十五届委员会常务委员会所作的提案工作情况报告。会议认为，过去的一年，区政协及其常委会在区委的正确领导和区政府的大力支持下，深入学习贯彻习近平总书记关于加强和改进人民政协工作的重要论述，坚持团结和民主两大主题，紧紧围绕全区工作大局，建言资政，凝聚共识，履行职责，担当作为，为助力全区高质量发展快上新台阶作出贡献。会议指出，2020年区政协要以习近平新时代中国特色社会主义思想为指导，认真贯彻中央和省委、市委、区委的重要决策部署，围绕一体化示范区建设主题，不忘初心、牢记使命，凝心聚力、共谋发展，更加聚焦中心大局，积极呼应“两勇一快”号召，突出履职为民，注重调查研究，切实履行好政治协商、民主监督、参政议政职能，为打造“创新湖区”、建设“乐居之城”贡献力量。会议通过《中国人民政治协商会议苏州市吴江区第十五届委员会第四次会议决议》。会议按照《中国人民政治协商会议章程》的有关规定，补选王恒、朱颖、刘峥、杨华、张一斌、陆彩萍、孟庆利、施建中、徐恒、魏礼亚为政协苏州市吴江区第十五届委员会常务委员。会议号召，区政协各参加单位、全体政协委员和各界代表人士，更加紧密地团结在以习近平同志为核心的党中央周围，高举习近平新时代中国特色社会主义思想伟大旗帜，在中共吴江区委的坚强领导下，发挥协商民主重要渠道和专门协商机构作用，增进共识、凝聚合力，扎实履职、担当作为，不断开创全区政协工作新局面，为书写“创新湖区”“乐居之城”新篇章作贡献！（刘　峰）

【区政协常委会议】2020年1月3日，区政协召开十五届二十一次常委会议。中共吴江区委副书记王燕红代表中共吴江区委向政协常委会提出补选政协常务委员候选人建议名单，并介绍相关基本情况。会议协商形成补选区十五届政协常务委员候选人建议名单，协商讨论《选举办法（草案）》。

1月4日，区政协召开十五届二十二次常委会议。会议表彰十五届一次、二次、三次会议优秀提案。会议听取各讨论组对区委领导讲话的讨论情况，对常委会工作报告和提案工作情况报告的审议意见，协商并原则通过补选区十五届政协常务委员候选人名单、《选举办法（草案）》和选举工作人员建议名单。

1月5日，区政协召开十五届二十三次常委会议。会议听取各讨论组对区政府工作报告和其他报告的讨论情况。会议协商通过区政协十五届四次会议《决议（草案）》。

1月6日，区政协召开十五届二十四次常委会议。会议确认选举结果。

1月6日，区政协召开十五届二十五次常委会议。会议协商并原则通过区政协2020年工作要点。会议协商成立吴江政协书画院筹备工作组。

3月26日，区政协召开十五届二十六次常委会议。会议传达学习省委常委、市委书记蓝绍敏在吴江调研讲话精神和市政协副主席、区委书记王庆华在全区2019年度综合考核工作总结暨作风建设大会、吴江开放再出发暨经济工作表彰动员大会上的讲话精神；对区委办公室印发的《关于深化“三位一体”工作载体建设，推动政协协商与基层协商有效衔接的实施意见》进行解读。沈志勇、沈利东、王恒、徐炳华4名委员结合本职工作，围绕一岗双责，分别从不同角度作交流发言。会议还协商通过有关人事事项。

8月12日，区政协召开十五届二十七次常委会议。区委副书记、代区长王国荣代表区政府通报上半年全区国民经济和社会发展运行情况。会议传达学习区委十三届十九次全体会议精神。会议听取区城管局关于垃圾分类工作情况的通报；听取区卫健委、农业农村局、商务局，吴江高新区（盛泽镇）关于区政协十五届四次会议提案办理情况交流；并对认真落实省、市政协文件精神，开展好“有事好商量·民生专题协商议事月”活动等工作作部署安排。

11月16日，区政协召开十五届二十八次常委会议。与会人员实地视察思贤实验小学南校区、苏州湾文化中心、苏州湾大厦（区行政审批局）等部分重点、实事项目，听取区发改委关于2020年全区重点、实事项目建设情况的通报。区委常委、区政协党组副书记杨斌传达学习党的十九届五中全会精神。会议通报“有事好商量”协商议事工作一年来开展情况，协商通过有关人事事项。

12月24日，区政协召开十五届二十九次常委会议。会议决定，中国人民政治协商会议苏州市吴江区第十五届委员会第五次会议于2021年1月4—7日在吴江举行。会议介绍《政府工作报告（征求意见稿）》的起草情况，并就《政协常委会工作报告（讨论稿）》《提案工作情

思贤实验小学南校区 （吴斌 摄）

况报告(讨论稿)》、区政协十五届五次会议的有关事项以及区政协十五届委员会有关人事事项作情况说明。与会常委们对《政协常委会工作报告(讨论稿)》《提案工作情况报告(讨论稿)》《政府工作报告(征求意见稿)》进行协商讨论，并提出有价值的修改意见和建议。会上协商通过区政协十五届五次会议有关事项，协商通过有关人事事项。 （刘 峰）

【区政协主席会议】 2020年1月6日，区政协召开十五届三十九次主席会议。协商区政协2020年工作要点。

2月29日，区政协召开党组暨十五届四十次主席(扩大)会议。会议传达学习习近平总书记关于新冠肺炎疫情防控工作重要讲话及指示精神；传达学习省、市政协全会精神。

3月17日，区政协召开十五届四十一次主席(扩大)会议。会议听取区发改委关于“提升产业发展能级，主动对接融入上海，以示范区建设为引领开启‘强富美高’*新吴江”相关情况介绍。会议协商其他事项。

4月23日，区政协召开十五届四十二次主席(扩大)会议。与会人员实地视察京杭古运河平望老街段和长漾里两个文旅项目点建设情况，听取区文体广电和旅游局关于全区文体旅事业发展情况的通报，并围绕“大运河文化带建设”“文化产业发展”“文旅融合”等方面展开协商讨论。会议开展“弘扬‘三大法宝’，再创火红年代”专题学习，听取2019年度全区政协委员履职考核情况汇报，协商5月份重点工作。

5月9日，区政协召开十五届四十三次主席(扩大)会议，按照苏州市政协安全生产联动民主监督和全区开展安全生产督查工作的部署和要求，对安全生产工作开展专题督查。会议听取全区安全生产总体情况的通报。会前，与会人员对市、区两级重大隐患挂牌单位——盛泽祥英化纤厂和吴江华青喷织厂的整改落实情况开展现场督查。

7月15日，区政协召开十五届四十四次主席(扩大)会议，专题听取区卫健委关于吴江区疫情防控和卫生健康相关工情况通报。会前，与会人员视察苏州市吴江区儿童医院。

8月24日，区政协召开十五届四十五次主席(扩大)会议。与会人员视察区政务服务大厅，听取区行政审批局工作情况通报。会议协商区政协9月份重点工作安排。

9月28日，区政协召开十五届四十六次主席(扩大)会议，专题听取区司法局关于“七五”普法工作情况的通报。与会人员视察叶泽湖社区法治文化广场、吴江海关“七五”普法落实情况。会议协商有关人事事项和10月份重点工作安排。

11月25日，区政协召开十五届四十七次主席(扩大)会议。会议听取区政府办公室关于区政协十五届四次会议提案办理工作情况的通报。会议讨论《政协常委会工作报告(提纲)》和《提案工作情况报告(提纲)》，协商区政协十二月份主要工作安排。

12月15日，区政协召开十五届四十八次主席(扩大)会议，协商区政协十五届五次全会有关事项，谋划部署2021年重点工作。会议协商区政协十五届五次全体会议的开会时间、议程、日程等有关事项，讨论《政协常委会工作报告(初稿)》和《提案工作情况报告(初稿)》并提出修改意见，讨论并原则通过五次会议期间委员宣传名单。会议讨论区政协各专委会2021年调查研究、协商议政、民主监督课题。会议协商区政协党组2021年学习活动计划，讨论并

原则通过《吴江区政协宣传信息工作办法》和《关于进一步做好社情民意信息工作的通知》。（刘　峰）

协商议政

【“十四五”规划编制专题协商】 2020年7月16日下午，区政协召开“十四五”规划编制专题协商议政座谈会，为科学编制吴江区“十四五”规划建言献策。区政协主席李斌主持会议，区委常委、常务副区长李卫珍，区政协副主席屠福其参加会议。会议听取区发改委关于吴江区“十三五”规划执行情况及“十四五”国民经济和社会发展总体思路研究情况的通报。与会委员围绕“十四五”期间吴江经济社会发展定位、国土空间规划、产业提升、人口人力人才、城乡统筹、文旅融合、生态环境保护与治理、地下空间开发利用、法治政府建设等方面进行发言。（管　乐）

2020年7月16日，“十四五”规划编制专题协商议政座谈会召开

（区政协　提供）

【“十四五”规划编制协商议事会】 2020年9月10日，“有　事好商量”——“十四五”规划编制协商议事会在区会议中心举行。市政协副主席周晓敏受邀参会并作点评，区委书记李铭出席会议并讲话，区政协主席李斌主持会议。市区两级政协委员对“十四五”规划总体思路提出意见建议。会议听取吴江区“十四五”国民经济和社会发展规划总体思路研究情况通报，市、区两级政协委员对“十四五”规划总体思路提出意见建设，并从民营经济发展、服务业提升、国土空间规划、金融业发展、文旅融合、生态环境保护、数字经济等诸多方面献计献策。会议通过现场视频连线的方式，与区镇“有事好商量”协商议事室开展远程协商。（管　乐）

【基层公共卫生服务能力体系建设协商】 2020年9月17日，区政协召开基层公共卫生服务能力体系建设协商议政座谈会。区政府副区长汤卫明出席会议，区政协副主席王玉英主持会议。区卫健委作情况通报，介绍基层公共卫生服务能力体系建设总体情况、存在的不足和下一步打算。部分政协委员作交流发言，提出加强人才队伍建设、做优做强基层卫生院、完善基础药品保障、完善“互联网+医疗健康”支撑体系、增强激励保障机制等具有针对性、可操作性的意见建议。（管　乐）

【产业结构优化升级专题协商】 2020年10月16日上午，区政协召开产业结构优化升级专题协商议政座谈会。区政府副区长戚振宇应邀出席会议。区政协副主席屠福其主持会议，秘书长钟永林出席会议。前期，区政协经科农委组织部分委员赴各区镇和周边地区，对其产业结构进行深入的调研和考察，形成调研报告。座谈会上，政协委员们结合自身工作实际，对产业结构分别从加强招商引资工作、推进净化产业转型升级、支持科技型小微企业发展、长三角一体化背景下推进吴江飞地经济建设、先进地区经验对吴江的启发等多个角度，提出众多建设性的意见和建议。（管　乐）

【城乡安全生产专题协商】 2020年12月3日，区政协召开“城乡安全生产”专题协商议政座谈会。区委常委、区政府常务副区长李卫珍出席会议，区政协副主席肖仲伟主持会议。前期，城乡委组织部分委员多次深入相关部门、企业进行安全生产方面的调研。议政会上，与会委

员对城乡安全生产从不同的角度分析问题短板，提出要进一步全面落实好党委、政府领导责任、部门监管责任和企业主体责任，在抓企业安全生产过程中要处理好政府监管与服务的关系，要加强区镇两级安全监管的人员和执法车辆保障等建议。此外，委员们还针对水、电、气等民生领域存在的安全隐患提出对策建议。（管　乐）

【基层协商】 2020年，区政协有序推动政协协商与基层协商互融共促，发挥“有事好商量”活动的“建言资政”作用。出台区政协领导挂钩指导、专委会负责人挂钩联络等制度。召开全区“有事好商量”活动现场推进会，组织全区各板块政协工委负责人现场观摩震泽镇三扇村协商议事活动。全区各镇（街道）实现“有事好商量”协商议事室全覆盖，其中震泽镇率先实现全镇所有村（社区）协商议事室全覆盖。“有事好商量”协商议事活动内容围绕当地产业升级、公共服务、人居环境等党委、政府的中心工作和民生热点。如盛泽镇国际贸易集聚区建设，震泽镇彩钢板产业转型升级抱团发展，横扇街道羊毛衫产业提档升级，八坼街道街区会客厅项目建设，黎里镇、桃源镇、平望镇农贸市场改建提升，七都镇、松陵街道老旧小区改造，同里镇幼儿园周边交通拥堵，江陵街道无物业小区管理等议题。（管　乐）

民主监督

2020年6月29日，“基层协商”现场推进会召开　　（区政协　提供）

【提案工作】 2020年，区政协十五届四次会议召开以来，广大政协委员、政协各参加单位、各专门委员会和各镇（街道）工作委员会提交提案279件，经审查立案207件，交65家单位办理。交办提案中：委员提案153件，占73.9%；集体提案54件（其中各民主党派、无党派知联会提案40件，人民团体提案2件，界别和界别小组提案3件，各专委会提案3件，各镇工作委员会提案5件，民主党派与专委会联名提案1件），占26.1%。依据《吴江政协重点提案产生和办理的暂行办法》，有13件提案确定为十五届四次会议的重点提案，其中区委、区政府主要领导督办2件、区政府领导领办6件、区政协领导督办5件。5件政协领导督办的重点提案案由涉及吴江区纺织循环经济产业园建设、特色行业（净化行业）发展、吴江区大运河文化带建设、城市安全防控机制、职工群众心理服务体系建设等。7月底，交办提案办理结束，10月份，开展提案办理“回头看”和“二次答复”工作，从收到的反馈看，委员对提案办理满意率为100%。经各方努力，提案中的许多意见建议被区委、区政府及有关部门采纳。

（管　乐）

【视察调研】 2020年，区政协主席会议常态化视察、调研全区疫情防控和卫生健康、政务服务、安全生产、文体旅事业发展、“七五”普法、静态交通综合整治等工作情况。常委会议视察思贤实验小学南校区、苏州湾文化中心、苏州湾大厦（行政审批局）等重点实事项目。

（管　乐）

【民主监督】 2020年，区政协落实前期调研、中期汇报、后期总结的常态化监督机制，逐步完善“协商式监督”，提高民主监督成效，针对关系人民群众获得感、幸福感、安全感的实际问题，组织开展专项民主监督活动。7月31日，区政协召开学前教育专项民主监督座谈会，区政协副主席王玉英主持会议，副区长汤卫明出席会议。会议听取区教育局关于全区学前教育发展情况通报。部分区政协委员从大力推进学位供给、推进教育资源均衡发展、加大普惠园扶持力度等方面提出意见建议。8月26日，区政协召开“农村人居环境整治”专项民主监督座谈会，区政协副主席肖仲伟主持会议，区政府副区长汤卫明应邀参加会议。会议听取区农业农村局、城市管理局的工作通报和震泽镇永乐村的经验介绍。委员们针对存在的不足和短板分析原因提出建议。8月29日，区政协召开“创二代薪火工程”专项民主监督座谈会，区委副书记钱斌出席座谈会并讲话，区政协副主席屠福其主持座谈会。会上，政协委员、民建会员、“创二代薪火工程”成员代表作发言，相关部门负责人就现场提出的意见建议作回应。9月1日，区政协召开农村宗教活动规范化管理专项民主监督座谈会，区政协副主席肖仲伟出席会议。会议听取区委统战部、区民宗局关于全区农村宗教工作情况通报。部分区政协委员从提高各级领导干部重视程度、关注未成年人接触宗教的现象、发挥宗教界积极作用等方面提出意见建议。是年，按照省、市政协部署，开展安全生产三级联动民主监督，由区政协领导带队，分赴各镇区开展专项督查，督促市、区两级重大隐患挂牌单位整改落实。

（管　乐）

【收集和反映社情民意】 2020年，区政协全面推动委员下沉挂钩基层一线和农村、社区、企业，开展“三走进一联系”等活动，倾听群众呼声意见，收集、整理、报送社情民意信息，发挥桥梁纽带作用。全年收集、报送社情民意信息108篇，其中25篇通过市级平台向省政协报送，内容涉及化解企业担保风险、加强基层卫生服务、规范商品房销售、促进省际河湖联合治理、加强中小学心理健康教育、加强网红经济监管等方面。（管　乐）

其他工作

【走访调研】 2020年1月20日，区政协主席李斌到松陵街道、江陵街道和八坼街道，走访慰问部分退役军人和优抚对象，向他们送上节日的问候和祝福。区领导张炳高陪同走访。

2月11日，区政协主席李斌到汾湖高新区（黎里镇）、吴江开发区走访调研，了解黎里镇红旗村防疫设卡点、部分委员企业及挂钩联系企业的防疫工作落实情况，询问防疫检查工作难点。

2月12日，区政协主席李斌到吴江开发区走访部分挂钩联系企业，了解企业疫情防控措施和复工情况，并勉励企业再接再厉，齐心协力共渡难关。

3月23—25日，区政协主席李斌先后到松陵街道、八坼街道、盛泽镇、平望镇、横扇街道等地走访调研，了解部分委员企业复工复产情况和当前面临的实际困难，听取企业负责人的意见和诉求，收集相关社情民意信息。

3月30—31日，区政协主席李斌先后到同里镇、江陵街道、震泽镇、桃源镇走访调研，与部分委员企业负责人深入交流，详细了解企业复工复产情况，收集企业对相关惠企政策落实情况的意见建议。

9月9日，区政协主席李斌到盛泽镇走访结对“阳光扶贫”对象。

10月14日，区政协主席李斌到七都镇走访调研挂钩薄弱村，并开展巡河工作。

10月21日，区政协主席李斌走访和调研挂钩的百强企业和新地标企业苏州迈为科技股份有限公司、高创（苏州）电子有限公司、苏州赛伍应用技术股份有限公司。

11月19日，区政协主席李斌带队到吴江开发区走访调研部分外商投资企业，了解企业发展情况，听取企业发展诉求，推动解决实际问题。（管　乐）

【团结联谊】 2020年，区政协组织各民主党派、工商联和无党派人士代表考察调研活动1次。邀请各民主党派、工商联和无党派人士在政协各类会议上发表意见和参加政协调研视察和考察活动，为各党派团体知情明政、发挥作用创造条件。密切与非公经济人士、新的社会阶层人士的交流，经常性开展走访座谈活动。定期走访慰问少数民族和宗教界人士，就宗教事务和宗教场所规范化管理提出建议。加强同港澳台同胞和海外侨胞的团结联谊，开展在吴台资企业发展情况走访调研，推动职能部门优化对台企服务工作，促进吴台两地经济文化交流。全年，各民主党派、工商联、无党派知识分子联谊会提交大会发言15

2020年4月24日，青浦、吴江、嘉善三地政协主席第一次联席会议在青浦召开

（区政协　提供）

篇，提出集体提案40余件。

（管　乐）

【专门委员会工作】 2020年，区政协各专门委员会按照区政协总体工作部署，按照“无调研不建言、无依据不议政”的理念，各专委会充分开展专题协商调研，承办专题协商议政会3次。调研突出专业导向，吸收有专长的委员和专家参加。综合运用座谈交流、实地查看、听取通报等方式，有效提高建议质量。围绕委员履职需要，精心组织活动，开展学习交流，通过学习培训、组织视察、听取通报等形式，为委员知情明政提供支持。

（管　乐）

【镇(街道)工作委员会工作】 2020年，区政协各镇(街道)工作委员会围绕各地党委、政府中心工作，组织委员开展学习培训、专题调研、民主监督、提案撰写、听政议政等活动，提升委员履职实效，为各镇(街道)经济社会高质量发展作贡献。同时，推动政协协商与基层协商有效衔接，搭建好基层协商议事平台，组织好“有事好商量”协商议事活动。新冠肺炎疫情期间，各镇(街道)工委组织委员捐款捐物等，为抗疫作贡献。

（管　乐）

【区域联动】 2020年，区政协根据与上海青浦政协、浙江嘉善政协共同签订的联动机制协议，三地政协合作举办“长三角生态绿色一体化发展示范区”建设情况通报会、联合编撰非遗资料、开展“水环境治理与保护”联动视察监督等。区政协牵头承办2020年三地政协企业家委员沙龙活动，围绕“‘生态绿色’要求下的制造业发展”主题，立足三地实际，共同探讨制造业绿色发展之路，集聚委员智慧，激励担当作为。

（管　乐）

【文史工作】 2020年，区政协对《吴江文史资料》的栏目、字数进行大幅扩容，围绕抗疫工作、费孝通诞辰110周年、非遗传承等方面进行宣传。《吴江文史资料》(总第36辑)改为电子版，设置栏目7个，合计文章46篇，近15万字。参编出版《艺韵江南》，宣传推介吴江优秀传统文化。

（管　乐）

（本栏编辑　浦德琪）

中共苏州市吴江区纪委监委

综　述

【概况】 2020年，区纪委监委持之以恒正风肃纪反腐，构建一体推进不敢腐、不能腐、不想腐体制机制，协助区委深化全面从严治党，为吴江打造“创新湖区”、建设“乐居之城”，坚定走在一体化示范区建设最前列提供坚强保障。区纪委监委运用“四种形态”*教育和处理686人次，第一、二、三、四种形态分别占60.5%、30.9%、2.9%、5.7%，挽回经济损失3091.87万元。

（张小奇　梁　程）

【重要会议】 2020年4月23日，中国共产党苏州市吴江区第十三届纪律检查委员会第五次全体会议暨全区领导干部警示教育大会召开，苏州市政协副主席、区委书记王庆华到会讲话。区委常委、区纪委书记、区监委主任乐江主持会议，并作题为《监督保障执行，促进完善发展，为吴江高质量发展快上新台阶提供坚强保障》的工作报告。12月30日，区纪委向中国共产党苏州市吴江区第十三届代表大会第六次会议提交题为《一体推进“三不”机制，为吴江开创示范区建设新局面提供坚强保障》的工作报告，报告经会议审议通过。

（梁　程）

【队伍建设】 2020年，区纪委监委在全区纪检监察系统开展“打铁必须自身硬”暨“铸魂强基作表率”专项行动，组织实施纪检监察工作先进集体、工作标兵、年度创新项目、精品案例、业务能手、优秀调研成果等“六大评选”。深入实施本届区纪委干部队伍“能力建设提升三年计划（2018—2020）”，将2020

2020年9月29日，举办全区纪检监察系统业务技能竞赛。图为总决赛现场

（区纪委监委　提供）

年作为“能力提升巩固年”。分级分类深化全员培训，举办全区纪检监察系统业务技能竞赛，实施部门实绩和个人绩效“双考核”，坚持干训结合，组织区镇结对互挂、审查调查一线锻炼、新任纪检监察干部跟班轮训20人次，组织80余名干部开展为期2个多月的新冠肺炎疫情防控志愿服务，提升干部队伍综合素质和业务能力。《审查调查证据审核工作》课件纳入省纪委监委培训课程；《信息化点燃审查调查“新引擎”》获评苏州市纪检监察机关信息化实战应用精品案例一等奖。队伍建设的相关做法分别刊载于《中国纪检监察报》和《新华日报》。2月12日，制定《吴江区纪委监委领导班子落实纪检监察干部队伍建设主体责任实施办法》。建立完善全区纪检监察干部任职前向区纪委征求意见制度，严格落实江苏纪检监察干部“八严禁”*要求，举办特约监察员座谈会，强化对纪检监察权力运行的制约和监督。（孙家林　高旖琪）

【体制改革】 2020年，区纪委监委制定“三定”（定职能、定机构、定人员编制）方案，梳理各部门职责清单，切实把改革成果固化为制度。制定派驻纪检监察组、区属企事业单位纪委两个工作规定，进一步明确职责划分和监督权限。深化区属国有企业派驻机构改革，设立第十二、十三派驻纪检监察组，实现监察全覆盖，选优配强派驻国有企业纪检监察组力量。联合区委组织部加强区级机关单位基层党组织纪检队伍建设，选配机关本级纪委书记（纪检委员）65名，所属党支部均明确1名纪检委员，全面完成基层党组织监督体系建设。（孙家林　高旖琪）

2020年2月25日，区纪委监委开展疫情防控督查

（区纪委监委　提供）

【践行“两个维护”】 2020年，区纪委监委不断巩固深化“不忘初心、牢记使命”主题教育成果，深入学习贯彻党的十九届五中全会精神，围绕统筹疫情防控和经济社会发展，强化政治监督，做好“六稳”*工作、落实“六保”*任务，推动长三角一体化发展等重大决策部署有效落实，以实际行动践行“两个维护”。区纪委监委组建督导组12个，围绕防控措施执行、人员摸排处置等，采取“四不两直”（不发通知、不打招呼、不听汇报、不用陪同接待、直奔基层、直插现场）方式进行督导，对发现的问题及时反馈区疫情防控指挥部，推动问题扎实解决。聚焦居家观察人员、老旧小区、企业复工达产、学校复学复课等阶段性防控重点开展监督检查，推动各级党组织抓紧抓实抗疫情、稳经济、谋发展各项工作。（梁　程）

【专项巡视整改】 2020年，区纪委监委协助区委做好省委专项巡视吴江反馈意见整改工作，配合做好省纪委监委第十一监督检查室调研督导、区委巡察工作领导小组听取整改情况汇报、区委相关领导现场督查等。年内，全部办结2019年省委巡视组转交的信访件53件，查实24件，运用第一种形态批评教育帮助16人，给予党纪政务处分22人。（张小奇　梁　程）

监　督

【概况】 2020年，区纪委监委坚守监督基本职责、第一职责，发挥专责监督作用，增强监督的严肃性、协同性、有效性。紧盯群众身边腐败和不正之风多

发、生态环保领域失职失责、落实中央八项规定精神不力等突出问题，依规依纪依法严肃问责，对21起问题实施问责，其中党内问责问题19起、监察问责问题2起，处理干部22人。

（邹　洁　梁　程）

【“两个责任”落实】 2020年，区纪委监委推动全区各级党组织和纪检监察组织完善主体责任、班子成员个人责任和监督责任清单，开展综合监督单位、派驻纪检监察组落实“两个责任清单”专项督查，协助区委主要领导开展第一种形态谈话12人。完善履责纪实月度专报、督责实时提醒等机制，做好省、市、区三级平台履责纪实信息录入，优化调整区级履责纪实平台填报内容15项，对全区纪实主体实现履责检查“全覆盖”。协调相关职能部门做好苏州市政治生态监测预警与分析研判系统（“衡镜”系统）数据收集和录入。（邹　洁　梁　程）

【重点监督】 2020年1月7日，区纪委监委制定《关于监督推进全区安全生产专项整治工作实施方案》，以2020年度三级政府挂牌督办的69项重大安全生产事故隐患项目为重点，深入企事业单位一线检查项目49个，现场督促整改问题53个。紧盯国家、省、市、区四级联动集中督导形成的问题清单，开展“清单式”监督，督促各责任部门推动问题整改、构建长效机制。开展违法违规“小化工”百日专项整治行动监督工作，推动整治到位。严查安全生产领域腐败问题，采取留置措施并移送检察机关4人。（陆宗元　梁　程）

【专项监督】 2020年，区纪委监委开展长江流域禁捕退捕工作专项监督。从省、市、区三级年度重大项目中选取13个项目开展重点监督，其中对吴江国家先进功能纤维创新中心、北大新世纪外国语学校等5个重大项目制定个性化监督方案，重点监督保障推进，监督推动解决问题6个。运用污染防治综合监管平台、非法金融活动信息监测平台，加强在线实时监督，推动问题线索及时处理。协同做好区镇领导班子考察、村（社区）“两委”换届工作的纪律督查。开展农村集体资产清缴欠租情况专项督查，推动规范和完善全区农村集体资产管理。区纪委监委部署开展扶贫领域腐败和作风问题专项治理，抽查低保、低保边缘、特困退出71户127人，核查低保救助违规发放问题，问责5人，其中立案4人。开展农村集体资产清缴欠租情况专项督查。依托信息化手段开展欺诈骗取医保统筹基金专项监督，立案20人，运用第一种形态处理21人，涉嫌犯罪移送公安机关2人，追回医保统筹基金180余万元，推动相关部门在全区范围开展打击欺诈骗取医保基金“护城河”专项行动。整治民生领域突出问题，纠治全区教职工（包括民办学校）涉刑事、行政案件问题，推动教育系统加强教职工规范管理，处分16人、诫勉谈话11人；对尊老金、残疾人“两项补贴”违规发放问题开展核查，运用第一种形态处理62人。

（邹　洁　陆宗元　李江琳）

2020年10月30日，区纪委监委开展安全生产督查

（区纪委监委　提供）

【日常监督】 2020年，区纪委监委发挥派驻监督优势，探索联动共建监督机制、“清风徐来十提醒”、下沉巡回驻点监督、离职人员廉洁性审查等监督方式，抓实近距离常态化监督。按要求做好苏州廉政档案系统管理工作，完成全区党员干部、监察对象个人数据收集、统计。区

2020年3月18日，区纪委监委开展派驻监督　　（区纪委监委　提供）

纪委监委回复党风廉政意见320人次，对4人提出暂缓提拔的意见。　（孙家林　梁　程）

【各类监督协同贯通】2020年，区纪委监委有效推进“四项监督”统筹衔接、贯通融合，完善巡察机构与派出监察员办公室、派驻纪检监察组监督联动机制，建立健全从反馈到整改、从移交到处置、从督查到问责的完整责任链条。推动审计监督与纪检监察监督同向发力，会同区审计局对2013—2018年审计发现问题的整改落实情况组织“回头看”专项行动，38个审计项目中的184个问题得到有效整改。完善“一人一委一网”［“一人”指村（社区）纪委书记（纪检委员），“一委”指村（居）务监督委员会，“一网”指廉勤监督网］监督机制，实行村纪委书记（纪检委员）和村务监督委员会主任“一肩挑”，组建镇、村、组三级廉勤监督网。推动各区镇完成“一单一图一环”（“一单”指小微权力清单，“一图”指小微权力运行流程图，“一环”指构建监督闭环）建设，因地制宜厘清小微权力清单、绘制监督流程图、实现监督闭环。依托全区基层勤廉监督平台上线运行，进一步增强监督的精准性、有效性。　（张小奇　梁　程）

宣传教育

【概况】2020年，区纪委监委坚持全方位宣传全区反腐败工作动态以及党风廉政建设的经验做法，全年省级以上报刊媒体录用稿件39篇，其中《人民日报》1篇、《中国纪检监察报》11篇（独立成篇5篇）、“中央纪委国家监督”网站2篇、《新华日报》12篇、“清风扬帆”网站13篇。　（孙　娇）

【廉政宣传】2020年，区纪委监委多渠道开展本地廉政宣传，强化“鲈乡清风”网站建设管理，对标中央，“鲈乡清风”网站上线“信息公开”板块，持续更新8个栏目，并通过国家等级保护二级测评认证。“鲈乡清风”网站更新信息280多篇，网站点击量80421次。至年底，“清风鲈乡”微信公众号有粉丝5737人，累计发布信息177条。区纪委监委在《吴江日报》发布“清风专版”1期，依托户外LED屏、人民日报屏、文化墙（廊）等载体展示勤廉故事、格言警句、视频漫画等，于苏州轨道交通4号

2020年4月23日，播放区纪委监委摄制的警示教育片《知敬畏　存戒惧　守底线》　（区纪委监委　提供）

线的13个站点投放廉政公益灯箱广告。（孙 娇 梁 程）

【廉政教育】2020年7月1日，区纪委监委建成开放吴江区党风廉政教育馆，展陈面积570平方米，至年底，接待参观5000余人次。区纪委监委配合区委组织召开全区领导干部警示教育大会、播放区纪委监委摄制的警示教育片《知敬畏、存戒惧、守底线》，并组织各地各部门借阅观看。组织编印2020年《吴江区党员干部纪法教育口袋书》，对近年来本地5个方面23个典型案例进行曝光和评析，向全区累计发放5000册，深化以案释纪释法。将党风廉政教育融入全区干部教育培训计划、理论学习中心组学习内容，把警示教育纳入区委党校各类主体班次。组织全区110名新提拔区管干部参加党纪党规知识测试。（孙 娇 梁 程）

【廉政文化】2020年7月，区纪委监委出版发行《吴江人的家风记忆》，涵盖家族17个、廉吏12位、名人21位，引导树立良好家风。12月1日，区纪委监委对接上海市青浦区、浙江省嘉善县两地纪委监委，联合举办长三角生态绿色一体化发展示范区清廉建设研讨会，签署纪检监察工作协作备忘录，探索建立廉洁文化共建共享机制，率先开通示范区毗邻区镇“清风线·联廉看”观览线。（孙 娇 梁 程）

【廉政宣传教育月活动】2020年5月，区纪委监委围绕“一体推进不敢腐不能腐不想腐，加快构建长效机制”主题，开展第19个“党风廉政宣传教育月”活动。5月26—27日，区纪委监委联合区妇联组织第三期“鲈乡廉内助”主题教育活动。6月1日，区纪委监委配合区委组织开展全区领导干部廉政专题党课，市政协副主席、区委书记王庆华以“增强纪法意识，激励担当作为，构建敢‘亲’真‘清’的新型政商关系”为主题，为全区领导干部授课，推动各地各部门“一把手”上好廉政公开课。（孙 娇 梁 程）

2020年5月26日，第三期“鲈乡廉内助”主题教育活动举办
（区纪委监委 提供）

正风肃纪反腐

【概况】2020年，区纪委监委坚持纠“四风”和树新风并举，不断巩固拓展作风建设成效，促进干部敢于担当、奋发有为、守责尽责，把“严”的主基调长期坚持下去，一体推进不敢腐、不能腐、不想腐，持续巩固发展反腐败斗争压倒性胜利。坚守以人民为中心的根本政治立场，深化拓展群众身边腐败和作风问题整治，分行业分领域开展深入排查，全年查处农村“两委”人员违纪违法案件104件，开除党籍4人。（张小奇 梁 程）

【作风建设】2020年，区纪委监委部署开展元旦春节、五一端午节日期间“清风行动”以及中秋国庆期间“清风行动”暨制止餐饮浪费行为专项督查，集中整治“为官不为”，纠治“庸懒散拖”怠政问题。6月，印发《关于建立查处违反中央八项规定精神问题会商会审机制的通知》。7—8月，开展全区库存公务（商务）接待用酒专项清理工作，回收国有资产148万余元。8月，严防违规操办“升学宴”“谢师宴”。9—10月，重点开展公务用车和餐饮浪费集中督查，组织公务用车、公务加油卡配备使用自查自纠专项行动“回头看”。全年集中通报典型问题23起46人，通报专项督查情况1次。跟踪督办苏州市转变作风“曝光

2020年1月8日，区纪委监委部署开展元旦春节“清风行动”

（区纪委监委　提供）

台”涉及吴江的8件问题，推动整改到位。深化运用容错纠错、澄清正名机制，建立干事创业廉洁风险报备机制，落地容错纠错案例10件、廉洁风险报备案例3件，为6名受诬告党员干部澄清、正名。　（邹　洁　梁　程）

【亲清政商关系构建】 2020年2月28日，区纪委监委协助区委出台《关于构建亲清新型政商关系推动民营经济高质量发展的意见》。3月2日，出台《吴江区纪委监委关于护航民营经济优化营商环境的意见》。5月，推动吴江14位民营企业家代表联合发出《敢“亲”真“清”最舒心——吴江民营企业家共建亲清政商关系倡议书》，制定企业政商交往正负面清单。协调区融媒体中心等单位开展敢“亲”真“清”最舒心政商关系系列宣传报道。区纪委监委申报的课题《营商环境法治化研究——以构建亲清政商关系为视角》入选2019—2020年度苏州市法学会法学研究重点课题，并结项验收。（邹　洁　梁　程）

【信访举报】 2020年，区纪委监委贯彻执行《纪检监察机关处理检举控告工作规则》，推广应用中央纪委监督执纪问责信息管理系统检举举报平台、省纪委检举举报平台基层版。全年接收信访举报287件，比2019年下降32.15%。落实领导信访接待工作制度，健全研判和督办机制，重复访率从2018年的28.36%持续下降到2020年的8.68%。化解疑难复杂信访举报3件，其中1件获评全市纪检监察“多年、多层、多头”信访举报优秀化解案例。定期分析研判信访举报情况，提供专题分析5份，向区委、区政府主要领导报送《廉情参阅》2期，向信访反映集中的单位下发《廉情通报》10份。

（崔春妹　梁　程）

【腐败问题整治】 2020年，区纪委监委立案339件（涉及乡科级案件29件），比2019年增长2.1%，其中自办案件257件，自办率75.8%，因涉嫌职务犯罪移送检察机关审查起诉14人，其中被采取留置措施9人（副科级以上3人），未采取留置措施直接移送检察机关5人。严明政治纪律和政治规矩，查处违反政治纪律案件2件。立案查处涉黑涉恶腐败及“保护伞”案件3件3人，组织处理12人。严查不按要求或者不如实报告有关事项问题，立案6件，处分5人，对3起违反个人有关事项报告规定典型问题进行通报。坚持受贿行贿一起查，对2名行贿金额巨大的行贿人采取留置措施，对6名不构成犯罪的行贿人立案处理，严厉惩治“围猎”行为。在纪法震慑和政策感召下，1名监察对象主动投案自首。

（张小奇　梁　程）

【以案促治】 2020年，区纪委监委用好纪检监察建议武器，全区纪检监察组织制发建议14份，推动有关党组织或单位完善制度、堵塞漏洞。开展2019年度全区处分决定执行情况检查工作，对360件案件进行起底检查，发现11家单位23个案件存在问题27个，逐一反馈并督促整改。5月6日，印发《关于做好对受处分或处理人员回访教育工作的方案》，常态化开展回访教育，对70名受处分或处理人员开展回访教育。

（张小奇　梁　程）

（本栏编辑　范红明）

群众团体

工　会

【概况】　2020年，区总工会紧扣“一体化”和“高质量”两个关键，不断提升“工作创新度”“工会显示度”“职工满意度”，全年新建独立基层工会156家、工会联合会1家，新增会员14321名，向8000多家小微企业返还工会经费2165万元，在苏州工会工作“争第一创唯一”立功竞赛考核中获卓越贡献奖，列条线考核第一等次。（陆曦婧）

【“寻武堂”工匠培育品牌】　2020年，区总工会不断做实“寻武堂”工匠培育品牌，开展“365”工匠培育工程。2月，江苏省总工会批复同意建立江苏省工匠学院（吴江）。8月，与苏州信息技术学院签订合作协议，在苏信学院耘勉楼一楼建立“寻武堂”展厅，并纳入全区首批“四史”*学习教育教学点。出版编印《工匠读本》，将工匠精神专题教育纳入职业素养课程体系。11月，命名中达电子（江苏）有限公司台达企业学院吴江分院等10家单位为区首批“十佳示范工匠学堂”。全年举办区、镇、企职工职业技能竞赛53场次，覆盖89个工种（专业方向），近万名职工参加。12月，吴江区纺织产业工人技能竞赛基地启用。盛虹国家先进功能纤维创新中心被纳入全省十大重点工程劳动竞赛项目。（陆曦婧）

【长三角一体化】　2020年，区总工会与青浦、嘉善总工会联合签订《共建一体化示范区劳模工匠创新成果展示基地战略合作协议》，开展工建合作主题交流活动。联合沪、浙、徽等七地总工会签署《长三角区域一体化工会合作框架协议》。组织近百名职工参加长三角地区职工技能竞赛。推行一体化示范区试点景区劳模工匠旅游服务一本通，推动示范区劳模工匠旅游服务享受同城待遇。（陆曦婧）

【产业工人队伍建设改革】　2020年，吴江区、汾湖高新区（黎里镇）、吴江高新区（盛泽镇）和亨通集团、盛虹集团被确定为江苏省产业工人队伍建设改革试点地区和单位，产改工作被列入区委深改委2020年工作要点。7月，区委、区政府印发《新时代吴江产业工人队伍建设改革实施方案》，区产改办出台《关于对吴江区非公企业产业工人学历提升给予助学补助的意见》和《吴江产业工人队伍建设改革试点工作方案》，编印《新时代吴江产业工人队伍建设改革部分政策性文件汇编》。是月，省产改办在盛泽举办江苏产改直通车第二期（纺织篇）。11月，召开区产改联席会议暨工作部署现场推进会，区委书记李铭作批示。吴江产改形成“1515”

2020年7月24日，江苏产改直通车第二期（纺织篇）举行（区总工会　提供）

工作思路，被《工人日报》《中国工人》《新华日报》《江苏工人报》《苏州日报》等媒体报道，获评一市三省长三角地区推进产改工作优秀案例。（陆曦婧）

【劳模引领】 2020年，区总工会承办区庆祝“五一”国际劳动节暨劳动模范表彰大会，表彰130名吴江区劳动模范（先进工作者）。举办全国劳模事迹宣讲会，开展“思政教师进企业 · 劳模工匠进课堂”等活动20场，与苏州大学马克思主义学院、苏信学院共同成立劳模精神 · 工匠精神研究院。培育建立市级劳模创新工作室5家、区级示范性创新工作室10家、区级创新工作室15家。全年获评全国劳动模范1人，江苏省五一劳动奖状1家、奖章3人，苏州市五一劳动奖状6家、奖章26人、工人先锋号14个，推选首批苏州“最美劳动者”856人。（陆曦婧）

【非公企业工会组织力标准体系】 2020年，区总工会联合中国劳动关系学院探索“非公企业工会组织力标准体系”建设，完成《吴江区非公企业工会组织力建设研究报告》，从政治力、发展力、维护力、服务力、生命力、影响力6个维度总结提炼出非公企业工会组织力建设的规范性标准，《工人日报》关注报道。11月，《苏州市吴江区非公企业工会组织力标准体系》通过专家评审，成为全国首个非公企业工会组织力标准。开展“六力”示范职工之家培育工程，全面推进标准体系的广泛应用。（陆曦婧）

【职工心理】 2020年，区总工会举办“心之家”揭牌仪式，成立由心理志愿者、企业劳动关系协调员、公益律师“三支队伍”组成的职工阳光公益师队伍。构建职工心理服务三级网络体系，指导区镇总工会创建“心之家”分中心、心理服务室46家，举办百名工会干部心理辅导培训班，全年开展体验培训、心理志愿者培训、户外心理团建等各类心理培训80多场，覆盖2000多人次，推动心理服务不断向企业、基层延伸。疫情期间，专门组建心理志愿者队伍对职工进行心理疏导服务。（陆曦婧）

【职工文体】 2020年，区总工会推进职工文体阵地建设，启动吴江职工文艺人才库、原创作品库建设，落成启用全省首家由基

2020年5月1日，区庆祝“五一”国际劳动节暨劳动模范命名大会在吴江宾馆召开（区总工会　提供）

层工会主导的吴江区职工盆景活动基地。举办首届吴江区职工羽毛球大赛，开展大型公益书画、摄影、盆景展览6场，进企业慰问演出1场。《家在吴江》《中国平安》等原创歌曲登上学习强国平台，原创舞蹈《新时代建设者之歌》登上首届苏州市最美劳动者命名表彰大会。组织职工参加苏州市十五届运动会，以3金4银7铜的成绩取得苏州市职工组团体总分第二名。

（陆曦婧）

【劳动保护】 2020年，区总工会开展安全生产专项整治行动，引导职工参与安全隐患随手拍等活动，联合应急管理局开展“千名班组长安全生产大培训”20场。开展“送清凉、送安全、送法律”活动，区镇企三级工会筹集慰问资金223万元，走访企业484家，发放清凉物资35700份。举办区“安康杯”安全生产和劳动保护技能竞赛，开展“安康杯”竞赛活动，2443个班组16.3万名职工参与，获全国“安康杯”职工安全健康意识与应急技能知识普及竞赛活动“最佳组织单位”称号。

（陆曦婧）

【职工帮扶服务】 2020年，区总工会慰问56户特困（困难）职工家庭，送去37.95万元的慰问金和物资。推进职工爱心互助工作，发放大病和住院补助220万元、爱心助学金6.9万元、临时救助4.9万元。开展苏州市总工会创新服务项目职工“创业贷”，向26名职工发放“创业贷”1162万元。组织以抗疫先进模范、优秀技术工人为重点的1010名一线职工参与疗休养。疫情期间，慰问疫情防控一线职工2000人、企业复工复产一线职工500人、援鄂医护人员42人，发放慰问金及物资57.4万元。开展“送温暖”活动，向1000名一线职工送去10万元的慰问品。

（陆曦婧）

【女职工工作】 2020年，区总工会加强女职工服务阵地建设，开展苏州市级“亲子工作室”“妈妈驿站”示范点创建工作，代尔塔（中国）安全防护有限公司被命名为市级“亲子工作室”示范点，瑞仪光电（苏州）有限公司等6家单位被命名为市级“妈妈驿站”示范点。关注机关企事业女职工交友、婚恋需求，搭建交友联谊平台，做好女职工权益保护各项工作。获评江苏省“五一巾帼标兵”1人，苏州市“五一巾帼标兵岗”3家、“五一巾帼标兵”3人。

（陆曦婧）

【职工权益保障】 2020年，区总工会完善省级和谐劳动关系综合试验区的各项工作，联合开展和谐企业评定审核工作。深化企业民主管理制度建设，34家企业获评市级三星级工资集体协商示范企业，3家单位被市总工会评选为集体协商优秀（典型）案例。深入做好职工法律援助和维权工作，开展多形式“送法进企业”活动。在苏州市工会法律和集体协商技能竞赛中获一金三铜，成为苏州大市获奖数最多的地区。

（陆曦婧）

【职工培训教育】 2020年，区总工会以“双百双千”职工素质提升工程为载体，开展公益培训活动97场，培训职工4850人。推出“工会八点半　职工乐培训”，举办夜培训146场。加强合作办学，开展电工、叉车等职业技能培训活动26个班次，培训职工977人、学历提升4936人。开展农民工一线职工“求学圆梦”活动，3800多名职工申报圆梦助学补助，人数全省领先，向50名符合条件的产业工人拨付工会助学补助金11.47万元。

（陆曦婧）

共青团

【概况】 2020年，团区委为吴江打造“创新湖区”、建设“乐居之城”，走在一体化示范区建设最前列贡献青春力量。亨通葡萄牙海上风力输电项目团队获评第十五届“江苏青年五四奖章集体”，盛虹集团有限公司团委书记高苏健获评2019年度全国优秀共青团干部，团区委青年发展部部长马延庭获评2019年度江苏省优秀共青团干部，苏州震纶生物质纤维有限公司工段长张东升获评2019年度江苏省优秀共青团员。亨通集团崔巍、七都镇庙港卫生院邱少峰入选江苏第十届“我们身边的好青年”。团区委在全区机关综合考核中获评第一等次，被命名为年度综合考核优秀区级机关部门，团区委报送的“精心实施‘创二代薪火工程’”获评吴江区2020年度区级机关改革创新“特别奖”三等奖。

（王　潇）

【疫情防控】 2020年初，面对新冠肺炎疫情，团区委组织动员

2020年4月，团区委人员在盛泽医院、第九人民医院致敬“最美逆行者”
（团区委　提供）

全区各级团组织、团干部和团员青年参与疫情防控。第一时间发布志愿者招募令，1月27日，成立第一支青年突击队，参与疫情防控总指挥部值班辅助工作。随后陆续成立青年突击队20余支，在卡口、社区执勤直至疫情得到有效控制。组织60余名青年参加口罩、防护服生产，组织40余名青年紧急无偿献血。致敬“最美逆行者”，为吴江42名援鄂医护人员的家属和子女，送上爱心蔬菜、福袋和感恩卡。为援鄂医务人员推报荣誉，江苏盛泽医院周琴作为新冠肺炎疫情防控中表现突出的团员青年被团省委通报表扬。有效引导“创二代”和青商会企业家承担社会责任，主动对接疫情防控资源，累计捐赠防疫物资价值97.8万元、资金82.9万元。（王　潇）

【思想引领】 2020年，团区委紧密结合青少年的思想实际，努力增强党对青年的凝聚力和青年对党的向心力。疫情期间，举办“绽放战‘疫’青春　坚定制度自信”系列宣讲活动14场。出品《我们的天使》原创MV、《“疫”点爱·接力行》短视频，温暖人心，凝聚正能量。开展“青年大学习”网上主题团课，每期均有3万余人上线学习。因地制宜设立针对不同青年群体的特色青年学习社，打造“长三角—环长漾特色田园乡村带”“梨花映春”等青年学习社示范路线，同里(青年)书房青年学习社被评为江苏省级青年学习社。1月，举办“两勇一快　燃动青春”青年讲师选拔赛，选拔优秀青年讲师35人，组建吴江青年讲师团开展宣讲活动。聚焦“三大法宝青年传承、两个标杆青年冲锋”精神，开展20余场形式多样的主题实践活动。培育时代新人，在全区少先队员中开展“争做新时代好队员”主题实践教育，教育引导少年儿童致敬先锋榜样。开展三期“诵读学传——红领巾小书虫阅读漂流”活动，36名少先队员“小书虫”音频作品线上展示。4月，举办“江村娃”IP形象设计大赛，打造“江村娃”全新文化名片。8月，围绕习近平总书记关于制止餐饮浪费的重要指示，联合区总工会、妇联共同发起倡议，号召青少年拒绝“舌尖上的浪费”。在全区广大少先队员中开展“厉行节约、反对浪费”主题教育活动，教育引导少年儿童从小自觉培养厉行节约、反对浪费的好习惯。10月，举办“乡村振兴共追梦　长漾之约少年行”主题活动暨江村娃形象发布仪式，教育和引导少先队员“从小学先锋、长大做先锋”。12月，召开“学‘四史’·话发展”吴江共青团“四史”学习教育动员部署会，从历史中汲取精神力量。扎实推进新媒体融合发展，“吴江青年”微信、微博等新媒体平台累计访问量72万人次，粉丝数比2019年增加7万余人，新媒体宣传的覆盖面、影响力进一步增强。（王　潇）

【青年企业家服务】 2020年，团区委用心用情服务好“创二代薪火工程”与青商会两支青年队伍。优化“创二代薪火工程”培育服务，与区政协开展“创二代薪火工程”回头看调研活动，召开专项民主监督座谈会。创新“薪火工程青商学院”菜单式选学，与清华大学合作开发云端课程资源30余节，组织“创二代”青年到南京大学培训。承办“吴江第五期民营企业家沙龙——青年民营企业家”专场活动，举办“创二代”青年企业家沙龙汾湖、盛泽专场，搭建政企沟通互动平台。“创二代”青年崔巍、仲鸿天分获苏州市、吴江区“时代新人”称号。4月，新一届青商会完成换届，会员数增至117人。6月，举办“党建惠企聚合力 先锋青商促发展”开放式主题党日活动，发挥党建“红色引擎”作用。动员优秀青年企业家加入党组织，5名“创二代”和3名青商会会员向党组织递交入党申请书。贯彻落实“万企联万村 共走振兴路”行动，动员青年企业家通过项目联建等方式参与乡村振兴工作。针对企业提出的人才和用工需求，对接、征集发布岗位343个，链接苏州市学联等优质资源，助力企业创新发展。

（王　潇）

【青年志愿者工作】 2020年，团区委做优做实青年志愿者服务品牌，“同学，你早！”青春护航志愿者行动新增104所学校（幼儿园），累计参与学校142所，近2万名家长志愿者轮班护送10万多名小学生。组织礼仪志愿者服务2020年智慧农业改革发展大会、长三角生态绿色一体化发展示范区吴江区建设工作现场会等大型会议活动。招募46名机关企事业单位的青年组建吴江区防汛青年突击队，与镇区团组织3支志愿者队伍57名志愿者，参与防汛救援11次。7月，发布《吴江共青团“美美江村　青力同行”2.0版方案》，进一步深化拓展吴江青年助力乡村振兴系列行动，实施吴江青年“手绘乡村”志愿服务行动，招募青年志愿者2065人，到27个村（社区）开展青年“手绘乡村”，完成墙绘作品48幅，近3000平方米；开展乡村环境整治128场，选树农村精英47名、乡村振兴好青年12人，形成青年优秀文创作品20件，开展扶贫帮困活动9场，引领吴江青年在乡村振兴战略中建功。开展“吴小蜂”垃圾分类行动，成立“吴小蜂”垃圾分类青年志愿者总队，举办“垃圾分类我先行 青春引领新时尚”主题宣传实践活动，编排《垃圾分类青春手册》手势操舞、发布主题MV，全面发动青少年投身垃圾分类新时尚。

（王　潇）

2020年5月22日，团区委组织吴江新兴青年助力“姑苏八点半·繁华吴江夜”

（团区委　提供）

【青少年联系服务】 2020年，团区委牢固树立以青年为本的服务理念，保持与广大青年的密切联系。启动《吴江区中长期青年发展规划（2020—2025年）》编制工作，引入苏州大学项目团队，组织开展分层分类的青年代表座谈调研，推进规划编制落地落实落细。9月，召开苏州市吴江区青年联合会第六届委员会第一次全体会议，凝聚吴江各族各界、各行各业的青联委员力量，谱写新时代青春之歌。助力“姑苏八点半·繁华吴江夜”。5月，开展“青春来点亮”主题活动。推出“旗袍小镇”沉浸式体验游，开设“青匠集市”“后备箱夜市”，组织青年一起打卡。充分利用“青年之家”等共青团阵地资源，开展“青春故事分享会”等系列青少年文化活动30余场。与各银行网点、商业综合体联合，建设服务快递小哥、外卖小哥休息补给的“青春加油站”18个。开展吴江“彩虹菁英”大学生家乡行活动，首批彩虹菁英近距离感知吴江新变化。举办2020年度知名高校大学生来苏暑期实习活动，16位名校优生到吴江暑期实习一个月。发挥“苏创”校园使者品牌效应，赴吉林大学、浙江大学开展“校园苏州日”系列活动。开展“借‘光’行动 照亮未来”关爱困境儿童项目，帮扶困难青少年50名。开展“童享阳光”一对一牵手关爱集中服务日活动，走访慰问吴江区事实无人抚养儿童15名。开展青少年“法治公开课”活动，申报省级示范课，切实增强青少年法治观念，预防青少年违法犯罪。（王　潇）

【夯实基层基础】2020年，团区委牢固树立重视基层、大抓基层的鲜明导向，全力补短板、强弱项，有效提升团的组织力。依托“智慧团建”，规范团员档案、团籍管理、团员身份认定、团员发展和教育等基础团务工作，全年发展团员2200名。理顺并优化团区委和机关团工委直属团组织架构，调整后吴江团区委直属团组织有32个，机关团工委直属团组织28个。新建非公企业团组织500个。举办2019—2020年度吴江区级青年文明号争创集体评审工作，25个青年集体争创吴江区青年文明号。联合区应急管理局开展青年安全生产示范岗创建工作，全区有10个青年岗位集体被评为吴江区青年安全生产示范岗。开展青年岗位能手认定工作，邹文兵等75名青年被评为2019年度“吴江区青年岗位能手”，授予吴江经济技术开发区综合治理联动指挥中心团支部等68个集体为2019年度“吴江区优秀团支部（团总支）”，授予沈璋俊等67名青年为2019年度“吴江区优秀团支部（团总支）书记”。7月，举办“青春心向党·建功正当时”吴江区年轻团干部能力素质提升训练营，通过主题演讲、主题训练、主题汇报等形式提升团干部素质。11月，举办2020年度吴江区基层团干部培训班，160名团干部参加培训。（王　潇）

2020年10月10日，举办吴江区年轻团干部能力素质提升训练营结业仪式（团区委　提供）

妇　联

【概况】2020年，区妇联围绕党政大局和妇女所需，在思想政治引领、促进妇女发展、建设家庭文明、维护妇儿权益等方面取得明显成效，获“江苏省三八红旗集体”称号。（沈　晴）

【思想政治引领】2020年，区妇联广泛开展党的十九届五中全会精神学习和“四史”学习活动。联合青浦、嘉善妇联共绘长三角一体化巾帼红色地图，发布吴江区巾帼党性教育观览点24个。开展“纪念三八国际妇女节110周年——致敬最美巾帼奋斗者”网络宣传服务活动、第三届吴江区十大“最美基层巾帼之星”和第一届吴江区“最美娘家人”网上命名活动。（沈　晴）

【城乡妇女发展】2020年，区妇联联合青浦、嘉善妇联推动长三角WOMAN齐发展——女性发展合作项目，成立长三角巾帼云创客联盟，开展线上线下带货行动10余次。承办苏州市妇联主办的长三角一体化发展示范区三城女性创新创业大赛。深入开展“美丽庭院”示范项目建设，第三轮8个项目落地实施。七都开弦弓村被命名为江苏省“美丽家园”省级示范点。联合区农村人居环境整治工作联席会议办公室、区农业农村局开展“美丽菜园”创建活动。联合中国银行吴江分行推出“巾帼荣誉贷”项目。联合区税务局，面向女企业家举办税收政策分享座谈会。联合区人社局举办“三八架金桥　春风送岗位”线上女性招聘会，有85个招聘单位发布需求岗位231个，需求人数1305人。启动“木兰启航”女大学生暑期实践活动，有145名女大学生在岗实习。开

展育婴、烘焙、烹饪、收纳等女性技能培训班20期，培训1050人次。（沈　晴）

【家庭文明建设】2020年，区妇联联合区文明办开展"最美家庭（文明家庭）"寻访活动，从170户入围家庭中评选出十大"最美家庭（文明家庭）"及十大提名家庭。周根宏家庭获评"第十二届全国五好家庭"，章梅妹、高彩明、陈不柔三户家庭分别获评省最美家庭、五好家庭。张建妹家庭获评苏州市最美家庭，秦钧天家庭等9户家庭入围苏州市最美家庭。联合苏州农商银行推出"鲈乡好家风信用贷"。举办《如何做新时代的智慧父母》科学家教公益讲座，在"吴江女性"微信公众号推出"品书香　享阅读"家庭共读等群众性线上活动。向基层推送线上线下各类家庭教育公益讲座8场。联合区纪委监委举办"鲈乡廉内助"主题教育活动。开展第四届妇女儿童家庭微创投活动，全年推送服务项目62个。举办三期"姻为有你　乐居吴江"吴江区人才交友联谊会活动，有150名单身人才参加活动。发出创建全国文明城市倡议书，发动各级妇联组织、巾帼志愿者开展入户宣传、清理街道、垃圾分类等志愿服务活动。工青妇联合发出拒绝"舌尖上的浪费"倡议书。（沈　晴）

【妇儿权益维护】2020年，区妇联在各区镇、机关单位开展《反家暴》《家事纠纷》《未成年人权益保护及犯罪预防》案例口袋书公益巡回宣讲23场，直接受益妇女儿童741人次。完成口袋书系列第四册《"三养"——抚养、赡养、收养案例口袋书》编印工作，召开新书发布暨首场宣讲活动。（沈　晴）

【妇儿民生实事】2020年，区妇联继续推动公共场所母乳哺育室建设，新建公共场所母乳哺育室8家。持续资助贫困儿童109名，发放助学款11.14万元。开展节日走访慰问，春节期间，走访慰问困境母亲40名、困难儿童32名，送上慰问金11万元；"六一"期间，陪同区领导走访慰问贫困儿童14名，送上文具、书、慰问金等9200元。开展"守护童年 牵手共成长"2020年暑期儿童关爱服务系列活动，举办"童行有你"儿童夏令营。发动各级妇联干部、执委、巾帼志愿者、女企业家快速响应区委、区政府疫情防控部署，深入一线开展各类志愿服务，组织招募巾帼志愿服务者支援防疫物资生产，加工包装口罩105.6万只；实施"娘家人暖心行动"，为42名援鄂医护人员家庭送去价值10.5万元的暖心菜。累计发动捐款60余万元，全区女企业家捐赠口罩30万只、免洗消毒液3000瓶、防护服200件，为打赢疫情防控阻击战贡献巾帼力量。（沈　晴）

2020年5月15日，举办吴江区"最美家庭（文明家庭）"命名暨新一轮寻访启动仪式。图为为"最美家庭（文明家庭）"颁奖（区妇联　提供）

【基层组织建设】2020年，区妇联制定《吴江区妇联改革活力提升计划工作方案》，深化妇联改革成效。由区委办、区政府办牵头，分别成立两个区级机关联合妇联。新建区融媒体中心妇联和吴江消防大队妇联。联合区委组织部、区民政局下发《关于在村（社区）两委换届中推进女性参选工作的通知》，进一步推进女性参选工作。举办吴江区妇联干部能力提升培训班，近70名妇联干部参加培训，提高妇联干部的理论素养和业务能力。（沈　晴）

工商联

【概况】 2020年，区工商联获评2018—2019年度苏州市促进民营经济发展先进集体。是年，区川渝商会、头巾纺织商会成立。至年底，全区有区级商会组织41个，镇级行业分会52个，商会总数93个，会员4850家。其中，镇商会4个（平望、震泽、七都、桃源）、开发区商会4个［太湖新城（松陵镇）、吴江开发区（同里镇）、汾湖高新区（黎里镇）、吴江高新区（盛泽镇）］、社区商会5个（南麻、坛丘、横扇、同里、铜罗）、村商会1个（黄家溪）、新一代企业家商会1个、异地商会8个（福建、温州、广东、湖北、江西、安徽、河南、川渝）、区级行业商（协）会18个（蚕丝同业公会、羊毛衫同业公会、缝制机械、会计服务、纺织、鞋业、钢业、纺织机械、地板木业、涂层、织造、绿化、餐饮业、汽车流通、大提花织造、家居木品、婚庆行业、头巾纺织）。

（易雪晴）

【工商界参政议政】 2020年，区工商联围绕“联企抗疫、助企复工复产”，依托基层商会开展调研走访活动，提升参政议政质效。与上海市青浦区、嘉兴市嘉善县工商联密切“毗邻商会”合作，共享调研成果，促进全区民营经济快速融入“长三角一体化”。联手各镇经发局开展上规模民营企业调研，辅导和协助区内年产值5亿元以上企业参与“中国民营企业500强”“江苏省民营企业百强”“苏州民营企业100强”等调研评选，做到应报尽报，上报数量比2019年增长一倍，吴江企业占比大幅提高。稳步推进“三项制度”，协助举办6次企业家沙龙，督办民企沙龙意见建议84条、微信群意见建议10条，报送信息直报平台意见建议88条，满意率测评均为100%。完成《2019年吴江区民营经济发展报告》《2019年吴江汾湖高新区经济运行分析》《2019年吴江区会计行业发展报告》《2019年亨通集团发展报告》《新冠肺炎疫情下推进我区纺织业健康发展的对策建议》《新一代青年企业家成长情况调研》《新时代吴江民企践行社会责任建议》等多篇调研报告及建议，提交政协提案两篇。

（易雪晴）

【工商界宣传教育】 2020年，区工商联为进一步形成大党建、大统战、大联合的工作格局，成立区民营经济人士理想信念教育中心，利用“线上+线下”相结合的宣教新模式，提升宣教工作水平。线上依托网站、微信公众号、企业微信平台征集企业意见建议，开展信息推送、政策宣讲和先进典型事迹推介。线下根据需求，组织开展不同规模和层次的考察交流、学习培训活动。先后举办“追寻茅山烽火 · 弘扬铁军精神”“学四史砥砺初心 · 担使命聚力前行”“青春有你 · 创就未来”“青吴嘉四史毗邻共学”等7场主题教育及“十九届五中全会精神宣贯”“中小企业财税知识讲座”“民法典宣讲”等5场专题培训。全年报送和发布信息390条。陈建华获“全国优秀企业家”“全国抗击新冠肺炎疫情民营经济先进个人”称号，崔根良、沈小平获首届“长三角慈善之星”称号，王友林获“2020苏商数字化转型领军人物”称号。盛虹控股集团、亨通集团上榜“2020中国民营企业社会责任领先企业榜单”。

（易雪晴）

【工商联服务立会】 2020年，区工商联立足职能服务，全面助力营商环境优化。狠抓基层商会党建，新增家居木品商会、震泽蚕丝同业公会、头巾纺织3家商会党支部，有基层商会党组织15家。打造“商会生态圈”，与上海青浦区、嘉兴市嘉善县工商联开展互访互联，主办联动会议5次；带领会员企业赴云南、泗阳扶贫对接；组织新一代企业家商会赴张家港，江西商会赴莫干山等地学习交流；接待来自新疆和田以及常州、宜兴、太仓、张家港、常熟、宜兴等地统战部、工商联参观考察。联合区人社局、合鼎律师事务所围绕“企业复产复工”等相关问题开展调研，送政策上门；与区税务局、人社局、应急管理局及律师事务所开展“政策宣讲进商会”活动；与区发改委、工信局、行政审批局开展优化营商环境对接座谈；与区检察院合作开展“企业案例直播”，提高企业风险防控能力。持续做优商会品牌，平望镇总商会、黄家溪商会获评全国四好商会；开发区总商会、黄家溪商会、新一代企业家商会、福建商会获评江苏省四好商会，盛泽镇总商会、桃源镇总商会、震泽镇总商会、开发区总商会、黄家溪商会、织造商会、蚕丝同业公会、福建商会、江西商会、新一代企业家商会、涂层商会、平望镇总商会、汾湖总商会、盛泽南麻商会、会计服务协会、七都镇商会、大提花织造商会、婚庆行业商会、餐饮业商会获评苏州市四好商会。恒力升至世界500强第107位，盛虹首次登榜世界500强，位列第455位。恒力、盛虹、亨通、通鼎4家会员企业列入2020年中国企业500强名单，分别位列第28位、111位、200位、409位。恒力、盛虹、亨通、通鼎、永鼎5家会员企业列入2020年中国民营企业500强名单，分别位列第4位、22位、49位、187位、308位。5家企业入围省民企制造业100强，7家企业入围省民企创新100强。聚杰微纤、赛伍技术、海晨股份、世华科技4家企业成功上市，过会3家。（易雪晴）

【工商联抗击疫情】2020年，区工商联在抗疫斗争中，充分发挥桥梁纽带作用，协调政企共同抗疫。选派干部职工赴街道、高速卡口等疫情防控一线；畅通信息渠道，征集企业抗疫情况、转发通知要求、释读惠企政策；利用三项制度直报系统及时反映企业诉求，解决企业困难；发布联企抗疫倡议，组织商会录制视频为战“疫”发声，树立爱心驰援标杆、社会责任标杆、复工复产标杆。抗疫期间，区工商联筹措平价口罩26.5万只、额温枪1510把；举办企业防疫复工直播讲座5场，解读惠企政策10余篇；调研走访商会20多家、企业近百家；反馈和协调企业复工复产困难60余条，惠及中小微企业200多家。全区民营企业累计捐款捐物近2亿元，其中恒力集团捐赠1.2亿元和2.1万套防护服。（易雪晴）

【工商界报答社会】2020年1月21日，在区委、区政府举行的新春团拜会现场募捐活动中，区工商联会员企业捐款4000多万元，占捐款总额的52%，其中恒力、亨通、盛虹各捐500万元，永鼎、康力各捐300万元，通鼎捐200万元，东方恒信捐120万元，明港道桥捐118万元，伟业、迈为、博众精工、凯伦股份各捐100万元，华源控股捐85万元。亨通、盛虹、恒力、通鼎、康力、永鼎、科林、东方恒信、华源控股、吴江变压器等14家企业被评为吴江区“手拉手、送温暖”慈善项目爱心企业。8月25日，区工商联组织15名受光彩助学资助的大学生开展“看家乡变化、话人生理想”实践活动，带领学生参观民企，助力校企人才对接。是月，为90名大学生发放助学金7000元每人。9月25日，在苏信学院举办“青春有你·创就未来”吴江区民营企业家理想信念报告会暨民营企业进高校活动，深化校企合作，激励青年企业家和学生共同成长。（易雪晴）

侨　联

【概况】2020年，区侨联结合长三角生态绿色一体化发展示范区建设各项部署要求，投入疫情防控，为夺取“双胜利”贡献侨界力量；以深入落实中国侨联和区委深改委工作要求为重点，推进基层侨联组织和“侨胞之家”建设，夯实为侨服务基层组织，做好各项联络联谊交友工作。（杨　丹）

【抗击疫情】2020年，区侨联领导班子带头深入交通卡口、社区摸排登记过往旅客和住（租）户信息。指导吴江唐仲英爱心社开展网络抗疫宣传，协调捐赠一批防护服支援湖北黄石。坚决守住“外防输入、内防反弹”防线，及时面向全区侨界群众、海外侨胞和留学生群体开展疫情防控宣传，线上推送温馨提示、线下发放抗疫传单，向吴江籍海外侨胞通报疫情防控最新政策，寄送爱心防疫物资。配合区涉外疫情防控指挥部摸排、收集、汇总关键节点涉外疫情信息。调研、跟进、服务侨企复工复产，联合致公党吴江支部走访重点企业，接待市委统战部到吴走访调研工作，为侨企疫情防控和下一步发展建言献策。（杨　丹）

【为侨服务】2020年，区侨联做好唐仲英基金会服务联络工作。积极开展侨法宣传，维护侨胞利益，疫情期间创新采用出租车顶灯展示方式开展工作。召开苏州大学侨青会吴江校地合作座谈会，牵线苏州大学与华佳集团共建协同创新中心，探索建立“校企合作”新发展模式。联合企业家服务平台举办涉侨法律宣传活动，邀请税务律师和派出所相关负责人面向侨企进行法律宣讲和易制毒化学品日常管控业务培训。面向侨界代表开展统战领域安全生产专题宣讲。组织部分侨企代表参加为侨服务系列讲座及银企对接苏州专场活动。向侨界征集并上报省侨联“侨界守望相助　战疫有我”摄影摄像大赛参赛作品，展示吴江侨界抗疫风采。组织区侨联委员和部分侨企赴上海市青浦区开展“清风线·联廉看”廉洁文化观览活动，推动侨务工作融入长三角一体化发展格局。组织吴江区代表参加苏州市侨联九代会。坚持“以人为本”，在春节、端午、中秋、重阳等节点走访全区归侨、侨眷、留学生家庭和侨资企业，给200余名侨界群众送上温暖和祝福。（杨　丹）

【联络交友】2020年，区侨联承办苏州评弹《雪山飞狐》赴香港演出预演，促进苏、港两地文化交流。在《欧洲时报》专版宣传黎里古镇，扩大吴江海外影响力。与区“四站两会”（吴江德国慕尼黑招才引智联络站、吴江德国法兰克福招才引智联络站、吴江法国巴黎引资引智联络站、中国吴江美国波士顿招才引智联络站、吴江北美创业联谊会和震泽中学海外校友联谊会）平台联系，为疫情防控形势下吴江国际精英创业周的创新开展招揽人才。完成留学生群体和海外引资引智联络站等资源对接联络，助力长三角世界高校人才洽谈会举办。接待常熟市侨联、侨办和青浦区侨联到吴调研，围绕加强侨务文宣、更新阵地建设理念、完善基层组织架构和深入推进侨务工作融入长三角一体化发展等主题交流座谈。（杨　丹）

【自身建设】2020年，区侨联召开七届九次全委会议，学习传达上级侨联会议精神。赴各区镇、街道开展基层侨联组织建设调研工作。组织全区统战干部到吴中区学习。指导推进基层侨联组织和为侨服务工作阵地建设，成立基层侨联组织9家，揭牌“侨胞之家”活动场所10家。引导各级侨联开展为侨服务工作，参与侨法宣传。“吴江丝绸文化创意产业园”“费孝通江村纪念馆”“汪宅（中国科学院院士汪集旸旧居）”“黎里古镇”“太湖雪桑蚕文化园”5家单位申报苏州市华侨文化交流基地。区侨联被苏州市侨联评为“最美侨胞之家”。（杨　丹）

文　联

【概况】2020年，区文联下辖作家、书法家、美术家、曲艺家、民间文艺家、戏剧家、摄影家、音乐舞蹈家、收藏家、诗词10个协会，有会员1584人，其中国家级会员121人、省级会员178人、市级会员271人。文联及各协会举办的活动，会员发表、获奖、入展作品的数量和质量均比2019年有所提高。（张建栋）

【文学创作】2020年，苏野、尼楠、李云、周耗等人的小说、诗歌作品发表于《大家》《钟山》《雨花》《小说选刊》等刊物；李云出版小说集《盛夏》，小说《丽春》获《广州文艺》第五届“都市小说双年展”优秀作品奖；周平出版诗集《用老家的泥土疗伤》。（张建栋）

【美术、书法作品获奖（入展）】2020年，钱兆峰的油画《故园晨曦》入选中国美术家协会主办的百年圆梦——2020中国百家金陵画展；翟晓声的水彩画《风行者》和周建捷的粉画《尘》入选中国美术家协会主办的第十二届全国水彩·粉画作品展；周建捷的油画《白夜》入选第九届全国（大芬）中青年油画展；在十一届江苏省油画展中，钱兆峰、周建捷、吴小非、翟晓声、徐杨越5人获优秀奖，其中钱兆峰、周建捷获凤凰奖（最高奖），创江苏省油画展吴江最好成绩。顾宇驰的书法作品入展省文联和省书法家协会主办的省书法家协会成立四十周年省书法全国奖、兰亭奖获奖作者作品展；王建森、李雅英等11人作品入展省书法家协会主办的省第十二届新人新作展。（张建栋）

【民间文艺作品发表（参展、参演）】2020年，人民日报新媒体刊登金云林、周鑫华、谢俭、樊秋华的作品20篇；国家及省、市三级民间文艺新媒体发表吴建桥的漫画、周鑫华的农民画、计建明的剪纸作品；周鑫华在市第二工人文化宫举办吴江农民画展，展出作品30幅；沈全弟、江仙丽的宣卷《乾隆认女》在市民间艺术节演出；市纪委选中沈全弟、江仙丽的家风廉政宣卷《清清荷花漾》，参加会演。（张建栋）

【音乐作品发表（获奖、参演）】2020年，吴晓风作词、蒋利平作曲的歌曲《生命线上的守护者》入选中国文联、中国音协主办的全国优秀“战疫”公益歌曲展播系列和中国文联“以艺战疫”优秀文艺作品网络展演(音乐)；吴晓风作词、杜小甦作曲的歌曲《丝语江南》入选省委宣传部主办的“中国梦”主题新创作歌曲优秀作品；吴晓风作词、吴利明作曲的歌曲《亿万个中国梦》入选上海音乐出版社出版的“在收获的田野上”全面小康大众金曲25首CD，入选脱贫攻坚大众金曲100首；华也作词、崔安强作曲的歌曲《点亮生命》入选省委宣传部主办的“中国梦”主题新创作歌曲；华也作词、唐荣作曲的歌曲《风雨后阳光终于来到》获省文联主办的2020省文艺大奖音乐奖声乐作品三等奖；华也作词、贾春梅作曲的歌曲《好日子一起过》获河北省文联、河北音协主办的2020“歌唱祖国 礼赞英雄”——全面建成小康社会主题歌曲评选优秀奖；华也的歌词《记住那艘红船》获中国合唱协会、浙江省音协和嘉兴市南湖区人民政府主办的第三届“红船颂 · 南湖情”全国原创歌词征集活动评选入围奖；2月9日，中央电视台9套元宵戏曲晚会播出华也作词、陈勇作曲的苏州评弹《绽放》。

（张建栋）

【戏剧、曲艺作品获奖(参演)】2020年，顾学风与人合作创作的戏歌《逆影》在中国剧协公众号、浙江电视台影视频道等众多国内网络媒体和海外网络媒体、电视台展播；剧协演出的越剧小戏《早餐铺子》参加市小戏小品比赛，获铜奖；许校华和任旭姣演出的苏州评弹《两岸母子情》获中国曲艺家协会主办的第十一届中国曲艺牡丹奖全国曲艺大赛(苏州赛区)比赛“节目入围奖”；任旭姣表演的故事《武汉加油》获省曲协首届省故事会大赛“优秀奖”；杨久义创作的相声《玫瑰花与仙人球》获北京市文联、北京市曲协主办的2020北京少儿曲艺大赛“新苗奖”；吴雪森和许龙生创作的弹词开篇《抗疫出征送瘟神》获省残联、省文旅厅等单位主办的第十届全省残疾人艺术会演一等奖；陈仕洁和徐卓斌演出的中篇弹词《柳亚子历险记》获市文广旅局主办的第三届苏州文华奖“主题创作特别奖”。

（张建栋）

2020年5月6日，区文联组织召开八届二次全委会　（区文联　提供）

【区文联八届二次全委会】2020年5月6日，区文联组织召开八届二次全委会。区委常委、宣传部部长汤浩，副区长张炳高，区委宣传部副部长孟庆利，区纪委第三纪检组组长王建平等出席。会议审议通过区文联主席孙俊良的工作报告，总结2019年区文联取得的主要成绩，提出区文艺格局提升的重要策略。在新的历史时期，区文联抓住长三角区域一体化发展的战略优势，重点围绕“一湖三河三名人”(一湖是太湖，三河是吴淞江、大运河、太浦河，三名人是柳亚子、费孝通、程开甲)开展文艺创作活动，深入实施“菁英、雏鹰、博雅”三大计划，为打造“创新湖区”、建设“乐居之城”贡献文艺力量。会议举行“湖海边”微信公众号首发式暨“青吴嘉”三地文艺联盟启动仪式，为汇聚三地文艺工作者、致力于长三角经济文化一体化发展创造平台。

（张建栋）

【吴江书画院建院三十周年】2020年5月6日，由区文联主办，区书画院承办的“纪念吴江书画院建院三十周年——暨2020墨香早春书画作品展及菁英计划启动仪式”在区职工文体中心开幕，区委常委、宣传部部长汤浩，副区长张炳高出席。开幕式上，为35位吴江书画院第

六届特聘书画家颁发聘书，现场展出他们的精品新作近70件。（张建栋）

【"琴近太湖"艺术品牌活动】 2020年10月下旬，第三届"琴近太湖"太湖国学音乐小镇古琴系列活动举行。鲈乡琴社创意性地开展线上音乐会，邀请吴钊、龚一、李凤云、王建欣、朱晞等全国一流古琴名家到吴江录音、录像，结合太湖七都地方名人、名胜、名曲，进行美文、美景、美意的艺术化组合，在国琴网、江南时报网等媒体首播推送，为"小众"的古琴艺术走向大众审美、服务乡镇旅游，做出探索，活动得到全国范围内的广泛关注与认可。（张建栋）

【文艺抗疫活动】 2020年，区文联全员投身疫情防控志愿服务，深入社区、街道、卡口一线，做好组织联络、检测排查、疏导解释等工作。文联下属各协会响应上级部门工作部署，先后创作近800件各类文艺作品。吴江文艺抗疫情、吴江作家抗疫文学作品选、抗击新冠诗词专辑、吴江剧协抗疫文化创作集锦、"你我携手、丹青有爱——吴江美协抗击疫情主题创作展"等抗疫作品专集先后在"吴江文艺"微信公众号宣传推送。收藏家协会通过微信群发动会员开展义拍，拍得善款23532元，定向捐赠给苏州九院。吴晓风作词的《生命线上的守护者》，成为中国音协《全国优秀"战疫"公益歌曲》之一，在各个媒体上广泛传播。徐方与多位国内知名歌词作者合作，其谱曲并演唱的《穿过寒流去爱你》，分别在中央广播电视总台、国务院新闻办等网站予以推送、报道。书法家协会号召会员宅家临帖，举办"安之若素——区书协会员宅家临帖网络交流展"。（张建栋）

2020年4月2日，创作诗笺赠援湖北医护人员　　（吴斌　摄）

【"一湖三河三名人"主题文艺活动】 2020年，区文联开展"一湖三河三名人"文艺活动。"湖海边"微信公众号刊发撰写七都、同里和太浦河等多篇采风记；与其他部门合作开展长三角采风活动。区文联全年为太浦河流域、运河流域和太浦河沿岸的区镇、街道提供各种文艺智力服务数十次，为太湖新城"运河小镇"规划、横扇街道"太浦河文化馆"规划、七都"古桥探寻"与溇港文化项目、震泽"古镇修缮与整治设计"和"康庄"复建项目等提出建设性创意和建言。联合市美术家协会、区经济开发区党政办举办首届"运河书院杯"苏州市国画作品邀请展。与相关区镇、协会联合举办冠名杯赛活动，组织第四届"柳亚子杯"全国诗词大赛；完成中篇评弹《两弹元勋程开甲》的创作。2020年适逢费孝通诞辰110周年，区文联联合市书法家协会、七都镇人民政府举办"美美与共"中青年书法名家作品展，邀请124名苏州青年书法家，分别以费老诗词为题材，精心创作书法作品，寄托缅怀之情。（张建栋）

【"博雅、菁英、雏鹰"计划】 2020年，区文联深入实施"博雅、菁英、雏鹰"三大计划，从引进文艺名家资源、打造本土文艺骨干、传承培育新生力量三个方面夯实吴江文艺发展的良好势态。"博雅"计划中，区文联邀请文艺名家"情系吴江"，开展多形式讲学活动，通过多平台推出吴江名师，打造吴江专业艺术人才库。"菁英"计划中，吴江书画领域以师徒结对的形式开展公益传承活动。吴江书画院开设首届吴江"80后"书法精英班，每周开课；开设书画国画公益班，选拔学员15名，逢双周开课，为壮大吴江书画领域的后备力量创设培训机制。雏鹰计划中，区文联继续做好传统文化进校园活动，聘请吴江文艺家走进中小学，开展传统艺术教学普及工作。（张建栋）

【融入长三角一体化系列活动】2020年，吴江区文联起草、倡议发起的“青吴嘉+”长三角文艺联盟得到上海青浦、浙江嘉兴、嘉善文联响应，举行首次联席会议，确立“青吴嘉+”文艺联盟模式和联席会议机制，创建“湖海边”联盟平台，参与和服务长三角一体化国家战略，成为全区党政群机关最早创设长三角联盟的部门，实现文联工作创新格局新突破。联盟受到上海嘉定区委宣传部和文联的关注与重视，主动希望加入文艺联盟，形成“青吴嘉+”四地模式，锡山等周边地区文联意愿加盟。文艺联盟通过联席会议制度、文艺活动交流和合作机制等措施，实现机制化、常态化。“湖海边”联盟平台由线上延伸到线下交流合作，参与度高，开展“聚焦江南”三地云摄影展、“纪念吴镇”三地书画展等活动，推动长三角文艺联盟的发展。

（张建栋）

【传统文化进校园】2020年，区文联聘请吴江文艺家走进中小学，开展书法、美术、诗词、剪纸、灯谜、古琴等传统艺术教学普及工作。联合区教育局启动首届“雏鹰杯”中小学生硬笔书法大赛，评出一等奖20名、二等奖30名、三等奖50名、入围奖97名，举行开幕式暨颁奖展览活动。区书法家协会组织书法家到七都中学，给学校50余名学员作专题讲座和示范性临摹。区美术家协会组织美术家到区平南学校，为该校师生送上艺术大餐，捐赠爱心企业家认购现场创作作品的善款。（张建栋）

【文艺惠民】2020年，区文联按月举办惠民展览，有区美术家协会的“返景化境”美协国画写生作品展、油画写生作品展、凌淦群国画个展、“迭璧焕绮”陈宝良师生美术作品展；区书法家协会的“海棠依旧”张小丽书法作品展、“静待花开”新晋省书协女会员黄莉、沈春梅、钱美、朱舜蕾四人书法展、“笔墨之林”郭福林书法作品展、朱兴根书法作品展、“境由心造”顾宇驰书法精品展；区摄影家协会的摄影精品巡回展、“西部印象”周莺摄影作品展、钱志兴摄影图片展、“生活五彩斑斓”吴英姿摄影作品展。区曲协骨干会员参观学习垃圾分类知识，创作上海说唱、苏州评弹、快板、歌曲、广场舞、表演唱、三句半、小品、相声、魔术等10个曲艺门类18个节目，以文艺轻骑兵的形式到社区开展垃圾分类巡回宣传演出。区戏剧家协会围绕“我们的节日”，开展送戏下乡演出活动。（张建栋）

2020年1月13日，青浦区、吴江区、嘉善县三地文联代表在水乡古镇黎里友好结盟 （区文联 提供）

【文艺载体建设】2020年，区文联发挥吴江文艺网，“吴江文艺”“吴江书画”“湖海边”微信公众号等对外宣传主阵地，坚持正确的舆论导向，推送吴江重要的文艺信息。是年，吴江文艺网推送近百条信息，被苏州文联网采用20余条；3个微信公众号推送内容百余条，产生广泛影响；区文联巩固千道茶艺、研山美术馆、过云书院等文艺阵地，使其成为文艺活动的重要窗口。

（张建栋）

红十字会

【概况】2020年，区红十字会

加强党支部建设、推进红十字会改革、参与疫情防控、聚焦主责主业、融入长三角区域一体化发展，为推动全区经济社会发展贡献红十字力量。全年筹集人道资源价值2176.02万元，发放救助款427.94万元，发放救助物资1792.12万元；开展苏州市公益性应急救护培训实事项目，培训20629人（普及性救护培训18766人、初级救护员培训1863人）；招募造血干细胞志愿者319人，初配23人、高分辨6人、体检2人、成功捐献1人；新增线下遗体捐献登记72人、器官捐献登记45人、角膜捐献登记60人，实现身后捐献12例、角膜10例。区红十字会获评江苏省红十字会系统抗击新冠肺炎疫情先进集体。10月16日，全国人大常委会原副委员长、中国红十字会原会长华建敏视察同里红十字救护站，对同里景区红十字救护站建设给予高度评价。（乔煜青）

【红十字改革】 2020年，区红十字会以健全基层红十字组织建设、理顺管理体制为目标，推进机制创新，促进红十字事业发展。7月，深改组讨论通过《苏州市吴江区红十字会改革实施方案》，22条改革措施促进红十字事业高质量发展。9月，召开第六次会员代表大会，首次成立监事会，配备1名挂职副会长。优化基层组织设置，区镇（街道）红十字组织全部完成换届，进一步完善工作网络体系，为开展红十字工作提供组织保障。（乔煜青）

【红十字宣传】 2020年，区红十字会将传统媒体和新媒体融合，线上线下同步唱响红十字声音、讲好红十字故事、传播红十字精神。利用“世界红十字日”“世界急救日”等节日，策划各类主题活动；利用网站、微信等新媒体传播手段，创新宣传形式，提高舆论影响。通过壮大信息员队伍、巩固各类宣传阵地、挖掘典型人物等举措，将宣传工作渗透到各项工作中，进一步弘扬正能量。全年在报纸、电视台、各级网站刊登红十字新闻291篇，获2020年度中国红十字会总会报刊宣传先进集体二等奖、2020年度苏州市红十字系统宣传信息工作先进单位。（乔煜青）

2020年10月16日，全国人大常委会原副委员长、中国红十字会原会长华建敏视察同里红十字救护站（区红十字会　提供）

【红十字“三救”工作】 2020年，区红十字会围绕打造红十字“救”在身边品牌，持续提升服务群众水平。面对突发新冠肺炎疫情，区红十字会第一时间启动应急响应，向社会发布接收捐赠公告，广泛动员社会爱心力量，规范高效接收和发放捐赠款物，第一时间将口罩、防护服等抗疫物资送到一线。全年接收“疫情防控”社会捐款350.64万元，接收口罩、防护服、负压救护车等抗疫物资63批次，价值1711.25万元，接收捐赠物资价值位列苏州各县、市（区）第一。助力对口扶贫，向印江地区贫困人口发放爱心衣服1159件，价值35.52万元。推动救护培训“六进”（进社区、进农村、进学校、进机关、进企业、进重点行业）活动，拓展救护培训新领域。全年完成救护员培训1863人，普及性培训18766人，为企业安全生产和员工生命健康提供有力保障。与区应急管理局签署应急救援联动工作机制合作协议，在信息共享、指挥调度、资源协同保障、应急演练和培训等方面建立合作。与上海青浦、嘉兴嘉善签署《长三角三地红十字会合作框架协议》，做大、做强长三角区域救护事业。9月

28日，三地红十字会参加“消除事故隐患　筑牢安全防线——2020年第三届进博会安全保障暨长三角一体化示范区综合应急演练”，完成演习任务。

（乔煜青）

【红十字“三献”工作】2020年，区红十字会加强生命关爱工程建设，多形式开展无偿献血宣传和造血干细胞招募活动，借助社会组织力量，加大宣传力度，在献血屋、献血车等地组织志愿者开展劝捐宣传，倡导适龄健康公民加入爱心行列。6月19日，最美退役军人徐华宇捐献造血干细胞，为患有血液病的3岁小男孩送去希望。开展捐献志愿者联谊与走访慰问、入库志愿者回访等活动，构建“全周期”关爱服务。依托红十字“博爱家园”等阵地，开展遗体（器官、角膜）登记咨询服务。开展江苏省人道项目“蒲公英的种子”，服务捐遗登记志愿者，全年开展活动26场，服务558人次。应对疫情风险，清明前夕推行遗体和器官捐献者网上祭祀活动。重阳节前走访慰问70周岁以上遗体（器官、角膜）捐献登记志愿者，弘扬社会新风尚。

（乔煜青）

【红十字志愿服务】2020年，区红十字开展红十字特色活动，壮大志愿者队伍，规范志愿者管理，抓好志愿者招募、培训、管理、激励和保障等环节。通过线上平台，及时发布、反馈活动信息，根据群众实际需求，开展助力疫情防控、爱心衣物整理、应急救护培训、造血干细胞捐献宣传动员、遗体捐献宣传、红十字精神传播等具有红十字特色的志愿服务。区红十字新时代文明实践志愿服务队获评吴江区新时代文明实践战“疫”优秀志愿者。7月，选送18名培训师参加江苏省救护培训师资初训班，全部通过考核获中国红十字会救护培训师资证书。9月，参加苏州市应急救护技能竞赛，获团体二等奖；顾建英、李敏明、陆忠培3名志愿者入围决赛，获“苏州市红十字应急救护能手”称号。12月，志愿者顾建英在江苏省红十字应急救护技能竞赛中，获“江苏省红十字应急救护能手”、理论竞赛三等奖等3项荣誉。志愿者钱红卫在学校开学报到时，救护昏倒女学生，引起关注。捐遗登记志愿者钮美瑜做180副袖套赠送给公交司机，事迹登上“学习强国”平台。

（乔煜青）

2020年疫情期间，红十字志愿者接收防疫物资　　（区红十字会　提供）

【红十字青少年】2020年，区红十字加强学校红十字会工作，组织红十字青少年参加符合红十字宗旨、有利于青少年身心健康的活动。在世界红十字日期间，组织4980名红十字青少年参加中国红十字会总会组织的“抗击新冠肺炎疫情暨红十字应急救护知识竞赛”活动，获单位组织三等奖。开展救护培训进校园活动，将救护培训课程纳入五年级和初二新生军训课程，将红十字运动基本知识融入学校社会实践活动，开展具有红十字特色的知识竞赛、夏（冬）令营等活动。　（乔煜青）

残　联

【概况】2020年，全区持证残疾人1.6万人。区内设特殊学校1所，精神康复医院1所、残疾人托养中心和残疾人之家26家、残疾人辅助器具供应站4个、脑瘫康复中心1个、残疾人社区康复示范点2个。区残联围绕《吴江区残疾人事业“十三五”发展规划》工作目标，贯彻实施《残疾人保障法》，推进残联机构改革，聚焦打赢打好残疾人脱贫攻坚战，扎实做好疫情防控常态化背景下残疾人各项工作，推动吴江残疾人事业向好发展。

（董悦昀）

【残疾人脱贫攻坚】 2020年，区残联构建“1+N+1”（第一个“1”指建立全区贫困残疾人“一户一档一策”制度；“N”指对残疾人在就业、康复、医疗、教育等各个方面采取相对应的救助措施；后一个“1”指在贫困残疾人基本生活得到有效保障的前提下，丰富其精神文化生活）模式精准助残脱贫。该模式经《新华日报》宣传报道后，取得良好反响，为“全面建成小康社会，残疾人一个也不能少”贡献吴江智慧。开展结对帮扶，优化东西部扶贫协作的长效机制，与印江县残联签订对口帮扶协议，拨付资金10万元，推动做好易地移民安置点的残疾人工作。向挂钩的经济薄弱村汾湖高新区雪巷村予以资金扶持100万元，党员与同里镇合心村的贫困残疾人进行“阳光扶贫”结对，每季度开展走访慰问。贫困残疾人家庭基本家电“全覆盖”。与亨通慈善基金会联合开展第十届助残“圆梦行动”，通过拉网式摸排，捐赠洗衣机303台、冰箱189台、电视机106台，实现全区建档立卡贫困残疾人基本家电全覆盖。 （董悦昀）

【残疾人社会保障】 2020年，区残联协助人社部门落实《吴江区残疾人社保全覆盖实施办法》，6889名残疾人免费参保居

2020年8月24日，亨通慈善基金会向贫困残疾人家庭捐赠家电

（区残联　提供）

民医疗保险，2246名残疾人免费参保居民养老保险，990名参加灵活就业社会保险的残疾人享受社保补贴，6448名就业年龄段残疾人参保年度人身意外伤害保险，增强残疾人家庭抵御风险的能力。各区镇托养服务中心服务残疾人315人次，下拨托养补贴55万元。开通吴江市民卡免费乘车的残疾人7000多人，办理苏州爱心卡3485人次。完善残疾人信息(流量)补贴政策，提高补助范围和标准，新增受惠残疾人2000余名。联合车管所开展轮椅车集中年检，为通过年检的46名车主购买第三责任保险并发放维修补贴；协调城管局将全区726名残疾人驾驶员信息导入吴江区智慧停车管理平台，实现残疾人2小时免费停车。 （董悦昀）

【残疾人就业创业】 2020年，区残联组织残疾人参加线上、线下各类技能培训354人次，向4家福利企业发放残疾职工在岗培训补贴8.28万元；动员企业发掘岗位，举办残疾人专场线上招聘会2场，推介残疾人就业73人；鼓励残疾人自主创业，向24名残疾人发放创业补贴11万元，举办吴江区创新创业大赛残疾人组比赛，挖掘创业之星；与爱心企业合作，在盲人按摩机构开展消费券活动，助力残疾人复工复产。配合税务部门抓好残疾人就业保障金年审工作，年审单位161家，安置残疾人287人。疫情期间，对因疫情造成照护困难的残疾人给予物质补贴和心理疏导。全区新建残疾人扶贫创业基地1家，累计7家，吸纳126名残疾人实现就业；新建“残疾人之家”8家，累计26家，224名残疾人实现辅助性就业。 （董悦昀）

【残疾人康复】 2020年，区残联综合考量疫情防控需要，开放残疾评定工作，全年接待评残人员700余人，办理残疾证559份。根据市残联部署，同步调整

定点康复机构，残疾儿童康复补助对象延伸至18岁，为232名0—18岁残疾儿童提供康复训练补助352万元。做好残疾人自购辅具补贴发放工作，发放人工耳蜗补贴6人，助听器补贴21人，假肢、矫形器补贴187人，其他类辅具补贴2人，累计128.36万元。稳步开展残疾人康复服务"四进家庭"（康复知识进家庭、康复指导进家庭、辅助器具进家庭、无障碍设施进家庭）工作，发放各类辅具和无障碍设施998件，投入20万元为23户低收入残疾人家庭实施无障碍改造。继续实施婴幼儿健康促进工程，依托苏州市第九人民医院和江苏盛泽医院筛查高危新生儿2万余人次，补助工作经费48万元。落实省政府民生实事项目，震泽镇八都社区和盛泽镇南麻社区列为首批创建示范点。区政府办发文督办，相关乡镇高度重视，区残联多次现场调研指导，相继通过省、市两级社区康复服务示范点的考核验收。（董悦昀）

【残疾人文化生活】 2020年，区残联向255名残疾学生和贫困家庭高等教育在校健全子女发放2019—2020学年教育补贴22.11万元。配合教育部门了解适龄残疾人情况，安排残疾人随班就读，协助送教上门59人。联手亨通慈善基金会，为36名残疾人家庭优秀学生和76名贫困残疾人家庭学生发放奖学金、助学金44.8万元。依托亨通梦想残疾人艺术团，在江陵

2020年，吴江残疾人陆鸿自强故事多次被央视报道　（区残联　提供）

街道、松陵街道、七都镇建立3家残疾人文化驿站，为90余名残疾人文艺爱好者免费提供艺术指导，组织残疾人排练节目并开展惠民演出，其中1个节目获省残联艺术会演二等奖，2个节目获市残联集中展评一等奖。（董悦昀）

【营造全社会助残氛围】 2020年，区残联举办第三十次"全国助残日"系列活动，围绕"助残脱贫、决胜小康"主题，开展走访慰问、康复义诊、"一条街"残健双向服务等10余项活动。与工商银行签署"党建引领·爱残助残扶残"战略合作协议，在普惠金融、爱心公益、协会活动、科普宣传等方面展开全方位合作。以残疾人陆鸿为典型，挖掘先进事迹，向上级残联和各级新闻媒体推荐。5月，陆鸿获评第六届"全省自强模范"，选送的《吴江"阿甘"陆鸿》获"江苏省残疾人事业好新闻奖"广播类二等奖。11月起，脑瘫厂长陆鸿自强不息，带领30多名残疾员工奔小康的故事先后被央视《新闻直播间》《新闻周刊》《新闻面对面》等栏目报道，在互联网平台引发全民性关注，获赞数十万。区残联在残联系统和全区残疾人中掀起向陆鸿学习的热潮。（董悦昀）

【残疾人组织建设】 2020年，区残联有序推进残联机构改革，围绕"强三性""去四化"目标，制定《苏州市吴江区残疾人联合会改革实施方案》。严格按照自上而下的改革要求，落实残联机构改革各项任务。11月，举办培训会，指导区划调整后新设立的镇（街道）成立残联组织。全年召开残疾人重点工作部署会2次，调整区政府残疾人工作委员会成员名单。注重高素质干部队伍培养，组织7名残联工作者、3名协会主席参加上级举办的业务培训。与青浦、嘉善残联交流学习，借鉴经验、优势互补，助力长三角残疾人事业一体化发展。（董悦昀）

（本栏编辑　陈凤贤）

法治·军事

政法综述

【概况】 2020年，吴江区政法系统贯彻落实《中国共产党政法工作条例》，深化政法工作"四大建设"，推进维护国家安全、区域社会治理现代化、扫黑除恶专项斗争、新冠肺炎疫情防控、政法领域全面深化改革、跨区域政法协同等重点工作，做好"六稳"*工作、落实"六保"*任务，全区政法工作质效不断提升，群众安全感98.67%，实现"十三五"期间连续五年提升。区委政法委获评全省扫黑除恶成绩突出先进集体，区法院清算与破产审判庭被省高院授予集体二等功，区检察院再次获评全国先进基层检察院，区公安局震泽派出所获评全省"学习枫桥经验优秀派出所"，区司法局获"全国司法行政系统特赦实施工作中作出突出贡献的集体"称号。 （田海洋）

【"C位长安"】 2020年，吴江区会同青浦、嘉善构建高质量平安法治一体化合作机制，共建"C位长安"政法协同品牌，服务和保障国家战略实施，相关工作成效获中央政法委、中央网信办举办的"大国小鲜@基层之智"网络主题宣传活动关注，被"人民网"、《法治日报》等近30家省级以上媒体宣传报道。组建三地政法党建联盟，建立长三角地区政法队伍建设协同推进机制，实施法官互培互挂、检察官业务联训、警官联合培训等。在全国率先破解社区矫正服刑民营企业主请假难问题，获最高人民检察院主要领导批示肯定；成立11人组成的青吴嘉矛盾纠纷联合

2020年8月28日，青吴嘉三地政法系统签订推进高质量平安法治一体化合作框架协议 （区政法委 提供）

人民调解委员会，建立33人组成的联合调解专家库，化解跨区域矛盾纠纷。在全省首创“出生一件事”跨域联办，建立两省一市通行证“跨省互认”，实现法院跨域立案线下“一窗通办”、线上“一网通办”，在全国率先打通检察专网数据通道，推进三地公安局电台互换、对讲互联，实现重大警情联动响应，应急处置及时增援。（田海洋）

【扫黑除恶】2020年，吴江区开展扫黑除恶“六清”（线索清仓、逃犯清零、案件清结、伞网清除、黑财清底、行业清源）行动，推进重点行业领域专项整治，推进“六建”（源头治理机制、举报奖励机制、依法惩处机制、督导督办机制、考核评价机制、组织领导机制）工作，扫黑除恶专项斗争取得全面胜利。区扫黑办流转的线索全部“清仓”，上级督办涉及吴江的涉黑恶案件逃犯全部“清零”，全区审理的8个涉恶犯罪集团（团伙）全部“清结”。协调金融、税务、审计等部门参与黑恶财产的认定、处置工作，调查违法犯罪组织及其财产状况，落实财产刑执行。研究制定重点行业领域专项整治分工方案，对社会治安、乡村治理、金融放贷等10个重点行业领域开展专项整治。整治行业乱象，下发“三书一函”（监察建议书、司法建议书、检察建议书、公安提示函）201件，健全部门监管机制。夯实基层基础，对换届的村（社区）书记初选人员和“两委”初选人员实行政治联审。推进跨区域扫黑除恶协作，与青浦、嘉善签署《长三角一体化无黑联动区建设工作机制》，启动无黑联动区打造。（田海洋）

【区域社会治理现代化】2020年，吴江区承接苏州市市域社会治理现代化试点任务，推动区域社会治理现代化。将区域社会治理现代化工作纳入“十四五”发展规划，研究确定区域社会治理目标任务，建立健全协调推进机制，推进打造“六治达六和”“八心映八景”的社会治理现代化基层实践样板。依托“大数据+网格化+铁脚板”联防联控机制，推进社会及社区防控、涉疫矛盾纠纷排查化解和涉疫违法犯罪打击惩治，成立战“疫”行动党总支1个、驻点行动党组织12个，引领党员政法干警、网格巡查力量投入疫情防控30余万人次，2名基层网格员因疫情防控表现突出获省委、政法委表彰。在吴江开发区、汾湖高新区（黎里镇）、震泽镇开展综合网格深化建设试点，创新探索“1+5+1”网格力量配置模式，持续深化“警网融合”，打造“平安前哨”工程，被确定为全省“警格+网格”融合示范点。坚持和发展新时代“枫桥经验”，基本建成诉讼和非诉讼对接机制，推进人民调解进网格，人民调解化解纠纷数与法院一审民事案件受案数比例100%。（田海洋）

【平安建设】2020年，吴江区围绕“政治更安全、社会更安定、百姓更安宁”目标，推进平安吴江系列创建，建设更高水平平安吴江，提升人民群众获得感、幸福感、安全感。做好维护国家政治安全工作，防范化解重大风险。推动集中治理重复信访、化解信访积案专项工作，全年保持进京非访零登记，完成党的十九届五中全会、第三届进博会等多场安保维稳任务。推进新一代“雪亮技防工程”建设应用，完成老旧小区技防改造三

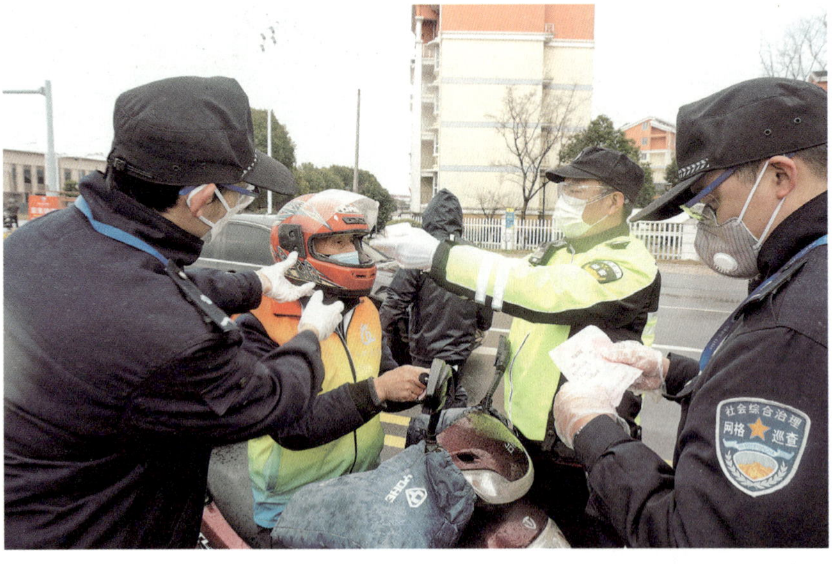

2020年新冠肺炎疫情防控期间，网格巡查员和警务人员为市民测体温
（区政法委　提供）

年行动计划，织密重要道路、重点目标、易发案部位、城镇村区域、移动监控等五张技防监控网络，升级环市县、环主城区两道“电子防线”，优化公共安全视频共享平台，汇聚7万余路视频监控资源，配备7000余个智能化设备，提升公共安全事态感知能力。打击黄赌毒、套路贷、食药环、电信网络诈骗等突出违法犯罪，织密重点人员防控网络，刑事打处优势全市领先。推进社会心理服务体系建设试点，构建区、镇、村三级服务架构，搭建综合管理平台，实施“六大”工程(全民心理健康素养提升工程、社区心理健康促进工程、特殊人群心理健康管理工程、校园心理健康促进工程、职业人群心理健康促进工程、社会心理服务能力提升工程)，开展“六进”(进机关、进企业、进学校、进农村、进社区、进公共场所)行动。

（田海洋）

【法治建设】2020年，吴江区坚持以“1+11+X”法治创建为抓手，推进法治吴江、法治政府和法治社会一体化建设，落实法治建设年度重点任务，推动法治吴江建设各项工作取得新进步。深化法治政府建设，贯彻落实行政执法“三项制度”，推动重大决策事项全部网上运行。完成“七五”普法考核验收，谋划“八五”普法工作，联合青浦、嘉善举办民法典“慕课式”讲座、“四叶草”杯反通讯诈骗优秀短视频大赛，实施法治文化阵地提档升级工程。全面深化政法领域改革，稳步推进“民事诉讼程序繁简分流改革试点”“与个人破产制度功能相当的试点工作”，优化“执转破”吴江经验。创新执法司法模式，规范认罪认罚操作流程，高标准规划市公安局南部执法办案管理中心暨吴江区公安局执法办案管理中心建设。推进政法智能化建设，全国首家检察听证互联网直播室、智能送达平台、科技赋能实战中心、社区矫正远程视频会见系统等平台建成投用，在线调解、“无纸化”执行提速增效。组建“党建惠企法治同盟”，研究建立全区“政法惠企直通车机制”；组织开展“关爱民生法治行”活动，实施9个系列40个惠民项目，提升政法服务水平。

（田海洋）

【队伍建设】2020年，吴江区围绕“五个过硬”要求，聚焦政治建设、机制建设、能力建设等工作重点，推进打造一支党和人民信得过、靠得住、能放心的政法铁军。强化科学理论武装，围绕学习贯彻习近平法治思想、训词精神等组织开展学习研讨，开展“四史”*学习教育。强化从严管党治警，开展“四学三查两补”教育活动、政法系统廉政现场教学、律师行业廉政教育等。推进融入式党建*，确定“天工计划”赋能“美美江村”、环淀山湖检察“蓝盾”“法企同行公证助企行”等书记项目，以党建引领促进政法工作提质增效。健全党管政法制度机制，出台全区政法系统政治督察、纪律作风督查巡查、政治轮训三个实施意见，规范重大事项请示报告程序，完善党委、政法委“协管”“协查”机制。深化履职保障机制，完善政法职业荣誉制度，举办政法干警光荣退休仪式，选优配强基层政法委员，指导落实《乡镇(街道)政法委员职责清单》，推进涉改镇、街道社会治理机构改革。强化素质能力建设，组织开展政法系统政治轮训，搭建“政法微沙龙”“法官夜课堂”“检察课堂”“铸盾论坛”等平台，举办“法治化营商环境”专题研讨。实施政法系统

2020年10月27日，全区政法系统“四学我讲　争当五硬干警”主题演讲比赛现场

（区政法委　提供）

年轻干部培养锻炼“动车组”计划，推动跨区域、跨层级、跨部门政法干部交流挂职73人次。强化典型选树，开展法治吴江建设先进集体和个人评选，组织开展“平安之星”推选和向连续获得全国先进的区检察院学习活动，营造对标先进、担当作为的浓厚氛围。（田海洋）

综治联动

【概况】 2020年，区联动指挥中心聚焦常态化疫情防控，围绕区委、区政府关于促进网格化联动机制提质增效要求，推进联动指挥、网格治理各项工作，取得较好成效。区联动指挥平台全年有效受理量196.5万件，办结率99%以上。其中，热线投诉146.6万件，占74.6%；网格巡查上报42.3万件，占21.53%；网络及其他来源7.6万件，占3.87%。（姚逸峰）

【联动指挥】 2020年，区联动指挥中心持续优化社会治理问题受理、派发、反馈、督办等全流程，妥善处置疫情相关市民诉求11.3万件。加大考核和通报力度，深入基层了解情况，协调解决实际困难。召集处置部门集中会商难点、争议问题，全年召开专题协调会7次。组建数据分析团队，研判热点诉求，先后上报人力客三轮车广告、新款液化气瓶角阀安全隐患、装修包升级等问题，辅助区委、区政府决策。强化坐席员队伍建设，建立内训制度，每日制作话务质量分析表。开通微信自助移车功能，至年底，微信自助移车诉求量占移车诉求总量的88%、本地车牌移车诉求量的98%，基本取代12345热线人工移车。（姚逸峰）

【网格治理】 2020年，区联动指挥中心选取吴江开发区（含江陵街道、同里镇）、汾湖高新区（黎里镇）、震泽镇启动综合网格规范化建设试点工作，组建试点工作专班，先后开展指导督查7轮，组织网格员业务培训3期，11月中旬召开现场推进会，打造吴江网格化管理2.0版。试点地区综合网格数量优化调整为387个，较试点前增加14个。配备“1+5+1”（第一个“1”指网格长，“5”指综治网格员、巡片网格员、叠加网格员、志愿网格员、警务网格员，第二个“1”指网格督导员）网格团队，推进队伍专业化、精细化建设。网格团队开发网格智能工作平台，与省“苏格通”平台对接连通，做好数据推送等工作。全年建成村（社区）网格化服务管理中心示范点3个，为其他村（社区）建设提供样板和参考。（姚逸峰）

2020年，区联动指挥中心12345热线坐席大厅工作场景

（区联动指挥中心　提供）

人民武装

【党管武装】 2020年，区委、区政府高度重视武装工作，区委书记李铭，区委副书记、区长王国荣坚持靠前指挥、一线指导、现场办公，对重要事项、重点工程亲自过问、亲自协调，狠抓国防动员、民兵训练和经费保障等重要工作，督促相关政策落实到位、各项制度执行到位。学习贯彻习近平强军思想，把党管武装工作的基本理论、法规政策纳入区委常委会、区委理论学习中心组学习内容，纳入全区干部培训教学计划。学习《中华人民共和国兵役法》《民兵工作条例》《江苏省征兵工作条例》等法律法规，邀请军地知名专家教授授课辅导。把武装工作纳入全区经济社会发展规划和年度工作计划，确保与中心工作同研究、同部署、同推进，召开人武部党

委第一书记宣布任职大会、区委常委议军会议等，听取全区基干民兵营教导员述职，研究制定《关于加强和改进新时代征兵工作的七项措施》，提高全区党管武装工作水平。（徐　丁）

【政治工作】 2020年，吴江区人武部把深入学习贯彻习近平新时代中国特色社会主义思想特别是习近平强军思想作为根本任务，精读细研《习近平谈治国理政》第三卷，学习贯彻党的十九届五中全会精神。落实"五个坚持"制度，开办"理论夜校"，编印下发《十九大应知应会口袋书》，贯彻军委主席负责制，开展"不忘初心、牢记使命""传承红色基因、担当强军重任"主题教育，组织"五看五增强""讲好抗'疫'思想课、激发强军正能量"专题教育，开展纪念志愿军出国作战70周年、抗日战争胜利75周年活动，激发干部、文职、职工和民兵预备役人员政治热情。打好意识形态主动仗，专项开展"飓风—2020"反间谍和"清网"行动，抓好核心涉密和参加重大演训人员政治考核，组织敌社情调研、"四反"教育和军地隐蔽斗争协作。加强党委班子自身建设，抓好党委中心组理论学习，开好党委民主生活会，加强党委班子凝聚力战斗力。组织观看《铁纪强军》《忏悔录》《违纪违法问题通报》等警示教育片，引导干部、文职人员和职工敬业奉献、奋发有为。结合民兵整组、专业分队训练和遂行任务等时机，抓好理论学习和思想政治教育，在《吴江日报》开设《民兵政治教育课堂》专栏，激发新时代民兵的责任感、使命感和荣誉感。春节前夕，部领导带队分3组走访慰问22户困难军属家庭和1户结对助学家庭，发放慰问金5万多元。（徐　丁）

【练兵备战】 2020年，吴江区人武部坚决贯彻习近平主席训令，组织党委议战议训，开展"和平积弊大起底大扫除"活动，查找7个方面的问题，制定整改措施，聚焦主责主业。9个国防成员单位开展国防潜力调查上报工作，采集汇总国防动员潜力信息近300个类别，统计条目10万多条。编组基干民兵48支分队，5月下旬完成基干民兵整组点验任务，11个镇(街道)书记兼基干民兵营教导员到场参加点验；11月份进行"回头看"。参加省军区、军分区集训和单位首长机关训练。全年安排民兵防空、安全警戒、保交护路、抗洪抢险、无人机侦察救援、工程抢修等13批585人175天的训练任务。参加有关演练任务，参与市区两级国防动员指挥演练，高标准接受省政府、省军区对吴江区支援上海人防合成专业队全员、全装、全要素实战化拉动点验；落实战备教育制度，修订完善战备方案计划，抓好日常战备工作；抓好民兵训练基地、镇村两级武装部、民兵营(连)规范化建设，各级投入近350万元；结合"三个机制"衔接、重要目标协防等内容，进行作战创新研究，把握任务特点规律，为训练提供理论支撑。全年审批动用民兵322人次参加防汛抗洪。（徐　丁）

【征兵工作】 2020年，吴江区人武部征兵工作以提高兵员质量为根本，围绕"五率"(报名率、上站率、合格率、择优率、退兵率)目标任务，全过程抓规范，全要素抓质量，全方位抓监督，全人员抓廉洁，较好完成新兵征集任务，大学生征集比例占90.33%。征兵体检期间，区政

2020年5月15日，抗洪抢险分队正在进行专业训练

（区人武部　提供）

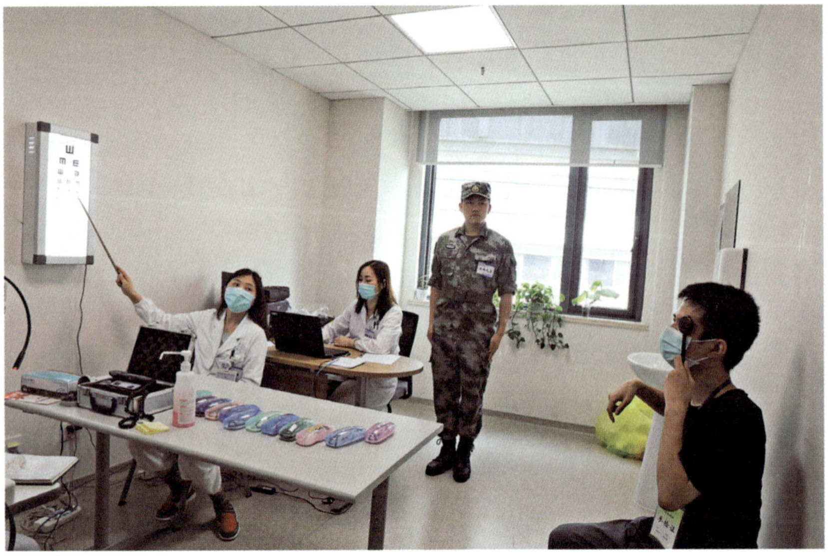

2020年8月，严格把好征兵体检关　（区人武部　提供）

府召开征兵工作推进会3次，区委书记李铭专程到征兵体检站检查指导征兵工作情况。8月中旬，区委办公室按照指示，就高标准做好后续征兵工作下发通知；区长王国荣就高标准完成征兵任务作出批示；区委副书记钱斌在征兵体检站寄语应征青年提升自我、接受磨炼、保家卫国；副区长张炳高多次参加会议，部署工作提出要求；副区长陈建忠参加新兵欢送大会，为预定新兵作动员。各镇（街道）党政领导把征兵工作作为政治任务来抓，协调解决矛盾问题。征兵领导小组成员单位认真负责，全程把关。在轨道交通4号线、公共视频载体、公交站台滚动播放征兵宣传内容，在多家权威微信公众号推送征兵政策。征兵工作中创新开展“八个一”（落实一次登门家访、召开一次新兵座谈、下发一张连心卡片、撰写一封入营寄语、上好一堂教育授课、举办一场欢送大会、发放一份纪念礼品、推送一批入伍须知）活动，经验做法在江苏省军区推广。12月底，组织民兵营长征兵业务集训。（徐　丁）

【全民国防教育】2020年，吴江区人武部围绕增强全民国防意识和国防精神，扎实开展国防教育“进机关、进学校、进企业、进社区、进村屯、进家庭”活动。挖掘国防园教育资源，打造民兵训练基地特色国防公园文化，更新公共场所国防教育知识展板；部主要领导先后为参训民兵、预定新兵、民兵营长等进行国防教育授课；区融媒体中心播放国防教育公益宣传片3部、爱国主义教育影片70部，1.1万人参加“吴江电信”杯全民国防知识竞赛，连续17年在《吴江日报》每月出版《国防时空》专刊；与苏州军分区第五干休所离休老干部、遗孀和官兵进行座谈；筹集专项资金20万元，为基层征订《中国国防报》《中国民兵》等期刊；重视典型培育和新闻宣传工作，74篇稿件被《中国国防报》《中国民兵》《中国社会报》《苏州日报》等市级以上报纸杂志刊登。组织人防办、桃源镇、平望镇、松陵街道、横扇街道、八坼街道等单位开展国防教育和军事日活动；组织电信吴江分公司、八坼街道56名小朋友开展“萌娃进基地、变身小战士”双拥共建活动。党政领导“军事日”活动中，区领导及各区镇街道、相关部门领导观看国防教育片，分组进行实弹射击。遴选出训练成绩优异的民兵骨干51名，颁发“学生军事技能训练承训资质证书”，做到承训持证上岗，全年为震泽中学、吴江中学等36所学校1.2万名学生进行军训。（徐　丁）

【疫情防控】2020年，吴江区人武部党委在坚决打赢疫情防控阻击战中，外防内控，做到“军地合力、军民同心”。对标对表上级指示精神，筹划部署民兵紧急驰援地方疫情防控工作任务，动员全区专武干部、民兵预备役人员投入坚决打赢疫情防控战役。累计出动专武干部及民兵骨干3.39万人次，成建制出动民兵530人次，深入交通管制、社区防控、困难群体帮扶、企业复产复工等抗疫一线，彰显民兵应急应战作用。（徐　丁）

人民防空

【概况】2020年，区人防办围绕人民防空根本使命，做好指挥通信、综合防护、人防宣教等基础工作，助力全区疫情防控，完成人防长三角一体化建设等年度重点工作。区人防办连续七年获评“江苏省年度县（市、区）

民防工作先进单位”和苏州市“全面建设”先进单位。（吴晓光）

【组织指挥】2020年，区人防办开展吴江区防空袭方案修订，编制完成方案初稿，通过市办组织的专家评审；持续完善全区警报网建设，完成警报规划报请区政府批准实施，“9·18”警报试鸣实现全区警报集中控制，警报鸣响率100%，城区覆盖率100%。机动指挥车训练以“周发动”“月出动”“季拉动”方式常态化实施，全年训练周发动38次、月出动10次、季拉动4次，参加全市集中训练1次。（吴晓光）

【工程防护】2020年，区人防办做好结建人防工程建设管理，统筹谋划，使用人防易地建设费投资建设自建人防工程。梳理投资建设手续不全、资料不全、质量不达标的历史遗留问题工程，制定下发工作通知，成立工作专班，出台指导意见，解决历史遗留问题，确保人防工程战备效益有效发挥。建立与乡镇建管所、物管办和综合执法部门联动工作机制，召开全区人防安全生产暨行政执法工作会议，明确人防工程维护管理和使用责任分工。宣传贯彻《江苏省人民防空工程建设使用规定》，联合属地执法部门查处涉嫌违法出租人防车位案件6起。严格行政执法，维护地方性法规权威、维护国防利益和相对人合法权益。（吴晓光）

【专业队伍】2020年，区人防办多渠道“借脑”“借力”扩充人防专业队伍。开展人防专业队整组，新增平战转换专业队，组建合成救援专业队伍，接受省政府、省军区实兵点验；组建无人机通信队伍，延伸人防指挥通信手段；联合蓝天救援队组建警报发放志愿者队伍，提高全区防空预警能力；联合吴江区业余无线电协会，组建人防无线通信志愿者队伍，提升应急通信能力。组建的人防无线通信志愿者队“以赛代练”，参加2020年江苏省甚高频远距离通信竞赛，获全省团体第三名。（吴晓光）

【人口疏散】2020年，区人防办投资4800万元建设疏散基地。开展“9·18天堂之盾—2020A人口疏散演习”，画面实时向省、市人防办传输，江苏荔枝台等媒体现场跟踪报道。指导各社区、学校、企事业单位开展各类演习演练。（吴晓光）

【人防教育】2020年，区人防办联合区文联开展人民防空70周年海报作品大赛，提升全民防空防灾意识，择优选择海报作品在地铁站、人民剧院集中展览，实现人民防空“进机关”；结合人防行业安全生产专项整治，开展“百团进万企”宣讲活动，实现人民防空“进企业”；结合学生军训，开设人防专业课堂，实现人民防空“进学校”；结合“5·12防灾减灾日”“9·18警报试鸣日”等，在30个居住小区、2个商业广场开展人防知识宣传教育，发放宣传册5000余份，吴江电视台同步播放人民防空公益宣传片，实现人民防空“进社区”“进网络”。树立先进典型，选派党员志愿者赴昆山、交通站点及社区卡口执勤，为人民群众生命安全保驾护航，涌现出一批“出彩人防人”和“人防先锋”。（吴晓光）

【人民防空一体化】2020年7月，区人防办参加沪、苏、浙、皖共同举办的长三角人防行业市场一体化发展培训研讨，就示范区人防工程防护设备资质互认、市场互通、监管一体率先试点作交流发言。11月，由苏州市人防办主办、区人防办承办的人民防空高质量服务长三角一体化发展交流研讨会在汾湖召开，区人防办与其他人（民）防部门共同签署党建联盟协同发展协议、防护设备一体化准入监管协议；与青浦区签订《元荡美丽乡村群疏散地域一体化建设示范点合作协议》。（吴晓光）

公　安

【概况】2020年，区公安局落实长三角一体化国家战略，对照“争当表率、争做示范、走在前列”要求，推进市局“188”提升计划及区局“1+3+6”天工计划，紧扣“警情要素、社会关联、队伍管理”三大关键，推进十项攻坚行动、十大工程建设，维护政治安全、保障社会安定、保卫百姓安居。被评为2019年度查处重大侵权盗版案件有功单位、2020年度全市“农业农村现代化、法治苏州”先进集体，获省公安厅颁发的集体二等功。

（袁晓虎）

5月9日，吴江公安2020年度重点工作会议暨党风廉政建设会议召开
（吴斌　摄）

【疫情防控】 2020年，区公安局作为区社会及社区防控组牵头单位，交通管控组的参与单位，迅速成立区局疫情防控工作专班，坚持“外防输入、内防反弹”防控策略，用“大数据+网格化+铁脚板”织密社会社区防控网络；依托公安数据赋能，累计推送中高风险地区来吴等各类数据30余万条，入境来吴数据9000余条，精准指导各地快速开展数据核查工作，健全完善数据推送反馈机制，严格落实解除集中隔离后健康管理工作；全区每日投入力量3100余人，结合排查走访、核查指令、防疫宣传等工作，开展24小时地毯式排摸，按照“五有一网格”要求，强化重点场所防控，落实主体责任。（袁晓虎）

【刑事侦查】 2020年，区公安局破获横扇“2007.8.3”、平望“2010.10.4”等命案积案，年内命案全破；依托“城市盾牌”建设应用，清查上级线索，破获多起部级毒品目标案件，应用成效居五市（区）前列。百位民警公诉数连续7年位列苏州大市第一。（袁晓虎）

【经济侦查】 2020年，区公安局健全涉众型经济犯罪预测预警机制，密切关注经济犯罪风险重点企业，发现线索并立案查处非法吸收公众存款案件2起，涉案金额350余万元。接受外地公安机关发布的非法集资案件协查90起，涉及金额8.4亿余元。办理涉税案件25起，刑拘、直接取保41人，追究单位犯罪12起，涉案总价值6100余万元。办理侵犯知识产权案件22起，抓获犯罪嫌疑人28人，涉案金额776万元。破获省厅专项行动重大案件，案件涉及31个省、市，涉案总金额17亿余元。（袁晓虎）

【社会面防控】 2020年，区公安局部署拦截涉诈网址超13万个，针对发送短信500余万条，通信网络诈骗警情幅度大幅收窄。做强水上门户，推进芦墟公安检查站水陆一体化卡口建设，在进博会安保期间发挥重要作用；紧盯重点目标，“四类目标”“四防”措施检查100%覆盖，全区1397辆公交车安防设施100%安装。（袁晓虎）

【科技应用】 2020年，区公安局在苏州大市范围率先成立实体化城警联动中心，常态化整治辖区停车秩序，分层、个性化制定全区交通信号控制策略，设置绿波带61条，在机动车保有量比2019年上升8.4%情况下，城区主干道平均车速提升8.4%。完成智慧督察2.0平台建设，完善网上督察自动识别、智能预警等功能，实现精准化、自动化督察；建设完成远程提讯室11间，实现法律文书网上流转，有效节省办案单位往返时间，保障疫情期间办案工作正常开展。创立大数据赋能实战中心，转变传统数据赋能思维，从赋能打处向全域赋能延伸，补盲流动人口登记工作；创新地址自动匹配，辅助警情定位，日均节省警情标注时间1小时，实现减负增效。（袁晓虎）

【执法办案】 2020年，区公安局重构以市局南部（开发区）执法办案中心为核心，汾湖、盛泽、松陵、震泽四个点为分中心的“一点多强”格局，按照“10+N”模式逐步推动案件进驻执法办案管理中心办理；主动对接检法机关，统一入罪标准，同步加强执法监督、提高案件质量，提升执法办案水平。（袁晓虎）

【网格治理】 2020年，区公安局按照“1+5+1”方案(每个网格按要求配足1名网格长、5类网格员、1名网格监督员)，在9个派出所开展网格化治理试点，坚持“以房管人”，在格林华城、香漫雅园等小区开展智慧小区建设试点，试点建设后，流动人口登记率提升10个百分点。全面推进公共安全监管八项行动，开展消防、群租房等各类检查10万余(家)次，排摸整改流转各类隐患10万余处，全年未发生公安职责范围内较大及以上程度安全事故。 （袁晓虎）

【服务民生】 2020年，区公安局推动“互联网+政务服务”一体化服务落地落实，梳理公示可实现网上全流程办理、不见面办理事项76项；在苏州市第九人民医院设置联办窗口，全省首次实行“出生一件事，五证一窗办”，惠及2000余户新生儿家庭；建成吴江区出入境智慧大厅，配置自助受理一体机8台，业务办理耗时缩短60%。研究提出安商护企“8+12”(“8”指安商8条指导意见，即融资安全保障、投资管理运行、商业秘密保护、品牌专业维护、可防案件防控、企业廉政建设、网络安全监管、信访舆情引导；“12”指护企12项服务举措，即人员信息核查直通机制、涉企案件受理直通机制、企业舆情处置直通机制，驻企专家警务室、护企专业防护网、联企专门工作站，审批事项“一窗办”、事项咨询“一网办”、办事服务“一次办”，组建公安宣讲团、创建公安实践站、推出公安智能服务)举措，营造一流营商环境；建立本地区14家知识产权重点保护企业名录，提供知识产权法律咨询，增强企业自防能力。 （袁晓虎）

检　察

【概况】 2020年，区检察院围绕最高人民检察院提出的“讲政治、顾大局、谋发展、重自强”要求和吴江打造“创新湖区”、建设“乐居之城”目标，依法全面履行四大检察职能，获评第七届全国先进基层检察院，并作为全国3180家基层院代表之一在最高检表彰大会现场作经验介绍，获“全省检察机关网络安全和信息化工作先进集体”等称号，第三检察部、社区矫正监督一体化团队分别被最高检第五检察厅、省院确定为优秀办案团队，检务督察、未检、民事检察等工作被确定为最高检、省院联系点，检察办案中心被省院评为“示范办案中心”，先后有34个集体、144人次获得区级以上表彰。 （黄　姗）

2020年10月14日，在全国基层检察院建设工作会议暨第七届全国先进基层检察院表彰视频会议上，区检察院获全国先进基层检察院奖牌 （区检察院　提供）

【刑事检察】 2020年，区检察院受理公安机关提请逮捕各类犯罪嫌疑人794人，经审查后批准逮捕552人；受理公安机关移送审查起诉2324件3145人，经审查后向法院提起公诉1932件2627人。落实宽严相济政策，加强逮捕、起诉必要性审查，依法不批准逮捕276人，不起诉548人。保障疫情防控工作，依法从快办理涉假口罩、防护物资诈骗、冒充班主任诈骗等涉疫案件14件20人。优化法治化营商环境，起诉涉职务侵占、假冒注册商标、合同诈骗等侵犯企业权益犯罪40件59人，对涉案民营企业负责人依法慎捕慎诉，对虚开增值税发票等情节轻微案件当事人做出不起诉决定19人。围绕食品药品监管“四个最严”、长江流域十年禁捕等重大部署，依法起诉该类案件42件77人。配合监委持续推进反腐败工作，起诉职务犯罪案件12件13人。针对境外服务

2020年1月15日，区检察院一行到恒力集团参观考察，进一步提高服务民营经济的针对性、实效性 （区检察院 提供）

器监管漏洞、太湖禁捕后渔民转产安置、企业安全生产责任事故等问题，上报情况反映、发放检察建议7份。落实最高检“案—件比”全新办案质量评价指标，严把案件质量关，“案—件比”为1∶1.06，速裁程序适用率65.8%。推进认罪认罚从宽制度，建立完善工作指引机制，作为最高检试点单位，高标准建成全省首个认罪认罚控辩协商室，认罪认罚适用率93.1%。健全未成年人保护社会支持体系，设立未成年人司法社工站，为21名涉罪未成年人开展精准帮教89次。自主研发“未检E站”，畅通网络领域青少年维权途径，被江苏团省委、省检察院等六部门确定为网络领域省级“青少年维权岗”创建单位。组织女童保护讲师团开展儿童防性侵课程161次，覆盖学生1.1万余人。发挥检察机关在扫黑除恶中的主导责任，起诉涉恶集团（团伙）7个，案件9件39人。向纪检监察机关、扫黑办、公安机关移送涉黑涉恶及“保护伞”线索9件，其中纪检监察机关立案2件。深入开展虚假诉讼领域涉黑涉恶犯罪线索专项监督，发现恶势力“套路贷”犯罪线索并发出检察建议5件。扫黑除恶办案团队被评为“全市扫黑除恶专项斗争优秀办案团队”。 （黄 姗）

【民事行政检察】 2020年，区检察院受理各类民事申诉案件82件，审查后向苏州市检察院提请抗诉6件，发出再审检察建议21件，法院采纳23件，办理执行监督并被采纳19件。聚焦民间借贷、房屋买卖等高发领域，监督虚假诉讼案件21件，涉案金额8300余万元。开展根治拖欠农民工工资问题专项行动，帮助讨回薪资156万余元。在环保、安监等领域办理行政非诉执行监督案件14件，助推依法行政。推进“行政争议实质性化解”专项活动，解决群众实际诉求。 （黄 姗）

【公益诉讼检察】 2020年，区检察院办理行政公益诉讼诉前程序案件53件，提起刑事附带民事公益诉讼12件，追回食品安全惩罚性赔偿金、生态损害赔偿金25万余元。依托“检察进网格”工作机制，先后针对高空坠物、违规出售野生保护动物等问题开展调查，向相关部门发放检察建议。针对服刑人员养老金、低保金等社保基金不当发放造成国家资产流失现象，联合区公安、法院、司法、社保四部门建立规范服刑人员参保和基本养老金协作机制，社保部门通过信息共享机制掌握判刑、服刑、入矫信息1715条，对119名服刑人员暂停社保缴费、养老待遇发放。与嘉兴市秀洲区检察院建立京杭大运河公益诉讼协作机制，相关案例入选最高检《遥感空间信息技术应用案例选编》。 （黄 姗）

【刑事执行检察】 2020年，区检察院进行出入所检察3133人次，发放入所权利义务告知书1472份，与在押人员谈话22人次，发出检察建议书2份，口头建议6次，监管场所均予以采纳。针对监外执行监督发出书面纠正违法意见书11份，发出检察建议22份，收监2人，办理暂予监外执行监督案件10件，进行暂予监外执行体检临场监督7次，协助市院进行死刑执行临场监督2人。检察新增社区矫正人员374人、剥夺政治权利罪犯8人，检察解除社区矫正人员348人、剥夺政治权利罪犯9人。监外执行条件消失，经书面建议收监执行2人。对1名被强制医疗人员和49名被指定居所监视居住人员开展执行监督。

吴江、青浦、嘉善检察机关共同签订的《长三角生态绿色一体化发展示范区社区矫正与检察监督工作协作实施细则(试行)》获省检察院检察长批示,参与撰写的《社区矫正执法司法一体化探索——以保护民营经济健康平稳发展为视角》一文被《人民检察》2020年7月(下半月)收录。（黄　姗）

【控告申诉检察】2020年,区检察院把群众来信"件件有回复"工作作为践行新时代"枫桥经验"的重要抓手,妥善处理群众来信来访237件。办理检调对接案件28件,调解金额421.026万元。办理控告案件4件,刑事申诉案件11件。做好对"因案致贫"被害人的国家司法救助工作,救助被害人83人,列苏州第一,发放救助金50万元。在全省率先编纂出台《检察机关信访类案标准化办理工作指引》,自主研发检察机关信访案件办理智能化辅助系统,实现同类型信访案件办理标准化、可视化,被推荐至最高检参评"全国检察机关文明接待室"。试点建成全国首家检察听证互联网直播室,全年开展公开听证38件次,网络直播公开听证案件数量约占全国试点单位的1/10。（黄　姗）

【案件监督管理】2020年,区检察院坚持"规范、优质、高效"总体要求,推进案件信息公开工作。在人民检察院案件信息公开网上公开法律文书2343份,公开案件程序性信息3449条。落实案件异地评查工作要求,累计评查案件225件,问题案件189件,发现问题444个。尊重和支持律师依法履行职责,依法为律师履职提供相关协助和便利,保障律师依法行使执业权利。利用短信、电话、大数据平台推送案件程序性信息,推广应用微信小程序、创建微信工作群,多渠道提供案件信息查询、推送服务。全年当面接待律师1800余次,接待律师电话查询2300余次,接待律师阅卷申请668次,全部提供光盘刻录服务,主动告知律师程序性信息1500余次。加强涉案财物管理,对涉案财物开展专项检查。全年处理公安机关、监察机关移送涉案财物人民币588.3万元、冻结款人民币602.85万元、物品8件,处理自行扣押涉案财物人民币13.2万元、物品3件。严格落实上级疫情防控部署要求,研究制定"不见面表达诉求""不见面流转案件""战'疫'防控责任到岗到人"三项举措,依法保障当事人和律师的诉讼权利,完成安徽、山东、四川等异地律师阅卷5人次。（黄　姗）

【长三角检察一体化】2020年,区检察院不断推进"一体化"布局,深化检察一体化协作。加强示范区生态环境协同监管,推进太浦河流域检察协同保护,会签的太浦河流域生态资源公益诉讼协作机制入选最高检《服务保障长江经济带发展检察白皮书(2020)》。联合渔业主管部门出台环淀山湖生态环境保护专项行动方案,通过检察建议推动吴江、青浦、嘉善三地农业部门签署合作备忘录,统一禁渔期与禁渔区。联合青浦、嘉善检察机关签署一体化协作机制20余项,推动出台的《沪苏浙皖社区服刑人员外出管理办法(试行)》得到最高检检察长批示肯定,入选2020年最高检两会工作报告,至年底,示范区233人次(吴江116人次)因生产经营等需求请假外出获批。联合发布惠企服务清单,推进惠企政策跨区域整合,在示范区

2020年9月29日,长三角生态绿色一体化示范区执委会创新工场活动,发布一体化制度蓝皮书
（区检察院　提供）

先行启动区建成三地检察惠企服务站(室),实行检察远程协作“代办制”。9月29日,在示范区成立一周年之际,三地检察机关联合示范区执委会举办创新工场活动,发布一体化制度蓝皮书,其中3个案例被示范区推广。（黄 姗）

法 院

【概况】 2020年,区法院认真履行职责,深化司法改革,推进智慧建设,落实“六稳”*“六保”*任务,为吴江高质量发展走在前列提供司法保障。全年受理各类案件39748件,比2019年(下同)减少3.66%,其中新收34180件,减少4.22%;审执结34339件,减少3.78%;结收案比100.47%,提高0.47个百分点。全院有7个集体、17名个人获市级以上表彰,其中民二庭被国家版权局评为查处重大侵权盗版案件有功单位,清算与破产审判庭获评全省破产审判工作先进集体、记集体二等功,综合办公室主任朱正明获评全国法院先进个人。（潘志明）

【刑事审判】 2020年,区法院受理刑事案件2033件,比2019年(下同)减少12.30%,其中新收1882件,减少13.23%;审结1877件,减少13.38%。保障社会安定有序,审结严重暴力犯罪案件100件、多发性侵财犯罪案件531件。参与禁毒斗争,审结涉毒品犯罪案件50件。守住舌尖、针尖安全,审结危害食药安全犯罪案件11件。维护公众出行安全,审结危险驾驶、交通肇事犯罪案件744件。保持反腐高压态势,审结贪污贿赂等职务犯罪案件6件6人。推进扫黑除恶专项斗争,审结涉恶势力犯罪集团案件9件44人、涉恶势力犯罪团伙案件1件10人,执行到位退赔款及罚金343.78万元,移送涉黑恶线索6条。推动行业建章立制,发出司法建议48条。（潘志明）

【民事审判】 2020年,区法院受理民商事案件18840件,比2019年(下同)减少1.75%,其中新收16097件,减少2.17%;审结15928件,减少3.07%。民事案件新收10455件,下降5.96%;审结10467件,下降7.52%。商事案件新收5139件,上升3.17%;审结5077件,上升5.53%。强化民生权益保障,引导良好社会风尚,审结的“小偷逃逸跳河溺亡案”被写入全国“两会”最高院工作报告,一则案例入选江苏法院保护老年人权益典型案例。加强产权司法保护,走访企业358次,落实司法“护企”15条,印发复工指南30条,推出示范区法院战“疫”协作12条。全国首例紧急许可防疫物资破产企业复工复产案被最高院民事审判案件纪实片专题报道,入选首批长三角地区人民法院典型案例。激励保护创新,审结侵害商标权、著作权、作品信息网络传播权等知识产权案件532件,在盛泽东方纺织城设立知识产权巡回审判站。（潘志明）

【破产审判】 2020年,区法院受理破产案件226件,比2019年(下同)上升20.86%,其中新收147件,上升17.6%;审结151件,上升39.81%。清理债务245.39亿元,盘活资产15.91亿元,释放土地62.45万平方米,安置职工1337人。探索与个人破产制度功能相当的试点工作,办结全省首例在内的个人债务清理案件8件,提炼总结“十步法”经验,获省高院肯定推广。联合其他政法部门在全国首创破产司法

2020年2月,区人民法院全国首例紧急许可防疫物资破产企业复工复产案获最高院肯定（区法院 提供）

2020年，区人民法院办结全省首例与个人破产制度功能相当的个人债务清理案件（区法院 提供）

联动机制，共铸优质法治营商环境。引入责任保险机制，有效分散管理人履职风险。在全省营商环境"办理破产"评价指标考核中位列第一。作为全国法院系统唯一获奖单位，被中国社科院信息化研究中心等授予中国营商环境"投资环境创新奖"。纺中纺公司自行和解案获全国法院2020年度优秀案例分析奖，鑫吴钢构重整案、鑫吴输电重整案分别入选江苏法院破产审判典型案例、金融审判十大案例，巨诚喷织执转破案获全省法院优秀案例和"金法槌杯"优秀案例评选一等奖。

（潘志明）

【行政审判】 2020年，区法院受理行政案件47件，比2019年（下同）减少17.54%，其中新收31件，减少38%；审结41件，与2019年持平。受理行政非诉案件222件，下降33.33%，其中新收222件，下降33.33%；审结220件，下降33.93%。纠正行政机关不规范行为，保护行政相对人合法权益。加强司法与行政的良性互动，促进行政争议实质性化解。推动规范行政机关负责人出庭应诉工作，出庭应诉率97.60%。组织开展庭审旁听、普法送法等活动，提高行政机关依法行政意识，增强人民群众法治意识。（潘志明）

【案件执行】 2020年，区法院受理执行案件16987件，比2019年（下同）减少4.71%，其中新收14482件，减少4.92%；执结14812件，减少3.32%，执行到位76.4亿元。建成纸质文档管理中间库，加速执行工作数字化转型。升级执行指挥中心"854模式"，打造执行事务、执行监管两个中心，分设六个专业团队，形成"流程标准化、事务集约化、监管可视化"办案新模式。完善执行联动大格局，健全解决执行难长效机制。联合税务、检察全国首开司法拍卖增值税专用发票，保护买受人税收权益。首家引入青吴嘉一体化司法拍卖贷款，解决异地参拍融资难问题。与市场监管局深化联合惩戒，推送666家失信企业信息嵌入江苏省、市场监管信息平台。坚持善意文明执行，联合区政府、检察院设立暂时性替代执行措施。开出全省法院首份"自动履行证明书"，帮助守信企业及时恢复信用、消除融资障碍。（潘志明）

【诉讼服务】 2020年，区法院开展"三下三护"（力量下沉护稳定、重心下移护发展、服务下倾护民生）活动。增设社区法官驿站1个、古镇巡回审判点1个、家事巡回审判驿站6个，组织网格走访501次、化解格内纠纷170件、开展巡回审判21次、线上线下答疑423人次。组织《民法典》等巡回宣讲34场4775人次，营造社会法治氛围。运用科技手段，打造线上智慧诉服。建立集中送达中心，完成电子送达30000次。推进司法公开，网络直播庭审10344场次，公布裁判文书24036份。研发"苏小e"智能语音助手，在调解意向调查、执行情况告知等场景，实现电话自动接打。

（潘志明）

【多元解纷】 2020年，区法院融入综治格局，深化源头止纷，经济技术开发区等法庭打通与辖区网格管理中心数据交互，邀请网格员参与调解送达。重塑解纷体系，加大诉前调纷，融合司法、律师、人民、行业"四位一体"调解力量，聘请特邀调解组织15家、特邀调解员173名，设立物业、保险、相邻关系、房地产、家事纠纷5个专业化调解室，委派调解纠纷7366件，成功化解2439件。加大法律指导，促进实质对接，组织业务培训8次，完成司法确认852件。完善配套机制，规范调解范围、调解流程、奖励激励等操作。拓宽外部监督，选聘特邀调解监督员35名。自主研发覆盖非诉与诉讼、全流程无纸化的“苏智”一体化办案辅助平台，加快推进智慧解纷。（潘志明）

【审判监督】 2020年，区法院受理申诉、复查案件77件，比2019年（下同）减少88.06%，其中新收50件，减少92.20%；审结77件，减少87.54%。受理再审案件75件，减少76.04%，其中新收41件，减少86.64%；审结67件，减少75.99%。编发《审判管理工作通报》37期，每月评查“三同步”、科技法庭使用情况、网上办案及数字化使用、讯飞语音录入系统、裁判文书上网、网络庭审直播、审限变更及报结等工作。专项评查发改及再审案件274件、审限6个月以上的民商事案件50件、执行案件30件等，定期抽查网络庭审直播及电子卷宗扫描情况。组织开展优秀法律文书、优秀庭审、重大疑难复杂案件评选。严格审判监督，紧抓办案质量，形成审委会统筹监管、专业法官会议智慧支持、院庭长重点监督、审管办紧盯态势的多层次、全方位案件监督体系。（潘志明）

【司法改革】 2020年，区法院开展民事诉讼程序繁简分流改革试点工作，配优速裁团队23个，在部分法庭设置“1审1助N调N书”模式团队，指导诉前调解，快审简单案件。完善类案并审机制，推行要素式审判，推进案件庭审及文书简化，探索无书记员庭审记录新模式。速裁民商事案件6965件，适用小额诉讼程序结案2812件、简易程序结案10107件、普通程序独任制结案808件。深化全领域繁简分流，速裁刑事案件1123件，简化审结破产案件81件。加大智慧法院建设力度，实现54个法庭远程视频系统全覆盖，引入VR技术推广无接触执行，在线立案2082件、调解1339件、开庭2013件、“不见面”执行2850次，全国首例法官在湖北异地云开庭案获最高院肯定。升级“锐破”破产案件管理系统，召开网络债权人会议47场2215人次，在线完成转账申请、请示批复等事项办理552件次。建成全景语音审委会系统，实现在线阅卷、随讲随录、电子签名等功能。建成法官会议远程视频系统，对内连线会议讨论，对外连接驿站答疑。成立流程智能实验室，落地“E键开庭”“一案一群”等项目，提高事务性工作效率。推进“六专四室”规范化建设，依托智慧警务，抓牢司法安全。（潘志明）

2020年2月，区人民法院全国首例法官在湖北异地云开庭案获最高院肯定
（区法院　提供）

司法行政

【概况】 2020年，区司法局践行新发展理念，服务保障“六稳”*“六保”*，发挥司法行政“一个统筹，四大职能”作用，推进“强富美高”*新吴江建设。区司法局获“全国司法行政系统特赦实施工作中作出突出贡献的集体”称号，《推行“1+6+N”全域综合行政执法改革*》获评“2018—2020年度江苏省法治建设创新奖”。吴江公证处《证据保全保障企业按期复工》案例获司法部批示肯定。与区法院、区检察院、区公

安局部门联动,全国首创建立破产司法联动机制。（沈　洁）

【法治建设】2020年,区司法局发挥参谋助手作用,做好全面依法治区统筹服务保障各项工作。制定《区委全面依法治区委员会2020年度工作要点》,细化落实65项任务清单。印发《2020年度法治政府建设工作要点》,强化法治政府建设示范带动作用。提请区政府常务会议专题研究《法治政府建设“补短板、强弱项”专项活动实施方案》,明确全区重点问题清单33项,研究制定落实整改举措,推动各地各部门180项问题清单深入整改。制定实施《2020年度“关爱民生法治行”活动实施方案》,公布实施9个系列近40个惠民项目,推动运用法治手段解决民生问题。出台《关于全面提高依法防控依法治理能力为新型冠状病毒感染肺炎疫情防控工作提供有力法治保障的若干意见》,保障全区各项防控工作在法治轨道上统筹开展。研究制定《加强和改进法治服务保障进一步优化营商环境专项行动的实施方案》《关于推进区域社会治理法治化的实施意见》《关于开展城乡基层“援法议事”活动的实施方案》《关于加强综合治理从源头切实解决执行难问题的实施意见》,运用法治方式服务保障全区重点任务。提请区委、区政府联合印发《关于法治政府建设与责任落实工作督察的实施意见》,健全责任体系,明晰履职内容,强化责任落实。推动区委全面依法治区委员会调整法治议事协调机构建设。制定出台《苏州市吴江区履行党政主要负责人推进法治建设第一责任人的实施办法》,发挥“第一责任人”引领突破作用,增强法治建设推进合力。（沈　洁）

【规范制度建设】2020年,区司法局严格执行重大行政决策程序制度,《苏州市吴江区国民经济和社会发展第十四个五年计划纲要》《苏州市吴江区机动车停放服务收费标准》《苏州市吴江区印染行业规划》《吴江区大运河文化带建设总体规划》《吴江城市捷运T1线项目》5个项目被列入2020年度区政府重大行政决策项目。提升行政法律事务审查把关能力,制定出台企业家参与涉企政策制定的工作规范,提高涉企政策公众参与度。全年承办各类征求意见稿158件,其中省、市立法征求意见事项44件,反馈意见157条,审核政府合同4件,参加基层立法座谈会3次,其他各类涉法事务会议20余次。开展涉及野生动物保护、涉及《民法典》的行政规范性文件清理工作,梳理全区涉及《民法典》的行政规范性文件213件(其中区政府文件66件、各地各部门文件147件),经审查,与《民法典》精神、原则、规定相抵触的文件0件。区政府法律顾问为煤炭石油有限公司行政复议案件、《厨余垃圾协同处置项目协议》和户籍制度改革事宜等22件行政涉法事务提供意见建议。（沈　洁）

【行政执法监督】2020年,区司法局强化行政执法综合监督能力,完善行政执法制度体系。印发《关于推进落实行政执法“三项制度”工作的通知》,督查行政执法“三项制度”落实情况。对市场监管、卫生健康、安全生产等重点领域行政执法进行督查和开展案卷评查,规范行政执法文书,提高行政执法办案能力和水平。探索涉企执法审慎包容机制,落实轻微违法行为不予行政处罚和一般违法行为从轻减轻行政处罚“两张清单”118项,全年涉及免于行政处罚案件723件,免除金额727.44万元,减轻行政处罚案件312件,减少金额997.43万元。牵头制定《一般程序行政处罚案件评查标准》《行政处罚案件标准》,构建长三角优质法治营商环境。加强和改进行政复议方式,发挥行政复议在依法化解行政纠纷中的主渠道作用。是年,区司法局收到行政复议案件68件、受理40件、办结36件、出庭应诉15件、不予受理1件、协调处理27件。各级法院开庭审理涉及吴江区行政诉讼案件97件,其中行政机关负责人出庭应诉94件、出庭应诉率96.9%,比2019年有较大幅度提升。（沈　洁）

【人民参与和促进法治】2020年,区司法局创新加强社会治理,提升群众安全感。全区实现非诉讼服务中心(站点)全覆盖,诉讼和非诉讼对接机制基本建成,人民调解、化解纠纷数与法院一审民事案件受案数比例为100%。人民调解进入全区基层网格,形成区、镇(街道)、村(社区)、网格四级调解组织网络；推进“一站式”非诉讼服务实体平台建设，促进纠纷及时调处、就地化解、源头解决。探索人民调解工作机制创新，成立长三角一体化示范区联合人民调解委员会及专家库，依托接边地区人民调解组织和人民调解员力量，消除青吴嘉边界地区影响居民生产生活稳定及经济社会发展的不稳定因素。是年，全区两级调处中心排查社会矛盾纠纷1295次，预防矛盾纠纷105件，受理矛盾纠纷18948件，调解成功18931件，调解率为100%，调解成功率为99.91%。（沈　洁）

【普法与依法治理】2020年，区司法局提升法治信仰培养能力，完成“七五”普法终期验收工作。调整区法治宣传教育领导小组成员单位48家，重新梳理修订普法责任清单，压实“谁执法谁普法”责任落实机制，“大普法”格局基本形成。推动《民法典》学习宣传，举办“美好生活·法典相伴”主题系列活动发布会。开展吴江区第二届暨长三角首届普法小主持人大赛，报名人数220多人，参赛节目180个，投票数达到37.6万票。实施法治文化阵地提升行动，为开弦弓村制定“法润民生基层行”项目，吴江区通运平望法治文化长廊被列入江苏省司法厅第二批13个“大运河（江苏段）法治文化长廊品牌项目”。发布普法形象大使“法宝”，打造首个法治文化特色镇区——“千年古镇法治同里”。青吴嘉联合举办“长三角生态绿色一体化发展区示范区法治建设论坛”，推动建设“五治”（政治、法治、德治、自治、智治）融合的基层社会治理体系。做好民主法治示范村（社区）动态管理，完成省级民主法治示范村（社区）全面复核工作，全区建成国家级民主法治示范村（社区）2个、省级民主法治示范村（社区）149个。推进第九批市级法治文化建设示范点创建工作，创建单位3家，累计建成市级法治文化建设示范点25家。全年征集法治文化原创作品3276件。（沈　洁）

【公共法律服务】2020年，区司法局践行司法为民理念，优化便民措施提升法治满意度。破解疫情带来的制约瓶颈，以线上办、网上办、掌上办为突破口，提供普惠均等、便捷高效、智能精准的公共法律服务。尝试运用“区块链+公证”于现场公证，创新微信公众号“公证顾问”服务，推广“公证云”“互联网+法律援助”等服务。组织开展“法企同行·百所帮万企”专项行动，“法企同行”法律志愿者团队和中小（微）企业法律服务团建立服务企业联系点100个，全年走访企业1235家，收集排查企业法律风险服务需求407项，帮助企业化解风险、解决问题3712件，发布防控措施和法律建议37条。青吴嘉三地签署《长三角生态绿色一体化发展示范区公共法律服务共建备忘录》，打造公共法律服务区域共同体。是年，区法律服务中心受理法律援助案件1366件，接待来访850人次，接听12348法律咨询5576人次，办理法律帮助案件2088件；吴江公证处办结各类公证7154件，接听咨询电话、“12348”服务热线等电话咨询7300个，接待群众来访咨询5000余人次。（沈　洁）

【社区矫正和安置帮教】2020年，区司法局推进损害修复试点和社区矫正讲评教育活动，落实治本安全观，提升社区矫正管理规范化、矫治科学化和帮扶社会化水平。加大对社区矫正对象的教育和监管，落实对刑释人员安置帮教对象的服务管控，加强对解除强制隔离戒毒人员的后续照管工作措施，定期对特殊三类人员开展排查。按照《中华人民共和国社区矫正法》《中华人民共和国社区矫正法实施办法》等规定做好报到入矫、集中教育、短期集训、入户走访，对社区矫正对象外出、变更居住地等监管事项确立资料审核、逐级审批制度，确保重大节日期间的安全稳定。加强社区矫正基础建设，完善工作体系和机制。5月28日，吴江区司法局汾湖社区矫正分中心揭牌成立。分中心立足加强长三角一体化示范区内社区矫正对象异地协查、异地监督、居住地变更、信息交流等方面协助配合，夯实跨省级区域社区矫正对接、衔接和一体化管理基础。是年，《沪苏浙皖社区服刑人员外出管理办法（试行）》获最高检察院肯定，“社区矫正一体化”被《长三角生态绿色一体化示范区“创新工场”实录》（第一季）收录。（沈　洁）

（本栏编辑　钱晓燕）

经济管理和体制改革

【国民经济和社会发展计划】2020年1月5日，吴江区第十六届人大第四次会议审议通过《关于苏州市吴江区2019年国民经济和社会发展计划执行情况及2020年国民经济和社会发展计划草案的报告》，明确2020年全区经济社会发展的主要目标为：地区生产总值增长6 %左右；一般公共预算收入增长7%左右；全社会固定资产投资计划保持增长；社会消费品零售总额增长4.5%左右；实际使用外资4.5亿美元；外贸进出口总额保持稳定；全社会研究与试验发展经费支出占地区生产总值的比重3.0%左右；企业研究与试验发展经费投入增长10%左右；万人发明专利拥有量51.5件；全员劳动生产率增长5.5%左右；工业增加值率高于上年；城乡居民人均可支配收入增幅高于地区生产总值增幅；城镇登记失业率控制在2.6%以内；单位地区生产总值能耗下降完成上级下达任务；化学需氧量、二氧化硫、氨氮及氮氧化物等主要污染物排放总量削减完成上级下达任务。

7月24日，区第十六届人大常委会第三十次会议审议通过《苏州市吴江区2020年国民经济和社会发展计划上半年执行情况报告》。11月25日，区第十六届人大常委会第三十二次会议对计划中的地区生产总值增速、一般公共预算收入增幅、社会消费品零售总额增幅、全员劳动生产率四项指标作中期调整说明，分别调整为2.3%左右、5%以上、下降5%左右、增长2%左右。（赵　雁）

【经济运行分析】2020年，全区紧扣夺取疫情防控和经济社会发展“双胜利”目标，落实“六稳”*“六保”*工作任务，聚焦“一体化”和“高质量”两个关键，全力打造“创新湖区”，建设“乐居之城”，在构建“双循环”新发展格局中主动作为，在一体化示范区建设中走在前列，经济社会发展在攻坚克难中迈出坚实步伐。全区实现地区生产总值2002.83亿元，增长0.6%（可比价）；完成服务业增加值965.13亿元，增长1.0%，服务业增加值占地区生产总值比重48.2%，提升1.6个百分点，三次产业结构优化为1.9∶49.9∶48.2；一般公共预算收入完成236.48亿元，增长6.0%；全社会固定资产投资完成586.79亿元，增长0.5%；社会消费品零售总额617.86亿元，下降3.4%；实际使用外资4.56亿美元，增长13.1%；外贸进出口总额完成216.68亿美元，增长2.4%；万人发明专利拥有量60.56件；工业增加值率保持稳定；城乡居民人均可支配收入增长4.3%，高于地区生产总值增幅；城镇登记失业率保持在1.77%的低位运行；单位地区生产总值能耗下降完成上级下达任务；化学需氧量、二氧化硫、氨氮及氮氧化物等主要污染物排放总量削减完成上级下达任务。

全区聚焦能级提升，经济实力迈上新台阶；聚焦创新转型，产业层级实现新提升；聚焦国家战略，改革创新激发新动能；聚焦以人为本，民生福祉交出新答卷；聚焦生态绿色，城乡面貌彰显新魅力。

今后发展存在诸多困难和挑战，主要是：经济下行压力加大，投资结构不尽合理，产业层级有待提升，资源要素保障趋紧，民生保障存在短板，城市品质提升任重道远，安全稳定形势依然严峻。为此，要坚持稳中求进工作总基调，立足新发展阶段，贯彻新发展理念，构建新发展格局，以推动高质量发展为主题，以深化供给侧结构性改革为主线，以改革创新为根本动力，坚定走在沪苏同城化前列，加快推进长三角生态绿色一体化发展示范区建设，打造“创新湖区”，建设“乐居之城”，确保“十四五”开好局、全面建设社会主义现代化起好步。（赵　雁）

【发展规划编制】 2020年，吴江区成立由区委、区政府主要领导任双组长的区“十四五”规划编制工作领导小组，制定《吴江区“十四五”规划编制工作方案》，全面有序推进36个重点课题研究和17个重点专项规划。区委、区政府主要领导召开务虚会专题讨论研究“十四五”发展重大问题，明确发展方向、目标、路径；区人大、区政协多次听取“十四五”规划编制工作情况汇报，积极建言献策；通过全区范围内7次意见征求，召开12场专题座谈会，到8个区镇进行主要领导访谈和到12个重点部门进行专题调研，不断修改完善规划纲要成果。先后两次通过“中国吴江”门户网站、“今吴江”及《吴江日报》等媒体向全社会征集“十四五”规划编制意见建议；区委、区政府主要领导、分管领导分别召开“十四五”问计于民专题系列座谈会，主动听取社会各界的真知灼见。将十九届五中全会精神、《中共中央关于制定国民经济和社会发展第十四个五年规划和二〇三五年远景目标的建议》和习近平总书记视察江苏重要讲话指示批示精神的核心思想、战略任务体现到规划纲要中。加强与长三角一体化相关规划、江苏省和苏州市规划建议、规划纲要的沟通衔接，争取在上位规划中体现更多的吴江元素。（孔迎帆）

【经济体制改革】 2020年，区委、区政府协调推进全区经济体制和生态文明体制改革工作，稳妥深化“僵尸企业”处置工作。出台实施《吴江区人民政府关于应对疫情支持中小企业健康发展的十八条政策意见》《关于推进美丽吴江建设的实施意见》《关于开放再出发的若干政策意见》《关于加快打造世界级高端纺织产业集群推动生态绿色发展的实施意见》等政策文件。震泽丝绸风情小镇上榜省级特色小镇创建名单，出台《苏州市吴江区关于加快培育创建特色小镇的实施意见》。做好事改企退休人员补贴发放核准及关爱帮扶跟踪工作。（孔迎帆）

【经济协作和对口支援】 2020年，吴江区推进经济协作和对口支援工作。东西部扶贫协作对口帮扶印江。双方主要领导全年互访3次，召开党政联席会议2次，交流104批825人次。落实各级财政帮扶资金4159.45万元。新选派“三支”（支教、支医、支农）人才34名，其中教师10名、医生18名、农技人员6名，赴印江开展1个月到1年的专业技术帮扶工作，合作办学的“1+2”第三届职校酒店管理专业班持续进行。深入开展产业协作，帮助印江引进企业9家，实际投资额9.44亿元，其中共建园区入驻企业3家，协助在印江建立扶贫车间10个。不断加强“电商+门店+展销”的农产品产销对接，扶贫产品在苏州销售额为2158万元。相关部门通过旅游推介会等方式开展旅游协作。不断加强劳务协作，帮助151名铜仁市贫困劳动力在吴江就业；通过开展多种职业技能培训，印江县贫困劳动力在江苏省就业173人。吴江区8个区镇与印江县9个乡镇、1个街道、1个开发区结对，推动吴江区建制村、企业、社会组织与印江31个贫困村结对，实现印江28个深度贫困村全覆盖。

南北挂钩合作帮扶泗阳。吴江（泗阳）工业园获评“江苏省南北共建园区先进单位”，全省共建园区考核连续6年进入第一方阵。吴江区拨付吴江

（泗阳）工业园区工作经费180万元，并向省委驻泗阳帮扶工作队提供项目帮扶资金500万元。有7名干部在泗阳挂职，其中沈建兴挂任泗阳县委副书记，吴江（泗阳）工业园党工委书记、吴江泗阳产业合作园区党工委书记；薛君作为省委驻泗阳县帮扶工作队队员，任泗阳县爱园镇党委副书记，作为经济薄弱村第一书记，负责脱贫攻坚工作。

对口支援西藏、新疆、青海和重庆市云阳县。2020年，吴江区财政援助西藏1135万元、新疆5667万元、青海709万元，安排扶贫协作补缴资金7105万元，援助云阳37万元。平望镇向西藏林周县强噶乡捐赠40万元。响应省、市政府号召，第二批6名吴江援疆教师继续在受援学校——阿图什市昆山第二小学支教。

响应国家、省、市要求，动员社会力量助力挂牌督战，盛泽镇总商会、新一代企业家商会分别与云南省曲靖市大海乡的两个贫困村结对，帮扶资金40万元用于基础设施改善，捐助村小学习物资10万元，通过直播带货等方式购买当地农产品6万余元。（周臻煦）

国有资产监督管理

【概况】2020年，全区国有企业资产汇总总额2620亿元，负债汇总总额1475亿元，净资产汇总总额1145亿元，营业收入33.2亿元，利润总额9.7亿元。（唐　健）

【国企资源整合】2020年，区国资办整合构建“5+3”国资结构布局，即“长三角一体化、城市投资、文旅开发、资本运作、水务运营”五大市场化运营集团，“地方粮食收储、农村产权交易、施工图审查”三个公益性平台公司。（唐　健）

【国资引导】2020年，吴江国资设立规模30.01亿元的苏州市赢虹股权投资基金，助力盛虹集团首次迈入世界500强企业；设立总规模10亿元的区民营企业发展引导基金，一企一策精准化解企业流动性风险。利用资本对产业发展的撬动作用，不断构筑“基金+载体+项目+人才”的创新模式，合作设立母基金10支、商业性基金32支，资金规模283亿元，助力吴江产业转型。（唐　健）

【创新监管职能】2020年，区国资办升级打造“国企监管平台2.0版”，实现对重点领域、关键环节的实时、实事动态全过程监管。以管资本为主推进职能转变，强化管资本职能3项，精简监管事项12项，整合相关职能4个方面。构建以公司章程为核心的现代企业制度体系，推进外部董事制度建设，委派专职监事5名。（唐　健）

【国有集体及其控股企业】2020年，全区新发展国有集体及其控股企业444户，新增注册资金137.86亿元。至年底，国有集体及其控股企业总数3203户，注册资金总额1775.88亿元。从分布领域看，新登记国有集体及其控股企业主要集中在批发和零售业、租赁和商务服务业、科学研究和技术服务业，分别占新增总户数的22.52%、18.69%、18.027%。新登记国有集体及其控股企业中从事批发和零售业100户，新增注册资本7.51亿元，从事租赁和商务服务业83户，新增注册资本22.99亿

“世界500强企业”盛虹集团　　［吴江高新区（盛泽镇）提供］

元，从事科学研究和技术服务业80户，新增注册资本28.35亿元。（王沁楠）

安全生产监督和应急管理

【概况】2020年，区应急管理局严格落实综合监管责任，做好行业监管、推动执法宣教、完善基层基础、深化科技兴安，提升监管能力与成效。进一步筑牢应急防范安全防线，全方位推进应急管理工作。全面推动督导巡查，推动安全生产工作更细更实。坚持铁腕治安，深入开展安全生产专项整治行动，坚决打好安全生产保卫战。深入贯彻习近平总书记“两个不放松”和“务必整出成效”的重要指示精神，强化红线意识和底线思维，全面推进安全生产治理能力与治理体系现代化进程，为吴江区高质量发展快上新台阶提供稳定向好的安全环境。（葛冯格）

【综合监管】2020年，区应急管理局在区委、区政府领导下，开展全面细致排查和坚决彻底整治工作，开展安全生产百日“雷霆行动”，优化责任体系建设，推动长三角一体化安全生产应急管理机制更趋完善，推动安全生产专项整治“一年小灶”圆满收官。加强重点问题重点领域安全风险防控，防范化解重大隐患，有效遏制事故发生。对重大安全生产事故隐患项目实施挂牌督办，69个挂牌督办隐患全部按期落实整改闭环，有效消除事故隐患。优化“红黄牌”制度，将范围扩大至消防、职业健康、市场监管等领域，同时设定列入“黑名单”企业的相关情形，对“黑名单”企业实施更严格的惩戒。至年底，安全生产方面挂牌41批次763家企业，其中红牌78家、黄牌685家、红牌转黄牌4家、转黑名单30家、摘牌705家。各级督导组交办的问题，均落实责任分工，制定整改措施，明确整改责任和整改时间。至年底，各级督导组反馈的114个方面的问题全部整改到位。（葛冯格）

2020年6月28日，吴江开发区组织开展有限空间作业应急演练

（区应急管理局　提供）

【行业监管】2020年，区应急管理局持续推进危险化学品综合治理，全面摸排危险化学品安全风险，健全“一企一档”。加大危险化学品执法检查力度，借助中国化学品协会安全专业力量对10家危险化学品企业开展深度指导检查工作，对19家危险化学品企业开展本质安全诊断工作，重大隐患全部完成整改。强化源头管控，切实从源头上压降安全风险。加强危险化学品安全监管信息化建设，4家涉及重大危险源的危化企业均建成重大危险源监测预警信息系统，其他危化企业中6家完成信息平台建设，29家正在建设中。扎实推进违法违规“小化工”百日专项整治，排查企业2.71万家，查处违法违规从事化工生产企业2家，无证无照或者证照不齐涉及化工生产的小企业、小作坊和黑窝点9个，关闭取缔非法违法“小化工”企业11家。开展违法违规“小字头”“停产停业”企业专项整治行动，发现违法违规“小字头”企业36家，全部完成整治。

持续推进工贸企业安全整治，加强标准化管理水平。组织开展安全生产标准化运行情况复查抽查，复查三级标准化企业644家、小微企业2247家，撤销167家三级或小微标准化证书。强化粉尘涉爆排查整治，排查粉尘涉爆企业410家，关停淘汰50家，累计关停271家（主要为木粉尘企业),组织企业参加粉尘涉爆专项培训,开展第三方专家核查,将部分静电粉末喷涂重点企业列入核查范围。开展有限空间作业排查整治。排查有限空间作业企业2020家,关停淘汰74家。推动有限空间示范企业创建,组织有限空间专项培训,开展有限空间专项应急演练。突出高温金属熔融企业整治提升,排查高温金属熔融企业229家,对存在重大隐患难以整改的铸造企业进行整治或关停,关停企业145家,现有84家,其中深井铸棒企业8家。开展工贸企业储存、使用危化品排查整治,排查相关工贸企业1714家,其中用量较大、危险性较高的纺织后整理企业665家。发放《吴江区工贸企业危险化学品安全使用手册》,将使用、储存危化品企业作为执法检查重点。

(葛冯格)

2020年6月10日,"双进双促"暨以案释法巡回宣讲走进江陵街道

(区应急管理局 提供)

【执法宣教】 2020年,区应急管理局保持精准执法高压态势。加大行政处罚尤其是事前执法处罚力度,强化执法权威,增加执法刚性,提高执法威慑力,实现处罚案件和金额"双上升",分别比2019年上升5.26%和18.59%。加强培训教育,构建安全生产大宣传的工作格局。营造全社会重视安全生产的良好环境。组织开展"进企业,促进安全发展新跨越;进社区,促进应急能力新提升"的"双进双促"活动。承办苏州市第五届安全生产综合执法演练竞赛。承办苏州市安全生产月宣传咨询日活动,大力普及安全知识,增强全民安全意识。在全区企业推广上线"消除事故隐患、筑牢安全防线"互动游戏。建设区安全生产和防灾减灾科普教育馆,采用VR体验、事故警示教育等生动形象的宣教方式增强互动性,打造应急管理和安全生产文化传播基地。"百团进百万企业"活动实现全面覆盖,将"百团进百万企业"安全生产学习宣讲活动结合"雷霆行动"全面展开,区领导,省、市、区三级督导组及各区镇、各街道、各部门领导干部均深入基层一线开展宣讲,累计开展宣讲7765场次。实现规模以上工业企业关键岗位人员、安全管理人员、主要负责人和规模以下工业企业主要负责人宣传教育两个"全覆盖"。各区镇、街道和相关部门指导每一个企业张贴习近平总书记关于安全生产重要论述和江苏省关于落实企业主体责任20条规定,使企业安全意识进一步得到提升,汇聚推动安全发展的强大合力,引起全社会对安全生产的普遍关注,形成人人学安全的良好局面。

(葛冯格)

【基层基础】 2020年,区应急管理局加强基层基础建设,探索建设长三角一体化安全生产应急管理机制。抓住长三角一体化国家战略发展机遇,用好长三角生态绿色一体化发展示范区平台,前瞻谋划思考,致力协同创新,推动共建共享,促进安全生产应急管理融合发展和跨界区域合作,提升区域整体竞争力,探索逐步形成分工合理、优势互补、各具特色的协调发展格局。与青浦、嘉善签署《长三角生态绿色一体化发展示范区应急管理协同机制合作协议》,三地每年定期组织跨地区、跨部门、联防联控实战化应急演练。参加第三届进博会安全保障暨长三角一体化示范区综合应急演练,积累实战经验,完善长三角一体化机制建设。筹备长三

2020年6月18日，特种设备安全应急演练（吴斌 摄）

角一体化应急演练桌面推演，加快应急机制迅速对接融合。增强区镇两级执法力量，队伍建设取得初步成效，人员配备得到增强、梯队培养得到提升、团队荣誉取得收获（获得苏州市五一劳动奖章，在苏州市安全生产执法竞赛中名列榜首）、能力素质显著提高。（葛冯格）

【科技兴安】 2020年，区应急管理局深化应急管理信息化建设，新建应急管理综合应用平台，构建应急通信网，建成应急资源图，实现应急预案数字化管理；建设综合应急指挥调度系统，以物联网为基础建设预警监测系统，以信息化手段实现动态感知、在线监测、应急处置。新建安全生产监测预警系统，实现企业动态感知、在线监测、应急处置。重大危险源企业全部接入，部分粉尘企业、有限空间、危化品企业接入，总体运行平稳。优化安全生产综合监管，升级安全生产综合监管平台基础框架，优化执法系统。配合租赁厂房专项整治，研发租赁厂房管理系统。将应急值守和监测预警系统融合到综合监管平台上，实现平台多级应用综合监管。推动“科技兴安”建设。编制“技防建设”三年计划，有序推进各项建设。结合吴江区实际情况，制定《吴江区安全生产“技防建设”三年计划》。第一点是安全生产技术支撑体系建设。创建安全生产技防服务微平台；同步在安全生产考试中心建设安全生产科技展厅，设置11个展区。第二点是安全生产应急管理数据支撑体系建设。建设吴江区应急管理综合应用平台，汇聚相关部门业务数据，接入现有的吴江区安全生产综合监管系统和安全生产监测预警系统，为安全生产应急管理提供有效数据支撑。第三点是安全防范技术研发和推广建设。梳理出5大类13项现有适用技术，下发各区镇推广应用。同时借助科技团队力量，针对高风险领域进行技防研发和改造，研发覆膜涂层防爆技术1项，有限空间AI人工智能识别技术1项，叉车、专用货梯2类特种设备技防改造2项，引入深井铸棒防爆技术1项，从无到有打造一个全新的技术基础支撑。初步建立区、镇、企三级协同的技防建设机制，区应急管理局负责技防总体推进，区镇配合推广，企业推广应用，三级合力启动安全技防建设进程。（葛冯格）

【应急防范安全防线】 2020年，区应急管理局加快推进应急预案修编工作，以总体应急预案为指导，稳步推进区级其他专项预案的修编。6月，《苏州市吴江区突发事件总体应急预案》由区政府印发。全区其他涉及自然灾害、事故灾难、公共卫生、社会安全等30余个专项应急预案修编完成并印发实施。加强应急值班值守，严格落实24小时专人值班和领导带班制度，充分利用应急值守平台，实现值班值守、事故处置网上流转，提升应急反应速度，确保无缝对接、高效应对各类突发事件。完善应急救援队伍体系，充分发挥社会民间力量在应急救援中的重要作用，将苏州蓝天救援队纳入区应急救援队伍体系，扩充应急救援队伍，丰富队伍种类。全区有各类应急队伍175支5632余人，为全区应急抢险救灾提供坚实的队伍保障。加强应急物资储备建设，为有效应对严重自然灾害和各类重大突发事件等特殊情况，区应急管理局创新坚持实物储备和协议储备相结合，与第三方公司签订《2020年救灾赈灾物资应急代储协议》。（葛冯格）

【督导巡查】 2020年，区应急

管理局在区委、区政府统一部署下，分两批开展安全生产巡查，对区镇和相关部门进行巡查。同时成立区安全生产督导组6个，结合巡查工作，对安全生产专项整治行动开展督导，各督导巡查组对安全生产领域情况进行"把脉问诊"，发现薄弱环节和问题短板，提出整改意见，督导组反馈的问题全部整改到位，有效推进安全生产治理体系和治理能力现代化。（葛冯格）

【安全生产专项整治】 2019年11月，江苏省开始开展安全生产专项整治行动（称为"一年小灶"）。2020年，区应急管理局召开安全生产专项整治工作动员部署会，制定区级方案及27个子方案，全区召开500人规模的专项整治工作推进会，保证专项整治行动在基层迅速开展。开展百日安全生产"雷霆行动"。2020年7月18日至10月30日，全区排查企业单位2.61万家次，发现问题隐患1.84万个，责令整改企业单位1831家。实现"小灶""大灶"有机融合。打好"一年小灶"收官战，制定完成苏州市吴江区安全生产专项整治三年行动工作方案和2个专题、10个专项实施方案，进行深入动员部署和推进落实。至12月，全领域发现突出问题44个，排查治理重大隐患79个，全部整改完成，联合惩戒失信企业108家。聚焦重点领域，着力抓好问题整改，针对近年来事故多发区域领域和专项整治难点问题，突出重点、深入排查、科学防治、严格整治。开展防范高处坠落专项整治。制定《吴江区防范高处坠落生产安全事故工作方案》，切实防范化解重大隐患。开展租赁厂房专项整治，严查擅自改变租赁厂房使用性质等违法违规行为。组织开展租赁厂房示范企业创建，对出租方、承租方负责人进行专题培训，启动租赁厂房备案工作，规范厂房出租管理。开展危险化学品安全生产专项整治，全面摸排危化品安全风险，强化企业风险隐患源头管控，做好危化行政许可管理工作，加强危化安全监管信息化建设，做好危化品应急预案及演练，落实"小化工"专项整治行动。开展工贸企业安全生产专项整治，加强标准化管理水平，强化粉尘涉爆排查整治，开展有限空间作业排查整治，突出高温金属熔融企业整治提升，开展工贸企业储存、使用危化品排查整治行动。（葛冯格）

【防汛抢险救灾】 2020年，气候年景总体偏差，长江中下游降雨偏多，防汛防台形势不容乐观。全区遭遇历史第二多梅雨和太湖历史第三高水位（4.79米）双重侵袭，区防汛指挥部启动防汛II级应急响应，切实加强值班值守，强化巡堤查险，落实除险加固，前置应急抢险人员、物资和装备。120余万元防汛抢险救灾物资汛前全部入库备用，全区175余支应急救援队伍24小时待命，最大限度减少自然灾害可能造成的损失，确保"不亡人、不伤人、少损失"和安全度汛的总目标，实现流域、区域防洪安全"双胜利"。（葛冯格）

【安全发展示范城市建设】 2020年，区应急管理局围绕科技、管理、文化三个维度，按照安全发展示范城市建设整体框架，立足吴江区未来发展，高标准推进安全发展示范城市创建工作。对照创建标准，对标对表、逐一过关，切实补足短板、

2020年4月1日，氨气泄漏应急处置演练现场　（区应急管理局　提供）

持续提升优势、努力创新举措。结合创建标准，做好“十四五”规划相关内容与配套实施计划制定工作，推进专家论证评审与中期评估进度。提升创建工作质量，在做好标准答卷的基础上，落实区委、区政府有关要求，为安全发展示范城市创建工作注入吴江特色。（葛冯格）

市场监督管理

【概况】 2020年，区市场监管局以“争、抢、闯、快、拼”五字诀为指导，践行“营造环境、守住底线、维护权益、促进发展、依法行政”的工作理念，全面展现市场监管系统的使命担当，为书写“创新湖区”“乐居之城”新篇章作出新贡献。（朱 枫）

【疫情防控】 2020年，区市场监管局按照区委、区政府关于“六稳”*“六保”*的决策部署，立足职能定位，主动担当、扎实作为，为吴江夺取疫情防控和经济发展“双胜利”贡献市场监管力量。针对疫情期间全区防疫物资市场供应紧张的情况，成立防疫物资生产企业保供生产工作小组，通过“一对一”联络机制实时掌握企业所需所求，先行先试“白雪医疗”复产模式，实现全区防疫物资产能从无到有。相继指导白雪、百利、涂泰克等企业通过绿色通道取得相关生产证件，督促民用口罩生产企业严格按照标准进行生产，保障防疫物资供应。严厉打击哄抬物价、囤货居奇、制假售假等行为，开具苏州地区对哄抬物价行为的首张罚单。针对疫情防控期间防疫、民生等物资恶意涨价以及部分区镇出现哄抢大米等情况，排查各区镇经销单位，通过网络平台和上门送达等方式发放价格政策提醒函和价格宣传手册。全面强化集中用餐单位食堂规范管理，要求严格实行分餐制，指导食堂通过一人一桌、“十”字隔板餐桌等形式减少人员集聚风险，确保各项疫情防控措施和食品安全管理制度落实到位。配合区镇督促企业制定复产复工方案，组织开展特种设备安全自查，向特种设备生产使用单位特种设备安全主要负责人、安全管理人员发送提醒短信，防止企业“仓促上阵”。（朱 枫）

2020年8月，举行长三角生态绿色一体化发展示范区市场监管领域实训基地揭牌暨志愿服务队授旗仪式（区市场监管局 提供）

【品牌标准建设】 2020年，区市场监管局围绕吴江“产业强区”战略，以培育壮大千亿元能级产业集群、百亿元能级企业梯队为服务方向，持续围绕品牌建设、质量强区和标准化战略，扩大市场监管服务经济发展的溢出效应，助力吴江加速构建更具区域带动力和国际竞争力的集群产业。推进质量强区建设，紧扣“推进高质量监管，助力高质量发展”主题，整体统筹推进以质量品牌为核心的质量强区建设新格局，江苏永鼎股份有限公司获评2019年江苏省省长质量奖，江苏凯伦建材股份有限公司获评苏州市市长质量奖，15家企业获评苏州市质量奖，获评总数均居苏州大市第一。恒力化纤和永鼎股份成为首批“江苏精品”认证企业，11家企业入选“江苏精品”培育队伍；国望高科等6家企业进入“苏州制造”首批重点培育名单，33家企业进入培育队伍；29家企业获评苏州市2020年江苏省工业企业质量信用A级企业。大力实施标准化战略，新增全区装备制造产业首个ISO国际标准化技术机构1个，现有盛虹集团、顶裕节能等3家企业承担国际标准化技术组织3个，总数位列苏州市第一。新增全国标准化专业委员会委员6人，国际标准化注册专家4人。全区52家企事业单位研究制修订发布标准151项，其中国际标准5项、国家标准80项、行业标准66项，新增采用国际标准产品标志62项。平望镇“一窗式政务服务与网格式综合治理标准化试点”高分通过省级验收，区政府申报的“老有所养基本公共服务标准化专项试点”和平望镇申报的“网格式智慧管理标准化试点”分别获批国家级标准化试点，是苏州市范围仅有的两项国家级试点。

（朱　枫）

2020年吴江区市级以上质量奖一览表

序　号	奖　项	企业名称	是否新增
1	2019年江苏省省长质量奖（2020年发文）	江苏永鼎股份有限公司	是
2	苏州市市长质量奖	江苏凯伦建材股份有限公司	是
3	苏州市质量管理优秀奖	苏州帝奥电梯有限公司	是
4		东南电梯股份有限公司	否
5		苏州华源控股股份有限公司	否
6	苏州市质量奖	苏州华业检测技术服务有限公司	是
7		江苏欣达通信科技股份有限公司	是
8		江苏澳盛复合材料科技有限公司	是
9		依工净化（吴江）有限公司	是
10		苏州铁近机电科技股份有限公司	是
11		苏州亚德林股份有限公司	是
12		江苏亨通电力智网科技有限公司	是
13		申龙电梯股份有限公司	是
14		吴江市鼎盛丝绸有限公司	是
15		博众精工科技股份有限公司	是
16		富威科技（吴江）有限公司	是
17		苏州德奥电梯有限公司	是
18		江苏微康生物科技有限公司	是
19		苏州富士精工电梯有限公司	是
20		吴江市明港道桥工程有限公司	是

（朱　枫）

2020年吴江区企业参与发布的国际、国家标准和行业标准一览表

序　号	企业名称	级别	标准号	标准名称	制定/修订
1	江苏亨通光电股份有限公司	国际	ITU—T L.109—2018	光/金属复合缆的结构	修订
2	通鼎互联信息股份有限公司	国际	IEC 61196—1—119：2020 ED2	同轴通信电缆 第1—119部分：电气试验方法　射频额定功率	修订
3	吴江中服纺织有限公司	国际	ISO 20739：2019	武术太极服　技术要求及检测方法	制定
4	吴江中服纺织有限公司	国际	ISO 20740：2019	武术太极剑　技术要求及检测方法	制定

（续　表）

序　号	企业名称	级别	标准号	标准名称	制定/修订
5	吴江中服纺织有限公司	国际	ISO 21924—9：2020	武术防护器材　第9部分：武术散打头部保护器要求和试验方法	制定
6	富威科技（吴江）有限公司	国家	GB/T 37572—2019	热交换器用铜及铜合金带材	制定
7	苏州赛伍应用技术股份有限公司	国家	GB/T 37659—2019	叠层母线排用绝缘胶膜	制定
8	康力电梯股份有限公司	国家	GB 16899—2011	自动扶梯和自动人行道制造与安装安全规范	修订
9	申龙电梯股份有限公司（原：苏州市申龙电梯有限公司）	国家	GB 16899—2011	自动扶梯和自动人行道制造与安装安全规范	修订
10	苏州帝奥电梯有限公司	国家	GB 16899—2011	自动扶梯和自动人行道制造与安装安全规范	修订
11	东南电梯股份有限公司	国家	GB/T 28621—2012	安装于现有建筑物中的新电梯制造与安装安全规范	制定
12	申龙电梯股份有限公司（原：苏州市申龙电梯有限公司）	国家	GB/T 28621—2012	安装于现有建筑物中的新电梯制造与安装安全规范	制定
13	苏州帝奥电梯有限公司	国家	GB/T 28621—2012	安装于现有建筑物中的新电梯制造与安装安全规范	制定
14	东南电梯股份有限公司	国家	GB/T 24803.2—2013	电梯安全要求　第2部分：满足电梯基本安全要求的安全参数	制定
15	申龙电梯股份有限公司	国家	GB/T 24803.2—2013	电梯安全要求　第2部分：满足电梯基本安全要求的安全参数	制定
16	苏州帝奥电梯有限公司	国家	GB/T 24803.2—2013	电梯安全要求　第2部分：满足电梯基本安全要求的安全参数	制定
17	申龙电梯股份有限公司	国家	GB/T 24803.3—2013	电梯安全要求　第3部分：电梯、电梯部件和电梯功能符合性评价的前提条件	制定
18	东南电梯股份有限公司	国家	GB/T 24803.3—2013	电梯安全要求　第3部分：电梯、电梯部件和电梯功能符合性评价的前提条件	制定
19	苏州帝奥电梯有限公司	国家	GB/T 24803.3—2013	电梯安全要求　第3部分：电梯、电梯部件和电梯功能符合性评价的前提条件	制定
20	康力电梯股份有限公司	国家	GB/T 24803.4—2013	电梯安全要求　第4部分：评价要求	制定
21	申龙电梯股份有限公司	国家	GB/T 24803.4—2013	电梯安全要求　第4部分：评价要求	制定
22	东南电梯股份有限公司	国家	GB/T 24803.4—2013	电梯安全要求　第4部分：评价要求	制定
23	苏州帝奥电梯有限公司	国家	GB/T 24803.4—2013	电梯安全要求　第4部分：评价要求	制定
24	康力电梯股份有限公司	国家	GB/T 30692—2014	提高在用自动扶梯和自动人行道安全性的规范	制定
25	苏州帝奥电梯有限公司	国家	GB/T 30692—2014	提高在用自动扶梯和自动人行道安全性的规范	制定
26	苏州帝奥电梯有限公司	国家	GB/T 31094—2014	防爆电梯制造与安装安全规范	制定
27	苏州科达液压电梯有限公司	国家	GB/T 31094—2014	防爆电梯制造与安装安全规范	制定
28	东南电梯股份有限公司	国家	GB/T 31821—2015	电梯主要部件报废技术条件	制定
29	康力电梯股份有限公司	国家	GB/T 31821—2015	电梯主要部件报废技术条件	制定
30	苏州帝奥电梯有限公司	国家	GB/T 31821—2015	电梯主要部件报废技术条件	制定

（续　表）

序　号	企业名称	级别	标准号	标准名称	制定/修订
31	康力电梯股份有限公司	国家	GB/Z 31822—2015	公共交通型自动扶梯和自动人行道的安全要求指导文件	制定
32	苏州帝奥电梯有限公司	国家	GB/Z 31822—2015	公共交通型自动扶梯和自动人行道的安全要求指导文件	制定
33	康力电梯股份有限公司	国家	GB/T 32271—2015	电梯能量回馈装置	制定
34	苏州帝奥电梯有限公司	国家	GB/T 32271—2015	电梯能量回馈装置	制定
35	康力电梯股份有限公司	国家	GB/T 30559.2—2017	电梯、自动扶梯和自动人行道的能量性能　第2部分：电梯的能量计算与分级	制定
36	东南电梯股份有限公司	国家	GB/T 30559.2—2017	电梯、自动扶梯和自动人行道的能量性能　第2部分：电梯的能量计算与分级	制定
37	苏州帝奥电梯有限公司	国家	GB/T 30559.2—2017	电梯、自动扶梯和自动人行道的能量性能　第2部分：电梯的能量计算与分级	制定
38	申龙电梯股份有限公司	国家	GB/T 30559.2—2017	电梯、自动扶梯和自动人行道的能量性能　第2部分：电梯的能量计算与分级	制定
39	康力电梯股份有限公司	国家	GB/T 37217—2018	自动扶梯和自动人行道主要部件报废技术条件	制定
40	苏州帝奥电梯有限公司	国家	GB/T 37217—2018	自动扶梯和自动人行道主要部件报废技术条件	制定
41	申龙电梯股份有限公司	国家	GB/T 37217—2018	自动扶梯和自动人行道主要部件报废技术条件	制定
42	通用电梯股份有限公司	国家	GB/T 37217—2018	自动扶梯和自动人行道主要部件报废技术条件	制定
43	康力电梯股份有限公司	国家	GB/T 35850.2—2019	电梯、自动扶梯和自动人行道安全相关的可编程电子系统的应用　第2部分：自动扶梯和自动人行道（PESSRAE）	制定
44	苏州帝奥电梯有限公司	国家	GB/T 35850.2—2019	电梯、自动扶梯和自动人行道安全相关的可编程电子系统的应用　第2部分：自动扶梯和自动人行道（PESSRAE）	制定
45	东南电梯股份有限公司	国家	GB/T 35850.2—2019	电梯、自动扶梯和自动人行道安全相关的可编程电子系统的应用　第2部分：自动扶梯和自动人行道（PESSRAE）	制定
46	苏州文正纺织科技有限公司	国家	GB/T 33610.1—2019	纺织品消臭性能的测定　第1部分：通则	制定
47	科林环保装备股份有限公司	国家	GB/T 33017.1—2016	高效能大气污染物控制装备评价技术要求　第1部分：编制通则	制定
48	科林环保装备股份有限公司	国家	GB/T 33017.3—2016	高效能大气污染物控制装备评价技术要求　第3部分：袋式除尘器	制定
49	科林环保装备股份有限公司	国家	GB/T 34607—2017	钢铁烧结烟气脱硫除尘装备运行效果评价技术要求	制定
50	科林环保技术有限责任公司	国家	GB/T 35184—2017	袋式除尘器用过滤单元设计及安装技术要求	制定
51	吴江变压器有限公司	国家	GB/T 25446—2010	油浸式非晶合金铁心配电变压器技术参数和要求	制定
52	吴江变压器有限公司	国家	GB/T 25438—2010	三相油浸式立体卷铁心配电变压器技术参数和要求	制定

（续　表）

序　号	企业名称	级别	标准号	标准名称	制定/修订
53	吴江变压器有限公司	国家	GB/T 25289—2010	20kV油浸式配电变压器技术参数和要求	制定
54	吴江变压器有限公司	国家	GB/T 10228—2015	干式电力变压器技术参数和要求	修订
55	吴江变压器有限公司	国家	GB/T 22072—2018	干式非晶合金铁心配电变压器技术参数和要求	修订
56	吴江变压器有限公司	国家	GB 1094.1—2013	电力变压器　第1部分：总则	修订
57	吴江变压器有限公司	国家	GB 1094.2—2013	电力变压器　第2部分：液浸式变压器的温升	修订
58	吴江变压器有限公司	国家	GB 1094.16—2013	电力变压器　第16部分：风力发电用变压器	制定
59	江苏亨通电力电缆有限公司	国家	GB/T 19666—2019	阻燃和耐火电线电缆或光缆通则	修订
60	苏州太湖雪丝绸股份有限公司	国家	GB/T 38029—2019	苏绣	制定
61	江苏亨通线缆科技有限公司	国家	GB/T 9330—2020	塑料绝缘控制电缆	修订
62	江苏永鼎股份有限公司	国家	GB/T 9330—2020	塑料绝缘控制电缆	修订
63	苏州慈云蚕丝制品有限公司	国家	GB/T 24252—2019	蚕丝被	修订
64	苏州太湖雪丝绸股份有限公司	国家	GB/T 24252—2019	蚕丝被	修订
65	江苏国望高科纤维有限公司	国家	GB/T 37632—2019	化学纤维　二氧化钛含量试验方法	制定
66	江苏恒力化纤股份有限公司	国家	GB/T 38136—2019	化学纤维　产品分类	制定
67	江苏新视界先进功能纤维创新中心有限公司	国家	GB/T 38136—2019	化学纤维　产品分类	制定
68	吴江市晨龙新升纺织品有限公司	国家	GB/T 37832—2019	节水型企业　化纤长丝织造行业	制定
69	吴江市兰天织造有限公司	国家	GB/T 37832—2019	节水型企业　化纤长丝织造行业	制定
70	江苏亨通电力电缆有限公司	国家	GB/T 12706.1—2020	额定电压1 kV（Um=1.2 kV）到35 kV（Um=40.5 kV）挤包绝缘电力电缆及附件　第1部分：额定电压1 kV（Um=1.2 kV）和3 kV（Um=3.6 kV）电缆	修订
71	通鼎互联信息股份有限公司	国家	GB/T 12706.1—2020	额定电压1 kV（Um=1.2 kV）到35 kV（Um=40.5 kV）挤包绝缘电力电缆及附件　第1部分：额定电压1 kV（Um=1.2 kV）和3 kV（Um=3.6 kV）电缆	修订
72	江苏亨通电力电缆有限公司	国家	GB/T 12706.2—2020	额定电压1 kV（Um=1.2 kV）到35 kV（Um=40.5 kV）挤包绝缘电力电缆及附件　第2部分：额定电压6 kV（Um=7.2kV）到30 kV（Um=36 kV）电缆	修订
73	江苏亨通电力电缆有限公司	国家	GB/T 12706.3—2020	额定电压1kV（Um=1.2 kV）到35kV（Um=40.5 kV）挤包绝缘电力电缆及附件　第3部分：额定电压35kV（Um=40.5kV）电缆	修订
74	苏州福来西垫片技术有限公司	国家	GB/T 38343—2019	法兰接头安装技术规定	制定
75	苏州艾特斯环保设备有限公司	国家	GB 51401—2019	电子工业废气处理工程设计标准（附条文说明）	修订
76	苏州久富农业机械有限公司	国家	GB/T 6243—2017	水稻插秧机　试验方法	修订

（续　表）

序　号	企业名称	级别	标准号	标准名称	制定/修订
77	吴江市新锦华纺织有限公司	国家	GB/T 32614—2016	户外运动服装　冲锋衣	制定
78	苏州太湖电工新材料股份有限公司	国家	GB/T 20111.5—2020	电气绝缘系统 热评定规程　第5部分：设计寿命5000h及以下的应用	制定
79	苏州巨峰电气绝缘系统股份有限公司	国家	GB/T 20111.5—2020	电气绝缘系统 热评定规程　第5部分：设计寿命5000h及以下的应用	制定
80	苏州贝得科技有限公司	国家	GB/T 20111.5—2020	电气绝缘系统 热评定规程　第5部分：设计寿命5000h及以下的应用	制定
81	苏州太湖电工新材料股份有限公司	国家	GB/T 22578.3—2020	电气绝缘系统（EIS）液体和固体组件的热评定　第3部分：密封式电动机—压缩机	制定
82	苏州贝得科技有限公司	国家	GB/T 22578.3—2020	电气绝缘系统（EIS）液体和固体组件的热评定　第3部分：密封式电动机—压缩机	制定
83	苏州巨峰电气绝缘系统股份有限公司	国家	GB/T 22578.3—2020	电气绝缘系统（EIS）液体和固体组件的热评定　第3部分：密封式电动机—压缩机	制定
84	江苏亨通智能科技有限公司	国家	GB/T 37415—2019	桁架式机器人通用技术条件	制定
85	明阳科技（苏州）股份有限公司	国家	GB/T 39142.1—2020	塑料—钢背二层粘接复合自润滑板材技术条件　第1部分：带改性聚四氟乙烯（PTFE）减摩层的板材	制定
86	江苏通鼎宽带有限公司	行业	YD/T 1272.1—2018	光纤活动连接器　第1部分：LC型	修订
87	江苏亨通光电股份有限公司	行业	YD/T 1181.5—2018	光缆用非金属加强件的特性　第5部分：玄武岩纤维增强塑料杆	制定
88	苏州市吴江区产品质量检验检测所（国家通信光电缆产品质量监督检验中心）（原吴江市产品质量监督检验所）	行业	YD/T 1181.5—2018	光缆用非金属加强件的特性　第5部分：玄武岩纤维增强塑料杆	制定
89	江苏亨通光电股份有限公司	行业	YD/T 3431—2018	通信电缆光缆用护套材料　热塑性聚氨酯弹性体	制定
90	江苏亨通光电股份有限公司	行业	YD/T 3349.1—2018	接入网用轻型光缆　第1部分：中心管式	制定
91	通鼎互联信息股份有限公司	行业	YD/T 3349.1—2018	接入网用轻型光缆　第1部分：中心管式	制定
92	江苏永鼎股份有限公司	行业	YD/T 3349.1—2018	接入网用轻型光缆　第1部分：中心管式	制定
93	江苏亨通光电股份有限公司	行业	YD/T 3349.2—2018	接入网用轻型光缆　第2部分：束状式	制定
94	苏州市吴江区产品质量检验检测所（国家通信光电缆产品质量监督检验中心）	行业	YD/T 3349.2—2018	接入网用轻型光缆　第2部分：束状式	制定
95	江苏亨通光电股份有限公司	行业	YD/T 3349.3—2018	接入网用轻型光缆　第3部分：层绞式	制定
96	苏州市吴江区产品质量检验检测所（国家通信光电缆产品质量监督检验中心）	行业	YD/T 3349.3—2018	接入网用轻型光缆　第3部分：层绞式	制定
97	江苏永鼎股份有限公司	行业	YD/T 3349.3—2018	接入网用轻型光缆　第3部分：层绞式	制定
98	江苏亨通光纤科技有限公司	行业	YD/T 2797.2—2018	通信用光纤预制棒技术要求 第2部分：弯曲损耗不敏感单模光纤预制棒	制定

（续　表）

序　号	企业名称	级别	标准号	标准名称	制定/修订
99	苏州市吴江区产品质量检验检测所（国家通信光电缆产品质量监督检验中心）	行业	YD/T 3348—2018	截止波长位移单模光纤特性	制定
100	江苏亨通光纤科技有限公司	行业	YD/T 3348—2018	截止波长位移单模光纤特性	制定
101	江苏通鼎宽带有限公司	行业	YD/T 3132.2—2018	光纤入户放装器材　第2部分：管材及管材配件	制定
102	苏州市吴江区产品质量检验检测所	行业	YD/T 3132.2—2018	光纤入户放装器材　第2部分：管材及管材配件	制定
103	吴江赴东纺织集团有限公司	行业	SB/T 11218—2018	国家生丝储备仓库条件要求及管理规范	制定
104	吴江梅堰三友染料化工有限公司	行业	HG/T 5476—2018	N—乙基—N—氰乙基苯胺	制定
105	吴江变压器有限公司	行业	JB/T 10317—2014	单相油浸式配电变压器技术参数和要求	修订
106	江苏恒力化纤股份有限公司	行业	FZ/T 54022—2019	有色涤纶工业长丝	修订
107	苏州琼派瑞特电子科技有限公司	行业	QB/T 5327—2018	工业用缝纫机　自动毛巾类缝纫系统	制定
108	苏州安岛缝纫机有限公司	行业	QB/T 5327—2018	工业用缝纫机　自动毛巾类缝纫系统	制定
109	苏州大卫木业有限公司	行业	LY/T 3131—2019	木质拼花地板	制定
110	苏州好宜家木业有限公司	行业	LY/T 3131—2019	木质拼花地板	制定
111	德尔未来科技控股集团股份有限公司	行业	LY/T 3131—2019	木质拼花地板	制定
112	吴江雅乐木业有限公司	行业	LY/T 3131—2019	木质拼花地板	制定
113	苏州多伦木业有限公司	行业	LY/T 3131—2020	木质拼花地板	制定
114	苏州菲特威尔木结构房屋有限公司	行业	LY/T 3144—2019	结构用木材金属紧固件连接试验　试材密度要求	制定
115	江苏国望高科纤维有限公司	行业	FZ/T 54117—2019	高收缩涤纶牵伸丝	制定
116	江苏中鲈科技发展股份有限公司	行业	FZ/T 54118—2019	高收缩涤纶牵伸丝/涤纶预取向丝混纤丝	制定
117	江苏亨通光纤科技有限公司	行业	YD/T 2797.3—2019	通信用光纤预制棒技术要求　第3部分：波长段扩展的非色散位移单模光纤组装预制棒	制定
118	通鼎互联信息股份有限公司	行业	YD/T 2797.3—2019	通信用光纤预制棒技术要求　第3部分：波长段扩展的非色散位移单模光纤组装预制棒	制定
119	江苏亨通光纤科技有限公司	行业	YD/T 3432—2018	通信用偏振保持光纤特性	制定
120	通鼎互联信息股份有限公司	行业	YD/T 3432—2018	通信用偏振保持光纤特性	制定
121	通鼎互联信息股份有限公司	行业	YD/T 1118.1—2019	光纤用二次被覆材料　第1部分：聚对苯二甲酸丁二醇酯	修订
122	江苏亨通光电股份有限公司	行业	YD/T 1118.1—2019	光纤用二次被覆材料　第1部分：聚对苯二甲酸丁二醇酯	修订
123	江苏亨通光电股份有限公司	行业	YD/T 1118.2—2019	光纤用二次被覆材料　第2部分：改性聚丙烯	修订
124	通鼎互联信息股份有限公司	行业	YD/T 1118.2—2019	光纤用二次被覆材料　第2部分：改性聚丙烯	修订

（续　表）

序　号	企业名称	级别	标准号	标准名称	制定/修订
125	江苏亨通光电股份有限公司	行业	YD/T 3248.5—2019	通信光缆安装性能试验方法　第5部分：盘上微管通过试验	制定
126	苏州市吴江区产品质量检验检测所(国家通信光电缆产品质量监督检验中心)	行业	YD/T 3248.5—2019	通信光缆安装性能试验方法　第5部分：盘上微管通过试验	制定
127	吴江市汉塔纺织整理有限公司	行业	FZ/T 43055—2019	锦纶长丝皮肤衣织物	制定
128	通鼎互联信息股份有限公司	行业	YD/T 1115.3—2019	通信电缆光缆用阻水材料　第3部分：阻水粉	制定
129	江苏永鼎股份有限公司	行业	YD/T 1115.3—2019	通信电缆光缆用阻水材料　第3部分：阻水粉	制定
130	苏州久富农业机械有限公司	行业	JB/T 13270—2017	水稻钵苗栽植机	制定
131	苏州凯虹高分子科技有限公司	行业	JB/T 13623—2019	铅酸蓄电池排、滤气装置 技术规范	制定
132	江苏恒力化纤股份有限公司	行业	FZ/T 50050—2020	合成纤维 工业长丝干热收缩率试验方法	制定
133	江苏恒力化纤股份有限公司	行业	FZ/T 50051—2020	涤纶预取向丝动态热应力试验方法	制定
134	江苏港虹纤维有限公司	行业	FZ/T 50051—2020	涤纶预取向丝动态热应力试验方法	制定
135	江苏中鲈科技发展股份有限公司	行业	FZ/T 54006—2020	有色涤纶牵伸丝	修订
136	江苏恒力化纤股份有限公司	行业	FZ/T 54006—2020	有色涤纶牵伸丝	修订
137	江苏港虹纤维有限公司	行业	FZ/T 54119—2019	消光弹性涤纶牵伸丝	制定
138	通鼎互联信息股份有限公司	行业	YD/T 2797.2—2018	通信用光纤预制棒技术要求　第2部分：弯曲损耗不敏感单模光纤预制棒	制定
139	江苏亨通光电股份有限公司	行业	YD/T 1460.4—2019	通信用气吹微型光缆及光纤单元　第4部分：微型光缆	修订
140	江苏永鼎股份有限公司	行业	YD/T 1460.4—2019	通信用气吹微型光缆及光纤单元　第4部分：微型光缆	修订
141	江苏亨通电力特种导线有限公司	行业	NB/T 10195—2019	架空导线生产企业能效指数计算导则	制定
142	江苏亨通电力特种导线有限公司	行业	NB/T 10196—2019	架空导线单位产品能源消耗限额	制定
143	江苏亨通电力特种导线有限公司	行业	NB/T 10305—2019	架空线路预绞式金具用铝合金线	制定
144	江苏通鼎宽带有限公司	行业	YD/T 3436.4—2019	架空通信线路配件　第4部分：抱箍类、光缆预留支架	修订
145	江苏亨通光电股份有限公司	行业	YD/T 3436.4—2019	架空通信线路配件　第4部分：抱箍类、光缆预留支架	修订
146	江苏亨通光电股份有限公司	行业	YD/T 3549.1—2019	信息通信行业质量管理体系要求　第1部分：生产与服务组织质量管理体系要求	制定
147	通鼎互联信息股份有限公司	行业	YD/T 3549.1—2019	信息通信行业质量管理体系要求　第1部分：生产与服务组织质量管理体系要求	制定
148	江苏亨通光电股份有限公司	行业	YD/T 3535.1—2019	数据中心综合布线用组件　第1部分：预制成端多芯连接器光缆组件	制定

（续　表）

序　号	企业名称	级别	标准号	标准名称	制定/修订
149	江苏通鼎宽带有限公司	行业	YD/T 3535.1—2019	数据中心综合布线用组件　第1部分：预制成端多芯连接器光缆组件	制定
150	江苏亨通线缆科技有限公司	行业	YD/T 3536—2019	数字通信用100Ω平衡对绞跳线	制定
151	江苏亨通光电股份有限公司	行业	YD/T 3541—2019	平面光波导器件用光纤阵列	制定

（朱　枫）

【助企融资】 2020年，区市场监管局发挥助企融资职能，实现动产抵押登记“一网通办”，全年办理动产抵押登记619件，助企融资68.32亿元。（朱　枫）

【食品监管】 2020年，区市场监管局牵头建设进口冷链食品集中监管仓，并按照核酸全检测、外包装全消毒、来源全追溯的“三全”管理要求做好集中监管工作。围绕创建全国文明城市重点工作，坚持问题导向，在东太湖度假区、吴江开发区试点实施落实小微餐饮即办制度、视频审查、网络申办、容缺受理等创新举措，进一步提高行政服务效率。全区核发食品经营许可证9590张，累计28682张。开展食品安全守护行动、校园周边食品专项检查、小餐饮提升工作、餐饮单位“明厨亮灶”工程等多项重点整治活动，出动执法人员39562人次，检查食品经营单位55761户次，立案查处49起，罚没金额96.5万元。制定年度食品安全抽样检测实施方案，全年开展抽检5903批次，其中不合格41批次，平均合格率99.3%，不合格产品均进行立案查处，同时开展食品安全快速检测工作，累计开展行政快检4179批次。开展学校食堂食品安全量化评级，其中优秀214家、良好33家，良好以上等级比100%，学校食堂“五常”等优质管理方式实施率91%。推进“明厨亮灶”建设，232家学校食堂、养老机构食堂和社会餐饮视频接入局智慧监控中心，学校食堂实现“明厨亮灶”100%全覆盖。开展保健食品行业专项清理整治行动，督促保健食品生产企业履行食品安全主体责任和义务，强化落实食品安全各项制度，定期开展食品安全自查，严格按照保健食品注册或配方、生产工艺等技术要求生产，严禁在保健食品中非法添加药物或其他非食用物质，加强标签说明书管理，确保声称功能真实有效。以大型商超、药店、母婴专营店为重点开展排查，重点查看经营主体经营的保健食品是否按规定注册或备案，标签、说明书是否涉及疾病预防、治疗功能，经营场所及其周边是否存在发放、张贴、悬挂虚假宣传资料等情况。（朱　枫）

【药品和医疗器械监管】 2020年，按照市政府关于放宽市场主体住所登记条件的要求，区市场监管局简化药品零售经营许可手续，不再审查营业场所房屋性质，完成药品行政许可350件，医疗器械许可40件，医疗器械各类备案418件。开展无菌和植入类医疗器械、医疗器械清网行动等专项行动，检查药品零售企业5526家次，医疗机构、中药饮片等491家。推动药品、化妆品医疗器械信息化监管水平，零售药店综合服务监管平台年上线率98%以上，周上线率90.7%。制定《吴江区过期药品回收管理办法》，在全区确定80个药店作为定点回收单位，回收过期药品2045盒。（朱　枫）

【化妆品监管】 2020年，区市场监管局开展“线上净网、线下清源”专项行动，在婴幼儿护肤品、化妆品电子商务平台等领域开展风险隐患排查处置工作，强化防晒、美白祛斑等特殊用途化妆品经营环节监督检查，全年检查化妆品经营企业47家，出动检查人员112人次，核查化妆品产品184个品种。拓宽宣传渠道，采取线上为主、线下为辅的方式，通过区融媒体中心、微信等渠道开展化妆品安全科普宣传周活动，组织开展《化妆品监督管理条例》培训宣贯，发放《化妆

2020年9月，青吴嘉三地市场监管部门牵头开展长三角生态绿色一体化发展示范区“双随机、一公开”部门联合监管行动　　（区市场监管局　提供）

品监督管理条例》宣传本500余册，督促指导企业落实化妆品经营质量主体责任，营造社会协同监管氛围。配合苏州市药品不良反应中心做好化妆品不良反应监测工作，扩大监测哨点覆盖面，提升监测报告质量，全年报送化妆品不良反应63例。（朱　枫）

【重点产品监管】2020年，区市场监管局启动吴江区燃气具及配件产品质量专项整治，抽检发现不合格燃气具配件20个批次并立案处理；开展电动自行车产品质量专项整治，联合区331专班进行板块联合检查5次，完成抽检15个批次，办理涉电动车行政处罚案件3起；移交各类质量案件75件。着力提升认证认可的覆盖水平，全区现有质量管理体系证书3007张、环境管理体系证书1035张，结合“双随机、一公开”监管要求完成管理体系认证、强制性产品认证及CMA获证检验检测机构的现场检查。（朱　枫）

【特种设备安全监管】2020年，区市场监管局结合吴江实际及省、市、区的相关部署，扎实开展安全生产专项整治，圆满完成“一年小灶”任务，出动检查人员5680人次，检查企业2967家，排查电站锅炉33台、涉危企业压力管道21.77千米，查封叉车162台，督促整改隐患651项，立案查处特种设备违法案件50起，罚没金额267万元，实现办案数量和处罚金额双提升。培训考核特种设备作业人员2447人次，合格2123人次，发放特种设备作业人员安全技能提升培训补贴13.43万元。依托安全网格化平台和区镇企业法人、安全负责人培训平台进行特种设备安全培训，开展培训29期，受训人员4000余人次。统一印放安全专项整治宣传折页2万份、企业主体责任手册1万本、安全责任告知书和承诺书2万份和安全操作规程5000份，营造良好的特种设备安全专项整治氛围。（朱　枫）

【企业信用监管】2020年，吴江区有69190家企业完成年报公示，年报公示完成率92.1%。持续加强诚信体系建设，全区获评江苏省产品质量信用AAA级企业1家、AA级企业8家、A级企业29家；完成对全区561家药品零售企业2019年度信用等级评定工作；组织对区政府命名表彰的217家重守企业进行年度复查，其中201家企业通过复查；辅导培育450家企业申报2019—2020年度苏州市级“守合同重信用”企业公示。（朱　枫）

2020年吴江区江苏省产品质量信用等级企业一览表

序　号	奖项名称	企业名称
1	江苏省产品质量信用等级AAA级	江苏亨通电力特种导线有限公司
2	江苏省产品质量信用等级AA级	江苏亨通光纤科技有限公司
3		江苏凯伦建材股份有限公司
4		苏州太湖电工新材料股份有限公司

（续　表）

序　号	奖项名称	企业名称
5	江苏省产品质量信用等级AA级	东南电梯股份有限公司
6		苏州震纶棉纺有限公司
7		江苏通鼎宽带有限公司
8		吴江市东吴机械有限责任公司
9		苏州欧普照明有限公司
10	江苏省产品质量信用等级A级	苏州卓宝科技有限公司
11		苏州灵煜塑胶管业科技有限公司
12		江苏亨通电力智网科技有限公司
13		江苏亨通光网科技有限公司
14		苏州海宏水泥制品有限公司
15		上海机床铸造一厂（苏州）有限公司
16		科林环保技术有限责任公司
17		江苏鸿展新材料科技有限公司
18		江苏澳盛复合材料科技有限公司
19		苏州苏震生物工程有限公司
20		苏州宝嘉新能源科技有限公司
21		江苏诺贝尔塑业有限公司
22		苏州科建建设工程质量检测有限公司
23		苏州科建景观工程有限公司
24		吴江市新达印染厂
25		美联钢结构建筑系统（苏州）有限公司
26		苏州得高塑胶容器有限公司
27		苏州迪盛塑业有限公司
28		代尔塔（中国）安全防护有限公司
29		吴江市海云船舶新型材料厂
30		上海红双喜体育用品苏州有限公司
31		苏州普路通纺织科技有限公司
32		苏州市恒盛纸管有限公司
33		吴江宝胜精密五金电子有限公司
34		吴江市明港商品砼有限公司
35		苏州艾沃意特汽车设备有限公司
36		依工净化（吴江）有限公司
37	江苏省产品质量信用等级A级	江苏永鼎通信有限公司
38		金亭汽车线束（苏州）有限公司

（朱　枫）

【执法打假】 2020年，区市场监督管理局坚持依法监管、执法有据、程序合法、罚教结合的原则，牵头相关成员单位丰富完善包容审慎监管“两张清单”，以此破解企业生产经营中遇到的难点、热点问题，全区涉及免于行政处罚案件891件，涉及金额950.08万元；涉及减轻行政处罚案件363件，涉及金额1431.86万元。其中，市场监管领域免于行政处罚金额383.35万元，占比40.35%，减轻行政处罚金额1104.31万元，占比77.12%。扎实推进“双打”专项行动，立案查处侵犯知识产权违法案件83件，罚没款268万元。联合公安部门查获假冒伯特利®阀门1252台，货值90余万元，保障亨通天然气制氢项目的工程质量和生产安全。局综合大队登记案源1509件，立案调查案件796件，移交公安16件，发出处罚决定书2888份，罚没款到账1429.11万元。（朱 枫）

【消费维权】 2020年，区市场监管局深入推进“放心消费在吴江”行动，助推打造“双12苏州购物节——乐购吴江”品牌，在全区范围内推行线下实体店无理由退货承诺制度，全区有6923家商户加入无理由退货承诺，总数居苏州大市第一；开展相关培训18批次，设置管理服务站25个，退货寄存点26个，累计完成无理由退货1812件，金额52.51万元。投诉举报中心受理各类投诉举报和消费投诉18579件，办结17531件，为消费者挽回经济损失363.82万元，其中，处办区12345平台转发工单4311件，月均占到全区工单总量的11%，月均质效考核得分99.8分。（朱 枫）

【计量惠民】 2020年，区市场监管局深入开展与百姓生活密切相关的计量器具的监督管理，强制检定民用水表、燃气表10万多台，110家加油站的加油枪1364支，农贸市场电子秤4029台，抽查定量包装产品和商品235批次。重点开展集贸市场等计量专项监督检查，检查集贸市场58家次，查获涉嫌违法计量器具187台，立案查处77起，责令整改121起，在农贸市场张挂处罚曝光公示板18块。召集全区55个农贸市场的主要负责人，通报专项行动查处情况，要求按时完成内部监督巡查和整改。（朱 枫）

2020年10月，青吴嘉三地金泽、朱家角、汾湖、姚庄、西塘五个市场监管分局(所)共同打造“亲吾家”消费维权品牌工作室（区市场监管局 提供）

【外资企业登记】 2020年，区市场监管局发挥外商投资企业登记职能，全区新设外资企业113户，新增投资总额142644.68万美元、注册资本109181.84万美元、外方认缴注册资本82352.74万美元。（朱 枫）

知识产权保护

【概况】 2020年，全区申请专利26024件，新增授权专利17615件，比2019年增长93.7%，增幅居全市第二位；累计有效发明专利7949件，万人发明专利拥有量60.56件，PCT专利申请量772件，年度目标完成率位居全市首位；商标申请11802件，商标注册6597件，累计注册商标32464件。“震泽蚕丝”地理标志作为集体商标注册正式启用，公布“震泽蚕丝”地理标志使用管理办法和第一批授权使用单位6家，震泽蚕丝同业公会与人保财险吴江支公司现场签约“震泽蚕丝”地理标志被侵权损失保险，实现地理标志保险零的突破，成为苏州首个地理标志保险。太湖电工等4家企业获得江苏省企业知识产权战略推进计划项目立项，亨通电力电缆等3家企业获得苏州登峰计划项目立项，立项数居苏州大市第二。深化与审协江苏中心合作，成为全省首个与该中心签订战略合作协议的区县，并建立专利特派员制度，累计辅导企业45家，进一步提升企业发明专利质量和授权率。推动以专利或商标为质押标的融资贷款服务，以银企对接会等形式为企业搭建平台，全年完成知识产权质押融资4000余万元，进一步解决和提升企业融资和风险防范能力。

（朱　枫）

【知识产权运营中心】 2020年，聚焦“产业安全”与“产业创新”两条主线，知识产权运营中心重点建设产业知识产权运营平台及大数据中心、产业专利宏观微观导航、运营价值评估等各项目。9月10日，长三角光电产业协同创新发展年会暨中国（苏州）光通信产业知识产权运营峰会在吴江召开，全国首个“长三角光通信产业知识产权联盟”揭牌。光知中心、亨通集团、永鼎集团、通鼎集团、中利集团、旭创科技等一批优秀单位率先联合启动“光通信产业专利池”，依托产业知识产权大数据中心、产业专利运营价值报告和创新评价体系，专利池汇总整理光通信专利13000多项，其中发明专利1800多项，通过专利引进、专利许可、专利协同、专利转让、专利收储、专利维权等管理制度，为苏州市及长三角乃至全国光通信产业的发展提供支撑和保障。

（朱　枫）

【知识产权保护】 2020年，区市场监管局强化知名品牌保护，青吴嘉三地市场监管部门签署《长三角示范区知识产权保护合作备忘录》，并发布《青吴嘉三地重点商标保护名录（第一批）》，吴江的恒远、盛虹、亨通光电、通鼎光电、康力、桑罗、DER、巨峰、明港、凯伦等十件商标入选首批示范区知识产权保护目录。江苏首单知识产权海外侵权责任保险落地吴江，人保财险吴江中心支公司向苏州巨峰电气绝缘系统股份有限公司签发知识产权海外侵权责任保险保单，为企业提供100万元的出海风险保障，开创省内知识产权运用和保护的先河，为吴江企业海外维权之路迈出里程碑式的一步。依托新成立的苏州市知识产权保护中心“专利快速审查快速确权”平台，鼓励和引导专利保护意识强、专利遭受侵权发生率高的企业申报快速审查、快速确权服务通道，102家企业进入“专利快速审查快速确权”审查通道，累计备案企业116家。扎实推进“双打”专项行动，立案查处知识产权违法案件83件，罚没款268万余元。联合公安部门查获假的伯特利®阀门1252台，货值90余万元，保障亨通天然气制氢项目的工程质量和生产安全。

（朱　枫）

2020 年吴江区中国专利奖获奖企业情况表

序　号	奖　项	企业名称
1	第二十一届中国专利银奖	江苏恒力化纤股份有限公司
2	第二十一届中国专利优秀奖	江苏亨通光导新材料有限公司
3		博众精工科技股份有限公司
4		江苏亨通光电股份有限公司
5	2020年度苏州市优秀专利奖二等奖	通鼎互联信息有限公司
6		博众精工科技股份有限公司
7		苏州太湖电工新材料有限公司

（朱　枫）

检验检测

【委托检验检测】 2020年，区检验检测中心完成企事业单位计量器具委托检定校准23.9万台件，比2019年（下同）增长19.5%。其中强制检定计量器具10.8万台件，增长100%。全年承担食品、化工、轻工、建材、冶金、光电缆等行业各类产品检验7668批次。

（鲁秋宏）

【专项抽检】 2020年，区检验检测中心按照区食安委定期监测工作方案，完成生产、流通、餐饮领域食品农产品抽检4000余批次，节假日前开展坚果、冬笋、粽子、月饼等时令食品专项抽检，配合区市场监管局处理食品安全投诉举报。开展大米、柑橘、香青菜、大闸蟹等农产品区域公用品牌质量抽检100批次。完成通信光缆、数据缆省级监督抽查42批次，配合区市场监管局对吴江区管材、电动车产品进行专项抽查，协助商务局开展加油站和商业场所安全生产专项整治，完成150批次车用汽、柴油抽样送检。完成流通领域、生产领域商品量定量包装计量监督检查235批次。 （鲁秋宏）

【检验检测能力】 2020年，区检验检测中心投入430万元购置专业设备72台（套），提升检验检测能力。实施食品检测领域能力扩项，完成光电通信和计量领域资质复评和扩项，扩展综合布线系统测试项目，增加电动振动试验系统、机械式振动试验台等校准项目，在全省县区级计量技术机构中首家建立电动汽车充电桩检定装置。参加28项国家级、省级能力验证活动，结果均为满意。开展岗位练兵，组织法律法规、数值修约、实验操作技术比武，1人在省检定员技能大赛苏州选拔赛中获“单相式电子电能表”项目第一名，3人获评江苏省质量工程高级职称。获评苏州市检验检测机构信用A级单位。 （鲁秋宏）

【标准修订、制定】 2020年，区检验检测中心主导修订的《织物透气量仪校准规范》获工信部立项，首次申报江苏省地方校准规范《磁通门电流传感器校准规范》，参与起草苏州市地方标准《计量校准机构服务规范》。参与编制的《通信光缆安装性能试验方法　第5部分：盘上微管通过试验》《光纤入户放装器材　第3部分：线槽及线槽配件》《仿古木质地板》《实木复合地板用胶合板》等4项行业标准发布实施。 （鲁秋宏）

【服务长三角一体化】 2020年，区检验检测中心认真开展5G光通信模块检测项目调研，与苏州光电产业商会共建“长三角光电产业检测技术服务平台”，协办苏州市光通信产业链建设研讨会，助力打造千亿级光电通信产业集群。承办“长三角一体化示范区计量技术交流会”，主导开展周边县区级法定计量检定机构数字指示秤的计量比对。 （鲁秋宏）

2020年9月28日，区检验检测中心协办苏州市光通信产业链建设研讨会
（区检验检测中心　提供）

【服务企业】 2020年，区检验检测中心出台《疫情防控期间惠企助企服务措施》，开辟绿色业务通道，提供免费上门服务，减免特定检测收费。主动为区域内口罩、防护服等防疫物资生产企业计量器具进行免费检定校准。联合区卫健委、市场监管局面向全区24家医疗卫生机构举办计量管理知识培训，指导医疗卫生机构科学高效开展计量器具管理工作。为全区15家企业实施一对一上门辅导，辅导3家企业获得江苏省计量保证确认、12家企业获得江苏省计量合格确认。全年检定气体报警器5800多台，比2019年增长60%，保障生产安全。完成全区24家重点用能单位的现场辅导及能源计量审查，为企业培训考核各类检验员70多名。 （鲁秋宏）

【服务民生】 2020年，区检验检测中心在开展食品、农产品定期抽检的同时，对夜经济商业中心食品经营单位开展食品监测，抽检生湿面制品、自制饮料、奶茶、糕点等40批次，并对25批次火锅烧烤调味料、蔬菜、畜肉等实施现场快速检测，保障

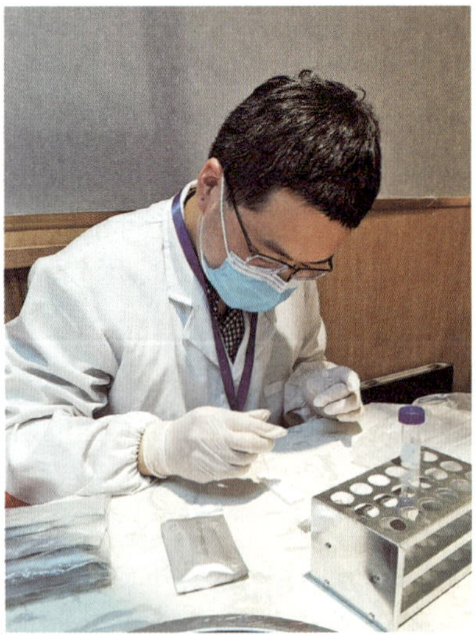

2020年5月18日，区检验检测中心人员对夜经济食品开展现场快速检测　（区检验检测中心　提供）

"姑苏八点半·繁华吴江夜"夜经济食品安全。开展"食安吴江·你点我检"食品安全专项抽检，抽检老百姓最关心关注的西红柿、黄瓜、生姜等农产品40批次。开展集贸市场计量器具免费检定工作，协助区市场监管局全区集贸市场计量专项检查，检定49家市场4029台电子秤，发现一批"作弊秤"，辅导两家集贸市场进行统一配秤。

成立"小燕"战疫志愿服务队，赴金家坝开展志愿服务518人次，受到汾湖高新区党工委锦感谢。推进新时代文明实践，为鲈乡二村等5个社区居民免费检定维修家用血压计，垃圾分类宣传进江陵小区，文明城市创建网格服务进淞南社区，派出志愿者400余人次。"5·20世界计量日"期间，向区人大代表和相关职能部门开放计量科普馆和实验室，制作发布《计量与民生》宣传动画，接待社区学生夏令营，提高计量社会知晓度和关注度。　（鲁秋宏）

物　价

【概况】　2020年，区发改委认真贯彻落实国家、省、市价格政策，做好价格调控、价格监测、价格管理、成本调查、清费减负、价格认定等方面工作，关注群众最关心、最直接、最现实的价格问题，着力稳定物价、促进发展、保障民生。　（董月诚）

【价格调控】　2020年，区发改委下发《关于苏州市吴江区2020年价格调控目标责任制的实施意见》，全面落实各项保供稳价措施，较好完成全区价格调控目标。强化价格调节资金使用管理，加强对主副食品、煤炭、水泥、农资等重要商品和服务价格的日常监测，把握市场价格动态，重点做好疫情期间主副食品和疫情防控用品价格应急监测，通过各农贸市场、各大超市上下联动，做到监测数据每日一报，认真开展价格分析，及时发现、应对价格异动，维护市场价格秩序。贯彻落实社会救助和保障标准与物价上涨挂钩联动机制，提高疫情期间价格临时补贴标准，及时将补贴发放到位，缓解价格上涨对困难群众基本生活的影响。　（董月诚）

【价格管理】　2020年，区发改委继续落实房地产市场价格调

2020年7月，区检验检测中心接待社区学生夏令营　（区检验检测中心　提供）

控政策，指导企业合理定价，对房产销售价格政策进行提醒告诫，促进房地产市场平稳健康发展。将房地产行业价格信用承诺纳入吴江区公共信用信息共享平台，要求房地产企业在价格备案时，通过平台专用申报渠道在线进行价格信用承诺和公示，市民可在“信用吴江”网站上查看相关房地产企业的承诺信息。为支持企业复工复产，两次降低非居民管道天然气价格；两次降低燃煤蒸汽销售价格。推进清费减负降本，开展2019年度收费情况巡访和统计工作。贯彻落实阶段性降低企业用电成本政策，清理规范转供电环节加价，2月1日至12月31日，降低企业用电成本7.46亿元，惠及用户9.85万户。加强教育收费监管，配合区教育局加强疫情期间学校收退费管理，做好宣传解释工作，防止各种乱收费行为。夯实价格基础工作，开展配气、液化气、民办学校学费、景区门票的成本调查和监审，规范物业服务和停车收费价格行为，出台机动车停放服务政府定价和政府指导价标准，将全区所有实行政府定价和政府指导价管理的停车场所的免费停车时间从不少于30分钟调整为不少于45分钟，加大停车收费优惠力度并建立动态调整机制。定期通过“中国吴江”网站、《吴江日报》、“吴江发改”微信公众号等渠道发布重要民生商品价格。

（董月诚）

【价格监督】 2020年，区市场监管局开展对82个综合商业体、539个5G基站、199个产业园的转供电收费专项检查，出动检查865人次，检查单位410家，督促退还多收价款近24万元。开展对11个行政事业性单位、18类涉企收费的专项检查，确保惠企降费政策的落实。

（朱　枫）

【价格认定】 2020年，吴江区价格认定局按照价格认定机构“实现公共目标、维护公共利益、提供公共服务”的定位，坚持价格认定事业科学发展，按照严格落实程序、明确岗位职责、主动做好服务三项要求，做到同纪检监察机关、公安机关、检察机关等部门密切配合，将每件案件的价格认定结论做成经得起法律和历史检验的“铁证”。全年完成刑事价格认定案件701件，认定总额9000多万元，价格认定案件受理完成率100%。年内，区价格认定局主动做好服务，不断提升认定局窗口的服务水准。严格落实程序，坚持依法认定，规范工作程序。明确岗位职责，建章立制，责任到人。做好防疫价格认定，开展价格调解。提升队伍能力素质，牢记结论后面是责任，完成年度工作目标。

（沈旭东）

【医疗服务项目价格】 2020年，区医疗保障局持续深化医疗服务价格改革，规范医疗收费行为，提升医药价格收费管理水平。医疗服务价格调整按照“腾空间、调结构、保衔接”的思路，持续优化医疗收费结构和比价关系，充分发挥价格标杆作用，引导医疗卫生资源科学配置。进行医药价格报告和二级及以上公立医院2019年度收费数据分析，对7家二级及以上公立医院进行运营情况调查，对18家基层公立医疗机构进行医疗服务项目调价测算和床位费、护理费同价调价测算。督导公立医疗机构先后对新型冠状病毒核酸检测项目和介入诊疗等部分医疗服务项目价格进行规范、调整和完善，做好对相关收费问题的解释沟通，进一步规范医疗服务收费行为。完成物理治疗和康复医疗服务项目收费调研和试点改革推进，对4家开设有康复医学科的公立医疗机构康复治疗收费情况进行调研，9月1日起在苏州市第九人民医院和江苏盛泽医院开展物理康复治疗试点，探索按病种收费为主、按项目收费为辅的医疗服务价格改革。

（王帅义）

审　计

【概况】 2020年，区审计局开展国家审计项目48项，查出问题金额28.85亿元，提出审计建议134条，移送处理事项2项，审计报告、审计专报获区领导批示21次；开展政府投资审计，促进节约财政资金9.32亿元，发现和披露建设管理问题47个。获评苏州市优秀审计项目1个，优秀大数据审计项目1个。

（钱宇晴）

【防疫专项审计】 2020年，区审计局聚焦财政专项资金及捐赠款物分配拨付情况，开展应对新冠肺炎疫情防控资金和捐赠款物专项审计，重点关注捐赠款物接收、登记等管理制度的健全性和有效性，接收捐赠款物票据使用、入账核算情况，延伸审计区红十字会、区慈善基金会、区财政、区卫健委等11个政府机构和单位，促进采购物资规范管理313.38万元，助力捐赠款物的高效使用200.49万元。贯彻省政府应对新冠肺炎疫情推动经济畅通稳定发展系列文件，开展应对疫情保持经济平稳健康发展专项审计，重点关注中小企业、小微企业和商贸服务企业承租国有经营性用房租金减免的政策落实情况，以及中小企业委托检验检测、特种设备检验等相关检测费用的减免情况，切实帮助中小企业减轻经营负担，助力吴江区域经济平稳健康发展。（钱宇晴）

【财政审计】 2020年，区审计局在“同级审”工作中，贯彻落实“两统筹”，配合省厅统筹事项，融合开展财政资金提质增效、专项转移支付、政府债券发行使用情况审计，提高预算管理绩效，促进政府节约开支。融合开展重大政策跟踪落实情况审计，围绕清理、规范工程建设领域保证金，关注保证金清理、返还、管理制度建立等情况，切实保障企业权益，减轻企业负担。完成2019年第四季度中央财政转移支付资金专项审计，促进资金配置效益进一步提高，推动调控经济运行、地区经济协调发展等宏观政策目的落实到位。开展税收征管延伸审计，配合苏州市审计局完成3批省审计厅税收审计推送疑点核实取证工作，促进完善税收征管机制，提升税收征管质量。（钱宇晴）

【经济责任审计】 2020年，区审计局对22个单位的领导干部开展经济责任审计。围绕经济责任审计工作新定位，从关注真实性、合法性向关注效益性转变，从关注资金向关注政策执行和重大经济决策转变，从偏重个案监督向重视分析共性问题转变，从发现和揭露问题向促进解决问题转变，进一步规范权力运行，促进领导干部积极主动作为。根据《党政主要领导干部和国有企业领导人员经济责任审计规定》，综合吴江区近几年开展领导干部任期经济责任审计所掌握了解的有关情况，对领导干部履行任期经济责任方面容易出现问题的风险点进行全面梳理和汇总分析，出台《领导干部履行经济职责重点风险防范清单》，推动各级领导干部厘清自身岗位的重要风险点，增强领导干部依法行政的规矩意识，预防和减少领导干部在履行经济责任中触碰底线现象的发生。（钱宇晴）

【政府投资审计】 2020年，区审计局坚持推进政府投资审计转型，促进节约财政资金9.32亿元，发现和披露建设管理问题47个。完成对2018年1月至2019年11月间直接委托中介审计的中小型项目抽查复审工作，抽查复审项目72个，净核减210.28万元。开展吴江东西快速干线新建工程和滨湖乐龄公寓二期项目竣工决算审计，融合实施重大政策措施跟踪审计，推动政府投资审计由单一的工程造价审计向全面投资审计转型。对苏州长三角示范区产学研合作园（一期项目）等5个重点项目开展跟踪审计，开展审计费扣缴情况专项审计调查，审计发现部分建设单位未按合同约定扣缴审计费。（钱宇晴）

【大数据审计应用】 2020年，区审计局构筑网络安全保障体系，出台《苏州市吴江区审计局审计业务电子数据管理暂行办法》《电子数据采集注意事项》等系列制度，针对大数据分析平台管理，电子数据的采集、

2020年4月29日，召开政府投资项目协审工作会议（区审计局 提供）

归集、保留等环节作出相应规定。完成2016—2018年度本级财政预算执行、非税收入、政府采购、国有企业资产、社会保险等10多项数据采集整理。整合审计署地方财政数据取数、一级预算单位财务数据取数、数据分析平台数据更新等各类数据采集工作，与区财政局、国资办、人社局、医疗保障局签订电子数据共享协议，推动建立跨部门信息共享机制，促进数据资源共享共用；"以审促建"，梳理审计过程中的疑点，分析思考，形成审计方法模型固化到本地审计大数据分析平台，累计分析模型294个。完成对"项目审计管理系统"管理软件的二期验收，新增中小型库及抽查复审模块、跟踪审计模块、中介管理模块等功能，开发手机App功能，促进投资审计管理阳光高效。（钱宇晴）

2020年8月19日，审计数据分析平台验收（区审计局 提供）

【助力打赢"三大攻坚战"】2020年，区审计局聚焦防范化解重大风险，开展2019年第四季度政府债务和隐性债务风险防范跟踪审计、报送防范化解重大金融风险信息，发挥审计工作的预警性作用，促进消除债务隐患，助力防范化解系统性风险，保障社会经济高质量发展；聚焦精准扶贫，完成东西部扶贫协作帮扶情况（铜仁市印江县）专项审计，深入印江自治县大山深处查看食用菌发展、蔬菜种植、茶叶加工、猪牛养殖等扶贫产业实施现场，核实项目落实情况。聚焦污染防治，参与条线项目水污染防治审计，重点关注太湖流域水污染防治情况，推进太湖水生态环境治理。完成太湖围网拆除资金使用和管理情况的专项审计，开展震泽镇自然资源资产离任审计，促进领导干部提升生态环境保护意识，守卫吴江"碧水蓝天"。（钱宇晴）

统　计

【概况】2020年是"十三五"规划收官之年，也是推进统计改革发展的攻坚之年。吴江区统计局以习近平新时代中国特色社会主义思想为指导，围绕区委、区政府重点工作，把握改革创新、服务发展两条主线，以统计"五大行动"为抓手，按照高质量发展要求，为吴江融入长三角区域一体化建设、打造"创新湖区"、建设"乐居之城"提供扎实的统计保障。（金陈怡）

【第七次全国人口普查】2020年，吴江区成立第七次全国人口普查领导小组及办公室。区镇两级普查机构制定普查方案，开展普查综合试点，完成"两员"（普查指导员、普查员）选聘培训、经费落实和户口整顿、区划绘图、入户摸底等各项准备工作。为提升人口普查的知晓度和配合度，区人普办在地铁4号线投放大型灯箱广告，在影院投放人口普查公益宣传短片，在全区550辆出租及4条公交线路的车体投放广告，在万宝财富中心外立面广告和电子大屏投放人口普查相关宣传信息，高频次、高密度宣传第七次全国人口普查工作，营造"家喻户晓，人人支持"的普查氛围。在第七次全国人口普查工作中，区统计局创造性地采用政府购买统计服务的方式，区镇两级统计系统分9个标段开展统计服务外包，政府统计与民间统计相结合，取得积极成效。（金陈怡）

【统计法治】2020年，区统计局扎实推进国家统计局第6督察组督察反馈意见整改。针对督察反馈的11个问题，对标对表，印发整改工作方案，分类施策、有序整改，推动全区各区镇、各部门集中开展包括习近平总书记关于防范和惩治统计造假、弄虚作假重要讲话指示批示和党中央、国务院关于统计工作的重要文件，中央意见、办法、规定以及统计法律法规等内容的全区性的专题学习活动；请各区镇、各部门建立防范和惩治统计造假弄虚作假责任制问责制；继续加强统计法律法规进党校、进人社局工作。根据《中华人民共和国统计法》和《苏州市统计局统计执法"双随机"抽查办法（试行）》的规定，在江苏省统计依法行政平台随机抽取吴江开发区、震泽镇16家联网直报企业进行统计执法检查。同时，抽调法治业务骨干参加省统计局对设区市的统计督查和市统计局的统计执法检查，协助完成统计违法案件办理工作。

（金陈怡）

【统计宣传】 2020年，区统计局多维度加强统计宣传力度。借力"12·4"国家宪法日、"12·8"统计法颁布纪念日等节点，开展统计法治宣传教育活动。充分运用电视、广播、报刊等传统媒体与微信、App等新兴媒体，推送、发布统计信息资料、工作动态、"七人普"进展等内容，让统计走进群众生活。

（金陈怡）

【统计服务】 2020年，区统计局全方位提供统计数据资料服务。搜集、整理月度主要统计数据，做好年定报工作，编辑《统计月报》12期，撰写经济运行分析报告16篇和《吴江统计信息》19篇，反映吴江区经济社会发展态势，准确、高效传递统计信息；提供苏州五市（区）主要经济指标情况，为领导决策提供参考依据；按时编印《吴江统计年鉴（2019）》。推动长三角一体化发展，建立青吴嘉统计交流工作群，开展示范区数据交流，每月形成《吴江嘉善青浦月度主要指标交流比较》并向区长三角地区合作与发展办公室提供《一体化示范区产业统计手册》相关数据。

（金陈怡）

【统计监测】 2020年，区统计局紧扣新形势开展各项统计监测，不断强化月度、季度、半年、年度主要宏观指标和先行指标监测，加大对重点板块、重点行业、重点企业运行的监测力度，真实反映经济量的合理增长和质的稳步提升情况；把握区委、区政府推动高质量发展走在前列的精神要求，做好高质量发展监测评价考核各项工作，每月收集各部门高质量考核绩效评价指标完成情况，对30个责任部门分三个场次进行座谈，针对85个指标进行交流，分析薄弱环节，探讨计算方法；紧抓"对标找差、再攀高峰"各部门上报的指标和完成数据，及时进行反馈，协助相关部门完成对标找差半年度推进报告；紧盯重点耗能耗煤企业，主动对接发改、工信等部门，及时预警预报；重点监测GDP运行，围绕34项基础核算指标，开展业务培训，做好趋势性分析。

（金陈怡）

【统计改革创新】 2020年，区统计局持续推进统计服务外包工作。在鼓励政府购买统计服务的同时，区统计局以信用评价为抓手，加强对统计中介机构的长效管理，推动统计中介机构市场健康有序发展。先后印发《关于进一步明确政府购买统计服务项目备案流程的通知》《关于进一步统计服务外包规范化发展的若干意见》等文件，为进一步推进和规范政府购买统计服务提供相关制度保障。

（金陈怡）

财　政

【财政收入】 2020年，吴江区完成一般公共预算收入236.48亿元，比2019年（下同）增收13.38亿元，增长6.00%。其中税收收入213.13亿元，增收8.13亿元，增长3.97%；非税收入23.35亿元，增收5.25亿元，增长29.01%。

（朱　粟）

【财政支出】 2020年，吴江区完成一般公共预算支出244.38亿元，增支26.21亿元，增长12.01%，其中民生支出192.23亿元，增长11.26%，占一般公共预算支出比重的78.66%。

（朱　粟）

【财政服务经济建设】 2020年，吴江区财政部门科学精准施策，支持抗击新冠肺炎疫情，区镇两级下达疫情防控补助资金2.04亿元。加大稳岗返还力度和受益面，全年发放稳岗返还资金2.35亿元，惠及企业2.7万家。对承租区级行政事业单位及区属国企国有经营性资产的中小企业实行房租减免，落实减免租金1.19亿元，惠及企业近4900家。全年新增减税降费52.33亿元，支持实体经济特别是制造业稳定发展。落实乡村振兴战略，不断加大财政保障，全年投入68.05亿元，增加5.95亿元，增长9.58%。持续完善区高质量发展产业政策体系，累计兑现资金11.98亿元，加快产业转型升级步伐。（朱　渠）

【财政支持长三角一体化发展】2020年，为保障示范区先行启动区各类重点项目以最高标准、最好质量快速建设，区级财政给予汾湖高新区资金支持2亿元，通过专项转移支付落实到汾湖高新区"一河三湖"项目。向上申报取得政府再融资债券2.05亿元，用于偿还汾湖到期债券本金；取得新增政府专项债券6.2亿元，用于支持先行启动区重大项目。（朱　渠）

【财政管理改革】2020年，吴江区财政部门正式启动财政信息系统一体化工程，取得明显的阶段性成效，一体化总体框架初步成型，各区镇实现集中支付电子化，预算执行实现跨层级流程化管理。在财政投资评审跟踪管理系统化建设领域，自主开发工具性跟踪程序并上线运行，实现各种跟踪数据的线上共享和各类跟踪文件的线上存调。整合监督检查资源，不断创新财政监督方式，有计划开展财务飞行检查，落实"同级审"整改要求，深入推进内部审计工作，切实提高财政风险防控能力。落实政府债务规模控制和余额限额管理，规范做好地方政府债券申报发行工作，支持新建上海经苏州至湖州铁路等重大公益性项目建设资金需求，全年申报发行地方政府债券61.96亿元，其中新增债券33.36亿元、再融资债券28.6亿元。（朱　渠）

【财政绩效管理】2020年，吴江区财政部门有序开展69个项目的绩效目标管理和定期监控及2019年65个项目的绩效自评价和再评价工作。承担苏州市财政局交办的"吴江区餐厨废弃物处置PPP项目资金"绩效重点评价试点项目的相关工作。（朱　渠）

【财政投资评审】2020年，吴江区财政投资评审中心完成概算评审项目10个，送审金额25.9亿元，审定金额24.72亿元，核减1.18亿元，核减率4.56%。竣工财务决算评审项目3个，送审金额1.87亿元，审定金额1.83亿元，核减0.04亿元，核减率2.17%。全过程跟踪项目9个，跟踪标段50个，送审金额2.64亿元，审定2.03亿元，核减0.61亿元，核减率23%。以上业务为财政节约资金1.83亿元。（朱　渠）

【政府采购】2020年，吴江区政府采购总金额91亿元，节约财政性资金9.61亿元，节约率9%。采购金额增加39.25亿元，增长75%，其中工程类采购金额60.94亿元，增加30.77亿元，增长101%；货物类和服务类采购金额30.06亿元，增加8.48亿元，增长39%。（朱　渠）

【会计人员管理】2020年，吴江财政部门加强会计人员管理，开展"政府会计制度"培训及继续教育培训，组织全国会计专业技术初级、中级资格考试，新增初级职称1372人、中级职称474人。做好高级会计师评审材料的报送工作，申报人数23人，获评17人。加强全区会计代理记账机构管理，开展代理记账机构执业检查及信用评价工作，规范代理记账业务，提高会计工作质量，促进代理记账行业健康发展。（朱　渠）

税　务

【概况】2020年，全区税务系统面对新冠肺炎疫情和改革发展任务，做好强党建、抗疫情、稳增长、降税费、优环境、促改革等工作，实现"十三五"税收工作的圆满收官。区税务局获评"江苏省五一劳动奖状"。盛泽税务分局、七都税务分局获"江苏省健康单位"称号。（李　倢）

【减税降费】2020年，区税务局支持企业复工复产，确保各项纾困惠企政策直达市场主体，全年兑现税收优惠175.15亿元，占同期税收收入的49.28%。其中落实出口退税政策，办理退税82.25亿元；支持改善民生税收优惠21.75亿元；鼓励高新技术发展19.32亿元；兑现小微企业优惠政策18.84亿元；兑现支持金融资本市场税收优惠21.13亿元；支持其他各项事业等税收优惠11.85亿元，为地方"六稳"*"六保"*大局提供财力保障。减

税降费有关工作得到区委、区政府主要领导批示肯定。（李　使）

【税收收入】2020年，区税务局依法依规组织税费收入，严把收入质量关，完成预算确定的收入任务，全年组织各项税费收入436.62亿元，比2019年（下同）减少5.29%，完成地方公共预算收入213.14亿元，增长3.97%。（徐燕萍）

2020 年吴江区税务局各税种入库明细表

单位：万元

税　种	金　额	税　种	金　额
税收收入合计	3554275	城镇土地使用税	45185
国内增值税	1395980	契税	429309
国内消费税	8327	耕地占用税	5198
企业所得税	840111	印花税	28190
个人所得税	202708	车船税	17736
城市维护建设税	109137	环境保护税	9945
土地增值税	272643	资源税	0
房产税	102751	车购税	84254
其他税收	2801		

（徐燕萍）

2020 年吴江区税务局各项基金、费入库明细表

单位：万元

税　种	金　额	税　种	金　额
非税收入合计	811950	社会保险基金收入	704966
教育费附加	51479	工会经费收入	13742
地方教育附加费	34315	残疾人就业保障基金	6043
文化事业建设费	47	税务部分罚没收入	72
废弃电器电子产品处理基金收入	1286		

（徐燕萍）

【从严治党】2020年，区税务局党委发挥领导核心作用，分解落实“党建引领促发展提升行动”30项措施清单，推进“两个责任”形成合力。严格落实意识形态工作主体责任，将意识形态工作贯穿党委工作全局。贯彻国家总局“四力”要求，防控疫情、落实政策齐头并进，184名党员干部投身防疫志愿服务，彰显党员先锋模范作用。牢固树立落实减税降费大局意识，把

2020年9月23日，党建惠企沙龙税务专场现场　（区税务局　提供）

减税降费作为重要政治任务，精准高效推进支持疫情防控各项税收政策落地落实，助力企业渡过难关。以“税映锤红”党建品牌为轴心，深入推进“一支部一品牌”活动。推出“党建联建”措施16项，10个基层党支部携手20家重点民企，开展税企沙龙2场、党建惠企专场政策宣讲活动20场。下发《党支部规范化标准化指引》，推进各支部规范化、标准化建设，发挥支部战斗堡垒作用。更新改造区局廉政文化展示厅，按月开展案例警示教育，按季开展考廉日活动和明察暗访行动，召开作风效能建设推进会和各单位各部门全面从严治党专题汇报会，组织大型警示教育基地参观活动2次。加强干部“八小时外”监督管理，开展“勤廉助廉”双十佳评选活动，营造风清气正的政治生态。　　（李　倢）

2020年3月，区税务局开通“互联网+税收服务”　　（区税务局　提供）

【税收征管】 2020年，区税务局结合实际情况制定个体税收管理制度，明确个体办工作职责清单，编印《个体税收征管业务操作规程》《个体税收政策业务汇编》，加强业务培训，深化督查考核。落实优化注销流程要求，缩短注销时长。联合法院核查破产结案即办注销，清理2016年以来破产清算结案案件210户。全面推进外来建筑业税源管理平台、免税农产品管理平台和房地产管理平台的运用。与市局共同开发“企业所得税减免税资料电子档案柜”，相关做法在全市推广。落实土地增值税清算三级审核机制，相关清算案例在苏州市局评比中获第一名。完成首次个人所得税综合所得汇算清缴，32.46万人完成汇算申报。升级社保费信息共享平台，推进企业社保费征管切换金三标准版，企业社保费征缴率保持在99.5%以上。扎实推进“三项制度”落实。在与法院深度协作的基础上，形成税务、法院、检察院三方协作新机制。全年司法拍卖协作执行入库税款2.04亿元，破产企业司法清偿债权入库税款4.54亿元。　　（李　倢）

【纳税服务】 2020年，区税务局与青浦、嘉善税务部门探索跨区协同办税，推出首批4类15项通办事项清单，联合发布2019年度A级纳税信用名单并开发查询小程序，合力破解跨省业务办理难题。5月13日，长三角一体化发展示范区首个企业跨省迁移在吴江完成，融合办税迈出实质性步伐。面对新冠肺炎疫情影响迅速启动“云链通”项目，为供需双方搭建产销对接桥梁，助力企业复工复产。加大新政宣传力度，线上咨询辅导更加精准有力。稳步推进“苏易登”房产交易手机App上线测试，推行车购税网上申报和小规模纳税人自行开具增值税专用发票，全年“非接触式”办税率98.3%。　　（李　倢）

（本栏编辑　陈凤贤）

工　业

综　述

【概况】 2020年，全区工业经济承压运行，总体平稳。实现工业总产值4350亿元，其中规模以上工业总产值3579亿元。工业用电231亿度。纳入统计的工业企业16913家，其中内资企业15918家、外资企业995家；工业资产总额4449亿元，其中内资企业2953亿元、外资企业1496亿元。全区规模以上工业企业全年主营业务收入超亿元企业570家，超50亿元企业9家，超100亿元企业1家。全区累计有苏州市地标型企业7家。

（顾春华　金圣悦）

2020年吴江各区镇工业总产值、开票收入情况表

区　镇	工业总产值(亿元)	工业开票收入(万元)
合　计	4496.43	47938950
吴江开发区	1645.00	16358143
汾湖高新区(黎里镇)	730.21	7366566
吴江高新区(盛泽镇)	654.63	8736571
东太湖度假区(太湖新城)	226.01	2347898
七都镇	501.00	5418926
桃源镇	185.45	1736246
震泽镇	202.30	2558873
平望镇	351.83	3415727

注：表格中的工业产值与文中的工业产值统计口径不同。

（顾春华　金圣悦）

2020年吴江区工业主要产品产量表

序　号	产品名称	单　位	年产量	序　号	产品名称	单　位	年产量
1	丝织品	万米	1694327	2	其中：真丝织品	万米	451

（续　表）

序　号	产品名称	单　位	年产量	序　号	产品名称	单　位	年产量
3	炼染印丝织品	万米	402545	17	除尘设备	台	934
4	其中:化纤织品	万米	397095	18	除尘设备	吨	13002
5	其中:印花织品	万米	8105	19	铸铁件	吨	145251
6	聚酯切片	吨	840784	20	铝	吨	109601
7	合成纤维	吨	5336807	21	铜	吨	247013
8	白厂丝	吨	63	22	亚麻布	万米	8087
9	服装	万件	213673	23	亚麻纱	吨	11760
10	羊毛衫	万件	30836	24	鞋	万双	675
11	通讯电缆	万对公里	2571	25	电扶、梯	台	63635
12	光缆	万芯公里	1747	26	塑料制品	吨	24171
13	食用油	吨	63490	27	显示器	台	7516863
14	彩钢夹心板	万平方米	4909	28	键盘	个	54898880
15	水泥	万吨	268	29	液晶显示模组	万只	8926.94
16	缝纫设备	台	331275				

（顾春华　金圣悦）

【丝绸文化传承与发展标杆】 2020年是实施区委、区政府《全力打造丝绸文化传承与发展标杆三年行动计划（2018—2020年）》的收官之年，在区丝绸文化传承与发展领导小组成员单位的努力下，各项重点任务稳步推进。是年，全区丝绸行业实现销售收入25.47亿元，比2019年增长8.5%，丝绸电商完成销售3.1亿元，累计拓展区外茧丝基地超530公顷，丝绸特色版块建设有序推进，丝绸品牌、质量较快提升，丝绸文化活动密集开展。

区工信局联合有关职能部门、区镇对2020年提振丝绸产业措施进行研究探索，开展走访调研，倾听企业家的意见和建议；以工信部等六部委出台《蚕桑丝绸产业高质量发展行动计划（2021—2025年）》为契机，召开丝绸产业专题座谈会，探讨振兴丝绸产业途径，听取丝绸政策意见；组织丝绸企业赴安吉调研，学习安吉白茶集体品牌运营经验，探索打造吴江丝绸集体品牌。（顾春华　金圣悦）

【转型升级】 2020年，全区工业努力化解瓶颈制约，加快转型升级步伐。培育战略性新兴产业，涉及新型平板显示、智能电网和物联网、新材料、新能源、高端装备制造、节能环保、生物技术和新医药、软件和集成电路八大行业。全区纳入统计口径

2020年6月，盛虹新产线投产　　（吴斌　摄）

的规模以上新兴产业企业247家，全年实现规上产值1898.7亿元，占规模以上工业总产值比重53.05%；纳入苏州库内规模以上先导产业企业81家，实现产值711.6亿元，占规模以上工业产值比重19.88%。深入推进工业大数据应用，打造“吴江工业企业大数据云平台”，为工业经济平稳发展、高质量发展提供数据支撑；修订出台《吴江区工业企业综合评价分类实施办法（修订）》（吴政办〔2020〕42号），将以“亩产论英雄”内涵升格为以“亩均贡献论英雄”“科技创新论英雄”“绿色生态论英雄”“融合高效论英雄”，发展导向更加清晰、评价指标更加丰富、改革力度更加强劲，引领全市。以租赁信息、综合素质信息为基础，采用以地块为主体的方式进行综合评价，对13496个工业企业实施综合评价分类，其中A类企业2590个、B类企业6267个、C类企业3275个、C-类企业485个、D类企业879个。率先完成2019年度评价工作，受到苏州市级通报表扬。是年，推动490家D类企业转型升级或淘汰退出市场，其中政府回购、收储或“三优三保”*D类企业土地110公顷，流转土地50公顷，盘活存量土地，腾出发展空间。依托资源集约利用系统，利用综合标准依法依规推动低端低效产能退出，推进“去产能”专项行动、“减化”“两高一低”（高污染、高能耗、低产出）行业综合整治及铸造产业整治提升工作。全年全区关停及淘汰低效产能企业393家，平稳推进16家化工企业关闭退出，超额完成苏州下达指标任务。

（顾春华　金圣悦）

2020年，英诺赛科氮化镓项目　（区发改委　提供）

【工业技改投入】2020年，全区完成工业投资215.3亿元，占全社会固定资产比重36.7%，比2019年（下同）增长23.5%；技改投资166.06亿元、增长15.3%。英诺赛科氮化镓项目等6个省重点工业项目累计完成投资35.78亿元，完成年度计划的147.2%。凯伦新材料高分子防水卷材项目等8个市重点工业项目累计完成投资42.45亿元，完成年度计划的141.5%。国望高科抗紫外线阳离子化学纤维技改项目获中央财政支持应急物资保障体系建设补助资金2400万元；恒力化纤20万吨工业丝项目获省级工业和信息产业转型升级专项资金高端化改造升级项目扶持资金4000万元；绿控传动等9家企业获疫情防控重点保障企业省级财政贴息资金3779.67万元；兑现各级技术改造类扶持资金1.47亿元，惠及企业300余家。

（顾春华　金圣悦）

【企业服务体系建设】2020年，区工信局紧紧围绕本局中心工作，注重“用户思维”“客户体验”，精准把握中小企业的真实需求，确保服务让企业“解渴”、受企业欢迎。不断完善服务功能、优化服务布局、壮大服务队伍，进一步提升服务体系的水平和能力，为提高中小企业群体的整体运营质量和供给效率提供有力支撑。全年开展线上+线下政策宣传5场、管理培训23场、对接考察11场、市场拓展2场等共计41场服务活动，线上点击率23000多次，线下服务企业3046家。为应对新冠肺炎疫情对中小企业的挑战和压力，主动运用数字化手段尝试服务转型，创建“工信e学”直播品牌，会同服务联盟相关职能部门及行业专家，开展线上政策培训直播，打通线上线下服务；重视企业人才素质提升，进一步擦亮吴江中青年企业家培训班品牌，继续与区人才办合作举办2020年吴江区中青年企业家高级研修班；引进更多高端培训资源，会同江苏省中小企业协会及清华大学举办“江苏省中小企业产业发展转型升级培训班”；依托吴江区扎实的产业基础，完备的产业配套，开展装备制造及新型显示产业链对接会，采取线上+线下的形式举行，促成产业链上下游的配套协作；针对性开展5期6S精益化生产系列培训、财税新政、人力资源管理、项目管理、CTO首席技术官、股权激励、市场营销、净化行业转型发展等各类培训18场。强化企业梯队培育，全年新地标企业在库企业51家，分别培育首超20亿元、5亿元新地标企业1家、4家；引导“专精特新”发展，盛虹集团、亨通光电、迈为科技3家企业获评国家级制造业单项冠军，数量居全省各县市区首位；澳盛科技等4家企业获评国家第二批专精特新“小巨人”企业，凯伦建材等15家企业获评省专精特新“小巨人”企业，吴赣药业等18家企业入选苏州市“专精特新”示范中小企业。推进公共服务平台建设，中纺联检验获评国家中小企业公共服务示范平台，15家公共服务平台实现营业收入3.49亿元，提供综合技术服务25.03万次，专业性技术服务24.06万次，服务企业3.26万家次。

（顾春华　金圣悦）

2020年吴江区中小企业公共服务平台名单

序　号	单位名称	序　号	单位名称
1	吴江绸都盛泽电子商务信息有限公司	9	吴江思源创业服务有限公司
2	苏州中纺联检验技术服务有限公司	10	苏州华业检测技术服务有限公司
3	江苏盛虹纺织品检测中心有限公司	11	苏州市吴江区检验检测中心
4	苏州市吴江区中小企业服务中心	12	苏州盛泽科技创业园发展有限公司
5	苏州康润医药测试服务有限公司	13	苏州市吴江区智能制造协会
6	苏州中纺联创意服务有限公司	14	江苏盛泽东方纺织城发展有限公司
7	吴江市金鼎净化钢构研究所有限公司	15	吴江万商信息技术服务有限公司
8	江苏亿友慧云软件股份有限公司		

（顾春华　金圣悦）

【企业政策扶持】 2020年，区工信局为全区工业企业向上争取资金和项目申报。协助企业申报国家、省、苏州市级项目，至年底下达资金2.3亿元，为全区工业企业争取12类33个国家级荣誉。其中，国家智能制造系统方案供应商1个、全国质量标杆1个、国家级绿色工厂2家、国家级绿色设计产品15个、国家级制造业单项冠军3个、国家专精特新“小巨人”企业4家、国家中小企业公共服务示范平台1个、制造业与互联网融合发展试点示范项目1个、工业互联网试点示范项目2个、工业互联网App优秀解决方案1个、工业互联网标识解析二级节点1个、网络安全技术应用试点示范项目1个。获得省级荣誉27类348项，市级荣誉19类203项。

（顾春华　金圣悦）

【墙材革新应用】 2020年，区工信局继续推进新墙材革新应用，全年新型墙体材料总产量16.58亿块（折标砖），比2019年增长16%，节约土地182.7公顷，利用固体废物117.95万吨，减少二氧化硫排放2260吨。

（顾春华　金圣悦）

新兴产业

【概况】 2020年，吴江新兴产业保持稳定发展，列入苏州市新兴产业统计库企业247家，全区规模以上新兴产业实现产值1898.7亿元，占规模以上工业产值比重53.05%，比2019年（下同）提高0.35个百分点。全区完成战略性新兴产业投资174.3亿元，增长31.3%。苏州航发的“航空发动机高可靠

性燃油电磁阀”和迈为科技的“HJT PECVD真空镀膜设备”立项省关键核心技术(装备)攻关项目。（顾春华　金圣悦）

【省关键核心技术(装备)攻关项目】2020年，江苏省工信厅为支持企业在重点领域完成对技术熟化、中试验证、批量生产等工程化阶段瓶颈持续创新攻关，重点突破关键核心技术、“四基”产品、重大装备短板、重要软件和系统等“卡脖子”技术和产品，提升产业基础能力和产业链水平，对符合国家和省委、省政府战略部署，弥补产业链空缺的重大技术(装备)攻关项目“一项一评”，予以优先支持。苏州航发的“航空发动机高可靠性燃油电磁阀”和迈为科技的“HJT PECVD真空镀膜设备”获省关键核心技术(装备)攻关项目立项，立项数占苏州市近30%。

（顾春华　金圣悦）

【博众精工科技股份有限公司】成立于2006年，总部坐落于苏州吴江，注册资本3.6亿元。主要从事精密检测设备、工业机器人、系统集成软件、自动化组装设备、智能化成套生产线等智能制造领域装备的研发和销售，为客户提供定制自动化设备、全自动智能流水线和智能工厂整体解决方案，跨足服务于电子信息、汽车零部件、家电、消费类电子、新能源等多领域。公司建有国家认定企业技术中心、国家级工业设计中心、江苏省3C产品制造智能成套装备工程技术研究中心、江苏省机器视觉自动化设备工程中心、国家级高新技术企业，依托高校拥有国家重点实验室3个以及江苏省3C产品制造成套装备与智能化高技术研究重点实验室、国家博士后科研工作站；被认定为工信部认定服务型制造示范平台、工信部认定制造业双创平台、国家知识产权优势企业、江苏省制造业双创平台、江苏省认定企业技术中心等平台。2020年实现销售25.33亿元。（顾春华　金圣悦）

2020年2月17日，澳拓美盛、博众精工联合捐赠“新一代高速口罩生产设备”设计图纸　（区工信局　提供）

【江苏澳盛复合材料科技有限公司】成立于2002年，经过十余年的发展，产品从最初的碳纤维织布到现在的碳纤维复合材料，满足不同层次的客户需求。建有江苏省工业设计中心、江苏省企业技术中心、江苏省碳纤维复合材料批量化制造和应用工程技术中心、苏州市碳纤维复合材料工程技术中心、苏州市工业设计中心、苏州市企业技术中心等研发平台，和中科院宁波所、苏州大学等多所院校进行产学研合作，2020年度通过国家专精特新“小巨人”企业、苏州示范智能车间、苏州工业互联网典型应用企业认定并获得省专精特新“小巨人”企业培育项目扶持资金500万元，2020年实现销售15亿元，比2019年增长60%。

（顾春华　金圣悦）

【苏州绿控传动科技股份有限公司】成立于2011年，注册资本5129万元，主营业务涵盖汽车AMT自动变速箱、新能源汽车驱动电机、纯电动及混合动力汽车动力总成的研发、生产和销售。自主研发的新能源汽车自动变速器产品填补国内空白，新能源客车混合动力系统总成是国内首个基于AMT技术的同轴并联式混合动力系统，打破国外垄断，获得国家科学进步奖二等奖。公司建有国内一流的研发体系和自主创新体系，实现由单一混动产品向混动和纯电动齐头并进的转型，现有“PHD并联混动总成、MHD混联混动总成、

TED纯电动总成、DM直驱纯电动总成、AMT、电驱桥”等八大产品系列。拥有自主正向知识产权，申请知识产权200余项，其中授权发明专利12项、实用新型专利148余项、软件著作权24项。2020年实现销售2.8亿元。（顾春华　金圣悦）

【苏州众合生物医药科技有限公司】 成立于2013年10月，注册资金75000万元，是上海君实生物医药科技股份有限公司全资子公司，占地面积0.96公顷，建筑面积约1.2公顷，建有两个单抗原液生产车间、两个无菌制剂生产车间以及配套的功能区，有员工200余人，公司主要致力于应用前沿技术进行单克隆抗体生物类似药、创新单抗的产业化，产品覆盖肿瘤、自身免疫性疾病等领域，是国内最先进的创新型抗体药物研发公司之一。2月，国家药监局核准“重组人源化抗BTLA单克隆抗体注射液”开展临床试验，是全球首个获得临床试验批准的抗肿瘤BTLA单抗，是公司继特瑞普利单抗后，第二个通过美国食品药品监督管理局的IND审批的自主研发、具有完全自主知识产权的在研产品；3月，公司被列入苏州市首批生物医药产业潜力地标企业培育名单，是年，企业销售额超4亿元。（顾春华　金圣悦）

支柱产业

【概况】 2020年，全区规模以上工业中，丝绸纺织、电子资讯、光电缆、装备制造四大主导产业实现产值2807.6亿元，占规上工业总产值的78.5%。

全区丝绸纺织业完成规模以上工业产值849亿元，占全区规模以上工业总产值的23.7%，比2019年（下同）下降20.7%。是年，由于疫情冲击、外贸订单减少、原材料价格暴跌，企业经营面临较大挑战。

全区电子资讯业完成规模以上工业产值823亿元，占全区规模以上工工业总产值的23.0%，下降0.3%。疫情时期受“宅”经济的带动，电子资讯业整体略有回暖，发展平稳。

全区光电缆业完成规模以上工业总产值236亿元，占全区规模以上工业总产值的6.6%，增长13.2%。其中电线电缆子行业持续增长，光纤光缆子行业增产不增收。

全区装备制造业完成规模以上工业产值899亿元，占全区规模以上工业总产值的25.1%，增长2%。高端装备行业受自主可控和国产替代等国家层面政策利好，实现较快增长；电梯行业整体发展态势较好。

（顾春华　金圣悦）

【吴江三品牌上榜2020年中国500最具价值品牌】 2020年8月5日，由世界品牌实验室（World Brand Lab）主办的第十七届“世界品牌大会”在北京举行。会上发布2020年《中国500最具价值品牌排行榜》分析报告，吴江有3大品牌登上榜单。恒力集团“恒力”品牌以736.86亿元品牌价值位列第75位，亨通集团“亨通光电”品牌以506.57亿元品牌价值列第134位，通鼎集团的“通鼎”品牌首次入列，以180.36亿元品牌价值列第329位，阐释吴江的企业形象。

（顾春华　金圣悦）

【盛虹控股首次上榜世界500强，恒力集团排名提升74位】 2020年8月10日，《财富》杂志公布“《财富》世界500强排行榜”，盛虹控股集团有限公司以

2020年11月25日，盛虹首次入围世界500强，获3000万元奖励

（区工信局　提供）

278.7亿美元的营业收入首次入榜，位列第455位。恒力集团名列第107位，排名较去年提升74位。吴江培育世界500强2家，占苏州的2/3，占江苏的1/2。

（顾春华　金圣悦）

【康力电梯再次入围全球电梯制造商10强】 2020年8月18日，全球电梯产业峰会在沪召开，大会发布“2020全球电梯制造商10强”，吴江电梯制造产业的龙头企业康力电梯股份有限公司上榜，位列第10位，是该榜单中唯一的中国企业。

（顾春华　金圣悦）

【亨通跻身线缆及超高压海缆最具竞争力全球榜单第四、中国第一】 2020年12月16日，2020年全球线缆产业发展与竞争力论坛（CDC 2020）暨全球线缆产业最具竞争力企业榜单在北京发布。亨通跻身全球线缆产业最具竞争力企业前四强，以及全球超高压海缆产业最具竞争企业前四强。（顾春华　金圣悦）

电　力

【概况】 2020年，吴江区全社会用电量268.98亿千瓦时，比2019年（下同）下降6.72%；企业供电量259.71亿千瓦时，下降6.69%；售电量255.22亿千瓦时，下降7.15%；调度口径最高负荷414.99万千瓦，下降6.79%。至年底，全区拥有35千伏及以上变电站88座，主变容量1494.08万千伏安。其中，220千伏变电站16座，主变容量774万千伏安；110千伏变电站59座，主变容量676.9万千伏安；35千伏变电站13座，主变容量43.18万千伏安。35千伏及以上送电线路214条，共计1880.019千米。全区营业户71.77万户，总装接容量1980.52万千伏安。至年底，全区有地方（热）电力生产企业12家，装机容量1104.5兆瓦；省调（热）电力生产企业3家，装机容量870兆瓦。

2020年，国网苏州市吴江区供电公司（简称“区供电公司”）获“全国市场质量信用A等用户满意企业”“2018—2020年度江苏省厂务公开民主管理示范单位”称号。公司下设9个职能部室、4个业务实施机构、1个其他二级机构和10个供电所，有全民职工341人，集体职工32人，集体直签人员17人，供电所人员499人。（曹晓君）

2020年吴江区电厂主要技术经济指标一览表

企业名称	是否自备电厂	装机容量（兆瓦）	机组数（台）	锅炉容量（吨/小时）	年燃煤消耗量（万吨）	年发电量（万千瓦时）	年供热量（吨）
江苏华电吴江热电有限公司△	否	360	2	190	0	157000	228180
苏州苏盛热电有限公司△	否	150	4	1040	94.95	98112	3400000
大唐苏州热电有限责任公司△	否	360	4	225.5	0	144700	839416.53
苏州苏震热电有限公司	否	50	2	390	16.56	23572	863267
吴江环保电厂	否	36	2	146	0	27200	0
江苏东方盛虹股份有限公司盛泽（丝绸）热电厂	是	54	5	750	63.5987	25475	3389662
吴江艺龙实业有限公司	是	12	2	180	7.6681	6782	353454
盛虹集团有限公司热电分厂	是	36	3	600	56.0225	23401	2713083
吴江罗森化工有限公司	是	24	3	355	33.305	12274.76	1740761.9
三联印染有限公司	是	6	1	150	8.3164	4187	592109
吴江南玻玻璃有限公司	是	12	1	46	0	5900	0
东吴水泥热电厂	是	4.5	1	27	0	2228.793	0

注：加△者为省调（热）电力生产企业，其他为区调（热）电力生产企业。（曹晓君）

【电网建设】 2020年，区供电公司完成长三角生态绿色一体化发展示范区吴江配电网专项规划。开工建设500千伏吴江南输变电新建工程，投运220千伏七都输变电工程及110千伏送出工程、110千伏永乐变电站扩建工程、110千伏新城（临湖）输变电工程、110千伏流虹变电站扩建工程、110千伏滨湖（高新）变电站扩建工程、110千伏杨墅变电站扩建工程、110千伏北旺变电站扩建工程、110千伏盛庄—慈云线路工程，新增主变容量59.2万千伏安，线路28.74千米。实施一流配电网建设，完成固定投资3.8亿元。建成吴江跨省10千伏长三角一体化电网互联互通工程。优化低压网架，投入建设资金0.79亿元。夯实信息通信基础，完成99个4G专网基站建设。（曹晓君）

【能源变革】 2020年，区供电公司推广电能替代，推进震泽古镇、黎里古镇、吾悦广场全电街区改造，开展节能服务，累计完成替代项目149个。推动能源变革，实现电能替代7.1亿千瓦时。主动服务新能源发展，新增并网容量3.08万千瓦，电网实现清洁能源全消纳。持续加快绿色充电网络建设，提升充电设施利用率，累计充电量479.43万千瓦时，比2019年增长45.14%。（曹晓君）

2020年8月20日，供电夜间巡察　（吴斌　摄）

【优质服务】 2020年，区供电公司推广“特快电力”服务，响应《吴江区进一步优化电力接入工程实施方案》文件要求，高、低压用户平均接电时间压减至25.42天和4.21天。主动对接省、市、区重大项目，累计投运重大项目37项，保障首批老小区增设电梯按期交付使用。执行国家阶段性降低用电成本政策，累计减免约9.8万户客户电费支出6.65亿元。持续提升供电可靠性，累计完成不停电作业628次，减少停电3.345万时户。圆满完成区“两会”等70项重大保电任务。（曹晓君）

（本栏编辑　沈　瑶）

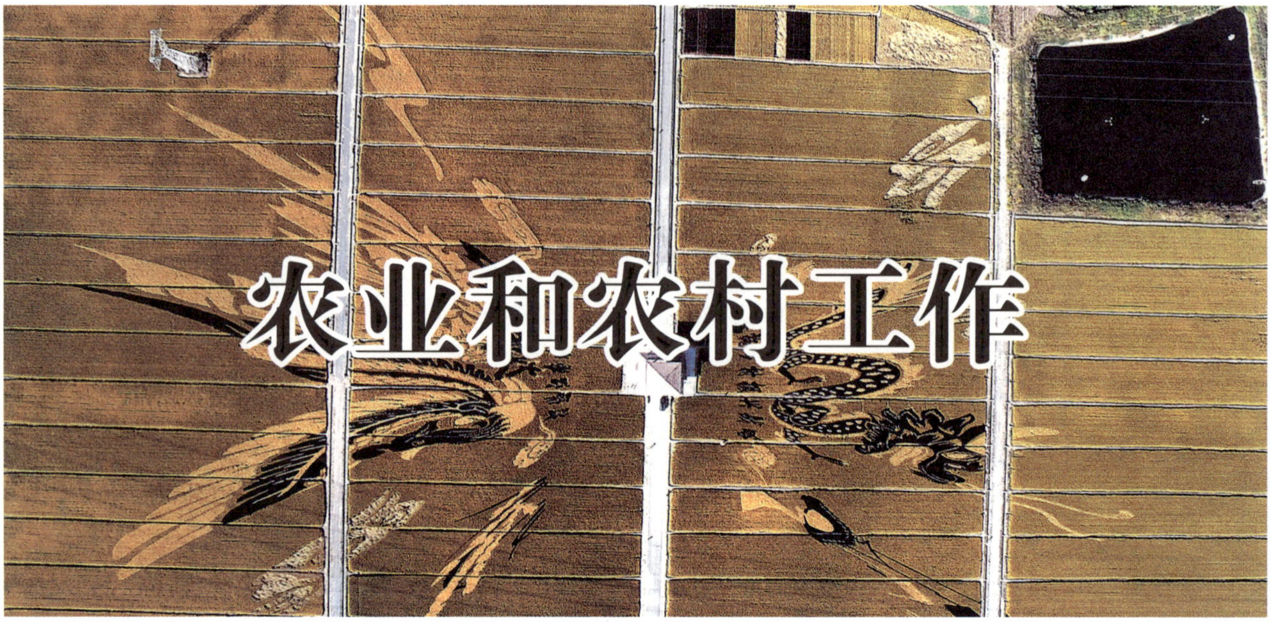

农业和农村工作

“三农”综述

【概况】 2020年，区农业农村局紧扣“一体化”“高质量”关键词，实施乡村振兴战略，加快农业农村现代化，高质高效完成各项目标任务。吴江农村人居环境整治成为第二批全国农村公共服务典型案例，吴江区农业农村局获评第二批全国农业综合行政执法示范单位，均为江苏省唯一；吴江现代农业产业园被纳入国家现代农业产业园创建体系，为苏州大市唯一；“加快新型农业经营主体培育”获批农村改革试验区拓展试验任务。（钱毅玲）

【从业人员结构】 2020年，吴江区农村从业人员29.9万人，其中男性15.22万人、女性14.68万人。农村从业人员中，从事第一产业3.22万人，从事第二产业20.54万人，从事第三产业6.14万人。 （钱毅玲）

【农业高质量发展扶持政策】 吴江区农业高质量发展扶持政策包括农业产业发展和农业生态两大类，其中农业产业发展分为现代农业园区、农业机械化、农业经营主体、农业主导产业和农业结构调整5个方面，农业生态分为生态补偿、畜禽废弃物处理2个方面。全年发放吴江区农业高质量发展产业扶持资金15457.13万元。

（钱毅玲）

农业主导产业

【优质粮油】 2020年，全区水稻实种面积1.35万公顷，总产12.39万吨，平均亩产613千克；小麦实种面积0.63万公顷，总产3.05万吨，平均亩产321千克；油菜实种面积120公顷，总产0.03万吨，平均亩产167千克。

（钱毅玲）

【特色水产】 2020年，全区水产养殖总水面约1.17万公顷，外荡面积0.57万公顷，池塘面积0.6万公顷，其中常规品种养殖面积0.58万公顷，特种品养殖面积0.59万公顷，全年水产产量5.58万吨。 （钱毅玲）

【高效园艺】 2020年，全区蔬菜种植面积1.18万公顷，全年产量32.2万吨，比2019年增加（下同）0.4万吨；全区桑园面积0.2万公顷，发放蚕种4503张，蚕茧产量211.63吨；全区果园面积746.67公顷，果品总产量1.38万吨，增加2.22%。 （钱毅玲）

【生态畜禽】 2020年，全区生猪存栏7.81万头（本地1.81万头、域外6万头），出栏12.25万头（本地2.04万头、域外10.21万头）；菜羊存栏0.58万只，出栏0.99万只；兔存栏0.59万只，出栏2.04万只；家禽存栏29.1万羽，出栏59.80万羽；禽蛋产量2033吨。 （钱毅玲）

农业产业体系

【农业园区】 2020年，区农业农村局以农业园区建设引领乡村产业兴旺，全区新增各类农业园区面积0.28万公顷，农业园区面积占耕地面积的69.11%，位于苏州前列；下达区级及以上财政资金3960万元，落实园区建设项目8个，有效推进农业园区项目建设。4月，吴江现代农业产业园纳入国家现代农业产业园创建体系。 （钱毅玲）

【休闲农业】 2020年，全区有苏州震泽丝绸之路农业科技发展有限公司太湖雪共享农庄、苏州市吴江区震泽镇众安桥村村民委员会众安桥村共享农庄、苏州市平望农业科技发展有限公司村上.长漾里共享农庄、苏州如家小镇度假管理有限公司如家小镇乡野趣乐部、苏州花伴里旅游开发有限公司花伴湾共享农庄、苏州市同里湿地公园有限公司同里湿地共享农庄6家单位创建苏州共享农庄（乡村民宿）；吴江区四季湿地风光有机康养二日游、吴江区四季田园乡村蚕桑文化二日游两条旅游线路入选江苏省100条旅游农业精品线路推介名单；众安桥村获评2020年中国美丽休闲乡村，太湖绿洲、绿宝园获评省主题创意农园，开弦弓村获评苏州市"十佳"休闲农业和乡村旅游精品村，吴江"清炒香青菜"入选江苏省百道乡土地标菜；玫瑰园和花伴湾分别获评江苏省休闲农业与乡村旅游五星级、四星级示范，太湖雪获评第二批全国休闲农业与乡村旅游精品企业（园区）。全年休闲农业经营收入5.83亿元，接待游客数626万人次。 （钱毅玲）

【品牌农业】 2020年，吴江区新增绿色食品、有机农产品16个，获批全国绿色食品原料标准化生产基地0.3万公顷、省绿色优质农产品基地1万公顷，绿色优质农产品比重90.14%。推进区域公用品牌建设，吴江香青菜申报地理标志保护工程项目，启动"菀坪柑橘"农产品区域公用品牌培育和建设；元鹤牌大米、金利牌食用植物油入选省首届百强农业品牌；"吴江大米"获第二届中国"好米榜"金奖，吴江现代农业产业园获最美生态稻园奖。举办"2020年中国农民丰收节暨绿色优质农产品直播带货活动"，开展三期农产品"出村进城""直播带货""评优品鉴"等活动，扩大农产品品牌知名度。吴江的苏州市神元生物科技股份有限公司（铁皮石斛）、苏州市绿和苗木专业合作社（杜鹃等）、苏州聚福水产有限公司（加州鲈鱼）、苏州市承恩水产科技有限公司（小龙虾）、苏州苏太企业有限公司（苏太猪）、苏州市种羊场（湖羊）6家企业被列入第一批江苏特色优势种苗中心（企业）。 （钱毅玲）

2020年吴江区新增绿色食品、有机农产品情况表

序号	认证情况	生产主体	产品
1	绿色食品	吴江区桃源灶家浜休闲农庄	灶家浜黄桃
2		苏州震泽丝绸之路农业科技发展有限公司	长漾桑葚
3		苏州三港农副产品配送有限公司	瓠　瓜
4			南　瓜
5		苏州同里现代农业发展有限公司	北联大米
6		苏州佳豪太阳湖现代农业发展有限公司	淀山湖大花鲢
7			淀山湖青鱼
8			淀山湖清水蟹
9		吴江市太湖绿洲生态农业有限公司	葡　萄
10	有机农产品	江苏骏瑞食品配送有限公司	南　瓜
11			白　菜
12			甜　瓜

（续　表）

序　号	认证情况	生产主体	产　品
13	有机农产品	苏州谢家路生态农业专业合作社	葡　萄
14			枇　杷
15		吴江区桃源镇严东村股份经济合作社	番　茄
16		苏州同里现代农业发展有限公司	稻　谷

（钱毅玲）

农业生产体系

【“三高一美”】 2020年，全区争取省库高标准农田建设项目333.3公顷，申报省高标准农田先建后补（提前实施）项目866.7公顷，获得省、市奖补资金近2000万元；完善《吴江区高标准农田建设奖补管理办法》，落实区镇高标准农田建设任务2333.3公顷。苏州江澜生态农业科技发展有限公司（同里基地）、江苏骏瑞食品配送有限公司（七都基地）、苏州市吴江区桃源镇严东村村民委员会、苏州玫瑰园园艺有限公司4家单位被评为苏州市高标准蔬菜生产示范基地，新增规模蔬菜基地16.2公顷；苏州浦江源太湖特种水产有限公司被评为苏州市高标准水产养殖示范基地；苏太美丽生态牧场建成投产，全区美丽生态牧场比例75%。是年，苏州润绿农业生态科技发展有限公司、江苏骏瑞食品配送有限公司获评省级园艺作物标准园，苏州自耕农业科技有限公司、苏州市龙泉嘴果园获评苏州市级高标准现代果园。（钱毅玲）

2020年8月7日，工作人员使用无人植保机在稻田里施药　（吴斌　摄）

【农业机械化】 2020年，吴江区创建粮食生产全程机械化示范县。至年底，吴江区在役大中型拖拉机456台、水稻乘坐式插秧机410台、联合收割机202台、机动植保机663台（含担架式/手推式喷雾机571台、高低隙喷杆式植保机43台、无人植保飞机49台）、稻麦秸秆还田机（旋耕机/圆盘犁）711台、小麦复式播种机224台，粮食烘干能力2891吨（其中产地烘干2501吨、粮食系统390吨）。

（钱毅玲）

【智慧农业农村】 2020年，区农业农村局出台《苏州市吴江区智慧农业农村试点建设实施方案》，智慧农业农村改革试点加速推进；建成吴江数字农业农村管理平台一期项目。全区农产品电子商务销售额4.6亿元，新增苏州市紫晶园艺有限公司1家省级数字农业农村基地，苏州市吴江区松陵朱毛根水产专业合作社、苏州慈云蚕丝制品有限公司2家苏州市智慧农业示范基地。是年，吴江区获批江苏省数字乡村试点地区，“太湖雪电子商务串起传统产业智慧化转型升级”入选苏州市十佳智慧农业品牌案例。11月7日，全国智慧农业改革发展大会在吴江召开。

（钱毅玲）

【农产品质量监管】2020年，区农业农村局开展绿色食品企业“五有”（生产有标准、管理有规范、过程有记录、产品有追溯、宣传有标识）规范化建设试点，落实追溯“四挂钩”（农产品质量安全追溯与农业农村重大创建认定、农业品牌推进、农产品认定、农业展会等挂钩）制度，全区纳入农产品生产经营监管名录企业170家，在省农产品质量追溯平台注册企业168家，累计打印追溯标签111316张、合格证13102张。是年，推进“三定一考核”（“三定”指定监管对象、定监管人员、定监管任务，“考核”指年终绩效考核）网格化监管提档升级，建成村级农产品质量安全服务点30个；区级农产品质量安全例行监测1285批次，比2019年增加60%；完成省、市、区农产品质量安全监测采样任务1705批次，完成农残速测58027批次。（钱毅玲）

【农业面源污染治理】2020年，全区深入推进肥药减量增效示范工程，实现水稻、小麦专用配方肥使用全覆盖；推进废旧农膜回收利用，基本建立回收网络体系，涉农乡镇网点基本全覆盖；加强农用地分类管理和耕地质量监测，耕地质量和管理水平得到提升。规划2020—2021年度耕地轮作休耕面积0.22万公顷，沿太湖一级保护区实行常年轮作休耕；规划开展池塘改造（退渔）面积2477.4公顷，至年底，完成退渔面积1133.33公顷。（钱毅玲）

【长江流域退捕禁捕】2020年，吴江在苏州大市率先全面完成退捕任务，累计退捕渔船1701艘、渔民3266人，实现“四个100%”（退捕渔民社会保障参保率100%、总体就业率100%、医疗保障参保率100%、住房保障安置率100%”）。建立完善多部门联合执法机制，以长漾湖国家级水产种质资源保护区为重点，兼顾太浦河和太湖等重点水域，全面开展专项执法行动，形成严打高压态势和震慑效应。全年累计组织出动渔政执法人员1921人次、执法车辆471辆次、执法船艇153船次，依法立案查处涉渔行政处罚案件66起。紧扣长三角生态绿色一体化战略机遇，7月30日，青吴嘉三地共同签署《示范区渔业管理合作备忘录》。（钱毅玲）

2020年11月，在太浦河（吴江段）开展地笼网集中清理整治专项行动

（区农业农村局　提供）

农业经营体系

【农业龙头企业】2020年，金利油脂（苏州）有限公司、苏州欧福蛋业股份有限公司2家国家级农业龙头企业完成监测；新增市级农业龙头企业3家（苏州慈云蚕丝制品有限公司、苏州花伴里旅游开发有限公司、苏州众仕达蔬菜食品有限公司），企业总量和质量继续保持全市领先；新增产业化联合体5家（苏州花伴湾农业产业化联合体、金利油脂农业产业化联合体、苏州玫瑰园农业产业化联合体、苏州青青水产农业产业化联合体、苏州众仕达农业产业化联合体）。（钱毅玲）

【农业经营主体】2020年，全区新增农民专业合作社26家，市级示范家庭农场8家。公布进入2020年政府优先扶持合作社名录76家；建立区级农民专业合作社及家庭农场项目库，8个项目进入区级项目库。围绕“一强两高”（农民就业创业能力强、综合素质高、生活水平高），强化技能培训和人才培养，全年培育新型职业农民2000多人次；落实《吴江

区基层农业农村专业人才培养实施意见》，34人签约吴江区首届基层农业农村专业人才定向培养；苏州农业职业技术学院首家职业农民分院在吴江设立；培育江苏省乡土人才“三带”（带领技艺传承、带强产业发展、带动群众致富）名人、“三带”能手、“三带”新秀各1名；获评2020年度苏州市十佳新型职业农民1人。修订完善《2020年度苏州市吴江区新型职业农民认定管理办法》，新认定新型职业农民208人。

（钱毅玲）

2020年吴江区新增农民专业合作社一览表

序　号	农民专业合作社	序　号	农民专业合作社
1	苏州平望上练农机专业合作社	14	苏州市吴江区西无焰果品专业合作社
2	苏州市平望金联农机农民专业合作社	15	苏州笠禾源绿色农业农民专业合作社
3	苏州市黄家溪日日旺果蔬农民专业合作社	16	苏州市吴江区贝优粮食种销农民专业合作社
4	苏州友鑫水产养殖专业合作社	17	苏州娄港渔业专业合作社
5	苏州绿农农业农民专业合作社	18	苏州中达渔业专业合作社
6	苏州市仙家水产养殖专业合作社	19	苏州万渔汇渔业专业合作社
7	苏州市丽方新农业专业合作社	20	苏州渔公渔业专业合作社
8	苏州鑫粮粮食专业合作社	21	苏州皓丰渔业专业合作社
9	苏州北星粮油专业合作社	22	苏州剑锋种植农民专业合作社
10	苏州市吴江区升起绿色农业发展农民专业合作社	23	苏州市吴江区宏新种植农民专业合作社
11	苏州吴江区富荣绿色生态水产养殖专业合作社	24	苏州市农芡生态农业农民专业合作社
12	苏州南娄粮油专业合作社	25	苏州君垚农业发展专业合作社
13	苏州江村宜农农业科技发展专业合作社	26	苏州鸭头浜粮油专业合作社

（钱毅玲）

2020年吴江区新增市级示范家庭农场一览表

序　号	市级示范家庭农场	序　号	市级示范家庭农场
1	吴江区震泽镇阿三家庭农场	5	吴江区盛泽镇金英家庭农场
2	吴江区震泽镇姚洪家庭农场	6	吴江区盛泽镇彩枫家庭农场
3	吴江区平望镇梅堰果宝园家庭农场	7	吴江区松陵镇菀坪老侉家庭农场
4	吴江区平望镇海荣翠冠梨农场	8	吴江区松陵镇菀坪景胜家庭农场

（钱毅玲）

农村工作

【农村人居环境】 2020年，全区高质量完成三年行动收官任务，农村人居环境显著改善。落实区级日检查、周汇总、月通报检查制度，完成三轮整治自然村全覆盖检查，涉及自然村2288个，出动检查人员超5000人次，反馈整改问题近6万处，发布红黑榜9期；全域启动“净美江村”大整治行动，吴江农村人居环境整治获评第二批全国农村公共服务典型案例，被农业农村部以《整治农村人居环境，谱写水韵江村华章》为题向全国介绍吴江区实践与经验。全域开展“美丽村景”创建工作，打造美丽宜居的村庄客厅，行政村覆盖率93%，自然村覆盖率超过80%，总投资近2亿元，“美丽村景”“美丽菜园”“美丽庭院”建设蔚然成风。探索发动群众参与的长效管理机制，开展“净美江村”随手拍等监督机制，提升群众参与度。（钱毅玲）

【薄弱村帮扶】2020年，区农业农村局结合机构改革后部分帮扶单位实际情况，调整优化薄弱村和挂钩单位，确保村村有帮扶，帮扶更有效。组织全区市级相对薄弱村申报帮扶转化项目，上报24个帮扶转化项目，获财政补助1565万元；强化兜底保障，投资金额5110.33万元，下达市、区两级49个薄弱村公共服务项目补助资金4170.8万元；强化造血功能，新增村级集体经营性物业面积9.68万平方米，累计207万平方米；新规划报批“一村二楼宇”（社区服务用房和增加集体经济组织财产性收入的经营性物业用房）建设项目11个，建筑面积5.57万平方米，总投资1.64亿元；发挥惠村公司帮扶功能，全区第八轮集体经济相对薄弱村全部按期转化，村均稳定性收入361万元。（钱毅玲）

农村人居环境整治成效——震泽镇永乐村（区农业农村局 提供）

【村级财务管理】2020年，区农业农村局制定出台《关于进一步加强村级财务预决算管理的实施办法（试行）》，开发三资监管平台中的预决算管理模块，提升村级财务管理规范化水平。推广村级合同管理规范化建设工作，构建从线上交易、合同签订、审批备案到收款核实的完整监管环链。（钱毅玲）

【农村产权制度改革】2020年，区农业农村局启动两项改革探索，其中，“加快新型农业经营主体培育试点”获批全国农村改革试验区拓展试验任务；“三权分置”改革探索形成《吴江区农村承包土地的经营权抵押贷款暂行办法》，签订首笔承包地经营权抵押贷款协议。推进农村集体产权制度改革，全年完成258个农村集体经济组织的登记赋码工作，完成率100%，录入成员64.12万户，完成率106.1%，位列苏州大市第二。（钱毅玲）

【村企联建】2020年，区农业农村局建立吴江区“万企联万村 共走振兴路”联席会议制度，印发《关于组织开展“万企联万村 共走振兴路”行动的实施方案》，将村企联建工作纳入乡村振兴实绩水平考核；召开村企合作双向对接会，签约并通过省级审核认定村企联建项目207个，涉及村（居）201个，联建率99.5%，南北联建项目18个。（钱毅玲）

（本栏编辑 钱晓燕）

服务业

综　述

【概况】2020年，吴江区克服新型冠状病毒感染肺炎疫情影响，统筹"两手抓"、夺取"双胜利"，以发展生产性服务业为重要抓手，促进先进制造业和现代服务业深度融合，以全力构建国内大循环为主体，形成国内国际双循环相互促进的新发展格局，基本完成全年目标任务。全区完成服务业增加值965.13亿元，比2019年(下同)增长1%（可比价）。服务业增加值占地区生产总值比重48.2%，提升1.6个百分点。完成服务业一般公共预算收入126.6亿元，增长13.7%。完成服务业投资371.5亿元，下降9.3%，其中，完成服务业重点项目投资288.04亿元，占年度目标任务的102.64%。完成服务业税收185.86亿元，增长9.3%。完成社会消费品零售总额617.86亿元，下降3.4%。（纪　皞）

【服务业亮点】2020年，通鼎集团入选中国服务业500强，列第151位，列互联网服务第9位、江苏省服务业第5位。海晨物流董事长梁晨获评全国物流行业劳动模范。京奕特种纤维获批棉花进口关税配额303吨。中广核达胜、博众精工获评第五批省级生产性服务业领军企业，获评数量列苏州大市第一（苏州4家）。海晨物流入选江苏省智慧物流降本增效关键物流技术突破试点，全省有7家企业入选。亨通光电、恒力化纤等13家企业入选省两业深度融合试点，入选数量位居全省区级第一。其中，6家企业获得省服务业发展专项资金（省两业深度融合试点）龙头骨干企业奖励，企业数量占苏州大市一半，占全省的七分之一。亨通光电省级"两业"融合试点阶段绩效评价得分为全省龙头骨干企业试点第一名。亨通数云网智、博众精工、中广核达胜等9家企业获省服务业发展专项资金1026万元，列苏州大市第二。邦达物流获评2020年省重点物流企业。五一互联获评市平台经济示范企业。亿友慧云入选首批苏州市生产性服务业领军企业。东方丝绸市场获评2019年度市级优秀服务业集聚区。巨联环保、江澜科技获评2020年市服务业创新型示范企业，累计19家。新认定聚杰微纤、威特电梯2家企业为第九批区级总部企业，累计27家。认定区级平台经济领军企业8家，累计17家。15幢楼宇被纳入区楼宇系统管理，金城大厦、亨银金融大厦被评为四星级楼宇。召开生产性服务业工作推进大会，鼓励表彰2020年度中国服务业500强企业通鼎集团等一批获得国家、省、市、区各级荣誉的优秀服务业企业。（纪　皞）

2020 年吴江区服务业重点项目情况表

项目/行业	项目数（个）	总投资（万元）	年计划投资（万元）	完成投资（万元）	完成年度计划
一、按项目性质分					
结转续建	55	7983714	1527228	1687945	110.52%
新开工	31	2218716	1217016	1192426	93.23%
未开工	4	533288	62000		
合　计	90	10735718	2806244	2880371	102.64%
二、按行业类别分					
房　　产	19	3878037	1381486	1502494	108.76%
安置公寓房	12	793981	280916	297451	105.89%
文化旅游	20	1123200	254100	279964	110.18%
信息技术服务	5	2390000	237822	162102	68.16%
现代商贸	6	954000	206000	193870	94.11%
现代教育	15	422400	160170	171413	107.02%
总部经济	2	500000	100000	100000	100.00%
现代物流	3	335000	90000	86000	95.56%
科技研发	3	222000	48000	48000	100.00%
健康养老	5	117100	47750	39077	81.84%
合　计	90	10735718	2806244	2880371	102.64%

（张泽豪）

2020 年吴江区苏州市级及以上服务业集聚区一览表

单位：家

序　号	集聚区名称	所属区域	入驻企业数
1	吴江科技创业园	吴江开发区	228
2	苏州湾科技城	东太湖度假区（太湖新城）	1337
3	苏州盛泽纺织科技创业园	吴江高新区（盛泽镇）	96
4	江苏省汾湖高新技术产业开发区科技创业园	汾湖高新区（黎里镇）	105
5	苏州中鲈国际物流科技园	平望镇	83
6	吴江现代物流产业集聚区	吴江开发区	26
7	盛泽丝绸现代物流中心	吴江高新区（盛泽镇）	40
8	汾湖高新区商务服务业集聚区	汾湖高新区（黎里镇）	105
9	盛泽商务集聚区	吴江高新区（盛泽镇）	244
10	中国东方丝绸市场	吴江高新区（盛泽镇）	7033

（续　表）

序　号	集聚区名称	所属区域	入驻企业数
11	吴江丝绸创意设计产业园（原“苏州丝绸小镇”）	震泽镇	219
12	同里古镇文化休闲旅游区	吴江开发区	2415
13	南太湖文化产业集聚区	七都镇	77
14	苏州湾黄金湖岸旅游集聚区	东太湖度假区（太湖新城）	160

（纪　帧）

商贸流通

【概况】 2020年，全区实现社会消费品零售总额617.86亿元，比2019年（下同）下跌3.4%。重点商贸项目完成投资22亿元。在全区重点开展“双12苏州购物节——乐购吴江”系列活动，指导汽车流通协会、家居品牌协会开展汽车博览会、家装建材展等繁荣市场活动，鼓励商场超市以及苏宁、国美等电器市场开展各类消费促进活动，拉动居民消费热情。（俞　飞）

2020年吴江区重点商贸企业销售情况表

单位：万元

企业名称	销售额	企业名称	销售额
吴江华润万象汇	80500	吴江市巨能石化有限公司	18554
吴江万宝商业广场	78500	苏州三港农副产品配送有限公司	15272
苏州中迪汽车销售服务有限公司	76717	吴江市华神石化有限公司	14751
吴江之星汽车销售服务有限公司	75604	吴江市腾达电器有限公司	14568
吴江宝致汽车销售服务有限公司	62069	冠捷信息技术（苏州）有限公司	12589
发网（苏州）供应链管理有限公司	56084	苏州爱慕电子商务科技有限公司	10968
吴江润良商业有限公司	42269	江苏中厚餐饮服务有限公司	8568
吴江市润泰商业有限公司	30877	盛泽镇知音大酒家	5486
吴江润江商业有限公司	28362	苏州吴江同里湖旅游度假村股份有限公司	4820
苏州江澜生态农业科技发展有限公司	28048	苏州市吴江宾馆有限公司	4479

（俞　飞）

【肉菜流通追溯体系】 2020年，区商务局联合运维服务公司保障肉菜流通追溯体系的安全稳定运行，接到故障报修电话9个，处理故障维修10多次，提供现场技术支持和维护服务8人次，更换体育路农贸市场的全部肉类电子秤10部，巡检次数284人次。修复软件漏洞6处，将之前的4M网络升级为20M网络，开发二维码代替流通服务卡的手机App，增加支付功能和收集交易记录功能。开展宣传活动1次，对管理方和经营者提供现场专业技术培训约10次，肉菜流通追溯体系各环节进场录入信息7047条。赴农贸市场开展肉菜流通追溯体系运维情况调研，收集意见建议，落实整改，进一步完善肉菜流通追溯体系建设。（俞　飞）

【单用途商业预付卡】 2020年，区商务局累计开展单用途商业预付卡检查6次，出动执法人员12人次，检查交易10770笔。通过“双随机、一公开”的检查方式先后开展元旦春节、五一端午和中秋国庆节“清风行动”预付卡专项检查，拧紧廉政“螺丝”，为建设海晏河清的廉洁吴江作出商务贡献。全区有备案发卡企业10家，其中零售业7家、住宿和餐饮业3家。（俞　飞）

【商贸安全生产】 2020年，区

商务局组织开展商贸安全生产检查153次，出动执法人员550余人次，累计发放宣传材料10000余份，检查企业530余家次，排查整改安全隐患2700余处，商场、超市等商业场所消防罚没金额18.2万元。先后组织开展工贸企业安全生产专项整治“云直播”，商贸领域落实企业安全生产主体责任集中宣传“春风行动”，五一、端午、中秋、国庆节前及节日期间商贸安全生产联合检查，“安全生产月”活动，商贸企业消防安全演练，加油站和商业场所安全生产“百团进百万企业”专题宣讲，安全生产宣传进“商场”，安全生产百日“雷霆行动”，全区加油站和商业场所安全生产专项整治工作督导检查，商业场所电力安全应急演练等系列监督、检查、宣传行动。组织各区镇、街道开展餐饮行业安全大检查、大排查，累计排查企业6000余家次，分发《餐饮场所落实安全生产主体责任承诺书》3750余份，检查督促餐饮服务经营单位与合法的供气企业签订安全供用气合同，接受安全用气指导，主动消除事故隐患。会同住建、市场监管、消防、电信等全面推广餐饮场所燃气泄漏安全保护装置(报警装置)，全区安装率约94%。通过商贸企业工作微信群和“安全生产月”咨询日大力宣传消防、餐饮安全知识，持续宣传引导，营造商贸、餐饮安全生产良好社会氛围，不断提升全区商务领域安全生产工作水平。

（俞　飞）

【保障保供】 2020年，区商务局常态化做好防控物资的保障工作，满足企业和市民对防控物资的需求，全力抓好市场生活必需品供应工作，切实满足群众需求。做好市场运行监测，选择6家农贸市场、超市作为阶段性猪肉价格日报监测样本，并进行其他肉菜蛋等价格监测，同时做好大润发等5家重点超市销售情况的网上直报工作，实时监测生活必需品的市场变化情况。加大物资组织力度，指导督促企业拓宽货源渠道，增加商品供应和储备。强化市场监管力度，发改、市监、商务等部门开展对批发市场、农贸市场、超市等单位的全覆盖大检查，坚决查处哄抬价格、扰乱市场秩序等违法行为。持续推进进口高风险非冷链集装箱货物新冠病毒检测和预防性消毒工作任务落实。

（俞　飞）

数字商务

【概况】 2020年，全区数字商务发展良好。电商企业网上销售进入平稳上升期，宝通易捷、华佳、欧普、太湖雪等重点监测企业的销售收入总体呈平稳上涨趋势，五一互联、绸都网、宜布网等平台运行良好。为了更好支持数字商务产业发展，区商务局联合各平台组织，开展数字商务业务培训近10次，涵盖电商法律法规解读、知识产权培训、直播辅导等内容。充分发挥各级电子商务扶持资金引领作用，鼓励企业扩大经营业绩、发展新型零售业务、实施线上线下融合发展。五一互联、太湖雪、辑里等企业获省、市、区电子商务资金407.16万元，项目涵盖营销模式创新、电商平台创建、电商销售增长等多个层面。

（俞　飞）

【数字商务示范创建】 2020年，苏州宜布网电子商务有限公司获评江苏省数字商务企业；苏州太湖雪丝绸股份有限公司等14家企业获评2019—2020年度苏州市电子商务示范企业、苏州盛峰汇电子商务城获评苏州市电子商务示范基地(园区)；江苏五一互联电子商务有限公司等10家企业获评吴江区数字商务示范企业。全区形成较高完备性、较强专业性的电子商务示范体系和品牌体系。（俞　飞）

【2020苏州吴江电子商务发展论坛】 “逆势创新　聚势发力”2020苏州吴江电子商务发展论坛在吴江宾馆举行。来自各地的电子商务产业界专家和近百位吴江电子商务企业代表齐聚一堂，围绕“逆势创新　聚势发力”的主题，对“智能+”数字化转型、直播电商发展等话题进行研讨，共谋吴江电子商务产业未来发展之路。会上，广东省华南现代服务业研究院执行院长、广东省电子商务协会专家委副主任委员文丹枫，复旦大学电子商务研究中心副主任、上海市电子商务协会秘书长杨庆等电子商务领域的专家学者交流发言，共谋吴江电商发展趋势。

（俞　飞）

【跨境电商】 2020年，吴江区完成跨境电子商务B2B出口35.2亿元，比2019年下降

5.9%；完成跨境电子商务B2C出口11125万元；吴江综保区完成跨境电商网购保税进口37043单，出货金额1280.84万元。7月30日，苏州太湖雪丝绸股份有限公司正式走通跨境电商B2B出口（9710）第一单。

（俞　飞）

供销合作

【概况】 2020年，全区供销社完成商品销售额61.63亿元，完成消费品零售额10.1亿元，实现利润649.89万元，完成农资销售4017.28万元，其中农药销售2657.3万元、水稻专用测土配方肥销售5890.4吨、小麦专用配方肥销售4797.6吨。在统筹推进疫情防控和经济社会发展的情况下，按照全面实施乡村振兴战略的要求和上级供销社关于深化综合改革的具体部署，持续推进供销社代表会、理事会、监事会三会制度常态化建设，创新为农服务载体，各项工作稳中有进，各项目标圆满完成。

（魏　星）

【供销社企业改革与经营】 2020年，供销社进一步完善“双线运行”机制，加强社有资产管理，提高经营水平，促进资产保值增值。全年按规定程序续租、出租、盘活资产67处，维修、改造资产36处，对196家承租社有资产的中小微企业落实租金减免或延期措施，帮助经营户渡过难关、复工复产。加强全系统安全管理，开展“百团进百万企业”安全生产宣讲活动和全系统安全培训工作，全年开展安全检查267次，排查、整改安全隐患135处，投入资金37.9万元，做到无事故、促发展、增产出。

（魏　星）

【供销社为农服务】 2020年，供销社继续深化农村综合服务，改造提升隐读、富乡、练聚综合服务社，服务社总数107家。推动“农综社”建设，投资助建绿宝果业高标准综合示范基地项目、瑞粒农场省级高品质水稻示范项目、北联村级供销社建设项目等，助力农村一、二、三产融合发展。进一步提升供销社农村电商服务功能，加大产销对接力度，签署长三角绿色优质农产品产销一体化战略合作协议，全年新拓展电商商户15家，新入驻产品70多项。运行吴江农村电商展示展销中心，在苏州市供销社展示展销中心设立“吴江馆”，开展线下展销活动。联合相关部门举办2期“果蔬乐购嘉年华”直播带货活动、3场“党建联盟、助农惠企”农品快闪集市活动，全年组织参加各类展销活动17次。进一步完善全区肥药集中配送体系，新建同里、桃源两家农资直营店，在震泽镇龙降桥村建成全市首家社村联建村级肥药配送店，进一步延伸供销社绿色农资服务触角，初步形成区级配送中心+镇级配送点+村级配送站的配供体系。全年举办农技咨询服务活动7场，联合相关部门开展2020年度放心农资下乡进村宣传周活动，借助新闻媒体投放公益广告、宣传视频，指导农户科学施肥、精准用药，提高农业生产水平。加大农业生产废弃物回收处置，是年，回收农药废弃包装物284.16万件，回收废旧农膜56.22吨，有效降低农业面源污染。

（魏　星）

2020年8月18日，全市首家社村联建的村级肥药配送服务站在震泽镇龙降桥村揭牌

（区供销社　提供）

粮食购销

【概况】 2020年，区粮食和物

资储备局主动落实新冠肺炎疫情防控责任，全力保障粮食和物资供应，通过启动应急供应、及时宣传引导、加强市场监测，畅通供应渠道等措施，确保市场供应不断档、不脱销，保障市场稳定。是年，完成“十四五”时期《吴江区粮食流通仓储设施安全保障提升规划（2021—2025）》，经苏州市吴江区人民政府第72次常务会议通过。继续加强仓储设施维修工作，全年9家储粮企业29个维修项目，投入总额218.77万元，11月底全部完工。完成6家粮库13台低温烘干机更新换代，投入1160.28万元，总装机容量比2019年增加90吨，于9月底完成维修改造，10月10日完成调试，秋粮收购期间投入使用。完成更新后，全区有低温烘干设备51台（套），装机容量1530吨，粮食产后服务水平和仓储设施持续优化。（吕　玲）

【粮食安全】 2020年，区粮食和物资储备局根据苏州市地方储备粮新增计划，储备规模由57000吨调整为78800吨。至7月底，通过夏粮收购的方式按时、按量、按质完成地方储备粮增储任务，其中稻谷43550吨、小麦35250吨，确保地方储备粮数量真实、质量良好，储存安全。是年，地方储备粮小麦和稻谷分三批次轮出58759.186吨，轮换出库的数量通过秋粮收购的方式补足，确保储备粮规模到位，常储常新。完善应急保供体系建设，修订印发《苏州市吴江区粮食应急预案》，增强应急供应能力。区级成品粮油储备规模由3227吨调整为5107吨，新增大米储备1880吨，于6月底完成储备任务，其中大米4080吨、面粉520吨、成品油脂507吨。严格规范落实仓储管理制度，抓好高水分粮处理工作，落实熏蒸备案管理、储粮安全检查等制度，结合红旗粮库竞赛活动开展全区粮食和物资储备行业“两个安全”（安全储粮和安全生产）现场检查和专项整治，配合区安全生产第一巡查组安全生产工作巡查，针对发现的问题及时落实整改。是年，下发安全生产文件5份，开展检查33次，计167人次，发现安全隐患数83个，下发整改通知16份。是年，夏季防汛形势严峻，各粮库迅速响应，配足防汛物资，及时全面排查隐患、维修加固加高防洪设施，全力做好防汛抗灾工作，确保粮安库安。继续深化省内外产销合作，与哈尔滨市宾县粮食局签订3333.33公顷粮食生产基地协议，粮食购销意向3万吨（粳稻）；与泗阳县卢集粮食储销有限公司、泗阳县直属粮库签订优质粮源生产基地（粳稻）3333.33公顷，与泗阳县和沭阳县签订购销意向3万吨（粳稻2.5万吨、小麦0.5万吨）。（吕　玲）

【粮油收购】 2020年，区粮食和物资储备局加强前期走访调研，分析夏粮、秋粮收购形势和粮食市场行情，根据各地粮源、库存状况、仓容缺口等情况，腾仓并库，做好收购资金、机械设施检查等各项准备工作，关注收购小麦质量情况，做好超标粮小麦收购预案，严格执行国家粮食收购政策和苏州市水稻、小麦价外补贴政策，加强收购政策宣传，着力提高为农服务水平，确保两季收购顺利进行。全区入库小麦3.99万吨（净粮）、稻谷8.38万吨（净粮）。小麦价外补贴对象239户，种植面积6372.52公顷，收购价外补贴小麦2.76万吨，兑付补贴款551.96万元。水稻价外补贴对象542户，种植面积10613.73公顷，收购价外补贴稻谷8.01万吨，兑付补贴款1602.08万元。水稻、小麦价外补贴收购合同履约率分别为91.71%和99.46%。（吕　玲）

【粮油监管】 2020年，依法履行粮食监管职能，重点进行地方储备粮季度检查、粮食库存检查，粮食收购资格核查、两季收购检查、粮食流通统计制度专项检查等，同时联合区财政、市场监管等部门加强联合执法检查，全年开展各项粮食流通监督检查28次，保证粮食储存安全，有效维护全区粮食市场秩序。加强全区粮食和物资储备行业信用监管，推进粮食收购许可信用承诺，构建“信用粮食”。区粮食质量监测所做好全区粮食收获质量调查、品质测报及监测工作，按时做好89份省级样品送检和市级样品的检测工作，全年完成地方储备粮（稻谷和小麦）检测180批次，区食安委检测任务90批次，合格率100%，保障全区粮食质量安全。（吕　玲）

石油购销

【概况】 2020年，吴江区有在业加油站79座、加油点35座

（含便利加油点7座），其中中石化49座、中石油17座、中海油1座、各类民营加油站（点）47座。
（俞　飞）

【中石化吴江公司】2020年底，中石化吴江公司有油库1座，位于太浦河平望段北岸；加油站61座，其中水上加油站2座；润滑油经营中心1个；加油卡发卡中心1个，发卡网点58个，充值网点58个；易捷便利店53个，均设于加油站内。全年无安全等级事故发生。实现汽柴油销售37.22万吨，润滑油销售0.54万吨，便利店销售11329万元，上缴税金2076万元。至年底，有员工413名。

强化疫情防控工作，保证疫情期间市场供应。加强防疫物资配备、储备，保障员工使用；加强现场管理，做好客户提醒，推广不下车免接触式“一键加油”；加强员工教育，提倡戴口罩、勤洗手、多通风、少聚集，实行疫情防控零报告制度；优先保证防疫、抗疫车辆快速加油，合理调配便利店商品，保证疫情期间市场供应，油品不断供、商品不涨价、服务不打烊。

便利店向精细经营转变。引入阿米巴经营模式，在便利店层面进行独立核算和连利考核，培养员工的算账、经营意识，提升员工的市场经营理念和经营能力，推动便利店向重效益、精细经营转移，实现经营的可持续有效发展。

打造“司机之家”，提升服务功能。在干道加油站打造“司机之家”，提供停车、餐饮、淋浴、洗衣、干衣、自助加水、休息区等多项功能，帮助解决卡车司机吃饭难、休息难、洗澡难问题，提升加油站服务功能。11月，八都加油站A类“司机之家”通过验收并对外服务，另外5家简易型C类站点陆续投入使用。

价格调整。根据国家发改委通知，全年25次调整成品油价格，呈现“八涨五跌十二搁浅”的格局。（李树民）

2020年中石化吴江公司成品油价格调整情况表

单位：元/升

调整日期	92#（ⅥA）汽油	95#（ⅥA）汽油	98#（ⅥA）汽油	0#普通柴油（Ⅵ）	0#柴油（Ⅵ）	-10#普通柴油（Ⅵ）	-10#车用柴油（Ⅵ）
2月4日	6.63	7.05	7.93	6.25	6.25	6.63	6.63
2月18日	6.30	6.70	7.58	5.91	5.91	6.26	6.26
3月17日	5.49	5.84	6.72	5.07	5.07	5.38	5.38
6月28日	5.58	5.94	6.82	5.17	5.17	5.48	5.48
7月10日	5.66	6.02	6.90	5.25	5.25	5.57	5.57
8月21日	5.73	6.10	6.98	5.32	5.32	5.64	5.64
9月18日	5.48	5.83	6.71	5.07	5.07	5.37	5.37
10月22日	5.54	5.90	6.78	5.13	5.13	5.43	5.43
11月5日	5.42	5.76	6.64	5.00	5.00	5.30	5.30
11月19日	5.54	5.89	6.77	5.12	5.12	5.43	5.43
12月3日	5.73	6.10	6.98	5.33	5.33	5.65	5.65
12月17日	5.86	6.23	7.11	5.45	5.45	5.78	5.78
12月31日	5.93	6.31	7.19	5.53	5.53	5.86	5.86

（李树民）

专卖专营

【盐业专营】2020年，吴江盐业公司实现营业收入3850万元，实现利税总额330余万元。全年销售盐产品总量41113吨，其中大包装食盐19623吨、小包装食盐6146吨、工业用盐15343吨，较好地保证食盐市场秩序稳定、价格稳定、供应稳定。

2020年，吴江盐业公司落实食盐安全责任，夯实全区食盐安全及稳定供应基础，主动对接教育、医院等企事业单位，推行直配直送，减少流通环节，致力构建覆盖全面、供应及时的食盐供应网络，确保食盐保供主渠道，全年无群体性食盐安全事件发生。抢抓改革机遇，实施“三品”战略，发挥“淮盐”品牌引领作用，在全区大型超市高峰时段安排专人宣传310场次，现场讲解“少吃盐、吃好盐”，普及科学用盐理念。落实省政府食盐储备工作，按规定完成轮储工作，保证台账完整、手续规范；贯彻执行市盐业体制改革方案，发挥盐政派驻协管作用，全年协助巡查311人次，检查各类场所1295家，发放宣传资料700余份，协助市场监管局查处并结案涉盐案件2起，罚款11万余元，围绕加强食盐质量安全管理，配合市场监管局起草《食盐质量安全约谈工作制度》，为规范吴江区食盐市场安全管控作出应有努力。

2020年，吴江盐业履行社会责任，针对新冠肺炎疫情引发部分乡镇出现的“抢盐”现象，以及装卸、配送和部分员工回家过年无法返回的实际情况，启动应急预案；成立食盐保供小组，发动党员职工开展应急配送，满足市场需要，稳定食盐价格，避免出现恐慌性抢购；成立党员先锋突击队，组织党员职工码头卸货，保证食盐库存；加大宣传力度，党支部发出倡议书，发动党员职工利用配送机会，向社会传递食盐库存充足的信息，稳定民心；针对疫情导致的餐饮歇业、产业萧条等现象，通过“大篷车”、参加“文明集市”等形式，在居民社区、商场等场所开展“买赠”活动，惠民让利；主动走访餐饮酒店等企业食堂，靠前服务，通过“赠品促销”等形式，降低餐饮团膳企业运营成本，为战胜新冠肺炎疫情作贡献。（单　蕾）

【烟草专卖】 2020年，区烟草专卖局（苏州市烟草公司吴江分公司）实现利税7.05亿元。区烟草专卖局履行烟草专卖管理职责，打击涉烟违法犯罪活动，维护国家和消费者利益。全年查处涉烟违法案件693起，其中5万元以上案件78起；查获违法卷烟2287.69万支，比2019年（下同）增加0.32%；总案值2209.33万元，增加19.03%。上报国标假烟网络案件2起。协助司法机关拘留16人、逮捕13人、判刑9人，获省局嘉奖6次。侦办全市系统首起全链条制售假烟网络案件。4月，吴江公安驻烟草联络室正式实体化运作。区烟草专卖局与松陵街道、七都镇、盛泽镇积极试点，探索建立“1334”（搭建一个平台、带动三支队伍、开展三个融合、实现四个成效）两网融合工作法，初步形成烟草稽查员和社区网格员、综合执法员之间的社烟融合新型监管体系。全年发放新证1543户，至年底，全区持证零售客户6103户。加强许可证后续监管，开展长期未经营许可证的清理及违法违规卖烟大户治理专项行动，收回长期未经营许可证131份，取消违法经营户专卖业务资格24户。加强对新型烟草制品市场的排查和监管，保护未成年人身心健康。

2020年，苏州市烟草公司吴江分公司克服疫情不利影响，保持经济运行稳中有进。营销队伍实现转型升级，3名客户经理获得全省系统开口营销大赛一等奖。在“彩中杯”全省系统“优秀诚信互助小组”竞赛中，吴江分公司4个诚信互助小组全部进入全省前百名，其中，平望通运西路诚信小组的作品《茶道、商道、经营之道》排名全省第七，获一等奖。保障4家加盟店升级改造，全省网建现场会吴江分会场顺利召开。履行烟草企业社

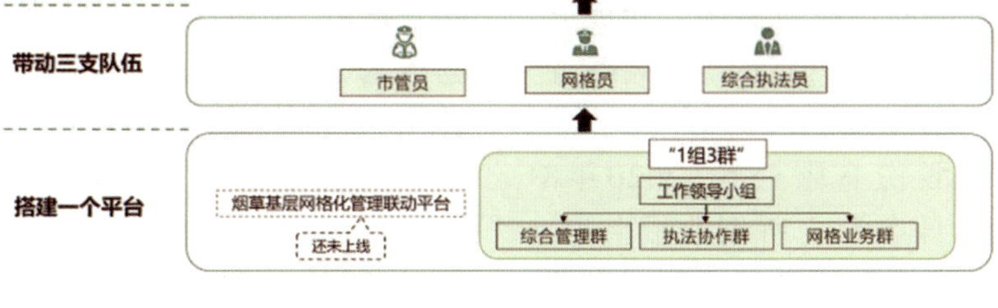

“1334”两网融合工作法　　（区烟草专卖局　提供）

会责任，推进“烟头不落地、吴江更美丽”文明吸烟环境建设，累计建成室内吸烟室2处、室外吸烟亭8处、室外吸烟室17处，安装集烟柱257个、壁挂式集烟盒50个，促进吸烟者与非吸烟者和谐共处，为打造“创新湖区”、创建“乐居之城”作贡献。深化文明创建工作，持续开展结对助学、扶贫帮困、志愿服务等活动，获评2017—2019年度吴江区“文明行业”。（贺佳苑）

物流业

【概况】 2020年，全区物流企业775家，其中普通货运企业685家、普通货运（兼营货运代理）企业50家、货运代理企业40家、货运站场5个。至年底，5A级物流企业1家（吴江开发区物流中心），4A级物流企业4家（海晨物流公司、盛泽物流基地、邦达物流公司、吴江瑞达货运有限公司）；省级重点物流企业4家（海晨物流公司、吴江开发区物流中心、盛泽物流基地、吴江市邦达物流），省级物流业企业技术中心1家（海晨物流公司）。全区全年总体货运量2671万吨，主营业务收入13亿元，利税3.965亿元，入驻物流企业48家。（顾春华　金圣悦）

【江苏海晨物流有限公司】 江苏海晨物流股份有限公司成立于2011年，位于苏州市吴江经济技术开发区，2016年整体改制为股份有限公司，2020年8月24日在深交所创业板上市，注册资本1.33亿元。公司专业从事电子产品保税运输、仓储、代理报关报检等业务。海晨物流连续多年获得吴江区百强企业，获评4A级物流企业、江苏省智慧物流企业、省级重点物流企业、省级物流企业技术中心。公司仓储服务网点覆盖华东、华南、华中、西南、香港等区域以及越南、泰国、德国等，经营仓储面积超过38万平方米。经过多年的经验积累和技术储备，海晨提供覆盖原材料、生产、成品、售后等供应链全流程、多种模式下的仓储管理及配套增值服务，深度嵌入供应链服务中的复杂精益环节，更好地满足客户供应链体系高速发展和变化的需求。2020年，公司全年主营业务收入2.07亿元，实现利税4000万元。（顾春华　金圣悦）

【吴江市邦达物流有限公司】 吴江市邦达物流有限公司成立于2006年3月，位于苏州市吴江区七都镇，注册资本6000万元，公司占地面积20公顷，拥有各类仓库面积100000平方米。公司通过环境管理体系认证、职业健康安全管理体系认证、ISO质量管理体系认证，先后获得国家4A级物流企业、江苏省重点物理企业等荣誉。创立初期，公司立足于苏州及周边区域，在光通信物流业务上取得长足进步。2010年以后，公司定位于专业的通信产品物流服务商，逐步向外拓展，经过多年努力，邦达物流跨过技术门槛，成为中国移动、中国联通、中通服、华为、中兴等优质客户的合作伙伴，提供干线运输、省内配送、仓储管理、一体化配送、逆向物流等全方面服务，取得客户一致好评。邦达物流提供全国主要城市的仓储、分拣、包装、配送服务，以及供应链综合设计、整合及管理。2020年，公司全年主营收入为1.2亿元，实现利税420万元。（顾春华　金圣悦）

旅游业

【概况】 2020年，吴江区持续推进“全域旅游”建设，获评省级全域旅游示范区，入选2020年度中国文旅融合发展名县（区）案例名单。太湖雪蚕桑文化园晋升省级工业旅游区。

是年，全区接待境内外游客1335.77万人次，按可比口径比2019年（下同）恢复48.22%，实现旅游总收入164.25亿元，按可比口径恢复53.25%。全区登记备案的旅行社34家、旅行社分社8家、旅行社经营网点71家，旅游星级饭店7家（五星级3家、四星级4家）。（贝　洁　计师益）

【景区安全管理】 2020年，区文体旅局出台景区景点复工指南，引导旅游景区有序开放。疫情期间，4A级以上旅游景区制定疫情防控工作方案，景区所有出入口、重要参观点等关键点位配齐人员设备，做到入园游客体温必测、“健康码”必查。设置景区志愿者服务点，引导客流疏散，杜绝游客扎堆情况发生。严守国家文旅部提出的两个“绝不允许”，认真落实预约登记、间隔入园、应急管理措施，实时公布景区在园人数、舒适度指数，把游客人数控制在规定百分比内，严防聚集性风险。成立专

2020年12月14—15日，江苏省旅游景区消防安全培训班在吴江区举办

（区文体旅局　提供）

门工作组，随时传达贯彻国家、省、市文旅部门对景区管理的最新要求，落实疫情防控、消防安全、品质提升等各项要求，及时发现和整改安全隐患。12月14—15日，根据《江苏省旅游景区消防安全专项整治“百日攻坚”实施方案》，举办江苏省旅游景区消防安全培训班，省文化和旅游厅相关领导和消防安全专家出席本次活动，全省文旅系统、重点文旅企业150余名代表参加培训。出台《苏州市吴江区旅游景区消防安全专项整治“百日攻坚行动”实施方案》，通过联合检查、景区互查等方式开展安全隐患检查，提高景区消防安全管理水平。（计师益）

【旅游产业提升】 2020年，区文体旅局先后制定《苏州市吴江区文体旅产业高质量发展扶持政策实施细则（试行）》《苏州市吴江区文化产业高质量发展行动计划（2021—2023年）》，兑现2019年度旅游项目建设、旅游品牌创建、旅游厕所革命等扶持资金823.46万元。“吴江亨通苏州湾文化旅游开发”项目入选2020年度省重点文化和旅游项目，“同里古镇5A景区质量提升工程”等32个项目入选2020年吴江区重点文体旅项目库。注重旅游品牌建设，对标指导，积极申报，同里景区通过5A级景区复核检查；太湖雪蚕桑文化园创建2020省级工业旅游区；同里夜精彩入选苏州最美夜间景区；和美如莲客栈、同里澜院获评苏州十大乡村旅游精品民宿；旅游商品四时境好——二十四节气手表获“苏州有礼”旅游文创商品铜奖；江村饭店红烧鳗鱼、油爆虾获“苏式”农家金牌菜。是年，全区建成旅游厕所154间，AAA+旅游厕所8间，AAA级旅游厕所30间，AA级旅游厕所39间。继续推进全区4A级及以上景区智慧旅游建设，加快实现旅游景区分时预约全覆盖、语音导览或电子讲解全覆盖以及旅游商户电子支付全覆盖、30天无理由退订全覆盖。（贝　洁　计师益）

【全域旅游创建】 2020年6月，吴江区获评省级全域旅游示范区。7月，吴江区以国家全域旅游示范区创建为目标，成立吴江区国家全域旅游示范区创建办公室，对标找差，加大投入，加速推进创建工作。加强顶层设计，委托浙江大学城乡规划设计研究院完成《吴江区全域旅游发展规划（2021—2025）》编制工作；委托第三方公司编制全域旅游创建台账，经前期资料收集，查漏补缺，完成全域旅游台账初稿编制工作；推进全域旅游导览图设计制作，依据全域旅游创建要素，设计完成吴江全域旅游导览图，同步完成电子分图层全域旅游导览图开发设计；推进全域旅游集散中心（同程好物）工程，对接长三角投资发展（江苏）有限公司，落实集散中心场地，同时将旅游集散与同程好物融合，完成同程好物线上线下馆设计。（计师益）

【旅游宣传营销】 2020年，区文体旅局先后策划开展“融入长三角，开放再出发——2020吴江文化旅游（上海）推介会”、吴江文体旅行业致敬“援鄂白衣天使”暖心回馈公益活动、首届长三角示范区美食节、示范区首批地标美食评选活动。参与国际旅交会、国际旅博会、环淀山湖旅游推介会等推广活动，扩大“慢游吴江、快乐无疆”品牌影响。对接“姑苏八点半 · 繁华吴江夜”品牌打造，举办第七届吴江太湖文化节暨2020丝绸文化旅游节开幕式、“姑苏八点半，舒心夜相伴，仲夏夜魔方”吴江文体旅直播带货等活动，拉

9月25日，2020首届长三角示范区美食节在太湖新城举行

（区文体旅局　提供）

动旅游市场消费，促进全域夜间经济发展。同里入选“姑苏八点半”十大夜地标，获评2020年度苏州市夜间文旅消费集聚区。“同里夜精彩”系列活动入选苏州市文化和旅游消费优秀活动名单。继续加强与人民网、新华日报社、江苏电视台等重量级媒体合作，推出“春游吴江”精品线路5条、“春拍吴江”系列宣传视频5个、丝绸研学之旅视频2个，在江苏学习强国、江苏交汇点等平台推送一批吴江旅游宣传稿件，取得较好的宣传效果。打造旅游品牌内涵，推出“游学江村”深入式体验线路，设计的吴江美美江村研学二日游获评江苏省乡村旅游精品线路，四季田园乡村蚕桑文化二日游、中国江村研学之旅获评2020年度苏州乡村旅游精品线路。

（贝　洁　计师益）

【旅游行业管理】 2020年，区文体旅局有序推进复工复产工作。指导协助19家旅行社暂退80%旅游服务质量保证金，暂退金额184万元。组织旅游星级饭店、旅行社消防专题培训，举办2020年饭店服务技能大赛、长三角一体化示范区绿色餐饮风尚节活动，驱动行业技能人才引擎。持续优化营商环境，与区信用办首次建立跨部门联合惩戒机制，联合印发《关于对旅游领域严重失信相关责任主体开展联合惩戒的实施办法（试行）》（吴信用办〔2020〕13号），试行期两年，加快形成政府部门协同联动、行业组织自律管理、信用服务机构积极参与、社会舆论广泛监督的共同治理格局。

（顾　芸）

【吴江文旅集团】 2020年，吴江文旅集团围绕“重大文体旅项目综合开发、重要文体旅资源整合、新型文体旅业态引领”的总体战略定位，承担区内文旅产业和资源的综合开发、运营管理等功能。

酒店运营。2020年，吴江文旅集团在酒店产品设计、营销宣传、渠道拓展等方面创新经营思路，推出个性化产品，加强与线上商城合作。主动对接上海，与上海电视台全纪实旅游频道开展“吴江文旅”专场直播活动，加强在上海市场的宣传力度；与高邮市文化广电和旅游局等共同举办首届高邮“运河宴”美食节，将吴江宾馆江南运河宴带到高邮，进一步扩大集团酒店品牌影响力；与区融媒体中心合作，整合传统媒体和新媒体的优势，在《生活+》开设《缤纷文旅》专栏，夯实酒店品牌形象；与洲际酒店集团签订特许经营协议，将洲际旗下华邑品牌引入苏州湾王焰温泉度假酒店，推动酒店转型升级发展。黎花建国度假酒店获评“环球（中国）文旅金奖——最美亲子度假目的地”，东太湖大酒店、苏州湾王焰温泉度假酒店分别获评知名网站“百强度假酒店”“最佳温泉度假景区”。

文旅产业。2020年，吴江文旅集团深入推进环太湖文旅国企联盟建设，联合长兴文旅集团举办“长三角自驾论坛暨首届环太湖旅居启动仪式”；组织参与“繁华吴江夜　幸福文旅游”“姑苏八点半　繁华黎花夜”“玩转长三角”秋季夜经济活动暨首届长三角示范区美食节等多场夜经济活动。发挥公司平台作用，整合区内土特产品资源，承办首季“游礼吴江”伴手礼征集活动，推出“思鲈雅食”“垂虹觅遗”“丝忆江南”“一品笠泽”“韵动江城”等系列主题伴手礼，打造“吴江印象”，打响“游礼吴江”品牌知名度；与专业公司合作成立文创公司，加

2020年7月17日，首季“游礼吴江”伴手礼正式发布　（文旅集团　提供）

强文化文创产品的研发，设立线上线下“吴江文旅旗舰店”，助推游礼吴江提档升级。吴江国旅逐步转变发展方式，设计旅游线路和旅游市场，“徒步林海天池、探访酒乡桃源”旅游线路获评2020年度苏州市体育旅游精品项目；“车为媒，水为情，高质量推动长三角环太湖自驾”获评第五届龙雀奖“年度最佳文旅品牌营销推广案例”。

项目投资。吴江文旅集团推进“开弦弓村综合提升项目”前期规划运营设计工作，初步拟定整体策规一体化方案。配合投资方、建设方，加快推进东太湖大酒店二期、王焰温泉度假酒店二期、苏州湾体育中心等项目的筹开工作。10月，黎里协顺兴饭店正式对外试营业，为黎里古镇旅游提供配套支持。吴江文旅集团紧扣上级工作重点，加强村企结对和与省属、市属国企合作，与苏州农发集团合作运营管理的吴江垂虹怡养中心项目12月正式对外开放，力争打造区内高端社会化养老服务机构标杆；分别与南京金陵饭店集团、江苏省体育产业集团签订战略合作协议，全方位开展合作交流。公司与阿里体育签订战略合作协议，委托运营苏州湾体育中心。阿里体育苏州中心落户吴江，依托阿里平台，全面推进吴江体育产业智慧化、数字化发展，形成吴江体育赛事IP，成为长三角体育新地标。

资产管理。2020年，吴江文旅集团全面落实“吴江惠企十八条”的租金减免工作，公司运营管理资产143处，全年资产租金收入3653.29万元。

（沈晓强）

邮　政

【概况】 2020年，吴江区邮政公司承担全区党政军民的邮政通信服务任务，履行邮政普遍服务义务，为全区提供邮政商务服务。下设综合职能部门（综合办公室），市场经营部门（市场营销部、服务质量部），经营支撑部门（金融业务部、集邮与文化传媒部、渠道平台部、运营监控部、快递包裹部、速递物流部），下辖邮政支局25个、揽投部7个。全年邮政业务总收入4.465亿元。吴江区邮政公司获评2017—2019年苏州市文明单位。

（王　鹰）

【邮政经营与服务】 2020年，吴江区邮政公司把握科学发展主题和转型发展主线，经营发展保持良好态势。寄递业务方面，在疫情期间坚决扛起政治责任，践行“国家队”担当，履行“四不中断、四免费办”承诺，向湖北运输防疫物资7000余件，向武汉雷神山运输照明物资22立方米，主动担当社会责任；对接政府疫情防控指挥办、农企、医院、学校等，以同城配送托底百姓防疫物资和生活必需品供应，疫情期间，累计配送口罩、蔬菜、药品等19.4万件；深化体制创新，提升营销能力，实现寄递营投部准加盟制、销售化转型全覆盖。代理金融业务方面，全年实现金融总资产新增31.65亿元，比2019年（下同）增长3.6亿元，其中储蓄月均年净增13.38亿元，增长2.87亿元。11月3日，储蓄规模突破120亿元大关。持续深化转型，强化队伍经营和专业管理能力，以数据模型和“一图三表”为工具，以绩效考评为指引，将数据模型落实到经营管控中，成为江苏金融发展样板。集邮与文化传媒业务方面，坚持以客户需求为导向，“邮政通”品牌核心竞争力持续提升，垃圾分类认证项目获评2020年度省邮政公司十佳服务新事；打造线上营销“邮云平台”，线上活动参与人数累计超25万人次，与“猫的天空之城”达成合作框架，累计拓展猫空全国渠道25家。农村电商业务方面，深化农邮合作，与区农业农村局签订战略合作协议，开展两轮农村合作社100%全覆盖走访，联合区农业农村局、供销总社、融媒体中心开展“夜经济农品直播”和“互联网+”绿色优质农产品出村进城活动，提升邮政惠农品牌知名度。协同发展业务方面，与区退役军人事务局签订战略合作协议，组建“拥军邮路”，投送春节慰问专投信件2.83万份，开通军人服务卡1400多张。主动融入区域，联合青浦、嘉善邮政共同开展助农直播、书信大赛、民法典宣传等公益民生项目，结合长三角一体化建设推进联动发展。（王　鹰）

【邮政企业管理】 2020年，吴江区邮政公司体系化推进降本增效，制定三年降本增效管控体系，7—12月，压降投递、集包、委办运费358万元。加强运营管理，加快自提代投网络建设，至年底，自提率68.04%。加强服务管控，95580投诉处理及时率、满意度100%。优化人力资源配置，压降现金台席36个，增配外拓经理18人，累计减少劳务承揽、外包人员14人。落实巡视整改任务，重视党风廉政建设和反腐败工作，牵头建成的“鲈乡红”党建联盟成员从6家拓展至9家，涵盖国企、机关、镇、街道及村社，构建党建共建新格局。（王　鹰）

【邮政能力建设】 2020年，吴江区邮政公司加快提升服务能力，开发区等4个支局开通满期换证、补换领驾驶证、6年免检标志申领等11项业务的“警医邮”便民服务，疫情期间结合驾驶证换证免费寄递活动，累计服务客户逾400人次。升级改造普服网点，配备3A灭火器15具、入侵报警探测装置11套、紧急报警装置11个。科技赋能持续推进，自主开发“出口邮件实时监控系统”，精准调控双十一高量期间用工和车辆，初步打造垃圾分类便民积分线上兑换平台，试点布放垃圾回收自助机具，丰富垃圾分类积分兑换场景。（王　鹰）

通　信

【电信概况】 2020年12月1日，中国电信吴江分公司和中国电信吴江南分公司合并为中国电信吴江分公司。有正式员工288人，大专以上学历241人（其中研究生35人、本科137人、大专69人），中级以上职称56人。公司设综合管控部（办公室），前端营销部（销售部、政企客户部、渠道运营中心）、后端支撑部（维护安装部）。是年，中国电信吴江分公司实现业务收入8.59亿元，客户总数超过129万户，其中固定电话用户超过19万户、移动电话用户近54万户、宽带用户35万户、网络电视用户超21万户。（于　佳）

【通信建设与信息化服务】 2020年，中国电信吴江分公司推进网络强国建设，网络质量、核心网络能力、接入规模不断提高，4G（第四代移动通信）网络推进深度覆盖，5G（第五代移动通信）网络建设有效推进，“提速降费”有效落实。提升网络能力，保障宽带质量。全年网络层过忙链路解决率100%，全年OLT（宽带接入设备）无脱网。完成41台OLT改万兆汇聚，万兆OLT占比由年初77.6%提升至84.36%。全年新增3040个10G PON口（宽带光口），10G PON口占比由年初36.67%提升至44.61%。全年完成380个1.25G PON升10G PON，提升用户网络峰值速率。加强4G网络深度覆盖建设，重点对新建区域，商业楼宇等进行深度覆盖，新增2.1G扩容设备120个，新开通4G网络小区23个、开通非小区楼宇17个、合作开通小区8个、楼宇11个，累计59个新区域。建设、开通5G基站580个，完成城区、重点区域5G信号覆盖，完成乡镇镇区信号覆盖。（于　佳）

【电信服务】 2020年，中国电信吴江分公司诚信经营维护用户合法权益，高效满足用户需求，扎实推进网络强国建设，维护网信安全，扩大对外合作，提升服务水平，实施网络提质提速工程，百兆以上宽带用户占比84%，全区宽带电信用户户均速率突破205M，宽带光纤用户率接近100%。电信用户实名制率100%。服务能力提升新突破，客户综合满意度新提升。（于　佳）

【转型业务】 2020年，中国电信吴江分公司加快转型升级步伐，利用中国电信行业应用优势，拓展新兴业务领域，互联网数据中心（IDC）、物联网及云业务能力不断提高。基础设施共建共用、信息系统整体部署、数据资源汇聚共享和业务应用有效协同，通过政务大数据的开发利用，为政府管理和公共服务提供有力支持，为政府部门提高为民服务水平，提升现代治理能力提供数据支撑和技术支持。公司聚焦智慧城市高地，拓展新兴领域ICT（信息和通信技术），推进现有新能源、IPV6（互联网协议）、车载设备、智能防疫设备等项目，聚焦基于NB—IOT（窄带互联网）网络技术的智慧城市领域中的三表市场（水、电、气）、智慧管网、智慧路灯、智慧烟感、智能门磁、智能音柱、智慧社区等应用场景，在政务、公安、教育、医疗、水利、安监、住建等领域用技术助力地方发展。响应区工业和信息化局助力“企业上云”的行动并协助多家企业申报“三星”“四星”级企业；响应区教育局“云上教育”参与同城帮扶工作，助力公办、民办学生共享优秀教育资源；协助区卫健委对高风险区回乡人员及国外回国人员开展疫情防控工作；协助区住建局参与智慧工地扬尘项目及餐饮智慧燃气预防项目，推进人工智能技术在现代方向的应用，为服务群众提供有力的技术保障。（于　佳）

【移动概况】 2020年，中国移动吴江分公司落实中国移动创世界一流“力量大厦”发展战略，进一步推动一线业务融合、渠道融通、手段融智，打造能力高、合力强、活力足的一线运营体系，自上而下推动网格化运营。吴江移动下设综合部、市场经营部、集团客户部、支撑中心4个部门及13个网格分局，各分局负责区域业务拓展及用户服务。是年，吴江移动在网用户数125万户，宽带用户约24万户，实现运营收入超13亿元。（叶　静）

【移动网络】 2020年，中国移动通信集团江苏有限公司吴江分公司（简称“吴江移动”）推进5G项目建设及4G升级扩容，新建5G基站730个，5G室内分布系统195个；扩容4G小区近1200个，累计约1.97万个；完成松陵、盛泽主要乡镇5G全覆盖，完成汾湖、震泽等重点乡镇的中心区域覆盖；吴江城域网出口带宽扩容至950G，新增小区光纤宽带覆盖5万余户；新建管道约60千米，新增线路约1200千米；重点提升热点区域覆盖，提升用户满意度，落实上级单位及地方政府要求，做好网络与信息安全重点工作。全年出动大型应急通信车完成吴江盛泽纺博会等3处省、市重大活动，完成G50收费站等10处新冠肺炎疫情保障工作；维护、工程、网优人员累计服务约80次，新增设备约120台，扩容基站约500个，各项活动期间，保障现场网络接通率100%，保证各项突发事件通信畅通。（叶　静）

【移动服务】 2020年，吴江移动围绕“三全”服务（全方位服务能力、全过程服务管控、全员服务参与）要求，杜绝“侵害客户权益”事件发生。推进“服务质量领先工程”，手机客户满意度、家宽客户满意度、移动网络质量满意度、资费套餐满意度、家庭上网质量满意度全面提升。吴江移动自上而下，强化服务质量管控，重点提升全员服务意识，从整体满意度、资费套餐、上网质量、业务宣传办理、代维服务水平五个维度出发，围绕制度保障、感知修复、协同提升三个环节提升服务质量。是年，吴江移动常态化开展疑似诈骗骚扰号码监测行动，切实维护人民群众利益。坚持落实“断卡”行动工作任务，严格执行新入网“四必做”（必筛查“黑证件”、必查“全国一证多号”、必问“购卡用途”、必手签“转售风险提示”）标准动作，通过“技防+人防”双管齐下，配合公安部门聚焦联动打击，保障广大人民群众合法权益。（叶　静）

【移动信息化应用】 2020年，吴江移动围绕客户需求，加快转型步伐，推动融合、融通、融智，推进企业信息化产品，服务覆盖用户近2万家，在云技术、大数据、智能制造等方面取得较大成效，相继签约“智能公交”“静态交通治理”“数字集群”“工业互联网量子通信”“感知数据中心”“智慧教育”等多项信息化项目，以数字化赋能制造业高质量发展，助力智慧吴江建设。其中多项优秀案例获评“全国行业标杆案例”称号，联合亨通光电共同建设的“5G+智慧工业园区项目”获工信局主办的全国第三届5G绽放杯三等奖。是年，新冠肺炎疫情防控进入常态

2020年9月19日，联通5G长三角创新中心正式成立　（吴江联通　提供）

化，吴江移动响应上级疫情防控号召，配合抗击疫情，保障重点区域通信，有序助力复工复产。利用网格化属地优势，借助信息化手段助力疫情防控，大数据精准短信、和对讲、云视讯高清会场、居家医学观察隔离平台、高精度红外测温仪、返工人员LBS手机定位监管等系列服务为各行各业、人民群众的通信网络平稳顺畅保驾护航。（叶　静）

【联通概况】 2020年，中国联合网络通信有限公司吴江分公司（简称“吴江联通”）以“引领创新，卓越服务，最佳体验，用户首选”为企业愿景，满足不断变化的多元化市场需求。全年实现业务收入2.51亿元，本地在网用户数32.21万户，宽带用户3.11万户。（李乃娟）

【联通服务】 2020年，吴江联通充分发挥自身信息化能力为吴江区政府、企事业单位提供苏康码扫码枪、热成像、NB门磁和位置短信等防疫产品和服务，助力吴江区新冠肺炎疫情防控工作，践行央企责任担当。吴江联通依托5G发展战略，与吴江区政府签署推进长三角一体化示范区5G基础设施建设战略框架协议，助力吴江区信息化建设，为吴江区企业工业互联网转型提供支撑和保障；与吴江汾湖高新区签约5G战略合作协议，共同成立联通长三角5G创新中心，通过创新中心的建设参与并促进长三角地区信息化、智能化发展。吴江联通与吴江区融媒体中心合作设立5G直播基地，为吴江市民提供一处体验科技数码的5G打卡点；“联通小燕”作为苏州市十大文化行业服务品牌，始终秉持着职业自觉和创新精神，走在通信服务的前列，双十二走入融媒体中心主办的“乐购吴江”直播间，向线上市民展现联通5G技术与信息化应用，提升用户感知度和品牌形象。（李乃娟）

【联通网络】 2020年，吴江联通开通5G基站514个，累计开通5G基站689个，有效覆盖吴江区重点区域，平均下载速率152Mbps，苹果手机5G端网测试用户感知全国领先；全年完成吴江区政府大楼、汾湖管委会、吴江汽车站、博众精工、京东方产业园等19个5G室分建设；全年开通难点攻坚4G基站42个，累计开通4G基站1500个，完成25个新国标小区和11个楼宇宽带覆盖，累计完成2.11万户宽带覆盖，用户满意度提升20%。全年完成环意RIDE LIKE A PRO长三角公开赛、第七届江苏（盛泽）纺织品博览会云展会、第六届梅沙教育全国青少年帆船联赛、第八届全名健身运动会龙舟比赛、平望镇运河文化节、双12苏州购物节——乐购吴江等活动信号保障任务，保证活动现场网络顺畅。（李乃娟）

（本栏编辑　沈　瑶）

民营经济

综　述

【概况】 2020年，吴江全力打造民营经济发展标杆。着力构建现代产业发展新体系，四大主导产业占全区工业经济总量的78.5%，新兴产业产值占规上工业产值的53.1%，先导产业产值占规上工业产值的19.9%。加快形成民营经济发展新优势，“国家先进功能纤维创新中心”中试基地开工建设，累计获得各级政府配套和奖励资金19722万元，智能网联汽车创新中心获批省级建设试点；民营企业中高新技术企业797家；全社会研发投入占地区生产总值比重3.55%；万人有效发明专利拥有量超60件；国家级企业技术中心累计10家；企业朝“专精特新”发展，盛虹集团、亨通光电、迈为科技3家企业获评国家级制造业单项冠军，澳盛科技等4家企业获评国家第二批专精特新“小巨人”企业，凯伦建材等15家企业获评省专精特新“小巨人”企业。营造创新创业创优新环境，持续开展“双招双引”*，人才总量突破33万人，其中高层次人才超2.7万人；上市公司再融资发行数量和规模均列苏州第一。加快打造高素质企业家新队伍，弘扬企业家精神，举办民营企业家沙龙4期；区融媒体中心开设“推动高质量发展，吴江民企在行动”专栏，在新媒体平台发布相关报道超700条；区工信局全年开展线上+线下政策宣传5场、管理培训23场、对接考察11场、市场拓展2场累计41场服务活动，线上点击率23000多次，线下服务企业3046家。

（顾春华　金圣悦）

【吸纳外地投资】 2020年，吴江区新增外地投资者27682人。其中，新增私营企业中，外地投资者11437人，占投资者总人数的63.93%，吸纳外地投资额344.29亿元，占投资总额的61.46%；新增个体户中，外地投资者16245人，占投资者总人数的70.99%；吸纳外地投资额17.003亿元，占投资总额的66.81%。（王沁楠）

民营企业

【概况】 2020年，吴江区民营经济在全省保持领先地位，全区登记的民营企业83314家，注册资本4944.1亿元。全年民营工业完成总产值3055亿元，实现产品销售收入3043亿元，完成工业增加值604亿元，完成利税210亿元，完成工业投资153亿元，分别占全区工业经济总量的65.61%、64.23%、62.61%、70.77%和71.16%。

（顾春华　金圣悦）

【民营规模企业】 2020年，全区民营经济总产值3055亿元（占全区工业总产值的70.23%）。

恒力集团跃升至“世界500强”第107位，上升74位；恒力、盛虹、亨通、通鼎再次上榜“中国企业500强”，恒力、盛虹、亨通、通鼎、永鼎5家企业入选“中国民营企业500强”，继续领跑全国县级市（区）。

（顾春华　金圣悦）

【私营企业】 2020年，全区新发展私营企业11037户，新增注册资本599.13亿元。至年底，全区私营企业总数83314户，注册资本总额4944.1亿元。从分布领域看，新登记私营企业主要集中在批发和零售业、科学研究和技术服务业、制造业，分别占新增总户数的27.51%、20.58%、14.22%。新登记私营企业中从事批发和零售业3036户，新增注册资本68.62亿元，从事科学研究和技术服务业2271户，新增注册资本90.2亿元，从事制造业1570户，新增注册资本70.27亿元。（王沁楠）

【个体工商户】 2020年，全区新发展个体户22175，新增注册资金24.71亿元。至年底，个体工商户总数136079户，注册资金总额126.93亿元。从分布领域看，新登记个体户主要集中在批发和零售业、住宿和餐饮业、居民服务、修理和其他服务业，分别占新增总户数的53.60%、19.42%、8.17%。新登记个体户中从事批发和零售业11886户，新增注册资本12.71亿元，从事住宿和餐饮业4306户，新增注册资本4.02亿元，从事居民服务、修理和其他服务业1812户，新增注册资本1.9亿元。

（王沁楠）

【农民专业合作社(包括联社)】 2020年，全区新发展农民专业合作社（包括联社）19户，新增注册资金0.43亿元。至年底，农民专业合作社（包括联社）总数459户，注册资金总额7.96亿元。（王沁楠）

2020年吴江区市场主体登记情况汇总表

登记类型	项　目	单　位	新　增		期末总数	
			数　量	同比增(减)	数　量	同比增(减)
私营企业	户　数	户	11037	−2.88%	83314	10.70%
	注册资本	亿元	599.13	−6.22%	4944.1	16.66%
个体工商户	户　数	户	22175	−10.73%	136079	14.59%
	资金总额	亿元	24.71	−4.08%	126.93	18.78%
国有集体及其控股企业	户　数	户	444	29.07%	3203	8.28%
	注册资本	亿元	137.86	71.70%	1775.88	13.99%
农民合作社	户　数	户	19	−58.70%	459	−17.30%
	成员出资总额	亿元	0.43	−15.09%	7.96	−16.18%
以上内资合计	户　数	户	33675	−7.98%	223055	12.92%
	注册资本	亿元	762.13	2.24%	6854.87	15.94%

注：国有集体及其控股企业非民营企业。

（王沁楠）

资本市场

【概况】 2020年，全区新增上市公司4家，单年新增上市公司数创历史新高。全区累计有境内外上市公司20家，占苏州大市的11%，排名全市第四，其中，境内上市公司17家、境外上市公司3家。海晨股份成为创业板改革并试点注册制下首批18家上市企业之一，世华科技挂牌上交所科创板，实现吴江科创板零突破。新三板累计挂牌企业54家，占苏州大市的17.4%，排名全市第五，存量挂牌企业33家，其中精选层1家、创新层5家、基础层27家，同享科技为全国首批32家新三板精选层晋层企业之一。全区报证监会（交易所）企业6家，其中过

会3家。是年，全区上市公司完成A股再融资规模101.67亿元，蝉联苏州大市第一。（卜权昱）

【企业债券】 2020年，吴江区发行企业债券1期，融资7亿元。至年底，全区累计发行企业债券11期，融资总额119亿元，存续期5单，存续期余额31.6亿元。所筹资金分别用于公路、安置房、道路、文体场馆等重点项目建设。（卜权昱）

【创业投资】 2020年，吴江区新增省发改委备案创业投资企业1家，实收资本1.39亿元。至年底，全区在省发改委备案创业投资企业13家，实收资本18.44亿元。苏州市吴江创业投资有限公司和苏州市吴江创业投资有限公司（张彦红团队）分别获评省创业投资示范企业和省创业投资优秀团队。（卜权昱）

2020年8月24日，海晨股份登陆创业板，成为吴江第19家上市企业
（王炜 摄）

2020年吴江区上市企业情况表

公司名称	股票名称（代码）	证交所	上市时间	所属区镇	备 注
江苏永鼎股份有限公司	永鼎股份（600105）	上交所主板	1997.9.29	汾湖高新区（黎里镇）	原名永鼎光缆
江苏东方盛虹股份有限公司	东方盛虹（000301）	深交所中小板	2000.5.29	吴江高新区（盛泽镇）	原名丝绸股份、东方市场
江苏亨通光电股份有限公司	亨通光电（600487）	上交所主板	2003.8.22	七都镇	—
南极电商股份有限公司	南极电商（002127）	深交所中小板	2007.4.18	吴江高新区（盛泽镇）	原名新民科技
康力电梯股份有限公司	康力电梯（002367）	深交所中小板	2010.3.12	汾湖高新区（黎里镇）	—
通鼎互联信息股份有限公司	通鼎互联（002491）	深交所中小板	2010.10.21	震泽镇	原名通鼎光电
科林环保装备股份有限公司	*st科林（002499）	深交所中小板	2010.11.9	东太湖度假区（太湖新城）	原名科林环保
德尔未来科技控股集团股份有限公司	德尔未来（002631）	深交所中小板	2011.11.11	七都镇	原名德尔家居
东吴水泥国际有限公司	东吴水泥（00695.HK）	香港联交所	2012.6.13	汾湖高新区（黎里镇）	主体为苏州东吴水泥有限公司
吴江鲈乡农村小额贷款股份有限公司	鲈乡小贷（CCCR）	纳斯达克	2013.8.13	吴江开发区	更名为铜道控股（GLG）
苏州华源控股股份有限公司	华源控股（002787）	深交所中小板	2015.12.31	桃源镇	原名华源包装
大峡谷半导体照明系统	大峡谷—KY（5281）	台湾柜买中心	2016.3.30	汾湖高新区（黎里镇）	主体为大峡谷照明系统（苏州）股份有限公司

（续　表）

公司名称	股票名称(代码)	证交所	上市时间	所属区镇	备　注
江苏苏州农村商业银行股份有限公司	苏农银行(603323)	上交所主板	2016.11.29	东太湖度假区(太湖新城)	原名吴江银行
法兰泰克重工股份有限公司	法兰泰克(603966)	上交所主板	2017.1.25	汾湖高新区(黎里镇)	—
江苏凯伦建材股份有限公司	凯伦股份(300715)	深交所创业板	2017.10.26	七都镇	—
苏州迈为科技股份有限公司	迈为股份(300751)	深交所创业板	2018.11.9	吴江开发区	—
江苏聚杰微纤科技集团股份有限公司	聚杰微纤(300819)	深交所创业板	2020.3.12	东太湖度假区(太湖新城)	—
苏州赛伍应用技术股份有限公司	赛伍技术(603212)	上交所主板	2020.4.30	吴江开发区	—
江苏海晨物流股份有限公司	海晨股份(300873)	深交所创业板	2020.8.24	吴江开发区	—
苏州世华新材料科技股份有限公司	世华科技(688093)	上交所科创板	2020.9.30	吴江开发区	—

（卜权昱）

2020年吴江区“新三板”挂牌企业情况表

公司名称	证券简称(代码)	挂牌时间	所属区镇	备　注
苏州太湖电工新材料股份有限公司	太湖股份(430460)	2014.1.24	汾湖高新区(黎里镇)	基础层
苏州华尔美特装饰材料股份有限公司	华尔美特(430593)	2014.1.24	汾湖高新区(黎里镇)	基础层
苏州奇才电子科技股份有限公司	奇才股份(430714)	2014.4.30	吴江开发区	基础层
苏州巨峰绝缘系统股份有限公司	巨峰股份(830818)	2014.6.30	汾湖高新区(黎里镇)	创新层
苏州纳地金属制品股份有限公司	纳地股份(831166)	2014.9.25	平望镇	基础层
苏州金童机械制造股份有限公司	金童股份(831340)	2014.11.11	汾湖高新区(黎里镇)	基础层
亿丰洁净科技江苏股份有限公司	st亿丰(831666)	2015.1.12	汾湖高新区(黎里镇)	基础层
苏州神元生物科技股份有限公司	st神元(831808)	2015.1.16	吴江开发区	基础层
苏州同里印刷科技股份有限公司	同里印刷(832064)	2015.3.9	吴江开发区	基础层
苏州晶品新材料股份有限公司	st晶品(832247)	2015.4.9	汾湖高新区(黎里镇)	基础层
苏州固泰新材股份有限公司	固泰新材(832644)	2015.6.19	汾湖高新区(黎里镇)	创新层
苏州吴江同里湖旅游度假村股份有限公司	同里旅游(834199)	2015.11.25	吴江开发区	基础层
苏州澳冠智能装备股份有限公司	澳冠智能(834276)	2015.11.30	汾湖高新区(黎里镇)	基础层
江苏爱富希新型建材股份有限公司	爱富希(834767)	2015.12.11	吴江开发区	基础层
苏州蜜思肤化妆品股份有限公司	蜜思肤(836831)	2016.4.21	东太湖度假区(太湖新城)	基础层
江苏华佳丝绸股份有限公司	华佳丝绸(836823)	2016.4.26	吴江高新区(盛泽镇)	基础层
江苏美爱斯化妆品股份有限公司	美爱斯(837410)	2016.5.20	汾湖高新区(黎里镇)	基础层
明阳科技(苏州)股份有限公司	明阳科技(837663)	2016.6.13	吴江开发区	创新层
苏州诚骏科技股份有限公司	诚骏科技(838174)	2016.7.28	平望镇	基础层
苏州太湖雪丝绸股份有限公司	太湖雪(838262)	2016.8.2	震泽镇	基础层

（续 表）

公司名称	证券简称（代码）	挂牌时间	所属区镇	备 注
苏州东冠包装股份有限公司	东冠股份（838268）	2016.8.3	汾湖高新区（黎里镇）	基础层
苏州祥龙嘉业电子科技股份有限公司	祥龙科技（838162）	2016.8.8	吴江开发区	创新层
同享（苏州）电子材料科技股份有限公司	同享科技（839167）	2016.9.21	吴江开发区	精选层
江苏米莫金属股份有限公司	米莫金属（838327）	2016.11.3	吴江开发区	基础层
苏州格朗富环境股份有限公司	格朗富（839539）	2016.11.3	平望镇	基础层
苏州德菱邑铖精工机械股份有限公司	德菱股份（870108）	2016.12.8	汾湖高新区（黎里镇）	基础层
苏州楚星时尚纺织集团股份有限公司	楚星时尚（870001）	2016.12.14	吴江高新区（盛泽镇）	基础层
苏州欧福蛋业股份有限公司	欧福蛋业（839371）	2017.1.25	汾湖高新区（黎里镇）	基础层
苏州金研光电科技股份有限公司	金研科技（871714）	2017.7.26	汾湖高新区（黎里镇）	基础层
苏州恒美电子科技股份有限公司	恒美股份（871578）	2017.8.9	吴江开发区	基础层
苏州天浩汽车科技股份有限公司	天浩科技（872034）	2017.11.7	吴江开发区	创新层
苏州网信信息科技股份有限公司	网信科技（873002）	2018.9.6	吴江开发区	基础层

（卜权昱）

企业选介

【恒力集团】 恒力集团始建于1994年，立足主业，坚守实业，是以炼油、石化、聚酯新材料和纺织全产业链发展的国际型企业。集团拥有全球产能最大的PTA（化纤原料，即精对苯二甲酸）工厂之一、全球最大的功能性纤维生产基地和织造企业之一，员工有12万人，建有国家“企业技术中心”，企业竞争力和产品品牌价值均列国际行业前列。恒力集团坚持全产业链发展，打造“原油—芳烃、乙烯—精对苯二甲酸（PTA）、乙二醇—聚酯（PET）—民用丝及工业丝、工程塑料、薄膜—纺织”的完整产业链。坚持实施品牌战略和市场战略两大工程，自主研发能力在全国纺织业处于领先地位，积极开拓国内外高端市场，坚持自主创新，不断提升核心竞

世界500强企业——恒力集团　　［吴江高新区（盛泽镇）提供］

争能力，成立“恒力国际研发中心”和“恒力产学研基地”，聘请德国、日本、韩国和中国台湾等地专家，组成国际研发团队，为企业进行高端差别化产品的研发。恒力集团先后承担国家级、省级以及行业协会的重大科技计划项目60多项，自主研发聚酯纤维关键技术获“国家科技进步奖”。2020年，恒力集团总营收6953亿元，位列世界500强第107位、中国企业500强第28位、中国民营企业500强第4位、中国制造业企业500强第8位，获国务院颁发的“国家科技进步奖”和“全国就业先进企业”等荣誉。（顾春华　金圣悦）

【盛虹集团】 盛虹集团成立于1992年，总部位于盛泽。盛虹集团始终专注实体经济发展，不断聚合资源、聚力创新，构建出一条从印染、化纤到石化、炼化的新型高端纺织产业链，成长为一家以石化、纺织、能源为主业的创新型高科技产业集团，集团拥有上市公司1家（东方盛虹，股票代码000301）、员工3万余人。盛虹搭建国家级企业技术中心、江苏（盛虹）纺织新材料研究院、国家级纺织品检测中心、博士后科研工作站等科研创新平台，形成支撑创新发展的“最强大脑”。从纺织业前沿技术追踪，到生产线设备更新，盛虹科研创新平台覆盖产业所有环节的研发。牵头组建的国家先进功能纤维创新中心中试基地开工建设，股东单位由9家增至15家，联盟单位由15家增至110家；融入姑苏实验室建设，各项研发有序推进，2020年申请发明专利11项、参与标准制修订8项；累计获得各级政府配套和奖励资金19722万元。公司开展自主研发及合作开发项目百余项，研发费用占销售收入比重是4%，开发EVA光伏料新牌号等系列新产品，多项产品填补国内空白。盛虹把发展智能制造作为企业战略重点，自主研发的化纤行业首台套生产智能物流系统，填补国家化纤生产智能物流系统研发空白，承担国家工信部“重点产业振兴和技术改造项目”，打造工业化、智能化、信息化融合的样板企业。2020年，盛虹集团首次入围世界500强，列第455位，入围“中国企业500强”第132位、“中国民营企业500强”第29位。是年，集团实现营业收入超2600亿元。

（顾春华　金圣悦）

【亨通集团】 亨通集团是一家致力于光纤光网、智能电网、大数据物联网、新能源新材料、金融投资等领域的国家创新型企业、国家技术创新示范企业、国家自主知识产权示范企业，拥有全资及控股公司70余家（其中境内外上市企业3家），是全球信息与能源互联系统集成商与网络服务商，全球光纤通信前三强，中国企业500强、中国民企百强、江苏民企十强，集团营收超千亿元级。亨通全力推进从产品国际化、产业国际化到品牌国际化三步走方针，在欧洲、南美、南非、南亚、东南亚等国创建产业基地11家、营销技术服务公司40多家，业务覆盖150多个国家和地区，在全球的光纤网络市场占有率超15%，为全球数十个国家的海洋光网和能源互联建设提供中国方案、贡献中国智慧。亨通坚持把科技研发创新作为企业增长的内在动力和强大支撑，依托海内外自主创新平台，在光纤通信、超高压海缆、半导体材料等领域打破国外垄断，突破的自主可控关键核心技术——铝合金节能输电技术获国家科技进步二等奖；新一代光纤材料研发工艺装备及产业化、海洋光网成套装备等

亨通集团之亨通光电线缆产业园　（区工信局　提供）

三项技术获江苏省科技进步一等奖、中国电子学会科技进步一等奖；量子保密通信获国际电信联盟2019年度技术最高奖；500kV光纤复合海底电缆获中国电力科技创新一等奖。主持（参与）各类标准制定520多项，授权专利3300多项，标准制定和专利数均居国内同行首位。入选国家工业强基、国家智能制造、国家绿色制造等重大项目，获国家技术创新示范企业、知识产权示范企业、两化深度融合示范企业、中国工业大奖。

（顾春华　金圣悦）

【通鼎集团】 通鼎集团是为国家信息通信建设提供线缆及配套产品的排头兵企业。企业立足国家“三张网”（通信网、交通网、能源网）的发展，在5G、大数据、人工智能、工业互联网等新技术、新业态方面创新研究，在国家新基建涉及的多领域谋篇布局，产品涵盖光纤光棒、光电线缆、网络设备、芯片模块、仪器仪表等，在5G宽带无线接入产品和技术、自组网技术以及信息安全、网络安全、公共安全、大数据运营等领域为运营商、各类专网用户提供支撑服务，产业范围涵盖国内外通信、电力、运输、智慧城市等行业，产品从有线到无线、从无源到有源，从一根缆到一张网，从“进入千家万户”到“步入千行百业”。通鼎集团位列中国企业500强，被认定为2019年中国战略性新兴产业领军企业100强，是国家火炬计划重点高新技术企业、中国民营企业500强、中国通信设备供应商50强、中国光纤光缆最具竞争力企业10强。至年底，集团总资产约245亿元，2020年度全年营业收入450亿元，利润总额27亿元。通鼎集团致力于培育壮大特色鲜明的主业和优势突出的战略性新兴产业，在多维度发展中抢滩升级。作为较早布局迈入“新基建”领域的企业，通鼎集团“新型材料、光电线缆、网络设备、信息安全、数据运营”等产业在“新基建”各领域均表现优秀，集团发挥企业在轨道交通、通信网络、公共安全、无线专网建设等领域细分市场的比较优势，持续提升产品和服务竞争力，在数字经济中竞速，实现持续稳健发展。

作为国家科技创新示范企业，通鼎集团成立院士工作站、国家级博士后科研工作站、国家级企业技术中心、国家级技能大师工作室、国家认定CNAS检测中心、江苏省光通信材料重点实验室等15个国家级、省、市级科技创新平台。集团参与行业标准制定182项，拥有软件著作权596项，拥有国家授权专利1071项（其中发明专利261项）。

（顾春华　金圣悦）

【永鼎集团】 永鼎集团成立于1978年，位于汾湖高新区，总资产超60亿元，注册资本2.5亿元，总占地面积240公顷，1997年登陆A股，成为全国光缆行业中首家民营上市公司。集团拥有数十家控股、参股公司，致力于打造以通信科技、海外工程、汽车产业、超导产业为核心，多产业齐头并进共发展的格局，是一个集品牌化、高端化、国际化的综合性集团，集团拥有员工近万人。公司主导产品通信光缆、通信线缆市场占有率连续三年稳步提高，市场排名第8名。2020年实现营业收入328亿元。

公司产品出口全球40多个国家和地区，11.4亿美元的孟加拉国国家电网传输和通信网络改造工程被国家工业和信息化部评为服务型制造示范项目，成为国家“一带一路”走出去的样板工程。拥有国家级企业技术中心、国家级博士后科研工作站、国家CNAS认可实验室等多个创新平台。先后获“国家技术创新示范企业”“中国光通信具竞争力企业十强”“中国光纤光缆最具竞争力企业十强”“中国驰名商标”等50余项荣誉，跻身中国民营企业500强、中国民营企业制造业500强，中国电子元件百强企业，中国电子信息百强企业。

作为拥有2个国家级研发平台，4个省级研发平台的高新技术企业，科技创新是永鼎发展战略之一，拥有有效专利486件，其中发明专利140件；累计完成新产品新技术鉴定38项，其中超85%以上项目被鉴定为国内领先水平或国际先进；发布参与制定的国家、行业、团体标准74项，其中23项国家标准；永鼎集团多次承担国家、省、市科技计划项目，有国家863计划、江苏省科技成果转化、江苏省重点研发计划、苏州市重点产业技术创新项目等。

（顾春华　金圣悦）

（本栏编辑　钱晓燕　沈瑶）

开放型经济

对外及港澳台贸易

【概况】 2020年，全区实现进出口总额216.68亿美元，比2019年(下同)增长2.4%，其中出口159.68亿美元，增长2.9%，进口56.99亿美元，增长1.1%，进出口总额列苏州大市第五。一般贸易实现进出口88.53亿美元，下降4.8%。一般贸易出口占全区出口总额的比重为40.86%，下降2.81个百分点。（俞　飞）

2020年吴江区进出口分企业类型情况表

单位：万美元

企业类型	进出口额	出口额	进口额
外资及港澳台资企业	1099759	648728	451031
内资企业(不含港澳台资企业)	1067012	948113	118899
合　计	2166771	1596841	569930

（俞　飞）

2020年吴江区进出口分区镇情况表

单位：万美元

单位名称	进出口额	出口额	进口额
吴江开发区(同里镇)	1534040	1088088	445951
吴江高新区(盛泽镇)	178047	138750	39297
汾湖高新区(黎里镇)	160836	129934	30902
东太湖度假区(太湖新城)	106369	93049	13321
平望镇	57253	34193	23060
震泽镇	25735	24491	1244

（续 表）

单位名称	进出口额	出口额	进口额
七都镇	53891	51226	2666
桃源镇	22832	20747	2085
合 计	2166771	1596841	569930

注：部分企业无法分区镇，故各区镇数据加和与全区合计数存在一定差异。 （俞 飞）

2020 年吴江区主要地区和国际市场进出口情况表

单位：万美元

国别（地区）组织	进出口	同 比	出 口	同 比	进 口	同 比
亚 洲	1195792	1.0%	735005	1.4%	460787	0.2%
韩 国	113533	−22.5%	46044	−11.8%	67489	−28.4%
日 本	218293	3.4%	126647	2.4%	91645	4.7%
越 南	117605	14.6%	100530	11.2%	17075	39.9%
欧 洲	444030	7.5%	378608	9.1%	65423	−1.2%
德 国	70882	−10.3%	43814	−6.8%	27069	−15.4%
荷 兰	84964	15.4%	76050	4.7%	8913	759.3%
俄罗斯	34133	3.9%	33722	3.4%	411	70.3%
北美洲	326946	0.2%	298543	−0.9%	28403	14.4%
美 国	312378	−0.2%	285406	−1.4%	26972	14.3%
拉丁美洲	130209	3.4%	119177	2.1%	11033	19.0%
大洋洲	44293	24.4%	40914	25.1%	3379	16.3%
澳大利亚	38173	22.5%	37479	24.2%	694	−28.2%
非 洲	25488	−17.1%	24594	−18.7%	895	87.5%
东盟组织	309932	0.8%	222194	−6.6%	87738	26.3%
欧盟组织	384589	7.9%	324742	10.1%	59847	−2.8%

（俞 飞）

2020 年吴江区进出口企业 50 强一览表

名 次	进出口50强企业名称	名 次	进出口50强企业名称
1	吴江海晨仓储有限公司	7	群光电子（苏州）有限公司
2	中达电子（江苏）有限公司	8	亿光电子（苏州）有限公司
3	亚旭电子科技（江苏）有限公司	9	吴江华丰电子科技有限公司
4	峻凌电子（苏州）有限公司	10	江苏恒力化纤股份有限公司
5	中达电子零组件（吴江）有限公司	11	苏州璨鸿光电有限公司
6	高创（苏州）电子有限公司	12	飞旭电子（苏州）有限公司

（续　表）

名　次	进出口50强企业名称	名　次	进出口50强企业名称
13	卡特彼勒（吴江）有限公司	32	锐迈机械科技（吴江）有限公司
14	苏州璨宇光电有限公司	33	苏州宝嘉新能源科技有限公司
15	群光电能科技（苏州）有限公司	34	和纺电子（苏州）有限公司
16	苏州新效国际货运代理有限公司	35	苏州市佳禾食品工业有限公司
17	江苏亨通光电股份有限公司	36	根茂电子（苏州）有限公司
18	江苏国望高科纤维有限公司	37	恒力华东石化销售有限公司
19	苏州盛虹纤维有限公司	38	智同电子科技（苏州）有限公司
20	江苏澳盛复合材料科技有限公司	39	豪展医疗科技（吴江）有限公司
21	英格索兰（中国）工业设备制造有限公司	40	日电平台科技（苏州）有限公司
22	江苏盛虹石化集团有限公司	41	盛帆半导体（苏州）有限公司
23	瑞仪光电（苏州）有限公司	42	崧腾电子（苏州）有限公司
24	江苏永鼎泰富工程有限公司	43	利瑞宝运动器材（吴江）有限公司
25	苏州赛伍应用技术有限公司	44	吴江市涂泰克纺织后整理有限公司
26	苏州欧圣电气工业有限公司	45	台表科技（苏州）电子有限公司
27	苏州锦仁物流有限公司	46	苏州慧斌国际贸易有限公司
28	展达通讯（苏州）有限公司	47	吴江信亿电子科技有限公司
29	泰金宝光电（苏州）有限公司	48	吴江英诺时装有限公司
30	中达视讯（吴江）有限公司	49	英诺赛科（苏州）半导体有限公司
31	苏州莱升进出口有限公司	50	万宝至马达（江苏）有限公司

（俞　飞）

【出口名牌】 2020年，全区有10家企业的品牌获“2020—2022年度江苏省重点培育和发展的出口名牌”称号，有8家企业的品牌获“2019—2020年度苏州市出口名牌”称号。（俞　飞）

吴江区2020—2022年度江苏省重点培育和发展的出口名牌企业一览表

序　号	企业名称	序　号	企业名称
1	江苏亨通光电股份有限公司	6	科林环保技术有限责任公司
2	法兰泰克重工股份有限公司	7	江苏恒力化纤股份有限公司
3	康力电梯股份有限公司	8	苏州盛虹纤维有限公司
4	博众精工科技股份有限公司	9	江苏华佳丝绸股份有限公司
5	永鼎集团有限公司	10	佳禾食品工业股份有限公司

（俞　飞）

吴江区2019—2020年度苏州市出口名牌企业一览表

序　号	企业名称	序　号	企业名称
1	海泰纺织（苏州）有限公司	2	海成纺织（苏州）有限公司

（续　表）

序　号	企业名称	序　号	企业名称
3	永鼎集团有限公司	6	苏州盛虹纤维有限公司
4	博众精工科技股份有限公司	7	吴江福华织造有限公司
5	江苏凯伦建材股份有限公司	8	苏州古河电力光缆有限公司

（俞　飞）

【企业参展】2020年，区商务局组织49家企业参加第127届中国进出口商品交易会（即广交会）；组织49家企业参加第128届广交会；组织10家企业参加第30届华东进出口商品交易会；发动全区469家企业报名参加第三届中国国际进口博览会（即进博会）。进博会期间，来自吴江的吴江鼎盛丝绸股份有限公司、苏州山水丝绸股份有限公司两家企业入选“人文交流活动”展示项目，代表江苏省出展老字号展位；江苏永鼎股份有限公司采购德国西门子股份公司技术装备作为代表项目，在长三角G60科创走廊九城市企业联合采购仪式中签署合作协议。（俞　飞）

【苏州自贸片区联动创新区】2020年，中国（江苏）自由贸易试验区苏州片区吴江经济技术开发区联动创新区、中国（江苏）自由贸易试验区苏州片区江苏省汾湖高新技术产业开发区联动创新区先后于2月29日、5月28日正式获得苏州自贸片区联动创新区授牌。6月，吴江区政府印发《苏州片区吴江联动创新区建设实施方案》。根据2020年度苏州自贸片区联动创新区评价情况公示，吴江经济技术开发区完成“复制推广”17项、“先行先试”3项、“自主创新”2项、项目合作1项；汾湖高新技术产业开发区完成“复制推广”16项、“先行先试”1项、“自主创新”6项。（俞　飞）

外商及港澳台商投资

【概况】2020年，全区新批外资及港澳台资项目94个，合同外资及港澳台资14.64亿美元。实际使用外资及港澳台资4.56亿美元。新批服务业企业70家，合同外资及港澳台资9.72亿美元。新批欧美企业16家，合同外资0.72亿美元。年内有21家外资及港澳台资企业增资，累计增资金额2.97亿美元。全区有1463家外商投资企业参加联合年报。（俞　飞）

2020年吴江区合同外资及港澳台资情况表

区　镇	项数（个）	总投资（万美元）	合同外资及港澳台资（万美元）	其中（万美元）	
				新批项目	变更项目
吴江开发区	33	115132.98	63502.80	21619.68	41883.12
汾湖高新区（黎里镇）	11	8143.57	9985.36	6825.96	3159.40
吴江高新区（盛泽镇）	16	61223.62	40673.62	40673.62	0.00
东太湖度假（太湖新城）	25	26508.17	23640.56	12265.82	11374.74
平望镇	5	10795.56	5027.50	4714.67	312.83
七都镇	1	28.25	604.24	4.24	600.00
震泽镇	0	1000	519.72	0.00	519.72
桃源镇	3	8566.62	2464.96	2451.45	13.51
合　计	94	231398.77	146418.76	88555.44	57863.32

（俞　飞）

2020 年吴江区实际使用外资及港澳台资情况表

区　镇	任务数（个）	实际使用外资及港澳台资（万美元）	逐年累计（万美元）
吴江开发区	21500	20581.76	716792.70
汾湖高新区（黎里镇）	11000	4711.93	313240.14
吴江高新区（盛泽镇）	4000	1928.32	124127.71
东太湖度假区（太湖新城）	5400	13712.25	141178.02
平望镇	1000	1371.23	47833.33
七都镇	700	1054.96	26512.91
震泽镇	700	1101.28	38447.81
桃源镇	700	1101.28	23850.16
其　他	—	—	9355.20
合计	45000	45563.01	1441337.98

（俞　飞）

2020 年吴江区新批合同外资及港澳台资 1000 万美元以上企业情况表

单位：万美元

序　号	企业名称	所属区镇	合同资金
1	苏州市千健医药科技有限公司	吴江高新区（盛泽镇）	30000
2	苏州岭郅供应链管理有限公司	吴江高新区（盛泽镇）	10450
3	苏州绿游置业有限公司	东太湖度假区（太湖新城）	9704.27
4	云巢科技（江苏）有限公司	吴江开发区	8000
5	明日智能科技（苏州）有限公司	吴江开发区	5500
6	苏州平广科技有限公司	汾湖高新区（黎里镇）	5000
7	福地物流发展（苏州）有限公司	平望镇	4500
8	苏州市致启机械科技有限公司	吴江开发区	2000
9	苏州万穗智能科技有限公司	吴江开发区	2000
10	苏州吴江融鸿文旅产业发展有限公司	桃源镇	1522.71
11	苏州中谊新能源汽车配件有限公司	东太湖度假区（太湖新城）	1500
12	苏州京东驭胜物流有限公司	汾湖高新区（黎里镇）	1440
13	佩莱品牌管理有限公司	吴江开发区	1000
14	星巴特（苏州）智能制造有限公司	吴江开发区	1000

（俞　飞）

【大型招商】 2020年，全区继续在深圳、北京及吴江举行主题投资推介活动，推进招商引资工作。5月，吴江区政府举行2020中国·吴江产业平台载体推介会，推介会由传统的“面对面”改为“屏对屏”，各个板块介绍各自特色产业园和平台载体。9月，举办深圳投资说明会，签约项目20个，总投资134.9亿元。其中，外资项目5个，总投资3.35亿美元；内资项目15个，总投资111.45亿元人民币。11月，举办吴江经贸洽谈会，38个项目签约，总投资571.96亿元。

其中，内资项目30个，总投资324.77亿元；外资项目8个，总投资247.19亿元。12月，举办北京央企对接会，签约项目12个，总投资397.25亿元。项目涵盖5G开发应用、集成电路、医疗、新材料、高端装备制造、汽车配件等产业。（俞　飞）

【总部认定】 2020年，亿光电子（中国）有限公司获评江苏省第十一批跨国公司地区总部和功能性机构，成为全区第3家省级跨国公司地区总部。（俞　飞）

服务外包

【概况】 2020年，全区累计服务外包企业92家，离岸外包接包合同额7468万美元，执行合同金额2928万美元。（俞　飞）

2020年吴江区服务外包情况表

区　镇	审核企业数（家）		接包合同额（万美元）	离岸接包执行额（万美元）	培训人数（人）
	2020年	逐年累计			
吴江开发区	2	37	4025	201	15778
汾湖高新区（黎里镇）	1	25	3367	2684	0
东太湖度假区（太湖新城）	1	24	76	43	0
吴江高新区（盛泽镇）	0	2	0	0	0
平望镇	0	1	0	0	0
七都镇	0	0	0	0	0
震泽镇	0	1	0	0	0
桃源镇	0	2	0	0	0
合　计	4	92	7468	2928	15778

（俞　飞）

【服务外包扶持资金下发】 2020年，区内5家企业获得2020年度吴江区服务外包企业承接离岸业务补助资金383.68万元，分别是苏州康润医药有限公司、苏州强耀生物科技有限公司、吴江近岸蛋白质科技有限公司、苏州克莱施德药业有限公司、江苏永鼎泰富工程有限公司。江苏永鼎泰富工程有限公司作为成长型服务外包企业，获得省级商务发展专项资金17.29万元。苏州华业检测技术服务有限公司获得国家级服务外包平台专项资金147.73万元。（俞　飞）

对外及港澳台经济合作

【概况】 2020年，全区新批境外投资项目15个，新增境外协议投资额3186.33万美元，完成对外承包工程营业额2.24亿美元，企业实际对外投资额3.15亿美元。区商务局牵头设立境外企业防控组，明确防控组各成员单位工作职责；做好境外企业员工出入境的统计上报工作，向企业宣传疫情防控知识，督促企业做好疫情防控；联合区外办以及人保财险吴江公司举办企业境外投资"云讲堂"线上直播活动；协调部分有需求的境外投资企业开展新冠肺炎灭活疫苗接种工作。（俞　飞）

2020年吴江区新批对外及港澳台投资企业名单及投资情况表

单位：万美元

序　号	企业名称	投向国家（地区）	投资总额	投资主体所在区镇
1	土耳其库车发电有限公司	土耳其	10	震泽镇

(续　表)

序　号	企业名称	投向国家(地区)	投资总额	投资主体所在区镇
2	亨通光电埃及股份有限公司	埃　及	1800	七都镇
3	越南苏州富士电梯责任有限公司	越　南	10	桃源镇
4	中耀(香港)科技发展有限公司	中国香港	20	东太湖度假区(太湖新城)
5	博众精工印度有限公司	印　度	120	吴江开发区
6	迈为科技私人有限公司	新加坡	21.1268	吴江开发区
7	新盛ENG印度尼西亚公司	印度尼西亚	20	吴江开发区
8	迈为科技德国有限责任公司	德　国	217.2	吴江开发区
9	祥龙嘉业国际(香港)有限公司	中国香港	5	吴江开发区
10	亨通菲律宾有限公司	菲律宾	300	吴江开发区
11	锐迈机械科技(越南)有限公司	越　南	480	吴江开发区
12	跨境购通用(香港)商业服务有限公司	中国香港	10	吴江开发区
13	新盛E&G波兰有限责任公司	波　兰	20	吴江开发区
合　计			3033.33	

(俞　飞)

2020年吴江区对外及港澳台投资企业增减资情况表

单位:万美元

序　号	企业名称	投向国家	增减资金额(万美元)	投资主体所在区镇
1	利康国际(柬埔寨)有限公司	美　国	-27	汾湖高新区(黎里镇)
2	禾盛科技有限公司	德　国	180	东太湖度假区(太湖新城)
合　计		—	153	—

(俞　飞)

海关监管

【概况】 2020年,吴江区对外及港澳台贸易进出口总值1501.6亿元,比2019年(下同)增长3.0%,其中出口1107.2亿元,增长3.5%;进口394.4亿元,增长1.4%。征税入库25.7亿元,与2019年持平;监管进出口货运量39.4万吨,增长21.4%;监管进出口总值184.3亿美元,下降0.2%;监管集装量6.0万箱次,增长20.6%;监管进出境运输工具4748辆(艘/架),下降0.3%,新增注册企业737家。审结报关单29万票,下降6.4%;备案加工手册146份,下降4.6%;手册备案金额17.7亿美元,增长49.7%。检验检疫进出口货物3.3万批、货值124.7亿元;截获植物有害生物8批7种10种次,其中检疫性有害生物2批2种2种次。

(汤　明)

【口岸监管】 2020年,吴江海关强化实际监管,开展"国门利剑""蓝天2020"行动,推动召开吴江区反走私综合治理推进会,全年立案侦办白糖走私刑事案件2起、成品油走私刑事案件2起,案值1.55亿元,涉税8300万元。对非洲猪瘟、口岸沙漠蝗、实蝇及病媒生物等重大动植物疫情实施专项监测,完成区食品安全风险监测76批,全年吴江未发生食品农产品安全事故和国外官方通报;加强商品检验监管,检验检疫查发不合格30批,指导10多家出口食品企业建立疫情防控措施,开展6次进口冷链货物监测实战培训。加强出口医疗物资质量安全监管,收集欧盟、美国等国家防疫物资技术法规和标准

100多个向企业宣介；完善安全管理长效机制，年内多次联合综保区管理局、市场监管局、应急管理局等部门开展安全大检查。（汤　明）

【营商环境优化】 2020年，吴江海关整体通关时间排在南京关区前五；坚持“企业问题清零”，引导700余家企业注册并使用南京海关企业问题清零系统，制定英诺赛科生产线建设项目方案，“一企一策”解决重点企业问题30余个，全年全区企业享受滞报金、滞纳金及税款减免、退还、延期等优惠5000余万元；4家试点企业通过“关助融”项目获得低息贷款4000余万元。发挥海关特定减免税政策作用，企业享受减免税1.55亿元，签发各类出口优惠原产地证书2.2万份，为企业减免进口国关税2.6亿元；辅导3家企业成为AEO高级认证企业；开展国外技贸措施影响调查并上报调研报告4篇；牵头起草《中国输欧种植用鸡爪槭技术档案》，由总署提交欧盟，为吴江产业发声，参加《中国输美盆景植物卫生议定书》草案的起草，由总署提交美国农业部，推动中美第一阶段经贸协议中相关出口农产品的贸易实现；贴合吴江企业需求开展税政调研，推动手机用玻璃税率调整。（汤　明）

【加贸保税改革】 2020年，吴江海关保持在加贸保税领域改革创新先发优势，金关二期工单核销业务模式被海关总署采纳，制定南京关区金二系统加贸内销审价参数设置操作办法，吴江扩大加工贸易联网监管2家，工单核销企业1家；推动太湖雪试点完成B2B跨境电商出口业务，拓展吴江区企业新业态。稳步推进“两步申报”“两段准入”等改革，“两步申报”比例在南京关区大报关单量业务现场中排名第一。国务院关于促进综保区高水平开放高质量发展21条落地数量全省第一，15家一般纳税人试点企业实现非保税货物进出区货值225.6亿元，开具增值税发票1.7亿元，增长3倍和2倍，委托加工二线进出区货值71.4亿元，增长48.4%，联想电脑以全球维修项目为抓手促进出口982万台、42.7亿美元，增长47%、50%。与青浦、嘉兴海关建立长三角生态绿色一体化发展示范区内海关协同协作机制，推进“国门生物安全联合监测”“企业联合认证”“统计预警分析”等示范区海关合作。引导吴江企业飞旭电子参加长三角区域企业认证试点。（汤　明）

2020年3月，吴江海关服务玉兰出口英国　（海关　提供）

【疫情防控】 2020年，吴江海关制定疫情防控方案8个，《吴江海关新型冠状病毒感染的肺炎疫情口岸防控工作方案》更新七版。加强与吴江区卫健委、疾控中心、外事办、吴江综保区管理局等部门的联系与协调，完善各项联防联控机制，提高口岸联防联控能力，召开和参与区各类疫情防控会议12次。首次通过联防联控机制，把海关防疫宣传以歌舞剧的形式到大学校园演出；从严设置一线查验人员防护等级，推行不见面审批，货主不到场查检，分批分时段开展查检，避免查检现场人员聚集，督促场站负责人在查验现场设置测温和开展消毒工作。（汤　明）

（本栏编辑　范红明）

金融监管

【概况】 2020年，吴江全区有区地方金融监督管理局（简称“区金融监管局”）、中国人民银行吴江支行（简称“吴江人民银行”）、中国银行保险监督管理委员会苏州监管分局吴江监管组（简称“苏州银保监分局吴江监管组”）、国家外汇管理局吴江支局（简称“吴江外汇管理局”）4家金融监管协调机构。是年，全区金融生态环境水平稳步提升，未发生区域性、系统性金融风险，金融服务实体经济能力逐步增强，营商环境进一步优化，创新发展全面激发金融活力，资本市场“吴江板块”强势崛起。

（钟　姝）

【金融监管局】 2020年，吴江区政府金融工作办公室由区政府办公室挂牌机构调整为单独设置，更名为吴江区地方金融监督管理局，对外加挂区政府金融工作办公室牌子，为区政府工作部门，正科级建制，内设金融环境科（综合科）和资本市场科，下设吴江区金融工作管理服务中心，为副科级事业单位。区金融监管局综合统筹协调区内金融监管机构及银行、保险、证券等金融机构，负责小贷、担保、典当、融资租赁、商业保理等地方金融机构的日常监管，研究制定并推动落实金融调控政策，服务企业登陆资本市场，防范化解重大金融风险，力促金融支持实体经济实现高质量发展。至年底，全区有各类银行业机构27家，一级支行以上机构30家（含3家平行管理支行），新增张家港农村商业银行吴江支行，其中外资银行2家、村镇银行1家，对外营业网点234个；保险机构41家（财产类公司19家、寿险类公司20家、代理类公司2家），证券分支机构14家；地方金融从业机构40家。

金融创新。引导金融机构提供跨区域金融创新服务，中国银行苏州长三角一体化示范区分行率先实现示范区首笔跨区域授信业务落地，支持苏州农商银行开展一体化示范区金融机构试点设立工作，探索设立管理总部或资金营运中心。开展数字人民币试点工作，帮助亨通金服公司在吴江区开展校园、景区、酒店等相关场景的内部封闭测试工作，优化完善相关功能。助力金融机构开发绿色金融产品，印发《关于鼓励开展绿色金融业务的通知》，中国银行苏州长三角一体化示范区分行推出并发放首笔“长三角生态绿色贷”；苏州农商银行落地首笔“环保贷”业务。加快对接苏州综合金融服务平台步伐，解决融资需求企业数4318家，列全市第四，授信金额合计1188.09亿元，缓解小微企业融资难融资贵问题。

金融监管。完善对小额贷款、融资担保、融资租赁、商业保理、典当行等五类地方金融从业机构监管体系，全年完成13家小贷公司年审及评级，开展对7家典当行的年审和评级、2家融资担保公司的监管年检和评级、17家融资租赁公司和1家商业保理公司的审计工作；强化数据动态监测、日常考核、风险管控以及现场检查，规范内部风险控制，遏制地方金融从业机构不法经营行为；引导地方金融从业机构服务小微服务实体。规范全区民间投融资服务企业注册登记实施办法，维护金融生态环境和谐稳定，源头把控非法金融活动风险，促进金融业健康快速发展，全年会商并注册登记民间投融资服务机构7家。

金融生态。2020年，全区银行业不良贷款率压降成效明显，全区不良贷款余额31.9亿元，不良贷款率0.88%，五年来首次降至1%以内。一企一策化解企业债务风险，坚持“区别对待，分类处置”原则，对辖内债务风险企业按照一企一策要求量身定制风险化解方案。全年帮助区内30家重点企业进行债务风险协调，形成专题会议纪要42份。围绕扫黑除恶专项斗争工作，先后开展全区整治非法金融活动专项行动和全区金融行业领域扫黑除恶专项治乱整治工作，成立实体化工作专班，排查全区相关市场主体1484家。全面落实防范和处置非法集资三年攻坚战要求，加快推进涉嫌非法集资存量风险企业化解，化解存量风险企业228家，化解率100%。（钟　姝）

【人民银行】 2020年，人民银行吴江支行面对疫情防控新形势和经济社会发展“双胜利”新任务，扎实做好“六稳”*“六保”*工作，打好防范化解重大金融风险攻坚战，优化金融管理和金融服务，助力辖区经济社会高质量发展。

窗口指导。加强政策宣传解读，配合地方政府制定“吴江惠企十八条”“支持企业发展金融政策实施细则”等，发挥金融保障实体经济发展作用。用好用足两项政策直达工具推动复工复产，落实阶段性还本付息、小微企业信用贷款支持政策等，落实“三档两优”存款准备金政策，提高金融支持精准性和直达性。至年底，制造业贷款余额1102.51亿元，比2019年（下同）增加188.73亿元，增长20.65%；小微企业贷款余额1077.88亿元，增加92.24亿元，增长9.36%。加快法人机构贷款市场报价利率（LPR）推广应用。

金融监管。畅通信贷政策监督机制，重点关注、支持“三必需一重要”领域企业，对再贷款再贴现专用额度使用情况开展现场核查，规范专用额度使用管理，确保优惠利率贷款投放充足、合规。加强与地方金融监管部门协调和政策沟通，制定印发《中国人民银行吴江支行打好防范化解重大金融风险攻坚战实施方案》，引导辖内金融机构密切监测受疫情影响而出现的融资风险；做好辖内上市首亏调研；关注排查企业债券到期兑付情况，按时完成《吴江法人投保机构运行监测报告》《吴江法人金融机构风险监测报告》。

金融稳定。深化警银合作，与区公安局签订防范和打击违法犯罪活动合作备忘录，建立健全警银联防联控机制，部署开展“断卡”行动，控制和阻断危害群众资金安全的可疑账户。做好辖内金融机构存款保险标识启用工作，吴江辖内26家存款保险投保机构均按照统一时间节点启用存款保险标识，发挥“金融安全网”功能。完成2019年度银行业机构执行人民银行政策综合评价，组织做好综合评价结果反馈工作。

金融服务。夯实金融服务基础性建设，强化征信信息安全，规范实行个人信用报告人工柜面查询双人复核制度。辖内新增自助查询机4台，全年完成企业信用报告查询2839笔，个人征信查询8.58万笔（含柜面和自助）。强化人民币管理，利用长三角一体化先行启动区假币整治例会，通过“强宣传、细排查、抓典型、提服务”等措施，加快推进整治拒收人民币工作新机制建设。提升一体化金融服务质效，指导苏州农商银行探索试点长三角一体化智慧银行服务项目，打造黎里古镇移动支付示范区，以点带面，吴江区118台政务一体机全部支持“云闪付”，实现长三角地区数字政务移动支付服务互联互通；指导中行吴江分行推出示范区首笔“长三角生态绿色贷”产品。投入精力、人力推动县域地区试点工作协调和有序推进，配合政府“双12数字红包”商户巡检、测试等，在可控范围内做好法定数字货币白名单和场景试点测试相关工作；制定《驻点开户标准化流程》，引导银行有序入驻各级政务服务大厅“企业开办”专窗，提供开办企业过程中涉及的各类咨询、办件辅导、材料修改等，解决行政审批过程中“多头跑、来回跑、多次跑”等问题。深化金融消费者权益保护工作，抓住重要节点开展金融知识普及活动，推动金融知识宣传常态化。妥善处理各类金融纠纷，进一步完善投诉管理、宣传教育、检查评估，切实维护好消费者权益。（许　萌）

【苏州银保监分局吴江监管组】2020年，苏州银保监分局吴江监管组落实各项决策部署，做好疫情防控、服务实体、风险防范等各项工作，为推动辖区经济高质量发展迈上新台阶提供金融支撑和坚实保障。

风险防控。加强对隐性不良的监测分析及不良贷款分行业数据监控，督促银行有序稳妥推进不良处置工作。通过协同联动机制，按照一企一策要求，配合区金融办等部门对辖内债务风险企业量身定制化解方案，对信用良好、负债合理、盈利能力较强的风险企业进行信贷支持，盘活存量金融债权。至年底，辖内银行机构（剔除苏州农商行异地，下同）不良贷款余额31.9亿元，比年初（下同）下降3.13亿元；不良贷款率0.88%，下降0.28个百分点。

助力实体。指导辖内银行保险机构用好用足“六条新政”“苏惠十条”“吴江惠企十八条”等支持政策，以战时思维做好金融服务工作，为企业复工复产和经济社会稳定发展贡献力量，对受困企业的信贷优惠支持进行专题研究与磋商，帮助企业将疫情负面影响降到最低。针对疫情期间受困企业的合理贷款需求，遵从特事特办、急事急办原则，引导银行机构充分运用“普惠贷”“抗疫贷”等特色产品给予专项融资支持。是年，吴江区银行业金融机构取消或降低收费标准项目162个，为企业节约费用3228.61万元；为9447笔小微企业贷款提供转贷、无本续贷，累计金额近200亿元。

监管履职。督促法人机构进一步规范“三会一层”（股东大会、董事会、监事会和高级管理层）运作，落实中银富登村镇银行董事会承担消费者权益保护工作的最终责任，要求下设消费者权益保护委员会，将消费者权益保护融入公司治理各环节。对吴江中银富登村镇银行开展乱象整治回头看专项督查及年度监管评级工作，列席其年度股东大会，根据当前经济金融形势，加大联系、走访该行频率，督促机构坚守市场定位，提升内控水平，强化风险管控。

部门联动。持续推进打击非法金融业务专项整治和扫黑除恶专项斗争，配合区金融办等部门加大打击“套路贷”专项行动和扫黑除恶专项斗争工作力度，利用金融网点网格化监测机制，构建防范打击“套路贷”的长效机制。继续会同地方金融监管局做好网贷平台清退和监测工作。

信访投诉。重视人民群众对于银行业、保险业的各类投诉与需求，发挥监管职能，制定快速处理机制，安排专人负责相关事件的接收与跟踪反馈，提高矛盾纠纷协商解决速度。对群众反映的银行业、保险业违规行为及时核实处理，避免影响扩大。全年受理各类投诉咨询19件，全部妥善处置。（朱文岚）

【外汇管理局】2020年，吴江外汇管理局深化外汇管理改革，坚持便利服务与合规管理同步推进。以促进创新为支撑点，推进外汇改革便利化。通过召开外汇政策宣介会、吴江外贸线上沙龙等多种形式，向辖内民营企业宣传、落实全口径跨境融资宏观审慎管理政策。吴江辖内银行通过全口径借入外债57笔，签约金额4.92亿美元。深化“放管服”改革要求，加大“政务服务平台”建设，扩大不见面审批范围。以强化监管为着力点，防范异常资金流动风险。按照“抓大放小”原则，灵活运用各种监管手段，强化对货物贸易、服务贸易、个人外汇等方面的监测，防范经常项下跨境资金异常流动风险。完善资本项目事后监管工作机制，完成资本项目系统合规性和异常指标核查数据146条，未涉及不合规数据。现场核查辖内4家银行资本项目，对出现问题及时提出整改意见。按照调查和处罚程序对两起逃汇案件进行行政处罚。以优化服务为落脚点，服务实体经济发展。因境内企业上市需要，与上级行沟通，对境外特殊目的公司、境内返程投资企业开展尽职调查，办理特殊目的公司补登记业务。根据企业需求，精准传达外汇政策，助力永鼎“一带一路”*建设，永鼎股份成为苏州地区第一家开立境外外汇账户的企业，提高企业境外资金使用效率。加强对银企的政策宣传和业务培训，通过线上线下双向传导，向辖内1300多家企业进行政策宣传，帮助外贸企业在疫情期间了解并用好相关政策。重点从提升外汇市场主体合法合规用汇意识、开展反面案例警示教育两方面开展"诚信兴商"宣传活动。（许　萌）

银　行

【概况】2020年，全区拥有各类银行业机构29家，一级支行以上机构32家（含3家平行管理支行），其中外资银行2家、村镇银行1家、财务公司1家。年末，全辖区本外币存款余额3572.78亿元，比年初增加342.48亿元，增长10.6%；本外币贷款余额3610.58亿元，比年初增加503.78亿元，增长16.22%。不良贷款余额27.72亿元，比年初减少6.69亿元，不良贷款率0.77%，比年初下降0.33个百分点。（许　萌）

【工商银行】2020年，中国工商银行股份有限公司吴江分行统筹疫情常态化防控，有效服务实体经济，提升经营发展和风险管理水平。年末，本外币各项贷款余额399.46亿元，比年初（下同）增加72.25亿元；本外币全部存款余额352.16亿元，增加66.39亿元，为近年增长之最；不良贷款余额2.69亿元，不良率0.66%，资产质量稳中有控；中间业务收入突破4亿元，拨备前利润首次突破12亿元。是年，以客户首选为目标，聚焦落实"六稳"*"六保"*，提升金融服务适应性、竞争力、普惠性。疫情期间落实"苏惠十条"及"吴江惠企十八条"政策意见，服务实体经济，支持企业复工复产，发挥金融稳定主力军作用，通过调整计息周期、续贷、再融资、降低执行利率等方式，减少企业融资成本。全年实现零案件、零重大事故、零重大负面舆情。年内，获"江苏省分行精品县（市）分支行"称号。（周　妤）

【农业银行】2020年，中国农业银行股份有限公司苏州示范区分行本外币存款余额518.08亿元，比年初增加5.43亿元，总量保持四大行第一。其中人民币各项存款余额476.49亿元，比年初增加8.21亿元。本外币贷款总量578.91亿元，比年初增加45.28亿元，总量保持同业第一。累计实现国际结算148.7亿美元、结售汇业务量17.72亿美元、跨境人民币结算量109亿元，均保持四大行第一。实现营业收入17.81亿元、拨备前利润14.63亿元、拨备后利润15.68亿元，比2019年（下同）分别增加1.79亿元、1.63亿元、1.97亿元，效益指标均创历史新高。开展"万人进千村"普惠专项推进活动，至年末，普惠贷款余额54.87亿元，比年初增长20.72亿元，发放"惠农e贷"2.52亿元，惠及农户1014户，办理全省农行首笔通过农户信息档案系统建档的"惠农e贷"业务。疫情期间，迅速响应"吴江惠企十八条"政策，落实小微企业金融支持方案，发放全市农行首笔"房抵e贷"线上信贷产品。全年为50户小微企业和个人客户办理贷款展期和宽限期，涉及金额3691.3万元。加快民生工程信贷投放，保障"三优三保"*在吴江规模化推进，累计审批"三优三保"项目贷款30.88亿元。率先为盛泽城市更新项目授信32亿元，为平望污水处理厂、大龙荡生态改造项目新增投放2.9亿元，为北大新世纪、华锐双语学校、苏大未来校区3个市级重大项目投放金额1.2亿元。新增智慧校园场景10个，小区缴费中心6个，完成区管学校学费代缴业务直连财政非税系统。加快网点智能化改造，畅通客户自助办理渠道，辖内各网点平均排队时间下降17.97%。加大对各类案件监测力度，全年协助警方办理"断卡行动"案件6起，堵截电信诈骗43起，为老百姓基本权益保驾护航。组织开展"美丽乡村健康行"活动，连续21年冠名吴江区"农行杯"欢乐迎新跑。与35家企事业单位合开展主题党日、志愿者服务、金融知识宣讲等活动，获新华社、经济日报等权威媒体报道。（姚　力）

【苏州农村商业银行】2020年，苏州农商银行应对新冠肺炎疫情冲击和严峻复杂的经营形势，坚持稳中求进，实现抓防疫抓发展"双胜利"。8月，完成领导班子换届。年末，全行合并资产总额1387.74亿元，比2019年（下同）增长10.18%；各项存款余额1066.86亿元，增长11.18%，居全区市场份额首位；

不良贷款率1.28%，下降0.05个百分点。全年营业收入36.92亿元，增长4.85%；实现净利润9.56亿元，增长4.71%。年内，先后获评全国科技抗疫先锋奖、最佳金融技术创新应用奖、省联社党建工作先进单位、吴江区十大纳税企业、平台经济领军企业、数字商务示范企业，位列“2020年全球银行1000强”第577位，比2019年提升65位，上升幅度为全省法人银行第一。是年，坚守支农支小定位，贯彻落实各项金融纾困惠企政策，综合推进减费让利和弹性还款措施，加大延期还本付息和信用、中长期贷款投放力度，推动政策红利精准直达市场主体；联合地方政府启动“党建共建助力乡村振兴”金融服务行动，累计对接吴江区村委223个，召开党建共建“阳光信贷”工作启动会152场，完成建档38万多人，吴江农户覆盖率66%。助力优化营商环境，推动“互联网+不动产金融”创新服务项目，在全国率先推出“零跑腿零收件半小时”的全流程不见面抵押登记服务，开创不动产抵押登记服务从按天计时到按分钟计时的里程碑。坚持走特色化差异化发展道路，加快零售银行转型，年末零售贷款余额183.93亿元，比年初增长30.75%，推进医疗健康、生活缴费、商圈市场等6大场景建设。绿色贷款余额（人民银行口径）20.1亿元，比年初增长51%以上，对外发布“中证中财—苏农长三角ESG债券指数”和“中证中财—苏农苏州绿色发展指数”；构建科创金融生态圈，实现苏州市各区政府主导风险补偿类科创金融产品业务合作全覆盖。“长三角一体化智慧银行服务”作为苏州金融科技创新监管试点首批创新应用，正式对外提供服务。提升“苏州人民自己的银行”品牌影响力，协助举办苏州市第四期民营企业家沙龙，冠名苏州市第十五届运动会并获评“杰出贡献单位”。（丁　懿）

【中国银行】 2020年10月，原中国银行股份有限公司吴江分行更名为中国银行股份有限公司苏州长三角一体化示范区分行，更好服务长三角一体化示范区发展。年末，本外币存款总额333.71亿元，贷款总额442.8亿元，均创历史新高；不良余额、不良率持续“双降”，不良率0.5%，为近七年新低。是年，秉承“发展为上、合规为基、员工为本、务实为先、律己为戒”战略思想，统筹推进各项工作。打破区域服务壁垒，实现长三角示范区内首笔异地授信业务，首批异地开卡并代发工资业务；加大绿色金融投放力度，在绿色交通、生态农业、园林绿化、节能改造等领域给予金融支持。加强与政府、行政事业单位合作，支持民营企业，与吴江法院开展战略合作，首创长三角生态绿色一体化示范区司法拍卖贷；利用对公移动综合开户新模式优势，对接区行政审批局“一窗受理”改革要求，入驻乡镇驻点服务，有效缩短企业开户时间，节约企业开户成本。依托全球化服务优势，落地首单出口买方信贷业务，支持当地企业“走出去”。响应政府号召，全面落实普惠金融、助力建设民生工程，完善农村金融服务体系，延伸服务触角，创新推出党建共建普惠金融综合服务点，更好服务农村“最后一公里”，打造美丽乡村金融服务场景，布局助农点48个。获“苏州市劳动关系和谐企业”称号和“苏州市五一劳动”奖状。（王天琪）

【建设银行】 2020年11月，原中国建设银行股份有限公司吴江分行更名为中国建设银行股份有限公司苏州长三角一体化示范区分行，同时发布《金融支持长三角生态绿色一体化发展示范区行动方案》，推出“加强制度设计、加大资源倾斜”等十大举措，支持服务示范区建设。年末，全行一般性存款余额316亿元，各项贷款余额451亿元，其中对公贷款余额253亿元、个人贷款余额198亿元。是年，重点助力“三优三保”*、城市更新、基础设施、先进制造业、智能产业等重大项目建设。疫情防控和经济社会发展两手抓，开发上线疫情防控系统，惠及1200多家企事业单位、社区、学校。落实“吴江惠企十八条”，助力复工复产复业，加大实体经济发展信贷支持力度，普惠贷款投放超44亿元。打造金融科技特色品牌，强化金融科技赋能，构建数字化智慧平台，助力智慧城市建设。支持“放管服”改革，引入政务一体机进网点，协同打造“智慧政务”事项，提升民生服务水平。（阮文君）

【交通银行】 2020年，交通银行股份有限公司吴江分行统筹推进疫情防控与经营管理各项工作，应对风险挑战，各项业务总体发展良好。年末，人民币总存款56.34亿元，较年初（下同）增加15.38亿元，增幅37.55%；日均存款50.8亿元，增加7.46亿元，增幅17.21%。人民币各项贷款时点余额70.75亿元，增加6.13亿元，增幅9.49%；日均余额67.48亿元，增加8.31亿元，增幅14.04%。实质性不良贷款余额6689.77万元，不良率0.93%。经中国银保监会苏州监管分局批复同意，交通银行吴江震泽支行、交通银行吴江盛泽支行分别于2020年8月、11月搬迁新址。8月13日下午，交通银行股份有限公司董事何兆斌一行赴吴江分行调研。10月14日，交通银行股份有限公司董事长任德奇、副行长周万阜到苏调研并在吴江召开长三角区域分行调研座谈会。（梅江平）

【中信银行】2020年，中信银行吴江支行把落实金融支持"稳企业保就业"相关政策作为重点工作推进，将疫情防控作为首要任务，强化金融服务保障，保持业务连续性，彰显"有担当、有温度、有特色、有尊严"的企业文化精神。年末，本外币各项存款余额144.53亿元，较年初增加12.67亿元，增幅9.6%。各项贷款余额159.13亿元，当年贷款新增29.47亿元，增幅22.73%。贷款不良率0.19%。营业净收入4.83亿元，增幅24.71%，其中利息净收入3.79亿元，中间业务收入1.04亿元。税前利润4.51亿元，增幅22.98%。全年在吴江区申报缴交各项税款金额总计5081.81万元，较2019年增长22.99%。疫情期间，支行通过创设风险缓释凭证方式，承销发行苏州地区首单半年期3亿元民营企业疫情防控债务融资工具。主动对接服务列入"三必须一重要"（疫情期间涉及公共事业运行、疫情防控必须、群众生活必须以及其他涉及重要国计民生）名单内的重要医用物资和重要生活物资骨干企业，加大资源倾斜力度。维护区域金融生态稳定，支持中小企业发展，加大对中小微企业的支持。帮助区内上市公司稳定经营，化解风险，根据实际情况"一事一议"。申请专项贷款支持吴江上市公司，确保贷款利率不高于同期贷款市场报价利率水平。支持民营经济发展，做好"稳企业 保就业"工作。抓住境内外资本市场发展机遇，聚焦债券承销和银团贷款，做大融资规模，加大债券市场等撮合类业务；开拓并购融资和股权融资；推进平台项目、教育项目、企业固定资产项目等，推广科技贷、房抵贷、网络贷等业务。是年，与汾湖高新区管委会及汾湖企业签约合作项目300亿元，与东太湖生态旅游度假区（太湖新城）管委会及吴江区国资直属机构签约合作项目600亿元。

（赵玉长）

【江苏银行】2020年，江苏银行吴江支行围绕服务实体经济、防范疫情风险两大工作主题，快速响应、迅速行动，做好"六稳"*"六保"*工作，为实体企业拓宽融资渠道，丰富金融产品，创新金融服务手段，提升金融服务实体经济的能力。年末，支行各项存款80.94亿元，较年初（下同）增加21.05亿元；各项贷款64.19亿元，增加7.03亿元。全年组织为区内369余户企业上报授信148.46亿元，投放低利率贷款41.47亿元，有效缓解企业资金需求。（徐音澜）

【邮政储蓄银行】2020年，中国邮政储蓄银行股份有限公司苏州市吴江区支行在常态化抓好疫情防控同时，凝聚全行力量，强化责任担当，落实"普惠金融"发展理念，提升市场竞争力，各项业务稳步增长。年末，各项存款余额185.6亿元，较年初（下同）增加22.62亿元，增幅13.88%；各类贷款余额86.68亿元，增加16.03亿元，增幅22.69%；资产质量保持良好，不良贷款余额1069万元，不良率0.13%。扎实推进风险管理工作，加强业务合规及风险防控体系建设，营造良好合规经营氛围，全年无重大事故发生。注重消费者权益保护，走进社区、企业、学校等开展消费者保护权益宣传工作，推动提高居民防范意识，维护自身合法权益。是年，获2020年"江苏省金融系统五一劳动"奖状。

（李祎琳）

【民生银行】2020年，中国民生银行吴江股份有限公司吴江支行以服务实体经济为己任，以服务创新助力中国经济转型和可持续发展为目标，围绕"做民营企业的银行、小微企业的银行和高端客户的银行"战略定位，履行社会责任，服务实体经济和长三角区域一体化发展。年末，本外币存款余额58.52亿元，其中储蓄存款12.14亿元；人民币贷款余额61.34亿元，其中对公贷款余额43.52亿元，个人贷款余额17.82亿元。（黄良宏）

【光大银行】 2020年，中国光大银行股份有限公司吴江支行坚持疫情防控和业务发展两手抓，以“稳中求进，变中求机，进中求新”为工作思路，总体经营情况稳健向好。年末，全区辖吴江、盛泽、江兴社区3个网点。各项存款余额55.32亿元，其中对公存款余额48.51亿元，储蓄存款余额6.81亿元；各项贷款余额48.82亿元，其中对公贷款余额33.36亿元，个人贷款余额15.46亿元。12月22日，吴江支行装修改造后重装开业，打造优质高效的金融体验。是年，坚持“增量、降本、便利”经营理念，加大对普惠金融、制造业、民营企业等重点支持及区域特色明显的产业支持力度。强化金融科技赋能，与37家药店签约阳光医药，推进“方橙式”医疗健康生态圈项目在区内落地。

（张超伦）

【招商银行】 2020年，招商银行股份有限公司吴江支行践行“开放融合”“清风公约”“赋能减负”等主题，围绕“主动管理”“升级管理”双线并进，提升“渠道+产品”服务竞争力，构建“跨条线+总分支行”联动策略，通过科技赋能，实现金融服务创新升级。年末，支行全折人民币自营存款53.86亿元，比年初（下同）减少1.04亿元。其中对公存款余额43.49亿元，减少2.11亿元；储蓄存款余额10.37亿元，增加1.07亿元。支行全折人民币自营贷款余额77.52亿元，增加7.24亿元。其中一般对公贷款余额37.68亿元，增加2.34亿元；零售贷款余额39.84亿元，增加4.9亿元。是年，强化资产组织工作，精准介入，做好重大项目跟进，抓好资产投放结构摆布，实现量质并举。围绕两战客户、优质企业为核心的产业链延展拓宽供应链融资，推动个贷、闪电贷、消费信贷业务实现新突破。夯实负债基础，多渠道拓展核心存款来源，巩固并扩大优势和成果，提升份额、优化结构、降低成本。服务好地方债、专项债、产业基金等，聚焦结算资金、归集资金等领域抓低成本存款。深耕客群基础，优化客群结构，提升数字化获客能力和渠道获客比例，保持客群留存率。抓好风险管理，加强合规风险意识，树立“人人都是唯一的防线、每道防线都是最后一道防线”理念。做好疫情常态化管理工作，既能“防得住”又能保障“放得开”。

（吴峻宇）

【浦发银行】 2020年，上海浦东发展银行股份有限公司吴江支行围绕“不断深化市场化转型，建立有市场竞争力的客户经营体系，为实现高质量发展战略，夯实经营管理基础”主线，抢抓区域经济产业升级市场机遇，支持地方实体经济发展。年末，本外币存款余额52.63亿元，比2019年（下同）增加4.65亿元；其中人民币存款余额48.7亿元，外币存款余额0.6亿美元。本外币贷款余额59.78亿元，增加6.17亿元，其中零售贷款余额20.83亿元，增长1亿元。全年完成营业净收入2亿元，其中中间业务收入0.46亿，实现利润1.59亿元。财富类产品销售112亿元，个人金融资产余额29.97亿元。后三类余额5653万元，减少5534万元；不良率0.95%，较年初降低1.14%，连续四年实现不良率双降。（吴利清）

【宁波银行】 2020年，宁波银行吴江支行围绕“做大负债规模、控制付息成本；做好项目储备、抢抓资产投放；做全中间业务、保证利润提升；做深基础客群、夯实发展根基；做实合规管理、严格把控风险；做强铁军建设、提高员工效能”六大方面，加快实现进入本土主流银行目标。至年底，吴江支行本外币各项存款余额58.98亿元，表内外各项贷款余额50.87亿元，不良贷款率0.57%。吴江高新支行坚持深根本土，秉承“大银行做不好、小银行做不了”的经营理念，坚持为广大客户提供特色化、专业化金融服务。至年底，吴江高新支行存款余额37.69亿元，贷款余额41.1亿元，不良贷款率0.21%。（鲁华萍）

【苏州银行】 2020年，苏州银行吴江支行成立苏州银行绿色支行，支持绿色产业和地方经济，履行促进地方经济转型升级责任，加大对长三角区域企业的支持保障力度。疫情期间，及时启动应急机制、搭建绿色通道，短时间内落地凯伦建材全国首单5000万元绿色双创债项目，募集资金用于疫情重灾区湖北黄冈市某企业复工复产以及防水新材料生产线，为企业提供金融保障。对接吴江区委组织部、区人才办、科技局，通过“吴江人才卡”“人才贷”“创易融”“高企融资服务直通车”等金融产品，搭建银企交流平台，推动银企合作、拓宽企业融资渠道、提供更好科创金融服务。年末，支行各项本外币存款余额53.65亿元，较年初增加4.05亿元，其中储蓄存款20.24亿元、单位存款33亿元；各项贷款余额59.46亿元，较年初增加10.08亿元，其中单位贷款28.45亿元，个人贷款31.01亿元。是年，苏州银行吴江支行党总支被苏州市人民政府国资委办公室授予“苏州市国资系统先锋基层党组织”称号。（刘　悦）

【广发银行】 2020年，广发银行苏州吴江支行贯彻落实总行“12333”工作思路，坚持以党建统领发展，增强科技赋能、保银协同，明确突出零售、做强对公、做优同业，弘扬服务、合规及团队文化，为吴江市民提供优质多元的金融服务。至年底，各项贷款余额27.39亿元，较年初增加5.58亿元；各项存款余额18.08亿元，较年初增加4.76亿元。是年，落实国家区域发展战略，加大对重点行业支持，服务实体经济；加大消费扶贫及金融扶贫力度，多措并举助推精准扶贫。走进社区、商圈、企业开展金融知识宣传活动，提升公众金融素养，普及金融知识。

（杨宇博）

【企业银行】 2020年，企业银行（中国）有限公司吴江支行以“创新之路　差别化之路　共同成长之路”为指引，应对新冠肺炎疫情，各项工作稳中求进。年末，本外币各项存款余额4.23亿元，较2019年（下同）下降23.33%；各项贷款余额2.84亿元（不含贴现），增长7.04%，其中个人住房贷款余额4853.15万元，增长87.84%。贷款质量较好，无不良贷款，无贷款逾期，净利润273.92万元。是年，秉承合规经营理念，完善内控制度，信贷以小微制造业为主，支持小微企业发展。（龚　菲）

【上海银行】 2020年，上海银行股份有限公司苏州吴江支行坚持以营收、效益和质量为主线，以转型发展与特色培育为重点，主动应对形势变化，把握市场机会，加强风险管理，加大对吴江普惠企业及社区民生的服务支持力度，稳步推进各项工作。年末，支行本外币各项存款41.8亿元，比年初增加15.96亿元；人民币表内贷款61.18亿元，企信类贷款4.50亿元，投债11.02亿元，外币贷款670万美元，连同敞口银票，合计贷款余额超过80亿元。

（杨文辉）

【泰隆银行】 2020年，浙江泰隆银行股份有限公司吴江支行定位“坚持小微，践行普惠”发展战略，坚守疫情防控风险底线，发挥金融支持稳企业保就业作用。年末，人民币存款87747.48万元，较年初（下同）增长50.02%；各项贷款余额120527.11万元，增长33.09%；个人存款余额33674.94万元。存贷规模首次突破20亿元。普惠小微贷款余额83444万元1396户；农户贷款余额52769万元1431户。至年底，小微企业贷款延期率61.6%，信用贷款占比24.6%。年初，应对新冠肺炎疫情推出纯线上、纯信用自助循环贷款产品“泰e贷”，客户通过营销二维码、手机银行等电子渠道自助进行线上业务申请、合同签订、借款、还款等操作，实现全程非接触，解决借款人日常生产经营或家庭消费需求。至年底，吴江区域“泰e贷”预授信总户数1430户，预授信总金额24200万元。（高　婷）

【兴业银行】 2020年，兴业银行吴江支行夯实业务基础，提升团队综合能力，稳步高效合规经营，为区域经济发展保驾护航。年末，支行生息资产143亿元，其中表内生息资产70.18亿元，表外生息资产72.82亿元。全年新增民营企业授信20余户，新增民企授信金额超过17亿元。零售贷款余额超过15亿元，较年初增加近2亿元，新增规模位列分行内各支行首位。是年，推动吴江住建二手房系统对接，实现上线使用及落地支行自投按揭贷款入账；开立吴江土拍保证金专户，实现地方平台建设。11月9日，长三角生态绿色一体化发展示范区吴江区建设工作现场会上，支行代表股份制银行与11个示范区建设项目的银团500亿元贷款进行现场签约，与区政府达成重要战略合作目标。（沈祎峰）

【兆丰银行】 2020年，兆丰国际商业银行股份有限公司苏州吴江支行发挥综合金融服务优势，依托吴江试验区战略平台，通过政策支持、融资服务、金融创新，加大对区内及市里台资企业支持力度，强化两岸金融服务平台，为客户提供优质金融服务及融资渠道。年末，支行存款户116户，存款余额45389万元，比2019年增加7538万元。完善授信客户贷前、贷中及贷后管理制度，提高授信品质，放款余额38286万元，信贷户21户，投放以外资及港澳台资企业为主。电子银行业务持续成长，银企业务合作效率进一步提高。

（俞佳晴）

【农业发展银行】 2020年，中国农业发展银行苏州市吴江区支行把握高质量发展目标导向，不断强化服务国家战略和投身三农事业大局意识，应对突发疫情，抓好“六稳”*“六保”*工作。全年累计发放各类贷款20.22亿元，贷款余额64.63亿元，比年初（下同）增加5.86亿元。其中购销储贷款余额30.14亿元；中长期贷款余额32.07亿元，增加8.52亿元；短期流动资金贷款余额2.09亿元，增加0.05亿元。（沈坤元）

保　险

【概况】 2020年末，吴江区有保险机构42家，其中财产保险公司19家，人寿保险公司21家，保险代理公司2家；在册从业人员7285人，其中保险营销员6504人。全年实现保费收入50.73亿元，比2019年（下同）增长6.17%。其中，财产险保费收入21.8亿元；人寿险保费收入28.93亿元。赔款支出和其他各类给付总计14.76亿元，其中财产险赔款支出11.04亿元，人寿险赔款支出和各类给付3.72亿元。

（朱文岚）

【人保财险】 2020年，中国人民财产保险股份有限公司吴江中心支公司践行“有高度、有温度、有力度、有精度”使命，开启“卓越保险战略”征程。当年公司总保费74191万元，市场份额32.87%，其中车险56191万元、非车险18000万元，全面领先市场，公司业务稳步发展。应对疫情，实现保障不打烊、服务不断档。针对隔离措施带来的经营困难，加快推进线上增员、移动出单、远程定损、在线理赔。是年，公司处理各类赔案6.43万笔，支付总赔款40533万元。落实集团“温暖工程”，攻坚“失温现象”，推进“升温工作”。对内开展EAP（员工心理关怀项目）“一对一关爱访谈”、心理咨询服务、员工食堂全面改造，提升员工幸福感指数；对外成立多支宣传小组，将民生保险知识送村进社，使民生保险深入人心。先后推出“苏扶保”“苏康保”等与民生息息相关的产品。“吴江区自然灾害民生综合保险”合计赔付1909笔，发放赔偿金额372万元；大病保险全年赔付87505人次，发放赔款13736万元。承保桃源镇城乡居民重大疾病救助保险，入围吴江区长期护理保险，承保全区应急管理特岗人员意外险，签订辖区首单“破产管理人综合保险”，签订苏州首单地理标志被侵权损失保险，签订版权质押协议等。获评2020年度江苏省人保系统五型联合党支部。（柳　亭）

【中国人寿保险】 2020年，中国人寿保险股份有限公司吴江支公司发挥险企社会经济助推器、稳定器职能，实现寿险总保费10.16亿元，比2019年（下同）增长8.68%，其中健康险5309.7万元、意外险3655.99万元、一般寿险6.63亿元、分红险2.64亿元；寿险保费市场份额30.71%，增加2.41%，继续居市场领先地位；赔付支出8205.4万元，其他各类给付8801.64万元。是年，抓好寿险主营业务同时，主动抗击疫情，将扶贫攻坚、“六稳”*“六保”*落到实处。加强疫情期间员工、销售队伍心态建设，适时转型线上销售，深化核心渠道合作，加强业务新项目开发。全年为全区6000多名公安干警辅警、3000多名相关群众捐赠新冠身故保险；落实消费扶贫方案，向同里镇合心村多户困难家庭提供帮困物资，向桃源镇199户计生特殊家庭免费提供意外保障，向贵州黔东南印江贫困地区捐赠冬衣。（沈　芨）

【太保产险】 2020年，中国太平洋财产保险股份有限公司吴江中心支公司团结全体员工奋力拼搏，协同战“疫”，实现各项业务健康稳定发展，全年入账保费5.69亿元，市场份额25%，各项准备金提取充足，在政策性农业保险招标工作中以高分获得主承。是年，公司抗击新冠肺炎疫情，参加志愿服务，研发防疫保险，落实“太保服务，在你身边”承诺。开展义务献血、高温日慰问交警消防、吴江慈善一日捐、走进社区帮扶、慰问特殊教育学校、吴江社会福利中心等公益活动及“一盔一带”送安全活动，培养员工社会责任感。打造“太保服务”品牌，优化车险理赔时效，延伸非车险理赔服务，提供更有温度的保险服务。升级“太阳下的寻梦人——追星逐月，滴水寻梦”党建品牌，第一党支部被集团评为“党支部标准化规范化建设示范点”。

（许雪华）

【太保寿险】 2020年，中国太平洋人寿保险股份有限公司吴江支公司（以下简称“公司”）完成总保费收入6.86亿元，受疫情影响，保费总量比2019年（下同）下降3.8%；保单件数41.4万件。团体意外险业务总量居吴江寿险市场第一。是年，公司赔付总支出9291.7万元，下降1537.4万元，降幅14.2%，其中个人赔付7781.5万元，降幅15.5%；团体赔付1510.2万元，增幅6.5%。单笔赔款超10万元的累计1966.12万元；单笔赔款超30万元（含）16笔，累计580.5万元。个人赔款超30万元（含）12人，其中最大个人赔款60万元。单笔超过10万元赔款中，重大疾病赔款1785.66万元，呈明显上升趋势。抗击新冠肺炎疫情，认真做好公司防疫，组织先锋志愿者15人参与社区值勤，累计值勤850个小时。

（树本华）

【平安产险】 2020年，中国平安财产保险股份有限公司吴江支公司实收保费60325万元，市场占有率26.85%，其中车险53682万元，非车险6643万元。全年公司总赔付金额34068.78万元，其中车险合计赔款31402万元，财产险合计赔款1358.05万元，企财险合计赔款76.53万元，责任险合计赔款1092.19万元，家财险合计赔款140.01万元。当年度车险单笔最大赔付112万元。是年，深化“金融+科技”“金融+生态”战略，对内深挖业务场景，强化科技赋能，对外输出创新产品及服务，发挥科技驱动力，完善行业生态，提升科技水平。先后承保恒力石化（大连）炼化有限公司、苏州市蓝天膳食服务有限公司、协鑫新能源投资（中国）有限公司、苏州市国安英盾保安服务有限公司、苏州咏歌物业管理有限公司的雇主责任险，泰州纳新新能源科技有限公司的企财险及产品责任险，吴江市水利建筑工程有限公司的工程险，恒力石化（大连）有限公司、苏州市吴江区国家税务局的企财险等业务项目。是年，平安银行与平安产险联合，发挥平安集团综合金融优势，在行业内率先推出平安好车主信用卡，该卡自带“平安行”保障功能，覆盖加油、洗车、代驾、接送机等车主服务，提供美食、外卖、视频网站会员等生活领域的优惠消费服务，为车主构建完整的用车生态圈。（胡　洁）

证　券

【东吴证券】 2020年，东吴证券股份有限公司吴江分公司实现利润4869万元，持续推进财富管理转型工作，坚定财富管理转型步伐，贯彻落实发展方针，在新客拓展、高净值客户服务等方面取得成绩，以优质的服务、相对市场化的价格留住客户，寻找高频交易客户，提高营业部市占率。产品销售、新三板、两融、IB（期货中间业务）等多项创新业务在吴江地区名列前茅。综合金融业务方面，继续以新三板业务为主要切入点，IPO（首次公开募股）、债券等业务均有突破；经纪业务方面，进一步加深乡镇网点建设，将业务区域向深度发展。（尚　越）

2020年吴江区证券分支机构一览表

序　号	名　称	地　址
1	东吴证券吴江分公司	中山北路172号
	东吴证券吴江体育路营业部	体育路508号
	东吴证券吴江盛泽镇西环路营业部	金源大厦L1—L3

（续　表）

序　号	名　称	地　址
1	东吴证券苏州吴江区中山北路营业部	中山北路172号
	东吴证券吴江平望营业部	学才路163号6幢1单元103号
	东吴证券吴江七都营业部	人民路19幢10411号
	东吴证券吴江汾湖营业部	城司路1218号
	东吴证券吴江震泽营业部	镇新南路1428号
	东吴证券盛泽镇强武路营业部	雅都广场商务楼1—1—132
2	南京证券吴江松陵镇笠泽路营业部	笠泽路110号—401室
3	中国中金财富证券吴江盛泽舜新中路营业部	舜新中路439号12层
	中国中金财富证券吴江中山南路营业部	中山南路6、7号店面
4	华泰证券吴江盛泽广州路营业部	汇赢大厦107室
	华泰证券吴江区高新路营业部	高新路946、948号
5	广发证券吴江仲英大道营业部	仲英大道1060号
6	东海证券苏州吴江中山南路营业部	中山南路1729号610室
7	海通证券苏州鲈乡南路营业部	鲈乡南路2328号
8	中信证券吴江文苑路营业部	文苑路178号
9	光大证券苏州开平路营业部	开平路3688号8幢L113
10	上海证券吴江流虹路营业部	流虹路与花园路交叉口东
11	中信建投证券吴江中山北路营业部	中山北路212号
12	财达证券苏州开平路营业部	开平路789号18层
13	国融证券江苏分公司	体育路1155号820室
14	兴业证券苏州吴江中山南路营业部	中山南路988号1幢901

（卜权昱）

其他金融机构

【概况】 2020年，吴江区有小贷公司13家、融资担保公司2家（苏州亨通融资担保有限公司、苏州市吴江创融融资担保有限公司）、外资及港澳台资融资租赁公司17家、典当行7家、商业保理公司1家（江苏盛泽东方农发商业保理有限公司）、集团财务公司1家（亨通财务有限公司）、大宗商品交易市场1家［苏州盛泽东方市场纺织电子交易中心有限公司（东方丝绸市场）］、权益类交易场所1家（苏州市吴江农村产权交易中心有限公司）、省级备案创投基金13家。（陈　瑛）

2020年吴江区小贷公司一览表

单位：万元

序　号	公司名称	成立时间	注册资本	贷款余额
1	吴江市鲈乡农村小额贷款股份有限公司	2008.10.21	33300	34899.84
2	苏州市吴江区巾帼农村小额贷款有限公司	2009.1.16	20000	19025.02
3	吴江市苏南农村小额贷款股份有限公司	2009.2.25	20000	44129.72

（续　表）

序　号	公司名称	成立时间	注册资本	贷款余额
4	吴江市苏商农村小额贷款股份有限公司	2009.12.29	11800	12300.01
5	吴江市金鑫农村小额贷款有限公司	2010.9.17	10000	2917.63
6	吴江市吴越农村小额贷款股份有限公司	2010.9.20	12195.9	19031.82
7	吴江市汾湖农村小额贷款股份有限公司	2010.12.6	5000	10564.34
8	吴江市中国东方丝绸市场农村小额贷款股份有限公司	2011.1.28	46500	74141.75
9	吴江市腾巨农村小额贷款股份有限公司	2011.7.27	5000	1799
10	苏州市吴江区凯丰农村小额贷款有限公司	2013.7.26	15000	782
11	苏州市汾湖科技小额贷款有限公司	2013.12.20	10000	6031.96
12	苏州市吴江区松陵农村小额贷款股份有限公司	2014.3.27	7500	7400
13	苏州市中鲈科技小额贷款股份有限公司	2016.3.1	10000	1219

（陈　瑛）

2020 年吴江区融资担保公司一览表

序　号	名　称	地　址
1	苏州亨通融资担保有限公司	吴江区东太湖大道7070号亨银金融大厦2401
2	苏州市吴江创融融资担保有限公司	太湖新城迎宾大道333号苏州湾金融小镇22幢4楼

（张振亚）

2020 年吴江区外资及港澳台资融资租赁企业一览表

序　号	公司名称	批准时间
1	江苏德仁融资租赁有限公司	2011年
2	苏州中国东方丝绸市场融资租赁有限公司	
3	江苏东吴融资租赁有限公司	2012年
4	苏州福冠融资租赁有限公司	
5	苏州正大融资租赁有限公司	
6	苏州汇金融资租赁有限公司	
7	苏州福华融资租赁有限公司	
8	苏州华龙融资租赁有限公司	
9	苏州锦帆融资租赁有限公司	
10	江苏蓝海融资租赁有限公司	
11	苏州恒盛融资租赁有限公司	
12	苏州海锋融资租赁有限公司	
13	苏州冯氏融资租赁有限公司	
14	苏州宇泰融资租赁有限公司	2013年

（续　表）

序　号	公司名称	批准时间
15	江苏千里融资租赁有限公司	2013年
16	普得融资租赁(苏州)有限公司	
17	米袋融资租赁（苏州）有限公司	2017年

（陈　瑛）

2020年吴江区典当行一览表

序　号	名　称	地　址
1	苏州恒隆源典当有限公司	开平路450号君悦国际1幢101
2	苏州永鼎典当有限公司	吴江开发区运东大道997号
3	苏州信诚典当有限公司	亨通金融大厦28楼
4	苏州运富典当有限公司	吴江开发区云梨路1099号云梨路商业广场4幢335
5	苏州市吴中典当有限责任公司吴江分公司	松陵镇中山南路988号华邦商务广场1幢607室
6	江苏金腾典当有限责任公司盛泽分公司	吴江市盛泽镇市场路东方花园4幢12号
7	苏州吴门典当行有限公司吴江分公司	汾湖经济开发区城司路嘉乐城A3区1号楼215

（陈　瑛）

2020年吴江区省发改委备案创投机构汇总表

机构名称	注册地	备案时间
吴江东运创业投资有限公司	吴江开发区	2008.9.10
吴江东方国发创业投资有限公司	东太湖度假区（太湖新城）	2009.2.26
苏州金茂新兴产业创业投资企业(有限合伙)	吴江高新区（盛泽镇）	2012.1.20
吴江富坤赢通长三角科技创业投资中心（有限合伙）	东太湖度假区（太湖新城）	2012.12.18
苏州华创赢达创业投资基金企业(有限合伙)	吴江开发区	2013.3.13
苏州东方汇富创业投资企业(有限合伙)	东太湖度假区（太湖新城）	2013.12.18
苏州市吴江创业投资有限公司	东太湖度假区（太湖新城）	2014.9.30
苏州清研汽车产业创业投资企业（有限合伙）	东太湖度假区（太湖新城）	2015.5.28
苏州市吴江创迅创业投资有限公司	东太湖度假区（太湖新城）	2015.12.31
苏州龙驹创联创业投资企业（有限合伙）	东太湖度假区（太湖新城）	2018.7.2
苏州乾融赢润股权投资合伙企业（有限合伙）	汾湖高新区（黎里镇）	2019.1.30
苏州盛山溸赢创业投资企业（有限合伙）	东太湖度假区（太湖新城）	2019.3.28
苏州清睿华赢创业投资合伙企业（有限合伙）	吴江高新区（盛泽镇）	2020.10.12

（卜权昱）

（本栏编辑　钱晓燕）

城乡规划

【城市规划】 2020年，区自然资源和规划局紧抓一体化示范区、先行启动区国土空间规划，争取高位协调，畅通沟通渠道，谋求发展空间。吴江提出的开发强度、交通互联互通等多方反馈意见被示范区规划(《长三角生态绿色一体化发展示范区国土空间总体规划(2019—2035年)》)采纳。推进《苏州市国土空间总体规划——吴江分区规划(2020—2035)》编制，完成底数底图系统梳理、提交基数转换初步成果、初步明确三线划定等重要工作。推进苏州南站、盛泽站交通枢纽规划设计方案，探索轨道引导城市高质量转型发展策略，助推一体化高质量发展。（田　静）

【村镇规划】 2020年，区自然资源和规划局推进镇村布局优化完善，12月，《吴江区镇村布局规划(2020版)》获苏州市人民政府批复。有序推进全区“多规合一”*实用性村庄规划编制，《燕花庄连片区村庄规划设计》获区政府批复，《元荡西片区特色精品村村庄规划设计》通过专家评审、规划公示，《开弦弓等长漾北片区村庄规划》通过专家评审，牵头组织的“中国·江村——乡村振兴展示馆”于4月完成竣工验收并正式启用。（田　静）

【规划审批】 2020年，区自然资源和规划局严格把关建设项目规划审批及市政工程规划管理，出具规划条件99个，其中办理规划条件调整6个。完成项目方案审查及变更86项、建筑施工图审核及变更110项、市政类方案审查291项。推进规划和用地“多审合一、多证合一”改革，办理建设项目用地预审与选址意见书32件、建设用地规划许可证117件。（田　静）

市政与公用事业

【市政行业管理】 2020年，区住建局落实完善市政行业信用管理机制，把好企业信用关，完成2019年度市政施工企业和项目经理、市政监理企业和项目总监年度信用评价工作。办理建筑业企业资质初步审查工作，报批市政企业新申报及分立、重组、合并资质43家。组织开展市政在建工程综合大检查2次，抽查市政在建项目83个，合计造价13.7亿元。组织开展2019年度吴江区“垂虹杯”建筑工程质量奖(市政类)评审活动，油车路(梅石路—西塘河路)道路改造工程等11项工程获奖，其中5个项目获评2019年苏州市“姑苏杯”优质工程奖(市政类)。对市政工程主材的沥青、水稳和桥梁预制梁板生产企业进行年度备案管理。加强城镇桥梁监管，全面体检辖区内845座城市桥梁，对排查出的13座C级桥梁，要求各镇（区）制定切实可行的维修加固方案并完成整改。贯彻落实省、市要求，组织各地开展城市桥梁安全隐患排查；进行城市桥梁限行、限载、限高等标志标牌检查和独柱墩城市桥梁排查，结论显示，全区城市桥梁安全可控。贯彻落实《无障碍环境建设条例》，配套建设无障碍设施，加快推进吴江区基本公共服务均等化，吴江区在苏州大市考核中位于前列。（金　怡）

【美丽宜居城市建设】 2020年，吴江区以完成“三美协同、三居递进、三城与共”的工作目标为落脚点，保护、传承、建设大运河文化带，以人民群众对美好生活向往的现实需求为出发点，落实试点项目，在绿地系统完善的基础上注重空间特色塑造和红色党建引领，打造适老性宜居住区和特色文化小城镇。是年，区住建局推进美丽宜居城市建设，实施“长三角一体化进程中的江南水乡古镇保护”“震泽镇美丽宜居小城镇”和“苏州市老旧小区改造”三个省级试点项目，重点推动住房系统优化、设施水平提高、特色魅力彰显；推动住区综合整治、街区整体塑造、小城镇多元特色发展；推动美丽宜居城市共同缔造；完善古镇修缮保护，优化公共空间环境，探索存量资源整合利用机制。利用3年试点期，建成吴江美丽宜居城市样板，积累可复制、可推广试点经验。建设文化特色浓郁、基础设施完善、生态环境优美、社会共建共治共享现代化美丽宜居城市。（金　怡）

【美丽城镇建设】 2020年，吴江区坚持全域推进，同步建设特色精品乡村、特色康居乡村、特色宜居乡村，打造吴江特色的特色田园乡村建设体系。众安桥村谢家路、东联村许庄、北联村洋溢港、开弦弓村开弦弓、南厍村南厍、沈家村金家坝、庙头村后港、黄家溪村黄家溪、农创村东庄田、星字湾村北上10个村庄被命名为“江苏省特色田园乡村”；开弦弓村开弦弓、庙头村后港、黄家溪村黄家溪3个村庄被命名为“苏州市特色精品乡村”。光荣村、金星村、元荡村3个行政村被命名为“苏州市康居特色村”；永平村南圩浜等98个自然村被命名为“苏州市三星级康居乡村”。南厍村、开弦弓村、东联村许庄、北联村洋溢港4个村庄被认定为“江苏省传统村落”。“震泽镇美丽宜居小城镇建设项目”被列入江苏省美丽宜居城市建设试点“综合类试点项目”。（陆　瑜）

【园林绿化】 2020年，吴江区新增和改造绿化面积33万平方米。区住建局加强对汾湖康力大道、元荡综合整治先导段等重点绿化工程指导，提高建设质量；东太湖大道（鲈乡路—227）两侧绿化工程—安惠港南侧B标段获评2020年度苏州市“姑苏杯”优质工程奖，科创园环境综合改造提升工程（云创路）、秋

美丽休闲乡村——众安桥村　　（区农业农村局　提供）

泽路(白龙桥路—春旭路)两侧景观绿化工程、舜湖西路西延北侧、梅坛路外侧(市场路以南)绿化工程、2018年沈家特色田园乡村景观绿化工程获评2020年度苏州市“园林杯”园林绿化优秀工程奖;参展首届江南花卉艺术展,主题景点“激情融合”、花艺布置展示区景点“江南客厅——同里”分获“主题景点造景艺术奖”大奖和“最美花卉艺术奖”金奖。加强全区园林绿化管理工作指导和考核,开展绿化养护专项整治,提升精细化管理水平;全区86个村庄达到“绿美村庄”创建标准,特色田园乡村达标率100%,康居乡村达标率79.38%。抓好政府投资绿化工程管理,全年考核29家企业31个工程,评定A类企业3家;强化对各区镇(街道)养护考核结果运用,评定7家绿化企业为“2019年度吴江区绿化养护优秀企业”;完成2019年度16家中介机构(绿化监理企业)信用等级评定工作,评定A类绿化监理企业3家。 (俞丽琴)

【城建档案管理】 2020年,区城建档案管理处(馆)审核鉴定报送进馆的各类档案资料,接收归档工程项目294个,其中房建项目216个,接收竣工工程面积840多万平方米;各类市政、装修等项目78项。新建工程档案报送登记447个,其中装修工程、市政项目约占四分之一,比2019年大幅增加。完成审核归档声像档案工程项目约290项。收集照片17600多张,视频2300多分钟;声像档案资料入库工程数量累计1447个。完成编制整理组卷房屋建筑工程项目159个、市政工程项目38个,组卷18769卷,库存量累计262819卷。接收监察大队移交档案(2003—2013年)7293份,接收消防科消防验收资料1039卷,接收招标办(2010—2019年)招标档案5557卷。完成数字化档案备份工作。全年接待档案查阅利用519人次,利用档案16538卷,为企事业单位提供电子档案6690卷。是年,吴江区数字城建档案管理服务平台正式运行,实现工程档案信息网上报建、电子档案实时在线上报审核及电子档案、声像档案规范化接收;添置自助查档设备供群众使用,提高查档效率。

(杨跃健)

房屋征收

【概况】 2020年,区征收办进一步规范征收行为,细化征收操作程序,提高房屋征收工作质量。编制《房屋征收行权手册》,主要分为操作程序、文书样本、实体规范、文件汇编四个部分,增强房屋征收工作的指导性和可操作性。 (吴玲娟)

【重点项目房屋征收】 2020年,全区城乡在拆项目77个,完成房屋征拆户数1559户(处)78.86万平方米。动态跟踪全区征收拆情况,做好重点项目解难服务;推进国有土地上房屋征收实施项目3个,其中城中农贸市场综合改造项目最后一户完成签协,震泽镇快鸭港路南延工程项目历时8个月完成受理、最后一户签约到全面竣工,老东门综合改造项目进入司法程序强制执行准备阶段。

(吴玲娟)

房产管理

【房产开发管理】 2020年,区住建局强化房产开发管理,进一步做好“商品房买卖合同”网上备案督查工作,维护买房人的合法权益,杜绝各类违规更名行为。全区商品房成交29316套355.88万平方米共596.51亿元,其中住宅成交24817套312.49万平方米共544.95亿元。严格落实商品房预售资金监管,规范资金使用,银行监管账户81个,重点监管资金73.13亿元。

(夏国芳)

【物业管理】 2020年,区住建局规范物业管理,配合全国文明城市创建,制定《吴江区物业住宅小区“百日攻坚”行动实施方案》,出台《吴江区住宅区小区物业管理考核办法》,在城区154个物业住宅小区推行网格化包帮管理。推进业委会和物业企业建党工作,制定《关于推进吴江区“红色物业”建设的指导意见》,奥林清华东区“红色物业”通过省级示范点项目验收,锦绣吴越花园、雍雅苑、玖珑花园和苏州湾景苑东区获2020年度苏州市市级示范物业管理项目。新建物业项目前期备案33件,业主委员会备案24件,维修基金缴存5.33亿元。

(夏国芳)

【房产交易管理】 2020年,区住建局提升房产交易管理水平,全面开设吴江区存量房直系亲属及自行成交类免费网签服务点；推行和优化二手房交易托管资金领取“集中支付自动到账”、短线到账提醒服务。完成房产测绘、房地产估价机构信用等级评定工作。全区存量房交易11017处，建筑面积165.09万平方米；资金托管7469户，托管金额120.77亿元。完成房屋鉴定41处，建筑面积7.85万平方米。新签白蚁防治预防合同100个，面积617万平方米；预防完成项目92个，建筑面积647万平方米。（夏国芳）

建筑工程管理

【建筑市场管理】 2020年，吴江区高质量推进建筑产业现代化，完成绿色建筑项目面积478.78万平方米，是任务目标的239.39%；完成新开工装配式建筑项目面积278.27万平方米，是任务目标的231.89%。苏州知音温德姆酒店、苏州玖珑花园1—6、19、20号楼、苏州玖珑花园7、8、17、18、21—24号楼、苏州玖珑花园9—16号楼获二星级绿色建筑运行标识。开展建筑业企业、项目经理信用考评工作，其中，A类施工总承包单位30家、B类165家、C类6家、D类2家；A类建筑装饰装修单位5家、B类217家；A类房建监理企业9家、B类50家、C类7家，54位建筑工程项目经理获评吴江区优秀项目经理。博众精工1#厂房、1#研发行政楼项目获国家优质工程奖，5项工程获江苏省“扬子杯”优质工程奖，52项房建类、11项装饰类工程获“姑苏杯”优质工程奖，116项房建类、15项装饰类、1项安装类工程获“垂虹杯”建筑工程质量奖。受理建筑业企业资质转入申请企业109家，资质首次、增项、升级申请企业43家，对177家建筑业企业进行资质动态核查，实地检查121家，撤回资质企业13家。组织开展全区建筑市场综合大检查及监理、混凝土、检测等行业专项检查；推进建筑领域“苏安码”工作，全区2.4万余名农民工申领“苏安码”绿码；完成新增入库建筑业企业38家，符合统计口径企业数177家，全年建筑业企业总产值151.54亿元，比2019年增加13.85%。接待农民工来访投诉案件176起，接待来访人数1500余次，解决拖欠农民工工资5200余万元，案件量、接待人次、涉及金额比2019年下降约20%。宣传贯彻《保障农民工工资支付条例》，出具苏州大市范围内首份《责令改正通知》和首张“农民工工资支付”行政处罚决定书，实施行政处罚案件4起，处罚金额20万元。（陆沈阳）

【建筑招投标管理】 2020年，全区招标发包标段总数349个，比2019年(下同)增加15.6%；招标发包面积168.49万平方米，减少20.8%；招标发包投资总额126.17亿元，增加17.7%；公开招标346个，中标价125.22亿元；邀请招标3个，中标价0.95亿元；招标中标价126.17亿元，造价降低率8.4%，降低工程造价11.61亿元。组织标后管理检查6次，检查项目数87个。实现建设工程招标、投标、评标、异议与投诉全程电子化，电子化招投标率100%。组织项目会商11次，涉及25个标段，提出建议意见45条。全年对投标企业诚信考核扣分45次，中标企业扣分20次，招标代理扣分8次；对4家涉及串通投标企业进行处理；评委扣分7次。（吴新荣）

【建筑工程造价管理】 2020年，吴江区11家工程造价咨询企业完成咨询项目1066个，工程造价105.58亿元。区住建局加强建筑工程造价管理，完成2019年度咨询企业综合考评，考评结果 为A级8家、B级37家；抽取34个工程项目进行咨询质量核查，项目误差率最高1.83%，总体良好；全年开展两次造价咨询企业不告知检查，查看办公现场人员执业情况、公司制度、收费标准等，检查结果记入年度信用考核；做好区外造价咨询企业进区备案工作，56家区外企业办理年度备案。（陆沈阳）

【建筑项目设计审查】 2020年，区住建局强化施工图设计审查，通过提升审查质量、实现施工图“不见面审查”、简化受理方法等创新工作服务基层经济建设。全年审查建设项目669个，建筑面积885.9万平方米，发现建筑设计文件违反强制性条文312条次、强制性标准965条次；工程勘察文件违反强制性条文5次、强制性标准78条次。（董玉兰）

【建筑工程质量和安全监督】 2020年，全区新办房建项目363

项，建筑面积725.5万平方米，其中市政项目88项，造价14.2亿元。年度累计监管项目780项，建筑面积约2175万平方米。竣工备案项目280个（其中房屋建筑246个、市政34个），建筑面积724万平方米。创建省级标准化星级工地22项（2020年省厅发文为上半年数据），获评2019年姑苏杯28项，扬子杯5项（2019年参评，2020年发文）。贯彻落实建筑工程五方责任主体项目负责人质量终身责任，加强《工程质量安全手册》等宣贯，实施主要建筑材料登记制度，加强建筑材料质量管控、加强住宅工程质量常见问题专项治理、及时处理工程质量投诉。全年开展建筑工程质量监督抽查950余项次，下发工程质量监督整改通知书430份，抽测质监在建房建市政项目实体质量和原材料322项，移交处理行政处罚案件27件，行政处罚涉及单位23家、个人4人。开展建筑施工安全生产专项整治（简称"一年小灶"），进一步加强安全监管责任落实；开展局党委班子成员带队督查，持续压实企业安全主体责任；实施安全差别化分类监管；开展在建工程标准化信息化建设；开展建筑施工安全培训宣讲走访活动。全年开展安全监督检查1971项次，下发施工安全隐患整改通知书1135份，停工整改通知81份，通报批评建筑工程60项、参建单位134家，行政处罚参建单位78家、责任人39名。（钱铭荣）

【城建执法】 2020年，区城市建设管理综合执法大队受理案件141起，立案125起，处罚125起，罚没款总额749.2万元。通过部门联动执法，打击违法行为，与行业监管部门开展联合执法80余次。对存在未批先建、未组织竣工验收、扬尘管控不力、安全措施不到位、违规交付、违规预售、串标、农民工工资支付等行为的违法违规案件进行严厉查处。采取"引进来"办法，邀请专业人员进队对相关法律法规进行专题指导，实行"一月一法"学习制度，每月定期组织学习例会，提高执法人员的执法能力与综合素养。坚持"服务进企业，交流促发展"理念，围绕违法建设、复工复产等问题和企业在建项目中反映强烈的热点难点问题，开展"助建行"法制宣传活动，提高企业遵法守法自觉性。是年，大队在全省住建系统26家县区级执法队伍监督考核中总得分位列第二，获2020年度苏州市建筑市场与施工现场"两场"管理工作通报表扬。（张伟娟）

【消防审验】 2020年，区住建局完成消防设计审查项目145个，开展验收和复验检查183次，检查项目157个，出具消防验收意见书132份；备案检查和复查84次，检查项目41个，出具竣工验收消防备案检查意见书53份。（吴红梅）

城市管理

【概况】 2020年，区城管局贯彻落实区委、区政府决策部署，围绕统筹推进疫情防控和经济社会发展工作，按照"一流城市要有一流治理"目标，紧扣"严、精、细"，聚力推动各项改革攻坚行动，争当城市精细管理的实践者、综合执法改革的领跑者、竭诚为民服务的引领者。是年，吴江区获2020年度苏州市城市管理工作先进区，区城管局获2020年度综合考核优秀区级机关部门，区城管局党群服务中心获评首批区级"海棠花红"先锋阵地。（沈　怡）

【疫情防控】 2020年，区城管局面对新冠肺炎疫情，牢固树立"疫情就是命令，防控就是责任"理念，贯彻落实上级各项部署要求，成立疫情防控工作领导小组及工作专班，先后召开全区城管（综合执法）系统、环卫系统疫情防控工作部署会议、疫情防控一线服务动员会等，强化督查指导和执法检查，确保防控工作责任到位、措施到位。局机关先后有44名党员志愿者赴桃源镇开展一线服务，23名巾帼志愿者参与口罩制作包装志愿服务。区城管局"一手抓疫情防控，一手抓城市管理"，助力企业复工复产，获得"吴江区先进基层党组织""吴江区新时代实践战'疫'志愿服务优秀团队"等荣誉。（沈　怡）

【环卫保洁】 2020年，吴江区环卫保洁面积4987万平方米，无物业小区266个，环卫保洁市场化经费约2.7亿元，市场化率约80%，机械化清扫率约85%。全年生活垃圾无害化处置总量74.52万吨，其中焚烧厂焚烧量56.9万吨，卫生填埋量17.62万吨。餐厨废弃物收运处置总量7.27万吨，其中餐厨（厨余）垃圾

7.13万吨，废弃油脂0.14万吨。

（沈　怡）

【垃圾分类】2020年，吴江区以《苏州市生活垃圾分类管理条例》正式实施为契机，按照“一领四动”（“一领”指党建引领；“四动”指政府推动、全面发动、全民互动、部门联动）工作要求，以“在11月底前实现生活垃圾分类小区全覆盖”为目标，推进农村、公共机构及相关单位生活垃圾分类工作，打造分类“全域镇”，建立健全生活垃圾减量化、资源化、无害化处置体系。至年底，全区738个小区按照“三定两清一督”*模式开展四分类，建设清洁屋（亭）1732个，覆盖率100%；农村生活垃圾分类设施覆盖率100%；教育、卫健等10个行业系统746家公共机构及相关单位开展生活垃圾四分类；40条主要街道5772户商家实现生活垃圾定时上门收集；平望镇打造成为首个分类全覆盖片区。（沈　怡）

2020年4月8日，举办吴江区新时代文明实践志愿服务“垃圾分类新时尚”入户宣传启动仪式　（区城管局　提供）

【垃圾终端设施建设】2020年，吴江区新增生活垃圾焚烧发电扩容建设项目，4月正式动工，计划总投资约17亿元，年度实际完成投资7.54亿元，设计总处理能力3000吨/日，其中生活垃圾1500吨/日、与生活垃圾相近的一般工业固体废物1500吨/日（含水率60%的污泥不大于300吨/日），预计2021年底前建成投运。9月，启动厨余垃圾协同处置项目，在200吨/日的餐厨垃圾处置项目原址进行扩建，协同处理厨余垃圾与餐厨垃圾，设计处理规模300吨/日，总投资3827万元，采用收运处一体化服务方式，项目于12月投入运行。建筑废弃物资源化利用项目处置规模30万吨/年，完成项目立项、土地预审、环评稳评编制、施工图设计等前期工作。在生活垃圾全量无害化处理的基础上，初步建成分类资源化处置体系。全区7座生活垃圾简易填埋场均完成住建部综合整治销号。邀请行业专家开展第三方检查评估，落实填埋场长效管理机制。（沈　怡）

【农村人居环境整治】2020年，区城管局按照“抓整治、建机制、组队伍、夯基础”节奏，完善“四个统一”工作机制，在补助资金、保洁队伍、监管考核、集中清运等四方面实行统一管理，狠抓村庄长效保洁。公厕维护、设施维修等纳入日常管护

农村公厕　（区城管局　提供）

范围，提高保洁能力。推进农村“厕所革命”，根据《吴江区进一步推进农村“厕所革命”工作实施方案》要求，完成年度700座公厕建(改)任务。（沈 怡）

【路灯亮化】 2020年，区城管局继续推进LED节能改造及单灯智能控制建设，完成90626套老旧钠灯替换工作、73914盏路灯智能化改造，路灯LED覆盖率90%以上。城市照明全年能耗比2017年下降1820万千瓦·时，电费下降36.6%，节能率57.3%，路面平均照度提升30.4%，路面均匀度提升33.2%。借助吴江区城市照明信息管理平台，新增路灯远程开关、状态监测、故障定位、策略调光等多种功能，实现城市照明“一张网”管理。正式启动吴江电视塔亮化工程，塔身安装LED网格像素灯11528套、LED星光灯5134套、LED投光灯1128套，结合良好配光及先进智能控制系统，实现亮化提升，吴江电视塔成为吴江夜景地标之一。（沈 怡）

【智能化停车管理项目】 2020年，全区新增停车泊位18126个，其中公共泊位8838个，配建泊位9288个，超额完成全年新增任务。吴江区智慧停车管理平台获2020年吴江区第三届“互联网+”创新奖，该平台通过停车周转率、饱和率分析、黑白名单管理、车辆拦截等功能，实现停车智能化管理。至年底，累计接入99个停车场，16032个泊位，平均周转率200%以上。依托该平台并借助远程抬杆、智能巡检等技术，实现停车场无人值守、路内泊位“先离场后付费”；完成停车信息普查，搭建停车信息管理数据库，全面掌握停车场基础信息，包括地址、泊位数、收费情况、道闸建设情况等；实现“互联网+ETC”模式，在松陵大道东、同里P+R停车场、安惠路试点ETC无感支付，成为江苏省首家路内ETC应用的城市，多次被《人民日报》《中国经济周刊》《新华日报》等主流媒体及“学习强国”平台报道。（沈 怡）

2020年，吴江电视塔亮化工程（区城管局 提供）

【公共自行车及共享单车管理】 2020年，吴江区新建公共自行车站点42个、车桩1200个，新增车辆2200辆，更新站点60个、车桩2000个；累计有公共自行车站点592个，公共自行车14288辆。七都镇、桃源镇突破零站点记录，实现公共自行车吴江区全域覆盖；震泽镇众安桥村首次实现“公共自行车服务到村”。规范共享单车停放秩序，压实共享单车运营企业主体责任，及时处理未停放入位单车，收回并报废破旧车辆，通过技术手段增设共享单车停车点150多个供企业投放、收集车辆，增设电子禁停区35个，日均违停数量逐月下降。（沈 怡）

【地下管网及道路井盖整治】 2020年，吴江区持续开展城市地下管网安全生产专项整治工作。出台《苏州市吴江区城市地下管网安全生产专业委员会工作制度》《苏州市吴江区城市地下管网安全生产管理考核办法》，细化工作内容，规范考核流程。落实常态化监督检查，通过“四不两直”方式(不发通知、不打招呼、不听汇报、不用陪同接待、直奔基层、直插现场)，累计开展日常检查、督查134次，检查工地160个，督促整改一般隐患56个。责令企业自查自纠，全年累计巡查管线长度41.5万千米，发现一般安全隐患1538处，完成整改1535处；发现第三方破坏1467处、“占、压、圈、埋”问题62处。开展安全生产知识竞赛、主题演讲、安全生产月等活动，加强安全知识宣传培训。开展检查井专项整治

2020年7月6日，吴江开发区建设局的防汛抢险队在运河北路进行管网疏通　　（吴斌　摄）

行动，完成检查井整治1383座，超额完成年度目标任务。推行“井井共治”，对共井井盖、无主井盖划分养护责任片区，杜绝推诿扯皮现象。　　（沈　怡）

【城管法制工作】　2020年，吴江区以深入开展执法队伍“强转树”专项行动为引领，通过强化法治队伍、完善工作制度、开展业务培训、加强监督考核，推进各项整治攻坚，破解城市管理热点、难点问题，办理城市管理简易程序处罚案件10662起，处罚金额22.98万元；一般程序处罚案件2401起，处罚金额315.25万元。推进生活垃圾分类执法，印发《吴江区生活垃圾分类管理行政处罚案件办理指导意见》，联合属地开展垃圾分类执法检查，累计出动执法人员4690人次，教育纠处11026次，督促整改1609次，简易程序处罚436起，处罚金额3.23万元；一般程序处罚25起，处罚金额5.256万元。开展城市管理“小微执法”，印发《吴江区开展城市管理轻微违法行为快速查处专项行动方案》，组建“微执法”行动队27支，出动人员6497人次，巡查重要路段、点位119处，教育纠处31445起，查处简易程序案件9290起，处罚金额14.131万元；一般程序案件361起，处罚金额6.185万元；将管理薄弱环节提升、薄弱区域整治与执法办案挂钩，集中力量打造“微执法”示范样板区域5个。开展城管领域违法建设治理，查处存量违建9959平方米，完成进度100%，拆除新增违建10.7万平方米；整改处理占压油气输送管道违建安全生产隐患问题20处；整改拆除占道、堵塞消防车道的违法建设76处，责令停止违法建设2处，强制拆除在建违法建设10处。开展露天焚烧和露天烧烤专项整治行动，排查发现并整治各类露天焚烧现象32处，取缔无证烧烤摊点、现场教育整改及处理市民举报投诉446起。　　（沈　怡）

【市容秩序管理】　2020年，区城管局把文明城市创建作为年度重点任务，开展市容环境飓风行动、市容环卫责任区制度提升行动等专项整治，靶向治理突出问题，高质量完成文明城市创建国测、省测迎检各项任务，助力测评成绩逐年提升。加强宣传引导，制作“我的区域我负责”宣传彩页5.5万份、宣传海报1500张；自编自导自演“小行为，大文明”系列幽默短视频10个，被“苏州发布”“城管议事园”微信公众号关注转发；完成沿街“门前三包”入户宣传33009户，225条道路完成市容环卫责任区签约率、张挂率100%。开展综合治理，在市场周边等有条件的道路实施一条“小黄线”外摆管理；教育整改门前三包履责不到位100771起，立案处罚508起，处罚金额6.477万元；强化停车秩序管理，全区设置人非隔离栏总长度39033米，施划非机动车停车点位5275处，竖立绿地禁停标牌（块）163块；拖移非机动车19388辆，处罚7070起，处罚金额13.3万元；开展乱涂贴号码停机处罚，上报符合停机条件的手机号码1507个，比2019年增长410%，立案查处229起，处罚金额4.685万元；设置信息宣传栏49个；对184个经营性占道亭棚实施专项整治。落实常态长效机制，开展城市管理路长制红黑旗评比，对407条主次干道市容环境开展精细化考核，评选年度红旗道路10条、黑旗道路7条；完善“城警联动”实体化运作机制，3月出台实体化运作指导意见，5月起各地实施实体化运作，累计抄告违停总数429491起，月均查处61355起，较“城警联动”协作制实施前月均查处量增长210%。吴江区《“城警联动”实体化运作 开创联动共治新局面》入选2020年苏州“创新城市管理典型案例”。（沈 怡）

2020年，城警联动，抄告违停车辆（区城管局 提供）

【户外广告设施管理】 2020年，区城管局以安全生产为中心，抓好行业管理和整治提升。持续加大违法违规广告设施整治推进力度，开展接续整治行动。结合文明城市创建工作，清理交通指示牌背面广告803处，拆除违法违规户外广告及店招标牌设施3466处，面积51492.85平方米，其中高立柱广告90处，屋顶镂空字446处，墙面广告761处，店招标牌及其他类型广告设施2169处。结合红黑旗道路评比精细化考核推进店招标牌治理。加强事中事后监管，实行安全承诺制和年检制度。督促属地开展户外广告设施安全隐患大排查，在台风等恶劣天气来临前，组织专门巡检保障队伍，及时发现问题即时整改，全年排查消除安全隐患168处。落实产权人安全主体责任，签订承诺书，做好日常自我维护检查和定期安全检查。对大型高立柱广告落实安全年检制度，全年递交高立柱广告设施年检报告109份。（沈 怡）

【渣土运输管理】 2020年，区城管局根据省、市两级关于推进城市建筑渣土运输处置专项整治行动部署要求，结合城市管理领域扫黑除恶专项斗争，扎实推进渣土运输管理工作。召开全区建筑垃圾（工程渣土）管理工作会议，印发《苏州市吴江区2020年建筑垃圾（工程渣土）运输专项整治行动方案》《关于进一步加大吴江区建筑垃圾乱倒、偷倒违法行为案件查处工作的通知》《吴江区综合行政执法部门办理共同违反建筑垃圾管理指导意见》等文件，推进规范运输车辆管理，加强建筑垃圾乱倒、偷倒等突出违法行为案件办理，遏制运输车辆违法违规行为。对疑难复杂案件处置、重点难点业务问题，直接下沉办案，指导各地办理典型案例，开出共同违反建筑垃圾管理全省首张罚单及未经核准处置建筑垃圾全省最高罚单。联合公安、交通部门开展建筑垃圾和渣土运输领域夜间排查活动，重点加强对辖区内各重要路段、区域以及工地巡查工作，防止运输车辆抛洒滴漏、车轮带泥行驶、偷倒建筑垃圾和渣土等违法行为。加强区域联动交流，移送涉嫌跨省、跨区域偷倒、转运建筑垃圾（工程渣土）等违法行为线索2起。全年查处建筑渣土违法案344起，处罚金额191.96万元。（沈 怡）

【综合行政执法改革】 2020年，吴江区镇域综合行政执法体制改革向纵深推进，“1+6+N”全域综合行政执法改革*获2018—2020年度江苏省法治建设创新奖。全区办理简易程序处罚案件10662起，一般程序处罚案件3556起，比2019年增长18.26%，开展专项整治活动1190次，拆除违法建设面积245612平方米。修订城市管理和镇域综合行政执法“三项制度”（城市管理及镇域综合行政执法公示制度、全过程记录制度、重大行政执法决定法制审核制度），明确“两张清单”（行政执法全过程记录清单、重大行政执法决定法制审核事项清单）；推行律师驻队工作模式，各区镇、街道综合执法机构聘请20名驻队律师提供法律服务、参与执法；落实公职律师制度，遴选3名公职律师，参与重大决策、规范性文件论证、行政复议、诉讼等法律事务；组织案卷集中评查工作，加强各类案件监督指导；组织法律法规知识竞赛；开展垃圾分类，城市管理轻微违法，住建、水务等领域执法培训，提高执法人员业务素养和执法能力；围绕机构建设、人员配备、执法过程、执法监督、协同衔接五方面开展镇域综合执法改革专项评估；调整镇域综合行政执法处罚权事项清单。强化青吴嘉三地综合行政执法队伍交流协作，参与首届长三角城市管理与综合执法一体化工作会议及长三角先行区城市管理与综合执法一体化执法办案经验交流会，推动落实“一体化发展十二条”合作指引。（沈　怡）

【企业类专属网格巡查】 2020年，吴江区企业类专属网格围绕工作重心，结合企业复工复产，加强隐患排查，督促企业落实主体责任，生产安全事故和死亡人数与2019年相比实现“双下降”。是年，全区网格数调整至129个，配备网格员258个；总企业数25767家，入网格企业数12959家；入企检查20110次，发现问题总数106934个，企业自行整改总数51153个，企业自行整改率比2019年增长50%。（沈　怡）

【信息化建设】 2020年，区城管局加快推进智慧城管建设，启动吴江区静态交通综合治理平台项目，借助大数据、无线通信网络、物联网、云计算、图像识别算法等信息化手段，建设静态交通智能诱导平台、违章综合治理平台和智慧运行管理中心，推动数据共享、信息互通，推动城市管理向智慧化方向发展，提升智慧城市建设水平。建设综合行政执法平台二期项目，在一期基础上，增加电子签章、电子笔录、涉案财物管理、案卷管理、执法指导、强制执行、行政审批、法律考试系统等功能，辅助执法办案规范化、便捷化。（沈　怡）

城市投资建设

【城投集团】 2020年9月，城投公司与滨投公司、智慧城市公司、市政集团部分业务整合组建苏州市吴江城市投资发展集团有限公司（以下简称“城投集团”）。是年，吴江城投集团、东太湖公司完成融资103.84亿元，城乡一体化公司完成融资28.88亿元，合计132.72亿元；城投集团完成隐性债务化解140735万元。城投集团维持主体评级AA+。

重点项目融资。做好重点项目融资工作，保障苏州中学苏州湾校区项目、苏州长三角示范区产学研合作园项目和云梨桥畔城市更新项目稳步推进。

乡镇融资服务。统筹推进吴江区“三优三保”*工作，实施一期、二期和三期项目。至年底，一期项目总投资71.89亿元，拟融资57.4亿元，放款约50.07亿元，完成总投放87.2%；二期项目总投资186.52亿元，拟融资约149亿元，放款约27.02亿元，完成总投放18.1%；三期项目总投资15.03亿元，拟融资约11.84亿元，放款约4.76亿元，完成总投放40.2%。

国有资产经营。投资成立苏州市吴江区建设审图有限公司，注册资本600万元；苏州市吴江滨湖投资集团有限公司与永旺永乐（江苏）物业管理有限

2020年10月30日，举行城投集团云梨桥畔城市更新项目战略合作签约仪式（城投集团　提供）

公司合资成立苏州市滨永物业服务有限公司，注册资本300万元；城投公司与滨投公司、智慧城市公司、市政集团部分业务整合组建苏州市吴江城市投资发展集团有限公司，注册资本33.26亿元。城投集团持有的项目管理公司100%股权无偿划转至长三角公司。东方国资公司持有的苏州市吴江东太湖综合开发(集团)有限公司91.74%股权无偿划转至城投集团。吴江城市地下综合管廊管理有限公司100%股权、瑞港天然气管道有限公司60%股权、苏州吴江光大环保餐厨处理有限公司30%股权划给城投集团。城投集团持有的区域自来水公司50.66%股权无偿划转至水务集团。东太湖公司持有的东太湖酒店投资管理有限公司(东太湖大酒店一期)100%股权、吴江宾馆有限公司100%股权无偿划转至文旅集团。区国资办将所持市政集团7.69%股权(计1亿元)无偿划拨给城投集团，由城投集团出资设立水务集团，注册资本15亿元，首期现金出资0.5亿元。城投集团2020年度对外股权投资分红1845万元，全年租金收入5920.38万元(不含分成、涉诉及水面资产租金)。(王　艳)

2020年7月，管网疏通　(吴斌　摄)

【吴江水务集团】 2020年9月，区委、区政府宣布在市政公用集团基础上组建水务集团。根据区委、区政府优化国企功能工作部署，水务集团剥离非水务业务，职能调整为污水处理、排水管网建设及运维、区域水环境治理及维护、河湖治理及保护开发利用、供水设施建设及维护，集团定位深耕“水治理”，打造河湖经济规划建设运营商、湖区经济样板区。

重点项目建设。开工建设市政管网34千米，完成污水管网建设约16千米，完成投资3020万元，基本完成横扇生活污水处理公司尾水湿地工程各个生态池土方造型。在2019年试点完成城北厂、横扇厂管理型提标改造基础上，全面完成城南、七都、震泽、平望、桃源5家污水厂的管理型提标改造，水质排放稳定达标。

生产运营。水务集团各下属公司全年完成污水处理量4550万吨，比2019年增长18.8%。各污水厂处理水量均有不同程度上升，排水全面达到DB32和苏州特别标准。其中，城北厂日处理水量7.15万吨，实现处理水量提升、进水COD(化学需氧量)浓度提升、主要污染物排放指标降低的“两升一降”历史最好成绩；绿村水处理公司完成117个自然村的农村污水处理设施验收移交，超额完成年初80个自然村的农污设施接管目标，完善管养单位责任制考核；排水管网公司完成污水管网示范养护528千米；2019年、2020年累计完成全区污水管网检测452千米，发现缺陷点2365个，其中完成非开挖修复点1649个，需要开挖修复的716个点基本完成方案设计；排水检测公司在全区供排水系统中继续保持领先位置，公司检测技术人员获区供排水行业水质检验工比赛前三名，苏州市“水惠民生”职业技能竞赛第四名。(陆　菲)

【长三角投资发展(江苏)有限公司】 2020年9月，融湖投资发展有限公司、交通投资集团有限公司、项目管理公司组建成立长三角投资发展(江苏)有限公司，注册资本30亿元。公司总资产238.75亿元，净资产135.13亿元，内设12个部门，直接管理子公司7个，员工1900名。

功能定位。结合重组后各业务板块基础，围绕功能要求、

2020年9月，建设中的苏州湾体育中心　　（吴斌　摄）

业务板块、组织结构、发展方向等问题，梳理确定“开发建设、投资发展、营商服务、跨区合作”四项功能，初步设想“产城开发运营、产业金融投资、项目建设服务、智慧同城交通、资产运营管理”五个业务板块领域。

资金运筹。全年到位化债资金5.03亿元，银行贷款7.1亿元，发行超短融4亿元，发行中票10亿元，储备贷款额度18亿元。

项目建设。全年承接工程220项，其中新建项目118项、续建项目102项、区重点项目14项，完成年度总投资约35亿元。建设苏州大学未来校区、苏州中学苏州湾校区、苏州湾文化中心、苏州湾体育中心等一批代表性项目，凸显启动区建设“显示度”和“标识度”。

民生服务。至年底，全区有跨省毗邻公交线路11条，毗邻跨省公交数量、质量持续领先；优化区内公交线网，全年累计新辟线路8条，取消线路番号4条，优化调整线路21条，临时性调整线路195条次，线网覆盖面继续扩大。全区累计公交车总数1054辆，新购车辆142辆，其中新能源及清洁能源车辆845辆，占车辆总数的80.2%；全年完成新建改建公交候车亭110个，客运场站提升项目4个；智慧交通建设新增软件著作权5项。

经营开发。凯旋广场（松陵大道交通枢纽）进行枢纽区B2结构、住宅地库区域B1层、主楼区域结构施工；长三角大厦邀请相关单位明确科技园开发定位，结合原建筑布局进行商产招商；保利·湖畔云上11月份推售3幢毛坯高层全部售罄。

（赵　杰）

交通工程建设

【概况】　2020年，沪苏湖铁路、轨交4号线松陵大道综合交通枢纽、X352沪莘线（康力大道）新改建工程、环长漾环线道路、八坼大桥工程、605省道吴江同里至黎里段改扩建工程、苏申外港线（江苏段）航道整治工程、农村公路及桥梁大中修改造工程、“四好农村路”建设、下穿沪苏湖铁路地方道路改造工程、通苏嘉甬铁路11项交通重点工程建设完成年度投资34.73亿元。新增江陵路快速化改造一期工程（S230—苏嘉杭高速），完成年度投资4.06亿元。　　（王峥嵘）

【长三角交通一体化】　2020年，康力大道对接东航路工程完工通车，连通上海青浦区；苏台高速江苏新建段七都至桃源段进入征地拆迁阶段；浦港路南延接嘉善工程北段处于可行性研究阶段，南段处于方案研究阶段；浦港路东延接青浦工程、

2020年10月9日，康力大道对接东航路建成通车　（区交通运输局　提供）

汾湖大道南延接嘉善改扩建工程进入方案研究阶段；吴江大道—周湖公路接金商公路项目初步完成总体方案研究。长湖申线三级航道整治工程完成项目选址、稳评、环评、土地预审等前期工作，进入施工图报批阶段。（王峥嵘）

【铁路建设】 2020年，沪苏湖铁路项目开工建设，征地拆迁工作加快推进。沪苏湖铁路连接上海、苏州、湖州等长三角核心区，是长三角铁路网骨干线路，全长163.5千米，总投资约328.46亿元。其中江苏段全部位于苏州市吴江区境内，长度约52.156千米，设苏州南、盛泽两个站点，投资约89.7亿元。通苏嘉甬铁路通过工可审查，进入全线定测阶段。通苏嘉甬铁路是中国“八纵八横”高速铁路主通道中“纵一”沿海通道组成部分，也是中长期铁路网沿海通道组成部分、长三角城际骨干线路。项目起自南通，经张家港、常熟、苏州、吴江至嘉兴，跨越杭州湾后经慈溪至宁波，全长338千米，将在吴江区汾湖辖区内与沪苏湖铁路十字共站。如通苏湖城际铁路预可文本编制完成，进入工可研究阶段。该项目起于如东，向南经南通跨越长江后经苏州至湖州。（王峥嵘）

【城市快速环线】 2020年，同里北联农业产业园连接线项目完工。605省道吴江同里至黎里段改扩建工程施工、监理完成签约，计划于土地批复后开工建设，该路线起自吴江区与吴中区交界处，止于吴江大道，全长17.69千米。江陵路快速化改造一期工程开工建设，该路线起自松陵大桥东侧，东至苏嘉杭高速东侧，全长6.01千米。230省道（东太湖大道—渔湾大道）改造工程工可通过省发改委审查，该路线北起东太湖大道，止于渔湾大道，路线全长16.2千米。（王峥嵘）

2020年5月，江陵路快速化改造工程开工建设　（区交通运输局　提供）

【“四好农村路”建设】 2020年，完成长漾滩环线工程15.26千米；各区镇完成乡村公路改造维修工程，其中农路32.4千米、农桥21座，投资约10700万元。创建“美丽农村路”2条，合计5.504千米；创建“平安放心路”6条，合计15.025千米。（王峥嵘）

【其他交通重点工程】 2020年，松陵大道综合交通枢纽进入地下室主体结构全面施工阶段；基本完成震八线改建工程路基和桥梁下部结构，进行桥梁上部结构和沥青路面施工；完成下穿沪苏湖铁路地方道路改造工程方案研究；盛八线（G524—S258段）快速化改造工

2020年5月，四好农村路——横扇星宇湾北上松桃线
（区交通运输局　提供）

程、笠泽路跨运河通道工程进入前期方案研究阶段；长湖申线航道整治工程获省发改委工可批复；推进苏申外港线航道整治工程；完成苏南运河吴江段整治工程竣工验收；推进八坼大桥路改建工程；完成苏南运河浙境段航道整治工程、苏南运河浙江界河段航道部分交工质量评定；屯村大桥桥梁改建工程开工建设；乍嘉苏线四级航道整治通过工可审查。（王峥嵘）

【交通工程质量】 2020年，全区交通工程建设招投标和质量监管覆盖率均保持100%。创新质量监管模式，引进第三方服务，每季度对江陵路等重点项目进行“品质工程”“平安工地”综合检查，出具检查报告，对创建情况提出合理化建议。吴江区江陵路快速化改造一期工程（S230—苏嘉杭高速）施工项目JLLYQ—SG02标段获评2020年度江苏省公路水运工程平安工地建设省级“示范工地”。（王峥嵘）

城乡公交一体化

【概况】 2020年，全区新辟公交线路7条（723路、754路、7228路、7301路、7509路、7515路、7601路），调整公交线路33条次。至年底，全区有城乡公交线路172条，线路总里程2652千米，镇村公交通达率保持100%；新增公交车142辆，累计有公交车辆1144辆，新能源与清洁能源公交车占比73.9%，年度城乡公共交通客运总量4234.96万人次。（王峥嵘）

【长三角毗邻公交】 2020年，吴江区继续推动长三角一体化公交互融互通，新增汾湖至上海大观园和平望、盛泽至浙江王江泾跨省公交线路2条，实现全区省界乡镇跨省公交全覆盖。至年底，全区有跨省公交线路8条、毗邻公交线路2条，互联互通公交线网总长度178.5千米，平均每月服务市民出行12万乘次。（王峥嵘）

【公交惠民便民举措】 2020年，吴江区在“村村通公交”基础上，优化农村公交线网布局，调整城乡公交线路5条次、镇村公交线路19条次。5月1日起，同步苏州全面实施苏州市区公共交通换乘优惠政策。按照全区营商环境提升行动工作部署，完善公交服务企业力度，调整3条公交线路，满足诺企、迈为、国测3家企业公交出行需求。（王峥嵘）

【公交客运基础设施建设】 2020年，吴江区新建、改建城乡公交候车亭110个，累计2348个；全区在用客运公交场站29个。（王峥嵘）

【班线客运】 2020年，吴江区引导区内班线客运企业实施经营结构调整，完成3家客运企业合并重组工作；开行汾湖至苏州北广场汽车站定制班线1条。（王峥嵘）

【汽车客运出租和旅游包车客运】 2020年末，全区有旅游包车企业5家，客运汽车出租企业5家，客运出租汽车835辆，全年出租车客运量856万人次。（王峥嵘）

交通行业管理

【公路客货运输】 2020年，全区公路旅客运输量4640.98万人次，周转量6.96亿人千米；公路货物运输量2671万吨，周转量21.9亿吨千米。至年底，全区有营运客车420辆，总客位19143个；营运货车7500辆，总吨位89682吨。是年，区交通运输局继续推进道路普货运输企业分类分级监管，纳入监管202家，对全区拥有5车以上普通货运企业全部纳入监管。引导支持农村物流企业发展现代冷链物流运输，苏州三港农副产品配送有限公司、江苏骏瑞食品配送有限公司和苏州江澜生态农业科技发展有限公司3家农村物流示范点企业均建立冷链运输车队和冷库，有冷藏车137辆。推进农村物流发展，全区有省级农村交通物流示范点企业4个、市级城市配送示范性企业1家，年配送量15万吨，配送范围覆盖县、镇、村三级，并向苏州大市范围延伸，辐射江浙沪地区。苏州绿水清山智慧物流有限公司入选第五批苏州市城市绿色货运配送示范企业。建成吴江区首个普通国省干线公路停车服务区。撤销芦墟、盛泽、八都3个普通公路收费站，黎里站暂停收费。全年落实重大节假日七座及以下小客车、“绿色通道”、疫情免征等惠民政策，免征金额1594万元，惠及车辆94万辆次。（王峥嵘）

【公路管理】 2020年，国省干线公路MQI值(路况综合指数)95.6，优良路率100%；县道MQI值94.0，优良路率100%；乡村公路MQI值89.0，优良路率93.7%。 （王峥嵘）

【航道管理】 2020年，区交通运输局航道巡航2.09万千米，清障扫床192千米，通航保证率、航标正常率、新生违法建筑物查处率均为100%。苏南运河新增航标2座，迁移原8号标，改建指向牌1块。 （王峥嵘）

【海事管理】 2020年，区交通运输局海事巡航42453千米，实施水上管制服务12次，水上接处警322次，救助遇险船舶42艘次、遇险人员43人次，挽回直接经济损失88.6万元，搜救率和成功率均为100%。辖区未发生因管理不善造成的重特大水上交通责任事故、船舶污染水域事故和干线航道4小时以上堵航事故。 （王峥嵘）

【驾培管理】 2020年，吴江区新增驾培主体4家，增设教练场地7处8.7万平方米，新增教练车119辆。至年底，全区有驾校20家，教练车986辆，全年培训机动车驾驶员3.2万人次。 （王峥嵘）

【机动车维修管理】 2020年，吴江区进一步提升机动车维修行业环境保护水平，开展机动车维修企业环境保护专项整治；强化机动车维修行业VOCs（挥发性有机物）治理和危废处置，在营一类、二类机动车维修企业全部签订2020年度危险废物回收协议；推进机动车维修备案工作，完成线上备案190家。至年底，全区具有交通部门综合性能检测、公安部门安全性能检测、环保部门尾气检测“三检合一”资质机动车检测站4家。 （王峥嵘）

【港口(码头)管理】 2020年，全区有持证码头133家，泊位数239个，主要分布在京杭运河、太浦河、长湖申线及苏申外港线等航道沿线。其中，普货码头107家、泊位数210个；危货码头26家、泊位数29个。全年码头装卸量1689万吨，其中普货1599.7万吨、危货89.3万吨。 （王峥嵘）

【交通运输行政工作】 2020年，交通运输行政服务窗口推行创新服务举措2项，受理各类办件12万余件，办件准确率100%，按时办结率100%，群众满意率99.8%。全年实施行政处罚1577件、行政许可110件，未发生行政诉讼败诉和行政复议撤销案件。开展综合执法工作，维护道路运输市场秩序，推进路域环境整治工作，加强超限超载治理工作，完善非现场执法网络，执行公路治超联合执法常态化、制度化、规范化，建设完善车辆不停车超限检测管理系统，全年路面查获超限超载车辆2519辆，卸货吨位22197吨。 （王峥嵘）

【交通运输安全应急】 2020年，吴江区继续深入开展安全生产整治专项行动，行业本质安全水平提升明显，交通运输领域治乱成效显著，道路运输事故死亡人数、起数比2019年分别下降71.01%、78.95%，水上交通、港口码头、交通工程等其他领域未发生一般以上事故，行业安全生产形势总体稳定向好。全年开展各类应急演练16次，进一步提高行业应急能力。继续开展交通运输系统“扫黑除恶”专项斗争。完成疫情防控、春运、安全生产月、防汛保畅、战高温、抗台风、寒潮应对等多次保障任务。 （王峥嵘）

【智慧交通建设】 2020年，区交通运输局推进升级版技防城(交通部分)项目及网络安全加固项目建设；做好智慧农路项目试运行管理；定期更新区政务、大数据资源，做好相关数据共享工作。 （王峥嵘）

【机构设置与调整】 2020年，区交通运输局纵深推进机制体制改革，新一轮机构调整基本到位，主要完成局行政机构改革、事业单位去行政化改革及乡镇交管所属地化管理改革。苏州市吴江区交通运输综合执法大队增设执法二十中队、执法二十一中队、执法二十二中队，机构规格均相当于正股级，核定中队职数为中队长3名、副中队长6名，增加人员编制10名，核增副大队长职数1名。各基层交管所隶属关系由区交通运输局管理调整为各区镇(街道)属地化管理。同里交管所由吴江开发区管理、汾湖交管所由汾湖高新区(黎里镇)管理、盛泽交管所由吴江高新区(盛泽镇)管理、松陵交管所由东太湖度假区（太湖新城）管理、七都交管所由七都镇管理、桃源交管所由桃源镇管理、震泽交管所由震泽镇管理、平望交管所由平望镇管理。

（王峥嵘）

水　利

【概况】 2020年，吴江区水务局围绕长三角生态绿色一体化发展示范区建设要求，不断创新管理，各项工作取得较好成效。完成国家防汛抗旱总指挥部下达的泄洪分洪任务，取得太湖超标准洪水防御工作全面胜利，区水务局获评2020年全省防汛抗洪工作先进集体。黑臭水体治理全面收官。农田水利工程管护、农村河道长效管护两项工作获全省第3名，连续4年获全省考核优秀等次，因“水利建设投资落实好、省水利基本建设投资计划完成率高、年度工作成效明显”受到省政府办公厅督查激励。供水安全保障考核获全市考核优秀。“联合河长制”入选“中国改革2020年度50典型案例”，河（湖）长制*改革工作连续三年获全市考核优秀。全面开展示范区“一河三湖”治理，治理成效快速显现。进博会水环境保障工作扎实有效，连续三年收到上海市“感谢信”。城乡生活污水治理升档提速，投入力度连续两年居全市第一。

（沈莹莹）

【水利工程建设】 2020年，全区建成各类闸站48座，加高加固堤防19千米，新建挡墙34千米，疏浚河道125条90.6千米，进一步提升防洪抗灾标准。京杭大运河苏州段堤防加固工程（吴江）基本完成，加固堤防65千米，投资9.47亿元；配合运河文化带建设，完成运河堤防美化绿化工作。完成中央财政小型农田水利重点县工程，总投资1795万元。（沈莹莹）

2020年度吴江区农田水利基本建设效益情况表

项　目			建设效益
完成水利土方			128.2（万立方米）
农田水利建设分项	圩堤	达标	18.758（千公顷）
		未达标	0（千公顷）
	排涝	大于200毫米	11.718（千公顷）
		150毫米—200毫米	11.282（千公顷）
		110毫米—150毫米	0（千公顷）
		小于110毫米	0（千公顷）
	抗旱	多于100天	17.345（千公顷）
		70—100天	5.655（千公顷）
		30—70天	0（千公顷）
	防渍	大于1.00米	5.986（千公顷）
		0.80米—1.00米	17.014（千公顷）
		小于0.80米	0（千公顷）
农田水利建设分项	配套	建筑物配套面积	23（千公顷）
		生产河以上建筑物	4554（座）
		中心河以上建筑物	2395（座）
	旱涝保收田		23（千公顷）

（沈莹莹）

【水利工程管理】 2020年，区水务局对列入新修编《江苏省骨干河道名录》的13条河道和列入省保名录的51个湖泊编制河湖保护规划。推进新一轮河湖管理范围划定工作，完成全区269个湖泊地形测量。开展长三角生态绿色一体化示范区典型区域水系连通与湖泊群生态健康适配性研究，为全区水系连通和湖泊群治理提供理论依据。强化涉水项目管理，完成苏州吴江南500千伏输变电工程等重大项目涉水许可，对所有在建涉水项目实施全过程监管。（沈莹莹）

【水旱灾害防御】 2020年梅雨期间（6月9日至7月21日），吴江区经历强降雨7轮，太湖水位超过保证水位（4.65米），达到4.79米，区防汛防旱指挥部会同各成员单位全力应对保障太湖安全行洪，强化太湖、太浦河、运河等重点堤防巡查，累计加高加固堤防67处；配合太湖行洪，开启东太湖瓜泾口闸等口门、太浦河两岸圩外全部口门，合计分洪9.9亿立方米，实现流域、区域防洪安全“双胜利”。

（沈莹莹）

【供水保障】 2020年，区水务局强化水源地封闭管理，落实水源地村生态补偿。做好蓝藻防控和水草清理，累计打捞处置蓝藻、水草6.67万吨。落实水源地“三隔离”措施，对原水、出厂水、管网水、二次供水水质进行持续抽检。加快老旧小区、二次供水、农村低压区供水管网改造，启动供水改造任务164个，完成投资2.03亿元。是年，出厂水合格率100%，供水安全保障考核获全市考核优秀等次。

（沈莹莹）

【排水行业管理】 2020年，区水务局出台《吴江区雨污水管网养护管理办法（试行）》，明确雨污水设施养护责任、标准，推动排水管网养护进小区、进农村；出台《苏州市吴江区小区雨污分流改造及农村生活污水治理建设指南（试行版）》；印发《关于明确吴江区排水管材及配件选用依据的通知》，规范建设标准和质量管理。加强现场检查力度，现场抽查检测排水管材，全部更换检测不合格标段，对存在问题开具整改单，落实整改闭环。（沈莹莹）

2020年，管网规范化养护管理 （区水务局 提供）

【水利水务规划编制】 2020年，区水务局完成吴江区河网水系规划初稿、长三角生态绿色一体化发展示范区（吴江）水利规划初稿和苏州市吴江区河湖保护规划初稿。完成吴江区“十四五”水利水务发展规划送审稿，提出“十四五”期间水利水务发展主要任务和重点工程，谋划一批强基础、增功效、利长远的水利水务项目，指导下一步工作开展。（沈莹莹）

（本栏编辑 钱晓燕）

科学技术

综　述

【科技项目】 2020年，区科技局组织申报各级各类科技计划项目，全区新增市级以上项目超2500项，争取市级以上经费超2.5亿元。其中，国家级科技项目452个，争取经费200万元；省级科技项目938个，争取经费10039万元；市级科技项目1124个，争取经费15308万元。

（张志峰）

【高新技术】 2020年，区科技局组织申报高新技术企业821家，认定高新技术企业448家，有效高新技术企业920家。加大力度培育后备高企，组织企业申报上级高企培育库入库，新增省级高企培育库入库企业589家。（张志峰）

【科技载体】 2020年，区科技局继续支持龙头骨干企业与高校院所开展深入持久的产学研合作，推动一批优势企业和东南大学、中科院上海光学精密机械研究所等高校院所共建创新联合体。新型孵化器建设持续发力，清研创业谷获评国家级众创空间，邦宁科技获评省级科技企业孵化器，久富兰生、桃源红众创空间获评省级众创空间。博众精工获评省院士工作站，亨通光电获评省企业院士研究院，亚德林、大峡谷照明、创源电子、亨通电力、世华新材料、巨联环保、翔楼新材料7家企业获评省工程技术研究中心。（张志峰）

【农社发展】 2020年，全区新增苏州市级以上农业和社会发展项目21项，争取科技经费262.25万元。鼓励和支持全区医疗卫生事业发展，对全区21个医疗卫生项目进行补助，下达科技经费47.86万元。立项35家区级农业科技示范基地，并对立项基地开展中期检查，根据检查情况拨付结转经费350万元。依托常熟理工学院的资源平台优势，结合区镇产业特色和农户需求，组织开展“点单式”（指根据不同技术需求，有针对性地推广特色化农业技术）星火科技培训10期，培训农业科技人员391人。（张志峰）

【科技人才】 2020年，区科技局以吴江科技领军人才项目为抓手，组织开展两批吴江科技领军人才项目申报评审工作，立项66个。承担姑苏创新创业领军人才5G专项计划，首次在明确的产业方向（5G）开展人才招引。加大服务辅导，做好上级科技人才项目申报组织工作，邀请专家对申报项目逐一进行初审，苏州焜原光电有限公司董事长陈意桥获国家级重大人才工程项目立项，18个项目入选姑苏人才计划，9个项目入选省“双创”（创新、创业）计划。

（张志峰）

【科技合作】2020年，区科技局与上海市科委沟通，主动与示范区其他两地科技部门会商，推动上海市科委首次设立长三角生态绿色一体化发展示范区协同示范项目，苏州新能环境技术股份有限公司承担的“河道原位水处理技术及示范应用”和吴江区气象局承担的“基于遥感的生态环境监测预警研究——以长三角一体化示范区为例”两个项目入选。设立科技创新券，支持吴江企业面向示范区、长三角区域及更广范围购买科技服务，发放第一张长三角通用的科技创新券。推动中科院科技服务网络江苏中心长三角示范区分中心、中科院微电子与光电子融合技术研究院等创新载体建设，办好第五届中国创新挑战赛(长三角区域一体化发展专题赛)，借助高层次平台和赛事集聚高层次创新资源。参与长三角一体化示范区外国人“工作许可证”互认互准制度，推进外国高端人才加速流入。

（张志峰）

【国外智力引进】2020年，全区累计办理各类外国人来华工作许可业务1013件，新发放外国人来华工作许可证件167张。至年底，在吴江工作的外国人有762人，其中属于中国经济社会发展急需的“高精尖缺”外国高端人才(A类)225人。获国家友谊奖1人，国家高端引智项目4项，国家重点或一般引智项目14项；获江苏友谊奖3人，“外专百人”3人；入选苏州“海鸥计划”海外高端人才201人次。

（张志峰）

2020年11月14日，第三届吴江区机器人创客大赛在铜罗小学举办

（区科协　提供）

【科技金融】2020年，区财政继续深化科技金融融合，落实苏州科技金融政策，63家科技型中小企业获得市“科贷通”贷款3亿元，113家企业获得苏州科技贷款贴息886.15万元，24家企业获得苏州科技保险费补贴88.73万元。

（张志峰）

【科技政策落实】2020年，区科技局全面落实高新技术企业税收优惠、技术先进型服务企业税收优惠、研发费用加计扣除等科技创新扶持政策。是年，全区279家高新技术企业享受税收优惠8.34亿元，1470家企业享受研发费用加计扣除政策，加计扣除额47.44亿元。

（张志峰）

科学普及

【青少年科技创新政府奖】2020年9月28日，第十五届吴江区青少年组科技创新政府奖(以下简称“政府奖”)评选项目开始征集，至10月31日，收到申报材料21份，其中小学组13份、中学组8份。11月6日上午，召开第十五届“政府奖”初评会，通过投票表决方式，评出4名中学生和4名小学生为第十五届吴江区青少年组科技创新政府奖提名人选，并于11月9—15日在《吴江日报》公示。11月26日下午，召开“政府奖”复评会，3名学生入选第十五届吴江区青少年组科技创新政府奖建议人选，5名学生入选为第十五届吴江区青少年组科技创新政府奖提名奖建议人选，并报区政府审定。

（李晨露）

【青少年科技创新竞赛】2020年11月14日，区科协联合教育局举办第三届青少年机器人创客大赛，比赛有4个竞赛项目，全区321位学生参加，评出个人奖221项、优秀组织奖9个、优秀辅导员31人。是年，区科协组织中小学生开展各类青少年科技创新竞赛活动，择优推荐参加江苏省、苏州市各类竞赛。在第十六届吴江区青少年科技创新大赛评选活动中，全区评出优秀创新成果项目62项、优秀科技实践活动10项、优秀科学论文5篇、科技辅导员创新成果奖5项、科学幻想画79幅。（李晨露）

【少儿科普故事达人赛】 2020年6月1日，区科协、区文明办、区教育局、区文广新局、团区委等部门联合发文，组织第五届“童言无疆 童话世界”少儿科普故事达人赛。6月1日至7月10日，在“吴江区科协”微信公众号“让科学流行”平台上对参赛作品进行线上海选，选出40位选手进入晋级赛；通过初赛、培训、夏令营等活动，8月23日举办决赛，决出金奖1名、银奖2名、铜奖3名，最佳语言奖、最佳创作奖、最具活力奖各1名。（李晨露）

【苏沪两地“科普动起来”创新制作比赛】 2020年7月初，区科协发文征集参赛作品。7月26日，在长安花苑小学进行培训。9月20日，吴江组织15个组的参赛队赴上海，以主题为“拥抱世界，享受未来”的生态城市创意作品参加决赛。经过角逐，有6个组参赛家庭分别获得一、二、三等奖，8个组参赛家庭获制作、创意、技术、艺术等单项奖。（李晨露）

【院士专家进校园】 2020年10月22—23日，区科协在中小学开展“院士专家进校园”活动，邀请食品安全专家、院士陈君石，上海昆虫研究所教授殷海生，中国自动化学会副秘书长、教授孙长银，上海自然博物馆研究员何鑫，东南大学物理学院教授周雨青，江苏省青少年科技中心竞赛部部长陆敏等到吴江17所中小学校，开展科普讲座20余场次，参加师生1万余人次。（李晨露）

【科普项目建设工作】 为进一步规范科普项目的申报与管理，区科协在原《吴江区科协项目申报管理办法》的基础上修编完成《吴江区科学技术协会科普资助项目管理办法(试行)》（吴科协〔2020〕2号）。年初印发《关于开展2020—2021年度吴江区科协科普资助项目申报工作的通知》（吴科协〔2020〕3号），收到场馆类项目24个、活动类项目40个、资源开发类项目7个，经现场核查、专家现场答辩评审、报主席办公会审定后，确定立项项目21个，其中场馆类8个、活动类11个、资源开发类2个。经过中期检查和后期复查，经主席办公会讨论通过，对已完工项目和活动进行补助。（李晨露）

【汪集暘地热科普馆建设】 为弘扬科学家精神，传播地热等科普知识，以院士汪集暘故居的修缮工作为契机，科协与文体旅局、桃源镇政府联合启动地热科普馆建设工作。3月6日，邀请上海科普事业中心陈郭伟团队现场考察并与桃源镇政府全面对接。3月27日，地热科普馆概念性方案通过，结合院士故居的房屋布局，围绕“楼、人、地、热”的故事主线逐层展开，运用形式多样的展呈和互动方式普及科学知识。（李晨露）

学会协会

【概况】 2020年，吴江区科协业务主管的非营利社会组织有高校科协1家、产业科协2家、学会(协会)13家，区科协团体会员的学会(协会)24家，新建企业科协11家，累计50家。5月29日，吴江区装备制造科学技术协会成立，康力电梯股份有限公司董事长王友林任协会主席，中国自动化学会和吴江区装备制造科学技术协会签订合作框架协议。10月29日，吴江区生态文明研究学会成立，区残联原副理事长陆雪春(已退休)任首任理事长，区环保局原副局长王通池(已退休)任名誉顾问。（陈红兵）

【“水资源环境保护与经济协调发展”专题调研】 为探索长三角“生态友好型高质量发展”新模式，2020年9月24—26日，区科协邀请青浦、嘉善两地水土资源、环境保护、经济方面的专家以及苏州市环科所科研团队等一行19人实地调研考察庙港水源地、太浦闸、盛虹集团三分厂、上海金泽饮用水水源地，嘉善水厂、水源地，并开展交流研讨会，形成调研报告，旨在把“生态优势”转化为“发展动能”，推动生态美丽河湖建设。（陆雪荣）

【长三角生态绿色一体化发展示

范区企业科协联盟年会】 2020年10月28日下午，长三角生态绿色一体化发展示范区企业科协联盟年会暨2020吴江光电产业科技工作发展峰会召开。青浦、吴江、嘉善三地科技工作者齐聚吴江，开展企业科协、光电产业科技交流活动，探讨科技工作者在长三角一体化发展国家战略机遇下的新作为、新担当。长三角生态绿色一体化发展示范区企业科协联盟回顾2019年5月成立以来的工作。吴江区光电产业科协回顾一年的工作。青浦、吴江、嘉善三地科协联合发布《科协赋能长三角一体化协同创新发展宣言》，三地企业科协代表进行交流发言，分享工作经验。 （冯 峰）

【自然科学论文评选】 在苏州市人民政府组织的2018—2019年度苏州市自然科学论文评选中，吴江区科协推荐自然科学论文80余篇，其中医药卫生类论文40余篇。经过各市级学会初评、专家评审组复评，以及“苏州市科协网站”公示，全区6篇论文11名作者获苏州市政府表彰，吴江区科协获评优秀组织单位。 （张 勇）

【“双杯奖”评选】 苏州市科协举办的2018—2019年度“讲理想、比贡献”创新创业“双杯赛”评选中，吴江推荐参评项目5个，江苏永鼎集团的“双层共挤绝缘辐照交联无卤低烟阻燃电线研发项目”和苏州第九人民医院的“MiRNA-30作用细胞EMT通路调控非小细胞肺癌厄罗替尼敏感性的机制研究”两个项目11名科研人员获得表彰。 （张 勇）

【央媒点赞“云链通”行动】 2020年，长三角生态绿色一体化发展示范区内的吴江、青浦、嘉善三地税务部门开展“云链通”行动，运用税收大数据，为供需双方搭建产销对接桥梁。自行动开展以来，达成合作意向的企业有108户次。这一做法被央视媒体多次报道。 （钱孜江）

2020 年吴江区新建企业科协一览表

企业名称	科协主席	秘书长
东南电梯股份有限公司	秦健聪	王海燕
苏州清研微视电子科技有限公司	胡 斌	胡俊阳
吴江京奕特种纤维有限公司	陈 路	潘海洪
苏州汪永亨丝绸科技文化有限公司	吴海生	张 磊
苏州亚德林股份有限公司	王 霞	陆栋炜
苏州太湖电工新材料股份有限公司	施文磊	马俊锋
苏州华源控股股份有限公司	钱美华	戴耀明
吴江变压器有限公司	沈向东	张春红
佳禾食品工业股份有限公司	柳新荣	邢志强
江苏澳盛复合材料科技有限公司	赵清新	郎鸣华
苏州捷力新能源材料有限公司	汪星光	花常开

（张 勇）

2020 年吴江区科协所属各学会（协会）一览表

学会名称	理事长(会长)	秘书长	学会名称	理事长(会长)	秘书长
地方金融学会	周月明	李建武	科普促进协会	刘数功	曲小敏

（续　表）

学会名称	理事长(会长)	秘书长	学会名称	理事长(会长)	秘书长
农村金融学会	吴国兵	顾小明	蔬菜协会	黄福泉	赵三男
科技工作者协会	顾福根	钱根林	青少年科技辅导员协会	陆向红	杨建红
计算机协会	沈利东	杨建红	档案学会	张志远	钱晓燕
农学会	汪先犬	陈　红	光电科学技术协会	崔　巍	冯　峰
老年学学会	姚继元	姚钧铠	生态文明研究学会	陆雪春	陈洪兵（兼任副会长）
退休工程师协会	胡聿南	徐晓波	苏州信息职业技术学院科协	徐　兵	盛丽梅
心理卫生协会	陈维麟	袁　斌	装备制造科学技术协会	王友林	蔡连生

（张　勇）

防震减灾

【概况】 2020年，吴江及周边地区未发生3.0级以上地震。8月21日上午9点53分，吴江发生M2.3级地震，震源深度18.5千米，震中位于吴江北部与吴中区交界附近，部分市民有震感，此次地震未造成人员和财产损失。是年，吴江区调整防震减灾联席会议成员，区人民政府副区长朱建文担任召集人。2个项目3个地块开展地震动参数复核，吴江开发区启动地震安全区域性评估。（舒祥华）

【地震监测】 2020年，吴江区住建局做好监测站日常巡视检查、维护、管理工作，确保地震监测台站及相关设施设备正常运行，配合苏州市台网中心进行区域内地震台站巡检，完成"8·21"地震监测任务。（舒祥华）

【应急避难场所】 2020年，吴江区向镇（区）下达2020—2022年三年全区应急避难场所建设任务，在建中心避难场所2个、固定避难场所4个。6个避难场所有效避难面积约15万平方米，建成后可安置避难人员5万多人，设计方案均通过专家论证，其中3个完成开工任务。（舒祥华）

【防震减灾宣传】 2020年，"5·12"防灾减灾日前后，区住建局参加万宝商业广场"提升基层应急能力，筑牢防灾减灾的人民防线"主题宣传教育活动，在《苏州日报》、吴江新闻网、《吴江日报》、吴越在线、吴江电视台、"吴江住建"微信公众号等平台开展防震减灾知识宣传，累计1000余人次参加，发放宣传册2000余册。（舒祥华）

【地震应急预案修订】 2020年，区应急管理局组织地震应急预案修编工作。10月，新修订的《苏州市吴江区地震应急预案》由区政府办公室印发实施（吴政办〔2020〕119号文）。区级其他部门以及区镇（街道）、学校、社区（村）、企业等基层单位的地震应急预案修编工作稳步推进中。（葛冯格）

【物资储备及地震应急培训】 2020年，区应急管理局加强应急物资装备储备工作。实物储备120余万元应急抢险救灾物资装备，充实应急救灾物资品种；通过与第三方签订协议委托储备约61000件救灾赈灾应急物资，为全区的安全稳定提供坚实的物资保障。做好地震应急常规化培训，指导全区地震科普示范学校、地震安全示范社区和示范村等开展应急疏散演练等工作。（葛冯格）

（本栏编辑　浦德琪）

苏州市吴江区人民武装部

全区人民武装工作会议

2020年，吴江区人武部党委在苏州军分区党委和吴江区委、区政府的领导下，坚持以习近平新时代中国特色社会主义思想为指导，深入贯彻党的十九大和十九届二中、三中、四中、五中全会精神，深入贯彻习近平强军思想，深入贯彻新时代军事战略方针，积极适应国动系统改革的新形势、新任务、新要求，围绕“破平创优、争先创优”奋斗目标，坚持以强军思想为统领，突出政治建设根本，扭住练兵备战核心，较好完成年度各项工作任务。

全区各级党政主要领导和分管领导经常深入武装部、村社区民兵营现场办公，解决问题。人武部党委坚决贯彻中央军委主席习近平同志的训令，定期组织党委议战议训，持续开展“和平积弊大起底大扫除”活动，深入查找七个方面的问题，逐条指定整改措施，聚焦主责主业。征兵工作以提高兵员质量为根本，以“五率”考核为牵引，全过程抓规范，全要素抓质量，全方位抓监督，全人员抓廉洁，较好地完成新兵征集任务。围绕增强全民国防意识和国防精神，扎实开展国防教育进机关、进学校、进企业、进社区、进村屯、进家庭“六进”活动，注重挖掘国防园教育资源，打造民兵训练基地特色国防公园文化，更新公共场所国防教育知识展板。播放国防教育公益宣传片3部、爱国主义教育影片70部，万人参加“吴江电信”杯全民国防知识竞赛，74篇稿件被《中国国防报》《中国民兵》《中国社会报》《政工导刊》等报纸杂志刊登，先后为震泽中学、吴江中专等36所学校12000多名学生进行军训。

民兵整组点验

区人武部党委第一书记任职大会

防疫知识宣传

专业分队汇报演示

新兵役前教育训练

中共苏州市吴江区委员会党史工作办公室
苏州市吴江区档案馆

3月5日，区委党史工办主任、区档案馆馆长施国强走访慰问桃源青云社区疫情防控志愿者

5月8日，苏州市档案局局长、档案馆馆长祁立春（前排右二）带队调研吴江

2020年，区委党史工办、区档案馆认真贯彻落实区委、区政府决策部署，扎实推进各项工作，为夺取疫情防控和经济社会发展双胜利作出应有的贡献。

立足资源建设，规范档案管理。接收教育局等8个单位10847卷、12806件档案。同步接收案卷目录11册、全引目录4册、归档文件目录16册、地方志资料及报纸杂志292册。征集名人档案、民生档案及特色档案484件，接收全区重要会议、重要活动等电子照片47851张。举办第十五期档案人员上岗资格证培训、重点建设项目档案管理培训、出生医学证明档案业务培训等。与青浦、嘉善建立档案工作一体化合作机制，对档案“单套制”试点、查档利用服务等展开探讨。

立足优化服务，办好民生实事。改善查档用档环境，有效提升工作成效，全年现场接待查档5798人次，异地查档3人次，调阅利用32967卷（册）。加强档案信息化管理，运行、维护吴江区数字档案室系统，牵头筹建“吴江图片档案中心”，促进全区档案资源共联共享。持续开展对企业建档的指导服务，先后对开发区建设总公司、滨投集团、亨通光网等企业进行业务培训。

立足守正创新，延续历史文脉。利用党史资料做好吴江党史馆展陈文案的筹划、编写和审定，把好资料审核关。有序推动《中共吴江地方历史》（第三卷）和地方志编撰工作，出版《使命——吴江扶贫协作和对口支援纪实》等书。启动太浦河历史文化研究项目，开展《太浦河工程建设史》编纂工作，以太浦河为纽带深化青吴嘉档案部门合作。《同里镇志》《垂虹桥志》在2020年度江苏省地方志书质量评定中被评为优秀成果。区档案馆在苏州市地方志系统论文评比中获得组织工作先进单位称号。

6月9日，太浦河历史文化研究项目启动

11月19日，江苏省档案馆馆长陈向阳（左二）调研吴江

12月25日，全区“民生档案查询服务向基层延伸”工作会议召开

苏州市吴江区城市管理局

6月12日，吴江区城警联动中心揭牌

5月29日，区城管局参加首届长三角城市管理与综合执法一体化工作会议

4月8日，垃圾分类志愿服务启动仪式

2020年，在区委、区政府的坚强领导下，吴江区城管系统围绕统筹推进疫情防控和经济社会发展工作，按照“一流城市要有一流治理”的目标，紧扣“严、精、细”，聚力推动各项改革攻坚行动，争当城市精细管理的实践者，综合执法改革的领跑者，竭诚为民服务的引领者。吴江区获评2020年度苏州市城市管理工作先进区。区城管局获2020年度区级机关部门综合考核第一等次。

党建引领再树新标杆。聚焦党务业务服务融合，做强做优“满意城管”品牌，形成“蓝、绿、红”三色矩阵，有序推进政务公开，持续巩固深化“不忘初心、牢记使命”主题教育成果，充分发挥党组织的战斗堡垒作用和党员先锋模范作用，获评“学习强国”学习平台学用示范党组织，区城管局党群服务中心获评首批区级“海棠花红”先锋阵地，城管党建品牌愈发响亮。

队伍建设迈上新台阶。面对突如其来的新冠肺炎疫情，区城管局工作人员风雪无阻、积极投身一线，全面消毒消杀，踊跃捐款；众志成城、团结奉献，凝聚起抗疫必胜的强大力量，获得“吴江区先进基层党组织”“吴江区新时代实践战疫志愿服务优秀团队”等荣誉，涌现出一批优秀志愿者和战疫先锋共产党员。

环境面貌取得新突破。坚持问题导向，挂钩督导、一线攻坚，深入推进各类专项整治，创新“城警联动”实体化运作，高质量完成文明城市创建各项任务，助力测评成绩有效提升。坚持目标导向，加速推进农村“厕所革命”，完成年度700座公厕建（改）任务，推深做实农村人居环境整治工作。

城市品质实现新提升。久久为功，扎实推进生活垃圾分类，实现生活垃圾分类“三定两清一督”居民小区全覆盖。凝心聚力，提档升级市政基础设施，省内首创路内ETC应用，新增公共停车泊位8838个，LED路灯占比90%，新建公共自行车站点42个，净化路面、序化街面、美化立面，实现治理温度提升、保洁深度提升、服务广度提升。

执法改革推动新跨越。坚持数字赋能，推进信息平台建设，助推精细化、智慧化发展。坚持重拳出击，加强违法建设治理，全年完成治违拆旧任务11024亩，助力“三治”工作。坚持多措并举，扎实推进渣土管理，开出全省首张共同违反建筑垃圾管理案件罚单及未经核准处置建筑垃圾最高罚单。坚持不懈奋斗，深化综合行政执法改革，“1+6+N”全域综合行政执法改革荣获2018—2020年度江苏省法治建设创新奖。

7月31日，创建全国文明城市暨全区市容环境卫生与居民小区百日攻坚行动部署会召开

12月18日，上线政风行风热线视频直播节目

赴桃源镇开展疫情防控一线服务工作

苏州市吴江区人力资源和社会保障局

2月4日，区人社局党员干部战疫志愿者在松陵街道开展志愿活动

3月6日，劳动保障政策宣传现场

2020年，区人社局全面落实国家、省、市、区决策部署，围绕"六稳六保"、长三角生态绿色一体化发展示范区、优化营商环境和建设美丽吴江等重点工作，着力抓重点、攻难点、创亮点，获评全市"激励干事创业、奉献火红年代"先进集体、区年度综合考核工作"优秀机关部门"。

惠企富民，助推发展。迅速落实各级惠企政策，加码推出援企稳岗11条措施，全年减免3.88万家企业社保费25.44亿元，发放各类惠企资金3.11亿元；开展退捕渔民就业安置服务工作，实现符合条件渔民转产安置就业率100%；创设"吴江—印江"东西部扶贫劳务协作吴江模式，输送493名铜仁籍人员到吴就业，其中建档立卡贫困劳动力262人，新吸纳铜仁籍建档立卡稳定就业151人；创新打造"就在苏州　乐业吴江"就创公共服务品牌。举办高技能人才发展大会和第八届"吴江技能状元大赛"，构建劳动者职业生涯全周期培训体系。全区城镇新增就业3.11万人，城镇登记失业率维持在1.77%低位运行。

提质保障，增进福祉。实现社保政策全面接轨苏州，实现工伤认定以及劳动能力鉴定结果三地互认，社会保障体系得到持续优化。全区企业职工养老保险在职参保净增2.73万人；强化落实居民基本养老保险扶贫"三个100%"创新举措，为2643名困难人员（含残疾人）办理参保登记、代缴居民养老保险，使1632名困难人员（含残疾人）享受居民养老待遇。全力保障退捕渔民养老保障安置工作，实现符合条件渔民安置参保率100%，落实非全日制从业人员参加工伤保险政策，为234名非全日制从业人员办理工伤保险参保登记；企业退休人员社区管理服务率为100%。

引才聚才，厚植沃土。推进人才载体建设，新增国家级博士后科研工作站、省级博士后创新实践基地、省高技能人才专项公共实训基地数均位列全市第一。推进人才多元评价，亨通集团成为全省乃至全国首家被授予高级职称评审权的民营企业；举办"苏州湾国际人才云洽会""吴江国际精英创新创业洽谈会"，借力"校园苏州日"加大专业化青

5月16日，区人社局组织2020年苏州市人社系统窗口单位业务技能练兵比武活动（吴江选拔赛）

5月18日，区人社局仲裁院首次启用"互联网+庭审"

6月23日，区人社局举办2020年"就在苏州　乐业吴江"就业创业服务月活动

7月10日，吴江国际精英创新创业洽谈会开幕式上，青浦、吴江、嘉善三地共同发布长三角一体化示范区创业发展生态图

8月6日，2020年“鲈乡学子　创响吴江”活动现场

8月21日，区人社局全民参保扩面提质党支部赴七都宣传退捕渔民养老保障政策

年人才定岗特选引进力度。全区人才总量超33万人，其中高层次人才超2.7万人；技能人才总量超23.63万人，其中高技能人才超8.93万人。

稳定关系，共促和谐。持续推进劳动关系和谐企业培育评定，全区有国家、省、市、区四级劳动关系和谐企业1153家。全面贯彻《保障农民工工资支付条例》，规模以上企业劳动合同签订率、拖欠农民工工资举报投诉案件结案率均达100%。上线“云仲裁”办案新模式，高效化解劳资争议。召开“三地一体凝聚合力　调解仲裁深化融合并深入构建长三角一体化和谐劳动关系联合研讨会”，成立长三角示范区劳动关系维稳护航进博党员先锋服务队，互聘巡回仲裁员，常态化开展青吴嘉三地联席会议，实现劳动仲裁争议案件异地受理。

永葆初心，固本强基。“阳光人社　服务先锋”党建阵地被命名为区级“海棠花红”先锋阵地，“阳光人社党建惠企”先锋队有力推进党建惠企项目建设20项，打造“人人都是监督员”党风廉政个性化项目，党建项目“人社e播间”获评2020年吴江区“互联网+”创新奖，并入选新时代文明实践“十大案例”。45项公共服务事项实现“全城通办”，29项业务实现“掌上办”；全面推进证明事项告知承诺制；逐步在金融服务网点提供社保卡全自助制卡服务，实现社保卡制卡最多跑一次。

2021年，区人社局将继续冲锋在前、扛责在肩，努力推动人社事业稳中有进、争创一流，为打造向世界展示社会主义现代化“最美窗口”贡献人社力量。

9月10日，区人社局在通用电梯股份有限公司开展工伤预防培训改善项目的现场培训

12月8日，区人社局举办2020年“创响吴江”全民创新创业大赛，区委组织部副部长徐恒（左一）、区人社局局长张燕（右一）出席开幕式

苏州市吴江区交通运输局

6月5日，沪苏湖铁路江苏段开工建设动员会在吴江举行

10月9日，康力大道—东航路建成通车

5月，江陵路快速化改造工程开工建设

2020年，区交通运输系统聚焦年度重点任务，紧扣“一体化”和“高质量”两个关键，稳步推进着力提升交通发展能级，各项工作形成良好局面。

一体互联有新进展。加快推进沪苏湖、通苏嘉甬高速铁路和如通苏湖城际铁路建设。省际新通道康力大道成功打通，省际高速公路苏台高速稳步推进，浦港路东延接青浦、南延接嘉善，吴江大道接金商公路等跨省通道新改建项目加快研究。增加跨省公交覆盖面，全区累计开通跨省公交线路8条、毗邻线路2条，总条数在全省、示范区均处前列。

项目攻坚有新成效。2020年，全区交通重点工程有11项，完成年度投资计划的105.6%。605省道吴江同里至黎里段改扩建工程先导段完工，全线施工、监理完成招标；江陵路快速化改造工程全面开工；长漾滩环线工程全面完工；震八线路基和桥梁下部结构基本完成。八坼大桥路改建工程稳步推进。下穿沪苏湖铁路地方道路改造工程完成方案研究。

民生服务有新提升。提高出行服务品质。新增、调整公交线路40条次。公交候车亭累计新建110个。公交POS机完成升级1144台。环太湖文化示范路工程加快推进。“阡陌农路”畅安工程及各区镇农路农桥改造计划加速落实。提升行政服务效能。货车自助年审网上办件687件。完成机动车维修经营网上备案193家。受理各类交通政务服务办件累计12.6万余件，按时办结率100%，群众满意率达99.8%。

专项任务有新突破。普通公路收费站撤站全面完成。撤销芦墟、盛泽、八都3个普通公路收费站，黎里站暂停收费。绿化及环境专项整治全面完成。全区连续三年争先进位，在全市十个板块中位列第二。太浦河杂船整治全面完成。历时七个月，攻坚成效明显，整治区域杂船清零。安全生产专项整治成效显著。辖区全年道路运输事故起数、死亡人数比2019年分别下降71.01%、78.95%。隐患排查整改完成率100%。超限超载治理扎实开展。辖区超限率低至0.27%，远低于省控指标。交通运输“263”专项行动扎实推进。深化港口码头大气污染防治。开展防治船舶污染内河水域专项行动。规范机动车维修企业危废物处置。确保在建交通工程扬尘治理措施落实到位。

吴江区交通运输局立足新发展阶段，加快构建高质量现代综合交通运输体系，争当示范区建设先行军，争做“创新湖区、乐居之城”排头兵，为打造展示社会主义现代化的“最美窗口”贡献交通力量。

8月10日，区交通运输综合执法大队、区公安局交警大队联合嘉善县交通运输综合行政执法队，在S605（原黎里收费站）开展联合治超行动

横扇星字湾北上松桃线

苏州市吴江区水务局

5月9日，区水务局局长胡明忠（左三）检查太湖大堤和闸站安全

10月30日，示范区协同治水再深化主题活动——“沪湖蓝带”项目（太浦河共保联治江苏先行工程）启动

吴江“跨界联合河长制”入选“中国改革2020年度50典型案例”

2020年，吴江区水务局深入贯彻党的十九大和十九届二中、三中、四中、五中全会精神，紧紧围绕“创新湖区、乐居之城”建设和打造世界级滨水人居文明典范的发展愿景，以“补短板、强监管、提质效、树标杆”为总基调，统筹解决水安全、水生态、水资源、水环境、水文化、水管理等方面问题，进一步提升防洪保安能力、水资源保障能力、水生态保护能力和系统治水能力。

2020年，吴江区经历7轮强降雨，太湖水位超保证水位，合计分洪9.9亿立方米，实现流域、区域防洪安全“双胜利”，为经济社会发展提供可靠保障，区水务局被评为“2020年全省防汛抗洪工作先进集体”。水利工程建设成果丰硕，建成各类闸站48座，加高加固堤防挡墙34千米，疏浚河道125条、90.6千米，防洪抗灾标准进一步提升，基本完成京杭大运河苏州段堤防加固工程（吴江）。吴江区“水利建设投资落实好、省水利基本建设投资计划完成率高、年度工作成效明显”受到省政府办公厅督查激励。农田水利工程管护、农村河道长效管护两项工作获全省第3名，连续5年获全省考核优秀等次。

黑臭水体治理全面收官，治理黑臭河道220条。城乡生活污水治理水平显著提升，完成投入16.9亿元，力度连续2年居全市第一。全面做好进博会水环境保障，连续3年收到上海市“感谢信”。水政执法高压态势不断巩固，供水安全保障水平进一步提升，获全市考核优秀等次，出厂水合格率为100%。

水系结构优化调整稳步推进，示范区“一河三湖”治理全面展开，河湖长制改革工作连续3年获全市考核优秀。实现示范区跨界河湖联合河长制全覆盖，举办“不忘初心、牢记使命”长三角生态绿色一体化发展示范区协同治水再深化主题活动，与青浦区、嘉善县签订跨界河湖联合治理协议。“跨界联合河长制”入选“中国改革2020年度50典型案例”。

7月21日，水务局党员组成防汛突击队，巡堤查险

俯瞰吴江

千河百湖之城——吴江

太湖之畔的吴江

苏州市吴江区文体广电和旅游局

2020年，吴江区文体广电和旅游局积极贯彻落实区委、区政府的决策部署，坚持疫情防控与经济社会发展两手抓。

“全域旅游”建设持续推进，吴江区获评省级全域旅游示范区，入选2020年度中国文旅融合发展名县（区）名单。吴江应急广播系统建设通过省级验收，区文体旅局获评2020年度江苏省县级体育工作先进单位，吴江博物馆获评国家二级博物馆，太湖雪蚕桑文化园晋升省级工业旅游区。“美美江村”研学二日游入选省50条乡村旅游精品线路，“吴江亨通苏州湾文化旅游开发”入选2020年度省重点文旅项目，利瑞宝运动器材（吴江）有限公司入选省体育产业基地。“姑苏八点半·繁华吴江夜”夜间经济品牌，“双12苏州购物节——乐购吴江”活动相继推出。

第七届吴江太湖文化节、2020全国青少年帆船联赛吴江站、第十七届区域文化联动暨长三角群众文化优秀节目展演等重点文体旅活动赛事轮番开展。文体旅公共服务进一步完善，全年开展文艺活动超600场，新建笼式球场11片、健身步道35千米，安装健身路径133套，旅游服务中心震泽分中心启用。

严格落实上级安全生产巡查督导任务，落实疫情防控常态化，200名在职干部职工深入4个基层社区开展防控工作。

推进长三角一体化建设，深入打造示范区图书阅读联盟，实现公共文化资源互联互通。组织首届长三角示范区美食节、绿色餐饮风尚节，发布示范区旅游LOGO，推出“长三角寻宝记”小程序和“玩转长三角”示范区金秋精品路线，评选出示范区首批地标美食。

1月5日，“村（社区）综合性文化服务中心标准化建设”项目入选吴江十大民心工程

4月2日，吴江区文体广电和旅游局召开服务高质量发展动员大会

4月26日，“姑苏八点半·繁华吴江夜”夜间经济品牌发布会在旗袍小镇举行

9月23日，第十七届吴江区域文化联动暨长三角群众文化优秀节目展演在吴江体育馆举办

10月20日，2020年长三角一体化示范区绿色餐饮风尚节在黎里举行

12月26日，农行杯吴江区第二十一届迎新欢乐跑在太湖新城举行

黎里古镇

6月30日，繁花书房启动仪式

6月30日，黎里云赏汇活动举办

9月8日，2020新鲜提案·黎里真实影像大会现场

中国历史文化名镇黎里古镇形成于南宋，至今有近900年历史。2020年，区域总面积61平方千米，辖11个行政村、3个社区。古镇核心区内存明清民国建筑近10万平方米，积淀着宋、元、明、清和民国众多的历史遗存，如柳亚子旧居、鸿寿堂、周宫傅祠、端本园等各类国家、省、市级文物保护和控制单位56处。以“丁”字形市河为轴，一河两街115条弄堂呈鱼骨状布局，始建于元代的古市河东西向延伸近2000米，横跨17座古桥，保存250余座河埠头，镶嵌352颗缆船石。2018年12月，古镇创建为国家4A级旅游景区，被费孝通先生誉为“水乡明珠”。

黎里古镇保护开发工程自2012年启动以来，完成总投资约18亿元。古镇核心区三期工程完成，端本园恢复工程、周宫傅祠修复工程、古镇展示中心、游客服务中心、揽桥荡生态公园等一批重点工程建成投用，以形态修复打造江南水乡古镇风貌初显成效，入选“中国十佳村镇漫游地”。六悦博物馆、中国锡器博物馆、倪征日奥纪念馆、徐悲鸿艺术馆等相继开馆迎客，黎花建国、爱慕客栈、六悦庄、协顺兴等酒店的餐饮配套逐渐完善，以业态导入推进文旅融合发展。不断挖掘古镇弄堂文化的古桥文化、廊棚文化、缆船石文化、红色文化等内涵，以文化培植不断推进历史民俗文化传承、创新，获评中国历史文化名镇。同时，借势借力一体化发展擦亮“古镇名片”，长三角一体化跨省专线在黎里首发，“梨花文化节”“黎里真实影像大会”“黎里夜江南”等活动成功举办，获得“中国最具魅力研学旅游目的地”称号。

黎里古镇紧抓长三角生态绿色一体化发展示范区先行启动建设的重大机遇，发挥中国历名文化名镇和国家4A级景区效应，加快推动长三角古镇群落、文化休闲和旅游资源的联动开发，高标准建设国际生态文旅示范项目，打响“江南水乡游黎里”品牌，构筑江南水乡古镇生态文化旅游圈，使黎里古镇成为汾湖一体化高质量发展的“金名片”。

9月30日，2020梨花文化节暨首届吴歌节在黎里古镇开幕

11月19日，在2020长三角文博会黎里论坛上，黎里“国际生态文旅示范小镇”建设标准发布

古镇风景图

吴江经济技术开发区

2月24日，吴江经济技术开发区在博洛尼家居用品（苏州）有限公司举行吴江开发区博洛尼2020·天空之城奠基典礼

6月28日，省委常委、市委书记蓝绍敏（左二）深入吴江区专题调研基层党建工作

吴江经济技术开发区（同里镇）地处长三角核心位置，东临上海，距虹桥机场45分钟车程，南近杭州，西濒太湖，北接苏州主城区。1992年，吴江经济技术开发区成立；2010年，升级为国家级经济技术开发区。吴江经济技术开发区代管同里镇和江陵街道，行政区总面积176平方千米，总人口50.6万人，有20个行政村、19个社区。2020年，完成地区生产总值532.6亿元，工业产品销售收入1640亿元，一般公共预算收入64.1亿元，全社会固定资产投资152.4亿元，其中工业投资61.8亿元。注册外资6.35亿美元，到账外资2.06亿美元；进出口总额153.4亿美元，其中出口108.8亿美元，进口44.6亿美元。吴江经济技术开发区在全国219家国家级经济技术开发区综合发展水平考评中位列第34位，在全省118家经济开发区科学发展综合考评中位列第7位。区内同里镇是国内首批历史文化名镇，行政区面积93平方千米（含1平方千米的古镇保护区），下辖11个行政村、6个社区，总人口7万人。区内江陵街道设立于2019年6月，行政区面积83平方千米，下辖9个行政村、13个社区，户籍人口8.4万人，外来人口35.2万人。

作为苏州南部现代新城区，吴江经济技术开发区落户优质工业生产型企业近3000家，累计合同利用外资140多亿美元，实际利用外资近百亿美元，注册内资1300多亿元，形成电子信息、智能装备制造两大主导产业，以及新能源、新材料、生物医药、高端民生消费品四大新兴产业，成为中国沿海地区最佳投资地之一。英格索兰、卡特彼勒、GS、加德士、NEC、SK等近20家世界500强企业，128家美国、日本、韩国等国和中国台湾等地上市、上柜企业以及30多家国内主板上市企业在这里布局生产、研发基地。总投资超1亿美元企业有50多家，超1000万

7月21日，吴江经济技术开发区举办首季“游礼吴江”发布仪式暨“姑苏八点半·繁华吴江夜”新湖广场专场

11月10日，吴江经济技术开发区晋升国家级开发区十周年大会暨2020中国吴江投资贸易洽谈会举行

12月28日，吴江经济技术开发区召开领导干部会议

美元企业有400多家。优质欧美企业加速集聚，总数超150家；智能工业快速发展，拥有省级智能车间51家、省级智能工厂2家、星级上云企业58家、智能制造系统集成商9家、智能制造领军服务机构4家、工业互联网标杆工厂2家、国家级和省级智能制造领域示范项目9项，获评全省首批“互联网+先进制造业”特色产业基地。累计有效发明2700多件，每万人发明专利拥有量144件，拥有各类人才7.6万人，其中高层次人才8700多人，各类工程研发中心、技术研究中心200多家，博士后科研工作站12家。迈为股份、赛伍技术、海晨股份、世华科技4家企业相继上市，资本市场“吴江开发区板块”加速崛起。

吴江经济技术开发区是国内重要的电子信息产业基地和智能装备产业集聚区，被评为“中国十大活力开发区”“中国最具投资吸引力开发区”“国家新型工业化产业示范基地”“中国机械装备产业基地”“长三角G60科创走廊工业互联网标杆园区”。区内拥有众多国家级平台，包括国家级科技企业孵化器——吴江科技创业园、国家级综合保税区——吴江综合保税区（中国江苏自由贸易试验区苏州片区联动创新区）、国家历史文化名镇——同里古镇、国家级现代农业产业园——吴江国家现代农业示范区、国家级湿地公园——同里国家湿地公园等。当前，吴江经济技术开发区聚焦沪苏同城化，以“一路一河一湾一区一谷”五大功能载体为重点，全力打造强劲增长极，建设美丽南苏州，奋力挺进国家级开发区前30强，成为创新高地、生态高地、人居高地的国际化活力新城。

博洛尼天空之城（概念图）

江苏省汾湖高新技术产业开发区（黎里镇）

2月23日，汾湖—金泽疫情防控联合行动支部在318国道芦墟检查站执勤

5月4日，汾湖高新区被正式授牌为自贸区联动创新区

汾湖高新区地处苏浙沪"两省一市"交会的黄金腹地、长三角核心区域，是在省级汾湖经济开发区的基础上，于2012年8月经省政府同意更名设立的省级高新区，与黎里镇实行"区镇合一，以区为主"的管理模式。区域面积258平方千米，下辖4个办事处（含黎里古镇保护开发管理委员会）、43个行政村和9个社区居委会，户籍人口14.3万人。2019年11月1日，作为江苏省唯一乡镇被纳入长三角生态绿色一体化发展示范区先行启动区；2020年5月28日，被正式授牌为中国（江苏）自由贸易试验区苏州片区汾湖联动创新区。

2020年，有各类企业4000余家，包括永鼎股份、康力电梯、东吴水泥、法兰泰克4家上市企业，固德电材、华尔美特、太湖电工等新三板挂牌企业13家，以及国家级众创空间3家。先后获评"中国历史文化名镇""国家级卫生镇""全国发展改革试点城""国家火炬超高速节能电梯特色产业基地""国家知识产权试点园区"等称号，国家级科技企业孵化器汾湖科创园成为吴江首个国家级海智计划工作基地。

2020年，完成地区生产总值310.8亿元，比2019年（下同）增长2.2%；完成一般公共预算收入29.2亿元，增长1.2%；完成工业总产值730.2亿元，增长2.7%；工业开票销售收入完成737亿元，增长2.5%；完成全社会固定资产投资73.93亿元，增长2.0%，其中工业投资31.2亿元，增长55.6%；全年注册外资9985万美元，到账外资4712万美元，进出口总额完成16.1亿美元。国家战略先行示范，高质量承办示范区成立一周年现场会和吴江区建设工作现场会，康力大道东延工程、环元荡岸线贯通先导段、跨界联合河长制等一批"首"字号项目落地见效，在产业发展、交通互联、生态绿色、公共服务、党建政务等领域形成一系列可观可感的一体化实践成果。全年签约重大项目20多个，总投资超1100亿元，其中超百亿元项目4个；中车、恒力、京东等一批重量级项目稳步推进，以英诺赛科为代表的新型半导体产业蓬勃发展，"五大经济"产业发展格局初见成效。全面实施乡村振兴战略，集中力量打好"农村人居环境""文明城市""垃圾分类"攻坚战，城乡面貌焕然一新。实现全镇新冠肺炎疫情防控"零感染、零确诊"目标，10项民生实事工程扎实推进，中高考成绩再创佳绩，紧密型医联体向纵深发展，民生福祉不断增进。黎里古镇持续打

6月5日，沪苏湖铁路江苏段开工建设动员会在汾湖举行

6月22日，汾湖高新区举行京东智能产业园基地项目云签约仪式

6月29日，汾湖高新区成立汾湖招商引才服务有限公司

7月11日，2020年吴江国际精英创业周汾湖分会场现场

响国际生态文旅示范项目“金名片”。区域综合竞争力、城市美誉度、干部精气神迈上新台阶，全面构筑先行启动区建设新格局。

汾湖高新区作为长三角生态绿色一体化发展示范区先行启动区，迎来前所未有的发展新机遇，拥有面向世界、参与国际竞争力的无限潜力。下一步，将紧扣“一体化”和“高质量”发展关键词，聚焦“沪苏同城桥头堡”战略，更加坚决地扛起长三角一体化发展的使命担当，确保“十四五”发展迈好第一步、展现新气象，用奋斗书写“争当表率、争做示范、走在前列”的汾湖答卷，朝着一体化和高质量发展走在前列的目标奋勇前进。

9月8日，汾湖高新区与上海世外教育集团举行合作办学战略框架协议签约仪式

10月3日，2020年“吴江汾湖”中国攀岩联赛总决赛在汾湖举行

10月30日，长三角生态绿色一体化发展示范区协同治水再深化主题活动在汾湖太浦河畔举行

12月6日，中国-中东欧国家商务座谈会在汾湖召开

环元荡岸线贯通工程（示范段环境提升工程）鸟瞰图

东太湖生态旅游度假区（太湖新城）

绿地中心

3月9日，东太湖生态旅游度假区（太湖新城）战疫一线发展党员入党宣誓仪式

7月20日，东太湖生态旅游度假区（太湖新城）“党建惠企·与邻同行专项行动暨新兴领域党建惠企联盟成立仪式”举行

2012年1月，东太湖生态旅游度假区（太湖新城）成立，由原松陵、横扇、菀坪、八坼4个乡镇合并组成，区域面积198平方千米，坐拥东太湖岸线26.55千米。2019年6月，区划调整后更名，代管松陵、横扇、八坼3个街道，辖24个社区、32个行政村（合署办公后为22个社区、24个行政村）。2020年底，常住人口26.71万人、户籍人口18.65万人。

东太湖生态旅游度假区作为苏州“一核四城”南部板块的重要组成部分，在区委、区政府领导下，历经近10年的开发建设，累计投入超2000亿元，初步完成从“城镇”到“城市”的华丽转变。2020年，东太湖生态旅游度假区实现地区生产总值341.86亿元，一般公共预算收入58.36亿元，全社会固定资产投资完成191.43亿元，规上工业总产值完成164.99亿元，限上批发额完成266.63亿元，涉GDP核算服务业营收17.25亿元，商品房销售面积125万平方米。

功能品质日趋高端。绿地中心“太湖之眼”即将呈现完美形象，苏州湾文化中心、苏州湾体育中心建成投用，华润万象汇

8月20日，2020全国青少年帆船赛苏州吴江站开赛

9月5日，吴江区庆祝2020年中国农民丰收节开幕式暨绿色优质农产品直播带货活动举行

9月11日，东太湖水韵文化主题日暨苏州湾文化中心品牌发布会和东太湖旅游文化节开幕仪式在苏州湾举行

苏州湾文化中心

等5个商业综合体科学布局，苏州大学未来校区、苏州中学分校区相继落户。

经济发展日趋高效。总部经济区内11个总部楼宇项目建成投用，苏州湾科技城获评“苏州市十大数字经济产业园”，工联院江苏分院分中心、徐工汉云、海尔卡奥斯、京东方艺云、中建三局吴江之星、苏州湾环企中心等项目相继落户，五大“新”经济蓬勃发展。

生态文旅日趋成熟。东太湖综合整治工程自2008年启动实施以来，累计完成投资49.11亿元，生态环境明显改善。苏州湾梦幻水世界、公园绿地、音乐喷泉、文化中心等文旅项目串点成线，成功打造原创水上运动赛事IP“苏州湾帆船联赛”，百里风光带魅力不断彰显。

10月24日，2020第四届中国吴江东太湖皮划艇桨板大赛暨苏州市第十五届运动会中小学生皮划艇比赛举行

12月17日，吴江区首家楼宇党委成立

苏州湾音乐喷泉

吴江高新区（盛泽镇）

吴江高新区（盛泽镇）位于江苏省最南端，地处长江三角洲和太湖地区的中心地带，南接浙江杭州、嘉兴，东临上海，西濒太湖。吴江高新区（盛泽镇）总面积150平方千米，其中城区建成面积45.98平方千米、规划工业产业区60平方千米，下辖8个社区、30个行政村，人口50万人，其中常住人口13.7万人，外来人口33.3万人，流动人口3万人。吴江高新区（盛泽镇）是吴江区经济社会发展"四大片区"之一，是长三角一体化示范区规划区域。境内苏嘉杭高速公路、524国道贯穿其中，沪苏湖铁路（江苏段）盛泽站开工建设，交通便捷，地理位置优越。

2020年，吴江高新区（盛泽镇）经济运行稳中向好，质效提升，完成地区生产总值442.96亿元，比2019年增长2.55%；工业总产值654.63亿元，完成一般公共预算收入34.34亿元，全社会固定资产投资额73.92亿元；注册外资4.07亿美元；进出口总额16.20亿美元。纺织产业作为盛泽的主导产业和优势产业，打造"从一滴油到一匹布""一根丝到一个品牌"的完整纺织产业链，形成千亿级产业、千亿级市场、千亿级企业齐头并进的良好态势，盛泽纺织集群年产纺织品超230亿米，拥有纺丝能力320万吨，纺纱能力近20万吨，是中国重要的丝绸纺织生产基地、出口基地和产品集散地。科技创新成效明显，江苏省首家国家级先进功能纤维制造业创新中心建设稳步推进，累计获批国家级企业博士后科研工作分站18个。民营经济发展活力提升，有纺织企业2500多家，拥有南极电商、东方盛虹2家上市公司及华佳丝绸、楚星时尚2家新三板挂牌企业；拥有恒力、盛虹等国内知名大型纺织企业集团，恒力集团位居"世界500强"

10月28日，2020中国（盛泽）服装供应链大会召开

10月28日，中国纺织工业联合会会长孙瑞哲参观第八届江苏（盛泽）纺织品博览会

6月17日，金顶设计师陈闻"丝情画意"发布会

10月28日，第八届江苏（盛泽）纺织品博览会暨第二十一届中国盛泽丝绸旅游文化节开幕

6月16日，2020盛泽时尚周暨第七届江苏（盛泽）纺织品博览会云展会开幕

盛泽镇黄家溪村荣膺全国文明村

“世界500强企业”恒力集团

“世界500强企业”盛虹集团

国家级先进功能纤维中心

第107位;盛虹集团首次上榜“世界500强”位居第455位;拥有“盛虹”“福华织造”“桑罗”“德尔”“恒远”5个中国驰名商标,“盛泽织造”“绸都染整”2个江苏省著名商标。

位于吴江高新区(盛泽镇)镇区的中国东方丝绸市场创建于1986年,经过30多年的发展,成为国家级面料出口基地、国家外贸转型升级专业示范市场、全国诚信示范市场。市场区域面积6.2平方千米,来自全国各地的7000余家丝绸化纤商贸企业云集场内,经营10多个大类、超万个品种的纺织品。“中国·盛泽丝绸化纤指数”被誉为行业的晴雨表,《纺织面料编码(化纤部分)》成为国家标准。2020年,东方丝绸市场交易额1279.49亿元,连续8年市场交易额突破千亿元。吴江高新区(盛泽镇)先后被国家科委评为“国家级丝绸星火密集区”,被农业部命名为“全国乡镇企业示范区”,被中国纺织工业协会命名为“中国丝绸名镇”“中国纺织名镇”。

吴江高新区(盛泽镇)以更加率先的姿态融入长三角生态绿色一体化发展,在擦亮“丝绸古镇、纺织名城、时尚之都”三张名片的同时,让盛泽进一步实现从“织造之都”向“时尚之都”的蝶变,成为从传统产业转型到时尚创新之都的示范。

恒力集团旗下化纤企业智能化、自动化长丝生产车间

盛泽东方纺织城全景

潜龙渠水利风景区获评吴江首个省级水利风景区

盛泽全景

震 泽 镇

特色小镇，区位独特。震泽位置独特，位于苏州市吴江区西部，地处“吴头越尾”，江苏省、浙江省交界处，与浙江省湖州市南浔区接壤，是吴江的“西大门”。全镇总面积96平方千米，有21个行政村，2个街道办事处和6个社区居委会，总人口12万，其中户籍人口6.7万。境内沪苏浙高速、318国道和京杭运河支流长湖申线并行横贯东西，苏震桃公路（S258）纵贯南北，未来苏震桃高速将贯穿南北，沪苏湖高铁将在震泽南部通过，震泽至盛泽高铁站仅需10分钟，交通便利。

千年古镇，历史悠久。震泽前唐开埠、南宋设镇，因毗邻太湖而得名，太湖别称“震泽”，是一座名副其实的千年古镇。全镇拥有文保文控单位66个，其中国家级2个，省级3个，市级61个，是国家4A级旅游景区，中国历史文化名镇。悠久的历史和浓厚的文化气息，孕育了明末天文学家王锡阐、中国历史上首位驻美大使施肇基、“两弹一星”元勋杨嘉墀、上海昆剧团团长蔡正仁、苏州昆剧团团长王芳等一大批社会英才和文化名人。此外，震泽还是中国篮协主席姚明的祖籍。

经济强镇，产业鲜明。震泽镇在2020年实现一般公共预算收入9.03亿元，地区生产总值149.22亿元，全社会固定资产投资26.32亿元，位列全国综合实力千强镇第196位，是全国重点镇。2021年，全镇预期实现一般公共预算收入增长5%以上，地区生产总值增长6%以上，全社会固定资产投资增长

6月15日，镇党委书记顾全（左二）变身“网红主播”

6月16日，第十四届中国吴江震泽旅游文化节暨第七届蚕花节开幕式启动仪式

9月18日，全市江南水乡古镇污水处理提质增效达标区建设座谈会在震泽召开

6月17日，区委副书记、区长李铭（前排右三）调研震泽经济社会发展情况

初莲乡邻中心

10月18日，吴江区头中纺织商会成立

10月31日，第三届中国（平望）运河青年文创挑战赛现场

11月4日，第七届中华灯谜文化节暨第七届“平望杯”中华灯谜邀请赛举办

11月6日，“姑苏八点半·繁华吴江夜·运河小夜曲”平望夜经济专场夜市暨平望南大街开街仪式

基层治理提升能效。滚动实施“村社六项工作”，完成“三治”销项面积104.2公顷，拆除散乱污建筑面积68万平方米；“三优三保”完成签约50.53公顷，拆除63.27公顷，验收29.87公顷；完成农村人居环境整治391个自然村；拆除温室甲鱼养殖棚237户，复垦50公顷。制定水域生态管理要点，销号淮委督查暗访问题清单，整治黑臭河道、建设美丽河湖，完成长江流域渔民自愿退捕。

筑牢安全生产底线。以“雷霆行动”为安全生产主抓手，抓牢抓紧安全生产“一年小灶”和“三年大灶”；推进出租房专项整治，拆除违章辅房1.1万余间；启动商贸城整治，筹备莺湖工业集宿区一期建设。深化全国文明城市创建，国家卫生镇复审、市级生活垃圾分类全域镇通过验收。出台“政社互动”方案，孵化社会组织4家，试点社区“微创投”项目，共建共治共享格局加速形成。

文化发展增强特色。聚焦“水、岸、城、村、人”五位一体，坚持品牌化发展，“平望·四河汇集”成为全区唯一入选苏州“运河十景”的地标性项目。举办运河文化旅游节、运河城镇发展峰会、省第八届全民健身运动会龙舟比赛、农民丰收节、腊八民俗风情节等活动，“京杭大集”成功签约，带动文旅经济兴旺发展。协同推进“长漾里”“大龙荡”“运浦湾”三大农文旅体融合发展示范区建设，后港特色田园乡村通过省级验收，“村上·长漾里”获评市级共享农庄；大龙荡田园生态体育公园一期收尾、二期启动；运浦湾坚持农创、科创、文创多头并进，生态廊道启动区有序推进，玫瑰园获评省级五星级休闲旅游农业精品企业，“最江南风貌”平望画卷徐徐展开。

红色领航树牢旗帜。打造创新湖区党建联盟，实施55个“书记项目”，拓展行动支部矩阵，建立“一题一册一考一阵地”规范，11家“运河红驿”顺利启用。抓好与省属企业结对，成立莺湖工业园党委，推进非公党建“四个一”工程。实施干部激励担当培育三年行动，启动年轻干部“581050”梯队培育。推动“强党风、转作风、育乡风”行动，完善党群村务议事会、村务监督委员会机制。严格落实意识形态工作责任制，成立镇域社会治理“理论工作室”，建设“商户诚信文明经营监管系统”，推动《莺湖报》复刊，开设融媒体分中心，全方位讲好平望故事。实施“作风建设深化年”，推进“莺湖清风”行动，莺湖廉园二期开工；科学运用“四种形态”，强化监督执纪。推行“两代表一委员”积分管理，建成全区首家“八有”标准人大代表工作站，全镇上下同舟共济、团结奋进的良好局面进一步巩固。

11月18日，区委书记李铭（左二）带队调研平望通运康养建设情况

11月12日，江苏省文投集团党委书记、董事长盛蕾（左二）调研平望镇大运河文化带建设工作

桃 源 镇

10月30日，苏太猪育种（供保）中心桃源基地落成

11月13日，第十八届酒乡旅游文化节开幕

桃源镇地处苏浙交界、长三角腹心区域，行政区面积90.96平方千米，辖3个办事处，25个行政村和3个社区居委会。户籍人口7.04万人，外来人口约3万人。桃源镇得名于元代兵部侍郎戴敬本的诗句“问津桃花何处去，为有源头活水来”。千年历史造就的桃源，犹如一颗宝石，镶嵌在丰饶的苏锡常和杭嘉湖平原交界处，苏台高速公路桃源段开工建设，沪苏湖高铁有序推进，加快形成“十字走廊”，交通出行更加便捷，地理位置得天独厚。

坚持存量提升和增量集聚并重，夯实发展基础和增长动能并进，提升经济发展整体效能。编印投资热力图，出台高质量发展产业扶持政策。推动企业进行智能化改造，丹宇美、立邦获评省级示范智能车间。赴上海、北京等地招商，签约苏州澳缘盛新材料研发中心、华源控股智能包装产业园等8个项目。华源智能立体仓储系统、小黄蜂机器人一期等总投资17亿元的10个项目竣工达产。总投资超200亿元的融创生态文旅度假区项目奠基启动。桃源镇总商会获评江苏省“四好”商会。凯灵纺织科技研发中心获评省级企业技术中心。“桃源红众创空间”获评省级众创空间，获评“吴江领军人才”2人，“海鸥计划”人才2人、姑苏天使2人，人才工作创历史新高。

2月4日，桃源乌镇一体化联合抗疫

5月8日，金融服务实体经济座谈会

7月9日，党建惠企首届“舒心桃源”企业服务月启动仪式

6月10日，第三届桃源日、“繁华吴江夜 寻梦桃花源”暨“运河非遗美食节”启动

12月7日，太师大桥通车仪式

12月19日，融创桃源国际生态文旅度假区奠基仪式

持续加大民生领域财政投入，切实把改革发展红利转化为民生幸福指数。积极配合沪苏湖高铁建设，前期拆迁补偿工作基本完成。加快京杭运河改建工程，太师大桥改建通车。高标准改造桃花源大道中段、恒信大道，持续推进“四好农村路”建设。青云安置房启动前期工作，桃花水岸安置小区建设进入收尾阶段，观云四季庭进行主体施工，已开盘销售。18个三星级康居乡村通过市级验收，整治黑臭河道11条，完成“美丽河湖”建设3条、河道疏浚17条。开展“桃源明”系列宣传督导活动，落实垃圾分类工作，29个小区提前完成“三定两清一督”全覆盖。完成桃源中学风雨操场、富乡幼儿园、蒲公英幼儿园建设。持续完善社区健康服务，14个省级卫生村通过复审，完成广福村省级健康村、迎春村市级健康村建设。有效承接公安、税务、人社等14个部门471项政务服务事项，全年受理各项业务超13万件。举办第十八届酒乡旅游文化节、运河非遗美食节、“繁华吴江夜　寻梦桃花源”直播带货等活动，“徒步林海天池，探访酒乡桃源”线路入选市体育旅游精品线路。

强村富民拓新路，乡村振兴有力推进。科学谋划，统筹落实，持续激发农业农村活力，用心用力用情促进乡村发展。水稻、小麦、春蚕等实现丰收，完成粮食生产全程机械化示范镇创建，5037亩水稻田获评省级绿色优质农产品基地。建成使用苏太猪育种基地，获“2020苏州十大民心工程”入围奖。苏州“菜篮子”工程蔬菜基地建成启用并通过市级验收。新和村、水家港村水稻标准化农田项目启动施工。灶家浜特色田园乡村建设被纳入市第四批特色精品乡村建设试点名单。严慕村入选第二批国家森林乡村。持续推进第八轮经济相对薄弱村帮扶转化工作，村级经济收入稳步提升，各村稳定性收入均超过300万元。做靓美丽乡村，推进农村人居环境整治工作，获评区级红榜自然村14次，区级红榜行政村3次。

盘活土地资源，腾出发展空间，完成治违拆旧1304亩，“三优三保”土地复垦通过市级验收958.11亩。积极推动“僵尸企业”处置工作，盘活土地资源523亩。认真开展工业企业综合评价工作，完成D类企业淘汰24家。“散乱污”整治实行“房东租户一并治”，成效明显，依法关停、整改提升36处。抓牢抓紧安全生产“一年小灶”和“三年大灶”，组织开展“春雷行动”、百日“雷霆行动”。完成青云木材市场、麻溪路木材市场清理整治，消除安全隐患。组织开展“331”专项行动，完成三类隐患整改，“9+1”场所整改率100%。持续推进老旧小区技防改造，常态化开展燃气安全监督检查。整合41个职能部门，成立8个职能机构，构建“1+4+N”基层整合审批服务执法体系。

融创桃源国际生态文旅项目（概念图）

灶家浜特色田园乡村

开弦弓村

七都镇

通用电梯成功上市

“一线突击”疫情防控队伍

七都镇位于吴江区西南部，辖区总面积102.9平方千米，其中镇区（含庙港）面积7.03平方千米，全镇常住人口7.56万人。2020年，七都镇以习近平新时代中国特色社会主义思想为指导，统筹推进疫情防控和经济社会发展，扎实做好“六稳”工作，全面落实“六保”任务，全力打好三大攻坚战，加快现代化滨湖精致创意新镇建设，高水平全面建成小康社会取得决定性成果。

2020年，七都镇坚持稳中求进，持续推动经济优化提质。预计实现地区生产总值107.6亿元，比2019年（下同）增长2.3%；工业总产值501亿元，增长3.4%；全社会固定资产投资27.39亿元，增长7.9%；工业开票销售收入541.89亿元，实际使用外资1055万美元。15个区级重点项目年度投资完成率102.6%。凯伦股份销售、税收实现双跨越，纳税首超亿元，通用电梯成功上市。全年智能工业投资9.05亿元，增长12.8%，新增省级企业技术中心2家，市级智能工厂和车间5家。成立七都镇侨界联合会和新的社会阶层人士联谊会，建立健全与企业直联直通、高效互动机制。

“文明七彩　美美七都”志愿者服务队伍

“繁华吴江夜·七都欢乐购”双塔夜市

完成“三整合”改革试点任务

防汛抢险

环长漾稻米香径（七都段）

开弦弓村

2020年，七都镇加大环境整治力度，生态建设取得实效。燃煤锅炉全部淘汰或实施清洁能源替代，空气质量优良天数达标比例提高11个百分点。全面落实长江“十年禁渔”重大任务，实现682艘渔船应退尽退、1415名渔民应保尽保。深入开展河湖“两违”“四乱”专项整治。集中力量打捞蓝藻9751吨、水草7056吨，实现太湖水域安全度夏。建成横港、月字圩港两条生态美丽河湖。59个自然村生活污水治理设施建设基本完成。清理双塔桥等“散乱污”重点区块约9公顷，取缔“散乱污”点位66个，完成率100%。受控生活垃圾填埋场实现长效管理。

2020年，七都镇持续完善基础设施，城乡统筹发展进程加快。吴越路、环长漾稻米香径（七都段）建成通车。生活垃圾分类实现全覆盖，成为全区首个100%完成“三定两清一督”小区验收的乡镇。成立江村综合提升项目建设指挥部，组建江村文旅投资发展有限公司，开弦弓村累计完成投资4400万元，江村香青菜基地创建“苏州市高标准蔬菜生产示范基地”，江村高标准大闸蟹基地启动建设。423户家庭参与“美丽庭院”创建。新增15个三星级康居村，光荣村创建“康居特色村”。浦江源太湖蟹生态养殖示范园投入5000万元，启用检测检疫中心、智慧平台、“互联网+”水产品云商城。

2020年，七都镇依托自然生态优势和深厚文化底蕴，全面推进农文旅融合发展。投资366万元修缮孙宅，探索EPCO模式，投入8000万元的吴溇老街改造项目正式启动。0572酒店二期、亨通凯莱度假酒店宴会厅等项目建成投用，轻旅驿酒店结顶。发布“湖先生、菜小姐”旅游IP形象及农文旅“热力图”，举办“繁华吴江夜·七都欢乐购”双塔夜市、第三届长三角社会学论坛、“琴近太湖”线上展示活动、太湖欢乐跑、首届文化创意设计大赛等系列品牌活动，“美美江村”研学旅游路线获评“江苏省乡村旅游精品线路”。成立溇港文化研究室。组织开展复旦大学“七都再调查”研究。

2020年，七都镇全力保障和改善民生，群众生活水平进一步提高。7所校园硬件改造投入超800万元。七都镇综合为老服务中心投入运营。创建省健康村1个、市健康村（单位）2个，七都卫生院获评“江苏省社区医院”。扎实开展全国第七次人口普查工作。落实“苏惠十条”“吴江惠企十八条”政策。铁腕开展安全生产百日“雷霆行动”，事故起数、死亡人数均实现“零报告”。顶住太湖超保证水位巨大压力，组织突击队24小时巡防，通过抗洪大考。“331”专项行动隐患整改率100%。组建“文明七彩　美美七都”7支志愿者服务队伍。深化社会稳定风险评估和社会矛盾排查预警机制，化解2件重复信访积案。

2020年，七都镇推动基层党建各项任务，为全镇各项事业发展提供组织保障。组建专业处置、应急防控和一线突击3支疫情防控队伍，成立9个专门工作组，充分发挥党组织战斗堡垒和党员先锋模范作用。严格落实“外防输入、内防反弹”总体策略，坚持“人物同防”，落实“大数据+网格化+铁脚板”工作模式，实现全镇范围内零感染。成立“美美江村”乡村振兴党建联盟，设立光荣村“初心讲堂”，推广“事解江村”党建服务点。高标准完成“三整合”改革试点任务，集成指挥中心一体化平台高分通过全省首家验收。创新结合“非遗”剧目与廉政教育的“太湖清风苑”廉政教育基地落成。

农村生活污水治理

同 里 镇

“姑苏八点半·繁华吴江夜”同里夜精彩专场夜市活动

第二十四届中国吴江“同里之春”国际旅游文化节

同里是中国十大历史文化名镇之一，拥有1000多年的建镇历史和五六千年的文化积淀，钟灵毓秀、人文荟萃，留下了丰富的历史遗存。坐拥历史瑰宝，坚持精细呵护、数字赋能，以退思广场为核心，布局“一核四区”新格局。

“醇正水乡，旧时江南”是同里最美的注脚，生态是同里最浓的底色，文化是同里最亮的成色，两者的邂逅成就了同里的“五彩缤纷”。近年来，同里践行“两山理论”、凝聚匠心精神，奋力推进污防攻坚，努力改善人居环境，全力打造“新江南空间”，厚植文化土壤，传承文脉肌理，擦亮“江南文化”品牌，水乡文化、运河文化、古镇文化、乡土文化、非遗文化在这里相互融合、熠熠生辉。

同里古镇久负盛名，但同里不只有古镇，还有国家级现代农业示范区、国家重点示范湿地公园，中国美丽休闲乡村北联村，国家森林乡村肖甸湖村，等等。近年来，同里坚持全域融合、景社合一，主动串联水乡古镇、生态湿地、田园乡村、现代农业，加快布局“农业+”“文化+”“旅游+”新业态，大力发展“湖光经济”“月光经济”，全要素推动农文旅融合发展示范区建设，精心打造古镇游居标杆、田园栖居典范、湿地慢养目的地，努力呈现“姑苏城外”的水韵芳草稻田香。

同里将继续以长三角生态绿色一体化发展示范区建设为契机，围绕吴江区打造“创新湖区”、建设“乐居之城”目标定位，开发区“打造强劲增长极、美丽南苏州，建设创新高地、生态高地、人居高地”要求，加快推进同里农文旅融合发展示范区建设，提升“江南文化”品牌知名度和影响力，打造农文旅融合典范，建设南苏州“最美窗口”，努力呈现最文化、最生态、最宜居的“三最”同里。

米其林大厨空降同里北联稻田

同里夜精彩演出

退思园首开人文体验空间

松 陵 街 道

1月31日，疫情防控请战

4月10日，“人文南库　乡情难舍”松陵街道乡风文明推进会

4月18日，松陵街道首批楼道长聘任仪式

2019年6月17日，松陵街道挂牌成立，是吴江区委、区政府的派出机关，由东太湖生态旅游度假区（太湖新城）代管。辖区东临大运河和花园路，西濒太湖，北至江兴路，南至吴江大道，区划总面积64.88平方千米。户籍人口12.5万人，常住人口28.2万人，辖19个社区、10个行政村，其中部分行政村与社区实行合署办公，以社区化运作为主。

致力于做好城乡品质提升文章。突出标本兼治，在精准有力抓好城乡配套建设工作基础上，更加注重城市内在品质提升。以改善居民居住环境为目的，以鲈乡二村、三村为试点，开展老旧小区综合改造提升工程，全区首批6部加装电梯投入运行。以文化为基，大力弘扬历史传统文化、地域特色文化，不断提升城市文化内涵和精神面貌，开展文明城市攻坚行动，城市面貌焕然一新，获评“江苏省文明镇”称号。以实施乡村振兴为抓手，农村人居环境进一步优化，南厍获得“江苏省第四批特色田园乡村”“第二批江苏省传统村落”称号，文明乡风持续向上向善。垃圾分类有序实施，大力推广生活垃圾“三定两清一督”投放模式，实现生活垃圾分类投放全覆盖，在芦荡湖湿地公园建成东太湖度假区首个垃圾分类宣教中心。突出生态优先，积极开展西塘河、三船路河美丽河湖建设，加快黑臭河道摘帽销号，着力推动建设良好生态环境。

致力于做好基层治理提质文章。积极推动社会治理现代化改革，将“社会管理”转变为“社会治理”模式。积极化解社会矛盾，成立信访工作联席会议领导小组，落实领导包案化解工作制度，信访及时处置率100%。创新综合治理模式，以村社为行动基点，形成“以点带面、横向到边、纵向到人”的扫黑除恶严密网络，营造全民参与平安创建的良好氛围。提升社会服务能力，创新社会治理服务方式，优化调节队伍，“邱云观老娘舅品牌调解工作室”“姚瑛婚姻家庭调解工作室”等实体化运作；打造松陵法治直播间线上普法新平台，提升社会治理服务效率。强化城市管理力度，提升综合执法效能。加大对市容市貌、市场监管、安全生产等十个条线的监管处罚力度，累计处罚一般案件881起，罚款776.4万元，优化完善“一支队伍管执法”的社会治理模式。

致力于做好惠民利民文章。面对疫情蔓延的冲击和挑战，松陵街道以战时姿态打响新冠肺炎疫情阻击战，对辖区15000户重点出租户开展地毯式排摸，累计居家隔离人员5485人，检查企业150家次、学校及校外培训机构123家次，确保辖区疫情防控形势稳定。民生保障进一步提升，持续关注民生需求，累计发放救助低保、大病救助、助学金等补助超2300万元，办理退役军人社保接续207人次。教育基础进一步夯实，英仑伟才、青橙绿苑、培德、联杨幼儿园等一批新（扩）建幼儿园投入使用，松陵一中、北门学校被评为2019年吴江区模范学校。卫生环境进一步净化，完成5个省卫生村复审和吴江区社会心理服务体系平台建设工作。特殊关爱进一步深化。走访计生特殊家庭115户，送去慰问物资3.8万元；为精神障碍人员提供免费体检活动。

松陵街道聚焦高质量发展、高品质生活、高效能治理，以长三角一体化高质量发展、城市产业有机更新为根本动力，城市品质明显提高、精神文明引领风尚、社会民生全面进步，为吴江“创新湖区”“乐居之城”建设贡献松陵力量、松陵智慧，书写松陵街道一体化高质量发展新篇章！

7月1日，“建党99·初心久久”庆七一主题活动

9月30日，萤火虫松陵志愿服务品牌发布

盛泽镇沈家村

沈家村位于盛泽镇最西面，东靠北麻漾，西邻震泽镇，是盛泽镇的西大门，坐拥沪苏湖高铁核心区位。2020年，沈家村与七庄村合并，现区域面积4.4平方千米，全村农户844户，村民小组32个，户籍人口3325人，党员124人。

近年来，沈家村聚焦乡村振兴战略，以建设“枫情沈家”休闲乡村旅游特色村庄为发展目标，以“盛泽水漾　十里枫海”为设计主题，结合“百年名人、百年古桥、百年长寿树、百年香樟、百亩生态园”等优质资源，发展特色产业，提升生态环境，培育文明乡风，着力打造集观光旅游、文化体验、休闲度假、生态人居于一体的乡村旅游特色村庄，获“江苏省特色田园乡村”等称号。

沈家村产业“兴”，以景观苗木业为方向，发展特色农业，开发文化资源，结合乡村旅游，打造农文旅融合发展的样板间。沈家村环境“美”，以“治污”“留白”“添绿”为抓手，全面铺开人居环境整治，着力提升村民的幸福感、获得感和满足感。沈家村乡风“优”，依托“红色蜂巢”先锋驿站，服务党员学习教育，扩大红色效益；建设乡邻中心，和谐群众邻里关系，弘扬时代新风。沈家村治理“强”，建设村民议事长廊，汇集社情民意，凝聚发展共识，构建密切党委政府与人民群众的“连心桥”“暖心地”。沈家村生活“富”，至年底，全村民营企业37家，固定资产4223万元，可支配收入781万元，村民人均年收入超20544元。

沈家坝自然村

沈家村新时代文明实践站——乡邻中心

沈求我故居

书吧

田庐

植物科普园

沈家村入口处

现代化教育体系建设

【概况】 2020年9月，全区有各级各类全日制学校（含幼儿园）225所。全区幼儿园122所（分园及村园自2015年起进行独立统计，2020年起新增园区以独立法人为单位进行统计），其中公办80所（含中心园35所）、民办42所（含枫华、北外附属幼儿园）；小学56所，其中公办32所、民办24所；初中35所，其中公办29所（含九年一贯制学校5所：横扇学校、菀坪学校、金家坝学校、八都学校、江村实验学校）、民办6所（含九年一贯制学校3所：存志外国语学校、道尔顿学校、泽新实验学校）；高中9所，其中公办6所、民办3所（含完全中学1所：青云实验中学；十二年一贯制2所：苏州枫华学校、北外苏州附校）；中等专业学校2所；特殊教育学校1所。另有，高职院校1所（苏州信息职业技术学院），社区教育中心校8所，区社区培训学院1所，非全日制职工技术培训学校26所，民办非学历教育机构130个，学前看护点51个。至年底，全区累计创建市级以上优质幼儿园65所（含省优质幼儿园54所，分园及村园独立统计），省四星级普通高中4所，三星级普通高中2所，省四星级职中2所，省现代化特殊教育学校1所，区社区培训学院和8所镇（区）社区教育中心均达到省级标准。（顾莹璆）

【基础教育】 2020年初，全区有41个学校的新建、改扩建项目被列入建设计划，总建筑面积84.1万平方米，计划总投资56.1亿元，建成后可新增学位3.7万个，其中区级重点项目22个。至秋季学期有17个项目建成投用，增加学位14835个，有效缓解入学矛盾。引进优质教育资源，苏州中学附属苏州湾学校、新教育学校、北大新世纪世恒学校、宋庆龄基金会花朵幼儿园、南师大附属小学及幼儿园等先后落户吴江。加强各学区学位动态变化分析研判，建立公办饱和预警机制，建设和完善吴江区新生入学工作系统平台，将公办和民办学校新生报名全流程纳入统一招生平台，在全市率先启用“区块链+公证”摇号系统，完成义务教育首次“公民同招”（公办学校与民办学校同时招生）。全年小学适龄儿童入学率、初中入学率、残疾儿童入学率均为100%。是年，4所幼儿园获评省优质幼儿园，2所获评市优质幼儿园，2所通过省优复审。学前教育普惠率93.78%。全年出台配套文件5个，较为完整地构建促进全区民办教育发展的“2+12”制度体系（按照“扶持、做优、规范”的总体思路，先后出台《吴江区进一步支持和规范民办教育发展的实施意见》《吴江区关于2018—2022民办教育发展的若干意见》以及民办学校党建、设立审批、学费监管、专项资金使用、学费监管、办学信息公开、会计核算、财务审计、质量提升、信用管理、等级评定12项配套政策，构建较为完备的制度体系，为民办学校规范办学、健康发展创造有利条件）。全年正式设立审批民办幼儿园11所、非学历教育机构28家；同意筹设民办中小学2所、民办幼儿园4所；认定普惠性幼儿园15所。在全市率先开展民办学校优质发展水平等级评估，强化结果运用，全年完成优质发展水平等级评估27所。在全省率先出台《吴江区校外培训机构学费监管暂行办法》，通过"依托一个平台，建好两个账户，实施三段清分、落实四方监管"的方式（"依托一个平台"即校外培训机构利用吴江区校外培训机构综合管理平台进行课程管理、在线选课和报名缴费等；"建好两个账户"即校外培训机构须在当地银行设立基本结算户和学费监管专户，每期课程培训学费首先缴入监管专户；"实施三段清分"即监管银行按照平台发出的指令分"课程学习开始、课程学习过半、课程学习结束"3个时段按5∶3∶2的比例将监管专户内资金释放到基本结算户；"落实四方监管"即区教育局负责制定监管办法和综合管理平台开发、建设、维护，各区镇、街道教育办公室负责对机构日常监督和管理，各校外培训机构按要求完成信息登记，做好在线报名和学费缴存，各监管银行按规定做好校外培训机构学费的收取和拨付），打造校外培训机构资金监管"吴江经验"。（顾莹璆）

【职业教育】2020年，全区进一步完善现代职教体系。吴江中专、丝绸中专创建省现代专业群2个、现代化实训基地2个，丝绸中专创建省智慧校园。中职校参与省现代职教体系"3+3"中高职衔接试点项目班收629人。单招班升入本科50人，专转本27人，中职毕业生升学率94.67%。全区新获评市级现代学徒制项目3个、优秀企业学院1个，亨通集团、盛虹集团、永鼎股份、高创电子、恒力化纤、三港配送、博众精工等7家企业入选省产教融合型企业。在苏州市职业院校技能大赛2021赛季的比赛中，吴江区获得一等奖9项、二等奖37项、三等奖63项。在2020年首届全国中职班班主任能力比赛中，获一等奖1名。在第四届"黄炎培杯"中华职业教育创新创业全国现场总决赛中，获一等奖1名。吴江区教育局参与制定由示范区执委会、上海市教委、江苏省教育厅、浙江省教育厅联合发布的《长三角生态绿色一体化发展示范区职业教育一体化建设方案》，并根据方案要求，由吴江区教育局牵头完成示范区职业教育一体化招生工作，促成示范区三地六校拿出各自的优势特色专业415人的招生计划面向示范区跨区域招生。示范区职业教育一体化招生在全国首次实现跨省、市招生、跨省、市中高职贯通培养，配合青浦、嘉善教育部门做好统一教学标准、学籍管理的相关工作。吴江中专对口支援印江中职校，印江中职校高级酒店管理专业高二班学生二届32名进入吴江中专学习。

（顾莹璆）

【社区教育】2020年，吴江区社区教育网络持续完善，完成省标准化居民学校创建20所，太湖新城、汾湖高新技术产业开发区成教校入选市首批示范性社区教育中心建设立项名单。基地建设卓有成效，七都中国江村实践教育基地获评长三角市民

2020年5月，由吴江主导的长三角一体化示范区中职一体化招生"破冰"受到央视《新闻联播》关注

（区教育局　提供）

终身学习体验基地，震泽“太湖雪”桑蚕文化产业基地获评省教育服务“三农”高水平基地，盛泽宋锦文化园获评省社会教育学习体验基地。省级游学项目震泽“蚕桑文化学堂”被评为长三角社区教育特色品牌，汾湖“心里·梦里·黎里”获评市级游学项目。平望同达文化园升级为省级市民学习苑，同里丽则女学创建为苏州市级市民学习苑。汾湖、盛泽成教校被认定为市首批语言文字推广基地。区培训学院和汾湖、七都成教校入选全国首批“区域终身学习发展共同体”项目实验点。承办全国“共学养老”研讨会，8位老师在市首届社区教育教师能力大赛中获奖，其中获一等奖1人、二等奖1人、三等奖2人、优胜奖2人，在全市名列前茅。数字化资源日益丰富，《垂虹桥与历代名人》入选省老年教育视频资源库。加盟江苏学习在线，推出江苏学习在线（吴江站）。以“六大行动计划”［2019年，中国成人教育协会设立“城市社区学习中心（CLC）能力建设项目”，吴江区社区培训学院作为十五个项目实验点之一，开展相关的六项行动：城市社区公共学习空间建设行动，旨在不断建设和优化城市社区的学习空间，形成良好的学习氛围，方便社区居民就近参加各类学习活动；城市社区民间读书社团推进行动，旨在发挥社区居民的主体力量，培育各类民间读书社团，活跃社区的学习生活；城市社区家庭教育能力提升行动，以社区居民关注的家庭教育为切入点，从理论到行动着力提高城市社区家长的家庭教育水平；城市社区老年教育推广普及行动，以积极老龄观为指导，旨在将老年教育推广到社区，使老年人在家门口享受教育支持服务；城市成年人心理健康教育普及行动，旨在形成理性、平和、开放、包容的社会心理环境，提高城市社会心理健康水平；城市居民生活、职业能力提升行动，从区域特点出发，将专业技能推广到社区居民生活中，一方面提高社区居民的职业竞争力，另一方面提高社区居民的城市生活能力］细化落实联合国教科文组织城市社区学习中心（CLC）能力建设项目。创新开展全民终身学习活动周，参与活动的市民约2.2万人。　（顾莹璆）

【高等教育】 2020年，苏州信息职业技术学院（南京师范大学、南京审计大学、南京航空航天大学、西北农林科技大学校外教学点）、区教师发展中心（华中师范大学校外教学点）、区总工会职工学校（北京语言大学校外教学点）、松陵镇成人教育中心校［南京信息工程大学、中国地质大学（武汉）校外教学点］、汾湖高新区成人教育中心校（中国矿业大学校外教学点）、滨湖职业培训学校［中国石油大学（华东）、河海大学、扬州大学、泰州职业技术学院校外教学点］等8所院校接受业余高等学历教育总人数13009人，其中进修大专5799人、进修本科7210人；2020年毕业2532人，其中大专毕业1205人、本科毕业1327人。2020年全区成人高考报名6243人（含退役士兵），录取5003人，其中高起本16人、高起专2800人、专升本2187人。省高等教育自学考试报名13342人次，毕业436人，其中本科毕业214人、专科毕业222人。（顾莹璆）

【教育技术装备】 2020年，全区继续围绕“智慧城市”建设目标，加快推进“智慧教育”建设。升级改造教育城域网骨干网络，投入500余万元打造“教育云”平台，网络安全等级为等保三级标准；投入500万元开发教育基础数据库、应用融合平台及网站集群项目。完成新生报名系统二期、中考报名系统二期等应用开发，苏州线上教育中心吴江分中心平台正式上线，全区参与网上学习学生14余万名。组织师生参加各级各类信息化应用比赛，获得国家级奖项5人、省级16人、市级114人。加快推进省级智慧校园示范学校评估工作，有12所学校创建省级智慧校园。　（顾莹璆）

素质教育

【概　况】 2020年9月，全区全日制普通中小幼及中高职在校（园）学生208784人。幼儿园班级1211个，在园幼儿40706人；小学班级2470个，在校学生105401人；初中班级838个，在校学生35773人；普通高中班级330个，在校学生15046人；中职学生5459人，高职学生6208人；特殊教育班级15个，学生191人。是年，全区学前三年入园率、义务教育阶段适龄儿童入学率、巩固率保持100%，残疾儿童少年毛入

2020年7月7日，语文考试结束，不少考生表情轻松地走出考场
（吴斌　摄）

学率100%。高中段毛入学率保持100%。普通高考录取各类高校总人数3456人，录取率96.75%，其中本科2833人。
（顾莹璎）

【德育工作】 2020年，全区教育系统坚持立德树人，开展中小学行为规范养成教育月、优秀班主任工作室“德善”品格教育课展示、品格教育微视频评选等活动，扩大“德善”品格教育影响力。创新家校共育模式，推出“育无疆 · 家长微课堂”，成立吴江区中小学家庭教育指导与服务中心，评选吴江区首批家庭教育指导先进个人和先进学校，开展全区首批家庭教育指导师培训工作。举办“家校携手 同心同向”长三角绿色生态一体化发展示范区家庭教育创新发展论坛（吴江专场），青浦、嘉善、吴江三地德育工作者200余人参加论坛活动。推进心理健康教育工作，4位老师获“江苏省心理健康辅导员”称号，33位心理健康教育老师在“苏州市中小学心理健康教育微课比赛”以及“苏州市高中心理健康教育优质课评比”中获奖。开展爱国主义教育、法治教育、劳动教育等主题活动，宣传阐释社会主义核心价值观。推出“八大行动计划”（实施高中新生军事训练计划、实施举办义务教育段吴江少年军校联盟计划、实施举办军事夏令营计划、实施国防教育宣传周计划、实施国防教育示范校创建计划、实施区级学生国防知识和基本军事技能比赛计划、实施教师国防教育培训计划、实施学校国防教育基础设施建设计划），推进吴江学校国防教育再升级，召开全区中小学国防教育推进会，举行高一新生军事会操比赛，提升爱国主义教育实效，培养德智体美劳全面发展的新时代学生。
（顾莹璎）

【教学工作】 2020年，全区坚持以质量为核心，深化人才培养模式改革。持续推进震泽中学、吴江中学、苏州中学附属苏州湾学校创新人才一体化培养的教育教学改革。贯彻新高考改革和省委中招改革精神，办好课改实验班、普职融通班，遴选优秀学生开展“凌云班”奥赛辅导，与品牌高校协作开展人才联合培养。是年，高考本一上线1361人、上线率38.1%，均创历史新高，保持持续上升势头；中考700分以上2人、680分以上107人、600分以上3610人，中考成绩首次跻身苏州大市第一方阵。9月28—29日，组织

2020年9月，鲈乡实验小学教育集团流虹校区光盘行动　（吴斌　摄）

开展“长三角一体化高品质教育课堂展示暨吴江区第十届有效课堂研究节活动”，上海青浦、浙江嘉善和吴江中小学、职教和幼儿园开设展示课123节，近2000位教师报名参加并观摩。开展吴江区小学语文家常课教学改革，召开经验推介活动。12月15—16日，在盛泽实验小学承办2020年长三角“发现杯”青年教师三科统编教材课堂教学改革展示研讨活动。（顾莹璎）

【特色教育】 2020年，全区深入实施建设教育名区专业支持工程，依托学校文化和课程建设工程，扎实推进各类课程基地建设，推动课堂提质增效。2019年立项项目在省、市级中期视导中60%的学校被评为优秀。2020年立项省级项目1个、大市级项目10个，举办校园文化建设暨课程建设推进会，评选出区级项目64个。以“1+N”（“1”指获评的示范园，“N”指2—4所联盟园）示范园联盟团队的方式助推课程游戏化区域推进，逐步实现“名园领衔、平等对话、经验辐射、分层前行”的课程建设新形态。2020年，在苏州市教学成果奖评比中，金家坝幼儿园《生态·生活·生长：农村幼儿园“自然课程”的开发与实践》获特等奖，实验幼儿园《“玩中学”幼儿科学微项目活动的实践研究》、天和幼儿园《造就完整儿童——“幼儿园全阅读课程”十年探索与建构》获一等奖；获“苏州市双十佳教师”1人；获“苏州市幼教学科带头人”1人；6篇区域推进课程游戏化巡礼和1篇课程故事被“早期教育”公众号头条推送。

（顾莹璎）

【集团化办学】 2020年6月，区教育局举行吴江教育“补短板·再出发”集团化办学创新推进仪式，全区有四类教育集团，包括紧密型教育集团5个、纵向型教育集团5个（菀坪学校、横扇学校、金家坝学校、八都学校、江村实验学校）、协作型教育集团18个、帮扶型教育集团17个，新成立三类教育集团，包括初高贯通教育集团1个、公民融合教育集团2个、城乡一体教育集团（含长三角教育一体化创新合作）2个，创新推进城乡携手、公（办）民（办）协同、初（等）高（等）衔接等办学体制改革，激发城区优质学校带动乡村薄弱学校的发展动能，推动全区集团化办学走上强强联合、以强带弱、内生外拓的发展之路。举办第四届苏州湾教育对话，展示吴江区集团化办学新成果，得到省、市专家和领导的高度认可。（顾莹璎）

2020年6月，区教育局举行“补短板·再出发”集团化办学创新推进仪式，形成“城乡携手、公民协同、小初高衔接、长三角跨区域共建”的吴江模式

（区教育局　提供）

吴江区紧密型教育集团一览表

教育集团	下辖校区
江苏省吴江实验小学教育集团	太湖校区、爱德校区、城中校区、苏州湾实验小学、长安实验小学
苏州市吴江区盛泽实验小学教育集团	盛泽实验小学、吴绫实验小学、程开甲小学、绸都小学、盛泽小学、鼎方校区

（续 表）

教育集团	下辖校区
苏州市吴江区鲈乡实验小学教育集团	仲英校区、越秀校区、流虹校区
苏州市吴江区实验幼儿园教育集团	太湖园区、爱德园区、城中园区、苏州湾园区、求真园区
苏州市吴江区鲈乡实验幼儿园教育集团	鲈乡园区、流虹园区、越秀园区

（顾莹璆）

吴江区协作型教育集团一览表

牵头学校	协作共建学校	牵头学校	协作共建学校
区实验初中	苏州湾实验初中、盛泽实验初中	思贤实小	松陵小学、北门小学、菀坪学校（小学）
松陵一中	菀坪学校（初中）、八坼中学、横扇学校（初中）	同里实小	山湖花园小学、长安花苑小学
同里中学	开发区初中、笠泽初中	汾湖实小	莘塔小学、北厍小学
汾湖初中	莘塔中学、芦墟初中	梅堰实小	南麻小学、坛丘小学
北厍中学	金家坝中学、黎里中学	芦墟实小	黎里小学、金家坝小学
震泽初中	平望二中、梅堰中学	震泽实小	铜罗小学、青云小学、桃源小学
七都中学	八都中学、庙港中学	屯村实小	天和小学、花港迎春小学
盛泽二中	盛泽一中、南麻中学	平望实小	盛泽小学、八坼小学
铜罗中学	青云中学、桃源中学	庙港实小	七都小学、八都小学、横扇小学

（顾莹璆）

吴江区帮扶型教育集团一览表

帮扶学校	被帮扶学校	帮扶学校	被帮扶学校
松陵小学	江新小学	盛泽小学	四海小学、可以小学
山湖花园小学	爱心小学	盛泽实小	思进小学、茅塔小学、育英小学
花港迎春小学	齐心小学	坛丘小学	革新小学
北门小学	团结小学	南麻小学	前进小学
莘塔小学	芦墟高新小学	平望实小	船民小学、平南学校
黎里小学	黎里友谊小学	震泽实小	希望小学
七都小学	七都隐读小学	八都小学	立国小学
庙港实小	儒林三小	青云小学	蒲公英思源小学
梅堰实小	儒林四小		

（顾莹璆）

2020年吴江区新增教育集团一览表

成立时间	教育集团	下辖校区	备 注
6月	苏州市吴江区盛泽实验小学教育集团	吴江区桃源小学	城乡携手
	江苏省震泽中学教育集团	江苏省震泽中学、吴江区实验初级中学、吴江区震泽初级中学、吴江区盛泽第二中学、汾湖实验初级中学和吴江经济技术开发区江陵实验初级中学	协作型（初高贯通）
	北外附属苏州湾外国语学校广雅教育集团	北外附属苏州湾外国语学校、吴江区笠泽实验初级中学	公民融合
	天和小学蒲公英教育集团	吴江经济技术开发区天和小学、吴江区爱心小学、吴江区平望平南学校	公民融合
11月	江苏省震泽中学教育集团	江苏省震泽中学、江苏省震泽中学育英学校	紧密型（高中段）

（顾莹璆）

【教科教研】 2020年，全区深化教科、教研转型融合，推进"教学规范强化年"建设，形成长效机制。全面落实课程方案，深入研究适应新高考改革需重点研究的学校课程体系建设、学科选修课程建设、高考命题导向、学生综合素质评价等问题。课题研究品质不断提升，在江苏省教育科学"十三五"规划2020年度课题评审中立项课题29项，全年累计结题省级课题23个、市级课题92个，结题通过率100%。在2020年江苏省第五届教育科学优秀成果奖评选中，吴江获省特等奖1项、省一等奖1项、省二等奖5项；2020年苏州市教学成果奖评选中，吴江区累计获奖13项，其中获苏州市特等奖4项、一等奖6项、二等奖3项。2020年江苏省教科研先进集体、个人评选中，吴江区3个单位获得江苏省教科研先进集体，9人获得省教科研先进个人。组织苏州市中小学教师专业素养竞赛、吴江区中小学教师解题大赛和命题比赛，参与面广、成绩突出。

（顾莹璆）

【体卫艺科普教育】 2020年，全区坚持"德智体美劳"五育并举，开展2020—2021年度全区学校"阳光体育"系列活动，举办"区长杯"青少年校园足球联赛，承办苏州市第十五届全运会中学生田径比赛。盛泽小学入选2020年全国青少年校园篮球特色学校。组织开展舞蹈、朗诵、艺术工作坊等团体项目，八坼小学的艺术工作坊"立体农民画"获苏州市艺术工作坊评比一等奖并参加现场展示。举办情系长三角"中国—匈牙利"十万人抗疫画展评比和表彰活动，吸引7万余名小学生参赛。

2020年，第32届江苏省"金钥匙"科技竞赛中，吴江区连续五年夺冠。图为省教育厅副厅长顾月华和吴江获奖选手合影　　（区教育局　提供）

组建吴江区教师民乐团，创作节目《无名花》参加首届江苏苏州民族音乐展演获优秀团队奖。是年，首次以学校为单位组队参加省“金钥匙”系列竞赛再创佳绩，吴江区七都小学、吴江区实验初级中学、江苏省震泽中学三队选手分获小学组和初中组团体特等奖（全省第一名）、高中组团体一等奖（全省第六名），初中组学生余凯文、钟一鸣获评最佳选手（全省第一、第二名）。举办吴江区中小学校科普剧“编导演”评比活动，实现科技与艺术深度融合。开展军事训练、劳动教育等各类活动，覆盖全区中小学生，让青少年在实践中砥砺品行，提升能力。苏州青少年科技馆全年开放200天，接待游客39256人次。举办活动近40场次，参与人数突破3万人次，获评江苏省科普服务百强单位，在江苏省第二届科普讲解比赛中获一等奖。苏州青少年科技馆科学教育项目“植物汁液的探宝之旅”获全国第五届科普场馆科学教育项目展评终评二等奖，并入选“一带一路”*多国虚拟科学中心。“科普乡村行”获评全省“十佳”科普品牌。（顾莹璎）

2020年9月10日，举办第二届吴江区“最美教师”表彰大会暨第36个教师节庆祝活动（区教育局 提供）

师资队伍

【概况】2020年9月，全区各类学校（园）有教职员工14994人，其中在编教职员工8483人。全区各类学校（园）专任教师13080人（含民办学校专任教师，不含公办学校代课教师），其中幼儿园2320人、小学5637人、特殊教育学校30人、普通中学4621人、中专472人、高职院校234人。至年底，全区公办幼儿园、小学、初中、普高、中职专任教师（含备案制教师）本科学历分别占比87.37%、93.13%、98.54%、99.92%、100%，初中、普高、中职专任教师硕士研究生分别占比18.57%、39.12%和21.99%（含在读）。全区有国家教学名师2人、省人民教育家培养工程培养对象3人、省“333高层次人才培养工程”第三层次培养对象6人、正高级教师24人、在职省特级教师35人、市名教师名校长47人、学科（术）带头人257人、各类姑苏教育人才66人次、区级以上骨干教师比例31.44%。（顾莹璎）

【师德师风】2020年，区教育局编印《中小学教师师德师风手册》，推进师德师风专项治理，建立正面引领与负面清单相结合的师德师风建设长效机制，有效提振广大教师的精气神。推进“清廉校园”建设，开展新入职教师宣誓活动，签署拒绝有偿补课公开承诺，制订校（园）长杜绝有偿补课等师德问题措施清单。依托第36个教师节，评选表彰第二届“最美教师”20名、团队5个；表彰苏州市优秀教育工作者、吴江区模范教师等各类优秀教师200余名；评选教育系统“十佳党员教师”；1个先进基层党组织（吴江中学党委）、1名优秀共产党员（笠泽实验初中教师白孝忠）受到区级表彰。加强全区“四有”（有理想信念、有道德情操、有扎实知识、有仁爱之心）好教师团队建设，全年评审设立吴江区“四有”好教师团队建设单位17所，其中获评苏州市“四有”好教师团队建设单位3所、获评江苏省“四有”好教师重点建设单位1所。6名教师获区“劳动模范”称号。（顾莹璎）

【教育队伍建设】2020年，区教育系统着力优化人才招考聘引工作，建立以“校园招聘为主、成熟骨干教师引进为辅、社会公开招聘为补充”的工作机制。全年招聘新教师923名，其中高层次教育人才309人、研究生276人；引进高层次重点紧缺人才20人。是年，全区教师队伍中，入选国家享受政府特殊津贴人员1人、入选全省首批“苏教名家”1人、入选姑苏教育名家1人，获评正高级教师3人、姑苏教育人才25人、苏州市学科带头人54人，区级以上骨干教师占比31.44%。开展校长职级评审，评选高级二等20名、中级一等5名、中级二等15名、初级4名。进一步加大乡村教师支持力度，优化首批乡村教师的分配选岗机制，落实好第二批乡村定向师范毕业生的实习。分层分类开展新教师职初培训、青年教师助力培训、骨干教师提升培训等培训项目53个，累计完成教师（市民）培训19607人次，市民在线学习13.9万人次。本科在读1784人，教育博士考取3人。同时，首次启动中层干部轮训工作、初任校（园）长培训和幼儿园骨干教师培训，50名校长入选卓越校长创新培育班，50名骨干教师入选卓越教师创新培育计划。继续举办中小学管理者专业素养研修班（第二期），20名青年干部赴上海普陀区跟岗学习。编印校（园）长管理手册、新教师入职手册，开展新教师跟岗培训，设立18所教师发展示范基地校，2所获评2020年省级教师发展示范基地校，形成具有校本特色和可操作性的研修课程体系。

（顾莹璆）

2020年9月1日“开学第一课”，特级教师薛法根与学生一起读《程开甲的故事》

（区教育局　提供）

【教育人事制度】 2020年，全区教师职称评价改革稳步推进，进一步优化岗位设置管理，完善教师待遇保障制度和教师收入分配激励机制。推进义务教育教师平均工资收入水平不低于当地公务员平均工资收入水平工作的落实。深入推进备案制教师管理，招聘备案制教师596人，其中面向代课教师招聘备案制218名，有效缓解结构性缺编和部分乡村学校年龄结构失衡状况。推进备案制教师企业年金制，全年有1914人参与，投资收益率3.12%。推动教师交流轮岗常态化、长效化，完成各类教师交流315人、校级领导交流轮岗25人，全年全区在交流人数630人，交流教师比例为31.2%。进一步落实国家“援藏援疆万名教师支教计划”，选派第二批援疆支教团队赴疆。继续开展东西部扶贫，在全覆盖结对的基础上，选派11人次赴印江开展组团式帮扶工作。与勤装办、教研室组建云上支印团队，添置网络教研设备，开设网络帮扶账户，落实网络结对学校，开展网络支教活动。

（顾莹璆）

依法治教

【教育政风行风】 2020年，全区教育系统推进政务服务和“互联网+监管”各项工作，落实政务服务营商环境各项指标要求，认领完成35项标准化实施清单，编制完善所有事项办事指南，行政许可事项压缩总时长比例为90.39%，政务服务事项即办件比例80.56%，不见面办理比例、可网办的依申请政务服务事项比例、监管行为数据报送覆盖率均为100%。推进党务政务公开，全年公开文件172份。开展《民法典》专题学习活动，全面加强依法治校，扎实推进“七五”普法工作。培育特色法治文化品牌，屯村实验小学法治教育基地获评苏州市第九批“法治文化建设示范点”。突出亮点宣传，推进长三角教育一体化、规范民办教育等相关做法，得到《新闻联播》《中国教育报》等媒体连续报道。其中，针对校外培训机构资金监管难、退费难、机构跑路等隐患，吴江区在全省率先开展校外培训机构资金监管工作的探索与实践，出台《吴江区校外培训机构学费监管暂行办法》，基于开放式“互联网+监管”模式，实施校外培训机构学费监管，被《中国教育报》《中国商报》、新华信用、新华社中国金融信息网、《吴江日报》等媒体报道宣传。7月28日，示范区执委会、上海市教委、江苏省教育厅、浙江省教育厅联合发布《长三角生态绿色一体化发展示范区职业教育一体化建设方案》，由吴江区教育局牵头完成示范区职业教育一体化招生工作，促成示范区三地六校拿出各自的优势特色专业跨省招生指标415人，打破户籍限制，为三地初中毕业生升学提供更多优质教育资源选择。在全国首次实现跨省招生、跨省中高职贯通培养，相关做法受到《人民日报》、中央电视台等媒体关注。加强媒体联动，在国家、省、市级媒体上发表各类报道40多篇，《吴江日报》全年报道教育新闻近百篇。“吴江教育”微信公众号全年发布微信516条，传播指数列苏州大市教育系统前列。加快吴江教育网站集群建设，将超过80%的学校纳入集群管理。全年处置12345市民热线、东太湖论坛等平台涉及吴江教育的工单2200多件。创新开好思想政治理论课，用习近平新时代中国特色社会主义思想铸魂育人。发布“吴教先锋”党建品牌，遴选“师语课堂”精品课程68节，为全区党课授课提供资源，其中11节精品党课入选冬训理论宣讲课程。评选第二批吴江区中小学校“一校一品”成果奖。至年底，获评省级成果奖2个、市级成果奖9个、区级成果奖38个。举办长三角高品质课堂展示暨第四届党员“百节好课”活动，开展教育系统“先锋行动月”开放式主题党课活动。出台《关于加强全区民办学校党建工作的实施意见》，强化对民办学校党建工作的分类指导和督促检查，启动公、民办学校党建工作一体化项目，民办学校党建工作“两个覆盖”（党的组织覆盖和工作覆盖）率100%。召开领导干部警示教育大会，组织参观党风廉政教育馆，开展“一把手”上党课等活动。加强监督执纪，“清风行动”专项督查30个单位。开展“阅读新时代 书香满江城”读书活动，引导青年党员教师、共青团员以及少先队员们进一步坚定理想信念。开展“两代表一委员”教育开放日活动，加强统战工作实践。深入开展“老少同心 合力抗疫”等特色项目以及“好苗苗学习班”等活动，扎实做好全区关心下一代工作。

（顾莹璆）

【规范管理】 2020年，教育部门牵头落实全区各学校新冠肺炎疫情防控组职责，召开专题（视频）会议50余次，转发印发各类防控文件80多个，组建241个学校疫情防控专班，扎实做好学校封闭管理，实施师生全员排摸和个人健康卡制度，构建严密的疫情防控体系。成立45个督查组，对全区所有学校防控工作开展专项督查，累计排查学校、看护点和培训机构1544个（次）。组建26个开学复学督查联合验收组，分三批对全区所有学校的疫情防控进行验收，错峰错时有序复课。创新实施“卫生副校长”制度，推行“1+X”卫生工作培训制度（“1”指学校每学年举行一次全方位的全员培训，“X”指每学年不定期开展若干次专题培训），完善疫情防控常态化机制，确保全区20余万名师生平安健康。疫情防控初期，“育无疆”志愿服务队累计服务12万余人次。持续推进督政工作，完成对江陵街道、桃源镇履行教育职责情况的督导考评。扎实开展督学工作，全年完成对4所校（园）的素质教育综合督导，对2所民办学校的课堂教学调研性督导评估。开展区域教育现代化建设监测、义务教育学校标准化建设监测和区（镇）教育高质量发展考核等工作，以测促建、以评促改，为争创江苏省义务教育优质均衡发展县（市、区）打下坚实基础。

（顾莹璆）

【非学历教育机构】 2020年底，全区非学历教育机构143个，其中公办非学历教育机构9个（吴江区社区培训学院1个、成人教育中心校8个），民办非学历教育机构134个。（顾莹璆）

2020年吴江区民办非学历教育机构一览表

序　号	办学许可证号	机构名称	地　址
1	13205847ZX00101	苏州市吴江区新思语言文化培训中心	苏州市吴江区松陵镇鲈乡南路2489号物资大厦四楼
2	13205847ZX00111	苏州市吴江区阳光教育文化培训中心	苏州市吴江区松陵镇流虹西路1218号
3	13205847ZX00121	苏州市吴江区希望教育培训中心	苏州市吴江区松陵镇仲英大道1122号
4	13205847ZX00131	苏州市吴江区爱思德教育培训中心	苏州市吴江区经济技术开发区中山北路300号
5	13205847ZX00171	苏州市吴江区潜能教育培训中心	苏州市吴江区松陵镇鲈乡南路别墅区（D1地块）一至三层
6	13205847ZX00191	苏州市吴江区枫华教育培训中心	苏州市吴江区汾湖联南路1号1幢201—214室
7	13205847ZX00201	苏州市吴江区滨湖文化教育培训中心	苏州市吴江区松陵镇双板桥路8号
8	13205847ZX00211	苏州市吴江区江陵青少年艺术培训中心	苏州市吴江区松陵镇仲英大道1098号
9	13205847ZX00221	苏州市吴江区青云越洋教育中心	苏州市吴江区桃源镇华盛大道988号
10	13205847ZX00241	苏州市吴江区有为教育培训中心	苏州市吴江区盛泽镇西二环路1999号绸都财富中心26#
11	13205847ZX00261	苏州市吴江区德众英才教育培训中心	苏州市吴江区盛泽镇和田路88号盛泽文化中心
12	13205847ZX00271	苏州市吴江区爱贝少儿英语培训中心	苏州市吴江区松陵镇中山南路1088号万宝商业广场二层C2010B号
13	13205847ZX00281	苏州市吴江区巴贝尔教育培训中心	苏州市吴江区松陵镇龙河路1500号
14	13205847ZX00291	苏州市吴江区捷易语言培训中心	苏州市吴江区开平路2188号吾悦广场A幢2楼
15	13205847ZX00300	苏州市吴江区旭宸教育培训中心	苏州市吴江区黎里镇城司路819号嘉乐城生活广场6幢三楼
16	13205847XX00310	苏州市吴江区阿德科特创新教育专修学校	苏州市吴江经济技术开发区(同里镇)富观街83号
17	13205847ZX00328	苏州市吴江区捷思语言培训中心	苏州市吴江区盛泽镇市场路599号国贸中心商务区17—2幢
18	13205847ZX00338	苏州市吴江区英之辅语言培训中心	苏州市吴江区松陵镇中山南路1088号万宝财富商业广场二楼
19	13205847ZX00348	苏州市吴江区切问教育培训中心	苏州市吴江区黎里镇东港路567号
20	13205847XX00359	苏州市吴江区过云艺术培训学校有限公司	苏州市吴江区松陵镇江兴西路243号
21	13205847ZX00369	苏州市吴江区盛泽镇逸志培训中心有限公司	苏州市吴江区盛泽镇市场中路599号盛泽国贸中心15幢—111、112商铺
22	13205847ZX00379	苏州市吴江区盛泽镇唯优课外培训中心有限公司	苏州市吴江区盛泽镇市场中路599号盛泽国贸中心3幢—119、120、121铺
23	13205847ZX00389	苏州市吴江区西题培训中心有限公司	苏州市吴江区松陵镇中山南路1088号长华财富商业广场2421、2422、2423号
24	13205847ZX00399	苏州市吴江区嘟嘟培训中心有限公司	苏州市吴江区松陵镇高新路155号、249号新都汇城市广场4幢—商铺204—208、210

（续　表）

序　号	办学许可证号	机构名称	地　址
25	13205847ZX00409	苏州市吴江区领语堂培训中心有限公司	苏州市吴江区松陵镇鲈乡北路207号
26	13205847ZX00419	苏州市吴江区利尔惠教育培训中心有限公司	苏州市吴江区松陵镇中山南路988号华邦商务广场9幢306—309、316—319、323、325—328
27	13205847ZX00429	苏州市吴江区维曼思特培训中心有限公司	苏州市吴江区松陵镇仲英大道789号—116、117商铺二层
28	13205847ZX00439	苏州市吴江区盛泽舜新培训中心有限公司	苏州市吴江区盛泽镇东盛步行街B区4F
29	13205847ZX00449	苏州市吴江区凯硕培训中心有限公司	苏州市吴江区松陵镇中山南路988号华邦商务广场9幢301—303、305、310—313、315、320—322
30	13205847ZX00459	苏州市吴江区高能家培训中心有限公司	苏州市吴江区松陵镇永康路757号三层
31	13205847ZX00469	苏州市吴江区爱可之家培训中心有限公司	苏州市吴江区松陵镇江厍路8号鲈乡广场B27—B31
32	13205847ZX00479	苏州市吴江区易思乐培训中心有限公司	苏州市吴江区松陵镇开平路2188号吾悦商业广场—A幢272—282
33	13205847ZX00489	苏州市吴江区莱德美华培训中心有限公司	苏州市吴江区松陵镇鲈乡南路2288号银都国际商务中心103
34	13205847ZX00499	苏州市吴江区凡之育培训中心有限公司	苏州市吴江区黎里镇城司路819号嘉乐城生活广场9幢301—309、314—318
35	13205847ZX00509	苏州市吴江区盛泽镇睿语培训中心有限公司	苏州市吴江区盛泽镇西二环路1999号绸都财富中心28幢—107、109、227—236商铺
36	13205847ZX00519	苏州市吴江区爸爸树语言培训中心有限公司	苏州市吴江区盛泽镇市场路559号盛泽国贸中心15幢—116、117、118商铺
37	13205847ZX00529	苏州市吴江区忆聚堂培训中心有限公司	苏州市吴江区松陵镇中山南路988号华邦商务广场9幢401—407、410—413、415—417、420—423、425
38	13205847ZX00539	苏州市吴江区盛泽镇思大培训中心有限公司	苏州市吴江区盛泽镇北观音弄38号春之声广场3幢101四层
39	13205847ZX00549	苏州市吴江区海博培训中心有限公司	苏州市吴江区桃源镇铜罗社区府前路518号同盛世家2幢460、462铺
40	13205847ZX00559	苏州市吴江区拓文思培训中心有限公司	苏州市吴江区松陵镇笠泽路99号1幢112、113
41	13205847ZX00569	苏州市吴江区盛泽镇启聪教育培训中心有限公司	苏州市吴江区盛泽镇舜湖西路905号绿洲华庭41幢白龙桥路1448号
42	13205847ZX00579	苏州市吴江区盛泽镇熠格教育培训中心有限公司	苏州市吴江区盛泽镇舜湖西路66号湖滨花园5幢401室
43	13205847ZX00589	苏州市吴江区盛泽镇莱斯顿教育培训中心有限公司	苏州市吴江区盛泽镇中心大道2699号漾滨花园9幢—101、6幢—109商铺
44	13205847ZX00599	苏州市吴江区盛泽镇恒奕培训中心有限公司	苏州市吴江区盛泽镇东城商业广场6幢—102、103、104铺

（续　表）

序　号	办学许可证号	机构名称	地　址
45	13205847ZX00609	苏州市吴江区英顿培训中心有限公司	苏州市吴江区松陵镇开平路3688/3888号水秀天地1—L307商铺
46	13205847ZX00619	苏州市吴江区仁学培训中心有限公司	苏州市吴江区松陵镇江库路8号鲈乡广场A14—A16
47	13205847ZX00629	苏州市吴江区盛泽镇丰潇教育培训中心有限公司	苏州市吴江区盛泽镇东方花园东三区32幢15、16室
48	13205847ZX00639	苏州市吴江区盛泽镇学思堂培训中心有限公司	苏州市吴江区盛泽镇东盛步行街1—205、206、207、208、212号
49	13205847ZX00649	苏州市吴江区盛泽镇瑞尔智教育培训中心有限公司	苏州市吴江区盛泽镇盛意花苑南起第6、7间
50	13205847ZX00659	苏州市吴江区匡贤教育培训中心有限公司	苏州市吴江区平望镇学才路1号
51	13205847ZX00669	苏州市吴江区盛泽镇智渊培训中心有限公司	苏州市吴江区盛泽镇市场中路599号国贸中心19—西幢401
52	13205847ZX00679	苏州市吴江区新起之点培训中心有限公司	苏州市吴江区同里镇北图路26号同里·新江南7幢13、14号
53	13205847ZX00689	苏州市吴江区盛泽镇明心教育培训中心有限公司	苏州市吴江区盛泽镇西二环路烂溪二桥北堍绸都·财富中心6幢—69、70号
54	13205847ZX00699	苏州市吴江区盛泽敦博培训中心有限公司	苏州市吴江区盛泽镇东方花园36幢1、10—16号
55	13205847ZX00709	苏州市吴江区卓学培训中心有限公司	苏州市吴江区七都镇常增路东侧2幢常增路1552、1556、1558、1560、1566、1568、1570、1576号二层
56	13205847ZX00719	苏州市吴江区思考力培训中心有限公司	苏州市吴江区松陵镇环城河东侧亿佰生活广场232—235
57	13205847ZX00729	苏州市吴江区点津培训中心有限公司	苏州市吴江区松陵镇油车路1046号锦怡花园14幢14、15号商铺
58	13205847ZX00739	苏州市吴江区书香阁培训中心有限公司	苏州市吴江区松陵镇江兴西路西塘河弄2028号港龙大厦1幢306—308室
59	13205847ZX00749	苏州市吴江区敏丹青苑培训中心有限公司	苏州市吴江经济技术开发区山湖东路南侧C幢二楼
60	13205847ZX00759	苏州市吴江区盛泽镇智瀚教育培训中心有限公司	苏州市吴江区盛泽镇北观音弄38号春之声商业广场2幢205—210
61	13205847ZX00769	苏州市吴江区晨晖培训中心有限公司	苏州市吴江区平望镇学才路100—136号3#楼128号—130号
62	13205847ZX00779	苏州市吴江区笃致学培训中心有限公司	苏州市吴江区松陵镇中山北路777号301
63	13205847ZX00789	苏州市吴江区翰林培训中心有限公司	苏州市吴江区松陵镇江库路8号鲈乡广场B17—B20
64	13205847ZX00799	苏州市吴江区求索培训中心有限公司	苏州市吴江区松陵镇运东大道1133号315—320室
65	13205847ZX00809	苏州市吴江区狼人外语培训中心有限公司	苏州市吴江区黎里镇汾湖城司路1229号
66	13205847ZX00819	苏州市吴江区煜优课外教育培训中心有限公司	苏州市吴江区黎里镇芦莘大道777号二层

（续 表）

序 号	办学许可证号	机构名称	地 址
67	13205847ZX00829	苏州市吴江区盛泽镇泽盛教育培训中心有限公司	苏州市吴江区盛泽镇东方大街东侧新新华花园9幢—02、03铺
68	13205847ZX00839	苏州市吴江区盛泽镇爱琴海培训中心有限公司	苏州市吴江区盛泽镇市场路59号101—106室
69	13205847ZX00849	苏州市吴江区盛泽镇熠格教育培训中心有限公司吴江分公司	苏州市吴江区松陵镇笠泽路350号
70	13205847ZX00859	苏州市吴江区盛泽镇三六六教育培训中心有限公司	苏州市吴江区盛泽镇东方花园52、53号A区115—121、123、129—132、135—137
71	13205847ZX00869	苏州市吴江区盛泽镇晟优教育培训中心有限公司	苏州市吴江区盛泽镇盛意花苑南起第8、9、10间
72	13205847ZX00879	苏州市吴江区点航培训中心有限公司	苏州市吴江区松陵镇永康路749—795号二层
73	13205847ZX00889	苏州市吴江区苏慧诚文化培训中心有限公司	苏州市吴江区松陵镇永康路785号四层
74	13205847ZX00899	苏州市吴江区苏越培训中心有限公司	苏州市吴江区松陵镇鲈乡北路818号伟业佳苑（天和人家）22幢834、836、840、843、845、847号
75	13205847ZX00909	苏州市吴江区永旭教育培训中心有限公司	苏州市吴江区松陵镇运东大道997号东方海悦花园3幢—102、104、105
76	13205847ZX00919	苏州市吴江区百尺竿头培训中心有限公司	苏州市吴江区松陵镇环城河东侧亿佰生活广场324、327—332、334—337
77	13205847ZX00929	苏州市吴江区阿基米德教育培训中心有限公司	苏州市吴江区黎里镇城司路819号嘉乐城生活广场8幢301—308、314—321
78	13205847ZX00939	苏州市吴江区沃尚培训中心有限公司	苏州市吴江区松陵镇清阳路768号迎春商业广场2020—2023、2030—2033、2035—2037、3002—3019
79	13205847XX00949	苏州新东方培训学校有限公司吴江体育路分公司	苏州市吴江区松陵镇体育路508号金鹰商业中心2，3幢 体 育 路478号、207、208、306、307、308、312
80	13205847XX00959	苏州新东方培训学校有限公司吴江永康路分公司	苏州市吴江区松陵镇好旺广场1#楼301、302
81	13205847ZX00969	苏州市吴江区学而思培训中心有限公司	苏州市吴江区松陵镇中山南路988号华邦商务广场8幢
82	—	苏州新东方学校吴江三角井办学点	苏州市吴江区松陵镇中山南路10号三角井08—1
83	13205847ZX00979	苏州市吴江区启迪聚能培训中心有限公司	苏州市吴江经济开发区江陵西路1888号太湖明珠城一期商业6—01、7—01
84	13205847ZX00989	苏州市吴江区盛泽镇龙文教育培训中心有限公司	苏州市吴江区盛泽镇世贸公寓5幢109、110
85	13205847ZX00999	苏州市吴江区学美培训中心有限公司	苏州市吴江区文苑路151号金鹰商业中心322、346—349、369—383、397—3102
86	13205847ZX01009	苏州市吴江区盛泽镇睿奇教育培训中心有限公司	苏州市吴江区盛泽镇市场中路599号盛泽国贸中心15幢—106、107商铺

（续　表）

序　号	办学许可证号	机构名称	地　址
87	13205847ZX01019	苏州市吴江区所以然培训中心有限公司	苏州市吴江区松陵镇开平路2188号吾悦商业广场A幢260—267
88	13205847ZX01029	苏州市吴江区盛泽镇洛际教育培训中心有限公司	苏州市吴江区盛泽镇东方花园38幢1、12、13号
89	13205847ZX01039	苏州市吴江区蔚然乐学培训中心有限公司	苏州市吴江区松陵镇笠泽路155号恒森国际广场A45—A62
90	13205847ZX01049	苏州市吴江区星博尔培训中心有限公司	苏州市吴江区松陵镇吴江经济技术开发区山湖东路南侧山湖花园农贸市场
91	13205847ZX01059	苏州市吴江区蜜獾培训中心有限公司	苏州市吴江区松陵镇仲英大道(吴江上海城)1108号
92	13205847ZX01069	苏州市吴江区新艾顿培训中心有限公司	苏州市吴江区七都镇常增路1612、1616号
93	13205847ZX01079	苏州市吴江区盛泽镇箴言教育培训中心有限公司	苏州市吴江区盛泽镇新亚旭景园105—106室
94	13205847ZX01089	苏州市吴江区人人哲师培训中心有限公司	苏州市吴江区松陵镇中山南路988号华邦商务广场9幢10幢9幢107—111、119—123、125
95	13205847ZX01099	苏州市吴江区盛泽镇双思维教育培训中心有限公司	苏州市吴江区盛泽镇舜湖西路1300号皇家领誉花园183、185—187商铺
96	13205847ZX01109	苏州市吴江区爱上早慧园培训中心有限公司	苏州市吴江区平望镇梅堰梅新街55号
97	13205847ZX01119	苏州市吴江区艺德树人培训中心有限公司	苏州市吴江经济技术开发区建业路88号俪景花园8幢202—215、217、219、225—227、229、231、232、234—236、239—243、245—247、249—255、257—259铺
98	13205847ZX01129	苏州市吴江区新诺培训中心有限公司	苏州市吴江区震泽镇锦泽街248、250、252、256号
99	13205847ZX01139	苏州市吴江区航皓教育培训中心有限公司	苏州市吴江区黎里镇城司路819号嘉乐城生活广场1幢301—308、312—318
100	13205847ZX01149	苏州市吴江区科之蒂培训中心有限公司	苏州市吴江经济技术开发区江陵西路1688号新湖广场F215
101	13205847ZX01159	苏州市吴江区文尚教育培训中心有限公司	苏州市吴江区松陵镇江陵东路8号华东国际商业城1号地块2号楼308、309、310、311、312、313、314、315、328、329、330、331
102	13205847ZX01169	苏州市吴江区博思清大培训中心有限公司	苏州市吴江经济开发区兴吴路1251号2楼、1253号2楼、1255号、1257号、1259号2楼、1261号2楼
103	13205847ZX01179	苏州市吴江区盛泽镇扬逸教育培训中心有限公司	苏州市吴江区盛泽镇市场中路599号国贸中心17—2幢301
104	13205847ZX01189	苏州市吴江区吾学培训中心有限公司	苏州市吴江经济技术开发区同里大道519号、521号
105	13205847ZX01199	苏州市吴江区杰尼思培训中心有限公司	苏州市吴江区松陵镇运东大道997号东方海悦花园2幢113、115、117
106	13205847ZX01209	苏州市吴江区盛泽镇舜文培训中心有限公司	苏州市吴江区盛泽镇舜湖西路1300号皇家领誉花园3幢—153室

（续　表）

序　号	办学许可证号	机构名称	地　址
107	13205847ZX01219	苏州市吴江区远上云端培训中心有限公司	苏州市吴江区中山北路嘉鸿花园276号202商铺、320号201—202商铺
108	13205847ZX01229	苏州市吴江区壹壹培训中心有限公司	苏州市吴江区震泽镇锦泽街262、266、268号
109	13205847ZX01239	苏州市吴江区博昂教育培训中心有限公司	苏州市吴江区黎里镇城司路819号嘉乐城生活广场9幢201—205室、211—214室
110	13205847ZX01249	苏州市吴江区雅各培训中心有限公司	苏州市吴江区松陵镇开平路3888号水秀天地16幢101
111	13205847ZX01259	苏州市吴江区英之成培训中心有限公司	苏州市吴江区夏蓉街1298号爱琴海购物公园F3001—3002
112	13205847ZX01269	苏州市吴江区沃尔得培训中心有限公司	苏州市吴江区松陵镇开平路2188号吾悦商业广场A幢301（3F—026）号
113	13205847ZX01279	苏州市吴江区瑞意思培训中心有限公司	苏州市吴江区松陵镇中山南路988号华邦商务广场9幢10幢10幢201—203、205—213、215—223、225—228、316—323、325—328
114	13205847ZX01289	苏州市吴江区优嘉艺培训中心有限公司	苏州市吴江区松陵镇夏蓉街1298号天铂商业广场B幢2051—2055、3010—3011
115	13205847ZX01299	苏州市吴江区盛泽镇橙光教育培训中心有限公司	苏州市吴江区盛泽镇东方南路西侧东城商业广场15幢60—62铺二、三楼
116	13205847ZX01309	苏州市吴江区百优培训中心有限责任公司	苏州市吴江区松陵镇兴中路1058号香漫商业广场2幢商铺101
117	13205847ZX01319	苏州市吴江区晟学培训中心有限公司	苏州市吴江区好得家C区一楼112、二楼208、211、214
118	13205847ZX01329	苏州市吴江区趣远方培训中心有限公司	苏州市吴江区松陵镇兴中路1058号香漫商业广场2幢商铺150、151、152、154、155号
119	13205847ZX01339	苏州市吴江区科蒂贝爱培训中心有限公司	苏州市吴江区松陵镇兴中路1058号香漫商业广场2幢商铺203—209号、兴中路1048号
120	13205847ZX01349	苏州吴江仲英新东方培训中心有限公司	苏州市吴江区仲英大道仲英壹号114、115、116、117、119、120、121号商铺
121	13205847ZX01359	苏州吴江新东方培训中心有限公司	苏州市吴江区盛泽镇武威路588号凤凰荟购物中心3层3—018号
122	13205847ZX01369	苏州市吴江区鼎越教育培训中心有限公司	苏州市吴江区平望镇学才路200号—238号201铺、200—238号236—238号
123	13205847ZX01379	苏州市吴江区盛泽新东方培训中心有限公司	苏州市吴江区盛泽镇北观音弄38号春之声商业广场3幢—101
124	13205847ZX01389	苏州市吴江区全心培训中心有限公司	苏州市吴江区松陵镇中山南路1088号长华财富商业广场2509—2512号、2516号
125	13205847ZX01399	苏州吴江仲英新东方培训中心有限公司运东大道分公司	苏州市吴江区松陵镇运东大道1155号一楼105—106、二楼201—226室
126	13205847ZX01409	苏州市吴江区环宇未来培训中心有限公司	苏州市吴江区松陵镇体育路508号金鹰商业中心2，3幢体育路518号

（续　表）

序　号	办学许可证号	机构名称	地　址
127	13205847ZX01419	苏州市吴江区盛泽镇沃科培训中心有限公司	苏州市吴江区盛泽镇武威路588号凤凰荟购物中心16幢2—017
128	13205847ZX01429	苏州市吴江区英佳培训中心有限公司	苏州市吴江区松陵镇夏蓉街1298号天铂商业广场B幢3006—3008
129	13205847ZX01439	苏州市吴江区学而思培训中心有限公司万宝广场分公司	苏州市吴江区松陵镇中山南路1088号长华财富商业广场1001—1007、1009—1012、1015、1027—1029、1031—1036、1039、1048—1050、1052—1055、1057—1060、1071—1075、1077—1083号
130	13205847ZX01449	苏州市吴江区学迩知教育培训中心有限公司	苏州市吴江区震泽镇新富路8号富金商业广场2幢2102/2103
131	13205847ZX00161	苏州市吴江区新科教育培训中心	苏州市吴江经济技术开发区三里桥运东大道1133号乐8商业城四楼
132	13205847ZX00081	苏州市吴江区德瑞勤财经培训中心	苏州市吴江区同里镇迎燕东路28号
133	13205847ZX00060	苏州市吴江区老年大学	苏州市吴江区松陵镇庙前街19号
134	13205847ZX00071	苏州市吴江区建设培训中心	苏州市吴江区松陵镇笠泽路551号(南)

注：序号82暂为苏州新东方学校办学点，仅备案。（顾莹璆）

【平安校园】2020年，区教育系统制定印发《苏州市吴江区校园和校车安全专项整治行动实施方案》，专项推进“十一个有效落实”。开展校园安全联合督查和检查45次，检查校（园）448所（次），发现问题隐患1772项，整改率99.3%。完成3个区级挂牌督办重大事故隐患学校项目整改。学校实验室危废处置整改到位，危化品管理规范率100%。实施校园智能安防体系建设工程，完成校园智能化设施安装全覆盖，中小学封闭管理100%。全区学校“智慧监督+明厨亮灶”工程覆盖率、食堂量化分级优良率均为100%。全年开展校车驾驶员安全培训和应急演练5次。校园安全教育覆盖率100%，各校开展演练活动942次。吴江区获“江苏省平安校园建设示范县（市、区）”称号。（顾莹璆）

学校选介

【苏信学院】2020年，苏州信息职业技术学院（以下简称“苏信学院”）占地面积36万余平方米，总建筑面积15万余平方米。设有7个教学单位22个专业，在校生6243人，有专任教师233人。

年内，苏信学院晋升副教授3名，有教授3名，副高级职称72名；江苏省“333工程”（培养30名研究成果具有国际先进、国内领先水平的国家级科学家、工程技术专家和理论家，培养300名具有省内领先水平的省级优秀人才，培养3000名成绩显著的市级优秀人才）第三层次培养对象1名；省“青蓝工程”（省教育厅实施的一项重要人才培养工程）中青年学术带头人2人、优秀青年骨干教师12人。选派4人参加2020年江苏省高校哲学社会科学教学科研骨干研修。28人参加江苏省高职院校2020年国家级、省级教师培训任务。学院获2020年江苏省高职院校教学大赛最佳组织奖第一名，教学大赛获一等奖4项、二等奖3项、三等奖1项，获2020年省微课教学大赛二等奖5项、三等奖5项。教师王红霞获“江苏省五一创新能手”“江苏省巾帼建功标兵”称号。

是年，计算机网络技术专业群（5个专业）入选江苏省高职院校高水平专业群立项项目，“互联网+智能制造”产教融合集成创新平台获省级立项，首次与南京师范大学中北学院3+2专本贯通培养实现本科招生教学，推进“三教改革”实施方案、课程思政建设方案。苏信学院获省级立项课题41项，其中省高校哲社课题13项、省社科应用研究精品工程财经发展专项课题1项、省大学生创新创业训练计划27项；获苏州市级教科研项目立项3项、区级项目立项15项；完成横向科研项目2项，发表学术论文65篇，授权专利14项，登记软件著作权7项。

2020年，苏信学院实际录取新生2286人，报到注册2177人（其中包含首次招收的3+2高职与本科分段培养96人），报到率95.2%。实施“9856”毕业生就创业人才培养工程，2020届毕业生年终就业率93.62%。

是年，苏信学院校外实习实训基地新增15家，累计建立170家校外教学实习基地与人才培养基地。华为5G+数字化人才产教融合基地、江苏省工匠学院、劳模精神·工匠精神研究院、一体化示范区文旅人才培养基地等签约或建成投用，新建南社文化展示馆，苏州南社文化研究院入驻，与苏州大学马克思主义学院共建思政课教学实践基地，加入长三角高校思政课教学协同创新中心，西北农林科技大学本科函授教学基地建成招生。新一代信息技术产业人才培养基地、智能制造人才培养基地、现代服务业人才培养基地三大特色基地合作项目持续增加。

（沈荣明　吴晓风）

2020年苏信学院学生获奖情况表

级　别	赛项名称	奖　项
国家级	2020年全国大学生软件测试大赛国赛	一等奖（团队）4项
	2020全国大学生条码自动识别知识竞赛	一等奖（个人）1项
	第八届全国高校数字艺术设计大赛	二等级（个人）1项
	第十一届蓝桥杯全国软件和信息技术专业人才大赛（国赛）	一等奖（个人）1项
省　级	2020江苏省技能大赛	一等奖（团体）2项
	2020年江苏省大学生计算机设计大赛	二等级（个人）1项
	2020江苏省技能大赛	二等级（个人）2项
	2020江苏省技能大赛	二等级（团体）6项
	2020江苏省技能大赛	三等奖（个人）1项
	2020江苏省技能大赛	三等奖（团体）2项
	2020年江苏省第五届青少年网络信息安全应用能力竞赛（高职组）	一等奖（团队）1项
	2020年领航杯江苏省大学生信息技术应用能力比赛	三等奖（个人）1项
	2020年全国大学生软件测试大赛省赛（嵌入式测试赛项）	一等奖（团队）1项
	ROSS杯第十届华东区大学生CAD技能竞赛	二等级（团队）1项
	第6届中国国际互联网+大学生创新创业大赛省赛	三等奖（团体）1项
省　级	第十一届蓝桥杯全国软件和信息技术专业人才大赛省赛	二等级（团队）1项
	华为ICT技能大赛	三等奖（团队）1项
	全国工业互联网安全技术技能大赛省赛	三等奖（团队）1项
	外研社.国才杯全国英语写作大赛（高职组）江苏省复赛（公共英语组）	二等级（个人）1项
	外研社.国才杯全国英语写作大赛（高职组）江苏省复赛（公共英语组）	三等奖（个人）1项
	中国国际“互联网+”大学生创新创业大赛省赛	三等奖（团队）1项

（沈荣明　吴晓风）

2020年苏信学院科研项目一览表

单位：个

序　号	项目类别	数　量	级　别
1	江苏省高校哲学社会科学研究项目	13	省　　级
2	江苏省社科应用研究精品工程财经发展专项课题	1	
3	江苏省大学生创新创业训练计划	27	
4	苏州高职高专院校第二批“产学研合作示范基地”	1	市　　级
5	苏州高职高专院校产教融合校企合作教育改革研究2020年课题	2	
6	吴江区社会科学重点应用研究课题	14	区　　级
7	吴江区科普资助项目	1	
8	横向科研项目	2	横向项目
9	发表论文	65	省级以上
10	国家知识产权局授权专利	14	—
11	国家版权局登记软件著作权	7	—

（沈荣明　吴晓风）

【苏州市吴江区运河实验初级中学】 2020年8月，平望第二中学更名为苏州市吴江区运河实验初级中学，校址在平望镇莺湖路151号。该校占地面积7.07万平方米，建筑面积1.83万平方米，生均占地面积91.8平方米，生均建筑面积23.7平方米；有教室26个（音美劳专用教室6个）；食堂2124平方米，可容纳1000名学生就餐；有理化生实验室6个（含标本室2个）；舞蹈房2个；图书藏书馆1个，可流通图书42376册，师生阅览室1个；微机室2个（微机100台），演播中心1个。专用教室全部配备电子投影等多媒体设备，有26套。是年，该校有专任教师93人，后勤职员工30人，教师合格学历93.5%（硕士8人、本科79人），其中省特级教师1人、苏州市学科带头人3人、苏州市青年教育拔尖人才2人、中小学高级教师35人、中小学一级教师44人。学校有教学班18个，学生770人。学校坚持“协进致远”的办学理念，确立“立德”“健体”“崇文”“尚美”“勤劳”五位一体的育人目标，提出培养“智艺兼修、身心两健、积极进取、合作创新”的现代人的办学方向。把“规范、精致、高效、特色”作为学校管理的追求，以“降低重心，靠前指挥”为取向，倡导办负责任的学校，做负责任的教师，育负责任的学生，形成“求真崇善”的校训，“严、勤、活、实”的校风，“敬业、爱岗、严谨、求是”的教风和“勤奋、好学、求实、创新”的学风。

（姬惠光）

【鲈乡实验小学流虹校区】 2020年9月，位于吴江区松陵镇流虹路830号的鲈乡实验小学流虹校区落成启用。流虹校区是鲈乡实验小学教育集团第三个校区，学校建筑面积3.25万平方米，办学规模设计为6轨36个教学班。按照办学规模配置17间专用教室，音、美、科、微专用教室设施齐全。设置创客教室、数学实验室等新型专用教室，满足教育现代化及本校办学特色要求。学校食堂4300平方米，可容纳800名学生就餐。学校有图书藏书室（馆）1个，可流通图书34052册，学生阅览室面积213平方米。外操场有200米的标准塑胶跑道，室内体育馆面积3375平方米。学校有校园计算机网络系统、广播系统、视频监控系统、围墙电子防盗系统和避雷工程。学校网站功能齐全。是年，流虹校区开设一年级，5个班级有学生185人。教职工19人，其中党员3名。专任教师13名（3名未定级），其中一级教师6人，占46.2%；二

2020年秋季，吴江区实验幼儿园求真园区建成投用　　（区教育局　提供）

级教师4人，占30.8%。本科学历10人，占76.9%；硕士研究生2人，占15.4%，区级骨干教师3人，占23%。学校秉承鲈乡实验小学教育集团“为师生的终身发展和幸福服务”的办学理念，弘扬“教书育人、读书做人”的鲈小精神，铭记“勤、正、厚、远”的校训，坚持以“发现教育”为特色，培养“美德、智慧、阳光，富探索精神，展成长活力”的学生，致力于打造“安全、和谐、美丽，涵鲈乡韵味，纳新荷气质”的校园，成为基础教育的品牌学校。　（曹　丽）

【吴江区实验幼儿园求真园区】吴江区实验幼儿园求真园区创办于2020年9月，位于吴江区太湖新城江库西路936号，作为吴江区实验幼儿园教育集团下继城中园区、爱德园区、太湖园区、苏州湾园区之后的第5所园区，幼儿园整体建筑体现“阡陌田园中的折纸小屋”风格，园所占地面积9948平方米，总建筑面积8822平方米，绿化面积3523平方米，食堂250平方米，设置6轨18个班级，可容纳600余名幼儿。幼儿园实现网络全覆盖，每个班级配备SEWO（多媒体教学一体机）、实物投影仪、台式电脑、手提电脑等教学设备。园所有多功能活动室1个，餐厅1个，大小会议室各1个，课程资源室1个，教师阅览室1个，专业书籍6349册，期刊报刊29种。有教室18个，设有阅读区、建构区、科学区、生活区、美工区、角色区、音乐区等班级区域；专用教室5个，即科学发现室、生活体验室、音舞工作室、美术工作室、儿童阅览室，可流通绘本图书8000册；户外活动区10余个，包括玩沙区、玩水区、玩泥区、山坡、树屋、攀爬区、骑行区、种植区、养殖区、万能工匠区、感统训练区、大操场、大型玩具、果树林等。园区有教职工41人，其中行政3人、班级专任教师16人、保育员8人、保健老师1人、食堂4人、文印1人、保安保洁8人。有幼儿园高级教师1人、中小学一级教师7人、骨干教师5人（占比26%）、苏州市学科带头人1人、吴江区教坛新秀2人、教科新秀2人。教师合格学历占100%，本科18人（占比94.7%），本科在读1人。有小班8个，幼儿259名。幼儿园在吴江区实验幼儿园教育集团的统一领导下，实行统一的人、财、物配置。园所秉承百年实幼“爱德·求真”的教育精神，倡导“科学求真、艺术求美”的教育理念，开发“科学与艺术相融合”的“真”教育课程，以“真”教育为载体，追求自然、人文与科学的和谐统一，促进儿童多元全面个性发展，让儿童在追求真善美的过程中快乐成长。是年，获苏州市教育科学“十三五”规划课题1个，苏州市教育教学成果一等奖1次，区级优秀班主任1名，教师省级刊物发表论文2篇，省级、区级论文获奖各1篇，教师省级、区级教学业务获奖各1次，骨干教师省级示范辐射活动1次、区级10次，区级媒体报道7次，接待各级各类来访活动6次。　（仲唐晖）

2020 年吴江区各级各类公办学校情况一览表（一）

名　称	占地面积（平方米）	建筑面积（平方米）	班级数（个）	学生数（人）	在编教职工数［专任教师数］（人）	主要荣誉
江苏省震泽中学	246668	55967	53	2266	277［271］	第三批省级教师发展示范基地校；江苏省中小学生天文知识竞赛优秀组织单位奖；江苏省青少年科技教育先进学校；江苏省智慧校园；江苏省健康促进金牌学校；第十八届“叶圣陶杯”全国中学生新作文大赛优秀团体奖；苏州市基础教育前瞻性教学改革实验项目（“能动学堂”：重构面向未来的学习路径）；苏州市教育教学成果奖特等奖（“活泼泼地”教学：五育并举的课程与教学治理改革十年探索）；苏州教育国际交流协会理事单位；苏州市普通中小学教科研工作先进集体；苏州市“十三五”教育科研先进集体；苏州市2020年度科普工作先进集体；苏州市五一劳动奖状；苏州市“四有”好教师市级重点培育团队（“能动学堂”视野下的好教师团队）；2020年苏州市基础教育创新人才培养实验项目（“‘育英’强基课程实验项目”）；2020年苏州市中小学课程基地和学校文化建设项目（生物学模型与建模）
吴江中学	177009	100719	58	2915	285［278］	苏州市2019—2020年智慧校园发展水平三星级学校；苏州市中小学校“一校一品”党建文化品牌项目建设成果奖；苏州市第十二届“普通话、苏州方言、英语口语”比赛特等奖
吴江高级中学	96917	47548	53	2706	256［250］	苏州市2019—2020年智慧校园发展水平三星级学校；苏州市第十二届“普通话、苏州方言、英语口语”比赛二等奖；“苏州农商银行”杯苏州市第十五届运动会中学生田径比赛高中组团体总分第六名
吴江盛泽中学	104390	36278	36	1811	170［166］	—
吴江平望中学	58214	30628	26	1274	138［133］	苏州市2019—2020年智慧校园发展水平三星级学校
吴江汾湖高级中学	87183	34907	36	1749	172［171］	苏州市优秀志愿者服务项目；全国青少年校园足球特色考核苏州市二等奖；苏州市教育科研先进集体

（续　表）

名　称	占地面积（平方米）	建筑面积（平方米）	班级数（个）	学生数（人）	在编教职工数［专任教师数］（人）	主要荣誉
江苏省吴江中等专业学校	139494	86118	92	2944	241［273］	省教育厅职业教育处2020年江苏省职业学校现代化实训基地(计算机网络技术)；省教育厅职业教育处2020年江苏省职业学校现代化专业群(电子技术应用)；江苏省职业技能大家组委员第五届江苏状元技能大赛“高技能人才摇篮奖”；共青团江苏省委江苏省五四红旗团委(团工委)；江苏省美发美容协会江苏省形象设计专委会主任单位(铜牌)；苏州市2019—2020年智慧校园发展水平三星级学校；苏州市教育局2020年苏州市艺术教育特色学校；苏州市教育局苏州市中小学职业体验中心(融媒体)；苏州市教育局2020年苏州市教育科研先进集体；苏州市教育局苏州市第五届中小学生艺术节朗诵比赛职业学校三等奖；苏州市语言文字工作委员会；苏州市教育局2020年苏州市中小学生汉字书写大赛优秀组织奖
江苏省苏州丝绸中等专业学校	74760	47400	66	2515	151［199］	—
苏州信息职业技术学院	359600	151487	207	6208	226［234］	江苏省高职院校教学大赛最佳组织奖第一名；“信息安全管理与评估”赛省一等奖

2020年吴江区各级各类公办学校情况一览表（二）

名　称	占地面积（平方米）	建筑面积（平方米）	班级数（个）	学生数（人）	在编教职工数［专任教师数］（人）	主要荣誉
实验初级中学	60058	23768	61	2884	217［231］	—
笠泽实验初级中学	67322	35386	31	1461	113［110］	2020年苏州市教育科研先进集体；首批苏州市生活垃圾分类工作先进学校；江苏省健康促进学校(银牌)；2020年度江苏省初中学校评价改革案例征集活动最佳案例；苏州市2019—2020智慧校园发展水平三星级学校
苏州湾实验初级中学	51548	35346	30	1246	106［117］	江苏省节水型学校；苏州市艺术先进学校；苏州市生活垃圾分类工作先进学校；苏州市初中数学项目化课程基地学校；苏州教育国际交流协会会员单位；江苏省第十五届《时代学习报》初中数学文化节“核心素养测评”团体金奖；苏州市第十三届“普通话、苏州方言、英语口语”比赛特等奖

（续　表）

名　称	占地面积（平方米）	建筑面积（平方米）	班级数（个）	学生数（人）	在编教职工数［专任教师数］（人）	主要荣誉
震泽初级中学	102000	27483	23	1060	92［90］	—
松陵第一中学	64478	30935	45	2244	177［171］	苏州市“苏州农商银行”杯苏州市第十五届运动会中学田径比赛初中组团体冠军；苏州市第十五届运动会群众体育优秀集体；苏州市第十五届运动会中学生田径比赛体育道德风尚奖代表队；苏州市中小学家庭教育课程优秀项目学校；苏州市生活垃圾分类工作先进学校；苏州市第十四届“快乐成长节”——“星社团·社团星”风采展示“明星社团”
横扇学校	72087	26206	11（中） 42（小）	512（中） 1866（小）	33［34］（中） 86［96］（小）	中国校园健康行动护眼亮眼工程科普示范学校；全国青少年校园足球特色学校（2020年度考核）苏州二等奖；苏州市智慧校园发展水平三星级学校；苏州市优秀教育志愿服务项目（“学雷锋献爱心”志愿服务项目）；苏州市“引力播杯”书写大赛最佳组织奖；苏州市青少年国粹文化（第十一届苏州市中小学传统手工艺作品展二等奖；苏州市小学“书香之班”
菀坪学校	58910	16649	12（中） 27（小）	491（中） 1164（小）	41［45］（中） 53［67］（小）	第七批“苏州市语言文字规范化示范校”；苏州市艺术教育先进学校；苏州市智慧校园三星级学校；苏州市全国青少年校园足球特色学校考核二等奖
八坼中学	45356	15972	12	529	55［54］	苏州市智慧校园发展水平三星级学校；苏州市优秀共青团
江陵实验初级中学	53104	44425	26	1190	77［99］	—
开发区实验初级中学	109669	43313	35	1635	117［125］	江苏省阅读与写作大赛优秀团体；苏州市教育科研先进集体；苏州市艺术先进学校；苏州市中学中职学校共青团组织；苏州市一校一品党建文化品牌；苏州市垃圾分类先进学校；苏州市第八届太湖设计杯征文大赛优秀组织奖
运河实验初级中学	70735	18285	18	778	85［88］	江苏省智慧校园；全国青少年校园特色足球特色学校
梅堰中学	54727	12033	12	443	53［56］	苏州市学陶师陶研陶工作先进集体；苏州市优秀教育志愿服务项目（“小小督察员，垃圾分类从我做起”志愿服务项目）；苏州市智慧校园发展水平三星级学校
南麻中学	19223	10299	15	658	47［51］	苏州市节水型学校；苏州市2019—2020智慧校园发展水平三星级学校

（续　表）

名　称	占地面积（平方米）	建筑面积（平方米）	班级数（个）	学生数（人）	在编教职工数［专任教师数］（人）	主要荣誉
盛泽第一中学	69658	26322	35	1605	90［107］	苏州市智慧校园发展水平三星级学校；省科技教育先进集体；苏州市教育学会“十三五”教育科研先进集体
盛泽实验初级中学	42628	14780	18	852	51［61］	—
盛泽第二中学	71297	35498	61	2999	165［206］	江苏省2020年教科研先进学校；江苏省青少年科技教育先进学校；江苏省青少年信息学奥林匹克培训活动基地；苏州市后勤工作先进学校；苏州市2019—2020年智慧校园三星级；苏州市初中信息编程课程基地；苏州市关工委常态化巩固提高奖
七都中学	61384	19313	21	873	69［76］	江苏省健康促进学校银牌；苏州市2019—2020年智慧校园发展水平三星级学校；2020年度苏州市健康单位；苏州市第十二届“普通话、苏州方言、英语口语”比赛二等奖；苏州市中华经典诵读比赛中学生组二等奖
江村实验学校	61254	23804	13（中） 33（小）	495（中） 1360（小）	53［54］（中） 76［79］（小）	江苏省智慧校园；苏州市艺术教育特色学校；苏州市义务教育管理标准特色学校；苏州市2019—2020年智慧校园发展水平三星级学校；第31届苏州市青少年科技创新大赛二等奖；苏州市第十二届“普通话、苏州方言、英语口语”比赛二等奖；苏州市第五届中小学生艺术节舞蹈比赛小学组三等奖；苏州市食用农产品追溯体系建设拟补奖单位
八都学校	58863	19721	10（中） 27（小）	367（中） 1062（小）	34［36］（中） 52［57］（小）	江苏省智慧校园
青云中学	74197	19112	9	367	47［45］	—
铜罗中学	15334	6039	10	464	51［54］	苏州市第十二届“普通话、苏州方言、英语口语”比赛初中组二等奖
桃源中学	39755	4942	9	316	33［36］	苏州市健康单位；苏州市2020年度全市义务教育学业质量监测结果运用优秀案例评选三等奖
芦墟初级中学	25763	10258	12	419	57［53］	江苏省智慧校园；苏州市智慧校园发展水平三星级学校；苏州市第五届中小学生艺术节朗诵比赛三等奖；2020年全国青少年校园足球特色学校苏州市二等奖
莘塔中学	23310	8959	11	423	45［47］	江苏省智慧校园

（续　表）

名　称	占地面积（平方米）	建筑面积（平方米）	班级数（个）	学生数（人）	在编教职工数［专任教师数］（人）	主要荣誉
金家坝学校	57601	17096	11（中）	444（中）	48［51］（中）	江苏省体育特色（中小学）学校；江苏省智慧校园；苏州市“引力播杯”硬笔书法比赛优秀组织奖；苏州市中小学生规范汉字书写比赛优秀组织奖；苏州市2020年度全市义务教育学业质量监测结果运用优秀案例评选三等奖；苏州市书法教育先进学校
			28（小）	1244（小）	57［68］（小）	
黎里中学	54702	15088	15	638	77［68］	苏州市智慧校园发展水平三星级学校；苏州市中小学家庭教育课程项目
北厍中学	40811	9854	14	591	62［62］	江苏省智慧校园、苏州市智慧校园发展水平三星级学校
汾湖实验初级中学	32198	21220	23	1019	53［69］	—
同里中学	64933	33750	27	1097	111［102］	苏州市中小学传统手工艺作品展一等奖

2020年吴江区各级各类公办学校情况一览表（三）

名　称	占地面积（平方米）	建筑面积（平方米）	班级数（个）	学生数（人）	在编教职工数［专任教师数］（人）	主要荣誉
吴江实验小学	170797	117756	212	9330	386［497］	江苏省中小学“一校一品”党建文化品牌项目；江苏省公共机构节能示范单位；江苏省健康促进学校；苏州市中小学家庭教育课程优秀项目学校；苏州市优秀教育志愿服务项目名单“铿锵玫瑰，红十字应急救护”志愿服务项目校；苏州市中小学课程基地和学校文化建设项目校；苏州市中小学德育工作研究成果优秀奖；苏州市节水型学校；苏州市2019—2020年智慧校园发展水平三星级学校；苏州市儿童青少年近视防控“示范学校”；苏州市艺术教育“特色学校”；苏州市中小学生品格提升项目校；苏州市小学二年级整班铅笔字比赛二等奖
鲈乡实验小学	79513	57657	92	4067	222［220］	共青团江苏省委第十五届少年儿童书信文化活动团体奖；STEM课题结题获得省级优秀奖；江苏省首批网络名师工作室；苏州市生活垃圾分类工作先进学校评比先进学校；苏州市中小学德育工作优秀研究成果评比优秀研究成果；苏州市艺术教育特色学校；苏州市“宪法小卫士”行动计划优秀组织奖；苏州市关工委工作常态化建设巩固提高奖；苏州市第十五届阳光少年评选高年级篮球队获阳光团队；苏州市2020年基础教育前瞻性教学改革实验项目

（续　表）

名　称	占地面积（平方米）	建筑面积（平方米）	班级数（个）	学生数（人）	在编教职工数［专任教师数］（人）	主要荣誉
思贤实验小学	111982	105949	74	3269	138［180］	江苏省健康促进学校金牌；江苏省智慧校园；江苏省青少年电子制作锦标赛电路创新制作团体U10第二名；苏州市第八届“太湖设计杯”《我的天堂我的水》征文大赛优秀组织单位；苏州市中小学创建“一校一品”党建文化品牌项目特色学校；苏州市少先队工作优秀学校；苏州市儿童青少年近视防控示范学校；苏州市义务教育学校管理标准特色学校；苏州市智慧校园发展水平三星级学校；苏州市全国青少年校园足球特色学校建设质量管理与考核工作二等奖；苏州市教育学会“十三五”教育科研先进集体；苏州市第四届“引力播杯”小学硬笔书法大赛优秀组织奖；苏州市生活垃圾分类工作先进学校；苏州市综合实践活动学生优秀成果二等奖；苏州市第五届中小学生艺术节学生艺术实践工作坊评选三等奖
东太湖实验小学	46570	45124	26	1137	30［61］	江苏省健康促进学校铜牌；苏州市2019—2020年智慧校园发展水平三星级学校
北门小学	5654	5678	19	844	56［55］	江苏省健康促进金牌学校；江苏省智慧校园；江苏省第三十二届金钥匙青少年人工智能竞赛优秀组织奖；苏州市教育后勤工作先进学校；苏州市全国青少年校园足球特色学校考核二等奖；苏州市第四届“引力播杯”小学硬笔书法大赛优秀组织奖
松陵小学	14698	9187	30	1248	91［93］	2020年苏州市儿童青少年近视防控示范学校；苏州市2019—2020年智慧校园发展水平三星级学校；“家长苏州·传承文明礼赞中国”2020年苏州市中华经典诵读大赛特等奖
八坼小学	25104	16660	32	1344	57［74］	全国青少年校园足球特色学校；江苏省体育特色学校；江苏省健康促进金牌学校；苏州市第五届中小学艺术节学生艺术工作坊评选一等奖
天和小学	38285	27845	54	2429	97［134］	苏州市教育科研先进集体；苏州市第八届中小学生交通安全知识网络竞赛优秀组织奖；苏州市第十一届苏州市中小学传统手工艺作品展二等奖；江苏省“影响力学校建设共同体”第二批成员单位；苏州市教育学会“十三五”教育科研先进集体

（续　表）

名　称	占地面积（平方米）	建筑面积（平方米）	班级数（个）	学生数（人）	在编教职工数［专任教师数］（人）	主要荣誉
山湖花园小学	135501	103220	137	6019	200［296］	苏州市2019—2020年智慧校园发展水平三星级学校；2020年苏州市儿童青少年近视防控示范学校；首批苏州市生活垃圾分类工作先进学校；苏州市第十五届“阳光团队”（粘艺坊）；2020“花季杯”苏州市青少年国粹文化系列活动——苏州市青少年纸艺现场制作比赛三等奖；苏州市第四届“引力播杯”中小学硬笔书法大赛优秀组织奖；江苏省第十七届“雨花奖”全国中小学征文优秀组织奖；苏州市义务教育学校管理标准特色学校；江苏省第四届“友城绘”青少年国际绘画展优秀组织奖；苏州市宪法小卫士行动计划优秀组织奖
花港迎春小学	69834	47872	86	3858	90［172］	2020年苏州市儿童青少年近视防控示范学校；苏州市智慧校园发展水平三星级学校；2020年苏州市教育科研“先进集体”；第七批苏州市语言文字规范化示范学校；苏州市“学宪法讲宪法”“宪法小卫士”行动计划优秀组织奖；苏州市“劳动点亮生活”主题教育活动优秀组织奖
长安实验小学	52542	30899	60	2676	97［141］	苏州市有效教学研究一等奖；苏州市智慧校园发展水平三星级学校；苏州市义务教育学校管理标准特色学校；苏州市小学课程基地市级市导优秀奖；苏州市宪法小卫士行动计划优秀组织奖；苏州市节水型学校；苏州市儿童青少年近视防控示范学校
平望实验小学	49995	26860	62	2778	122［140］	—
梅堰实验小学	25294	14070	32	1423	70［79］	—
程开甲小学	36946	24903	54	2419	99［142］	—
坛丘小学	18728	10133	33	1466	70［77］	江苏省青少年科技教育“四星级先进集体”；苏州市第十五届运动会中小学乒乓球比赛第五名；苏州市2019—2020年智慧校园发展水平三星级学校；“引力播杯”笔尖思政·第四届苏州市中小学硬笔书法大赛暨规范汉字书写大赛优秀组织奖
南麻小学	29372	7487	32	1399	62［71］	苏州市生活垃圾分类工作先进学校评比先进学校；“引力播杯”笔尖思政·第四届苏州市中小学硬笔书法大赛暨规范汉字书写大赛优秀组织奖；苏州市2019—2020年智慧校园发展水平三星级学校

（续　表）

名　称	占地面积（平方米）	建筑面积（平方米）	班级数（个）	学生数（人）	在编教职工数［专任教师数］（人）	主要荣誉
盛泽实验小学	77823	40212	89	3995	152［201］	江苏省教科研工作先进集体；江苏省教师发展示范基地校；江苏省“四有”好教师重点培育团队；江苏省教育科学优秀成果二等奖；江苏省青少年科技教育“四星级先进集体”；苏州市义务教育学校管理标准特色校；苏州市教育教学成果一等奖；苏州市中小学家庭教育课程优秀项目学校；苏州市中小学德育工作金点子；苏州市品格提升工程；苏州市智慧校园发展水平三星级学校
绸都小学	27253	17204	55	2386	113［131］	江苏省健康促进学校铜牌；苏州市智慧校园发展水平三星级学校；苏州市艺术教育特色学校；苏州市全国青少年足球特色学校考核一等奖
盛泽小学	31658	23324	59	2564	121［137］	全国青少年篮球体育传统特色学校；苏州市艺术特色学校；苏州市书法教育实验基地；苏州市民族团结进步创建示范基地；苏州市象棋普及教学示范学校；苏州市第八届中小学生交通安全知识网络竞赛中荣获优秀组织奖；苏州市“引力播杯”笔尖思政·第四届苏州市中小学硬笔书法大赛暨规范汉字书写大赛总决赛最佳组织奖；苏州市“引力播杯”笔尖思政·第四届苏州市中小学硬笔书法大赛暨规范汉字书写大赛优秀组织奖；苏州市第八届中小学生交通安全知识网络竞赛中荣获优秀组织奖
吴绫实验小学	55318	12314	40	1777	44［89］	江苏省中小学课程基地建设项目调研视导中荣获“优秀项目”；苏州市学陶师陶研陶工作先进集体；苏州市第十五届阳光少年评选活动中生生园小先生获阳光团队
七都小学	46910	21392	48	2010	92［99］	苏州市学陶师陶研陶工作先进集体；苏州市艺术教育特色学校；苏州市2019—2020年智慧校园发展水平三星级学校；苏州市义务教育学校管理标准特色学校；苏州市中小学德育工作金点子；第32届江苏省中小学生金钥匙科技竞赛团体特等奖
震泽实验小学	73702	30886	64	2841	137［146］	江苏省智慧校园；第32届江苏省青少年科技教育先进学校；江苏省课程基地项目“蚕丝文化特色课程”获市级视导“示范”称号；苏州市中小学家庭教育课程优秀项目学校；苏州市艺术教育特色学校；苏州市义务教育学校管理标准特色学校；第十一届苏州市中小学传统手工艺作品比赛一等奖；苏州市创新设计大赛（小学组）一等奖；苏州市三星智慧校园；苏州市教育后勤工作先进学校；苏州市“普通话、苏州方言、英语口语”比赛二等奖；苏州市中小学生汉字书写大赛优秀组织奖；苏州市中小学社团建设先进学校；2020全国青少年校园足球特色学校考核二等奖

（续　表）

名　称	占地面积（平方米）	建筑面积（平方米）	班级数（个）	学生数（人）	在编教职工数［专任教师数］（人）	主要荣誉
桃源小学	11907	6240	18	751	37［45］	江苏省健康促进学校（银牌）；江苏省智慧校园；苏州市2019—2020年智慧校园发展水平三星级学校；"引力播杯" 笔尖思政 · 第四届苏州市中小学硬笔书法大赛暨规范汉字书写大赛优秀组织奖
青云小学	17782	7668	18	731	54［56］	—
铜罗小学	24866	23526	24	1023	46［50］	2020年苏州市艺术教育特色学校；苏州市2019—2020年智慧校园发展水平三星级学校；2020年苏州市节水型学校
芦墟实验小学	16110	8340	25	1103	62［65］	关工委工作常态化建设巩固提高奖；第八届 "太湖设计杯"《我的天堂我的水》征文大赛优秀组织单位；2020年 "小使者 云外交" 国际理解教育主题作品评选优秀组织奖；苏州市2019—2020年智慧校园发展水平三星级学校
莘塔小学	20828	9461	27	1201	50［57］	江苏省 "少年军校" 先进单位；江苏省陶研实验先进学校；苏州市教育科研先进集体；苏州市全国青少年校园足球特色学校考核一等奖；苏州市 "市长杯" 青少年校园足球联赛（小学甲组）总决赛女子组一等奖；苏州市生活垃圾分类工作先进学校；苏州市节水型学校；苏州市智慧校园发展水平三星级学校；苏州市中小学 "宪法小卫士" 行动计划优秀组织奖；苏州市 "引力播" 中小学规范汉字书写大赛优秀组织奖
黎里小学	26586	18375	37	1651	70［83］	2020年全国青少年校园足球特色学校；2020年度苏州市节水型学校；苏州市教育后勤工作先进学校；江苏省第十九批 "绿色学校"；2020年省、市、区基础教育内涵苏州市级课程基地与学校文化建设项目；苏州市2019—2020年智慧校园发展水平三星级学校；第32届江苏省金钥匙科技竞赛先进学校；2020年江苏省智慧校园
北厍小学	27651	10865	38	1659	65［80］	2020年江苏省智慧校园；苏州市全国青少年校园足球特色学校考核二等奖；2020年苏州市中小学社团建设先进学校；2019—2020年度苏州市学陶师陶工作先进集体；"中国—匈牙利少年儿童美术创作十万人交流展" 最佳小画家培养学校奖；2020年 "引力播杯" 中小学硬笔书法大赛优秀组织奖

（续　表）

名　称	占地面积（平方米）	建筑面积（平方米）	班级数（个）	学生数（人）	在编教职工数［专任教师数］（人）	主要荣誉
汾湖实验小学	67700	27028	51	2290	74［110］	苏州市级语言文字规范化示范校；苏州市特色体育项目学校（攀岩）；苏州市青少年足球特色学校考核一等奖；苏州市2019—2020年智慧校园三星学校；苏州市关工委工作常态化建设巩固提高奖；江苏省“我的中国梦”中小学校园科技短视频创作“优秀组织奖”；苏州市“宪法小卫士”行动计划优秀组织奖；苏州市第十五届运动会中小学组攀岩比赛体育道德风尚奖；苏州市“市长杯”青少年足球联赛三等奖；苏州市第四届中小学硬笔书法大赛优秀组织奖
屯村实验小学	28481	26316	33	1363	57［71］	江苏省少年书画辅导示范基地；江苏省健康促进学校（银牌）；苏州市第九批“法治文化建设示范点”；苏州市2019—2020年智慧校园发展水平三星级学校；“引力播杯”笔尖思政·第四届苏州市中小学硬笔书法大赛暨规范汉字书写大赛总决赛最佳组织奖
同里实验小学	36935	17130	40	1776	69［90］	江苏省智慧校园；苏州市2019—2020年智慧校园发展水平三星级学校；第十一届苏州市中小学传统手工艺作品展二等奖；苏州市关工委常态化建设巩固提高奖
特殊教育学校	13140	5032	15	191	30［30］	—

2020 年吴江区各级各类公办学校情况一览表（四）

名　称	占地面积（平方米）	建筑面积（平方米）	班级数（个）	学生数（人）	在编教职工数［专任教师数］（人）	主要荣誉
实验幼儿园	11000	8325	20	795	23［39］	苏州市教育学会“十三五”教育科研先进集体；苏州市教育教学成果奖（基础教育类）一等奖；苏州市未成年人档案工作优秀试点单位；江苏省优质幼儿园（苏州湾园区）
鲈乡幼儿园	7480	6377	18	645	49［43］	苏州市生活垃圾分类工作先进学校；苏州市儿童青少年近视防控示范幼儿园；苏州市教育学会“十三五”教育科研先进集体；苏州市教育学会“园本特色课程建设”进步奖
思贤（机关）幼儿园	13338	12295	27	1078	41［54］	江苏省足球特色学校；苏州市三八红旗集体；苏州市教育学会“十三五”教育科研先进集体；苏州市语言文字规范化示范学校；苏州市儿童青少年近视防控示范学校；苏州市生活垃圾分类工作先进学校
北门幼儿园	4200	3171	9	299	18［19］	—

（续　表）

名　称	占地面积（平方米）	建筑面积（平方米）	班级数（个）	学生数（人）	在编教职工数［专任教师数］（人）	主要荣誉
松陵幼儿园	4840	3099	9	312	17［22］	—
华泽幼儿园	11280	7850	7	220	5［14］	—
横扇幼儿园	18009	11500	25	936	21［45］	—
菀坪幼儿园	6709	3484	12	504	15［30］	—
八坼幼儿园	11418	8080	14	517	17［28］	苏州市儿童青少年近视防控示范幼儿园；苏州市健康社区（村）和健康单位
天和幼儿园	6887	5211	18	684	25［33］	—
花港迎春幼儿园	12823	10800	25	949	21［45］	—
山湖花园幼儿园	25966	22706	34	1288	28［54］	—
长安实验幼儿园	9762	8189	20	784	27［39］	—
平望幼儿园	13600	7187	19	664	22［42］	苏州市第二批园本特色课程基地；苏州市学陶师陶研陶工作先进集体；苏州市托幼机构卫生保健人员实习基地
梅堰幼儿园	15455	7468	17	577	25［31］	—
坛丘幼儿园	7716	3776	15	452	18［28］	—
南麻幼儿园	4345	6090	17	563	11［28］	—
盛泽实验幼儿园	18727	17890	27	867	35［54］	—
盛泽幼儿园	18200	15093	30	1014	39［59］	—
七都幼儿园	17711	11494	23	838	28［44］	—
庙港幼儿园	4055	2080	12	436	11［21］	—
震泽幼儿园	7888	5098	22	833	33［43］	苏州市教育学会“十三五”教育科研先进集体
八都幼儿园	10655	7778	15	496	16［31］	—
桃源幼儿园	3806	2708	11	391	13［20］	苏州市2019—2020年度学陶师陶工作先进集体
青云幼儿园	6674	4584	11	372	20［22］	—
铜罗幼儿园	9919	4084	15	532	16［24］	—
芦墟幼儿园	5637	4076	8	266	11［16］	—
莘塔幼儿园	7582	5326	16	563	20［29］	—
金家坝幼儿园	9636	3675	9	310	15［19］	苏州市基础教育教学成果特等奖；苏州市“四有”好教师团队建设单位
黎里幼儿园	9925	5690	18	556	20［26］	苏州市垃圾分类先进学校；苏州市第四次语言文字工作规范化达标学校（浦北分园）
北厍幼儿园	10106	3371	10	349	10［15］	—

（续　表）

名　称	占地面积（平方米）	建筑面积（平方米）	班级数（个）	学生数（人）	在编教职工数［专任教师数］（人）	主要荣誉
汾湖实验幼儿园	13885	6049	18	638	14［29］	江苏省优质幼儿园
汾湖实验小学幼儿园	10847	4132	9	289	5［16］	—
屯村实验小学幼儿园	9426	4726	15	515	18［23］	—
同里幼儿园	8222	5585	19	670	20［33］	—

2020 年吴江区各级各类公办学校情况一览表（五）

名　称	占地面积（平方米）	建筑面积（平方米）	全日制学历班		成人学历班		各类短训班		在编教职工数（人）	主要荣誉
			班级（个）	人数（人）	班级（个）	人数（人）	班级（个）	人数（人）		
松陵成人中心校	4929	2788	0	0	9	247	90	24572	15	苏州市示范性社区教育中心；苏州市终身教育优秀通讯单位
汾湖成人中心校	26600	6900	16	509	5	71	98	26850	45	苏州市示范性社区教育中心；苏州市语言文字推广基地；“心里，梦里，走进黎里”获评苏州市级游学项目
震泽成人中心校	26000	2800	1	20	6	106	78	70	8	2020年江苏省社会教育先进集体；“太湖雪”桑蚕文化产业基地获江苏省教育服务“三农”高水平基地；“蚕桑文化学堂”获评江苏省社区教育特色品牌
盛泽成人中心校	7832	6410	0	0	6	133	287	56000	4	江苏省优秀成人继续教育院校；苏州市语言文字推广基地；苏州市创建优秀学习型街(镇)单位；苏州市优秀成人继续教育院校；苏州市社会教育先进集体；盛泽宋锦文化园入选江苏省、市民终身学习体验基地
七都成人中心校	6000	2200	0	0	6	179	88	48817	3	中成协第一批“区域终身学习发展共同体”项目实验点；中国江村教育实践基地入选首批长三角市民终身学习体验基地

（续　表）

名　称	占地面积（平方米）	建筑面积（平方米）	全日制学历班		成人学历班		各类短训班		在编教职工数（人）	主要荣誉
			班级（个）	人数（人）	班级（个）	人数（人）	班级（个）	人数（人）		
同里成人中心校	10120	2400	0	0	8	131	224	9503	5	苏州市终身教育优秀通讯单位；同里丽则女学入选苏州市级市民学习苑
平望成人中心校	2701	3040	0	0	3	182	150	9516	3	平望同达文化园升级为江苏省级市民学习苑
桃源成人中心校	6977	1150	0	0	5	99	438	59862	5	—

2020 年吴江区各级各类民办学校情况一览表

名　称	占地面积（平方米）	建筑面积（平方米）	班级数（个）	学生数（人）	教职工数［专任教师数］（人）	主要荣誉
北外苏州附校	100550	69139	6（高）	126（高）	40［28］	江苏省健康促进学校（银牌、铜牌）评比银牌学校；江苏省第32届金钥匙科技竞赛省青少年科技教育先进学校评比青少年科技教育先进学校；苏州市全国青少年校园足球特色学校建设质量管理与考核评比二等奖；苏州市第十届小学五年级整班英语写字比赛二等奖；苏州市第十五届运动会中小学生棒球比赛第二名；苏州市第十五届运动会中小学生击剑比赛第二名；苏州市第十五届运动会中小学生皮划艇比赛（小学）第二名；全国第七届“数学小发现”有奖活动优秀组织奖；苏州市中小学硬笔书法大赛即规范汉字书写大赛总决赛最佳组织奖；苏州市中小学硬笔书法大赛即规范汉字书写大赛优秀组织奖
			19（初）	453（初）	101［88］	
			38（小）	1006（小）	139［114］	
青云实验中学	134500	99650	38（高）	1559（高）	170［158］	江苏省陶研工作先进集体
			77（初）	3086（初）	287［265］	—
苏州枫华学校	155010	58426	24（高）	640（高）	65［40］	—
			18（初）	446（初）	74［51］	—
			27（小）	619（小）	86［58］	—

（续　表）

名　称	占地面积（平方米）	建筑面积（平方米）	班级数（个）	学生数（人）	教职工数［专任教师数］（人）	主要荣誉
存志外国语学校	32972	23625	16（初）	345（初）	94［53］	2020年苏州市艺术教育特色学校；2020年全国模拟飞行网络精英赛优秀组织奖；江苏省少年书画辅导示范基地
			15（小）	363（小）	53［36］	—
道尔顿学校	7921	12800	7	173	43［30］	—
			9	172	35［23］	
盛湖学校	27598	33426	38	1744	181［144］	—
盛泽佳诚初级中学	10919	8728	14	664	58［38］	—
泽新实验学校	43427	9625	15（初）	705（初）	55［48］	—
			15（小）	663（小）	42［36］	
存志嘉德双语初级中学	46544	6555	4	57	29［11］	—
松陵团结小学	18903	5956	31	1373	78［67］	—
松陵江新小学	5448	3857	18	755	47［40］	—
滨之湖实验学校	20632	26937	7	122	42［23］	—
宏鸣可小学	4685	3135	12	415	32［26］	—
齐心小学	8001	3579	17	723	45［35］	—
爱心小学	17316	14297	51	2197	124［95］	苏州市语言文字规范化达标学校
平望船民小学	9454	5319	16	680	47［34］	—
平望平南学校	7564	5110	14	615	43［32］	—
平望梅堰儒林第四小学	10000	3125	16	611	43［32］	苏州市无烟单位
盛泽茅塔小学	13606	7267	36	1604	88［78］	苏州市节水型校园；苏州市语言文字规范化达标学校
盛泽革新小学	8406	9445	46	2069	110［87］	—
盛泽前进小学	7520	4260	23	1015	63［49］	苏州市语言文字规范化达标学校
盛泽思进小学	10413	7564	30	1311	69［66］	—
盛泽可以小学	10400	6415	31	1363	80［60］	苏州市节水型校园；苏州市语言文字规范化达标学校
盛泽育英小学	10457	5456	25	1063	69［56］	—

（续　表）

名　称	占地面积（平方米）	建筑面积（平方米）	班级数（个）	学生数（人）	教职工数［专任教师数］（人）	主要荣誉
盛泽四海小学	6653	3858	12	446	33［25］	苏州市节水型校园
太湖国际实验学校	15000	4541	10	220	27［24］	全国生态文明教育特色学校
七都隐读小学	7000	4960	13	481	50［28］	苏州市无烟单位；苏州市语言文字规范达标学校
震泽儒林第三小学	6540	3800	14	616	35［30］	苏州市无烟单位
震泽希望小学	10850	3246	12	419	33［24］	—
震泽立国小学	6499	2524	11	320	26［18］	苏州市无烟单位
桃源蒲公英思源小学	10526	5300	15	588	41［33］	苏州市节水型学校
芦墟高新小学	13760	7466	28	1187	63［53］	—
汾湖黎里友谊小学	14706	4604	20	862	56［46］	苏州市语言文字规范化达标学校；苏州市无烟单位
英仑伟才幼儿园	3657	3584	9	270	41［18］	—
格林幼儿园	5703	3763	15	339	66［31］	苏州市优质园
童博幼儿园	4354	2148	15	595	58［30］	苏州市语言文字规范化达标学校
奥清幼儿园	3444	2889	8	185	38［16］	—
青禾幼儿园	8000	6018	21	847	82［42］	苏州市语言文字规范化达标学校
维爵幼儿园	7708	6000	11	207	44［22］	—
培德幼儿园	6800	9565	12	283	55［24］	—
北外苏州附校幼儿园	6955	4831	9	239	39［27］	苏州市优质园卫生保健合格；苏州市托幼卫生保健实习基地
青橙绿苑幼儿园	4083	2820	9	335	36［18］	—
滨之湖幼儿园	9350	9306	4	47	18［8］	—
青橙溪源幼儿园	8733	9201	18	623	78［42］	苏州市优质幼儿园、苏州市语言文字规范达标学校
青禾橙家幼儿园	4000	2717	10	392	39［20］	江苏省优质幼儿园、苏州市语言文字规范化达标学校
富华幼儿园	4055	3022	3	85	19［8］	—
天虹丽湾艺术幼儿园	2627	1061	6	148	25［12］	江苏省优质幼儿园(复审)
太湖明珠幼儿园	6316	2771	11	211	57［22］	苏州市无烟单位
童梦想幼儿园	2819	1631	7	223	29［14］	—
英瀚幼儿园	2970	1839	9	302	36［19］	—

（续　表）

名　称	占地面积（平方米）	建筑面积（平方米）	班级数（个）	学生数（人）	教职工数［专任教师数］（人）	主要荣誉
童乐幼儿园	4810	5340	12	417	35［12］	—
爱儿法幼儿园	4734	2615	10	352	43［22］	—
红太阳幼儿园	3622	2149	8	283	44［16］	社会组织登记评估中获得3A
德昂幼儿园	2696	2426	11	406	41［21］	获国家级“十三五”规划重点课题教研“一等奖”
华徽幼儿园	7961	8080	15	443	59［30］	—
仁德幼儿园	5365	3656	12	440	46［24］	—
艾尔顿幼儿园	7000	2165	8	119	33［16］	苏州市优质幼儿园江苏省托育示范点
新世纪幼稚园	1399	1606	7	119	30［15］	中国社会组织评估等级3A；苏州市语言文字规范化达标学校
育红幼儿园	3523	3053	4	123	16［8］	—
青澜幼儿园	6054	2990	10	350	40［20］	—
盛泽新生幼儿园	1390	1957	7	179	32［14］	—
舜泽幼儿园	11232	6420	21	785	84［44］	—
盛泽东方花园幼儿园	2638	1597	9	253	37［18］	—
博恒幼儿园	3500	2188	7	119	33［14］	—
心语幼儿园	2582	1690	6	156	25［12］	—
德尔幼儿园	5000	3970	6	147	29［14］	江苏省优质幼儿园
新亚幼儿园	5850	3150	10	296	36［20］	—
沭恩幼儿园	4055	2800	9	260	35［18］	—
雅昕幼儿园	10875	7966	14	385	53［29］	—
云川幼儿园	3222	2799	6	208	28［14］	—
阳光天使幼儿园	2692	2158	12	376	47［24］	—
恒乐幼儿园	7294	5768	8	201	31［14］	—
睿思童幼儿园	3181	3531	6	203	25［12］	—
蓝心普幼儿园	5303	4113	7	141	28［15］	—
苏州枫华幼儿园	3608	1984	3	37	12［5］	—

注：表一至表五及民办学校一览表的统计数据截至2020年9月。　（顾莹璎）

（本栏编辑　浦德琪）

文　化

公共文化

【公共文化服务】 2020年，区文体旅局推进基层综合性文化服务中心建设工作，提前实现基层综合性文化服务中心标准化建设全覆盖，并结合“乡村振兴”战略，因地制宜、突出特色，推出一批具有示范性的优秀村（社区）综合性文化服务中心，评选出五星级中心3个、四星级中心20个、三星级中心33个。持续推进苏州湾大剧院、汾湖文化体育中心建设，于2020年底正式投入使用。11月，出台《吴江区基层公共文化服务配送办法》，通过政府购买社会化服务的方式，提升基层文化阵地服务效能，丰富基层群众文化生活，实现公共文化服务的均等化、标准化，全年完成配送600场。

2020年，区图书馆接待读者121.99万人，外借图书77.27万册，送书下乡3.62万册，总藏量249.07万册，培训基层管理员670人次，开展讲座、展览、镇村少儿活动等各种类型的全民阅读活动180场。吴江博物馆推出原创展览1个，引进展览1个，联合办展2个，线上展览3个，全年接待中外观众1.1万余人次。　（王　芳）

原创苏州评弹组曲《红军故事》　（区文体旅局　提供）

【文艺精品创作】 2020年，原创苏州评弹组曲《红军故事》入选江苏省庆祝“建党百年”精品创作工程。创排中篇苏州弹词《柳亚子历险记》，入选第二届江南文化艺术节、第三届苏州市“文华奖”艺术展演季（舞台艺术类）展演。新冠肺炎疫情期间，先后创作评弹《众志成城战瘟神》、歌曲《我们是长城》等抗疫文艺作品并进行线上展播；

2020年6月，第七届吴江太湖文化节暨2020丝绸文化旅游节举办

（区文体旅局　提供）

推出“万众一心　抗击疫情”舞台艺术类创作作品选登8期，美术、书法、摄影展（网络）15期，展出作品700余件。区文体旅局举办2020年吴江区创作节目文艺会演暨首届吴江区群众文化“民星奖”评选活动。男声小合唱《雨后垂虹》、歌曲《旗袍》、短篇苏州评话《金魂》、苏州弹词开篇《半条红军被》登上“学习强国”平台。推出“文艺战‘疫’每日一课”文化慕课27期等。（王　芳）

【文化品牌活动】 2020年，区文体旅局紧抓长三角一体化发展战略机遇，打造“一融入三联合”（“一融入”即继续做好国家文化和旅游部创新工程项目“区域文化联动”；“三联合”即结合长三角绿色生态一体化发展，在长三角地区开展文艺联演、非遗联销、书画联展等主题活动）品牌活动。举办第七届吴江太湖文化节暨2020丝绸文化旅游节，举办各类子活动34项。编撰《艺蕴江南——青浦、吴江、嘉善非物质文化遗产集粹》。打造长三角生态绿色一体化发展示范区图书阅读联盟，联合长三角各地图书馆开展2020“我的战疫”阅读马拉松线上快闪赛、长三角“书香三城·百书微荐”全民征集活动等公益惠民的读书活动。加强长三角沿线城市的文化交流，讲好吴江故事，传播吴江声音，推介吴江城市文化名片。吴江图书馆“阅读齐步走”未成年人阅读服务城乡一体化项目获2020年度苏州市文化和旅游“十佳志愿服务项目”。（王　芳）

文化产业

【文体旅产业扶持】 2020年，区文体旅局出台《苏州市吴江区文体旅产业高质量发展扶持政策实施细则（试行）》，加强精准扶持力度，发挥产业政策的扶持引导作用；下拨2019年度区文体旅产业高质量发展产业扶持资金2023.46万元，以扶持产业园区建设、文体旅融合发展、非遗产业化、体育装备配备、体育服务、省、市重点文旅项目、服务体系升级、乡村民宿（农家乐）、旅游营销奖励及政府以奖代补资金类项目84个。

2020年，为降低全区文化企业受新冠肺炎疫情的影响，出台《关于在新型冠状病毒疫情期间支持服务业企业共渡难关的政策意见》。开展省文旅产业纾困资金项目申报工作，同里古镇和同里湖大饭店获评纾困资金45万元。（贝　洁）

【重点项目建设】 2020年，区文体旅局以“项目为王”理念，开展文体旅项目入库和动态管理工作。“同里古镇5A景区质量提升工程”等32个项目被列入2020年吴江区重点文体旅项目库，总投资389.51亿元，当年计划投资33.32亿元，累计完成投资26.72亿元，完成年度计划的80.2%。“吴江亨通苏州湾文化旅游开发”入选2020年度省重点文化和旅游项目；“博洛尼天空之城”等7个项目入选苏州市文旅产业重点项目，数量居苏州各板块第一，当年完成投资10.54亿元。（贝　洁）

【夜间经济培育】 2020年4月，出台《关于促进吴江夜间经济发展的十条政策措施》，构建“1+6+6+N”（以1个夜市品牌为龙头，丰富六大夜间经济消费业态，打造6个夜间经济消费商圈，举办N场夜间经济主题活动）的全域夜间经济格局，打造“夜市+商圈+文化”的吴江

2020年,“姑苏八点半·繁华吴江夜”夜间经济品牌发布

(区文体旅局 提供)

特色夜间经济名片。通过培育夜经济集聚区、打造品牌夜市活动等措施,繁荣发展吴江夜间经济。组织开展“姑苏八点半·繁华吴江夜”夜间经济品牌发布会、秋季夜经济活动暨2020首届长三角示范区美食节等系列夜经济活动,场均近10万人参与夜市活动体验,综合带动消费超2.5亿元。“同里夜精彩”入选“姑苏八点半”十大夜地标。

(贝 洁)

【规模以上企业】 2020年4月,区文体旅局组织同里旅游等8家文旅企业参展中国苏州文化创意设计产业交易博览会(简称苏州创博会),以“融·文旅”为主题,全面展示吴江“文旅融合”下的“新产业、新业态、新商业模式”。是年,区文体旅局开展企业摸排、走访、调研,力争将符合条件的企业纳入文化产业。华佳丝绸、亚旭电子、亚西玛、华源中鲈包装、宇信特殊包装等一批企业申请纳入文化产业,并通过省统计局审核。

(贝 洁)

文化遗产保护

【文物保护】 2020年,区文体旅局开展文物保护安全工作,对全区不可移动文物单位安全情况进行地毯式摸排,举办文物消防安全培训3期,组织消防应急逃生演练;指导同里、黎里、震泽三古镇做好古镇联合申遗工作,继续推进申遗范围内文物维修、环境风貌整治;推进吴江博物馆新馆建设;县府街18号建筑新认定不可移动文物;周宫傅祠完成三维数字扫描。

至年底,吴江区有各级文物保护单位134处,其中全国重点文物保护单位10处、江苏省文物保护单位18处、苏州市文物保护单位106处,另有苏州市控制保护建筑145处,其他未定级不可移动文物231处,总计510处(含526个单体)。拥有世界文化遗产2处、中国历史文化名镇3个、江苏省历史文化名镇2个、苏州市历史文化古村落2处、苏州市控制保护古村落1处。有国家二级博物馆(吴江博物馆)1个、名人馆(柳亚子纪念馆)1个。全国重点文物保护单位为大运河捆绑项目(运河古纤道、三里桥、安德桥、安民桥)、退思园(含丽则女学校址)、耕乐堂、思本桥、先蚕祠、垂虹断桥、东庙桥、

6月23日,芦墟山歌剧《七车十三当》参演2020江南民歌节

(区文体旅局 提供)

慈云寺塔、师俭堂、柳亚子旧居。（周春华）

【非遗保护】2020年，在“文化和自然遗产日”期间，区文体旅局开展非遗保护宣传，包括吴江非遗云购物、同里剪纸云展览、平望灯谜云展猜、吴江非遗展厅云体验等一系列线上文化活动。《吴江日报》连续10天推出《“吴江非遗“新记录专栏》，讲述吴江优秀非遗代表性传承人的动人故事。开展吴江“非遗课堂”走进小微企业系列活动7次，“我们的节日”端午中秋技艺体验活动2次。是年，七都太湖渔歌项目列入第七批苏州市非物质文化遗产代表性项目名录，吴江市鼎盛丝绸有限公司新增为苏州市非遗代表性项目保护单位。区文体旅局公布第八批吴江区非物质文化遗产代表性项目代表性传承人11名，认定第一批吴江区非遗代表性项目荣誉传承人6名。（王　芳）

吴江区第八批非物质文化遗产代表性项目代表性传承人

序　号	姓　名	性　别	项目名称
1	周红方	女	贝氏痔科
2	周佳园	女	蚕丝被制作技艺
3	张明（张常恭）	男	吴江古琴艺术
4	章赵霞（赵华）	女	同里宣卷
5	毕虎明	男	铜罗黄酒酿造技艺
6	田兰蕾	女	盛泽盘龙糕制作技艺
7	凌兆铭	男	平望辣油辣酱制作技艺
8	施锦芳	女	七都提线木偶
9	施晓明	男	七都提线木偶
10	包志刚	男	芦墟山歌
11	陈志强	男	平望灯谜

（王　芳）

吴江区第一批非遗代表性项目荣誉传承人

序　号	项目名称	传承人
1	蚕丝被习俗	周德华
2	摇快船	王剑秋
3	同里宣卷	芮时龙
4	芦墟山歌	柯金海
5	横扇湖滩说书	朱水龙
6	平望辣油辣酱制作技艺	王通敖

（王　芳）

文化市场

【概况】2020年，新增苏州湾剧院管理有限公司为备案演出场所经营单位；新增文艺表演团体1家，合计6家；新增艺术品经营单位2家，合计12家。全年全区营业性演出1124场次（含涉外），比2019年减少约35%。（李艺君）

吴江区文艺表演团体一览表

序　号	公司名称	负责人	备　注
1	苏州玉空间艺术发展有限公司	吕卫泽	2020年新增
2	苏州忆百年文化传播有限公司	计清清	—
3	江苏花漾柠檬兔影视文化	郑　昊	—
4	吴江区同里镇雅韵丝竹演艺团	邹志敏	—
5	吴江红楼越剧团	顾学风	—
6	吴江吴越艺术团	沈红英	—

吴江区艺术品经营备案单位一览表

序　号	公司名称	负责人	备　注
1	苏州惠炫信息科技有限公司	杨财英	2020年新增
2	江苏泰丰文化传播股份有限公司	胡　婷	2020年新增
3	苏州雅萃艺术品有限公司	白建玲	—
4	苏州过云楼艺术馆有限公司	王克盛	—
5	苏州苏香门文化发展有限公司	沈鹤宾	—
6	吴江中博新文化艺术品展有限公司	陈大为	—
7	苏州永信文化发展有限公司	吴燕飞	—
8	苏州恩泽文化发展有限公司	凌　曦	—
9	吴江市松陵镇金港画廊	王剑虹	—
10	江苏景宏国际拍卖有限公司	戴国林	—
11	吴江天奕投资管理有限公司	乔　川	—
12	吴江市松陵镇忆古堂画廊	蒯鸣镝	—

注：两张表格内容来源于全国文化市场技术监管与服务平台。（顾　芸）

2020年7月7日，文化市场联合执法检查开展（区文体旅局　提供）

【文旅市场综合执法】 2020年，区文化市场综合执法出动执法人员5397人次，检查文化、旅游和体育市场经营单位2312家次，关停取缔无证场所6家。核查处置投诉举报422件，大部分属于网吧违法违规、投诉景区服务、旅行社退费、无证经营、预付卡消费投诉等类型。全年办理案件32起，其中简易程序案件15起，一般程序案件立案查处14起，办结案件15起(包括跨年案件3起)。依法查封扣押违法经营设备130件，没收非法财物46件，案件涉及网吧、娱乐、出版(版权)、体育、演出、无证经营等多个领域。根据包容审慎执法机制，对符合减免处罚清单、轻微违法并积极改正的，涉企不予行政处罚25起。

（李艺君）

融媒体中心

【概况】 2020年，区融媒体中心迈入深度融合发展阶段，实施“移动优先、用户优先、智能优先”战略，有序推进制度重建、流程重造、机构重整、人员重置、考核重设、薪酬重定，推动矩阵融合、业务拓展、技术突破，通过县级融媒体中心建设省级验收，取得全省首批县级融媒体中心互联网新闻信息服务许可证，获评江苏省县市融媒体先进单位，新型主流媒体集团发展优势不断显现，为推动吴江经济社会高质量发展提供有力的舆论支撑。

（顾文良）

【主题宣传】 2020年，区融媒体中心坚持“内容为王”理念，紧盯区委、区政府提出的打造“创新湖区”、建设“乐居之城”定位，围绕长三角区域一体化、沪苏同城化、全面建成小康社会等主题，相继推出“聚焦‘六个重大’全速建设一体化示范区”“苏州人家的小康生活”等系列报道，出版《长三角视野》周刊，用镜头和笔尖记录一体化进程，社会反响良好。在疫情防控期间打出媒体深度融合的“组合拳”，累计刊发吴江防控疫情相关稿件近千篇，微信《苏州市吴江区寻找新冠肺炎密切接触者的紧急通告》阅读量达到130多万人次，成为苏州大市范围内有关疫情防控阅读量最高的单条微信。

（顾文良）

【平台建设】 2020年，区融媒体中心坚持“做强平台”思想，统筹推进融媒体平台建设，推动形成载体多样、渠道丰富、分众传播、分类覆盖的新型传播模式，构建“一核多端集群”式全媒体矩阵。《吴江日报》持续以对开全彩大报形式出版，全年累计出版306期，总印数1106.7万份，发行5.1万份(含《盛泽周报》)；吴江电视有4个频道，自办栏目9档，全年播出时长约2.7万小时；FM89.1吴江广播拥有自办栏目16个，全天开机播出时长17小时。新媒体终端方面，吴江新闻网(含东太湖论坛)日均点击量约25万人次，“今吴江”App下载用户超14万人，东太湖论坛注册用户突破50万人，“融媒吴江”微信公众号粉丝超13万人，全媒体综合传播受众超百万人。

（顾文良）

【融媒发展】 2020年，区融媒体中心坚持“做优服务”思维，打通服务基层群众的“最后一公里”，实现融媒体分中心区镇全覆盖，成为全省乃至全国唯一的在所有乡镇都成立融媒体分中心的县级融媒体中心；依托全媒体融合传播优势，承办“姑苏八点半·繁华吴江夜”夜经济全区主会场以及各区镇分会场、各类主题专场系列活动，承办“双12苏州购物节——乐购吴江”十大购物商圈和绿地全球商品贸易港进博会同款商品苏州巡展，策划举办“乐购吴江——十大购物商圈”抖音直播季活动；与苏州市青少年科技馆合作，整体接收青少年科技馆全部培训项目和“空中课堂”项目，探索具有吴江特色的教育培训办学模式；与区新时代文明实践中心建设紧密结合，打造

2020年6月6日，“姑苏八点半·繁华吴江夜”水秀天地专场夜市

（吴斌 摄）

吴江首个“互联网文明实践基地”，形成“两中心”同频共振、融合发展的新格局。（顾文良）

【精品创优】 2020年，区融媒体中心坚持“做精新闻”要求，全年获得各级各类奖项200余项，其中，电视专题《跨越四千公里来看你 时空隔不断的汉藏情》获得第七届全国市县电视台推优活动《电视专题》最佳作品一等奖、江苏省广播电视局网络视听节目一等奖，与综艺节目《吴江区“家风廉政”文艺节目汇演》一同在“第八届全国市县电视台、融媒体中心推优展播暨百台论融媒活动”评选中获评一等奖；“唱响红军赞歌，不忘长征精神——苏州弹词开篇《半条红军被》赏析”获江苏广播文艺奖戏曲曲艺节目二等奖；“‘幸福奔小康 乐居在吴江——走向我们的小康生活’主题融媒采访报道行动”和“抗击疫情主题报道”获评苏州重大报道特别奖。在做好创优工作的同时，继续做好对外宣传，全年电视新闻累计对外发稿487条，其中国家级媒体37条（包括《新闻联播》9条）、“学习强国”录用260条、报纸新闻被《人民日报》以及“人民日报”客户端转载3条。（顾文良）

【有线数字电视】 2020年，全区新增高清互动电视用户20345户，累计243312户；新发展有线宽带5488户，累计68810户；实现分公司数字电视缴费用户数200788户。完成七都凌田、盛庄村等8个新时代文明实践站建设，汾湖新时代文明实践所正式开馆，通过“一云四屏”新时代云平台方案突出吴江本地特色及一横一纵一环的文明实践建设体系。吴江区应急广播体系包括区应急广播平台1套、镇级插播平台8套、村级插播平台209套，应急广播终端点有5206个，数量及规模居苏州区县前列。治安方面搭建公安专用云存储平台，紧扣区委、区政府中心工作，稳步推进并完成松陵街道、吴江开发区及同里街道的“编办1+4平台”建设任务。2月，江苏有线吴江分公司上线在线教育平台，通过机顶盒终端免费为吴江区中小学生提供在线网课，疫情居家教学期间，平台访问量近200万次，成为吴江区疫情期间在线义务教育主要渠道。（盛 莉）

史志档案

【概述】 2020年，全区史志档案工作顺利推进。《垂虹桥志》在2020年度江苏省地方志书质量评定中被评为专题志优秀成果，《同里镇志》被评为乡镇志优秀成果。《吴江档案志》和《名人与吴江》分获全省档案开发利用成果二、三等奖。获档案馆员资格1人、档案助理馆员资格13人、档案管理员资格6人。（朱梦亭）

【党史宣传】 2020年，区委党史工办抓好党史知识“进机关、进校园、进社区、进乡村、进企业”活动，向社区、村、企业赠送《中共吴江地方历史（第二卷）》《中共吴江地方历史资料》等书籍。利用“吴江通”“吴江新闻网”等平台推送党史资料、纪念文章和学习活动情况，《中共吴江地方历史（第一卷）》及《中共吴江地方历史（第二卷）》挂接至吴江通网站。参与区委组织的党的十九届五中全会精神宣讲活动，及时传达党的新思想、新思路、新举措。参与全区“四史”*学习教育，开展党史宣教，讲专题党课。（朱梦亭）

2020年11月27日，苏州亨通物业有限公司档案工作省二星级规范测评现场（区档案馆 提供）

【党史征编】 2020年，区委党史工办有序推进《中共吴江地方历史(第三卷)》编写工作，细化分工编写进度，严格对标对表，整体推进，定期召开编写研讨例会，组织专家学者对部分章节进行审读，对编写工作指导把关，完成前三编初稿编写。（朱梦亭）

【中共吴江党史馆】 2020年，区委党史工办全程参与中共吴江党史馆建设，通过对吴江党史第一卷、第二卷的资料梳理、点校，做好展陈文案的筹划编写工作，多次组织党史专家及业务科室对初稿进行审读补充，与设计公司交流沟通，确保党史馆展陈内容的准确性、真实性。（朱梦亭）

【档案监督指导】 2020年，区档案局、馆联动开展业务工作。认真做好新型冠状病毒感染的肺炎疫情防控档案工作，及时监督指导疫情防控档案的收集整理。对编办、行政审批局、红十字会三家单位开展档案工作年度评价“回头看”，督查其做好档案的后续整改工作，保证档案的延续性。对各区镇、区级96家单位进行年度档案工作评价。举办吴江区第十五期档案人员上岗资格培训班，130余名档案工作者参加培训。规范重点建设项目档案工作，召开工作推进会及培训班。对开发区建设总公司、滨投集团、项目建设公司、亨通光网、亨通物业等企业开展上门指导，主动为企业提供档案服务。（朱梦亭）

【档案安全保管】 2020年，区档案馆加强实体档案安全保管，严格登记制度。库房安全方面，升级改造库房监控系统，调试运行库区消防系统，重装空调系统，增置设施设备，开展日常巡查和专项巡查。牵头开展区级民生档案服务领域突出问题排查工作，并上报问题清单及对应建议。全年接收15个单位移交的档案11855卷、21181件，整理地方志资料及报纸杂志325册。开展1987—1990年文书档案划控开放工作，审查14804卷、1260件，初步确定开放8521卷、826件。（朱梦亭）

2020年12月25日，召开全区“民生档案查询服务向基层延伸”工作会议
（区档案馆 提供）

【查档服务】 2020年，区档案馆查档窗口理性应对疫情，开辟紧急查档通道，3月全面开展预约查档服务并进行实名登记。与区档案局联合开展民生档案查询服务延伸到基层准备工作，在8个区镇机关档案室开通民生档案基层查阅窗口，提升居民查档效率。向区12345平台提供查档服务12问。推进长三角一体化发展中的“异地查档”工作，接待3人次。全年接待查档5798人次，查阅案卷32967卷册，工龄查阅呈现大增长趋势。（朱梦亭）

【档案编研征集】 2020年，区档案馆按照一年一鉴的要求，克服人手紧缺、供稿单位人员频繁调动等困难，编纂出版《吴江年鉴(2020)》。借助“吴江通”等网络平台发布档案征集启事，向社会各界征集反映和记录吴江地区发展变迁的影像资料、历史文献、档案资料等，开展新冠肺炎疫情档案专项征集。全年征集到档案资料484件，其中新冠肺炎疫情档案资料270件。征集到全区重要会议、重要活动、重点工程等方面的电子照片47851张。继续与开弦弓村合作开展口述历史采集工作，完成近百位村民的访谈任务和资料管理工作。（朱梦亭）

【档案数字化】 2020年，区档

案馆继续贯彻国家档案局9号令，加强对各单位档案信息化建设工作的宣传指导和监督检查。数字档案室系统在区政务云平台正式上线运行，提高全区档案信息化管理水平。牵头建设“吴江图片档案中心”，加强图片档案的管理和有效整合。推进馆藏档案数字化扫尾工作，完成开弦弓村档案、改制企业档案数字化项目的质量控制工作，整体移交并挂接到数字档案室系统。

（朱梦亭）

2020年6月9日，太浦河历史文化研究项目启动　（区档案馆　提供）

【地方志】 2020年，区地方志办公室继续有序推进镇志、村志、部门志编纂工作，出版发行《使命——吴江扶贫协作和对口支援纪实》，复审《七都镇志》《盛泽镇志》，终审《吴江公安志》《苏州市吴江区政法志》《黄家溪村志》，指导《桃源镇志》《吴江人大志》《吴江老干部工作志》《康力电梯企业志》编纂工作。中国名村志《江村·影像志》在新华社客户端和中央广播电视总台长城精品频道正式播出。完成《江苏省援藏援疆志》《苏州市援藏志》《苏州援疆志》《从苏州到铜仁》中吴江部分的编写。

（朱梦亭）

【档案文化资源建设】 2020年，区档案馆发挥资源优势，整合党史、档案、方志资源，助力全区“四史”教育。推进地情文化“六进”（进机关、进企业、进农村、进社区、进校园、进军营）工程，向苏州苏震热电有限公司等企业捐赠地情书籍。组织拍摄红色短片《在革命队伍里获得再生》，参与“中国·江村”乡村振兴示范区开弦弓村综合提升项目建设，为区纪委监委编纂《风规千寻》、开弦弓村编纂《江村人家》、同里廉政文化品牌命名等提供相关资料和意见。与区融媒体中心联合举办“小小吴江通”故事达人赛，收到应征作品100余件。提升文化平台建设水平，丰富“吴江通”网站内容，推动“吴江通”微信公众号建设，宣传吴江历史文化，打造吴江数字方志馆，完成吴江地情书籍扫描挂接1000多本。

（朱梦亭）

【长三角档案一体化合作】 2020年，区档案馆与上海市青浦区档案馆、浙江省嘉善县档案馆建立档案工作一体化合作机制，建立三地联席会议制度，共同探索研究示范区内的电子文件归档和电子档案“单套制”管理办法，加强三地档案文化资源的挖掘、整合与共享。联合开展6·9国际档案日活动、举办“太浦河历史文化研究项目”启动仪式，并以“档案见证小康路　聚焦扶贫决胜期”为主题开展网上视频、图片联展、征文推送活动。

（朱梦亭）

【《太浦河工程建设史》编纂】 2020年4月，区档案馆启动《太浦河工程建设史》编纂工作。该书以2018年11月长三角一体化上升为国家战略为时间节点，参考太浦河工程建设的相关档案资料、地方志以及工程建设当事人的回忆等，记录60余年间太浦河工程的建设过程。

（朱梦亭）

（本栏编辑　浦德琪）

卫　生

【概况】 2020年底，吴江全区有医疗卫生机构456个。其中，综合医院5所，中医医院2所，专科医院2所，镇卫生院（社区卫生服务中心）、分院22所，社区卫生服务站（村卫生室）212个，专科防治所2个，妇幼保健所2个，护理院7家，民营门诊部及诊所153个，企事业、学校医务室39个。有卫技人员8896人。有编制床位6125张，实际开放7496张。全区公立医疗机构完成诊疗717.57万人次，病床使用率67.87%；全区户籍人口人均期望寿命83.89岁。（孙　源）

【医疗体系建设】 2020年，苏州市第九人民医院成为苏州大学附属医院，区中医医院成为扬州大学医学院附属医院和苏州卫生职业技术学院附属医院。以苏州九院、江苏盛泽医院等牵头医院为中心，先后成立七个专科联盟，强化信息化建设，实现三级医疗机构资源覆盖全区所有基层医院，全区乡镇卫生院、社区卫生服务站标准化建设率分别为94.44%和97.64%。复旦大学附属肿瘤医院—苏州市第九人民医院肿瘤防治医联体合作项目、复旦大学附属儿科医院—吴江区第五人民医院医疗合作项目签约，长三角生态绿色一体化发展示范区中医联合体项目稳步推进，苏州市九院、江苏盛泽医院、区中医院等先后与上海胸科医院、上海六院、复旦大学附属肿瘤医院等深度合作，逐步实现上海—吴江医疗卫生数据共享。（孙　源）

【医政管理】 2020年，深入推进吴江—上海远程医疗会诊服务，可与上海30余家三甲医院开展远程医疗服务。加强基层中医药服务能力建设，全区建成中医阁105家。苏州市第九人民医院普通外科通过2020年复核保留“省重点专科建设单位”称号。江苏盛泽医院心内科和苏州市第九人民医院神经内科、呼吸内科通过苏州市级临床重点专科复核，苏州市第九人民医院骨科获评苏州市级临床重点专科。苏州市吴江区中医医院脾胃病科获评苏州市级中医重点专科，苏州市第九人民医院中医康复科、苏州市吴江区中医医院肾病科、苏州市吴江区黎里中心卫生院中医骨伤科获评苏州市级中医重点专科建设单位。组织申报各级各类科研项目和继续教育项目，医学教育管理覆盖率保持100%。（孙　源）

【基层卫生与老龄健康】 2020年，同里镇卫生院、七都镇卫生院获评本年度社区医院，庙港卫生院儿科省级特色科室建设工作接受省级专家现场验收，黎里中心卫生院糖尿病专病等10个单位相关科室建设成为苏州市级基层医疗机构特色科室。区卫健委联合横扇街道举办第十个世界家庭医生日主体宣传活动。组织医护志愿者在城南花苑社区、东门社区对1373名65岁以上老人开展老年人心理健康状况调查，开展老年人心理宣教、健康知识讲座、义诊等活动累计11场。参与苏州市健康市民“531”倍增计划和“儿童肥胖”防治项目，江苏盛泽医院和吴江区儿童医院以及北厍社区卫生服务中心等6个基层医疗机构分别入围县区级指导中心和社区防治站建设名单。全区有医养结合机构20个，设置床位3463张。吴江区安宁疗护工作被评为江苏省医养结合典型经验，8个医疗机构签署推动长三角一体化安宁疗护发展合作倡议书。（孙 源）

【疾病防控】2020年，吴江区报告甲、乙类传染病9种1578例，死亡5例（艾滋病），报告发病率77.29/10万，报告发病数较2019年（下同）下降10.29%；报告丙类传染病4种2311例，报告发病率113.20/10万，下降66.38%。全区建立居民电子健康档案1179209份，电子健康档案建档率90.03%；规范管理高血压病人83884人，糖尿病病人20612人；65岁以上老年人健康管理数120554人，管理率82.85%。完成查螺面积28850平方米，实现全区连续26年无螺的历史新纪录。获批生物安全实验室改建项目。（孙 源）

【妇幼健康】2020年，吴江区监测孕产妇11575例，活产数11692例，孕产妇保健覆盖率98.93%，住院分娩率100%，孕产妇死亡1例，孕产妇死亡率8.55/10万，出生缺陷发生率8.99‰，其中严重多发致残出生缺陷1例，5岁以下儿童死亡率2.48‰，婴儿死亡率1.71‰。开展婚前医学检查1836对，完成孕前优生健康检查1683对，省级任务指标完成率112.2%；增补叶酸预防神经管缺陷新增服用人数3138例；为8786例孕妇提供血清学产前筛查；开展新生儿29种遗传代谢性疾病筛查8971例，听力筛查8666例，先天性心脏病筛查9017例。开展HPV和TCT联合检测宫颈癌筛查，完成宫颈癌筛查34303例，乳腺癌筛查35282例。七都卫生院、横扇卫生院建成苏州市基层医疗卫生机构妇幼健康规范化门诊。实现妊娠风险筛查评估全覆盖。（孙 源）

【卫生监督执法】2020年，全区办理各类行政许可事项2887件，受理投诉举报163件，立案47件，立案率28.8%；卫生行政处罚结案139件，罚没款金额81.69万元，移送公安部门4件，申请强制执行2件；社会抚养费征收结案5件，征收社会抚养费45.39万元；完成国家双随机任务325家，省抽双随机任务187家，监督检测合格474家，不合格38家，行政处罚6家，罚款0.6万元。组织医疗机构传染病防治、健康体检、护理院、春季学校卫生监督、涉水产品生产企业等专项行动14项，出动执法人员3345人次，执法车辆1065车次，出具执法文书1367份。针对检查发现问题，立案26起，罚款金额9.34万元；对全区涉水产品生产企业常态化开展卫生信用评价工作，评价结果在信用吴江网上公布，开展游泳场所信用评价工作，继续开展医疗机构、公共场所等量化分级工作。（孙 源）

【卫生应急】2020年，吴江区成立新冠肺炎疫情防控指挥部专班，落实疫情防控双值班制度，累计接受咨询18407次。开展2020年度长三角区域“三地”应急医疗救援联合演练，实施“C位长安·医心为民”吴江区秋冬季疫情防控综合应急演练暨平安医院创建推进活动，举办全区卫健系统安全生产干部能力提升培训班，获得2020年“健康苏州杯”苏州市卫生健康系统安全生产知识与实践技能竞赛团体二等奖。完成吴江国际精英创业周活动等医疗卫生保障工作63项。增加负压救护车1辆，更替120急救车3辆。（孙 源）

【爱国卫生】吴江区震泽镇国家卫生镇复审高标准通过苏州市级考评，131个省级卫生村复审完成区级考评。组织协调农村环境卫生监测，协助推进农村人居环境整治。全年维修破损化粪池386户，取缔一户两厕34户。开展农村卫生改厕宣传，发放宣传折页、海报8.1万余份。组织开展露头蚊蝇消杀和每季灭鼠统一活动、夏秋季灭蚊、灭蟑统一行动和冬季统一灭鼠活动。（孙 源）

【健康城市】 2020年，吴江区获评2020—2021年度省级健康促进县(区)建设单位。建设省健康社区(村)11个、苏州市健康社区(村)和健康单位各10个。新创省健康促进学校金奖5所、银奖7所、铜奖2所。全区开展各类健康讲座1486场，受众人群6.83万人次。推进无烟单位创建，是年，申报创建无烟单位的机关企事业单位27家。开展公共场所控烟专项监督检查，处罚单位56家、个人106人。（孙 源）

【无偿献血】 2020年，全区无偿献血12561人次，献血总量317.9万毫升，其中机采血小板1528人次 2056个治疗量。无偿献血占临床用血比例保持100%；一次献血300或400毫升6827人次，占献血总人数的61.88%。全年办理血费报销177笔17.38万元。（孙 源）

【卫生行业文明】 2020年，吴江区强化“崇德尚医 健康吴江”品牌建设，累计采写卫健系统“战疫”故事600多篇，组织拍摄区卫健系统“战疫”纪录片、制作“战疫”纪念画册《生命，使命》，组织开展“战疫”故事分享会。完成全国文明城市迎检迎评工作，全系统注册志愿者6347人，累计服务时长53.58万小时。区卫健委新时代文明实践志愿服务队获评吴江区“新时代文明实践战疫志愿服务优秀团队”，区文明健康中心获评苏州首批“新时代文明实践示范点”。区卫健系统14家单位获评吴江区级“文明单位”，区卫健委获评“文明行业”。制作“健康吴江”报纸专版10期、电视专题52期、微信发布244条。办结“两会”建议提案35件，办结率、见面率、满意率均为100%。（孙 源）

【苏州市第九人民医院】 医院位于苏州市吴江区太湖新城芦荡路2666号。2020年，全年门急诊135.9万人次；出院病人5.2万人次；住院床日42.5万日，床位使用率66.5%，业务总收入11.06亿元，药占比(除中药饮片外)30.97%。医院现有职工1899人，其中卫技人员1815人、硕士生导师14人、博士18人、硕士398人、高级职称360人；实际开放床位1715张。是年，医院挂牌苏州大学附属苏州九院，与复旦大学附属肿瘤医院签约跨区域肿瘤防治医联体建设。筹建医学美容科、放疗科和核医学科。心内科通过全国第五批次心衰中心(标准版)认证。启动全国高血压达标中心建设。新增苏州市中医重点专科中医康复科、苏州市临床重点专科骨科，普外科经复审列为省级临床专科建设单位。完成第七轮中层干部竞聘上岗，选拔管理岗位干部159名。张欢乐获评第七批姑苏卫生C类特聘人才和江苏省双创博士，杨涛、焦雪花、周建新获评第八批区卫生重点人才，王臻帆、乔慧瑛、柳正清获评第八批区优秀人才。举办省级继续教育学习班5项、市级23项、区级10项，外出进修78人。影像科“双源CT低剂量成像技术在临床个体化检查中的应用”获省新技术引进二等奖，普外科团队获苏州市医学科技奖二等奖，影像科获苏州市重点病种项目资助。立项省医院协会2020年医院管理创新研究课题1项、市科技局民生项目1项、市科技局新型冠状病毒感染应急防治科技专项1项、南通大学教改课题2项、徐州医科大学重点实验室开放课题2项、苏州市中西医结合项目4项、苏州市吴门医派项目3项、苏州市“科教兴卫”项目3项。发表学

2020年11月17日，苏州大学附属苏州九院揭牌仪式举行 （吴斌 摄）

术论文216篇，其中SCI论文46篇，获苏州市2018—2019年度自然科学优秀学术论文三等奖3篇。紧密型医联体单位吴江五院与复旦大学附属儿科医院签约，完成二级甲等医院初评。选派8人前往陕西省、贵州省进行医疗援助。医院通过国家医疗健康信息互联互通标准化成熟度四级甲等测评，五级电子病历通过省厅初审，进入国家文审阶段。互联网医院启动发热患者线上免费咨询门诊，互联网就诊1652人次，开具处方697张，开通EMS送药，最远送至四川、广东等8个省份。构建“以患者为中心”的智慧就医体系，推出网上自助开单便民服务，电子病历实现自助打印，实现微信公众号核酸检测自助开单；药房实现发药机自动配药；开通院内电子导航，改善患者就诊体验。协助完成核心区青浦、嘉善、吴江三地医保直接刷卡支付。推进志愿者服务，全年开展志愿者服务活动360次，志愿者服务时间36692小时。推进生活垃圾分类活动，参与文明城市创建，通过国家及省督导组检查。统筹兼顾，打赢疫情防控阻击战。是年，肖佩华获“全国卫生健康系统新冠肺炎疫情防控工作先进个人”“江苏省三八红旗手”称号以及江苏省新冠肺炎疫情防控“记大功”奖励；李莉获江苏省新冠肺炎疫情防控“记功”奖励以及“全省抗击新冠肺炎疫情先进个人”称号；郑江南获“全省抗击新冠肺炎疫情先进个人”称号；王霞获苏州市五一劳动奖章；高胜利、管光辉、杨琴获苏州市抗击新冠肺炎疫情先进个人表彰；医院获“苏州市抗击新冠肺炎疫情先进集体”称号；医院团委获“苏州市优秀一线抗疫青年突击队”“苏州市卫生健康系统优秀青年志愿服务组织”称号；沈家辉获评苏州市优秀共青团员；吴嘉荣获“苏州市卫生健康系统十佳青年志愿者”称号。（周　倚）

【江苏盛泽医院（江苏省人民医院盛泽分院）】 医院位于吴江高新区（盛泽镇）市场西路1399号。2020年，门急诊75.58万人次，出院病人1.96万人次；住院床日16.85万日，床位使用率63.3%；业务收入4.15亿元，药占比35.03%。至年底，医院有职工1045人，其中卫技人员963人、高级职称215人，核定床位652张，实际开放732张。是年，以做好新冠肺炎疫情防控为基础开展各项工作，保障盛泽当地复工复产复学。1月22日，正式启动发热门诊，全年接诊发热病人10576人次；5月起开展核酸咽试纸检测工作，采集44131人；7月13日，新建PCR实验室投入使用，检测核酸咽试纸38416人。7月，根据区政府统一部署，启动创建三甲医院工作。发挥吴江南部医联体核心医院作用，在帮助各基层单位疫情防控同时帮助有序恢复医疗工作，全年安排专家门诊、病区查房、学术讲座及培训、技术管理指导等1023余人次。在医联体内建设康复联盟，与吴江区四院普外科开展诊疗合作，南麻医联体“六个统一”持续推进。长三角远程医疗会诊网络平台搭建运行，全年与上海复旦大学附属华山医院、上海瑞金医院等医院进行远程会诊病例12例。8名医务人员参加援黔支医工作，1名医生支援陕西榆林。皮肤科、肛肠科外聘专家申报获评的“苏州市名医工作室”正式开诊。举行ICF试点医院工作启动会。重视安全生产工作，改造消毒供应中心。6月1日起执行苏州市生活垃圾分类管理条例。举办继续医学教育项目41项，其中省级5项、市级19项。申报科研项目61项，其中国家自然科学基金项目（基于TLR7/8受体激动剂调节肿瘤免疫微环境用于优化乳腺癌骨转移放射治疗的研究）1项、省科技厅项目4项、省卫健委项目3项、省医院协会课题2项、市级18项，立项19项。召开科研项目验收会6次，完成科研项目验收22项。见刊学术论文140篇，其中SCI论文11篇、核心期刊论文33篇、国家级及省级96篇。医院获评苏州市模范职工之家、2019年度苏州市卫生健康系统新闻宣传先进集体，呼吸内科获评2018—2019年度苏州市卫生健康系统文明示范病区，康复医学科获评苏州市工人先锋号，门诊药房获评2019年度苏州市青年文明号；董春华等18名援鄂人员获评湖北省新时代“最美逆行者”，顾学明等3名医务人员获江苏省人力资源和社会保障厅新冠肺炎疫情防控“记功”奖励，范菁菁等15名医务人员获江苏省卫生健康委员会新冠肺炎疫情防控“嘉奖”，张卫红获评江苏省“三八”红旗手，周琴获2020年度江苏省先进团员，章梅妹获评江苏省抗击新冠肺炎疫情先进个人、苏州市优秀共产党员以及“党课开讲啦·苏州先锋”活动十佳讲稿奖，夏正获2016—2020年援黔医疗卫生对口帮扶工作特殊贡献个人、2018—2019年度苏州市卫生健康系统医德医风标兵。（姚茜茜）

【吴江区中医医院（吴江区第二人民医院）】 医院位于平望镇通运路73号。2020年，门急诊41.18万人次（不含体检人次）；出院人数1.24万人次；总收入2.73亿元；床位使用率84.5%；手术例数3990例；药品收入占业务收入比例（中药收入不计入药品收入）30.41%。医院为低保及困难人员提供门诊治疗3.39万人次（其中血透3.17万人次），减免医疗费454.73万元，人均减免133.98元；为住院困难人群提供医疗救助服务447人次，血透中心有病床51张，在血透中心长期接受治疗的血透病人220人。至年底，医院有职工680人，其中卫技人员633人、高级职称150人、省名中医1名、市名中西医结合医师2名、省农村优秀中医临床人才2名。是年，中医院异地新建项目正式开工；治未病科改造完成并投入使用；与扬州大学医学院和苏州卫生职业技术学院建立附属医院合作关系；与上海六院麻醉科党总支开展党建共建项目；脾胃病科获评苏州市中医重点专科，肾内科获评苏州市中医重点专科建设单位；贝敏敏省名中医药专家传承工作室通过验收；医联体建设取得“精准扶持”和“同质化发展”胜利。完成基本医疗和基本公共卫生信息系统升级，实现云端部署；升级区域临床检验中心信息系统及基层检验系统；完成分级诊疗系统建设；完成影像、心电、病理等医技会诊平台建设；实现医联体内检查检验结果、病人健康档案共享等。全年完成门诊转诊就诊2889人次，住院上转住院323人次，下转梅堰卫生院和平望社区卫生服务中心1302人次。是年，获课题立项12项，其中市级5项、区级7项。首批入选2018年苏州市卫生青年骨干人才“全国导师制”项目培训人员（骨伤科李翰林）按要求完成考核；江苏省中医临床优秀人才研修项目培养对象（肾内科沈惠芬）按规定进入培养第三年，并完成项目年度绩效评价；推荐申报2020年度苏州市卫生青年骨干人才“全国导师制”培训，入选1人（肛肠科杨忠华）；2位医务人员完成赴贵州印江援医任务、1位医务人员完成赴陕西榆林援医任务。钱禹林、朱宏丽获苏州市抗击新冠肺炎疫情先进个人。（吕　勇）

【苏州市吴江区儿童医院（苏州大学附属儿童医院吴江院区）】 医院位于苏州市吴江区松陵街道公园路176号，为政府办非营利性三级儿童医院。核定床位300张（牙椅4张），实际开放床位169张。2020年新开设内分泌专科门诊、中西医结合专科门诊、康复专科门诊、心脏专科门诊、肠道门诊和呼吸专科门诊。有内科病区3个、外科病区1个，全年门急诊量28.7万人次，出院病人3499人次，手术576例，床位使用率36.56%，平均住院日5.83天。全年业务总收入7691.7万元，药占比45.04%。至年底，有职工282人，其中卫技人员247人、硕士生36人、博士生2人、高级职称20人。是年，通过苏州市民“531”行动倍增计划儿童肥胖区域防治指导中心建设单位评审，完成“儿童哮喘标准化门诊”复审及“区域指导中心”挂牌工作。引进哈佛大学教授沈亦平。举办区级继续教育学习班5次，市级继续教育学习班5次，选送青年专业技术人员外出进修4人次，承担苏州市第九人民医院住院医师（全科）规范化培训儿科部分轮训，完成儿内科培训并考核合格4人次。发表SCI期刊文章4篇，中文核心期刊论文2篇。申报省级课题1项、市级课题8项、吴江区科普类课题4项、吴江区科教兴卫课题11项，申请专利3项，获批吴江区科协科普项目1项。选派医生陆建春赴贵州省印江妇幼保健院援助，接收安排印江来院进修医师1名，开展远程会诊、远程继续教育，提高受援医院整体医疗技术水平。以儿科联盟为基础，派出医师下基层单位服务6人次。抗击新冠肺炎疫情，完成发热门诊改建，完成PCR实验室建设，申报苏州市核酸检测定点医疗机构，完成核酸检测10145人次。组建医疗梯队5人次进驻九院隔离病房，派出医生7名、护理11名、行政人员5名负责观察点、隔离点及接驳点工作。沈晨涛获评“苏州市抗击新冠肺炎疫情先进个人”。建设“苏州市吴江区儿童医院”微信公众号，实现非急诊全面预约挂号，取消现场挂号，全年门诊患者预约诊疗率72.2%。优化门诊区功能，改造就诊就医流程，推出夜门诊内科号、夜门诊内科专家号、内科服务号、内科门诊(中午连班)号；门诊大厅及各楼层投放自助挂号收费机器21台、自助取单机5台；提供免费小推车、爱心手提袋、共享轮椅等便民设施，提高患儿就医体验。打造党支部“医路有你，护幼童行”“童心协力”等志愿服务品牌，开展志愿者服务11次，开展各类义诊4次。 （王美芳）

【吴江区康复医院】 医院位于吴江区太湖新城夏蓉街565号。2020年，门急诊29157人次，出院1987人次，住院床日80782日，床位使用率1.17。业务总收入2400万元，药占比54%。至年底，成为苏州市唯一的全额拨款二级精神专科医院，有在编职工165人，其中卫技人员155人、正高职称2人、副高级职称12人、中级职称58人，有心理咨询师35人、心理治疗师17人。核定床位200张，实际开放床位280张。全年全区累计严重精神障碍在册患者6206人，报告患病率4.74‰，在管患者5882人，在册患者管理率94.78%，规范管理率94.78%，服药率91.62%，规律服药率80.45%。精分症服药率90.66%，精分症规律服药率85.36%，面访率90.94%。数据指标达到苏州任务指标要求，综合评分位列苏州市第三名。年初，按照区委、区政府应对新型冠状病毒感染肺炎疫情工作领导小组工作部署及区卫健委统一指挥领导，结合医院实际，成立以院长为组长的防控领导小组，分工明确，各司其职。党支部设立“隔离点暖心”“道路卡口”“心理援助”三个行动支部。疫情防控期间，心理健康促进科参与本院吴江区疫情紧急心理救援医疗队工作，做好对全区人民心理保障工作。参与面向全体市民的心理热线和全国网络热线，疏导群众面对疫情的焦虑情绪、疾病隔离的恐慌情绪；与苏州九院对接，开通针对一级人员(医护人员、隔离观察人员)的电话专线，缓解前线医护人员、受隔离人员的紧张情绪。全年接听苏州地区心理求助电话600多起，完成一线医务人员心理测评、相应干预458名，累计完成全国心理咨询2269例，时长约2500小时。11月底，完成区、镇(街道)、村(社区)三级社会心理服务平台建设，初步搭建基层社会心理服务平台。其中，区级平台三个(吴江区心理卫生中心、汾湖镇分中心、盛泽镇分中心)，镇级平台9个，村级平台23个。10月10日，响应“弘扬抗疫精神，护佑心理健康”号召，开展社会心理危机干预应急演练暨“世界精神卫生日”主题宣传活动，排练的大型宣教活动——心理危机干预演练获省内外好评。 （陈文丽）

【吴江区第四人民医院】 医院位于震泽镇南一路1333号。2020年，门急诊44.09万人次，出院病人0.45万人次；住院床日6.01万日，床位使用率71.7%；业务收入9481.24万元。至年底，医院有职工376人，其中卫技人员328人、高级职称35人、中级职称89人、注册护士127人；核定床位111张，实际开放225张。是年，医院党支部升为党总支并完成换届选举工作。与南部医联体核心单位江苏盛泽医院合作增设普外科诊疗合作站，聘请江苏盛泽医院内镜专家定期开展专家胃肠镜；作为吴江区女性盆底康复联盟成员单位，成立“苏州市骨质疏松防治站”，心内科创建苏州市基层医疗卫生机构特色科室，创建中医阁12家，完成全国中医药先进单位复评工作。推进卫生健康长三角一体化建设，开展远程会诊。建立发热门诊，完成检验科实验室、内镜中心、急诊室、儿科病区改建。购置胃肠镜系统、双目视力筛查仪、生物刺激反馈仪各1台，总价153万元。发表论文23篇，其中统计源期刊发表1篇、中国科技核心期刊发表1篇，SCI发表1篇；举办市级继续教育项目3个。与贵州铜仁印江县天堂镇卫生院签订“一对一”结对帮扶协议，呼吸内科副主任医师袁晓东赴贵州印江县人民医院援医。俞小康获评2020年苏州市抗击新冠肺炎疫情先进个人，王燕、来峰、朱裕飞获评苏州市“最美劳动者”。 （王林珍）

【吴江区第五人民医院(吴江区第一人民医院汾湖分院)】 医院位于汾湖高新区(黎里镇)新友路555号。2020年，门急诊47.27万人次，出院病人0.58万人次；住院床日8.4万日，床位使用率68.63%；业务收入1.95亿元，药占比39.24%。至年底，医院有职工423人，其中卫技人员397人、硕士生13人、高级职称47人；核定床位280张，实际开放335张。是年，做好新冠肺炎疫情防控工作，年初疫情防控期间安排参与卡口值班356人次，完成测温188276人次，完成居家隔离随访3618人次，集中隔离点管理60人，复工复学卫生指导服务企业学校156家单位，全年常态化规范开展疫情防控工作。落实区卫健委长三角一体化发展要求，与上海复旦大学附属儿科医院建立党建引领的医疗合作，与苏州市农工党合作设立农工党医卫专家工作室。推进血透室建设，5月正式投入运营，开放血透床位18张，收治来自汾湖地区血透患者71人，填补汾湖地区血透服务能力空白。开展醋酸染色在消化道早癌诊治中的应用等新技术14项，开展吴江区级科教兴卫项目6个。12月，接受苏州市卫健委组织的二级甲等综合医院创建评审。（费　强）

【苏州永鼎医院】 医院位于太湖新城高新路1388号。2020年，全院门急诊57.5万人次，收住院2.03万人次，住院床日14.9万日，床位使用率91.3%，手术2900台，药占比48.9%，平均住院日7.35日，实现收入4.93亿元。医院职工828人，其中卫技人员688人、高级职称83人、中级职称131人，引进高级专家2人。核定床位540张，实际开放460张。是年，医院引进设备脉动真空清洗消毒器一台、海扶刀一套、体检车一辆、奥林巴斯生物显微镜一组、三星SW80A超声诊断仪一台、乳房活检与旋切系统一套、YAG激光治疗仪一台等。完成发热门诊和核酸检测实验室奠基工作，改造启动体检中心、康复科、内镜中心，启用新产房，永鼎医院花港门诊部复诊开业，4个名医工作室正式开诊。医院获颁互联网医院牌照，完成江苏省互联网医院平台入驻工作，9月启动远程会诊系统建设，实现血透相关数据和国家质控平台对接，完成医院PACS系统存储扩容。实施2020年度继续教育项目12项（市级7项、区级5项），吴江区科教兴卫课题立项2项，获实用新型专利2项，发表论文27篇，担任苏州市学术委员人员12人次，医院评选首批重点专科建设单位11个。（姚海英）

体　育

【概况】 2020年，吴江区文体旅局继续实施健康中国和全民健身国家战略，坚持惠民便民导向，加快推进体育各项事业发展，完善公共体育服务体系，打造品牌体育赛事，深化长三角一体化下的体育赛事交流，打造文体旅融合新格局。吴江区在全省县级体育工作督查中获评2020年度江苏省县级体育工作先进单位，列64个县（市、区）参评单位第四。是年，全区体彩累计销售网点236家，销量3.8683亿元。（朱舜蕾）

【群众体育】 2020年，区文体旅局推进各区镇文体活动中心、体育公园规划建设，全年新建笼式球场11片、健身步道35.15千米，安装健身路径133套。经体育场地调查统计，全区有健身步道380.27千米、健身路径1300余套；创建苏州市Ⅰ类体育公园2个（盛泽潜龙渠体育公园、苏州湾体育公园）、苏州市Ⅲ类体育公园2个（平望新世纪广场体育公园、桃源

2020年5月，苏州湾体育公园花海　（吴斌　摄）

严慕广场)，申报苏州市Ⅲ类体育公园2个(八坼公园、黎里公园)；人均体育设施面积4.1平方米。继续支持推进学校体育设施向社会公众开放。推进办赛多元化、立体化，“四三二一”(四年一届区运动会、三年分年各区镇举办全民运动会、企业运动会、农民运动会)运动会体系、春夏秋冬四级大联赛体系、一镇一品赛事活动体系更加完善，创新推进区镇企业运动会体系建设工作。参与苏州市第十五届体育运动会，先后举办足球联赛、篮球联赛、全民健身节、老年人健身节、迎新欢乐跑等赛事，全年开展各类赛事活动500余项次；参加长三角一体化示范区体育联盟赛事活动。是年，新增协会4家，累计有体育协会86个，其中4A级2个、3A级15个。加强社会体育指导员队伍建设，全年开展社会指导员培训5期，全区新增三级社会指导员533人，每万人有社会指导员56.78名。实施全民健身“三进工程”(进机关事业单位、进城乡社区、进企业)，开展巡回科学健身讲座8场。优化提升区体质测定与运动健身指导站，完成国民体质监测4095人，体质达标率96.33%。(朱舜蕾)

【竞技体育】2020年，吴江区体育运动学校以中国田径协会举办的投掷项目冬季训练营为契机，巩固国家田径单项奥林匹克高水平后备人才基地(铁饼、铅球、标枪)创建成果，向江苏省队和国家队输送高水平竞技体育后备人才。做好省青年男篮项目省队区办、投掷基地市队区办工作，完善区队校办训练模式。组织实施全区校园足球联赛，莘塔小学女足获2020年苏州市长杯亚军。是年，吴江区体育运动学校在训学生中，有一级运动员2人、二级运动员6人，输送到苏州体校15人、省优秀运动队1人、高校高水平运动队3人，被中国田径协会评为“优秀运动员”2人，“优秀教练员”1人。吴江区体育运动学校运动员在全国田径投掷基地锦标赛获得4金3银2铜；在江苏省县组田径锦标赛以团体总分85分列全省第三、苏州大市第一；在苏州市第十五届运动会学生组比赛中，初中组田径代表吴江松陵一中获团体第一名，高中组代表吴江高级中学获团体总分第六名。(朱舜蕾)

【体育产业】2020年，区文体旅局推进体育产业发展，规范区级体育产业发展引导资金管理使用，利瑞宝运动器材(吴江)有限公司获评省体育产业基地(2020—2022年度)，熊猫体育、聚慧体育获评2020年度苏州市体育产业示范基地，苏州湾体育旅游示范基地等4个项目入选2020年度苏州市体育旅游精品项目；劲飞扬室内运动嘉年华等4个项目获苏州市体育产业发展专项资金220万元，尚赛帆船驾驶技能培训等11个项目获区级体育产业发展专项资金210万元，熊猫体育等10家企业首次入选苏州体育惠民定点场馆。组织区内体育企业向吴江援鄂医护人员赠送体育健身大礼包，举办“姑苏八点半·中超来相伴”繁华吴江夜体育专场夜市，在实现社会效益优先基础上，助推经济效益提升。疫情防控常态化机制下，统筹抓好疫情防控和赛事活动，举办梅沙教育全国青少年帆船赛、江苏省全民健身运动会龙舟比赛、世界无车日骑行活动暨吴江区第五届骑行大会、中国攀岩联赛总决赛、全国桥牌A类俱乐部

2020年8月2日，“姑苏八点半· 中超来相伴”吴江首场体育夜市举办
(区文体旅局 提供)

网络赛、中国吴江东太湖皮划艇桨板大赛、第九届全国商学院帆船赛、2020环意RIDE LIKE A PRO长三角公开赛、同里天元赛等一系列赛事活动。推进体彩销售，坚持管理和营销并举，加强网点管理服务、形象更新、宣传营销。（朱舜蕾）

2020 年吴江区体育产业发展专项资金项目资助名单

单位：万元

序号	项目单位	项目类别	项目名称	资助金额
1	飞凡空间（苏州）运动科技有限公司	体育健身休闲服务类	劲飞扬室内运动嘉年华	35
2	苏州尚赛俱乐部管理有限公司	体育培训类	帆船驾驶技能培训	35
3	吴江市天富金属制品有限公司	体育装备制造类	棒球足球训练器	20
4	水秀体育发展（苏州）有限公司	体育场馆运营管理类	滑雪技能体育培训	20
5	苏州市吴江区华良体育健身俱乐部	体育培训类	国术的传承与普及推广	20
6	苏州花伴里旅游开发有限公司	体育旅游类	江南·花伴湾水上运动体验&赛事基地	20
7	苏州熊猫体育文化发展有限公司	体育健身休闲服务类	“力康健身”连锁健身房扩展推广项目	20
8	吴江区羽毛球协会	体育场馆运营管理类	吴江训练馆运营管理	10
9	苏州市吴江区盛泽绸都体育健身俱乐部	体育培训类	盛泽青少年假期体育训练营	10
10	苏州同里湖大饭店有限公司	体育健身休闲服务类	同里湖室内外水上运动基地	10
11	苏州市吴江区华艺跆拳道俱乐部	体育培训类	苏州市跆拳道后备人才选拔输送基地	10
总计				210

（朱舜蕾）

【“云端”健身】 2020年，区文体旅局面对疫情防控需要，推广居家健身指导。利用“互联网+”满足疫情期间全民健身需求，在“吴江文体旅”微信公众号平台定期推送“宅在家里咋锻炼，吴江文体旅陪你练”指导类图文、短视频15期，提供居家健身指导。组织八段锦、围棋等线上赛事，开创全民健身新局面，让“云端”健身课程成为新时尚。（朱舜蕾）

（本栏编辑　钱晓燕）

计划生育

【概况】 2020年，吴江区户籍人口出生5777人，出生政策符合率99.83%，出生人口性别比为(以女为100)110.38；流动人口出生3324人，出生政策符合率99.79%，出生人口性别比为116.5。免费孕前优生健康检查项目覆盖率为100%，妇幼保健和计划生育服务全面达标。计生奖励扶助政策全面兑现，计划生育机构队伍建设全面达标。行业群众满意率接近100%。

（孙 源）

【科学育儿】 2020年，吴江区持续推进0—3岁科学育儿公共指导工作，倡导"生活化早教"理念。满足群众育儿需求，推出精品讲座，多角度、多形式宣传科学育儿理念。规范示范基地管理，疫情期间推出线上家庭亲子游戏指导，优质育儿服务常态化，持续评估考核；邀请名师开展全区示范基地师资培训，提升科学育儿公共指导质量，强化育儿师资队伍建设。全年开展指导66期，服务19072人次。

（孙 源）

【计生奖励与扶助】 2020年，吴江区继续落实人口计生奖扶政策，发放各类奖励、扶持金9848.75万元，惠及计划生育人群76.7万人次。其中发放养老援助服务券933.96万元，农村奖扶(城镇无业人员)5958.87万元，持证企业退休人员一次性奖励756万元，独生子女死亡家庭即时一次性补偿27万元，计划生育特别扶助对象特扶金2096.65万元，特扶出行补贴28.67万元，公益金47.6万元。全区计生特殊家庭结对帮扶率、计生困难家庭结对帮扶率均为100%。（孙 源）

【计生依法行政】 2020年，吴江区办理再生育审批184件次，指导各区镇办理生育登记10484件。其中，户籍人口6815件，流动人口3669件；一孩5724件，二孩4760件。坚持计划生育一票否决制，受理65批次241个集体和4333名个人的审核材料。

（孙 源）

【计生协会】 2020年，计生协会继续开展宣传倡导工作，利用纪念日开展免费药具发放、健康咨询义诊等宣传活动，向群众普及优生优育、生殖健康等知识。全区开展各类宣传服务活动456场次，受益群众14.6万多人。继续开展关怀服务活动，以"连心家园"为主阵地，组织计生特殊家庭开展包饺子和粽子、文艺会演、户外采摘、心理辅导等各类活动，全年开展帮扶活动48场次，惠及1167人次；区、镇、村三级通过制度规范，走访慰问特殊家庭60户，发放慰问金12万元，为全区

2320名特扶对象购买住院护工险。继续开展计生系列保险工作，推进“生育关怀三年行动计划”，全区参保人数28350人，保费109.7万元。（孙　源）

人力资源

【就业创业】 2020年，区人社局坚持就业优先政策，全力促进稳定和扩大就业。调整出台《关于落实就业优先政策进一步做好稳就业工作的实施意见》《关于明确“建设劳动者就业创业首选城市”相关创业政策口径的通知》等多项就业创业政策，并汇编新一轮就业创业政策。在落实各级惠企政策基础上，加码出台《疫情防控期间保障企业用工服务的若干政策意见》，推出援企稳岗措施11条，累计向2.7万家次企业发放各类惠企资金3.11亿元，其中稳岗返还2.36亿元、返岗奖励1405.3万元、一次性吸纳就业补贴149.08万元、“防疫”项目制培训补贴1982万元、企业职工岗位技能提升补贴2801.19万元、“以工代训”补贴1189.7万元。全年发放灵活就业、残疾人社保补贴14.97万人次8595.58万元、发放失业保险金9.59万人次1.5亿元。全区人力资源市场举办招聘活动557期，帮助就业11.52万人。中国苏州人力资源服务产业园吴江园区入驻企业42家（核心区23家、开发区园区9家、汾湖园区10家），输送企业用工10万余人。新增城镇就业3.11万人，吴江籍高校毕业生就业率99.59%。城镇登记失业率1.77%。举办“云上繁华　创赢吴江”互联网营销创业训练营、“青春战疫　云创未来”大学生创意创业大赛、“创响吴江”全民创新创业大赛等系列活动。太湖新城科创园孵化基地获评省级创业孵化基地，金启云创业营获评市级创业孵化载体。全年发放创业贷款及补贴7691.8万元、开展创业培训1683人、支持成功自主创业3075人，创业带动就业1.27万人。开展“就业有路　上岸无忧”退捕渔民就业安置保障服务活动，符合条件退捕渔民实现100%转产就业。创设“吴江—印江”东西部扶贫劳务协作吴江模式，输送493名铜仁籍人员到吴就业，其中建档立卡贫困劳动力262人，新吸纳铜仁籍建档立卡稳定就业151人。

（倪钰平）

【人才服务】 2020年，区人社局坚持人才引育和评价机制改革创新，落实人才政策、完善引才协同机制、推进职业技能提升工程，构建人才发展“好生态”。全年新增专业技术人才0.68万人、新增高技能人才1.36万人，实施各项人才资助9393.96万元，惠及7092人。全区人才总量超33万人，其中高层次人才超2.7万人；技能人才总量超23.63万人，其中高技能人才超8.93万人。首次在区内自主开展机械工程、电子信息工程中级专业技术资格评审工作。亨通集团获省厅批准开展工程系列高级（含正高级）专业技术资格评审工作，成为江苏省首家被授予高级职称评审权的民营企业。亨通光电、盛虹纤维列入面向全省开展职业技能等级认定社会评价机构目录。崔根良、禹云长、薛法根3人获批享受国务院政府特殊津贴，陈伟入选“百千万工程”突出贡献中青年专家，李磊、方曙光获评省突出贡献中青年专家，艾永宾、张中云获评省“双创人才”（高技能类）。新增国家级博士后科研工作站2家，省级示范博士后科研工作站1家，省级博士后创新实践基地3家，累计博士后科研工作站（创新实践基地）64家。新增省高技能人才专项公共实训基地1家、江苏工匠工作室1家，累计拥有各级高技能人才培育载体76家，其中国家级高技能人才培训基地1家、国家级技能大师工作室和省技能大师工作室各2家、省高技能人才专项公共实训基地2家、省高技能人才培养示范基地1家。举办第八届“吴江技能状元”大赛。

（倪钰平）

【人事管理】 2020年，区人社局履行政府人事工作综合管理职责，规范实施全区事业单位人事管理工作。全年组织实施事业单位公开招聘9个批次，计划招聘616人，实际聘用415人。其中，一般事业单位招聘1批次，计划招聘139人，实际聘用134人；教育系统高层次紧缺人才招聘3批次，计划招聘175人，实际聘用128人；教育系统备案制教师招聘3批次（中小学第一次、中小学第二次、幼教），计划招聘382人，实际聘用376人。卫健系统招聘5批次，计划招聘236人，实际聘用83人。组织实施专业化青年人才定岗特选集中选岗、考察(政审)、聘用等后续环节,计划选聘55人,实际聘用41人。指导教育系统招聘备案制教师592人。组织实施2019年专业化青年人才定岗特选集中选岗等后续环节,计划招聘62人,实际聘用46人,有效选聘率74%。启动2020年度专业化青年人才定岗特选,计划选聘52人,通过报名及资格初审795人,经面试进入选岗51人。规范落实事业单位工资福利政策,会同卫健、财政部门落实新冠肺炎疫情一线防治人员临时性工作补助发放工作,补发202人次27.68万元。

(倪钰平)

【劳动关系】 2020年,区人社局做好疫情期间劳动关系稳控工作。至年底,全区劳动关系和谐企业1153家,其中国家级1家、省级6家、市级171家、区级975家,和谐企业占已建工会且正常经营企业数的73.21%。实行劳动保障维权"一窗式"受理,全区劳动监察机构受理投诉举报案件2271件,劳动保障监察举报投诉案件结案率100%。主动监察用人单位1483户,人均"双随机"执法检查用人单位64.5家。全面宣传贯彻《保障农民工工资支付条例》,扎实开展根治欠薪冬季攻坚行动和暖心行动,督促发放工人工资7446.38万元,查处并移送公安机关涉嫌拒不支付劳动报酬案件12件,拖欠农民工工资举报投诉案件结案率100%。实施劳动保障监察包容审慎监管,对13项涉企轻微违法行为不予处罚和一般违法行为从轻减轻处罚。深化"放管服"改革,推行互联网+书面审查,全区7224家用人单位通过网上申报年度劳动保障书面审查工作;规模以上企业劳动合同签订率100%。推进基层调解组织建设,全区各板块均设有巡回仲裁庭、劳动争议调解中心,实现区镇全覆盖。全区劳动人事争议仲裁机构接处劳动人事争议案件7235件,其中立案案件2906件,网上运行率100%,仲裁终结率70.07%,调解成功率81.73%,按期结案率100%。上线"云仲裁"办案新模式,成立劳动保障维权服务中心,高效化解劳资争议。召开"三地一体凝聚合力,调解仲裁深化融合,深入构建长三角一体化和谐劳动关系"联合研讨会,成立长三角示范区劳动关系维稳护航进博党员先锋服务队,互聘巡回仲裁员,常态化开展青吴嘉三地联席会议。(倪钰平)

【吴江国际精英创新创业洽谈会】 2020年7月9—12日,第十二届吴江国际精英创新创业洽谈会举办。洽谈会以"创新湖区 智汇吴江"为主题,采取"线下+线上"办会模式,聚焦5G产业、智能制造、大数据及互联网、半导体、光电子、生物医药(含医疗器械)、纺织新材料等领域,集中展示吴江"产城融智"成果。活动期间,四大片区和职能部门围绕产业特色举办"5G时代,吴江智造"暨创新产业母基金年会、2020时尚之都·创新发展高峰论坛、2020苏州湾国际人才云洽会、2020年卓越高校校友联盟长三角5G论坛等11项引智引才活动。促成海内外精英(其中博士占48%、硕士占52%、具有海外背景或留学经历占48%)创新创业的高层次人才(团队)、高校科研院所专家以及风投、金融机构代表等500余人参会,推动146个项目现场签约,认定落户项目116个。(倪钰平)

【校企对接】 2020年,区人社局整合各区镇资源开展协作赴

2020年7月,第十二届苏州国际精英创业周吴江分会场暨吴江国际精英创新创业洽谈会开幕 (吴斌 摄)

2020年8月，第三届“鲈乡学子　创响吴江”活动启幕　　（吴斌　摄）

外校园招聘活动。年内组织吉林、浙江、南京、哈尔滨、合肥等10条招聘线路，累计参会企业286家次，对接省内外高校30所，举办校园招聘30场，发布招聘岗位11040个，收到应聘简历6622份（其中硕士2545份、博士61份），现场达成意向1562人（其中硕士356人、博士6人），196家企业与高校院系建立长期合作关系。举办“‘云端引才　智汇吴江’苏州市吴江区2020全国引才空中双选会”“‘感知吴江走进川大’苏州市吴江区四川高校专场招聘会”“‘校园苏州日’——走进吉林大学系列活动”“‘校园苏州日’——走进浙江大学系列活动”以及“鲈乡学子创响吴江”“名校吴江行”等系列活动，与吉林大学、浙江大学、四川大学等高校签订合作协议，在各学校成立引才工作站，推动吴江开发区与西安交通大学、吴江高新区与浙江大学、汾湖高新区与吉林大学建立校地合作关系。

（倪钰平）

社会保障

【概况】2020年，区人社局以吴江社保体系全面融入苏州工作为统领，推进社保各项改革，加快建设更加公平可持续的社会保障体系。全面落实社保费减免缓政策，减免3.88万家企业社保费25.44亿元，缓缴8家企业社保费6232万元。深化拓展全民参保计划，新增企业职工基本养老保险参保单位12606家，累计3.88万家，净增参保2.73万人；年末企业职工基本养老保险参保缴费60.02万人，机关事业单位基本养老保险参保缴费2.12万人，城乡居民基本养老保险参保1.57万人，被征地农民社会保障参保缴费1.49万人，工伤保险参保缴费55.91万人（不含工程项目参保）。强化落实居民基本养老保险扶贫“三个100%”（对建档立卡未标注脱贫的低收入人口、低保对象、特困人员等困难群体，确保100%登记参保，100%为其代缴全部不低于省定最低标准城乡居民养老保险费，100%享受城乡居民基本养老保险待遇）创新举措，为2643名困难人员（含残疾人）办理参保登记、代缴居民养老保险，1632名困难人员（含残疾人）享受居民养老待遇。全力保障退捕渔民养老保障安置工作，全区符合安置条件3114人，养老保障全部参保。落实非全日制从业人员参加工伤保险政策，为234名非全日制从业人员办理工伤保险参保登记。建立规范服刑人员参保和基本养老金管理协作机制。推进机关事业单位养老保险制度改革，全面落实机关事业2019年底前退休“中人”养老待遇核定改办，同步推进职业年金资金归集、待遇计发工作，启动同制度内参保人员的跨统筹区转移工作。纳入社会化管理养老人员总数30.8万人。组织退休人员慰问8.1万人次、免费健康体检8.8万人次、组织参与各类文体活动3万人次。全年社会保险基金总收入72.54亿元，比2019年（下同）减少38.64亿元；总支出114.96亿元，增加8.73亿元；年末基金结余165.22亿元。

（倪钰平）

【吴江社保体系全面融入苏州】按照《吴江社保体系全面融入苏州工作方案》年度规划，2020年为全面融入年，各项政策调整按序时进度推进。1月1日起，吴江区调整失宅社保政策、居民养老保险待遇标准（550元/月或410元/月）、试点库人员缴费比例等跟通苏州市区。5月，经区政府常务会议审议通过，与区财政局、自然资源规划局联合印发《关于调整吴江区被征地农民社会保障有关政策的通知》。7月1日起，吴江区被征地农民养老筹资待遇标准接轨苏州，并妥善做好征地保障置换企业职工基本养老保险有关政策调整工作；制定吴江区企业退休人员生活补助（基本养老金下限）调整方案，并报区政府常务会议审议通过。7月1日起，吴江区企业退休的原被征地农民养老金下限标准继续按照吴江区标准执行，其他退休人员标准接轨苏州。9月1日起，按照《省政府关于规范企业职工基本养老保险省级统筹制度的意见》（苏政发〔2020〕45号）有关要求，吴江区灵活就业女参保人员待遇领取条件执行省有关规定，并与苏州一致。除企业退休的原被征地农民基本养老金下限外，养老保险相关政策及各类待遇标准全面融入苏州市区，完成融入规划相关工作目标。（倪钰平）

住房保障

【住房保障管理】 2020年，区住建局落实住房保障管理，调整廉租住房保障对象家庭和经济适用住房供应对象家庭的人均收入和发放租赁补贴标准。16户家庭通过审批取得购买经济适用住房资格，发放租赁补贴252户。完成2020年政策性租赁5800套（间），其中人才公寓1000套（间）。完成建设部对公共租赁住房和棚改的“十四五”计划摸底工作。（夏国芳）

【老旧小区改造】 2020年，区住建局出台《关于推进吴江区2020年城镇老旧小区改造提升工作的实施意见》，统筹推进老旧小区改造提升工程。试点改造过程中积极探索“九大机制”，破解实际难题，激发小区居民积极性、主动性、创造性，实现居民参与制度的规范化。全年完成8个区镇89个老旧小区改造任务，高质量完成鲈乡二村、三村片区国家级试点和水乡花园省级试点的改造，受到居民肯定。至年底，全区改造老旧小区317个，在苏州大市改造数量和高质量考核中均位居前列。（金　怡）

【既有多层住宅小区加装电梯工作】 2020年，区政府出台《关于印发苏州市吴江区既有多层住宅增设电梯实施意见的通知》《吴江区既有多层住宅增设电梯操作流程》等文件，确定增梯指导思想、主要目标、基本原则、工作要求及保障措施，推进既有多层住宅小区增设电梯工作。是年，鲈乡二村12幢西单元、鲈乡二村18幢、鲈乡二村26幢、鲈乡二村27幢西单元、鲈乡二村57幢、鲈乡三村50幢2单元6台电梯交付使用。（金　怡）

【燃气管理】 2020年，区住建局继续完善天然气管网布局，完成63.78千米中压管道和155.27千米低压管道建设，推动51个老旧小区配套建设管道燃气；天然气用气量6.48亿立方米；液化气供应量3万吨。继续实施《吴江区有序供气方案》，应对天然气迎峰度冬。推行瓶装液化气实名制供气，强化瓶装液化气充装配送信息追踪。与各燃气企业签订安全生产目标管理责任书，落实安全生产责任；做好全区燃气领域安全隐患排查整改工作，治理打击各类违法违规和违章行为，保障安全生产。（陈月春）

医疗保障

【概况】 2020年，区医疗保障局深入学习贯彻《中共中央国务院关于深化医疗保障制度改革的意见》，全面贯彻落实省、市、区委、区政府关于医疗保障工作部署，坚定履行医保部门职责使命，改革创新实现新突破、民生实事呈现新亮点、“三医”联动取得新成效、各项工作开创新局面。（臧玉婵）

【医保基金】 2020年，吴江区职工医保参保83.1万人，居民医保（含学生少儿）参保39.96万人，基金收入29.69亿元，支出28.12亿元，职工医保和居民医保政策范围内住院医疗费用报销比例分别为88.58%和78.93%，医保基金运行平稳可控，群众待遇稳步提升，医药负担切实降低。（臧玉婵）

【医保公共服务】 2020年，吴江医保公共服务水平大幅提升，以“四化建设”（规范化、标准化、信息化、一体化）为核心、“四最服务”（服务质量最优、所需材料最少、办理时限最短、办事流程最简）为目标，开展医保公共服务专项治理，实施全省统一的医疗保障经办政务服务事项清单和办事指南。医疗救助不断完善，全年大病保险政策范围内最低报销比例稳定在60%以上，享受补偿228146人次，补偿金额11524.23万元，实时救助人员支付比例由55%提高到65%，享受补偿6899人次，补偿金额180.07万元；社会医疗实时救助82190人次，救助金额2169.11万元；“双特”（患特殊病症的特定人员）医疗再救助惠及228人，发放金额275.46万元；进一步扎牢织密救助网络，将375名符合条件的困境儿童纳入医疗救助，将符合政策规定的51名低收入人员纳入专项救助。长护险试点提档升级，待遇享受8757人次。退捕渔民医保待遇得到保障，4137名长江流域退捕渔民全面落实医保待遇。增设居民医保“高血压”“糖尿病”门诊慢性病统筹段（单病种限额1600元、“两病”限额2400元），保障人数1.04万人，统筹基金支出133万元，政策范围内支付比例48.54%。稳步提升异地就医直接结算率，开通异地就医自主备案渠道，完善异地就医结算机制，全年实现双向直接结算6.46万人次，结算金额15118万元。推进“互联网+医保”服务模式，升级改造“吴江医保”微信公众号，实现费用报销、参保缴费、异地就医备案、查询等医保高频服务等事项线上办理；上线OCR智能报销系统，开启医保费用智能审核时代；推广激活医保电子凭证，为参保人员提供更加高效便捷的服务。（臧玉婵）

【疫情防控】 2020年，区医疗保障局应对疫情，贯彻落实“两个确保”，向定点医疗机构提前预拨医保基金（对开设发热门诊的医疗机构预拨医保基金220万元，向基层医疗机构预拨两个月职工医保基金3412万元）；强化疫情期间服务保障，适度放宽业务受理期限，拓展“不见面”办理渠道，协调处理确诊及疑似人员异地就医快捷备案，临时放宽定点零售药店配药处方条件，加强疫情期间止咳药品销售管理；服务“六稳”*“六保”*大局，支持企业复工复产，2—6月，执行医保费用减半征收政策，为企业减负3.26亿元。（臧玉婵）

【医保基金监管】 2020年，区医疗保障局开展“打击欺诈骗保　维护基金安全”集中宣传月活动和打击欺诈骗取医保基金“护城河”专项行动，坚持协议管理与行政执法并重，开展基金监管源头治理，发挥信用联合惩戒和联合激励作用，引入社会监管力量，完善第三方参与基金监管的运行机制，强化部门联动，形成监管合力，召集部分医疗机构医保负责人开展集体约谈，落实自我管理监管的主体责任。全年追回违规基金本金446.84万元，处理定点医药机构810家次，约谈参保人员188名，行政立案3起（追回基金本金和行政罚款16.58万元），切实守住老百姓的“救命钱”。同时落实举报奖励政策，年内奖励举报线索2人次，奖励2000余元。

（臧玉婵）

【医保领域改革】 2020年，区医疗保障局稳妥推进“两险”合并工作，从1月1日起，推进医疗、生育两险基金合并运行，强化基金供济能力，提升综合管理效能。医保支付方式改革持续深化，继续推行总额控制下的多元复合医保支付方式改革，全面实施按病种付费，增加按病种付费数量至245个术式（含生育）。完善药品和医用耗材阳光采购机制，全面执行药品国家集中采购

2020年，区医保局开展打击欺诈骗取医保基金“护城河”专项行动

（区医保局　提供）

和使用试点扩围，推进公立医疗机构采购药品、医用耗材在采购平台上公开交易、阳光采购，实现应采尽采，至年底，全区医用耗材网上采购率95%以上，药品价格平均降幅明显。 （臧玉婵）

【医保“同城”】 2020年，吴江区医保体系融入苏州全面落实，明确吴江职工医保门诊统筹和部分个人账户使用政策、居民医保参保对象范围和门诊慢性病统筹段跟通苏州，调整职工医保与居民医保目录库的自付比例与苏州市区一致，社会医疗救助和大病保险政策跟通苏州，吴江医保待遇和业务经办全面接轨苏州。示范区医保一体化建设稳步实施。吴江区医疗保障局与青浦、嘉善及周边医保部门多次对接，建立长三角示范区医保互联互动长效机制。6月，青吴嘉三地医疗保障部门签订《长三角生态绿色一体化示范区医保一体化建设合作协议》，从“区域就医免备案、经办服务一站式、结算项目广覆盖、网上医院互联通、异地审核协同化”五个方向共同发力，率先实现医保领域“同城化”，为长三角地区医保领域的协作融合打造示范样板。示范区医保一体化建设获吴江区2020年度改革创新“特别奖”。 （臧玉婵）

民政工作

【概况】 2020年，区民政系统坚持以习近平新时代中国特色社会主义思想为指导，以习近平总书记视察江苏重要讲话指示精神和对长三角一体化发展重要指示批示精神为指导，坚决贯彻区委、区政府的决策部署，牢固树立“人民至上、生命至上”理念，认真履行基本民生保障、基层社会治理、基本社会服务等职责，各项民政事业迈上新台阶。全年获省、市级荣誉4项目。

（董秋寒）

【社会救助】 2020年，区民政系统根据社会救助“应救尽救、应退尽退”原则，全面做好特困人员供养以及孤儿、低保、低保边缘、残疾人等困难对象的生活救助工作，落实“两节”慰问帮扶、价格上涨动态补贴、救助金按月发放等机制，实施重残、大重病“单人保”政策，切实保障困难群众基本生活。上调最低生活保障标准，7月1日起，低保标准由995元/月提高到1045元/月。全年发放救助对象救助（补贴）金11748.71万元。疫情防控一级响应期间，发放临时生活补贴120.9万元。2—6月，阶段性提高困难群众价格临时补贴标准，发放物价补贴734.9万元。探索建立相对贫困救助机制，与上海、杭州一致，按2倍低保完成低收入家庭登记。实施社会救助服务对象信用承诺制，有序建立社会救助信用档案，构建新型信用监管机制。引入社会力量参与社会救助，持续开展困难对象“一户一档一策”，实施医疗护理、矫正服务、心理支持等帮扶项目14个，累计帮扶资金202万元。 （董秋寒）

2020年6月19日，青吴嘉三地医疗保障部门签订《长三角生态绿色一体化示范区医保一体化建设合作协议》 （区医保局　提供）

【慈善事业】 2020年，区慈善总会（基金会）募集资金9951.82万元，其中新春慈善募捐7900.17万元、新冠肺炎专项募捐1480.01万元、慈善“一日捐”募捐204.84万元、99公益日网络募捐12.29万元、冠名募捐243.51万元。全年公益性支出7166.94万元，其中大病救助2841.44万元、手拉手·送温暖救助224.7万元、儿童大病救助8万元、“双特”医疗救助276万元、零星苦难救助4.75万元、危房改造资助

297.63万元、慈善助学211.71万元、慈善慰问767.81万元、情暖苏城慈善帮扶47万元、民政类公益机构建设300万元、定向捐赠299万元、对口帮扶印江县170万元、冠名支出125.09万元、慈善公益支出113.79万元、疫情防控支出1480.01万元。区民政局通过慈善力量推进困难对象精准帮扶，减轻困难群众医疗、住房负担，发挥慈善救助的重要补充作用。（董秋寒）

【养老服务】 2020年，区民政局聚力长三角养老一体化发展，统一调整示范区内百岁老人尊老金标准至600元/月，发布《长三角养老政策汇编》，建成长三角智慧养老服务平台，为居民、企业及研究机构提供各类信息资讯和养老指南。探索建立养老服务标准化体系，开展日照中心标准化建设试点，拟定《吴江区社区老年人日间照料中心等级划分和星级评价标准（试行）》；承接全国“老有所养”基本公共服务标准化试点项目，初步完成标准体系框架搭建。创新养老机构资金监管模式，与中国银行长三角示范区分行签订“养老+金融”战略合作框架协议，为促进养老产业发展提供金融支持；建立公建民营资金管理制度，与银行签订《吴江区滨湖乐龄公寓二期资金监管协议》，拟定《吴江区养老机构资金管理暂行办法》，为规范养老机构管理提供政策依据。加快各类养老服务设施建设，全年新增日间照料中心33家，累计建成315家，覆盖率超100%；完成454户老年人家庭无障碍改造工作和454户家庭夜间照护床位建设；建成久爱护理院、永鼎护理院两家养老机构，新增床位1089张；推进区域性养老服务中心建设，新增规划选址1家、开工在建5家、建成完工3家，其中实现社会化运营2家。（董秋寒）

【基层政权和社会组织】 2020年，吴江区优化调整村（社区）布局规模，行政村数量由235个减少至210个，社区数量由78个增至79个。持续推进基层减负增效，印发《关于调整吴江区村（社区）盖章事项清单》，明确村（社区）盖章事项16大项32小项，不予盖章事项20项。启动第十二届村委会和第七届居委会换届选举工作。创新社会组织党建工作制度体系，印发《关于加强吴江区社会组织党建工作的实施意见》，建成吴江区社会组织党建服务中心，围绕“一委一中心一制度”党建工作新载体，建立“三四五”党建工作新模式，打造“红色社工”等党建品牌，全面提升吴江区社会组织凝聚力和向心力。创新基层服务供给模式，举办第一届“政社互动”对接会，搭建政府与社会组织沟通、合作平台，梳理发布“区级部门、镇（街道）资源清单”“村（社区）需求清单”“社会组织特色服务清单”，促进政府需求和社会资源精准对接，打造“美丽庭院”“带娃奶奶”等特色项目品牌，全面推进城乡社区融合发展，着力提升群众获得感、幸福感和安全感。（董秋寒）

【民政社会事务】 2020年，区民政局推进区划地名建设，完成地名命名36件，清理整治不规范地名15条，按期完成镇（街道）地名规划编制。加强困境儿童关爱保障，首次将事实无人抚养儿童、重病重残儿童纳入困境儿童基本生活保障范围，机构孤儿、社会散居孤儿基本生活费补贴标准分别提高至2640元/月、2280元/月。构建“四化”（精准化、专业化、社会化、信息化）儿童关爱工作格局，实现区未成年人救助保住中心社会化运营，成立区儿童关爱之家指导中心，出台《苏州市吴江区镇（街道）儿童“关爱之家”建设运营指导意见》，规范各区镇（街道）关爱之家建设和管理运营，建成镇（街道）儿童“关爱之家”11个，并开展社会化运营，实现全覆盖。全面深化殡葬改革，推进殡仪服务中心、安息堂等殡葬设施建设，新建盛泽镇殡仪服务中心、安息堂，震泽镇安息堂和金家坝殡仪服务中心，新增骨灰存放格位8万个。救助流浪乞讨人员379人，办理收养子女登记23起，福彩销量3.37亿元，办理结婚登记4687例，离婚登记2097例，火化遗体7081具，减免殡葬基本服务费用890.9万元。（董秋寒）

2020年吴江区地名变化一览表

标准名称	地名类别	所属行政区域	位 置	统计类别
芦荡路	道路	江陵街道、松陵街道	道路起点为江陵街道交通路、止点为松陵街道苏州湾大道	调整
庞杨路	道路	江陵街道、松陵街道	道路起点为江陵街道交通路、止点为松陵街道苏州湾大道	调整
江库路	道路	松陵街道	道路起点为中山南路、止点为规划道路	调整
品著华庭	住宅区	平望镇	百盛路规划改道线以东、地名规划方案“混水河路”以南、地名规划方案“平东新路”以西、北侧公园绿地以北	命名
都会理想花园	住宅区	江陵街道	庞东中心河以东、新建河道以南、兴东路以西、东太湖大道以北	命名
琥珀湾名庭	住宅区	松陵街道	规划道路(夏蓉街西、外苏州河东侧)以东、规划道路(枫荟雅苑)以南、夏蓉街以西、江库路西延伸段以北	命名
舜湖和风雅苑	住宅区	盛泽镇	福州路以东、敦煌路以南、大洋港以西、市场路河以北,以及福州路以东、舜湖西路以南、大洋港以西、敦煌路以北	命名
翡翠河滨雅苑	住宅区	江陵街道	运河北路以东、江陵东路以南、颂棠雅庭及运东大道以西、颂棠雅庭及四季春晓花园以北	命名
江南映月花园	住宅区	松陵街道	风清街及文植路以东、开平路以南、苏州湾大道以西、规划道路(达观路)及文植路延伸段以北	命名
水映江南雅园	住宅区	黎里镇	规划道路(倪家舍路)以东、西湾河以南、新友路以西、越秀路以北	命名
溪里雅苑	住宅区	江陵街道	运河中路以东、规划道路(河风印月华庭南侧)以南、规划道路(河风印月华庭西侧)以西、东太湖大道以北	命名
樾丽云庭	住宅区	松陵街道	秋枫街以东、笠泽路以南、冬梅街以西、规划道路(笠泽路南)以北	命名
樾丽大楼	大型建筑	松陵街道	秋枫街以东、笠泽路以南、樾丽云庭以西以北	命名
知贤悦庭	住宅区	震泽镇	双阳路以东、镇南东路以南、文景路以西、悦萃坊以北	命名
悦萃坊	大型建筑	震泽镇	双阳路以东、知贤悦庭以南、文景路以西、镇南一路以北	命名
盛家港路	道路	盛泽镇	红安路西、盛祥花苑西侧,起点为规划道路(镜虹路),止点为红梨渡路	命名
狭港里街	道路	盛泽镇	市场中路南,起点为春旭路,止点为白龙桥路	命名
云影逸品华庭	住宅区	黎里镇	海南路延伸段以东、规划道路(洋青河路)以南、江苏路以西、城司港以北	命名
望湖四季花园	住宅区	平望镇	规划道路(望浦路)以东、规划道路(平西街)以南、规划道路(望运路)以西、规划道路(望运路)以北	命名
藏璟庭	住宅区	松陵街道	秋枫街以东、庞杨路西延伸段以南、规划道路(东太湖实验小学西侧)以西、规划道路(苏州市第九人民医院北侧)以北	命名
融汇万金商务中心	大型建筑	松陵街道	迎宾大道及东太湖大酒店以东,迎宾大道以南,苏州湾体育公园以西,苏州湾体育公园、东太湖大酒店以北	命名
水乡郎盛苑	住宅区	盛泽镇	白浆港以东、小西港以南、中心大道以西、白浆港以北,白浆港以东、南环二路以南、中心大道以西、小西港以北,及规划道路(郎清巷)以东、南环二路以南、白浆港以西、规划道路(北清溪路)以北	命名

（续　表）

标准名称	地名类别	所属行政区域	位 置	统计类别
江南春晓花苑	住宅区	同里镇	九里湖村宗地以东、火金桥港以南、无名道路以西、无名道路（崇本路北）以北	命名
河风印月华庭	住宅区	江陵街道	规划道路及庞山路以东、运东大道以南以西、东太湖大道及规划道路以北	命名
赵家圩路	道路	横扇街道	横草路以北，起点为江城大道西侧匝道、止点为直渎港东侧绿化带	命名
平心路	道路	横扇街道	振兴路西，起点为赵家圩路、止点为菀坪东路	命名
观云四季庭	住宅区	桃源镇	得龙泾港以东、商城路以南、镇北新开河以西、规划道路以北	命名
枫荟雅苑	住宅区	松陵街道	夏蓉街以东、规划道路（江厍路规划向西延伸段）以南、秋枫街以西、江厍路规划向西延伸段以北	命名
悦江南雅苑	住宅区	松陵街道	体育路及外苏州河以东、顾家荡河西延伸段以南、规划道路（吴越熙华雅苑西侧）以西、体育路以北	命名
盗南滩路	道路	震泽镇	乐湖苑北侧、悦隽花园南侧，起点为星漾美景花园南侧新建道路、止点为双泽路	命名
太湖朗润商务中心	大型建筑	江陵街道	规划道路（太湖大堤东）以东、规划道路（花港路西延伸段）以南、太湖朗润花园以西、规划用地（古塘路西延伸段）以北	命名
太湖朗润花园	住宅区	江陵街道	太湖朗润商务中心以东、规划道路（花港路西延伸段）及轨道交通设施以南、规划道路（西湖花苑西区及轨道交通设施以西、规划用地（古塘路西延伸段）以北	命名
郎中荡路	道路	盛泽镇	郎中荡东岸、锦盛苑和悦棠湾花苑西侧，起点为南环二路、止点为横港	命名
舜春路	道路	盛泽镇	市场东路、市场中路南，起点为中心大道、止点为春旭路	命名
缫丝街	道路	盛泽镇	位于西环路东，起点为舜春路、止点为市场东路	命名
下沙荡路	道路	盛泽镇	东下沙荡西、西下沙荡东，起点为北环路、止点为豪门府邸小区南出入口	命名
双永路	道路	盛泽镇	邻水湾景苑东侧，起点为织平路、止点为织庄路	命名
和风春岸花园	住宅区	松陵街道	秋枫街以东、规划道路（江厍路西延伸段）以南、冬梅以西、江厍路西延伸段以北	命名
颐年巷	道路	盛泽镇	南环二路向西延伸段北、盛泽乐龄公寓北侧，东起西环二路、西至盛泽镇敬老院出入口	命名
湖湾天地商务广场	大型建筑	江陵街道	规划道路（太湖苏州湾沿岸）以东、东侧规划用地以南、湖湾天地华庭以西、古塘路西延伸段以北	命名
湖湾天地华庭	住宅区	江陵街道	位于湖湾天地商务广场以东、规划道路（地处西湖花苑西区西侧、未命名，下同）西侧规划用地以南、规划道路及其西侧规划用地以西、古塘路规划向西延伸段（未命名）及其北侧规划用地以北范围内	命名
荣熙华庭	住宅区	江陵街道	杨中路以东、益和路以南、长安中心河以西、云龙西路以北	命名
熙和湾华庭	住宅区	松陵街道	秋枫街以东、顾家荡河以南、冬梅街以西、体育路以北	命名
望澜庭	住宅区	盛泽镇	白龙桥路以东、盛泽投资有限公司以南、蚬子兜和荷花村潘家湾自然村以西、白龙桥路以北	命名

（续　表）

标准名称	地名类别	所属行政区域	位 置	统计类别
富土新村	住宅区	同里镇	富土路以东、陈家浜及新建居住区以南以西、新建道路以北及文安村朱家浜自然村以东、规划道路及陈家浜和规划用地以南、富土路以西、规划道路（东太湖大道北侧名）和高压走廊以北	命名
花泾新村	住宅区	同里镇	花泾新村东区为花泾浜路以东、花泾港以南、沐庄湖路北侧规划用地以西、沐庄湖路以北；花泾新村西区为花泾港及沐庄湖路以东、花泾港以南、花泾浜路以西、沐庄湖路以北	命名

（董秋寒）

退役军人事务

【概况】 2020年，区退役军人事务局召开区双拥工作领导小组（扩大）会议和区委退役军人事务工作领导小组第二次会议。全年举办退役军人专场招聘会2场，为退役军人提供就业岗位2000余个。发放抗美援朝出国作战70周年纪念章239枚，为全区338名退役军人发放各级关爱帮扶金154.9万元。（张　露）

【党建工作】 2020年，区退役军人事务局深入推进党建引领"四大"（大走访、大调研、大落实、大培训）活动，走访慰问重点优抚对象800余人（户），召开座谈会22场次，进一步掌握实际情况，密切与退役军人的关系。6月13日，青吴嘉三地退役军人事务局签订《长三角（青吴嘉）退役军人事务一体化发展战略合作框架协议》。结合陈云同志诞辰115周年纪念日，开展"联合党建学'四史'，战略合作担使命"活动。9月30日，与中国银行吴江分行签订党建联建和廉洁伙伴协议，延伸党建阵地。（张　露）

【接收安置】 2020年，吴江区接收自主就业退役士兵197人，发放一次性经济补助金2145万余元。接收安置军队转业干部15人（团职1人、营职以下9人、专业技术干部5人），其中积分选岗进机关10人、安置进事业单位1人、优先选拔进公安机关2人、竞争性选拔进机关2人，圆满完成安置任务。接收由政府安排工作的退役士兵9人，安置进事业单位4人、安置进省属国企2人、安置进区属国企2人、选岗前放弃安排工作1人。组织开展主题党日、社区志愿服务、服务窗口实践、适应性培训等活动，加强由政府安排工作退役士兵在待安排工作期间的服务管理，并帮助缴纳社保医保，发放生活补助费5.45万元。（张　露）

【就业创业】 2020年，区退役军人事务局组织"八一"专场、秋季专场招聘会暨长三角一体化示范区退役军人招聘专场，青吴嘉三地86家企业入场招聘，为退役军人提供岗位2000余个，涵盖政府公共事务、生产加工制造、贸易零售、服务业、IT业等多个行业领域，达成就业意向132人。组织退役军人参加首届退役军人创业创新大赛活动，选送10个项目（团队）参加苏州市初赛，获得一等奖1个、

2020年11月，首届全国退役军人创业创新大赛决赛现场

（区退役军人事务局　提供）

二等奖3个、三等奖2个和优秀组织奖，其中4个项目入围省复赛。选送的“集成电路制造用难熔金属靶材”创新团队项目获省创新团队一等奖，并代表江苏省在“立创业创新潮头、展退役军人风采”首届全国退役军人创业创新大赛决赛中获创新团队组二等奖，该项目落户吴江汾湖高新区。自主就业退役士兵选择复学99人、参加高职扩招4人、参加成人免试教育2人、参加由苏州高等职业技术学校承训的两年中高级职业技术培训90人。与区委党校联合举办两期自主就业退役士兵适应性培训班，94名自主就业退役士兵参加培训。（张　露）

【双拥工作】 2020年3月27日，吴江区召开双拥工作领导小组（扩大）会议，听取关于《吴江区2020年双拥工作任务分解落实方案》起草情况的汇报。4月1日，区双拥办下发《关于印发〈吴江区2020年双拥工作任务分解落实方案〉的通知》。年内多次召开双拥座谈会、双拥工作协调会等会议。举办“上善双拥杯”篮球赛，与中国邮政吴江分公司签署“拥军邮路”全面合作战略协议。吴江双拥主题公园项目完成采购，开始建设。（张　露）

【走访慰问】 7月21日，江苏省退役军人事务厅党组书记、厅长谢晓军一行到吴江看望慰问“全国模范退役军人”崔根良。10月13日，谢晓军一行到吴江调研退役军人工作并走访慰问抗美援朝老战士。在春节前夕和“八一”前夕，吴江区各级领导走访慰问重点优抚对象及参战参试退役人员，发放慰问金378.28万元。举办“八一”云慰问吴江籍子弟兵活动，邀请武警南充支队吴江籍子弟兵父母参加，以现场视频连线的方式给武警南充支队吴江籍子弟兵送去慰问。（张　露）

【优抚褒扬】 2020年，吴江区调整优抚对象抚恤补助、优待金标准，全年发放抚恤补助经费3227.7万元、优待金1869.6万元。安排54名重点优抚对象赴江苏省荣军医院进行短期疗养；开展优抚对象免费体检活动，下拨经费54.78万元，惠及1826人。吴江区作为苏州市优抚专项数据核查试点，率先完成数据核查，完成率100%。全面梳理烈士名录和烈士纪念设施情况，对区烈士陵园和其他纪念设施进行整体修缮；开展清明祭扫、“930”烈士纪念日敬献花篮活动。（张　露）

【表彰先进】 2020年，沈小平获评“江苏最美退役军人”，登上《人民日报》发布的年度全国退役军人创业光荣榜，科技局王润生获评“江苏省模范退役军人”。吴江区连续两年组织“吴江区最美退役军人”评选，7月31日“吴江最美退役军人”颁奖仪式上，表彰最美退役军人57名并集中宣传。组织开展纪念“中国人民志愿军抗美援朝出国作战70周年”系列活动，发放纪念章239枚。组织退役军人参与省、市微党课竞赛、“戎耀今生”首届江苏省退役军人书画大赛、双拥征文等活动，区双拥办选推的双拥征文《征兵季　节前出征，第一个军礼给妈妈》、双拥公益短片《我有一个梦想》分获国家级三等奖、省级二等奖。（张　露）

【困难帮扶】 2020年，区退役军人事务局综合运用资金、社会化援助、实物援助等多种方式开展困难退役军人帮扶援助行动。春节前帮扶困难对象89

2020年9月30日，烈士纪念日敬献花篮　（吴斌　摄）

2020年10月，“吴江最美退役军人”表彰大会

（区退役军人事务局　提供）

人，发放帮扶资金17.8万元。7月31日，召开“吴江区亨通拥军关爱基金”发放仪式，资助87名生活困难和重病的退役军人每人1万元。“八一”期间，帮扶困难对象110人，发放帮扶资金33万元。12月，通过苏州市退役军人帮扶关爱基金资助52人。疫情期间，为陷入生活困境的部分困难退役军人家庭提供饮用水、食品等生活必需品。会同住建等部门协调解决1名退役军人的住房难题。落实困难企业军转干部各项解困政策，“八一”、春节走访慰问特困企业军转干部70人，发放慰问金8万元，发放企业退休军转干部医疗费用专项补助13.41万元。

（张　露）

【权益维护】 2020年3月开始，区退役军人事务局开展为期一年的“思想政治工作年”活动，分动员部署、组织实施、评估总结三个阶段组织实施。7月21日，吴江区关爱退役军人协会成立，旨在通过社会力量参与退役军人服务保障工作，搭建退役军人与党委、政府之间的连心桥。是年，区退役军人事务局建立退役军人常态化联系制度，经常性走访联系功臣模范、重点优抚对象、困难退役军人、现役军人家属等。联合中国人寿保险吴江支公司推出“惠军保”保险项目，为吴江籍现役军人及家属提供专门保障，现役军人享受意外身故保障、伤残保障、疾病身故保障，现役军人家属在享受上述三项保险的同时享受30种重大疾病保障、意外医疗保障。建立区、镇、村三级老兵调解室，各镇（街道）退役军人服务站均配有专职老兵调解员。（张　露）

【自主择业军转干部管理】 2020年，区退役军人事务局做好自主择业军转干部年度登记审核工作，按时做好自主择业军转干部医保每月缴费工作。组织开展迎“八一”慰问座谈和参观亨通集团活动，了解自主择业军转干部工作生活情况和思想动态，发放节日慰问金2.4万元。按省、市统一部署，补发8名自主择业军转干部2020年前的住房补贴65.12万元。

（张　露）

社会信用体系

【社会信用信息平台建设】 2020年，吴江区社会信用信息平台累计归集入库市场监管、人社、卫健、教育、交运等54个部门各类数据3394万余条，进一步加强信用信息数据归集数量及质量，打破部门间“信息孤岛”，为开展信用监管、拓展“信易+”应用场景等奠定坚实基础。全面升级区公共信用信息共享平台，对接省、市信用一体化平台，实现信用数据有效聚合应用，强化线上线下融合服务，打通信用服务“最后一公里”，构建“诚信吴江”网站、自助机、移动端“三位一体”信用服务阵地，提升公共信用服务质效。

（魏久东）

【行政处罚、行政许可公示】 2020年，区信用办根据省“双公示”信息目录修订要求，规范信息格式，加强日常督查，提升信息采集质量，为加强事中事后监管、落实简政放权等提供重要支撑。全年归集“双公示”信息78406条，在“苏州市吴江区人民政府”和“诚信吴江”网进行公示且推送上级信用信息平台。

（魏久东）

【信用贯标示范企业创建】 2020年，区信用办根据省信用办《关于实施信用管理“万企贯标、百企示范”工程的意见》文件要求，举办两期信用管理贯标培训会，近80家企业代表参加培训，宣讲企业信用管理知识，增强企业信用管理贯标意识，为贯标工作的开展奠定基础。全区获评信用管理贯标企业71家、市级信用管理示范企业6家、省级信用管理示范企业1家，数量居苏州大市前列，发挥企业信用管理引领示范作用。（魏久东）

【企业信用监管】 2020年，吴江区有69190家企业完成年报公示，年报公示完成率92.1%。持续加强诚信体系建设，全区获评江苏省产品质量信用AAA级企业1家、AA级企业8家、A级企业29家；完成对全区561家药品零售企业2019年度信用等级评定工作；组织对区政府命名表彰的217家重守企业进行年度复查，其中201家企业通过复查；辅导培育450家企业申报2019—2020年度苏州市级“守合同重信用”企业公示。（朱　枫）

【诚信建设宣传】 2020年，吴江区持续开展“诚信建设万里行”活动，举办“诚信春联进万家　文明祥和迎新春”活动、“诚信吴江信用知识大挑战”活动、“与信用同行　筑梦新时代知识竞赛”活动、“6·14信用记录关爱日”活动、“信用体检进百企”活动、“共建信用吴江·共享美好生活”诚信宣讲进社区、“政务诚信·吴江在行动”等形式多样、内容丰富的公益宣传活动，引导各类人员将守法守信作为立德修身的自觉行为。（魏久东）

新市民服务

【概况】 2020年，区公安局有序开展新市民积分管理工作，统筹教育、社保、医疗等公共资源，妥善解决新市民普遍关注的子女入学、入医、入户等相关问题。3728名新市民子女获得积分入学准入资格，12名在经吴江教育行政部门批准设立的看护点就读的新市民儿童获得积分入医资格，128名新市民获得积分入户准入资格。（袁晓虎）

【自然灾害民生综合保险服务】 2020年，在自然灾害民生综合保险基础上，配套增加新市民交通意外险，全年理赔5起，理赔金额约26万元。（袁晓虎）

住房公积金管理

【概况】 2020年，吴江公积金中心持续创新便民服务，稳固筑牢发展根基，立足普惠民生，促进公积金事业高质量发展，稳步推进制度扩面，打造“最舒心”营商环境。获评区级“文明单位”、省级“巾帼文明岗”、首批区级“海棠花红”先锋阵地。（朱奕瑾）

【公积金归集和提取】 2020年，吴江区归集住房公积金39.1亿元，累计归集住房公积金249.78亿元；提取住房公积金27.62亿元，其中公积金还贷提取16.54亿元，占比59.58%；购房提取6.23亿元，占比22.45%，累计提取住房公积金166.94亿元，公积金期末余额82.95亿元。（朱奕瑾）

【公积金个贷】 2020年，吴江区发放住房公积金贷款1932户，其中纯公积金贷款590户，组合贷款1342户，提供资金支持9.06亿元；公积金个贷回收6.19亿元。累计向全区31771

2020年，公积金优质服务　（区公积金中心　提供）

户家庭发放公积金贷款103.61亿元，累计支持群众购房面积391.94万平方米，期末住房公积金贷款余额57.02亿元，资金运用率68.73%。（朱奕瑾）

【公积金扩面】 2020年，吴江区新增缴存单位1566家，新增缴存职工9.68万人，比2019年(下同)增加5970人；净增缴存职工2.53万人，增加1269人；年末公积金缴存人数30.27万人，住房公积金制度静态覆盖面67.92%。（朱奕瑾）

【廉租房补充资金】 2020年，吴江公积金中心实现廉租住房建设补充资金3332万元，支持政府投资公共租赁住房建设。（朱奕瑾）

【公积金服务】 2020年，公积金中心贯彻落实上级部门针对新冠肺炎疫情出台的公积金阶段性支持政策，助力企业复工复产。全年受理19家企业缓缴申请，涉及职工839人，每月缓缴金额53.3万元；完成企业降比申请60家，涉及职工20323人，月减负496.7万元。主动融入长三角一体化发展大局，紧扣“高质量”和“一体化”两个关键，探索研究示范区公积金服务一体化的实现路径，联合青浦、嘉善两地研究公积金业务跨区域通办，在长三角一体化示范区先行先试，探索为区域内单位和职工提供跨区域公积金服务。发挥扩面工作领导小组成员单位资源优势，通过部门协作，扩大共享信息资源，提高扩面的精准性和有效性。借助区委统战部宣讲平台举办“台企直通车”住房公积金政策宣讲会，联合律师事务所，组织法律顾问团成员单位进行公积金政策宣传。多形式宣传苏州公积金App，推广线上业务功能，推进“不见面”服务建设，实现线上、线下服务联动，全力打通服务职工“最后一公里”。推出针对“还清贷款后办理注销抵押登记”业务，开展义务“跑腿服务”，解决客户多头跑、手续烦、流程多等堵点问题。重塑贷款后续配套服务业务流程，贷款合同和他项权证办证材料以EMS方式邮寄给职工，进一步深化“最多跑一次”改革。在扫黑除恶治本之年持续抓源头、堵漏洞、密织网，一案一档、全面排查，持之以恒追缴骗提资金，累计追回79.82万元，维护风清气正、公平公正的公积金使用环境。（朱奕瑾）

2020年4月23日，电台宣讲公积金政策 （区公积金中心 提供）

（本栏编辑 陈凤贤）

国土资源

【土地保障发展】 2020年，吴江拓展用地空间，通过对上争取和对内挖潜，实现用地空间可用规模从“超规模”状态转向“紧平衡”状态。按照新土地管理法要求，推进征地前程序工作，做好2020年度36个批次报批组卷准备工作。履行部门职责，推进项目用地保障工作，重大项目应保尽保。加快土地供应节奏，全年累计出让土地91宗397.6公顷，出让金202.09亿元。结合三年滚动计划和年度计划，加快区级土地储备库建设，在库储备土地13宗28.31公顷。跟进苏州产业用地更新“双百”行动(划定100万亩工业和生产性研发用地保障线，实现100平方千米产业用地更新)，科学划定0.93万公顷工业用地和生产研发用地保障线。研究出台《加快推进产业用地高效利用的若干措施(试行)》，创新实行复合用地挂牌出让。

（田　静）

【土地节约集约】 2020年，吴江区持续加大以“三优三保”*为主的国土空间综合整治，累计完成拆旧441.4公顷、复垦426.29公顷，通过市级验收359.27公顷(其中取得批文348.47公顷)。推进国土资源节约集约“双提升”行动，累计盘活存量建设用地858.87公顷，提前超额完成全年目标任务，完成率161%。研究城市有机更新政策，出台吴江城市和产业双优融合更新办法，拟定拆除重建类城市更新项目实施细则，推动城市与产业双优融合，推进太湖新城云梨桥畔等城市更新项目。吴江先后被省政府办公厅和省自然资源厅认定为“资源节约集约利用综合评价成绩优异”和“江苏省国土资源节约集约利用模范县(市、区)”。

（田　静）

【自然资源保护】 2020年，吴江区综合测算全区永久基本农田补划潜力，优化完善《吴江区永久基本农田规划调整方案》。开展沪苏湖铁路等重大交通项目占用永久基本农田补划工作。开展生态保护红线评估调整工作，全区统筹补划永久基本农田190.87公顷。配合完成部、省级“回头看”工作，完成2019年上报的储备补充耕地核查的复核认定和2006年以来所有增减挂钩项目，逐个现场核实举证。

（田　静）

【自然资源调查登记】 2020年，区自然资源和规划局配合做好自然资源部开展的太湖自然资源统一确权相关工作，研究制定吴江区自然资源统一确权登记总体工作方案和年度实施计划，明确近三年自然资源统一确权登记工作任务，推进大龙荡、野河荡、瓜泾港3条水流资源确权登记工作。推进吴

江区农房不动产权籍调查，提高房地一体农村不动产登记发证率。（田　静）

【自然资源和规划综合执法】2020年，吴江区坚持基本农田“零侵占”和违法用地“零容忍”，推动自然资源和规划管理全面从严，开展历史违法用地整治三年行动、“年度+季度”卫片执法检查、例行督察整改等工作，实现历史违法用地逐步消化，新增违法用地全面遏制，农村乱占耕地建房问题底数全面摸清，2020年新增违法用地大幅下降，耕地保护水平持续提升。（田　静）

【不动产登记】2020年，区自然资源和规划局优化窗口设置，提高行政效率，常规不动产登记办结不超过3个工作日。全面启用不动产登记电子证照，缩减群众办证时间。全年累计办理不动产权证书8.93万份、证明4.49万份。试点推进“交(房)地即发证”，实现交(房)地与发证零时差，帮助企业抢抓生产工期，切实保障购房者合法权益。全国首创“互联网+不动产金融”创新服务项目，与苏州农商行联合开展“零见面、零跑腿、零纸张、30分钟掌上办结抵押贷款”项目，获评吴江区“十佳”优秀营商环境建设事例。（田　静）

【自然资源和规划信息化建设】2020年，区自然资源和规划局持续推进管理信息互通共享，推进“多测合一”管理系统并上线运行。推进国土空间基础信息平台建设，完成“一张图”系统底图数据加工。拓展数据共享和查询，为全区98个项目提供数据644次。深化部门联动，对外提供不动产数据共享查询接口10个，为新生入学报名等民生事项提供便利。（田　静）

水资源

【河湖管理】2020年，区水务局落实河湖日常养护管理及考核制度，实现全区河湖巡查全覆盖，巡查河道90445条次，发现问题10520条次，落实整改10316条次。优化城区河道管护结构，提升主城区河道精细化管理水平。强化交界河湖联防联控，完成重点河湖、交界区域拦截打捞设施建设，确保河湖长效管护不留死角。农村河道长效管护工作获全省考核第3名，连续4年获全省考核优秀等次。做好进博会水环境保障，开展水葫芦集中清理行动，累计打捞清理水葫芦超过10万吨，连续三年收到上海市“感谢信”。（沈莹莹）

【黑臭水体治理】2020年，全区治理黑臭水体220条，其中城镇119条，农村101条，完成总投资近10亿元。黑臭水体整治进入效果评估和销号阶段，市级任务8条河道全部完成评估，其中4条通过苏州市级销号，其余区级任务河道评估销号工作有序推进。（沈莹莹）

【示范区“一河三湖”治理】2020年，区水务局完成吴江水系连通综合整治元荡先导段工程，元荡、淀山湖岸线贯通，示范区核心湖泊联合治理成效显现。启动太浦河共保联治江苏先行工程，工程涵盖“汾湖”治理相关内容，示范区“一河三湖”(太浦河、淀山湖、元荡、汾湖)治理全部展开，成效明显。（沈莹莹）

【河湖长制改革】2020年，区水务局完成市级“一事一办”清单任务77项、区级任务394项，完成率100%。建成生态美丽河湖40个。实现示范区跨界

2020年，区水务局开工建设34千米市政管网，完成开明路、创业路、七都大道等约16千米的污水管道敷设，超出目标任务45%　　（区水务局　提供）

河湖联合河长制*全覆盖，举办“不忘初心、牢记使命”长三角生态绿色一体化发展示范区协同治水再深化主题活动，完成示范区16项跨界河湖联合治理项目签约，总投资额13.15亿元；“联合河长制”入选“中国改革2020年度50典型案例”，河湖长制改革工作连续三年获全市考核优秀。（沈莹莹）

【水资源管理】2020年，区水务局落实最严格水资源管理制度，通过2019年度最严格水资源管理制度技术核查。对496家取水户下达年度取水计划5.17亿立方米。强化水资源监管，开展边界流量监测、地下水位监测、水功能区监测、规上排污口监测、河湖健康评价和生态流量（水位）确定工作。建设区级取水计量监管系统，10万吨以下取用地表水企业全部纳入平台管理，取用水计量全覆盖。全面完成农业水价综合改革，通过省、市验收。加强“节水三同时”管理工作，完成节水项目方案审查23个、节水项目竣工验收备案30个，配套雨水利用设施1万立方米。（沈莹莹）

【水政执法】2020年，区水务局出动执法巡查1368次，确保重点河湖每月一巡。开展“双随机一公开”*执法检查，随机抽查7次，抽查企业28家。全年开展执法调查15起，立案查处7起，移交乡镇综合执法局处置4起。现场处理各类违法违规行为86起，封填违章凿井6眼，清理违章占用1367平方米。（沈莹莹）

【生活污水治理】2020年，区水务局完成城乡生活污水治理投入16.9亿元，投入力度连续两年居全市第一。完成13家污水厂提标改造，新建市政污水主管网43千米，完成小区雨污分流改造项目78个、“十个必接”项目247个、重点行业污水接纳543个、非雨出流和污水直排点治理375个、农村生活污水治理项目445个。全区13家城镇生活污水厂收集处理量9215万吨，比2019年（下同）增加16.8%。平均进水COD（化学需氧量）浓度260mg/L，BOD（生物需氧量）浓度110mg/L，提高14.6%。（沈莹莹）

2020年，污水厂提标改造（管理型），水质排放稳定达标（区水务局 提供）

环境质量

【概况】2020年，吴江区将生态绿色作为吴江高质量发展样板底色，坚决打好“水、气、土”三大污染防治攻坚战，推进长三角生态绿色一体化发展示范区建设，生态环境质量各项指标稳中有进，达到“十三五”期间最好水平。区生态环境部门获评第二次全国污染源普查表现突出集体，入选苏州市“激励干事创业、奉献火红年代”先进集体，全局7人8次获得国家和省级表彰。（徐佳琦）

【质量状况】水环境质量方面，全区7个“十三五”地表水环境质量省考断面水质达到或好于Ⅲ类水体比例85.7%，其中太浦闸、瓜泾口西、界标、太浦河桥4个断面水质达到Ⅱ类，1个江苏省“水十条”城市水环境质量考核断面、2个集中式饮用水水源地水质达标率均为100%，连续十三年实现太湖“两个确保”（确保饮用水安全、确保不发生大面积湖泛），水环境质量改善幅度居全省第9位。大气环境质量方面，全区PM2.5（细颗粒物）年平均浓度30微克/立方米，位列全省第5位，比2019年（下同）改善16.7%，改善幅度位列全省第6位。空气优良天数

302天，优良天数比例82.5%，较2019年增加34天，优良天数比例提升9.1个百分点，优良天数比例改善幅度位列全省第5位。土壤环境安全稳定可控，声环境质量稳定向好，全年未发生重大生态环境污染事故。

（徐佳琦）

2020年吴江区水质监测年平均值统计表

断面名称		太浦闸	瓜泾口西	王江泾	界标	平望新运河桥	太浦河桥	元荡湖心	高新路桥
所在河流		太浦河	吴淞江	京杭运河	太浦河	澜溪塘	太浦河	元荡	苏州河
水质类别		Ⅱ	Ⅱ	Ⅲ	Ⅱ	Ⅲ	Ⅱ	Ⅳ	Ⅲ
pH值	无量纲	8	7	7	7	7	8	8	8
溶解氧	毫克/升	9.5	8.5	5.9	7.7	7.6	8.4	9.4	8.1
高锰酸盐指数	毫克/升	3.4	3.1	4.6	3.5	4.8	3.7	4.1	4.1
生化需氧量	毫克/升	1.5	1.6	2.5	1.5	2.1	1.6	2.2	2.1
氨氮	毫克/升	0.06	0.2	0.55	0.27	0.37	0.2	0.16	0.45
化学需氧量	毫克/升	13.1	13.6	17.8	13.2	18.1	12.4	14.3	—
总氮	毫克/升	1.18	1.47	2.42	1.94	1.95	1.48	1.54	—
总磷	毫克/升	0.051	0.04	0.104	0.078	0.145	0.065	0.055	0.068

（徐佳琦）

2020年吴江区环境空气质量监测情况一览表

单位：天

时　间	有效监测天数	优	良	轻度污染	中度污染	重度污染	严重污染	超标率
1月	31	7	17	4	2	1	0	22.6%
2月	29	17	12	0	0	0	0	0.0%
3月	31	10	21	0	0	0	0	0.0%
4月	30	2	21	7	0	0	0	23.3%
5月	31	2	18	11	0	0	0	35.5%
6月	30	13	10	6	1	0	0	23.3%
7月	31	11	14	5	1	0	0	19.4%
8月	31	4	22	5	0	0	0	16.1%
9月	30	3	18	5	4	0	0	30.0%
10月	31	6	24	1	0	0	0	3.2%
11月	30	11	18	1	0	0	0	3.3%
12月	31	1	20	8	1	1	0	32.3%

（徐佳琦）

2020 年吴江区环境功能区噪声监测情况一览表

单位：dB（A）

月　份	功能区类别	昼间	夜间	昼夜等效	达标率
2月	1类	48.5	38	48.3	100%
	2类	52.8	45.7	54	
3月	3类	56.8	51.8	59.1	
2月	4a类	57.4	48.6	57.8	
5月	1类	55.7	55.1	61.2	50%
	2类	57.2	53.3	60.2	
	3类	55.2	51	58.1	
	4a类	58.1	52.9	60.3	
8月	1类	46.3	44.4	50.8	100%
	2类	53.8	46.5	54.9	
	3类	54.6	50.4	57.4	
	4a类	57.8	51.8	59.6	
11月	1类	47.6	43.1	50.3	100%
	2类	51.6	41.9	51.7	
	3类	57	49.1	57.8	
	4a类	58.9	53.2	60.8	
标准值	1类	55	45	—	—
	2类	60	50	—	—
标准值	3类	65	55	—	—
	4a类	70	55	—	—

（徐佳琦）

生态建设

【组织保障】 2020年4月15日，吴江区委、区政府印发《关于成立苏州市吴江区生态环境保护委员会的通知》（吴委发〔2020〕5号），在苏州大市率先成立生态环境保护委员会，统筹协调生态环境保护工作，研究解决生态环境保护、生态文明建设重大问题。（徐佳琦）

【生态文明建设】 2020年，吴江区扎实推进生态文明建设，根据苏州市印发的生态文明建设“十大工程”年度任务，编制《苏州市吴江区2020年度生态文明建设“十大工程”》，实施重点工程14项，完成投资23.8亿元。七都镇获评省级生态文明建设示范镇，全区累计有省级生态文明建设示范镇7个，数量位居苏州第二。（徐佳琦）

2020 年吴江区生态文明建设重点工程项目情况表

单位：亿元

序　号	项目名称	计划建设内容	计划投资	牵头单位
1	工业炉窑整治	完成工业窑炉整治129项	0.16	生态环境局
2	锅炉综合整治	完成锅炉综合整治84项	0.18	生态环境局

（续　表）

序　号	项目名称	计划建设内容	计划投资	牵头单位
3	挥发性有机物治理	完成VOC无组织排放治理33项、深度治理369项	0.25	生态环境局
4	堆场扬尘治理	码头堆场扬尘治理8项	—	交通运输局
5	加油站油气回收在线监控系统建设	完成在线监控系统建设26项	0.015	生态环境局
6	港口非道路移动机械整治	9月底前，对国三排放标准港口水平运输车辆分三年实施淘汰工作，完成对国一及以下港口非道路移动机械的淘汰或改造工作；9月底，完成对国一、国二排放标准港口水平运输车辆的淘汰工作	—	交通运输局
7	东太湖综合整治后续工程	完成吴中区行洪通道工程，东山、横泾8条入湖河道建设；吴江区实施建设口门建筑物8座，入湖河道11条，完成行洪通道工程	1	水务局
8	吴江区蓝藻及水生植物处置及资源化利用工程	针对东太湖水源地现状，组建专业的水草（蓝藻）打捞工作队伍，利用专业的机械化水草（蓝藻）打捞设备配合人工，对东太湖水源地及环太湖沿线进行水草（蓝藻）打捞，预计打捞蓝藻（水草）4.5万吨	0.2	水务局
9	吴江区污水处理设施建设	联合环境水务（苏州）有限公司，升级改造2万吨/天污水处理项目；完成芦墟污水处理有限公司二期2.5万吨/日扩建工程及1万吨应急池新建工程；完成经济技术开发区运东污水处理厂四期扩建及升级提标改造工程；完成南麻社区4.5万吨/日综合污水处理厂建设，配套管网35千米；完成桥北社区生活污水处理厂5000吨/日扩建工程；完成桃源富乡污水处理有限公司建设废水循环化利用二期工程建设，建设1.9万吨喷水织机废水中水回用及配套管网工程；完成纺织循环经济产业园环保提升工程一期2.7万吨/日印染废水处理及中水回用工程项目；完成污水收集管网工程23千米；完成雨污分流排水达标区建设46个	6.85	水务局
10	吴江区危废焚烧处置项目	完成3万吨/年的危废焚烧处置项目建设	4	生态环境局
11	吴江区生活垃圾焚烧发电扩容建设项目	项目总处理规模3000吨/天；其中生活垃圾1500吨/天；与生活垃圾相近的一般工业固体废物1500吨/天（含300吨/天污泥）	1.5	城管局
12	吴江区危险废物收集及贮存	5000吨/年收集、贮存	0.1	生态环境局
13	吴江区元荡生态公园和环湖生态廊道工程	加强生态美丽河湖建设，建设生态绿色水廊、清水休闲廊道，打造环元荡湖绿地绿廊12万平方米	0.08	汾湖高新区
14	城乡绿化建设	推进国土绿化，完成成片造林3.3公顷	0.7	资规局

（徐佳琦）

【生态保护】2020年，吴江区保障生态空间管控区域，开展绿盾行动以及人类活动情况核实，通过遥感监测、现场摸排等手段，保障生态空间管控区域面积不减少、功能不降低、性质不改变，并完成生态空间优化调整。（徐佳琦）

污染防治

【水污染防治】2020年，吴江区实施管控单元精细管理，开展元荡水环境专项整治，制定“一断面一方案”，联合各部门协同推进排口整治、截污纳管、监测预警等工作。开展太湖流域排口排查整治，完成太湖入河排口溯源588个。以“水十条”及太湖流域重点工程建设为载体，提升区域水生态环境面貌，累计投入资金21.2亿元，保障太湖、太浦河等重点河湖水质。

（徐佳琦）

2020年吴江区太湖流域水环境综合治理工程一览表

单位：万元

序　号	项目名称	主要建设内容及规模	年度计划投资	项目实施期限	年度建设目标	责任单位
1	吴江纺织循环经济产业园环保提升工程——一期2.7万吨/日印染废水处理及中水回用工程项目	新建2.7万吨/日印染废水处理设施和0.95万吨/日中水回用设施	7000	2019—2022	完成土建	吴江高新区
2	苏州市桃源富乡污水处理有限公司	建设1.9万吨喷水织机废水中水回用及配套管网工程，管网2标段开工，完成二期设备安装及低压电气工程	2000	2018—2021	完成主体工程	桃源镇
3	联合环境水务（苏州）有限公司污水处理	2万吨/日污水处理升级改造	2000	2018—2020	完成主体工程	桃源镇
4	苏州市净泉污水处理厂提标改造工程	该企业排口将于2020年底前迁出太湖一级保护区。工程完工后将执行表3标准	1800	2020	完成	东太湖度假区
5	苏州市汾湖西部污水处理有限公司提标改造工程	完成3万吨/日工业污水提标改造	600	2019—2020	完成	汾湖高新区
6	联合污水处理厂提标改造工程	完成7.5万吨/日污水提标改造	1150	2019—2020	完成	吴江高新区
7	南霄污水处理厂提标改造工程	完成9万吨/日污水提标改造	1400	2019—2020	完成	吴江高新区
8	吴江经济技术开发区运东污水处理厂四期扩建及升级提标改造工程	扩建4万吨/天污水处理设施、对已有6万吨/天污水处理设施进行提标改造（累计10万吨/天）	10000	2018—2021	完成土建	吴江开发区
9	南麻社区4.5万吨/日综合污水处理和回用及配套管网工程	新建4.5万吨/日综合污水厂，其中生活污水1.0万吨/日、喷织废水3.5万吨/日，配套建设管网35千米	5000	2018—2021	完成主体工程	吴江高新区
10	桥北社区生活污水处理厂5000吨/日扩建工程	扩建5000吨/日生活污水处理设施	1500	2019—2020	完成主体工程	吴江高新区
11	苏州市吴江区芦墟污水处理有限公司	建设二期2.5万吨/日扩建工程和1万吨应急池新建工程	5000	2019—2021	完成土建	汾湖高新区
12	吴江区污水收集管网工程	新建污水收集管网23千米	9000	2019—2020	完成	区水务局
13	吴江区雨污分流排水达标区建设工程	完成雨污分流排水达标区建设46个	30000	2019—2020	完成	区水务局
14	蓝藻及水生植物处置及资源化利用工程	针对东太湖水源地现状，组建专业水草（蓝藻）打捞工作队伍，利用专业的机械化水草（蓝藻）打捞设备配合人工，对东太湖水源地及环太湖沿线进行水草（蓝藻）打捞，预计打捞蓝藻（水草）4.5万吨	2000	2020	完成	区水务局

（徐佳琦）

【大气污染防治】 2020年，吴江区与生态环境部环境规划院合作，开展VOCs（挥发性有机物）及颗粒物源解析，完成工业炉窑、火电企业超低排放及VOCs整治等58个项目治理评估，通过科技指导推动精准溯源、科学防控。在全市率先试点空气质量补偿制度，建立空气质量考核奖惩和补偿机制，压实属地治气责任。推进重点行业污染治理整治工作，完成工业炉窑整治129台，燃气锅炉低氮改造74台，VOCs无组织治理33项，VOCs综合治理369项。完善差异化管控清单，帮扶指导11家企业达到A、B级及引领性要求，完善编制重污染天气减排清单522家。开展国一国二高排放汽油车鼓励淘汰补助工作，受理淘汰车辆4559辆，补助金额1823.6万元。（徐佳琦）

2020年9月3日，区领导专题调研太浦河两岸环境提升工程建设情况

（王炜　摄）

【土壤污染防治】 2020年，吴江生态环境局完成国家考核地块初步采样分析18个、增补地块信息采集96个，开展土壤污染治理与修复成效综合自评估，严控土壤环境风险。利用信息化管理手段，依托网上申报平台、电子联单、运输车辆GPS、视频联网，强化固废危废全过程监管。完成巨联环保、太湖固废两个危废集中焚烧项目建设，危废申报单位数比2019年增加45.2%，危废总库存保持低位，贮存处置风险安全可控。

（徐佳琦）

环境监管

【环境执法】 2020年，吴江生态环境局持续保持高压执法态势，以“零容忍”的执法态度打击环境违法行为，全年累计作出行政处罚决定266件，处罚金额3476万余元，查封扣押11件，限产停产2件。强化环境行政执法与刑事司法高效衔接，移送司法机关行政拘留3件3人，涉刑案件19件39人，执法力度居全省前列，成为苏州市唯一入选2020年全国生态环境保护执法大练兵表现突出集体候选名单的区县级单位。统筹推进各类专项行动，针对重点地区、重点行业，组织开展“战V”“百日会战”等系列专项执法行动37次，严肃查处环境违法行为。强化执法联动，与水务、应急管理等部门协调配合，共同开展污染防治设施隐患排查、太湖入河排污口排查、涉粉涉爆行业检查等工作，形成污染源执法监管合力，营造环境保护齐抓共治良好局面。及时回应人民群众诉求，强化落实24小时值班制度，优化值班人员排班，配强应急处置小组，受理群众信访和突发环境事故信息，第一时间给予回应，全年受理环境信访1348件，比2019年下降约40%。实施包容审慎监管模式，在保持监管力度的同时，落实完善监督执法正面清单制度，主动入企宣传普法，依法实施轻微违法行为免罚，让企业将原本的罚金变为污染治理的本金，对55家企业免于行政处罚，累计金额约850万元。推进企业环保自查自纠，在印染、涂层、酿酒、污水处理等重点行业全面推行“环保自查自纠”手机App管理平台，协助1290家企业梳理自查点位和检查要点，张贴二维码，实现企业自主扫码、自查自纠，指导企业落实“持证排污、按证排污”管理要求。强化信用评价联合惩戒，全区1179家企业纳入新环境信用评价系统，奖优罚劣，促使企业主动改进提升。全年开展12次红黄牌警示，企业挂红牌7家，摘牌53家。（徐佳琦）

【风险防控】 2020年，吴江生态环境局强化环境监测分析，落实环境空气质量、水环境质量、地下水、太湖蓝藻监测预警、重点区域重金属环境质量、声环境质量、农村生活污水处理设施、重点排污单位监督性监测等日常监测工作，完成排污许可重点管理单位在线监控联网建设1197家。完成环境监测站点设备更新维护和1个水质自动站搬迁工作，新增2个VOCs（挥发性有机物）自动监测点，完成同里乡镇空气自动站参数填平补齐工作，保障全区环境监测网络稳定运行。落实环境质量日分析、周统计、月通报制度，强化环境状况预测分析。提升环保设施处置能力，在实现危废焚烧处置能力“零”突破基础上，进一步提升全区危废焚烧处置能力，达到近7万吨/年，居苏州大市第一，全面满足区内企业危废焚烧处置需求并有富余。为缓解小微企业危废收集难题，建成5000吨/年小微危废收集“绿岛”项目1个。危废区内处置比例由2019年的42.6%提升至83.6%，大幅降低危废外运带来的环境风险和安全隐患。保障区域环境安全，开展危险废物处置专项行动，出动4000余人次，检查企业2383家次，实现危废申报单位“全覆盖”，排查督促企业完成2049个环境隐患整改工作。实施辐射监管，累计督促指导企业完成13枚废旧放射源的收贮。严格执行太浦河锑特征污染因子管控方案，全年开展应急管控10次，保障下游饮用水安全。全年启动大气应急管控3次，管控期间常态化开展执法检查和专项夜查，落实管控措施。开展环境应急演练5次，完成168家企业突发环境事故应急预案备案工作，及时响应并科学处置突发环境事件4次，保障全区环境安全。（徐佳琦）

【环保服务】2020年，吴江生态环境局持续打造服务品牌，聚焦省、市重大投资项目、民生工程，提前介入，全程跟踪，开辟“绿色通道”，确保项目顺利审批。变“环保接待日”为“环保入企日”，局领导带队入企，专家现场把脉，了解企业实际困难，为企业提供指导帮扶，精准施策解决企业烦心事。高效办理环保审批，全年办理各类行政许可事项420件，受理率、办结率均为100%。修订《吴江区排污许可证审查工作程序（试行）》，提升审核效率，完成排污许可证核发2007家、排污许可登记12315家。创新环评审批制度，实施建设项目环评审批承诺制服务模式，惠及项目140个、投资89亿余元，最快10分钟取得批文，实现“立等可取”，为永鼎、欧圣等抢抓上市节点作出贡献。建立容缺管理模式，在排污许可、危废管理上对于手续不全企业，杜绝以罚代管，采取先纳入管理再进行限期整改措施，解决企业燃眉之急，降低环境安全隐患。实施环保“云”服务，疫情期间开展远程“不见面”指导，2月，完成环境影响登记手续项目50多个；开设“环保云课堂”，进行远程培训指导，避免人群聚集防疫风险，让企业“在家”享受环保服务。保障信息公开透明，生态环境业务办理做到线上线下融合，流程环节标准可视，推进环境信息公开，推进决策、执行、管理、服务和结果“五公开”，编制政府信息公开标准化、规范化目录，规范政府信息依申请公开的受理和答复工作，保障群众知情权、监督权。（徐佳琦）

【跨界监管】2020年，吴江生态环境局推动成立青吴嘉生态环境系统党建联盟，引领生态环境保护领域全面协作工作，从浅层次交流互动上升为命运与共的深层次合作。打造一体化“吴江样板”，牵头完成《长三角一体化示范区环境质量及污染

2020年10月，生态环境一体化党建联盟签约仪式举行

（区生态环境局　提供）

源监测数据共享方案》，开展跨界联合监测。主办跨区域突发环境事件应急演练，开创长三角地区先例。建立两区一县环境执法跨界现场检查互认机制，成立示范区生态环境综合执法队，以“五统一”原则（统一指挥调度、统一队伍建设、统一检查程序、统一执法力度、统一自由裁量）开展跨界联合执法检查，实现信息互通、结果互认。加强示范区建设成果运用推广，与湖州南浔等周边区县开展协作，增强跨界区域生态环境治理成效。是年，一体化相关工作多次被主流媒体宣传报道，两次登上央视《新闻联播》，两次登上《新华日报》。（徐佳琦）

节能减排

【污染物总量减排】 2020年，吴江区持续推进污染物减排工作，落实污染物排放总量控制措施，全年排定大气污染物减排项目9个，水污染物减排项目4个，以工程项目持续削减化学需氧量、氨氮、总氮、总磷四项污染物指标。经统计，2020年全区各类污染物较2017年削减比例分别为化学需氧量8.45%、氨氮9.41%、二氧化硫13.06%、氮氧化物17.81%，全面完成上级下达的主要污染物排放削减目标任务。（徐佳琦）

【公共机构节能】 2020年，区机关事务管理中心更新全区公共机构名录库，完成429家单位年度能耗统计报送和30家公共机构的能耗数据核查任务。吴江行政中心通过ISO50001能源管理体系认证，完成省管理局赋予的能源体系认证试点任务。围绕“绿水青山，节能增效”主题，在吴江电视台《吴江日报》东太湖论坛等媒体开展节能宣传。按照国家机关事务管理局三年规划，34家公共机构创建国家节约型机关，完成规划目标的61%。指导震泽镇政府、苏州湾实验小学做好江苏省公共机构节能示范创建，进一步发挥公共机构节约能源资源示范引领作用。向全区7家公共机构审核拨付33.7万元节能改造扶持资金，鼓励各公共机构狠抓技术节能。（杨伊安）

【节能降耗】 2020年，全区大力推广新技术、新工艺、新装备，实施能效提升工程，加快形成以资源节约型、环境友好型产业为支撑绿色经济体系。全区单位GDP（国内生产总值）能耗下降4.5%，规模以上工业能源综合消费量436.3万吨标煤。着力推进传统制造业绿色化改造和新模式应用，倡导生产方式绿色发展，突出绿色创新引领。2家企业中标国家绿色制造解决方案供应商；2家企业获评国家级绿色工厂，累计15家，获评数居全省首位；6家企业14个产品获评国家级绿色产品；7家企业获评省级绿色工厂。27家企业通过自愿清洁生产审核。引导传统行业节能降耗改造，实施重点节能与循环经济项目70个，完成投资4.1亿元，审定节能量4.3万吨标准煤。

（顾春华　全圣悦）

（本栏编辑　钱晓燕）

区镇街道

吴江开发区

【概况】 吴江开发区北接苏州主城区，东临上海，南连浙江，西濒太湖。行政区总面积176平方千米，其中古镇保护区约1平方千米。吴江开发区党工委管委会代管同里镇和江陵街道，统筹代管区域内经济、开发、建设、管理等各项工作。下辖叶建村、文库村、九里湖村、北联村、合心村、湘溇村、屯溪村、屯南村、白蚬湖村、肖甸湖村、富渔社区、屯渔社区、屯村社区、东新社区、富土社区、鱼行社区。江陵街道侧重于统筹辖区内社区（农村）发展、组织公共服务等职能，下辖湖东社区、西湖社区（花港村）、新柳溪社区（九龙村）、江陵社区、淞南社区、三里桥社区（三兴村）、庞山湖社区、山湖社区（叶津村）、运东社区、雅辉社区、联兴村、叶泽湖花苑社区（叶泽湖村）、新港社区（龙杨村）、城南社区（三庞村）、益联村。总人口40万人，其中户籍人口约10万人。

2020年，吴江开发区完成地区生产总值532.6亿元，工业产品销售收入1640亿元，一般公共预算收入64.05亿元，全社会固定资产投资152.4亿元，其中工业投资61.8亿元。注册外资6.35亿美元，到账外资2.06亿美元；进出口总额153.4亿美元，其中出口108.8亿美元，进口44.6亿美元。在全国218家国家级经济技术开发区综合发展水平考评中列第32位，在全省118家经济开发区科学发展综合考评中列第7位。（孙　洁）

【招商引资】 2020年，吴江开发区完善高质量发展扶持政策，实施精准服务，全力护航经济平稳健康增长。42个重点项目完成投资136.2亿元，完成年度计划的112.33%，群光电能、迈为、璨曜光电等多个项目竣工，京东方（苏州）智慧产业基地一期建成投产。投资超50亿元的京东方创新中心、南玻节能玻璃全球总部等高显示度项目签约落地，经济发展后劲增强。全年新增上市公司3家、过会2家，初步形成资本市场“吴江开发区板块”。（孙　洁）

【产业提升】 2020年，吴江开发区抓住国家战略机遇，加大对科技型企业、新兴企业扶持力度，促进企业智能化建设。“智能制造创新港”揭牌，获评省首批“互联网+先进制造业”基地、长三角G60科创走廊工业互联网标杆园区，获批中国（江苏）自由贸易试验区苏州片区联动创新区。区内企业亨通、绿控获2019年度国家科技进步二等奖，博众精工成为国家级工业互联网试点示范项目，绿控传动入库苏州市“独角兽”培育企业名单。（孙　洁）

【基础建设】2020年，吴江开发区围绕“一路一河一湾一区一谷”五大功能载体建设，加快提升城市功能品质。云梨路总部经济带、江陵路快速改造及周边提升工程、运东大道周边改造提升工程与智能制造创新港产业提升等城市有机更新项目启动，持续构建大交通格局，提高与苏州中心城市的交通对接水平，交通基础设施加速成网，拉开城市发展大框架。（孙 洁）

【科技创新】2020年，吴江开发区拥有省级智能工厂2家、市级智能工厂2家；累计有效发明2700多件，每万人发明专利拥有量144件，拥有各类人才7.6万人，其中高层次人才8700多人，各类工程研发中心、技术研究中心200多家，博士后科研工作站12家。（孙 洁）

【生态治理】2020年，吴江开发区大力推进大气污染防治工作，开展吴赣、博鼎等企业12台天然气锅炉的低氮改造，完成爱思开希高、泓晟等5家企业VOCs（挥发性有机物）污染治理项目。扎实推动水环境污染防治，有效推动217家企业开展雨污分流工程改造，促进区域水环境质量提升。开展危废规范化管理达标建设，推动41家危废重点监管企业标准化建设。全面完成太湖退捕工作，回收“三证合一”（渔业捕捞许可证、渔业船舶检验证、渔业船舶登记证）证书145张，移交拆解渔船145艘、退捕渔民815人。持续推进“退二优二”*“退二进三”等工作，超额完成区委、区政府下达的“三治”“三优三保”*任务，“三治”工作完成累计销项82.25公顷，完成进度135.13%；“三优三保”完成复垦面积约60公顷，通过市级验收59.4公顷，完成进度146.85%。（孙 洁）

【农村工作】2020年，吴江开发区有序推进文明城市创建与农村人居环境整治，推进小区雨污分流改造、燃气入户、停车位建设与道路改造，完成城南片区综合改造提升工程，推进新天地农贸市场周边区域性改造、二次用水改造等工程建设。依托千年古镇、现代农业、生态湿地等多重优势，提升同里5A景区管理质量，带动周边村庄农家乐、民宿旅游业态发展，农文旅深度融合加速变现，全域旅游全面铺开。（孙 洁）

【民生事业】2020年，吴江开发区推进惠民实事工程建设，优化公共服务，开发区实验初中二期、山湖花园小学二期、淞南阳光小学北校区等学校竣工并交付使用，屯村卫生院建设完成，山湖花园九区动迁安置房、运河实验学校、同里镇养老服务中心等工程稳妥推进。京东方（苏州）数字医院建设有序推进。启动街道卫生服务中心和养老服务中心建设。实施残疾人康复工程，提供精准康复服务、就业服务。持续推进村级日间照料中心建设，提高老年人生活品质。加大对低保、特困、低保边缘对象等弱势群体的补助。深入开展扫黑除恶专项斗争，群众安全感和满意度持续提升。抓紧抓牢安全生产“一年小灶”和“三年大灶”，开展安全生产“雷霆行动”，全面推进“百团进百万企业”安全生产宣讲活动，10个三级挂牌隐患全部完成整改摘牌，安全生产形势持续平稳向好。（孙 洁）

【机构调整】2020年，根据区委编委《关于印发江苏吴江经济技术开发区管理体制调整方案的通知》和区委办公室《关于进一步深化中心城区行政管理体制改革相关操作口径的抄告单》等文件精神，调整机构编制。职能机构吴江现代农业产业园区管理办公室调整为同里镇管理；撤销吴江经济技术开发区党校、信息中心、动迁办公室、建设管理服务所、会计结算中心、人力资源服务中心、文化体育站、环境卫生管理处、市政管理处、科技创业服务中心、吴江区同里交通运输管理所、吴江区水务局同里管理服务站、吴江区动物卫生监督所同里分所；吴江经济技术开发区经济服务中心不再保留挂牌机构统计站、安全生产监督管理所，不再保留内设机构业务一、二、三科；吴江经济技术开发区企业投资咨询服务中心不再保留内设机构业务一、二、三科；将吴江经济技术开发区农业服务中心（农技推广服务中心、农村经济管理服务中心、农产品质量安全监督管理站）更名为吴江经济技术开发区科技创业服务中心，不再保留内设机构业务一、二、三科。将吴江经济技术开发区社会事务服务中心更名为吴江经济技术开发区行政审批服务中心，不再保留内设机构业务一、

二、三科。12月28日，吴江开发区召开领导干部会议，宣布苏州市委、吴江区委关于吴江开发区领导调整的决定。免去范建龙区委常委、吴江开发区党工委副书记、委员、管委会副主任职务，保留原职级待遇；王牟任区委常委、吴江开发区党工委副书记、管委会副主任。（孙　洁）

【党建工作】2020年，吴江开发区深入实施“融入式党建”*，启动“双十”行动支部工作（立足中心工作、重大任务，将支部建在攻坚项目上，划分十类工作领域，每个领域建成10家行动支部），筑牢意识形态主阵地，全面落实从严治党“两个责任”工作，持续深入落实落细“三项机制”，用好监督执纪“四种形态”，专项开展“为官不为”“在岗不在状态”查改行动，切实加强机关作风效能建设。深入推进法治政府建设，全面优化政务服务，打造全链条闭环审批模式，提供帮办代办、延时审批等特色服务，实行容缺受理、并联审批等改革措施，优化办理流程、精简提交材料、压缩审批时限，满足企业群众个性化、差异化的政务服务需求，提高审批效率。全力配合做好市委优化营商环境专项巡察与十二届市委第九轮巡察暨对村（社区）提级巡察“回头看”，坚持立行立改、真抓实改，切实推动巡察工作成果转化。（孙　洁）

2020年吴江开发区外商投资企业新项目情况表

单位：万美元

企业名称	总投资	注册资本	经营范围	投资商
茶谷精密光电科技（苏州）有限公司	643.02	321.51	电子	日　本
和水科技（苏州）有限公司	71.67	71.67	三产	日　本
苏州万穗智能科技有限公司	2400	2000	机械	美　国
苏州连辉新材料科技有限公司	200	200	三产	英属维尔京群岛
星巴特（苏州）智能制造有限公司	1000	1000	机械	泰　国
苏州悦肤达医疗科技有限公司	28.54	28.54	三产	开曼群岛
江苏微康生物科技有限公司	3276.92	1250.97	食品	新加坡
苏州芬普机电设备有限公司	84.68	84.68	机械	芬　兰
苏州森迪恩特汽车技术有限公司	14.13	14.13	机械	瑞　典
常新科技（苏州）有限公司	140	100	电子	韩　国
苏州客西马尼商务管理有限公司	145.76	145.76	三产	韩　国
苏州零泉科技有限公司	43.73	43.73	三产	英　国
苏州布莱恩马可企业服务咨询有限公司	1.47	1.47	三产	美　国
苏州诚禾瑞企业服务咨询有限公司	1.47	1.47	三产	美　国
苏州布马企业管理合伙企业（有限合伙）	1.47	1.47	三产	美　国

（孙　洁）

2020年吴江开发区港商、台商投资企业新项目情况表

单位：万美元

企业名称	总投资	注册资本	经营范围	投资商
佑力恒精密机械（苏州）有限公司	143.35	143.35	机械	中国台湾
苏州钧乔贸易有限公司	11.47	11.47	三产	中国台湾
推辞网络科技（江苏）有限公司	500	500	三产	中国香港

（续　表）

企业名称	总投资	注册资本	经营范围	投资商
艾斯迷化妆品（江苏）有限公司	300	300	其他	中国香港
佩莱品牌管理有限公司	1000	1000	三产	中国香港
巨贸电子科技（苏州）有限公司	150	150	机械	中国台湾
苏州白龙石电器科技有限公司	70.11	70.11	三产	中国台湾
苏州崇吉机械加工有限公司	1.41	1.41	机械	中国台湾
云巢科技（江苏）有限公司	20000	20000	三产	中国香港
苏州市致启机械科技有限公司	6000	2000	三产	中国香港
苏州耀欣物流设备有限公司	71.58	71.58	机械	中国台湾
苏州讯腾信息咨询合伙企业（有限合伙）	27.92	27.92	三产	中国台湾
苏州禾米光学材料有限公司	7.29	7.29	三产	中国台湾
明日智能科技（苏州）有限公司	5500	5500	三产	中国香港
齐裕达智能装备科技（苏州）有限公司	76.01	76.01	三产	中国台湾
苏州云台谷企业咨询管理有限公司	30.4	30.4	三产	中国台湾
曙巨电子（苏州）有限公司	91.21	76.01	三产	中国台湾

（孙　洁）

2020 年吴江开发区主要经济社会指标

项　目	数　量	项　目	数　量
总户数（户）	46788	农村从业人员（人）	33248
户籍人口（人）	130736	其中：农业（人）	2945
其中：男（人）	64129	工业（人）	17486
女（人）	66607	建筑业（人）	3589
农业户籍人口（人）	9793	其他（人）	9228
人口出生率	17.93‰	粮食播种面积（亩）	20668
人口死亡率	6.06‰	粮食总产（吨）	10456
自然增长率	11.88‰	其中：夏粮播种面积（亩）	7050
地区生产总值（亿元）	532.60	夏粮总产（吨）	2228
其中：第三产业（亿元）	141.30	秋粮播种面积（亩）	13618
人均生产总值（元）	425479	秋粮总产（吨）	8228
农林牧渔总产值（现行价万元）	28095	油菜籽播种面积（亩）	945
其中：农业（万元）	19577	油菜籽总产（吨）	146.76
林业（万元）	0	蔬菜总产（吨）	36402
牧业（万元）	656	蚕茧总产（吨）	0
渔业（万元）	7301	水果总产（吨）	979
农林牧渔服务业（万元）	561	年末存栏生猪（万头）	—

（续　表）

项　目	数　量	项　目	数　量
出栏肉猪（万头）	—	大中型拖拉机数（台）	51
年末存栏家禽（万羽）	2.34	联合收割机数（台）	41
出栏家禽（万羽）	8.64	工业总产值（亿元）	1645.00
禽蛋总产量（吨）	32	规模以上工业总产值（当年价格）（亿元）	1519.87
水产品总产量（吨）	7675	规模以上工业企业主营业务收入（亿元）	1436.48
其中：养殖产量（吨）	6591	规模以上工业企业总资产（亿元）	1507.30
养殖面积（公顷）	1600	注册外资（万美元）	63503
年末农业机械总动力（万千瓦）	1.90	实际使用外资（万美元）	20582

（区统计局）

汾湖高新区（黎里镇）

【概况】 汾湖高新区（黎里镇）位于吴江区东部，行政区域总面积258平方千米，其中市镇面积13.6平方千米。市镇设芦墟、黎里、金家坝、北厍4个办事处，下辖黎阳、黎花、建南、雄锋、史北、华莺、大联、方联、汤角、青石、乌桥、东秋、城司、高新、芦东、伟明、汾湖湾、莘南、莘西、元荡、龙泾、港南、三好、东联、大潮、雪巷、禾田、跃胜、杨文头、新钢、红旗、星谊、梅石、银杏、新鹤、东胜、梅墩、黎星、汾湖、沈家港、永新、大长港、川心港43个行政村和黎新、振黎、兴黎、镇东、镇西、新区、莘塔、金家坝、北厍9个社区居委会。区内户籍人口14.3万人，其中少数民族395人，涉及19个民族。

2020年，汾湖高新区（黎里镇）完成地区生产总值310.81亿元，比2019年（下同）增长2.2%；一般公共财政预算收入29.2亿元，增长1.2%；全社会固定资产投资73.93亿元，增长2.0%。国家级高新区创建有力推进，示范区先行启动区建设全面起势，黎里镇上榜“全国百强镇”并位居前列，一体化高质量发展迈上新台阶。（沈喜喜）

【长三角一体化先行启动区建设】 2020年，汾湖高新区（黎里镇）全力推进先行启动区建设，创新出台一体化工作机制，协调22项重点建设项目落地见效，承办示范区成立一周年现场会和吴江区建设工作现场会。强化规划先行理念，立足示范区“1+1+N”（第一个“1”指示范区总规，第二个“1”指启动区总规，“N”指若干专项规划）规划体系，开展高铁科创新城、水乡客厅等重点片区控规研究。示范区内，首条打通省际断头路项目——康力大道东延段竣工通车，首座跨区域慢行桥完工；沪苏湖铁路全线开工，通苏嘉甬铁路紧密筹备，苏州南站前期工作有序开展。生态绿色一体化形成示范，“跨界联合河长制”入选“中国改革2020年度50典型案例”，美丽乡村群、美丽湖泊群建设序时推进，太浦河先期综合整治完成。公共服务一体化实现共享，与上海世外教育、复旦儿科医院分别签订合作共建协议，长三角（汾湖）人力资源服务产业园获市级产业园认定，颁发首张住所冠名示范区的营业执照，举办环意自行车赛等联动三地的大型文体活动近10场。党建一体化引领发展，建立“吴根越角”毗邻村发展互学机制，发布一体化廉洁文化观览线路。长三角一体化国家战略在汾湖形成一系列可观可感的实践成果。（沈喜喜）

【招商引资】 2020年，汾湖高新区（黎里镇）聚焦“五大经济”（功能型总部经济、特色型服务经济、融合型数字经济、前沿型创新经济、生态型湖区经济），狠抓“双招双引”*，率先启动招商体制机制改革，市场化招商队伍正式运作。全年签约中车绿地产城双优融合更新、蓝城集团美丽吴江样板区等重大优质项目20多个，总投资超1100亿元，其中超百亿元项目4个。英诺赛科进入试生产，永鼎总部建成启用，恒力、亨通、京东等重大项目有序推进。实现注册外资9985万美元，到账外资4712万美元，进出口总额16.1亿美元。汾湖投资集团信用评级提升至AA+。（沈喜喜）

【工业经济】 2020年，汾湖高新区（黎里镇）完成工业总产值730.2亿元，工业开票销售收入737亿元；全社会固定资产投资74亿元，其中工业投资31亿元、工业技改投入14.6亿元、智能化工业投入19.8亿元；规上工业企业完成产值547.7亿元，占工业总量的75%；销售收入超10亿元企业5家，超亿元企业137家。永鼎继续入围中国民营企业500强，康力、威特2家企业跻身吴江十大纳税企业，69家企业成为纳税大户，23家企业上榜吴江百强企业。（沈喜喜）

【科技创新】 2020年，汾湖高新区（黎里镇）完成高新技术产业产值197亿元，占规上企业总产值的36%，全社会研发投入占比4.3%。新增省级企业技术中心4家、市级以上智能示范车间5家；新引进高层次创新创业人才23名，与高等院校、科研院所新签订合作协议25项。苏州铁近机电股份有限公司、英诺赛科（苏州）半导体有限公司、苏州焜原光电有限公司、苏州亚德林股份有限公司4家企业入库苏州市“独角兽”培育企业名单，中广核达胜跻身专精特新小巨人“国家队”，安特威阀门参与项目获国家唯一科技进步特等奖。在吴江首家推出并发布首批长三角联动科技创新券。成为苏州市首个被列入自贸片区联动创新区的省级高新区。（沈喜喜）

【服务经济】 2020年，汾湖高新区（黎里镇）完成第三产业增加值129.22亿元，比2019年（下同）增长0.3%，二、三次产业结构进一步优化；房地产开发投资保持高位增长，新增开工面积6.23万平方米，增长105%，完成投资35.12亿元。商品房销售面积4.74万平方米，增长16.97%，商品房销售额75.01亿元。发展和壮大现代物流产业，外资现代物流项目利丰供应链、全盛物流等投入运营；京东智能供应链项目取得项目用地。（沈喜喜）

【城乡面貌】 2020年，汾湖高新区（黎里镇）坚持生态绿色优先理念，专门成立三大工作专班，集中力量打好“农村人居环境、文明城市、垃圾分类”攻坚战。汾湖高新区（黎里镇）新时代文明实践所正式开馆，“四分类”小区和农村垃圾分类实现全覆盖。统筹抓好“三治”“三优三保”* 和“散乱污”各项专项整治，完成拆旧土地面积113.67公顷、“三优三保”44.8公顷，腾出发展空间。超额完成退渔还田全年任务，淮委督办点位整治工作取得明显成效。全年空气质量优良率86.1%，位列四大板块第一。大力实施乡村振兴战略，完成10个行政村撤并调整，建成三星级康居村14个、康居特色村1个，东联村许庄获评江苏省特色田园乡村，并入选省级传统村落名录，杨文头村通过全国文明村复查。制订农业农村现代化三年行动计划，实施稻田综合种养110.67公顷，元鹤大米、金利油脂入选首届江苏农业品牌，雄锋村申报省

汾湖风景图　　［汾湖高新区（黎里镇）提供］

级农民合作示范社。（沈喜喜）

【社会民生】2020年，汾湖高新区（黎里镇）压紧压实疫情防控责任链，创新探索三地跨区域一体化联防联控机制，实现全镇新冠肺炎疫情防控“零感染、零确诊”目标，获评苏州市抗击新冠肺炎疫情先进集体。推进政府民生实事工程，开工建设汾湖人家5号地块等3423套安置公寓房，完成芦墟大桥撞击事故复位抢修工程。完成越江路幼儿园建设，苏州华锐双语学校顺利推进，中高考成绩迈上新台阶。有序推进基层医疗机构“减薄提升”工程，18个社区卫生服务站完成中医阁建设，日间照料中心实现全覆盖。汾湖文体中心即将投用，国家攀岩队训练基地落户。兜牢基本民生保障底线，全年发放各类救助补助资金超2300万元。全力稳就业促创业，举办线上线下招聘会47场，惠及求职者近3万人次。切实做好第七次全国人口普查工作。扎实推进“雷霆行动”“百团进百万企业”等专项整治行动，完成挂牌督办隐患攻坚任务，安全生产事故发生数与死亡人数实现双下降。进一步完善社会治理体系，率先开展“1+5+1”（第一个“1”指网格长，“5”指综治网格员、巡片网格员、叠加网格员、志愿网格员、警务网格员5类网格员，第二个“1”指网格督导员）综合网格试点，加快“雪亮工程”建设，扫黑除恶专项斗争取得显著成效，开展重点信访化解和矛盾纠纷调解。全面落实防汛抗灾工作，有效应对太浦闸大流量泄洪等巨大挑战，实现平安度汛。工青妇群团、阳光扶贫、对口支援、退役军人、人民武装和征兵等工作扎实推进。（沈喜喜）

【古镇保护】2020年，黎里古镇围绕“黎里国际生态文旅示范项目”建设目标，制订落实三年行动计划，着力打造诗意江南古镇。举办“梨花文化节”“黎里真实影像大会”“长三角文博会黎里论坛”等重大文旅节庆活动；相继完成东蔡弄蔡宅、沈宅鸳鸯厅及丁家弄丁宅风貌恢复，倪徵皞纪念馆、六悦庄博物馆酒店等项目开馆开业，“黎礼”文创店、特色工坊开门迎客，“美学小镇研究院”“旅游融合创新研究基地”落户。“十一”黄金周接待游客11.62万人次，游客量创历史新高。（沈喜喜）

2020年汾湖高新区（黎里镇）主要经济社会指标

项　目	数　量	项　目	数　量
总户数（户）	49711	牧业（万元）	5041
户籍人口（人）	143365	渔业（万元）	63239
其中：男（人）	70077	农林牧渔服务业（万元）	3500
女（人）	73288	农村从业人员（人）	52455
农业户籍人口（人）	29927	其中：农业（人）	7731
人口出生率	7.28‰	工业（人）	30615
人口死亡率	9.40‰	建筑业（人）	3568
自然增长率	−2.11‰	其他（人）	10541
地区生产总值（亿元）	310.81	粮食播种面积（亩）	77544
其中：第三产业（亿元）	129.22	粮食总产（吨）	36187
人均生产总值（元）	216813	其中：夏粮播种面积（亩）	28070
农林牧渔总产值（现行价万元）	111005	夏粮总产（吨）	8743
其中：农业（万元）	37043	秋粮播种面积（亩）	49474
林业（万元）	2182	秋粮总产（吨）	27444

（续　表）

项　目	数　量	项　目	数　量
油菜籽播种面积（亩）	120	其中：养殖产量（吨）	12942
油菜籽总产（吨）	17.44	养殖面积（公顷）	3611
蔬菜总产（吨）	20301	年末农业机械总动力（万千瓦）	5.26
蚕茧总产（吨）	0	大中型拖拉机数（台）	155
水果总产（吨）	758	联合收割机数（台）	49
年末存栏生猪（万头）	—	工业总产值（亿元）	730.21
出栏肉猪（万头）	—	规模以上工业总产值（当年价格）（亿元）	561.76
年末存栏家禽（万羽）	11.78	规模以上工业企业主营业务收入（亿元）	556.33
出栏家禽（万羽）	16.66	规模以上工业企业总资产（亿元）	719.35
禽蛋总产量（吨）	1356	注册外资（万美元）	9985
水产品总产量（吨）	15243	实际使用外资（万美元）	4712

（区统计局）

吴江高新区（盛泽镇）

【概况】 吴江高新区（盛泽镇）位于江苏省最南端，地处长江三角洲和太湖地区的中心地带，南接浙江杭州、嘉兴，东临上海，西濒太湖。行政区总面积150平方千米，其中建成区面积45.98平方千米、规划工业产业区60平方千米。农村辖红洲、茅塔、圣塘、杨扇、兴桥、群铁、东港、前跃、幸福、黄家溪、北角、胜天、荷花、永和、盛虹、渔业、坛丘、人福、龙桥、郎中、双溪、北旺、南塘、坝里、大谢、桥南、庄平、寺西洋、永平、沈家30个行政村，镇区辖目澜、衡悦、山塘、桥北、舜湖、镜湖、坛丘、南麻8个社区居委会。人口约50万，其中户籍人口13.7万人，外来常住及流动人口约36.3万人。（史丽娟）

【工业】 2020年，吴江高新区（盛泽镇）坚决打赢打好疫情防控阻击战、复工复产复市联动战、双链融合主动战，经济运行逐季好转、经济社会发展取得新成效。重大项目高效推进，恒力20万吨工业丝等一批项目落地见效，国家级先进功能纤维创新中心建设稳步推进。系统谋

国家级先进功能纤维中心　　［吴江高新区（盛泽镇）提供］

划“三大空间”（东方市场有机更新、工业区“退二优二”*、吴江纺织循环经济产业园和新兴产业园“两园”）建设，盛泽未来时尚城立柱架梁，与中纺联共建“世界级纺织产业集群先行区”。全力推动“退二优二”*，盘活原巨诚地块等，引进岭郅智能制造及智慧供应链产业园、长三角（盛泽）现代供应链产业园等重大项目。智能制造引领转型，新增省、市级智能车间5个，恒力化纤获评省级绿色工厂，盛虹智慧印染工业互联网平台入选国家级试点名单。创新效应持续释放，新增高新技术企业95家，巨联环保被认定为省级工程技术研究中心，东纺城版权工作站投入使用。构建人才强磁场，全年入选省双创计划人才1人、市姑苏领军人才3人，完成“双招双引”*项目20个。民营经济优质发展，恒力集团位居“世界500强”第107位；盛虹集团首次上榜“世界500强”，位居第455位。（史丽娟）

【农业】2020年，吴江高新区（盛泽镇）乡村振兴成效显著。全镇农林牧副渔总收入6.17亿元。全年种植水稻1458.53公顷，总产13892.54吨，种植小麦718.73公顷，总产3460.82吨；水产养殖面积502公顷，总产量1871吨；现有苗木面积272.13公顷，果品面积90.8公顷；常年蔬菜面积66.67公顷，季节性蔬菜133.33公顷，桑地面积212.67公顷，全年饲养蚕种187张，总产8.42吨。大力推进农田基础设施建设，完成黄家溪、群铁村106.67公顷高标准农田建设。启动实施2021年省级高标准农田建设项目（群铁兴桥片、圣塘大谢片）459.13公顷建设。推进渔业生态文明建设，池塘生态化改造工程73.33公顷规划设计，退渔还田11.33公顷。推进现代农业园区基础设施提升，完成现代休闲示范园区北麻漾西湾生态休闲林果园工程和盛泽镇现代农业园道路提升及围栏工程。加快推进农业全程机械化，全年新增无人植保机、播种机、中拖、秸秆还田机等14台套。加大农村生态建设。完成农村绿化工作目标，新增片林6.87公顷，森林抚育53.33公顷，新建、更新及完善农田林网控制面积66.67公顷，珍贵用材树种培育5万株；巩固“三网拆除”成果，对镇所辖的879公顷26个河荡水域推行生态管理模式；落实河（湖）长制*和河道长效保洁工作，创新实施省际界巡河联防联治，全镇21条外河道，307条内河长效保洁管理全覆盖，实现“河畅、水清、岸绿、景美”目标。（史丽娟）

【改革开放】2020年，吴江高新区（盛泽镇）改革攻坚向纵深推进。持续深化“放管服”改革，不见面审批事项占比不断提高。创新“一件事”服务，形成横向“无差别受理”综窗、纵向“一件事”专窗的互补格局，实现市场准入快捷电子化、不动产登记即交即发、施工许可盛泽办结，让企业和群众“跑一次腿、办整件事”。基层治理能力全面提升，以智慧盛泽为总牵引，创新全要素微网格管理，社会治理联动平台提级扩能，工业企业网格治理提标扩面。国有（集体）资产管理基本完成整合优化。对外开放走深走实，以业态升级、贸易创新为发力点，多端融合的智慧市场初具规模，国际贸易集聚区加快建设。东方丝绸市场完成交易额1279.49亿元，比2019年（下同）增长2.11%。“时尚之都”建设取得突破性进展，创意设计、会展赛事、时尚橱窗、面料转化等时尚服务助推“两业”融合，金顶时装设计师、上海设界、东纺云平台等资源

2020年10月28日，第八届江苏（盛泽）纺织品博览会暨第二十一届中国盛泽丝绸旅游文化节开幕

［吴江高新区（盛泽镇）提供］

集聚互动耦合。全国首个线上线下相结合的盛泽时尚周暨第七届纺博会，实现“秀、展、赛、会、商”深层联动；第八届纺博会扩容升级，展位规模、展出面积、展出效果创历届之最。（史丽娟）

【城乡建设】 2020年，吴江高新区（盛泽镇）城乡面貌持续改善。深化美丽盛泽建设，强势推进全国文明城市创建，城市面貌明显改善，城乡生活污水治理、雨污分流改造、厕所革命持续提质升级，生活垃圾分类实现“三定两清一督”*四分类小区全覆盖，恒力集团获评全国文明单位，黄家溪村获评全国文明村。基础配套日益完善，沪苏湖铁路正式开工，如意桥等20个美丽城镇项目完成建设，依次完成龙桥新村等5个海绵城市项目建设。全域推进生态环境治理，持续深化“散乱污”“三治”等系列整治行动，率先开展纺织后整理、整浆并行业专项整治，处置“僵尸企业”1938家，完成拆旧124公顷。做好水利部淮委督查问题整改。全力推进农村人居环境整治，实施“美丽村景”项目193个，建设三星级康居村13个，沈家村、黄家溪村特色田园乡村先后通过省级验收。加强农村集体“三资”管理，深化农村集体产权制度改革，农村“三大合作”稳步推进。（史丽娟）

【社会民生】 2020年，吴江高新区（盛泽镇）人民福祉日益增进。坚持民生优先，大力稳就业促就业，加强劳动保障监察巡查，落实普惠性稳岗返还政策。教育事业快速发展，全年投入3.4亿元建成投用新教学用房5处，开展长三角教育一体化创新管理合作项目，以“舜湖教师学院”为载体的联合教育项目稳步实施。巩固提升城乡公共服务体系，村（社区）便民服务中心可办结事项109项。住房保障稳中有升，完成如意苑二期、万鑫家园建设。精准开展特定人群扶贫，残疾人社会保障全覆盖。退役军人服务保障不断完善。构建多层次“养老+”服务体系，依托“智慧养老平台”，打造“没有围墙”的养老院。建设普惠健康盛泽，开展爱国卫生运动，支持以盛泽医院为龙头的吴江区南部医联体建设。全民动员抓好疫情防控，深化“大数据+网格化+铁脚板”应用，深入开展交通卡口排查、隔离点设置等工作，落实“吴江惠企十八条”等政策，维护人民群众生命财产安全。筑牢安全生产防线，进一步压紧压实“三方责任”，深入开展“百日雷霆行动”，扎实推进“331”专项行动*，创新实施智慧工地监管，预防和压降各领域安全生产事故。综治信访工作进一步加强，治安防控体系不断完善，无物业住宅小区技防建设有序推进，信访积案排查化解“9445”工作走在全区前列。（史丽娟）

【党建工作】 2020年，吴江高新区（盛泽镇）全面加强党的集中统一领导，深入学习、宣传贯彻党的十九届五中全会精神，开展“四史”学习教育，持续巩固拓展“不忘初心、牢记使命”主题教育成果。守正创新做好意识形态工作，抓好网络意识形态风险防控。深入实施“融入式党建”*，推进“党建六联”书记项目，形成“毗邻党建”强大合力。创新村企结对模式，首批10对村企结对项目有序推进。强化区域统筹，完成人福村等10个行政村区域调整和“两委”换届选举。优化组织设置，新增“两新”党组织25家，重点小区党的组织和党的工作全覆盖。推动全面从严治党向基层延伸，建立健全镇、村、组三级廉勤监督网。高标准抓好区委第十二轮对村（社区）巡察反馈问题整改。严格执纪审查，深化运用监督执纪“四种形态”，健全完善发现问题、纠正偏差、精准问责的有效机制，一体推进“不敢腐、不能腐、不想腐”。强化机关效能建设，贯彻落实区委激励干部担当“1+N”系列文件，在疫情期间提拔干部作为运用“三项机制”的典型案例。全力支持人大、政协履职尽责，统战、人武、老干部、群团等工作全面加强，和衷共济、团结奋进的氛围愈加浓厚。（史丽娟）

【中国东方丝绸市场】 2020年，中国东方丝绸市场（以下简称“市场”）围绕市场高质量发展目标，以时尚创意、业态升级、贸易创新、市场管理为发力点，不断促进“市场、产业、城市”有机融合，推动市场转型升级新发展，打造世界级高端纺织产业集群，助力盛泽全面提速创新引领的“时尚之都”建设。全年市场交易额1279.49亿元，比2019年增长2.11%。举办首届盛泽时尚周暨第七届江苏（盛泽）纺织品博览会云展会、第八届江苏(盛泽)纺织品博览会。时尚周以"丝韵东方,时尚盛泽"为主题,联合中国服装设计师协会、上海时尚产业发展中心等国内领先的时尚产业机构,高规格、高品质实施"秀、展、赛、会、商"联动,有18个品牌专场发布,100多家专业媒体报道、300多篇刊发转载、央视新闻频道进行专题报道。第八届江苏(盛泽)纺织品博览会展位规模和展出面积创历届之最,设600多个展位,总面积2.5万平方米,展出万款面料产品、千款品牌服装、千款高精尖纺机设备。第七届和第八届纺博会线上线下齐发力,促成交易额近16亿元。纺博会同期举办多场国家级设计类大赛、高规格行业论坛和时尚发布秀演。盛泽未来时尚城对外发布,完成方案初稿;位于东方纺织城北广场的中国东方丝绸市场时尚橱窗对外亮相;盛泽设界平台引进各类设计师80名,其中柔性引进金顶设计师刘薇,正式引进十佳设计师孙德春。加快国际贸易集聚区建设,全年引进国际贸易公司50余家;推进金融集聚区建设,入驻国内知名创投基金管理公司8家,基金管理规模16亿元;推进网上市场建设,成立东纺云智公司,完善"东纺云"App各项功能;组织"走出去、请进来"活动,全年组织参加国外展企业30余家、参加国内展企业150余家,带领盛泽纺企走进上海、北京、宁波等地,与品牌服装企业举行面料对接会。全面落实市场内各级消防安全责任制,持续深化"331"专项行动*,推进文明城市创建和生活垃圾分类工作;重点以扫黑除恶专项斗争、非法金融整治、社会矛盾纠纷和风险隐患排查三项工作为抓手,确保市场经营环境平稳。（范明娟）

2020年吴江高新区（盛泽镇）主要经济社会指标

项 目	数 量	项 目	数 量
总户数(户)	39447	建筑业(人)	2057
户籍人口(人)	137933	其他(人)	6651
其中:男(人)	67546	粮食播种面积(亩)	40969
女(人)	70387	粮食总产(吨)	22298
农业户籍人口(人)	22699	其中:夏粮播种面积(亩)	13453
人口出生率	7.59‰	夏粮总产(吨)	4343
人口死亡率	8.36‰	秋粮播种面积(亩)	27516
自然增长率	−0.77‰	秋粮总产(吨)	17955
地区生产总值(亿元)	442.96	油菜籽播种面积(亩)	0
其中:第三产业(亿元)	250.54	油菜籽总产(吨)	0
人均生产总值(元)	321591	蔬菜总产(吨)	31658
农林牧渔总产值(现行价万元)	61746	蚕茧总产(吨)	8.415
其中:农业(万元)	50005	水果总产(吨)	1351
林业(万元)	2906	年末存栏生猪(万头)	—
牧业(万元)	0	出栏肉猪(万头)	—
渔业(万元)	7090	年末存栏家禽(万羽)	1.46
农林牧渔服务业(万元)	1745	出栏家禽(万羽)	5.58
农村从业人员(人)	48526	禽蛋总产量(吨)	51
其中:农业(人)	3013	水产品总产量(吨)	1871
工业(人)	36805	其中:养殖产量(吨)	1871

（续　表）

项　目	数　量	项　目	数　量
养殖面积（公顷）	502	规模以上工业总产值（当年价格）（亿元）	485.78
年末农业机械总动力（万千瓦）	3.79	规模以上工业企业主营业务收入（亿元）	466.40
大中型拖拉机数（台）	85	规模以上工业企业总资产（亿元）	708.96
联合收割机数（台）	35	注册外资（万美元）	40674
工业总产值（亿元）	654.63	实际使用外资（万美元）	1928

（区统计局）

东太湖生态旅游度假区（太湖新城）

【概况】 东太湖生态旅游度假区（太湖新城）位于吴江区北部，是区委、区政府所在地，距苏州主城区16千米，总面积198平方千米。江苏省吴江东太湖生态旅游度假区党工委管委会与苏州太湖新城吴江党工委管委会合署办公，实行“两块牌子、一套班子”，代管松陵、横扇、八坼三个街道，下辖水乡、西塘、北门、东门、二村、三村、城中、奥林清华、梅石、苏河、新园、湖滨华城、龙河、祥泰、冬梅、长板、水秀、西元圩、石里、横扇、菀坪、沧浦、渔业、八坼24个社区居委会，江新、南厍、梅里、吴模、高新、芦捕、联杨、戗港、南刘、第二渔业、星字湾、四都、北横、沧洲、姚家港、叶家港、圣牛、双湾、太浦河、诚心、安湖、同芯、新湖、菀南、新营、农创、友谊、直港、双联、黑龙、汤华、石铁32个行政村。至年底，东太湖生态旅游度假区（太湖新城）常住人口26.71万人，户籍人口18.65万人，其中户籍少数民族人口1686人。

2020年，东太湖生态旅游度假区（太湖新城）实现地区生产总值341.86亿元，比2019年（下同）增长2.78%；完成一般公共预算收入58.36亿元，增长16.68%；全社会固定资产投资191.43亿元；规上工业总产值164.99亿元；工业开票收入234.79亿元；服务业税收65.61亿元；文化产业营业收入46.68亿元；实际利用外资13712万美元。（徐雨晴）

【防疫工作】 2020年，东太湖生态旅游度假区（太湖新城）全面落实中央，省、市、区疫情防控要求，全心全意、全神贯注、全员发动做好疫情防控工作。率先制定疫情防控标准化工作流程，开发建立“在线防控云平台”，开展科学防疫、高效防疫，累计排摸出租房33266户，登记外来人员114378人，解除居家观察、集中观察6379人。制定出台度假区“惠企六条”，兑现扶持资金近千万元，帮助企业共克难关。（徐雨晴）

【招商引资】 2020年，东太湖生态旅游度假区（太湖新城）引进各类项目157个，总投资340.9亿元，苏州湾环球企业中心、中城捷运总部等多个重大项目落户。苏州湾东方创投基地累计注册各类金融机构342家，注册资金782亿元，管理资金规模592.69亿元。全社会固定资产投资完成191.43亿元，总量列全区第一。31项重点项目完成投资135.16亿元，占年度目标的100.87%，形成以项目促发展的良好态势。（徐雨晴）

【科技创新】 2020年，东太湖生态旅游度假区（太湖新城）不断提升科技创新力度，苏州湾科技城创新集聚效应初显，国测（苏州）智慧城市产业化基地一期、步步高稻谷互联网产业园开园运营。加快转型升级步伐，产业竞争力显著增强，吴江变压器厂获评国家级专精特新“小巨人”企业，佳禾食品等6家企业入选省专精特新“小巨人”企业，占吴江总量的40%。超美斯获评省级智能车间，累计创建市级以上智能车间14个。江澜农业获评苏州市服务业创新型示范企业，亿友慧云获评首批生产性服务业领军企业。太湖新城科创园博士后科研工作站升为国家级博士后科研工作站，绿地复客智慧众创获评2020年度苏州市众创空间，全年获评省双创人才2人、

姑苏领军人才3人、吴江区领军人才8人。（徐雨晴）

【城乡统筹】2020年，东太湖生态旅游度假区（太湖新城）坚持以城带乡，城乡一体化发展呈现新亮点。德尔、步步高等总部楼宇投入使用，阅湖大道绿化景观工程稳步实施，苏州湾大剧院成功首演，苏州湾CBD总部经济区形态更加丰满。鲈乡片区国家级老旧小区改造试点工程全面实施，247个居住小区实现垃圾分类全覆盖，城市更新加快推进。举办"双12苏州购物节——乐购吴江"及"家门口的进博会"，打造原创水上运动赛事IP"苏州湾帆船联赛"，全面打响"靓丽东太湖"夜间经济品牌，产城旅得到进一步融合。文明城市测评成绩位列全区第一，松陵街道在承担全区90%测评点位的情况下助力苏州高水平高质量通过全国文明城市复评，横扇、八坼街道以"5+2""白+黑"的力度发动全部机关人员投身百日攻坚。镇村建设齐头并进，八坼街道获评"苏州市农业农村现代化先进集体"，南厍等3个自然村获评省级特色田园乡村，14个三星级康居乡村全面建成。协同推进"三治""三优三保"*等工作，完成治违拆旧100公顷，盘活存量土地110公顷。深入开展城乡生态治理，实施太浦河"沪湖蓝带"计划，"最美八公里"初显成效，完成44个农村生活污水治理和3个小区雨污分流改造工程。（徐雨晴）

8月20日，举办2020全国青少年帆船赛

［东太湖生态旅游度假区（太湖新城）提供］

【社会民生】2020年，东太湖生态旅游度假区（太湖新城）实施新一轮机构改革，基层社会治理能力不断提升。扎实推进十大类39项民生实事项目，完成投资39.6亿元，竹景苑动迁安置房竣工，松陵卫生院顺利搬迁，苏州大学未来校区、苏州中学附属苏州湾学校等全面加快建设，困难群众精准帮扶创新开展，医疗养老服务全面供给，街道为民服务中心全面投入运行，民生服务保障日益完善。（徐雨晴）

【党建工作】2020年，东太湖生态旅游度假区（太湖新城）始终坚持党要管党、从严治党。深化机关党建"四个常态化"工程，6部"初心课堂"微党课被学习强国苏州平台展播。探索实施新兴领域党建工作，创设"邻聚力"党建服务品牌，成立吴江区首家楼宇党委。干部队伍建设全面加强，开展各类教育培训67期次，党员冬训工作获评省级示范单位。坚持把纪律和规矩挺在前面，运用"361"党风廉政宣教模式，实现纪法教育"全覆盖"；常态化开展"三位一体"监督，推动各项决策部署有效落实，工作作风持续优化。（徐雨晴）

2020年东太湖生态旅游度假区（太湖新城）主要经济社会指标

项　目	数　量	项　目	数　量
总户数（户）	62280	其中：男（人）	91618
户籍人口（人）	186540	女（人）	94922

（续　表）

项　目	数　量	项　目	数　量
农业户籍人口（人）	14833	秋粮总产（吨）	13558
人口出生率	11.16‰	油菜籽播种面积（亩）	10
人口死亡率	5.93‰	油菜籽总产（吨）	1.5
自然增长率	5.22‰	蔬菜总产（吨）	75795
地区生产总值（亿元）	341.86	蚕茧总产（吨）	8.579
其中：第三产业（亿元）	228.62	水果总产（吨）	5274
人均生产总值（元）	189074	年末存栏生猪（万头）	—
农林牧渔总产值（现行价万元）	84048	出栏肉猪（万头）	—
其中：农业（万元）	34378	年末存栏家禽（万羽）	4.61
林业（万元）	0	出栏家禽（万羽）	6.40
牧业（万元）	2576	禽蛋总产量（吨）	206
渔业（万元）	45230	水产品总产量（吨）	11045
农林牧渔服务业（万元）	1864	其中：养殖产量（吨）	10968
农村从业人员（人）	38930	养殖面积（公顷）	1313
其中：农业（人）	6514	年末农业机械总动力（万千瓦）	4.81
工业（人）	22342	大中型拖拉机数（台）	71
建筑业（人）	1623	联合收割机数（台）	30
其他（人）	8451	工业总产值（亿元）	226.01
粮食播种面积（亩）	30147	规模以上工业总产值（当年价格）（亿元）	172.12
粮食总产（吨）	15914	规模以上工业企业主营业务收入（亿元）	167.20
其中：夏粮播种面积（亩）	7627	规模以上工业企业总资产（亿元）	237.13
夏粮总产（吨）	2356	注册外资（万美元）	23641
秋粮播种面积（亩）	22520	实际使用外资（万美元）	13712

（区统计局）

七都镇

【概况】 七都镇位于吴江区西南部，辖区总面积102.9平方千米，其中镇区（含庙港）7.03平方千米。下辖东风、望湖、双塔桥、吴溇、隐读、丰田、长桥、东庙桥、菱田、吴越、群幸、陆港、爜烂、盛庄、庙港、联强、太浦闸、联漾、开弦弓、光荣20个行政村和渔村、西漾渔业2个涉农社区。市镇设庙港办事处，下辖七都、庙港2个社区居委会，全镇常住人口7.56万人。

（李　晓）

【经济发展】 2020年，七都镇实现地区生产总值107.6亿元，比2019年（下同）增长2.3%；工业总产值501亿元，增长3.4%；全社会固定资产投资27.39亿元，增长7.9%；工业开票销售收入541.89亿元，实际使用外资1055万美元。民营企业不断发展壮大，亨通光电、亨通线缆被列入“国家工信部绿色制造名单”，亨通光电获批苏州市首家“江苏省院士企业研究院”，“5G整网安全防护系统”成为2020年苏州市唯一的“国家级网络安全技术应用试点示范项目”。凯伦股份入围“江苏省小巨人企业”榜单。通用电梯在深交所挂牌上市，成为创业板电梯第一股。15个区级重点项目年度投资完成率102.6%。智能工业投资9.05亿元，增长12.8%，新增省级企业技术中心2家，市级智能工厂和车间5家。有效高新技术企业数量增长29%。新增省级“上云”企业8家，亨通智网获评省级“两化融合管理体系贯标试点企业”。高层次人才加速聚集，新增省、市级各类人才19人，落地人才项目3个，亨通集团建成江苏省首批“民营企业人才人事综合改革示范基地”。成立七都镇侨界联合会和新的社会阶层人士联谊会，建立健全与企业直联直通、高效互动机制。（李　晓）

【生态文明】 2020年，七都镇加大环境整治力度，生态建设取得实效。燃煤锅炉全部淘汰或实施清洁能源替代，20家工业炉窑、10家VOCs（挥发性有机物）治理企业完成综合治理。空气质量优良天数达标比例提高11%，PM2.5年均值和改善率均位列全区第一，成为全区唯一两次获得空气质量补偿奖金的乡镇。全面落实长江“十年禁渔”任务，682艘渔船应退尽退，1415名渔民应保尽保。深入开展河湖“两违”“四乱”专项整治，清理住家船、沉船221艘。通过专业队伍和组织渔民，集中力量打捞蓝藻9751吨、水草7056吨，实现太湖水域安全度夏。各级河（湖）长全年开展巡河（湖）1240次，解决问题969个，849项“一事一办”任务全面完成，建成横港、月字圩港两条生态美丽河湖。59个自然村生活污水治理设施建设基本完成，庙港污水厂排污口完成迁移，省考断面水质优II比例100%。清理双塔桥等“散乱污”重点区块约10公顷，取缔“散乱污”点位66个，完成率100%。生活垃圾填埋场实现长效管理。长江经济带生态环境保护审计问题、省环保督察信访问题全部整改销号。（李　晓）

【城乡建设】 2020年，七都镇持续完善基础设施，城乡统筹发展进程加快。吴越路、环长漾稻米香径（七都段）建成通车，心田湾立面改造基本完工。儒林佳苑三期安置房交付使用，教工新村等4个老旧小区完成改造。生活垃圾分类实现全覆盖，成为全区首个100%完成“三定两清一督”*小区验收的乡镇。68座农村公厕全部完成提档升级。平台化、项目化推进“中国·江村”示范区建设，成立综合提升项目建设指挥部，组建江村文旅投资发展有限公司，累计完成投资4400万元。江村香青菜基地创建“苏州市高标准蔬菜生产示范基地”，启动江村高标准大闸蟹基地建设。开弦弓自然村被认定为全区首批省级传统村落。集中攻坚“净美江村”大整治行动，423户家庭参与“美丽庭院”创建，开弦弓村被评为“美丽家园”省级示范点。新增三星级康居村15个，光荣村创建“康居特色村”；群幸村、光荣村、隐读村获评“苏州市农村人居环境整治工作示范村”。浦江源太湖蟹生态养殖示范园投入5000万元，启用检测检疫中心、智慧平台、“互联网+”水产品云商城。深化农村集体产权制度改革，24个村级股份经济合作社完成赋码登记。11个“一村两楼宇”及“一事一议”项目获奖补资金近千万元，全年投资区镇两级平台收益1369万元，加快实施“万企联万村 共走振兴路”行动，联建覆盖率80%。（李　晓）

【文化旅游】 2020年，七都镇依托自然生态优势和文化底蕴，全面推进农文旅融合发展。投资366万元修缮孙宅，投资8000万元启动吴溇老街改造项目。建成投用0572酒店二期、

2020年4月，儒林佳苑三期安置房工程　　（吴斌　摄）

亨通凯莱度假酒店宴会厅等项目，轻旅驿酒店结顶。发布“湖先生、菜小姐”旅游IP形象及农文旅“热力图”，举办“繁华吴江夜·七都欢乐购”、双塔夜市、第三届长三角社会学论坛、“琴近太湖”线上展示活动、太湖欢乐跑、首届文化创意设计大赛等系列品牌活动，“美美江村”研学旅游路线获评“江苏省乡村旅游精品线路”。进一步挖掘溇港文化，成立溇港文化研究室，七都小学溇港文化科技特色课程获批全区唯一“苏州市级课程基地和学校文化建设项目”。举办第一期“桥见七都”油画采风活动。组织开展复旦大学“七都再调查”研究。（李　晓）

【民生事业】2020年，七都镇全力保障和改善民生，群众生活水平进一步提高。7所校园硬件改造投入超800万元，七都小学获第32届江苏省中小学生金钥匙科技竞赛小学组团体特等奖。七都镇综合为老服务中心投入运营，悦心公寓上榜首批“长三角异地养老机构名单”。创成省健康村1个、市健康村（单位）2个，七都卫生院获评江苏省社区医院。扎实开展全国第七次人口普查工作。新增本地就业3356人，成功创业423人、带动就业1601人，852名退捕渔民全部实现就业创业。落实“苏惠十条”“吴江惠企十八条”政策，781家企业享受稳岗返还、返岗补贴631.78万元。企业职工社会保险参保人数2.02万人，增长8.2%，亨通光电缆产业园创建“省级和谐劳动关系综合试验区”。开展安全生产百日“雷霆行动”，事故起数、死亡人数均实现“零报告”。顶住太湖超保证水位巨大压力，组织突击队24小时巡防，通过抗洪大考。“331”专项行动*隐患整改率100%。组建“微执法”快速行动队和“百姓街长”特色志愿服务队，“城警联动”实体化运作，新增公共停车泊位1456个。组建“文明七彩　美美七都”队伍7支，望湖小区获评区级“文明示范小区”。深化社会稳定风险评估和社会矛盾排查预警机制，化解重复信访积案2件。（李　晓）

【党建和效能】2020年，七都镇推动基层党建各项任务，为全镇各项事业发展提供组织保障。面对新冠肺炎疫情冲击，始终坚持党对一切工作的领导，组建专业处置、应急防控和一线突击3支疫情防控队伍，成立9个专门工作组，发挥党组织战斗堡垒和党员先锋模范作用。严格落实“外防输入、内防反弹”总体策略，坚持“人物同防”，落实“大数据+网格化+铁脚板”工作模式，强化省际党建联盟联防联控纽带，实现全镇零感染。持续深化“太湖红帆”党建品牌，成立“美美江村”乡村振兴党建联盟，设立光荣村“初心讲堂”，推广“事解江村”党建服务点。高标准完成“三整合”改革试点任务，集成指挥中心一体化平台高分通过全省首家验收。坚持人岗相适、德才兼优，组织实施村“两委”换届。高度重视村（社区）专项巡察反馈意见，制定明确27项具体措施并整改执行到位。建成“太湖清风苑”廉政教育基地，创新结合“非遗”剧目与廉政教育。全力支持人大、政协履职尽责，统战、人武、群团等工作全面加强，“有事好商量”案例《基层协商解难题，小区旧貌换新颜》被苏州市政协评为“协商议事优秀案例”。（李　晓）

2020年七都镇主要经济社会指标

项　目	数　量	项　目	数　量
总户数（户）	16445	人口死亡率	9.53‰
户籍人口（人）	61897	自然增长率	−1.93‰
其中：男（人）	30335	地区生产总值（亿元）	107.63
女（人）	31562	其中：第三产业（亿元）	46.28
农业户籍人口（人）	14730	人均生产总值（元）	173481
人口出生率	7.59‰	农林牧渔总产值（现行价万元）	62744

（续　表）

项　目	数　量	项　目	数　量
其中：农业（万元）	24596	蚕茧总产（吨）	6.05
林业（万元）	847	水果总产（吨）	534
牧业（万元）	1189	年末存栏生猪（万头）	—
渔业（万元）	27889	出栏肉猪（万头）	—
农林牧渔服务业（万元）	8253	年末存栏家禽（万羽）	1.45
农村从业人员（人）	36926	出栏家禽（万羽）	3.83
其中：农业（人）	3393	禽蛋总产量（吨）	55
工业（人）	19124	水产品总产量（吨）	5995
建筑业（人）	3187	其中：养殖产量（吨）	4748
其他（人）	11222	养殖面积（公顷）	1637
粮食播种面积（亩）	6931	年末农业机械总动力（万千瓦）	2.33
粮食总产（吨）	4435	大中型拖拉机数（台）	15
其中：夏粮播种面积（亩）	0	联合收割机数（台）	5
夏粮总产（吨）	0	工业总产值（亿元）	501.00
秋粮播种面积（亩）	6931	规模以上工业总产值（当年价格）（亿元）	426.89
秋粮总产（吨）	4435	规模以上工业企业主营业务收入（亿元）	438.75
油菜籽播种面积（亩）	50	规模以上工业企业总资产（亿元）	552.49
油菜籽总产（吨）	4.3	注册外资（万美元）	604
蔬菜总产（吨）	56742	实际使用外资（万美元）	1055

（区统计局）

桃源镇

【概况】 桃源镇位于吴江区南端，行政区总面积90.6平方千米，其中市镇面积6.82平方千米。农村辖广福、利群、杏花、戴家浜、宅里桥、前窑、桃花源、九里桥、大德、文民、瑾下浜、天亮浜、青云、陶墩、梵香、新和、水家港、新蕾、仙南、贤胡、严慕、迎春、富乡、后练、澄源25个行政村，市镇设桃源、青云、铜罗3个办事处，下辖桃源、青云、铜罗3个社区居委会。全镇户籍数约2万户，户籍人口7.04万人，其中少数民族人口162人（来自22个少数民族）；外来人口约3万人。　（吕一帆）

【经济发展】 2020年，桃源镇编印投资热力图，出台高质量发展产业扶持政策，组织77家企业申报项目100余项，奖励资金近600万元。推动企业进行智能化改造，全年技改投入13.26亿元，其中智能制造投资6.16亿元，超额完成年度任务。丹宇美、立邦获评省级示范智能车间。赴上海、北京等地招商12次，签约苏州澳缘盛新材料研发中心、华源控股智能包装产业园等8个项目，储备乐庭家居总部、恒美服饰、美联新材料等10个项目。华源智能立体仓储系统、小黄蜂机器人一期等总投资17亿元的10个项目竣工达产。小微产业园等3个城市有机更新项目正式启动。总投资超200亿元的融创生态文旅度假区项目奠基启动。新进入省、市高新技术企业培育库企业25家，通过高新技术企业认定21家。桃源镇总商会获评江苏省“四好”商会。凯灵纺织科技研发中心获评省级企业技术中心。“桃源红众创空间”获评省级众创空间。获评吴江领军人才2

人、海鸥计划人才2人、姑苏天使2人。（吕一帆）

【城乡建设】 2020年，桃源镇积极配合沪苏湖高铁建设，前期拆迁补偿工作基本完成。加快京杭运河改建工程，太师大桥改建通车。高标准改造桃花源大道中段、恒信大道，持续推进“四好农村路”建设。青云安置房启动前期工作，桃花水岸安置小区建设进入收尾阶段，观云四季庭进行主体施工并开盘销售，福煜人家一期建设进入收尾阶段。完成55个自然村生活污水治理、3个老旧小区提升改造、13个“十个必接”和22个重点行业污水接纳项目。18个三星级康居乡村通过市级验收。整治黑臭河道11条，完成“美丽河湖”建设3条、疏浚河道17条。开展“桃源明”系列宣传督导活动，落实垃圾分类工作，29个小区提前完成“三定两清一督”*全覆盖。（吕一帆）

【民生实事】 2020年，桃源镇完成桃源中学风雨操场、富乡幼儿园、蒲公英幼儿园建设。持续完善社区健康服务，14个省级卫生村通过复审，完成广福村省级健康村、迎春村市级健康村建设。新增城镇就业2382人，支持成功自主创业370人。区域性养老服务中心开工建设。全面落实社会救助政策，发放救助金、补助金1319.4万元。完成3个行政村撤并工作。承接公安、税务、人社等14个部门471项政务服务事项，全年受理各项业务超13万件。加快实施铜罗古镇改造提升项目，完成文保单位俞门老宅、栖凤亭、留仙亭和汪宅修缮工程，启动地热科普馆改建工作。举办第十八届酒乡旅游文化节、运河非遗美食节、“繁华吴江夜　寻梦桃花源”直播带货等活动，组织乐庭家居、法诗菲、凯灵箱包等企业以“桃源新江南商圈”亮相“双12苏州购物节——乐购吴江”活动。新增健身路径60余处，健身步道12千米。全面落实防汛抗灾工作，保障人民生命财产安全。加强文明创建工作，建设新时代文明实践所1个、站31个、点50个。青云小学获评“2020年度苏州市外来少数民族服务示范点”。“徒步林海天池，探访酒乡桃源”线路入选市体育旅游精品线路。（吕一帆）

【农业农村】 2020年，桃源镇水稻、小麦、春蚕等实现丰收，完成粮食生产全程机械化示范镇创建，335.8公顷水稻田获评省级绿色优质农产品基地。建成使用苏太猪育种基地，获“2020苏州十大民心工程”入围奖。苏州“菜篮子”工程蔬菜基地建成启用并通过市级验收。新和村、水家港村水稻标准化农田项目启动施工。灶家浜特色田园乡村建设被纳入市第四批特色精品乡村建设试点名单。严慕村入选第二批国家森林乡村。持续推进第八轮经济相对薄弱村帮扶转化工作，村级经济收入稳步提升，各村稳定性收入均超过300万元。做靓美丽乡村，推进农村人居环境整治工作，获评区级红榜自然村14次，区级红榜行政村3次。（吕一帆）

【社会治理】 2020年，桃源镇盘活土地资源，腾出发展空间，完成治违拆旧86.93公顷，“三优三保”*土地复垦通过市级验收63.87公顷。推动“僵尸企业”处置工作，盘活土地资源34.86公顷。开展工业企业综合评价工作，完成D类企业淘汰24家。“散乱污”整治实行“房东租户一并治”，成效明显，依法关停、整改提升36处。富乡污水厂二期投入使用，完成联合环境水务提标改造土建施工。沈

2020年，灶家浜特色田园乡村　　（桃源镇　提供）

庄漾等5个湖泊实现退渔，水质得到提升。持续开展大气污染深度整治，全面进行扬尘管控。抓牢抓紧安全生产“一年小灶”和“三年大灶”，组织开展“春雷行动”、百日“雷霆行动”。完成青云木材市场、麻溪路木材市场清理整治，消除安全隐患。组织开展“331”专项行动*，完成三类隐患整改，“9+1”场所*整改率100%。持续推进老旧小区技防改造，常态化开展燃气安全监督检查。整合41个职能部门成立8个职能机构，构建“1+4+N”（“1”指加强党的全面领导，“4”指审批服务一窗口、综合执法一队伍、基层治理一网格、指挥调度一中心，“N”指所有部门后台）基层整合审批服务执法体系。（吕一帆）

【党建工作】2020年，桃源镇发布“初心”地图，推动实施“1+3+X”（“1”指以推进吴江党史馆建设为核心，“3”指发布红色教育核心线、红色发展示范线、红色生态共融线三条线路，“X”指X个红色教育示范点全面开花）党性教育基地建设。全面推进“桃源红·乡村兴”书记项目，进一步深化顶层设计。实施干部能力提升工程，举办“桃源讲堂”5次，外聘专家拓视野，内训骨干强素质。持续抓好党支部建设，“三红工程”强化管理，培育选树一批“红旗党支部”“红星村干部”“红心党员”。圆满完成村（社区）党组织换届工作，推进村（社区）书记主任“一肩挑”。筑牢意识形态主阵地，制定意识形态工作“三张责任清单”，开展“清朗行动”加强网络舆情监测处置。常态化开展“清风行动”，完善监督网络，做到监督全覆盖，督促整改各类问题40个。发挥第三方暗访督查作用，反馈整改作风问题57个。（吕一帆）

2020年桃源镇主要经济社会指标

项　目	数　量	项　目	数　量
总户数（户）	19950	农村从业人员（人）	28415
户籍人口（人）	70390	其中：农业（人）	1973
其中：男（人）	34604	工业（人）	21018
女（人）	35786	建筑业（人）	1601
农业户籍人口（人）	22548	其他（人）	3823
人口出生率	6.99‰	粮食播种面积（亩）	12229
人口死亡率	10.67‰	粮食总产（吨）	6437
自然增长率	−3.68‰	其中：夏粮播种面积（亩）	3675
地区生产总值（亿元）	78.47	夏粮总产（吨）	1215
其中：第三产业（亿元）	33.94	秋粮播种面积（亩）	8554
人均生产总值（元）	111056	秋粮总产（吨）	5222
农林牧渔总产值（现行价万元）	56827	油菜籽播种面积（亩）	0
其中：农业（万元）	21435	油菜籽总产（吨）	0
林业（万元）	12891	蔬菜总产（吨）	19324
牧业（万元）	1640	蚕茧总产（吨）	105.5
渔业（万元）	10628	水果总产（吨）	662
农林牧渔服务业（万元）	10233	年末存栏生猪（万头）	—

（续　表）

项　目	数　量	项　目	数　量
出栏肉猪（万头）	—	大中型拖拉机数（台）	17
年末存栏家禽（万羽）	2.82	联合收割机数（台）	7
出栏家禽（万羽）	9.22	工业总产值（亿元）	185.45
禽蛋总产量（吨）	185	规模以上工业总产值（当年价格）（亿元）	120.27
水产品总产量（吨）	1770	规模以上工业企业主营业务收入（亿元）	113.25
其中：养殖产量（吨）	1736	规模以上工业企业总资产（亿元）	145.18
养殖面积（公顷）	170	注册外资（万美元）	2465
年末农业机械总动力（万千瓦）	0.66	实际使用外资（万美元）	1101

（区统计局）

震泽镇

【概况】 震泽镇位于吴江区西部，行政区总面积96平方千米，其中市镇面积5.3平方千米。农村辖朱家浜、蠡泽、新乐、金星、三扇、众安桥、齐心、永乐、双阳、新幸、兴华、大船港、贯桥、桃花庄、曹村、夏家斗、龙降桥、花木桥、长家湾、前港、联星21个行政村，市镇设震泽、八都2个办事处，下辖砥定、石瑾、镇南、金阳、麻漾新城、八都6个社区。全镇总人口12万，其中户籍人口6.6万人。2020年，完成地区生产总值149.22亿元；公共财政预算收入9.03亿元；工业开票收入255.89亿元，其中规上工业总产值159.9亿元；完成全社会固定资产投资26.32亿元；限额以上零售总额4.85亿元。城镇职工可支配收入71184元，农村人均纯收入37216元。（包胤卿）

【工业经济】 2020年，震泽镇工业企业稳定在1000家以上，其中规上企业212家。通鼎集团实现开票销售32亿元，帝奥电梯、明港集团纳税分别突破1亿元、8000万元。丝绸企业深度融合互联网新经济，实现销售16亿元，跨境电商销售额比2019年翻两番。持续推进丝绸产业版权工作，新增全国版权示范单位1家。打造装配式建筑产业园区，引导彩钢板企业抱团发展，行业开票销售突破60亿元。举办震泽（上海）招商推介会，参加北京投洽会，全年新增意向性签约项目9个，总投资44.1亿元。14个区级重点建设项目超序时推进，完成年度投资26.3亿元。深入推进“三治”“三优三保”*等专项整治行动，完成治违拆旧128.41公顷，收储闲置土地资源9宗，及时导入优质项目。出台《2020年震泽镇高质量发展奖励扶持政策》《震泽镇关于推动彩钢板产业转型升级暨装配式建筑发展指导意见》等系列政策，全年发放奖励资金1000多万元。强化人才支撑，完成国际精英周落户项目3个，入选省双创计划1人、省博士后科研资助计划1项、姑苏重点产业紧缺人才计划1人，博士后工作站进站博士3人，获批区科技领军人才3人。（包胤卿）

【农村工作】 2020年，震泽镇众安桥村获评“中国美丽休闲乡村”，苏州市特色田园乡村建设现场推进会在震泽召开。建成康居特色村1个、三星级康居乡村12个，长漾湿地片区实现康居特色村全覆盖。加强“三高一美”（高标准农田、高标准蔬菜基地、高标准池塘和美丽生态牧场）基地建设，大力发展智慧农业、特色农业、观光农业，创建省级主题创意农园1个、市级田园小综合体1个、共享农庄2个，新增现代农业园区100公顷、现代化蚕桑基地24.67公顷，家和蚕业获评吴江首个“江苏农村科技服务超市”。高效有序推进全国文明城市创建，众安桥村获评全国文明村。农村人居环境综合考核成绩位列全区第二，永乐村位列全区行政村第一，众安桥、朱家浜获评苏州市农村人居环境整治示范村。持续深化“厕所革命”，186座标准农村公厕建成并通过验收。

（包胤卿）

【市镇建设】 2020年，震泽镇坚持规划引领，进一步优化镇村布局。完成《震泽历史文化名镇保护规划》初稿编制工作，推进控制性详规修编和国土空间规划前期研究工作。区域重点交通项目按序推进，震八线道路工程稳步推进，沪苏浙铁路震泽段进入桩基施工阶段，苏台高速震泽段序时推进，稻米香径全线通车。全力实施交通畅行工程，横街—快鸭港大街连接工程全面完工，完成街心公园综合提升；快鸭港大街南延工程动迁工作进展顺利。安置房建设稳步推进，塔影湾三期完成施工，一期二标段完成地下室建设，双阳新农村扩建工程封顶。完成12个小区雨污分流改造，农村生活污水治理工程61个点位基本完工，新建污水管网119千米。获批省美丽宜居城市建设试点综合类项目。不断提升人居环境质量，“靓河工程”获评苏州治水“优秀毕业生”，全市污水处理提质增效现场会在震泽召开。扎实推进垃圾分类工作，全镇四分类小区实现全覆盖，“三定两清一督”*小区全部通过验收。狠抓市容交通秩序，新增停车位183个。做好水系恢复和古镇保护工作前期准备，为再现震泽古镇水乡风貌奠定工作基础。

（包胤卿）

【旅游文化】 2020年，震泽镇加强文体活动阵地建设，新建村级笼式球场6座，基层综合性文化服务中心实现全覆盖。丰富文化供给，举办第十四届旅游文化节暨第七届蚕花节、农民丰收节、迎国庆群众文化周等系列大型活动，邀请昆曲名家王芳等专业艺术家、团体进行惠民演出，营造“天天乐、周周唱、月月演”的文化氛围。推出文艺精品，出版《四季震泽》，创作《费达生》广播剧剧本，传承创新震泽文化内涵。丰富乡村文旅业态，初莲乡邻中心、五亩田民宿、蚕桑学堂等一批项目先后竣工投运，途远·思享家民宿开始试营业，震泽湿地自然教育科普中心获评“吴江区科普教育基地”。举办“长漾之约”稻田艺术节，集中展示震泽乡村振兴工作成果，吸引线上线下6万多人次参与。

（包胤卿）

2020年10月30日，震泽“长漾之约”稻田艺术节开幕　（震泽镇　提供）

【社会保障】 2020年，震泽镇推进更高质量的就业创业，大力实施创业培训计划，扶持创业379人，新增就业2918人，城镇登记失业率继续保持低位运行。劳动关系更加和谐稳定，规模以上企业劳动合同签订率100%。稳步提升城乡居民养老保险待遇水平、低保标准，新增参保人员3504人。全面落实社会救助政策，开展双拥走访慰问活动，关爱困难优抚对象，发放各类救助资金872万元。推动省级残疾人康复示范点创建，对困境儿童实行“一户一档一策”个性化帮扶。夯实教育发展基础，震泽中学老校区代建工程按时竣工，震泽实验小学本部老旧教学楼重建工作稳步推进，中心幼儿园完成异地新建并投入使用。完成区域性养老服务中心建设，新建村级日间照料中心6家，村、社区养老服务设施实现全覆盖。智慧养老服务向村级延伸，4家日间照料中心引入社会化运营。开展“健康你我他”巡回医疗系列活动，服务群众1600余人。健全心理服务体系，新建镇、村两级心理平台3个。（包胤卿）

【生态环境】 2020年，震泽镇多措并举强化污染防治。大力开展大气污染防治，落实大气

"点位长"制度，成立大气工作专班，加强重点行业领域监管，全面推进挥发性有机物提标治理专项行动，常态化对建筑工地、港口码头等场所开展扬尘治理明察暗访，大气质量有效改善，环境空气质量优良率位居全区第一。开展頔塘沿线综合整治，关停不合规企业，从源头切断违法违规排污行为。各级河(湖)长全年巡河1520次，"一事一办"清单82个事项全部销项，完成河湖"两违"整改点位11个。完成龟鳖养殖污染整治工作，实施工业污水处理厂提标扩容改造工程，做好工业污泥填埋场整治。环境信访总量下降13.5%，处置率100%。(包胤卿)

【社会管理】 2020年，震泽镇完善治安防控体系，强化技防城建设，健全扫黑除恶长效常治制度，打好扫黑除恶专项斗争收官战。化解社会矛盾，调处各类矛盾纠纷1720起，化解信访积案10余起。强化网格协同联动，打造"1+5+1"(1个网格长、5类网格员、1个网格督导员)网格队伍新模式，深化"警格+网格"双网融合。升级集成指挥中心，联动平台受理有效工单38351件，处置率98.91%，处置率和满意度位居全区第一。安全生产专项整治行动"一年小灶"收官，为"三年大灶"打下坚实基础。全面开展百日"雷霆行动"，排查企业约3000家次，行政处罚108起。狠抓红黄牌警示管理，全年挂红黄牌企业30家，9处三级挂牌隐患全部整改完成。信息化监管有序推进，AI识别预警、智慧叉车监测预警、易燃易爆气体监测报警装置等新兴技术逐步推广。建立"政府买服务、专家查隐患、企业抓整改"的工作机制，全年排查和整治隐患点4000余处。大力开展"双进双促""春风行动"等宣教活动，持续进村入企开展安全生产专题宣讲会110余场次。全镇工贸领域未发生安全生产亡人事故。(包胤卿)

【党建工作】 2020年，震泽镇把学习贯彻落实习近平新时代中国特色社会主义思想和党的十九大精神作为首要政治任务，持续巩固深化"不忘初心、牢记使命"主题教育成果。党员干部率先带头示范，党旗飘扬在战疫防汛、复工复产、三治拆违、文明创建等重点任务和工作一线。深入实施党建引领乡村振兴"书记项目"，优化推广特色"党建小院"，发布党建路线3条，规范实施村级"四议两公开"，长漾湿地片区党建文化带建设连点成线，基层组织治理能力提升显著。成立惠企先锋行动支部，以暖心党建营造舒心环境。高位推进"三整合"改革，市级验收评估获全区唯一"优秀"等次。对标非公党建组织力标准体系和"四个一"工程，晋级"十家重点"企业1家，新增入围区"百强示范"行列企业3家。做好村(社区)"两委"换届工作，选优配强村(社区)"领头雁"，选派30名年轻干部参与"十大工程"和一线攻坚，打造干事创业的热血尖兵。落实意识形态工作责任制，压实"一岗双责"。加强从严治党，严格做好巡察整改，坚定落实"两个责任"、坚持源头防腐、用好监督执纪"四种形态"，打造风清气正的政治生态。(包胤卿)

2020年震泽镇主要经济社会指标

项 目	数 量	项 目	数 量
总户数(户)	20171	地区生产总值(亿元)	149.22
户籍人口(人)	66212	其中:第三产业(亿元)	60.61
其中:男(人)	32410	人均生产总值(元)	224578
女(人)	33802	农林牧渔总产值(现行价万元)	148315
农业户籍人口(人)	20449	其中:农业(万元)	34517
人口出生率	6.43‰	林业(万元)	2739
人口死亡率	10.64‰	牧业(万元)	28541
自然增长率	-4.21‰	渔业(万元)	56508

（续　表）

项　目	数　量	项　目	数　量
农林牧渔服务业（万元）	26010	年末存栏生猪（万头）	—
农村从业人员（人）	25890	出栏肉猪（万头）	—
其中：农业（人）	3612	年末存栏家禽（万羽）	3.34
工业（人）	15670	出栏家禽（万羽）	4.29
建筑业（人）	1511	禽蛋总产量（吨）	119
其他（人）	5097	水产品总产量（吨）	3509
粮食播种面积（亩）	50064	其中：养殖产量（吨）	3187
粮食总产（吨）	26526	养殖面积（公顷）	197
其中：夏粮播种面积（亩）	15092	年末农业机械总动力（万千瓦）	4.44
夏粮总产（吨）	5741	大中型拖拉机数（台）	79
秋粮播种面积（亩）	34972	联合收割机数（台）	41
秋粮总产（吨）	20785	工业总产值（亿元）	202.30
油菜籽播种面积（亩）	0	规模以上工业总产值（当年价格）（亿元）	171.64
油菜籽总产（吨）	0	规模以上工业企业主营业务收入（亿元）	165.34
蔬菜总产（吨）	29403	规模以上工业企业总资产（亿元）	261.50
蚕茧总产（吨）	65.84	注册外资（万美元）	520
水果总产（吨）	1128	实际使用外资（万美元）	1101

（区统计局）

平望镇

【概况】 平望镇位于吴江区中部，行政区面积133.5平方千米，其中市镇面积7.6平方千米。下辖群星、金联、联丰、胜墩、中鲈、平西、上横、溪港、南杨、顾扇、莺湖、万心、庙头、联合、双浜、龙南、新南、三官桥、秋泽、平安20个行政村和西塘、东溪河、城壕里、南斯港、学才、新诚、梅堰7个社区。全镇户籍人口79177人，暂住人口42418人，户籍少数民族人口174人。2020年，平望镇跻身全国百强镇，通过国家卫生镇复审。

（张　锐　陆振浩）

【疫情防控】 2020年，平望镇锚定“双胜利”目标，坚持人民至上、生命至上，强化党的统一领导，成立领导小组和防控指挥部，团结全镇上下构筑战疫共同体，组织党组织和党员干部冲锋陷阵，号召全镇群众“平安守望”，动员广大企业积极作为，打造线上线下立体防疫网络，完善常态化防控机制，取得抗疫斗争的重大战略成果。成立经济稳运行领导小组，及时推进复工复产，实施一系列纾困惠企政策。扎实做好“六稳”*工作，全面落实“六保”*任务，交出一份人民满意的答卷。（张　锐　陆振浩）

【经济运行】 2020年，平望镇实现一般公共预算收入10.12亿元；工业总产值370亿元，其中规上工业总产值260亿元；工业开票销售收入340亿元；全社会固定资产投资40亿元，其中工业投资26.5亿元；工业用电量33.5亿度。绘制产业投资热力图、组建产业直投基金。20个区重点项目完成投资33.7亿元，港虹年产20万吨差别化功能性化学纤维项目投产，中鲈年产6万吨PET再生纤维项目、朗电机器人、华源二期、永佳工业、天辰冷链等项目快速推进。下好“双招双引”*先手棋，签约龙和机电、爱慕电商、澳盛二期碳纤维、绿控等项目。

（张　锐　陆振浩）

【转型升级】 2020年，平望镇大力实施先进制造业培育工程，制定传统产业转型升级若干实施意见，推行企业榜单化管理。实现智能工业投入19.2亿元，创建市级智能工厂1家、智能示范车间4家，新增省级高新技术企业23家，澳盛科技获评第二批国家专精特新“小巨人”企业。载体平台有效升级，国望高科产业园实现开票销售140亿元，中鲈科技园、平南工业区更名为中鲈工业园、莺湖工业园，中广核医用加速器产业园、欧中工业园、绿色智能铸造产业园、新中联欧美工业园等稳步推进。

（张　锐　陆振浩）

【改革创新】 2020年，平望镇深化集成式改革，10个局办全面运转。升级集成指挥中心数据大脑，开发运用数据资源管控平台。推广物联网部件，率先投用“云上旅店”出租房管理平台，上线智慧环保安全监测系统。实现“一窗通办”381项，梳理“一件事”主题套餐17件，发布全区首个“容缺受理”清单、水电气“一窗式”平台，推行“零材料”受理，推动企业开办0.5个工作日办结率92%。创新不见面审批，上线语音搜索办理事项51项、高频事项掌上办40项。牵头起草全市首个镇域城市管理智能化管理规范，“一窗式政务服务与网格式综合治理”省级试点通过验收，“网格式智慧管理标准化试点”成为年内全市首个获批的国家级社会管理和公共服务标准化试点项目。（张　锐　陆振浩）

【城乡一体】 2020年，平望镇实施重点民生工程49项，投资16亿元。启动城乡道路交通提升三年行动，太浦大道正式开工，平望驿新客运站即将投用。新城公寓房一期即将完工，梅堰农贸市场（盐梅之集）开业，城乡生活污水、老旧小区、农村低压水网等改造工程推进，吴江中医院、平望康养中心、运河文体中心启动建设。运河实验初级中学更名完成，莺才教育基金成立并运营。深化村财镇管全覆盖，加强镇级统筹平台运作，平台资金3.92亿元，增长74%；村级稳定性收入增长10%，平均超过480万元，新增超千万元村1个。建成特色康居乡村8个、市级“美丽庭院”80个。“中国好人”陆鸿带动残疾人脱贫致富的事迹被中央媒体报道，并得到市委主要领导批示。

（张　锐　陆振浩）

【文旅融合】 2020年，平望镇推进大运河文化带建设，“平望·四河汇集”成为全区唯一入选苏州“运河十景”的地标性项目。举办运河文化旅游节、运河城镇发展峰会、省第八届全民健身运动会龙舟比赛、农民丰收节、腊八民俗风情节等活动，“京杭大集”签约。成立“历史文化名镇专家委员会”，专题举办“苏州圆桌思享汇”。协同推进“长漾里”“大龙荡”“运浦湾”三大农文旅体融合发展示范区建设，后港特色田园乡村通过省级验收，“村上·长漾里”获评市级共享农庄，大龙荡田园生态体育公园一期收尾、二期启动，生态廊道启动区有序推进，玫瑰园获评省级五星级休闲旅游农业精品企业。

（张　锐　陆振浩）

【环境资源】 2020年，平望镇强势推进“三治”工作，完成销项面积104.2公顷，拆除散乱污建筑面积68万平方米。落实“三优三保”*任务，完成签约50.53公顷，拆除63.27公顷，验

2020年9月21日，江苏省第八届全民健身运动会龙舟比赛暨2020运河名镇龙舟平望邀请赛举办　（平望镇　提供）

收29.87公顷。狠抓农村人居环境整治，完成自然村整治391个。全面完成温室甲鱼养殖整治，拆除甲鱼棚237户，复垦50公顷。制定水域生态管理要点，整治黑臭河道5条，建设美丽河湖3条，完成长江流域渔民自愿退捕，发展绿色渔业，呵护美丽河湖。（张　锐　陆振浩）

【党建工作】2020年，平望镇打造创新湖区党建联盟，实施书记项目55个，启用“运河红驿”11家。抓好与省属企业结对，成立莺湖工业园党委，推进非公党建，强化党建惠企。实施干部激励担当培育三年行动计划，启动年轻干部梯队培育，创立四季课堂青干空间。推动“强党风、转作风、育乡风”行动，率先高标准完成村（社区）党组织换届，稳步推进村（居）委会换届，完善党群村务议事会、村务监督委员会机制。严格落实意识形态工作责任制，成立镇域社会治理“理论工作室”，建设“商户诚信文明经营监管系统”，推动《莺湖报》复刊，开设融媒体分中心。深化党风廉政建设，实施“作风建设深化年”，推进“莺湖清风”行动，莺湖廉园二期开工。（张　锐　陆振浩）

2020年平望镇主要经济社会指标

项　目	数　量	项　目	数　量
总户数（户）	25750	夏粮总产（吨）	6701
户籍人口（人）	79598	秋粮播种面积（亩）	42315
其中：男（人）	38959	秋粮总产（吨）	27390
女（人）	40639	油菜籽播种面积（亩）	675
农业户籍人口（人）	30998	油菜籽总产（吨）	130
人口出生率	6.10‰	蔬菜总产（吨）	52398
人口死亡率	9.16‰	蚕茧总产（吨）	17.25
自然增长率	−3.06‰	水果总产（吨）	3197
地区生产总值（亿元）	146.67	年末存栏生猪（万头）	—
其中：第三产业（亿元）	65.37	出栏肉猪（万头）	—
人均生产总值（元）	183267	年末存栏家禽（万羽）	1.31
农林牧渔总产值（现行价万元）	80534	出栏家禽（万羽）	5.20
其中：农业（万元）	47154	禽蛋总产量（吨）	29
林业（万元）	1024	水产品总产量（吨）	7710
牧业（万元）	717	其中：养殖产量（吨）	7279
渔业（万元）	27019	养殖面积（公顷）	1278
农林牧渔服务业（万元）	4620	年末农业机械总动力（万千瓦）	1.76
农村从业人员（人）	34610	大中型拖拉机数（台）	98
其中：农业（人）	3053	联合收割机数（台）	55
工业（人）	21496	工业总产值（亿元）	351.83
建筑业（人）	3664	规模以上工业总产值（当年价格）（亿元）	270.27
其他（人）	6397	规模以上工业企业主营业务收入（亿元）	258.13
粮食播种面积（亩）	65598	规模以上工业企业总资产（亿元）	368.25
粮食总产（吨）	34091	注册外资（万美元）	5028
其中：夏粮播种面积（亩）	23283	实际使用外资（万美元）	1371

（区统计局）

同里镇

【概况】 同里镇位于太湖之滨，京杭大运河之畔，行政区域面积93.03平方千米，其中古镇保护区0.87平方千米。辖合心村、文库村、屯南村、屯溪村、北联村、叶建村、湘溇村、九里湖村、肖甸湖村、白蚬湖村10个行政村和东新社区、鱼行社区、富土社区、屯村社区、富渔社区、屯渔社区6个社区。年末，辖区常住人口44231人。（丁鸿凌）

【抗击疫情】 2020年，同里镇按照“坚定信心、同舟共济、科学防治、精准施策”的总要求，落实“外防输入、内防反弹”措施，组建党员干部先锋队40多支、发动志愿者2000多名，开展地毯式排查、实施网格化防控，始终保持新冠肺炎疫情全镇零感染、零确诊。同里志愿服务队获评吴江区“新时代文明实践战‘疫’志愿服务优秀团队”，同里镇综合行政执法局局长钟梁威、同里卫生院医务科科长盛利萍分获省、市抗击新冠肺炎疫情先进个人。先后发布“同暖五条”“加温八条”等政策措施，推进复工复产，惠及主体200多家、吸引游客10万多人，兑现政策扶持资金超850万元，实现景区1个月内有序开放，企业复工率2个月内超80%。主动服务全区抗疫大局，全力保障农业生产恢复，坚持做好农产品稳产保供；配合区市场监管局等部门，协调江苏骏瑞公司建成进口冷链食品集中监管仓，累计消杀进口冷链食品近百吨。（丁鸿凌）

【农文旅融合】 2020年，同里镇推动旅游业态新发展，先后与德尔集团、恒力集团签订战略合作协议，对古镇区进行综合提升改造，打造商务休闲区和特色文化区。启动松石悟园、乐乡饭店改造升级工程，完成白蚬湖村凌家铺、陆家浜农旅项目前期资源置换，博洛尼“天空之城”正式营业。围绕“千年古镇　世界同里”品牌，先后举办第34届“同里杯”中国围棋天元赛、第24届“同里之春”国际旅游文化节等文旅活动。打造“同里夜精彩”和“shop同里”购物季文旅经济品牌，以电商赋能实体商业的方式，扩大同里旅游品牌的知名度和美誉度，活动被中央电视台《新闻联播》《新闻直播间》等栏目报道。举办中国电影家协会新文艺群体电影人才创研培训班，召开“中国影协第十届主席团第三次会议”。与CCTV6联合出品《千顷澄碧的时代》《宴遇奇缘》等电影。与复旦大学旅游学系签订合作框架协议，合作共建“复旦大学研究生院MTA项目同里创新实践基地”，《水润同里：同里湿地自然导览》《解说同里：同里国家湿地公园宣教案例》《对话同里湿地——生机湿地环境教育系列课程之同里篇》三本新书发布，同里农文旅超市全面上线。以5A级景区复评为契机，高标准开展景区管理质量自查。全年新建3A级旅游厕所4座，增设红十字救护站、无理由退货服务站。完成智慧景区2期建设，在镇北、镇东、镇南新建LED旅游显示大屏。以创建苏州市精品民宿为动力，出台新版《同里民居客栈管理办法》，泰睦庭、简园等民宿获评苏州市精品民宿。同里国家湿地公园成为国家重点示范湿地公园，同里古镇获得“大运河城市文旅消费十佳示范名镇”“苏州市夜间文旅消费集聚区”“苏州市旅游创新产品”称号，获评“2020年苏州最美夜间景区”二等奖。

（丁鸿凌）

【乡村振兴】 2020年，同里镇全面深化农业供给侧结构性改革，抓好“三高一美”（高标准农田、高标准蔬菜基地、高标准池塘、美丽牧场）基地建设，新增高标准农田73.67公顷、高标准蔬菜基地81.13公顷、高标准池塘96.53公顷。全面落实长江“十年禁渔”任务，加快实施退渔还田改造工程。创建“省级绿色优质蔬菜基地”，粮食总产量1.09万吨、蔬菜总产量8.95万吨，绿色优质农产品比重100%，超额完成粮食安全目标任务。出台《同里镇关于加快探索率先基本实现农业农村现代化的工作方案》，在苏州大市乡镇实绩考核中取得第8名。现代农业产业园纳入国家现代农业产业园创建名单，为苏州大市唯一。持续完善农业园区现代化产业链，新增市级农业龙头企业1家，累计招引30多家现代农业企业入驻园区，注册资本超5亿元。探索农业生产新模式，启动数字种植场景试点建设，打造水稻生产智慧管理示范园，紫晶园艺入选“全省数字农业农村基地”。全国智慧农业改革发展大会、全国优质稻产业化现场观摩交流会等全国性会议在同里召开，进一步助推苏州智慧农业国家试点试验工作。坚持以“干干净净迎小康”为总目标，扎实推进农村人居环境整治提升工作，考核成绩持续排名全区第一，获评2020年苏州市农村人居环境整治工作示范镇。建成三星级康居乡村19个，北联村通过省级特色田园乡村验收。全面启动“美丽村景”创建工作，开展农村“厕所革命”，打造空间“微景观”。推进企业雨污分流，加快农村污水管道铺设，PM2.5年平均浓度30微克每立方米，比2019年下降24.4%。空气优良天数304天，优良率83.1%。全年完成“三治”拆旧销项40.87公顷，任务完成率108%。居民小区生活垃圾实行四分类，被纳入苏州市“生活垃圾四分类全域镇”建设试点。（丁鸿凌）

【社会事业】 2020年9月，屯村幼儿园异地扩建项目竣工并投入使用。是年，屯村卫生院新院区启用，并与苏州华夏口腔医院和苏州儿童医院吴江分院签约医疗合作帮扶，提升诊疗水平。同里卫生院通过国家“优质服务基层行”推荐标准验收，获评省级社区医院。新社区服务中心启用，为居民提供更好的服务。加快区域性养老服务中心等重点民生项目建设，推进困境儿童之家、村(社区)日间照料中心社会化运营和困难老年人家庭适老化改造工作。做好新形势下的双拥优抚安置工作，为退役军人提供就业帮扶。（丁鸿凌）

【安全生产】 2020年，同里镇开展各类安全生产检查110余次，重点做好“小化工”专项整治，开展安全生产百日“雷霆行动”，系统推进26个领域安全生产专项整治行动，完成三级政府挂牌重大隐患项目整改5项。成立景区微型消防站，安排专职消防人员24小时值班，开展消防隐患排查、事故救援等工作。全镇新增电瓶车充电插头1800个，完成“三合一”场所*合规化改造300多家，完成古镇区小餐饮场所和时代家园小区的整治工作。（丁鸿凌）

2020年11月5日，同里景区微型消防站揭牌（同里镇 提供）

【文明城市创建】 2020年，同里镇组建文明城市创建专班，统筹规划全国文明城市复评工作，对镇区的主次干道、居民小区、农贸市场等重要点位实施常态化管理，通过国家和省级复评。新时代文明实践所启幕入驻，为志愿活动开展提供阵地保障。依托所、站、点三级体系，全年举办各类志愿服务活动1000余次。（丁鸿凌）

【依法行政】 2020年，同里镇严格落实从严治党各项要求，深入推进依法行政，精简会议、文件、督查和考核，“三公”经费进一步压缩。接待群众来访122批次396人次，受理信访230件，答复率100%。大力推进政务公开制度标准化、规范化，主动接受各方面监督，坚持重大事项向镇人大报告，按期办理人大代表建议28件、政协提案7件。（丁鸿凌）

松陵街道

【概况】 松陵街道地处吴江区北部，是区委、区政府所在地，东临大运河和花园路，西濒太湖，北至江兴路，南到吴江大道，总面积64.88平方千米。辖水乡、西塘、北门、西元圩、东门、二村、石里、三村、城中、奥林清华、梅石、苏河、新园、湖滨华城、龙河、祥泰、冬梅、长板、水秀19个社区居委会及江新、南厍、梅里、吴模、高新、芦捕、联杨、戗港、南刘、第二渔业10

个行政村，其中部分行政村与社区合署办公，实行社区化管理。至年底，户籍人口12.5万人，常住人口28.2万人。（沈雅萍）

【抗击疫情】2020年，松陵街道面对疫情蔓延的冲击和挑战，成立疫情防控应急处置领导小组和8个实体工作组，建立值班值守机制、会商机制、应急处置机制、信息共享机制，确保信息掌握全面准确、协调调度高效有力。第一时间在主城区构建防疫大包围，设置主要检测卡点61个，对辖区内100多个物业小区实施"封闭式"管理。开展重点场所防控，检查企业、学校、养老机构280多次、农贸市场及超市25家次，累计排摸住宅2万余户。率先建立居家观察标准化服务体系，为住户采购生活用品，精心精细做好医疗保障、后勤服务。累计对接服务居家隔离人员5485人，排摸冷链食品企业129家，完成核酸检测6568人。不到1个月的时间实现本地确诊病例"零增长"，不到2个月的时间实现本地确诊病例"清零"。（沈雅萍）

【城市文明】2020年，松陵街道开展文明城市创建活动，通过文明城市复评迎检。引导街道干部、志愿者冲在创建一线、干在创建一线，实施文明城市绿袖章、四季攻坚等一系列专项行动。按照"五个一律"原则，对主次干道秩序、背街小巷环境、老旧小区管理、开放性市场管理等薄弱环节及西元圩、赛格广场、伟业新都汇、城西和西门农贸市场等重点区域逐块逐项逐条查漏补缺，打扫卫生死角1396处、清运垃圾727吨、清理乱张贴7万多条，纠正占道经营645处，处置违法停车29614起，处理相关工单8805条。精心培育文明景点，石里北弄、奥林清华、景虹苑等6个小区节点入选区第一批文明城市示范点，中山南路、中山北路获评"苏州市示范路"。坚持物质文明和精神文明同频共振，凡人善举不断涌现，周旺海、费金华登上江苏好人榜，松陵街道获评吴江区文明镇。（沈雅萍）

【安全生产】2020年，松陵街道坚持管控并重、防微杜渐，切实筑牢安全生产防线。按照"党政同责、一岗双责、齐抓共管"的要求，进一步加强组织领导，形成上下一体、部门联动、一线作战的工作格局。严格落实"百团进百万企业"主题宣讲，建成二村社区安全减灾科普教育新馆。全面开展"百日雷霆"专项行动，深入推进重点行业领域专项整治，村（社区）及安全网格员出动1974人次，排摸工贸企业145家、九小场所*632处；检查学校、养老院、宗教场所43家次，发现隐患496条，逐一整改到位。扎实开展"331"专项行动*，吾悦广场金街商户气改电工程和花园路餐饮街综合整治按期完成。建立"科技兴安"1+N安全管理体系，探索"人防+技防""互联网+大数据"的企业安全管理新体系，做到检查不留空白、整改不留盲区，牢牢守住安全生产底线。是年雨季，吴江城区雨水总量、河湖水位均超历史纪录，松陵街道组建应急专业队伍60余人，全面摸排易内涝点位和地下空间，启动24小时值班值守。加固修复海沿漕、万宝河、三船河、大运河等堤岸，累计转移群众270余人，修筑堤坝15处1700余米，全面做到"不决一堤、不溃一垸、不伤一人"。（沈雅萍）

【城乡建设】2020年，松陵街道全力抓建设强基础，以"做精城市、做美乡村、做优生态"为

2020年4月24日，运河防汛演练（吴斌　摄）

目标，加速构建优势互补、良性互动的城乡发展新模式。实施老旧小区综合改造提升工程，探索建立小区改造“九大机制”。完成鲈乡二村、三村片区改造国家试点项目，老旧小区加装电梯，成为全区唯一。开展高新村立面改造、南厍村雨污分流、房前屋后零星整治、党建项目、厕所革命等工作，高新村、南厍村2个村多次进入人居环境红榜。南厍村获评“江苏省第四批特色田园乡村”和“第二批江苏省传统村落”。完成西塘、水乡社区装修，完成滨中路改造、芦荡湖公园避难场所建设。实施蓝天碧水专项行动，在建工地扬尘实时监管，渣土运输数字化管理、混凝土运输车全过程监管。实施西塘河、三船路河美丽河湖建设，中山河、九龙河、宾馆河等9条河道完成摘帽销号。完成长江流域退捕工作，21户渔民全部平稳退捕，着力做优“水美风清天蓝”生态环境。

（沈雅萍）

【基层治理】 2020年，松陵街道推进垃圾分类，通过入户宣传、氛围布置、宣教督导等方式，调动居民参与分类的主动性、积极性，以点带面推广“三定两清一督”*投放模式。185个小区建成清洁亭383个、清洁屋79个，花园路、江厍路两条特色餐饮街道垃圾定时收集试点成功，实现生活垃圾四分类投放全覆盖。强化“枫桥经验”在街道创新实践，以中介调解、联席会议、包案化解等方式处理信访积案，全年受理信访事项248件，调处民间矛盾纠纷4210起，调处成功率99.5%。推行楼道长制度，19个村(社区)聘请楼道长460名，探索社会治理新方式。做好松陵法治线上直播间，打造“吴风法韵”法治宣传品牌。深入开展“三整合”改革，集中行使10个执法领域的572项行政处罚权，实现“一支队伍管执法”，社会治理更加高效。

（沈雅萍）

【民生建设】 2020年，松陵街道坚持以人为本，全力惠民生增福祉。高度关注困难家庭、特殊群体，建立“一户一档一策”分类精准帮扶机制，发放各类救助金、慰问金1059万元，资助学生98名；实现19个村(社区)日间照料中心全覆盖，松陵街道残疾人之家建成使用。取缔育才小学、育才幼儿园等无证学校机构，分流安置学生346人；拆除团结小学、存志学校等危房校舍；华泽、培德、英伦伟才等6所幼儿园创建市级优质园；芮芮幼儿园、东岸幼儿园等建成开学。成立松陵街道红十字会，新增2处病媒生物防制点，2个中医阁通过区级验收，建成3个社会心理服务平台。松陵卫生院乔迁启用，设施功能全面提升。完成君临太湖、高新家园、鲈乡苑、高新村、东门社区等5个小区技防设施建设，完成896扇防盗门和村村通技防设施的维保。持续深化扫黑除恶专项行动，从严从实做好75名社区矫正对象和174名安置帮教对象监管服务工作，开展“护苗”“秋风”“净网”等“扫黄打非”专项行动13次，松陵街道被评为全省“扫黄打非”基层示范点，湖滨华城社区被评为苏州市“扫黄打非”进基层优秀站点。

（沈雅萍）

【党建工作】 2020年，松陵街道围绕“抓班子、带队伍、强党性、促发展”的党建工作思路，推动基层党组织建设全面进步。依托“街坊党校”党建品牌，将城市党建工作深入网格，构建区域化党建共同体。围绕新时代文明实践、文明城市、垃圾分类等中心工作，成立行动支部，打牢基层党组织建设基础。积极统筹社会资源，充分发挥党组织战斗堡垒和党员先锋模范作用，推动老旧小区改造顺利开展。全面推进街道“大工委”社区“大党委”工作机制，着力构建以街道社区党组织为核心，辖区内各类组织互联互动、共建共享的城市基层党建格局；以“活力红细胞、党建三人行”行动支部为活动载体，促进机关与村社区互联互通，真正形成“街道吹哨，部门报到，党群合力”的社会治理新模式。开展“啄木鸟”廉政主题教育，组织下辖村、涉农社区12名纪检委员开展业务培训。工青妇工作稳步开展，完成29名兵员征集任务，兵役登记率100%。

（沈雅萍）

江陵街道

【概况】 江陵街道位于吴江区北部，行政区总面积82.8平方千米，下辖花港、九龙、三兴、三庞、联兴、叶泽湖、叶津、益联、龙杨9个行政村及湖东、西湖、新柳溪、江陵、淞南、三里桥、庞山湖、山湖、运东、雅辉、新港、城南12个社区。总人口47.8万

人，其中户籍人口8.4万人、流动人口39.4万人。（吴建国）

【党群工作】2020年，江陵街道打造“运河·纤”党建工程，围绕街道“五大工程”，构筑“一核两化、三方共建、五级联动”党建工作新格局。结合基层治理网格设置，成立107个“红聚江陵”行动支部，将党支部（党小组）建在162个网格上，推进基层党建网、社会治理网、民生服务网“三网融合”。筑牢思想防线，牢牢把握党对意识形态工作的领导权和主动权。探索党建联动，创新管理模式。试点业委会党建新模式，筹建吴越祥庭业委会党支部。以“红色议事厅”为载体，联合党组织、居委会、业委会、物业公司，多方合力推动联席会议制度。充分发挥群团组织作用，全力支持人大工委、政协工委履职尽责，统战、群团等工作全面加强。坚持党管武装，全年输送优质兵员20人。成立街道侨界联合会，街道上下团结奋进、开拓创新的良好局面进一步巩固。（吴建国）

【民生保障】2020年，江陵街道启动街道社区卫生服务中心和区域性养老服务中心建设，民营护理院久爱护理院正式运营，建成1个街道级和三里桥、雅辉2个社区级社会心理服务站。持续推进村级日间照料中心建设，提高老年人生活品质。补助救助低保、低保边缘、特困对象等弱势群体，发放各类补助700余万元。完成益郎小区等10个小区雨污分流改造、燃气入户、停车位建设与道路改造工作。完成城南片区综合改造，继续推进新天地农贸市场周边区域性改造、二次用水改造等工程建设。组建“小微工程”施工队，做到路面坑洼当天修复，累计修复路面2.3万余平方米。新建护岸挡墙2.3千米，综合防汛能力显著提高。（吴建国）

【惠民服务】2020年，江陵街道实施残疾人康复工程，成立吴江区首个街道残疾人文化驿站，开展“四进家庭”“圆梦行动”，提供精准康复服务、就业服务，江陵街道“儿童关爱之家”通过省级考评。推进街道退役军人服务站建设，完成社区（村）退役军人服务站全覆盖，成立吴江区首个“老兵驿站”和首个“老兵调解室”。成立街道为民服务中心，实现“互联网+政务服务”基层全覆盖，现场办理社保、医保、新市民积分等为民服务项目6.4万件，网上办理11.6万件。成立街道联动分中心，提高处办率，平台有效受理案件1.6万余件，办结率98.8%。（吴建国）

2020年7月，江陵街道举办庆祝中国共产党成立99周年暨街道成立一周年庆祝活动（江陵街道 提供）

【教育文化】2020年，江陵街道有公办学校10所（幼儿园4所、小学4所、初中2所），民办学校21所（民办幼儿园17所、外来子弟工学校2所、民办九年一贯制学校2所），学前儿童看护点9所。全年学校建设投入2.9亿元，新建淞南阳光北校区、扩建山湖花园小学和开发区实验初中等工程，并正式启用。持续推进运河实验学校建设，推动海亮小区、港中旅小区、翡翠河滨雅院小区等配套幼儿园建设。清理整顿无证办学，取缔违规办学的童之梦幼儿园。辖区整体教学质量不断提高，山湖花园小学等9所学校多次获得各类教学表彰。建设综合性文化服务中心15个，标准化建设覆盖率100%。原创小品《一台缝纫机》获苏州市“繁星奖”比赛金奖，原创舞蹈《运河·纤》获吴江区创作节目音乐舞蹈类节目第一名。推动全民健身广泛开展，成立街道篮球协会及龙舟队，多元化开展体育赛事活动，满足群众

多样化的文体需求。（吴建国）

【城乡经济】2020年，江陵街道深入推进乡村振兴战略，统筹城乡一体化发展，拓宽村民增收渠道。村级稳定性收入7416万元，15个股份经济合作社实现股份制分红，分红总额746.6万元。农村集体资产资源线上交易成交249宗，成交总额3023.3万元，溢价率7.38%。城南综合商贸中心拍租后，年租金1090万元。稳定农业生产，水稻种植面积163.3公顷，发放水稻种子9115千克，发放各类涉农补贴131万元。（吴建国）

【生态环境】2020年，江陵街道完成太湖退捕系列工作，建立"水面+两岸5米"河道保洁工作机制，开展"雏鹰护河小分队""绿水卫士"等护河志愿行动。实施小叶港、龙津河生态美丽河湖创建。建立环境卫生动态清理机制，确保各类设施管护到位。开展垃圾分类培训和入户宣传，开出全区首张针对单位的垃圾分类处罚单；超额完成"三优三保"*"三治"年度目标任务。全年累计清运生活垃圾约13万吨，日均垃圾处理量360吨，开展垃圾分类入户宣传15万户余次，覆盖105个小区，发放宣传资料20万余份。"三定两清一督"*及标准型硬件建设小区完成率100%，配备督导员600余人。（吴建国）

【文明城市】2020年，江陵街道全面完善实践所、站、点功能空间，建成街道新时代文明实践所1个、实践站16个、实践点31个，组织志愿服务队117个、招募志愿者2万余名，开展文明实践活动近5000次，志愿服务时长超10万小时。将文明城市建设列为"一号工程"，通过建立"1+2+N"［1位召集人+2位联络人+N位机关干部组成机关志愿者包干队伍，挂钩2个左右社区（村），每周到挂钩社区（村）参与文明城市工作］机关挂钩社区（村）联系制度、"挂图作战+三色管理"工作模式和组建"文明之音"督导员队伍三项举措，以"市容环境、居民小区、农贸（集贸）市场、交通秩序"为攻坚重点，做到常态长效，成绩稳步提升，顺利通过国测、省测考评。"城警联动"协作机制实体化正式运行，整治违停10万余起，停车秩序明显改善。开展"小微"执法，查处影响环境卫生和市容秩序的行为案件246起，整治无证摊点及乱堆放1.2万余起，清理小广告5万余处。（吴建国）

2020年8月，江陵街道文明城市建设社区（村）巡演启动

（江陵街道　提供）

【安全生产】2020年，江陵街道系统推进群租房、"三合一"场所*、"9+1"场所*隐患治理行动。湖东社区香漫雅园群租房合规化改造样板及城南花苑小餐饮样板成为吴江区"331"专项行动*经验亮点。完成26个行业领域安全生产专项整治"一年小灶"工作；开展安全生产百日"雷霆行动"，排查整治隐患问题2000余项；创建完成安全生产标准化二级企业5家，群租厂区示范企业3家；5项三级政府挂牌督办隐患项目按时完成整改并摘牌；开展执法检查600余家次，下达处罚决定74件，处罚金额200余万元。推进61个高层住宅小区消防隐患整治工作。采用网格企业巡查全覆盖和不定期夜查形式，巡查企业1.4万余次，提升专业网格的管理实效。（吴建国）

【疫情防控】2020年，江陵街道发挥街道162个综合网格优势，研判数据1.6万余条，转移密切接触者29起，落实境外归来人员集中隔离后居家观察802人，完成境外归来人员核酸

检测1601人次，自疫情地返苏人员核酸、血清检测6968人次。开展新冠疫苗紧急接种工作。对自建房小区、各类文化体育旅游场所、商业店铺、中小学、幼儿园、看护点开展拉网式安全隐患大排查。妥善处理好疫情防控和复工复产的关系，落实疫情期间“暖企八条”政策，大力推进“不见面”审批，持续做好常态化疫情防控工作。（吴建国）

【社会稳定】2020年，江陵街道完成老旧小区技防改造和社会治安监控点增补，新增180个监控点位和23个人像识别系统。举办国家宪法日法治宣传活动，开展青少年法治教育宣传，推出江陵街道“平安法治夜市”。运用司法行政一体化智能平台，着力化解各类矛盾纠纷。建立调解委员会20个，个人品牌调解室1个，有专兼职人民调解员84名，受理纠纷2001起，调处成功率100%。制定信访联席会议制度和领导包案制度，落实维稳方案，确保重要时间节点社会大局的平安稳定，获评全区信访工作先进集体。引进第三方智慧平台，运用互联网技术，实现街道、社区、业委会、物业、业主的“五方共治”。（吴建国）

横扇街道

【概况】横扇街道区域总面积71.4平方千米，下辖菀坪、横扇、沧浦、渔业4个社区和星字湾、四都、北横、叶家港、沧洲、姚家港、圣牛、双湾、太浦河、诚心、安湖、同芯、新湖、菀南16个行政村，户籍人口4.34万人。横扇街道融入长三角生态绿色一体化发展战略布局，结合太浦河“最美八公里”建设，发展生态绿色农文旅产业；深入推进新湖现代农业产业园建设，城市基础不断更新；提升羊毛衫和缝纫机制造两大基础产业，推动产业、文化、旅游和现代农业深度融合，谋划街道经济社会发展，建设“美丽横扇”。（高佳元）

【城乡工作】2020年，横扇街道以“清水绿岸工程”“文明提升计划”“安全发展工程”三项提升工程为抓手，序时推进民生实事工程24项，建成三星康居点自然村15个，星字湾特色田园乡村通过省级验收，新湖现代农业产业园一期完成建设。26个自然村生活污水治理工程完成，11处基础设施建设按期完工。持续改善生态环境，出台《农村人居环境考核办法》《拆旧破补方案》，“三色牌”管理制度作为区农村人居环境整治一大亮点被列入第二批全国农村公共服务典型案例。横扇街道5个自然村登上区级农村人居环境考核“红榜”，库港村获评“苏州市农村人居环境整治工作示范村”。提升农业农村发展质量，完成退渔还田，池塘生态化改造，高标准农田建设各项工作，有序推进退捕禁捕。（高佳元）

【综合整治】2020年，横扇街道坚持“生态优先、绿色发展”理念，综合整治成效明显。完成污染防治攻坚战问题销号，太浦河“两违”整改、“减喷”工作成效显著，拆除库港村雪落漾违章涉水平台，清退违规入驻企业。推进生态美丽河湖建设，落实“河（湖）长制”*，加强河湖“两违”“四乱”整治和黑臭水体治理，确保246条河道“常清长清”。加强城警联动，开展电动二、三、四轮车专项整治。推进“三优三保”*工作，加大治违拆旧力度，累计签订协议41家，面积25.33公顷。开展莘七线、蚂蚁漾路、大桥路、羊毛衫市场等区域的综合整治，累计拆违1.8万平方米。狠抓安全生产工作，开展百日“雷霆行动”，夜间检查15次，累计检查企业555家，排除隐患2859条。开展“小化工”百日专项整治，排摸企业作坊857处。领导班子带队宣讲32次，针对67家重点领域企业开展业务安全知识培训，完成安全生产责任书签订。辖区内4个三级挂牌项目隐患整改全部提前完成。（高佳元）

【社会治理】2020年，横扇街道高度重视文明城市建设工作，全面落实“外防输入、内防反弹”的防控策略，落实常态化疫情防控工作，涌现出一批先进典型，余岚获评“苏州市抗击新冠肺炎疫情表彰先进个人”，获评“东太湖度假区（太湖新城）战‘疫’先锋基层党组织”6个，获评“东太湖度假区（太湖新城）战‘疫’先锋”6人。有序推进新时代文明实践所（站、点）建设和志愿者注册工作，开展志愿活动1725次，5.7万人次，时长53万小时。推进文明城市创建工作，通过常态巡查、集中攻坚、申请攻坚结合的工作模式落细落实各项目标任务。提升垃圾分类水平，41个小区实现“三定两清一督”*分类模式，建成86个垃圾分类投放点，1个垃圾分类样板小区。健全社会救助体系，完成7个省级卫生村复审，建成健康场所4个、病媒生物防治示范小区2个。成立街道侨界联合会、新的社会阶层人士联谊会横扇分会。（高佳元）

【队伍建设】 2020年，横扇街道高标准、高效率、高质量推进“三整合”改革工作，整合审批服务执法力量，通过省委编办评估抽查验收。做好新湖村、太浦河村撤并村及人员调整工作，坚持科学调配、任用干部。有序开展“两委”换届选举，完善内部管理机制，实体化运作综合管理办公室，启动“1+1+5+N”（第一个“1”指一位班子领导带队；第二个“1”指一名机关中层干部任组长；“5”指综合执法队员、基础网格员、专业网格员、消防协管员、辅警5名专业领域人员；“N”指根据包干区域户数充实机关工作人员、志愿者、党员、楼道长等）的管理模式，统筹推进人居环境、文明城市创建、垃圾分类等各项重点工作。依托与苏州科技大学党建共建平台，围绕乡村振兴战略，以新湖村为党建共建点，成立乡建工作室。组织四都村与邮储银行、太浦河村与苏州银行结对共建，突出精准脱贫导向。加入“党建联盟”，签约成立“鲈乡红”党建联盟品牌。与省城乡建设投资有限公司结对，借助国企力量，寻求村集体资金投资新渠道。菀南村、新湖村分别获评“苏州市先锋基层党组织（先锋村）”“吴江区先进基层党组织”。持续加强意识形态建设，认真履行党风廉政建设“一岗双责”，稳妥推进信访工作，转化重点信访积案5件。（高佳元）

八坼街道

【概况】 八坼街道位于江陵、平望之间，紧扼运河咽喉，是水陆交通要道，区划面积53.8平方千米，常住人口3.69万人。下辖八坼社区和新营村、农创村、双联村、直港村、黑龙村、汤华村、友谊村、石铁村8个行政村。（朱丹妮）

【城乡统筹】 2020年，八坼街道以乡村振兴为目标，扎实推进城乡统筹发展。围绕人居环境品质提升年，突出重点，扎实推进整治工作，保护环境，完善农村基础设施，打造“美丽菜园”“美丽庭院”“美丽村景”，建设接地气、暖民心的景观小品，改善村容村貌，街道获评“2019年度苏州市农村人居环境整治先进集体”，农创村获评“2019年度苏州市最美十佳乡村”和“2020年度苏州市农村人居环境整治工作示范村”。发展高效农业，完成高标准池塘改造91.67公顷，退渔还田130.67公顷，八坼现代农业产业园区内道路、水系改造、养猪场扩建基本完成，北部循环农业区初具规模。加强新型职业农民培育，全年组织参加职业农民培训180人次，新增新型职业农民认定15名。致力消除城乡黑臭水体，三多港等3条完成整治的黑臭河道开始销号评估。打造现代农业产业园生态湿地系统试点，形成内循环无排放生态农业示范。街道获评“2020年度苏州市农业农村现代化先进集体”。（朱丹妮）

【镇村建设】 2020年，八坼街道以美丽镇村建设为抓手，不断提升镇村风貌。启动八坼运河风情乡村片规划设计，构建八坼未来“三村依一河”的振兴蓝图。打造示范项目，新建6个三星康居乡村和1个续建项目并通过验收，实现重点村庄三星康居乡村建设全覆盖，绿宝园亲子农乐创意园被认定为“2020年江苏省主题创意农园”，农创村

2020年，八坼街道农村人居环境整治成果显著（八坼街道 提供）

东庄田获评“省级特色田园乡村”。推进城镇“微更新”，沈宅完成主体结构修复，街区会客厅项目开工，西塘街景观、南浩街沿河步道及沿运河入口景观、八坼公园敞园改造等项目竣工，街区面貌焕然一新。（朱丹妮）

2020年5月9日，举办“中国之治落地乡村”主题党日暨八坼街道农村共产党员挂牌及层级预警制度启动仪式（八坼街道 提供）

【社会民生】2020年，八坼街道社会民生事业全面发展。公共服务体系持续健全，完成综合性文化服务中心标准化建设9家，八坼社区被评为“苏州市级四星级综合性文化服务中心”。落实兜底保障政策，发放低保重残等对象生活补贴1.1万人次582.98万元。实施困难对象“一户一档一策”方案，建立“爱心流动营站”志愿者团队，提供各类服务125次。街道为民服务中心正式启用，推行“六公开”制度、实行办理“五规定”，不断加强效能管理，开展政务服务115项，帮办代办18项，不见面审批9项，总办件量超万件。深入推进扫黑除恶专项斗争，强化矛盾纠纷化解，建立完善街道信访工作联席会议领导小组、信访积案化解工作组，受理各类信访114件，接待212人次，化解信访积案2件、重复信访4件。完成“七五”普法验收，打造八坼公园法治宣传阵地，直港村创建省级民主法治示范村，八坼社区、新营、农创、友谊4个村社通过省级复评。（朱丹妮）

【综合整治】2020年，八坼街道重点推进综合整治工作，文明城市创建卓有成效，成立工作专班，细分街区全覆盖网格24个，街道人员全部下沉服务，组建督查小组，压实部门责任，高标准落实工作任务，完成钢材市场、物流一条街等重点区域专项整治。推进专项整治，组建“331”*联动保障队伍，排摸并整改“散乱污”46处，落实长效管理措施。“三治”“三优三保”*治违拆旧8.5公顷。强化大气污染防治，关停繁荣生物等5家涉及大气管控企业，拆除企业燃煤锅炉4家，升级改造玻璃厂钢化炉3家，淘汰老旧工业炉窑，做好氮氧化物排放监测。水环境治理初见成效，全面整顿固定污染源排污许可清理，完成排污登记367家，关闭567家。落实重大领域安全监管，推进27个行业领域专项整治，开展安全生产百日“雷霆行动”，检查企业507家，发现隐患1509条，复查率100%，事前处罚51起，罚金154万元；排查“九小场所”*“三合一”场所*、出租房、木质结构危房等各类安全隐患2136个，发放整改通知书1587份，现场整改740处。街道获评“2020年度苏州市安全生产执法工作先进集体”。（朱丹妮）

【党建工作】2020年，八坼街道确定“融美与共”党建品牌，各村、社区、学校党支部结合“融”“美”概念，明确党建工作重点方向，提炼党建品牌13个。促进结对共建，农创、原直港、原练聚、友谊4个村与机关、非公企业、派出所等党组织开展结对共建。制定《八坼街道党工委基层党建责任清单》，严格按照责任清单落实基层党建各项任务，强化基层党建考核。突出党建引领，基层党组织落地符合民情民意的治理项目7个，培育服务团队14支，开展活动97次，服务群众3600人次，八坼街道入选“新华红”江苏党建联盟第八批联盟单位，相关做法得到《党的生活》、“学习强国”苏州平台、“吴江党建”微信公众号等平台报道。推动辖区350户农村共产党员挂牌亮相，推出层级预警管理办法，强化农村党员管理，助力“融入式党建”*工程发挥实效。（朱丹妮）

（本栏编辑 陈凤贤）

先进人物

胡毓芳　女，1969年5月出生，无党派人士，苏州太湖雪丝绸股份有限公司董事长、高级经济师，苏州市第十四届政协委员，吴江区第十四、十五届人大代表。胡毓芳创办的苏州太湖雪丝绸公司发展成为一家集蚕桑农业、蚕丝工业，以及文化旅游产业为一体的新三板上市企业，年销售2.87亿元，公司先后获“省农业产业化重点龙头企业”“省农业科技企业”“省农村电商示范企业”称号。胡毓芳创办太湖雪蚕桑文化园，建设桑蚕基地66.67公顷，带领农民规模化、现代化养蚕，以“公司+农户+基地”的模式，带动农民增收致富。胡毓芳发展蚕桑特色文旅产业，近3年累计接待游客30万人次，成为乡村振兴战略的践行者、先行者。领衔开办太湖雪劳模创新工作室，在“一根蚕丝”上先后开发专利200多项、版权1000多项，参与制定国家标准3项、行业标准4项，成为全国一、二、三产融合发展的示范典型。胡毓芳热衷慈善事业，通过爱心义卖及慈善捐助总额超过600万元。先后获“全国三八红旗手”“全国城乡妇女岗位建功先进个人”“全国农业创业创新第二批优秀带头人”“全国纺织工业劳动模范”“江苏最美人物”“省青年致富带头人”等称号，获全国农业创业创新大赛三等奖，2020年11月24日，获党中央、国务院授予的“全国劳动模范”称号。　（区总工会）

沈向东　男，1969年11月出生，中共党员，吴江变压器有限公司董事长兼总经理、高级工程师、高级经济师。自2004年起担任吴江变压器有限公司董事长兼总经理以来，沈向东团结带领公司全体成员积极进取，提升企业管理水平，弘扬奋发向上的企业文化，企业发展进入快车道，16年来，企业规模和年销售收入增加20倍，经济效益不断提升。2008年，投资9.7亿元开展500kV变压器技改项目，三期工程全部竣工投产，240000kVA/220kV变压器、334000kVA/500kV、400000kVA/500kV变压器、1000000kVA/1000kV特高压变压器、70000kVA/550kV电抗器等通过全部国家级试验和新产品国家鉴定，主要性能指标达到国际领先或国际先进水平，标志吴变特高压变压器的研发、生产、工艺水平达到国内最高水平。通过创新驱动，吴江变压器有限公司跻身全国变压器行业最前列的“G5”俱乐部。2020年，开发更多优秀产品投放市场，跻身全国同行业前三名。在2020年国网的物资招标中，累计中标金额名列第二。2017年，获苏州市市长质量奖。2018年，申报国家级企业技术中心。2019年，成为国家创新示范企业、苏州市自主品牌大企业、领军企业先进技术研究院。吴江变压器有限公司开发新产品的速度和技术水平都处于行业领先地位，拥有专利108件，其中发明专利27项、实用新型专利81项。2020年4月26日，沈向东获江苏省总工会颁发的“江苏省五一劳动奖章”。（区总工会）

吴志铭　男，1963年7月出生，加拿大人，立隆电子（苏州）有限公司总经理。作为公司负责人，吴志铭构建企业与政府的桥梁和纽带，协助开发区企业建立人力资源交流平台，增进政企间、企业间交流活动，公司多次被评为“劳动关系和谐企业”“劳动保障A级单位”“纳税大户”。在吴志铭带领下，立隆电子（苏州）有限公司稳步发展，秉承“诚实、俭朴、迅速、爱护”的企业文化，建立优秀的人才团队。承担社会责任，对外参与社会公益活动，对内成立“立隆爱心社”，使“企业永续经营、员工快乐生活”。吴志铭先后被吴江区政府授予“荣誉市民”称号，担任税务局行风特约监察员，担任中国电子元器件理事、吴江区外商投资协会常务监事单位、吴江智能制造协会监事，多次获得吴江经济技术开发区“优秀人力资源管理者”称号。2020年4月26日，获江苏省总工会颁发的“江苏省五一劳动奖章”。（区总工会）

新闻人物

安　娜　“中国好人”

安娜，女，1983年6月出生，苏州安娜妈咪网络公益志愿服务队创始人。2013年，安娜在喜马拉雅FM上创建免费的早教播读频道，取名为“安娜妈咪早教公益播读”。通过这个平台，她向全国各地的网友分享自己精心挑选录制的儿童故事、唐诗宋词、儿歌等。安娜在居住地江陵街道新时代文明实践所定期发布志愿活动，通过线上招募方式，召集大小朋友，免费给他们进行线下教学讲课。这项志愿活动成为街道志愿活动的“亮点”。安娜的志愿精神感染很多热心公益的人，他们主动和安娜联系，要求加入她的团队，共同打造“安娜妈咪”新时代文明实践公益品牌。2020年新冠肺炎疫情期间，一部名为《小宝家族之蛟龙女王的礼物》的童话故事音频陆续在喜马拉雅、字节跳动、腾讯、天猫等平台热播，这是“安娜妈咪”团队以疫情为背景，专为10岁及以下年龄儿童精心创作的“疫情期间必听的儿童故事”，这项作品结合抗疫形式需要，将保护自然环境、养成良好卫生生活习惯等理念有机结合到故事中，给少年儿童传播正能量，产生积极的社会影响。该作品经过“学习强国”App、《现代快报》《吴江日报》等报道转载，单集播放量超200万次。疫情期间，安娜赠送近300套新发布的书籍《安娜妈咪让孩子爱上阅读》和同名音频课给玉树藏区的家长和苏州的家长，以专业的方式帮助家长和孩子，让孩子爱上阅读。作为国内知名儿童节目主播和儿童作家，安娜拥有听众1500万，收听量超1亿，是喜马拉雅FM十大机构短视频优质主播中唯一获奖的儿童品类主播。2018年6月，入选“江苏好人（助人为乐）”；先后获评“江苏省三八红旗手”“江苏省网络公益达人”、苏州市“优秀阅读推广人”；2020年7月，获“中国好人”称号。（吴江开发区）

陈　伟　入选国家“百千万人才工程”

陈伟，男，1976年12月出生，毕业于华中科技大学光纤通信专业，博士研究生，江苏亨通光纤科技有限公司总经理，江苏省、苏州市的科技领军人才。光纤是5G、数据中心、智能制造的核心基础材料，是通信行业不可或缺的产品。光纤材料研发一直是中国新材料界面临的“卡脖子”问题，其核心技术“学不到”也“买不到”，只能靠自己开发。在光纤领域深耕多年，带着要做行业“领头雁”的初心，2014年，陈伟从武汉到吴江，加入亨通光纤担任总工程师。在他的带领下，亨通光纤开启对低损耗光纤、“耐高温、耐腐蚀”的“光线传感器”以及高可靠海洋光纤等瓶颈问题的攻关，先后攻克超低损耗海洋光纤光缆“三高一长”的业界难题，突破中国“三超通信”关键材料瓶颈，实现“海洋光纤的国产化”，并建成规模化的生产线，助力江苏成为中国乃至全球领先的海缆制造基地，为构建自主可控的安全网络、实施海洋强国战略奠定基础，携手华为走向国际跨洋重大工程。实现5G与数据中心用光纤“高带宽、低时延、抗弯曲”三大关键核心技术突破，解决行业“卡脖子”问题，对国家信息安全具有战略意义。陈伟带领团队承担国家973计划2项、国家863计划1项、国家强基工程1项、国家重大科学仪器专项1项、省成果转化项目1项，第一发明人授权发明专利12项，制定国家标准3项、行业标准4项，牵头制定国际首个掺稀土光纤标GB/T28504.1，发表论文

60余篇。2016年，获评江苏省有突出贡献的中青年专家、江苏省第五期“333工程”培养对象（第二层次）；2019年，获评享受政府特殊津贴人员；2020年，获江苏省“青年科技杰出贡献奖”，入选国家“百千万人才工程”。（区人社局）

李　磊　“江苏省有突出贡献的中青年专家”

李磊，男，1985年4月出生，苏州绿控传动科技股份有限公司的创办人，毕业于清华大学车辆工程专业，博士研究生，江苏省、苏州市科技领军人才。他创办的苏州绿控传动科技股份有限公司，是国内新能源汽车行业驱动产品生产商中的执牛耳者。作为2012年精英周的落户项目，绿控传动拥有客车AMT（先进制造技术）自动变速箱，一举填补国内空白。公司拥有员工500余人，研发人员占比50%以上，自主知识产权200余项，授权知识产权120余项。客户包含中通客车、北汽福田等国内客车企业40余家，以及中国一汽、东风汽车等卡车企业20余家，产品在国内超过300个城市的6万辆新能源车上示范运营，累计运营里程超过100亿千米，相关产品销往海外7个国家。作为一名科技工作者，李磊深知创新对于高新技术企业发展的重要性，他始终瞄准中国新能源汽车重大战略需求，持续开展技术攻关，集智聚力在商用车混合动力系统总成构型创新设计、关键部件研制、安全平顺运行机制、高效节能控制方法等关键技术上不断取得突破。2016年，获评江苏省劳动模范；2018年，入选国家级人才计划；2020年，获评江苏省有突出贡献的中青年专家。（区人社局）

方曙光　“江苏省有突出贡献的中青年专家”

方曙光，男，1974年3月出生，微康益生菌（苏州）股份有限公司的创办人，毕业于华东理工大学发酵工程专业，博士研究生，江苏省、苏州市科技领军人才。2013年，面对中国益生菌市场长期被国外垄断的局面，心怀“民族菌　中国梦”理想的方曙光带领一支骨干团队从上海到吴江创业，先后建立“一院”（微康益生菌研究院）、“两中心”（省工程技术研究中心和苏州市益生菌及衍生物制剂工程技术研究中心）、“三站”（国家级博士后科研工作站、江苏省企业院士工作站、江苏省企业研究生工作站）的专业研发平台，并在苏州、上海、武汉、南京等地建立益生菌研究院分院，以集合智力资源，打造国家级益生菌工程技术研究中心，促进民族微生态产业的发展。为提升科技水平，保持创新活力，微康益生菌先后与江南大学、南京工业大学、天津科技大学等高等学府开展合作，开发各类新型功能性益生菌。在方曙光的带领下，微康益生菌凭借着强大的研发与生产能力，成为国家高新技术企业，以及苏州市首批“独角兽培育入库企业”和苏州市瞪羚企业。2019年，入选国家级人才计划；2020年，获评江苏省有突出贡献的中青年专家。（区人社局）

张友华　“江苏好人”

张友华，男，汉族，1962年4月出生，中共党员，松陵第一中学物理高级教师、国家级高级科技辅导员。他专业基础扎实，科研能力强，善于在日常教育教学中总结教学经验和知识规律，形成大量论文以及科技创新作品，所写的教学论文以及课题研究观点新颖、见解独特，对学生科学素养的培育、科技创新能力的提升以及校园文化建设管理有指导意义。他坚持科技创新的普及与传播事业，深入各地学校、科技馆等场所进行科学的宣传和展示；在电视、电台等媒体宣传科学知识，弘扬科学精神；开设科技创新方面的讲座。为探索中小学科技创新能力的提升和引领示范作用，张友华与南京大学相关部门合作开展苏州市民生科技项目“中小学校园踩踏事故人工智能预警与导流系统研发应用”，探索构建政、产、学、研与中小学科技教育紧密结合的科技创新平台，开展科技成果转化和产业化工作。在苏州市科协、教育局等部门指导下，太湖新城管委会投资建设“老张工作室”，为张友华开展科学普及与传播奠定基础，成为各地科技辅导员参观交流、设计加工制作的场所，并多次接待外宾。张友华依托“老张工作室”，创立专家团队。张友华连续三次参加全国青少年科技创新大赛获一等奖和专项奖，他的自制教具项目获全国一等奖，研发、设计、制作的科教项目有300余项1000余件，撰写研究型文章近百篇，各类科普宣传讲座数十场，在国内青少年科技创新教育领域具有广泛影响力，被誉为“当代鲁班”“发明叔”“教具大王”“科技达人”“科技播种机”“苏州自制教具第一人”。张友华获评“江苏好人”“全国十佳优秀科技辅导员”“江苏省十大科学传播人物”“江苏省十佳优秀科技辅导员”“江苏省青科协最美科技工作者”“苏州市十大魅力科技人物”“苏州市十大年度科普人物”“高级科技辅导员”“江苏省创新教具评审专家”等称号。　（区教育局）

王红霞　“五一创新能手”

王红霞，女，1982年12月出生，2005年毕业于重庆大学英语/行政管理专业，8月进入苏州信息职业技术学院工作，先后担任管理工程系教师、旅游管理专业负责人，承担导游业务、旅游职业礼仪、旅游电子商务、导游服务技能等课程的教学工作。她坚持把立德树人作为人才培养的中心环节，把思想政治工作贯穿教育教学全过程，践行全程育人、全方位育人的理念。在教学中不断探索创新教学模式和方法，依托中国大学慕课、云班课、全域旅游大数据平台等信息化手段，以学生为中心，进行教学改革实践，在全院开展课程思政示范公开课，并通过在线慕课“导游业务”为学生拓展学习平台，打造线上线下混合式“金课”建设，助力提升旅游管理专业教师与学生的思想政治素质和职业素养。作为专业负责人，她致力于人才培养方案研究，探索创新型人才培养新模式。结合旅游业发展实际，校企合作共同制订人才培养方案，实现校企“无缝对接”的人才培养模式。根据职业岗位工作任务分析，调整课程结构与内容，进行基于职业岗位典型工作任务和工作过程的课程改革，实施“项目载体”“任务驱动”“问题导向”的教学模式改革，开展“双证制”，课证融通，实现职业要求与专业课程内容对接。立足吴江，面向长三角，注重“创意文旅”“全域文旅”“数字文旅”“乡村文旅”等新理念的教育教学，与同里国际旅游开发有限公司共建企业学院，与吴江文体广电和旅游局共同打造全域旅游实训室项目，实现优质资源向社会开放共享，助力文旅行业人才建设。主持院级课题1项，参与研究省级一般课题1项、区级一般课题2项、企业横向课题1项，发表教学及学术论文4篇。获2020年院级“十佳教师”，受到吴江区嘉奖；获2020年江苏省高职院校教学能力大赛专业组一等奖第一名，获江苏省总工会授予的“五一创新能手”称号和江苏省妇女联合会授予的“巾帼建功标兵”称号。　（苏信学院）

纪念人物

谢景初　（1020—1084）　字师厚，号今是翁，谢绛长子。北宋庆历六年（1046）进士，授大理寺评事知越州余姚县（今属浙江），筑海塘，禁止豪强侵湖为田，治理上林湖成风景区。通判海州，毁淫祠300余所。历湖北转运判官、益州路（今成都）提点刑狱。熙宁（1068—1077）初，反对青苗法、免役法，以屯田郎致仕。设计出10种色彩艳丽的书信专用纸，被称为“谢公笺”。博学能文，尤长于诗。

（据《吴江市志》）

王　銮（1469—1520）　字汝和，松陵镇人，明正德六年（1511）进士。在吏部铨考时，作《原治》两篇，提出社会不稳定皆由知府、知县、监司唯利是图，巡抚乐意受人奉承引起的；要禁止强盗，先要惩处贪吏。吏部尚书杨一清很欣赏，补文选司主事，升考功司郎中。每天退朝回家，即闭门不出，外人很难见他一面。进验封司郎中。1519年3月，参与劝阻正德皇帝南巡，受到杖责，卧床年余卒。1522年嘉靖皇帝登基，赠御史，赐祭。　（据《吴江市志》）

叶世侗　（1620—1656）　字开期，叶绍袁第四子，明天启秀才。为人沉默寡言，喜愠不形于色，为文深思入奥，读之似不知其旨趣，细寻绎而见其思苦力索，曾以“八代文章供命薄，四唐风月助身寒”表明自己的心迹。明亡后，曾加入立志当遗民的吴中名士们组织的“惊隐诗社”。虽食不给，然发愤思进步以救贫。与弟世倕（弓期）在杭州皋亭山采集野蘑菇充饥，中毒身亡，卒年37岁。所作诗、文甚富，均散失无存。其子叶舒崇，清康熙进士。　（据《北厍镇志》）

杨复吉　（1747—1820）　字列欧、列侯，号梦兰、慧楼、乡月楼等。家富藏书，读书甚博。清乾隆三十七年（1772）进士，候选知县，因年少未授。从此足不出户，一心读书著述。嘉庆元年（1796），吴江知县唐仲冕举荐孝廉方正，被他坚决推辞。著有《乡学楼学古文》《梦兰琐笔》《辽史拾遗补》，编有《史余备考》《元文选》《昭代丛书五编题跋》和《续集》、《虞初余志》《元稗类钞》等。　（据《吴江市志》）

严惕安　（1820—1885）　故居在同里镇凌家廊下。国学生布政司经历衔。苏杭地区著名中医。在家宅正厅“寿南堂”开设诊所，有岐黄之术，是治伤寒的行家里手，往往一服而愈，被称为“严一帖”。曾治愈邻居凌少云的儿子凌东海的伤寒病，后来名医凌东海以同样药方治愈其他伤寒病人受到赞誉时，总说：“此严惕安先生之妙方也。”

（据《同里镇志》）

袁　龙（1820—1902）一名汝龙，字怡孙，号东篱，清代书画名人。幼承家学，潜心诗词、书画、篆刻、考据诸学。家中富有藏书、文物珍品。宅后自建小园，名“复斋别墅”，园中亭馆窗腹，均亲手雕刻书画。是同里镇退思园的主要设计者。

（据《同里镇志》）

陆　恢（1851—1920）初名友奎，一名友恢，字廉夫，一字狷颔盦，号狷叟、廉道人，别署破佛盦主人、话雨楼主、客滕轩主人、寡癖居士等。清代人，吴门画坛一代宗师。幼年勤奋好学，县进学考试发榜为“案前”（第一名），后被人告发其父曾参加太平军而使其仕途之梦破灭。早岁即从严承健、任釐瓒等人研习书法，博取所长，后专工汉隶，自成一家。更工画，先师从刘德六习花果翎毛，后又拜师陶焘、任立凡，画艺长进很快，山水、人物、花鸟、果品，无一不能。曾过僧寺，睹十八应真像，即以纸墨画描摹而归。后迫于生活，陆恢到苏州玄妙观卖画。晤吴大澂，相与谈艺，纵观吴之所藏各代名迹，上窥唐、宋，下览元、明，艺事大进。后为吴大澂之幕僚，卜居苏州东中市河沿街。曾随吴大澂游历三湘、辽东名胜。广博的阅历，使其笔意更为苍劲遒丽、古拙幽深。曾作《衡山记游图》八幅，诩为生平杰作，可与《黄易访碑图》媲美。光绪二十二年（1896）张之洞任两江总督，集海内名画家补绘王元恽所进承华事略，委陆恢总理其事。图中衣冠、彝器悉准历代制度。中年返归姑苏，与吴大澂、王同愈、吴昌硕、倪田、顾麟士等结画社于顾氏怡园，潜心绘事，考订金石文字，垂三十年。此举开吴门书画结社之先河，影响颇大。陆恢为清末民初江南著名画师，从游者数十人，如沈塘、沈麟、顾墨畦、陈摩、樊浩霖、黄裳吉、刘履福、陈昌、宗履谷、吴则峰、郑怀桥等，曾盛名于画坛。弟子再传，自成吴门流派。（据《同里镇志》）

陈望岐（1920—1975）原名陈业经，部队转业干部。陈祖启之子，“陈家牌楼陈氏”后裔。抗战前曾在上海某会计师事务所工作。1938年去苏皖边区参加新四军，改名王岐，历任军需长、后方医院政治指导员、支队军需处处长、团供应处处长、旅供给部部长、纵队供应部部长、豫皖苏七分区工商局局长。新中国成立后恢复原姓，改名陈望岐。先后担任中国人民银行上海市分行信托部经理、交通银行华东区行经理、中国建设银行副行长、合肥师范学院党委书记、华东局财贸办主任。1975年病逝于上海。

（据《同里镇志》）

沈月箴（1920—1981）女，原名月珍，平望镇人。早年在家帮助其父经商。“8 · 13”淞沪抗战爆发后，上海撤下大批伤员运到吴江，她参加县护士训练班投入救护工作。日军侵占吴江后，她避难黎里，受到进步思想的影响，走上革命道路。1938年8月赴上海，经王绍鳌介绍参加“华东人民武装抗日会”，在中共党员丁秉成领导下工作，被派回吴江开展工作。她以毛啸岑表妹的身份进入国民党吴江县政府担任办事员。在此期间，她多次掩护共产党人通过吴江到内地工作。她利用为县政府送情报的机会，向中共党组织传递大量情报。1939年12月，沈月箴离开吴江到上海霞飞路伟光医院任职员，后转入慈联中学进行秘密抗日活动。同年秋，去新加坡，供职商务印书馆。1941年9月，因参加抗日活动，被驱逐出境。先回上海，再赴香港。翌年初，被派到桂林；11月，被派往淮南抗日根据地，在中共华中局情报部做秘书工作。1944年7月，因病经组织批准回沪治疗。抗日战争胜利后，因身体差，沈月箴脱离原工作岗位，但仍为中共党组织做力所能及的工作。潘汉年来往于上海和解放区的通行证就是她设法解决的。1955年7月16日，因潘汉年冤案受牵连被捕。1956年12月24日释放。1981年2月因患癌症去世。1982年12月20日，上海市公安局为她平反，恢复其名誉，消除影响。沈月箴爱好旧体诗词、评弹，她曾与杨振雄合作编写《长生殿》《武松》等长中篇评弹。（据《吴江县志》）

（本栏编辑　沈　瑶）

组织机构和负责人名录

【区四套班子】

中国共产党吴江区委员会

书　　记　李　铭（6月任）　王庆华（6月免）
副 书 记　王国荣（6月任）　钱　斌（4月任）
　　　　　李　铭（6月免）　王燕红（女，4月免）
常　　委　李　铭　王国荣（6月任）
　　　　　钱　斌（4月任）　万　利（4月任）
　　　　　乐　江（女）　王　牟（12月任）
　　　　　杨　斌　　汤　浩（4月任）
　　　　　郑立军（11月任）　张炳高（12月任）
　　　　　王庆华（6月免）　王燕红（女，4月免）
　　　　　王益冰（12月免）　范建龙（12月免）
　　　　　刘　伟（4月免）　李卫珍（女）
　　　　　刘　峰（11月免）
其他委员（按姓氏笔画排列）
　　　　　王　悦　石　荣　朱建文　李　斌　杨志荣
　　　　　肖仲伟　邱全明　沈金明　沈建兴　沈震松
　　　　　张志成　张建华　陆　斌　陈晓君（女）
　　　　　查旭东　夏晓阳　顾　焱　高建民　屠福其
　　　　　吴　琦（4月免）　戚振宇（12月免）
候补委员（按得票数多少排列）
　　　　　徐国华　华　磊　顾　全　钱晓明　汝少峰
　　　　　蔡　薇（女）

吴江区人民代表大会常务委员会

主　　任　徐晓枫（1月任）　沈金明（1月免）
党组书记　孙悦良
副 主 任　夏晓阳　王　悦　张志成　吴卫中
委　　员（按姓氏笔画排列）
　　　　　功　真　朱晓红（女）　庄明耿
　　　　　孙　飞（1月任）　孙　虹（女）
　　　　　孙　峰（1月任）　李建坤　吴巧珍（女）
　　　　　吴建中　沈　琼（女，1月任）　沈卫良
　　　　　沈伟勇　沈向东　沈宏彪　沈根荣　张建华
　　　　　陆玉根　陆筱明（1月任）　陈凤兰（女）
　　　　　陈正严　金健康（1月任）　周根表
　　　　　赵菊观（1月任）　施国强　施清岛　顾秦华
　　　　　高继红（女）　谈法江　黄明康（1月任）
　　　　　崔夏萍（女）　王鹏宇（1月任，11月免）
　　　　　庄永先（12月免）

吴江区人民政府

区　　长　李　铭（6月免）
代理区长　王国荣（6月任）
副 区 长　万　利（12月任）　汤卫明　朱建文
　　　　　李文斌　陈建忠（7月任）
　　　　　高建民（11月任）　季恒义（12月任）

许　诺（挂职）　谢王挽（挂职，4月任）
吴　琦（4月免）　李卫珍（女，12月免）
张炳高（11月免）　戚振宇（12月免）
吴俊宁（女，挂职，8月免）　李运波（挂职，9月免）

中国人民政治协商会议苏州市吴江区委员会

主　　席　李　斌
副 主 席　杨　斌（兼，4月任）　屠福其　沈向东
　　　　　肖仲伟　王玉英（女）
常　　委（按姓氏笔画排列）
　　　　　王　恒（1月任）　王　强　王海鹰　王德瑞
　　　　　冯海花（女）　吕绍林　吕荣林
　　　　　朱　颖（女，1月任）　朱　晨　朱卫泉
　　　　　朱金兆　朱建华　朱荣华　刘　峥（1月任）
　　　　　孙玲玲（女）　孙俊良　李小迟
　　　　　杨　华（1月任）　杨罡昱　肖菊红（女）
　　　　　吴伟江　吴海燕（女）　吴勤芳　沈卫芳（女）
　　　　　沈龙根　沈生元　宋　涛　张一斌（1月任）
　　　　　张灵美（女）　陆　晨（致公）　陆健龙
　　　　　陆彩萍（女，1月任）　陈　竞（女）　陈卫秋
　　　　　陈文杰　陈红梅（女）　庞亚明　法　灯
　　　　　孟庆利（1月任）　施建中（1月任）
　　　　　顾忆红（女）　顾晓峰　顾爱勤（女）
　　　　　徐　恒（女，1月任）徐亚军　凌龙华
　　　　　曹国荣　程　杰（女）　曾炳海　蔡惠祥
　　　　　戴玲娜（女）　魏礼亚（1月任）
秘 书 长　钟永林

【区纪委监委】

中国共产党吴江区纪律检查委员会

书　　记　乐　江（女）
副 书 记　李小迟　葛志正（5月任）
其他常委　何　炜　陈　斐（女）　陆伯帅（10月任）
　　　　　於振新（12月免）　孟华隆（6月免）

区监委

主　　任　乐　江（女）
副 主 任　李小迟　葛志正（5月任）
委　　员　陆伯帅　乔　刚　张　磊（10月任）
　　　　　於振新（12月免）

【人民武装、审判、检察机关】

吴江区人民武装部

部　　长　郑立军（8月任）　刘　峰（8月免）
政　　委　倪绍徐（8月任）　郑立军（8月免）
副 部 长　肖　刚
党委书记　倪绍徐（8月任）　郑立军（8月免）
副 书 记　郑立军（8月任）　刘　峰（8月免）

吴江区人民法院

院　　长　陈晓君（女）
副 院 长　吴建中　高宇鹤　陈　竞（女）　钮晓丰
党组书记　陈晓君（女）
党组成员　吴建中　高宇鹤　钮晓丰　盛　凯
　　　　　陆金东（11月任）　张　勇（11月任）

吴江区人民法院吴江经济技术开发区人民法庭

庭　　长　陆金东

吴江区人民法院汾湖人民法庭

庭　　长　厉昱中

吴江区人民法院盛泽人民法庭

庭　　长　倪晓红（女，12月免）

吴江区人民法院太湖新城人民法庭

庭　　长　秦绪栋

吴江区人民法院震泽人民法庭

庭　　长　刘成文

吴江区人民法院执行局

庭　　长　张　勇（11月任）　韩长安（11月免）

吴江区人民检察院

检 察 长　刘　军（女）
副检察长　钮巧福　刘慎争　戴　飞
党组书记　刘　军（女）
党组成员　钮巧福　刘慎争　陈　烜

吴江区人民检察院第五检察部

主　　任　许剑峰（8月任）

吴江区人民检察院派驻吴江经济技术开发区检察室

主　　任　徐新兴（12月免）

吴江区人民检察院派驻汾湖高新技术产业开发区检察室

主　　任　唐留春（12月免）

吴江区人民检察院派驻震泽镇检察室

主　　任　徐　伟

【区级机关各部门】

区委办公室

主　　任　沈震松
副 主 任　徐永红　张淑敏（女）　余式汪（6月任）
　　　　　沈国强　吴建辉　刘　森（10月免）

区委研究室（在区委办公室挂牌）
主　　任　沈震松
副 主 任　伊忠心　马天琦
区委机要局（在区委办公室挂牌）
区国家保密局（在区委办公室挂牌）
区密码管理局（在区委办公室挂牌）
区档案局（在区委办公室挂牌）
副 局 长　曹　莉（女，11月任）
区人民代表大会法制委员会
主任委员　张志成
副主任委员　沈根荣
委　　员（按姓氏笔画排列）
孙云峰　张建华　陈秋荣　陈瑞江　顾秦华
区人民代表大会财政经济委员会
主任委员　夏晓阳
副主任委员　李建坤
委　　员（按姓氏笔画排列）
王　净（女）　李苏雷　陆玉根
陈勤芳（女）　顾　健
区人民代表大会监察和司法委员会（1月成立）
主任委员　张志成（1月任）
副主任委员　沈根荣（1月任）
委　　员（按姓氏笔画为序）
孙云峰（1月任）　张建华（1月任）
陈秋荣（1月任）　施清岛（1月任）
顾秦华（1月任）
区人民代表大会社会建设委员会（1月成立）
主任委员　王　悦（1月任）
副主任委员　陆筱明（1月任）
委　　员（按姓氏笔画为序）
申建新（1月任）　杨雪明（1月任）
吴继华（1月任）　徐利明（女，1月任）
薛建国（1月任）
区人大常委会办公室
主　　任　沈卫良
副 主 任　赵小华（11月任）　孙　飞
区人大人事代表联络工作委员会
主　　任　崔夏萍（女）
副 主 任　袁　媛（女）
区人大内务司法工作委员会（7月更名为监察和司法工作委员会）
主　　任　沈根荣
副 主 任　陆永忠（7月任）
区人大财政经济工作委员会
主　　任　李建坤
副 主 任　孙学勤
区人大环境资源城乡建设工作委员会
主　　任　庄明耿
副 主 任　陈　红（女）
区人大教科文卫（外事民宗侨台）工作委员会
主　　任　金健康
副 主 任　支红建
区人大农业农村工作委员会
主　　任　黄明康
副 主 任　袁　峰
区人民政府办公室
主　　任　曹月见（12月任）　徐国华（11月免）
副 主 任　沈春伟（9月任）　吕海峰　金　鑫
张　静（女，6月任）　王鹏宇（11月任）
戴忠浩（兼，12月任）　吴　誌（11月免）
陈宇威（9月免）　余式汪（6月免）
丁晓华（兼，12月免）　韩　璇（女，挂职，11月免）
党组书记　曹月见（12月任）　徐国华（11月免）
党组成员　曹月见（12月任）　沈春伟（9月任）
吕海峰　金　鑫　张　静（女，6月任）
王鹏宇（11月任）　王　罡（9月任）
徐国华（11月免）　吴　誌（11月免）
陈宇威（9月免）　余式汪（6月免）
庄云霞（女，6月免）
区政府研究室（在区政府办公室挂牌）
主　　任　曹月见（12月任）　徐国华（12月免）
区大数据管理局（在区政府办公室挂牌）
局　　长　徐国华（9月免）
副 局 长　王　罡（9月明确主持工作）
劳国芳（挂职，8月任）
区信息中心
主　　任　尚立新
政协苏州市吴江区委员会办公室
主　　任　张一斌
副 主 任　徐华庭　王永权　王　晟
区政协提案委员会
主　　任　陈文杰
副 主 任　胡小芳（女，12月任）　徐　恒（女，兼）
庄云霞（女，兼）　殷礼斌（8月免）

区政协经济科技和农业农村委员会

主　　任　朱金兆

副 主 任　孙　波

区政协社会事业委员会

主　　任　王　恒

副 主 任　王　昕（女）

区政协城乡建设委员会

主　　任　庞亚明（12月免）

副 主 任　王　芳（女）

区政协港澳台侨（民族宗教）委员会

主　　任　杨　华

副 主 任　李菊明

区政协文化文史委员会

主　　任　凌龙华

副 主 任　耿万琪（12月任）　徐黎明（12月免）

区委组织部

部　　长　杨　斌

副 部 长　孙　峰　徐　恒（女）　胡洪明

杨晓鹰（女，8月任）　张志明（3月免）

区委非公有制企业和社会组织工作委员会（在区委组织部挂牌）

书　　记　徐　恒（女）

副 书 记　吴怡杉（女，10月任）

区委区级机关工作委员会（在区委组织部挂牌）

区委党建工作领导小组办公室（在区委组织部挂牌）

主　　任　孙　峰

副 主 任　费　飞（女）

区公务员局（在区委组织部挂牌）

区人才创新发展中心（党建服务中心）

主　　任　魏　钰（女，12月任）

区委宣传部

部　　长　汤　浩（4月任）　刘　伟（4月免）

副 部 长　孟庆利　沈伟荣　嵇为超

区精神文明建设指导委员会办公室（在区委宣传部挂牌）

主　　任　嵇为超（10月任）

副 主 任　陈　忠

区互联网信息办公室（在区委宣传部挂牌）

副 主 任　陈臻华

区委统一战线工作部

部　　长　杨　斌（4月任）　徐晓枫（4月免）

副 部 长　施建中　卢艳玲（女）　钱　瑶（女）

孙阿利（女，兼，12月任）　刘　峥（兼，12月免）

区政府侨务办公室（在区委统一战线工作部挂牌）

主　　任　沈永明

区委台湾工作办公室（区政府台湾事务办公室，在区委统一战线工作部挂牌）

主　　任　钱　瑶（女）

副 主 任　曹建华（女）

区民族宗教事务局（在区委统一战线工作部挂牌）

局　　长　卢艳玲（女）

副 局 长　胥大明　程　刚

区委政法委员会

书　　记　钱　斌（4月任）　徐晓枫（4月免）

副 书 记　李文斌　庞新荣　金江华　沈正华

区委机构编制委员会办公室

主　　任　杨晓鹰（女）

副 主 任　沈志豪　贝　勇

区机构编制效能管理中心

主　　任　沈志豪

副 主 任　周宇玲（12月任）

区事业单位登记管理局

副 局 长　储方雄

区委巡察工作办公室

主　　任　何　炜（6月任）

副 主 任　周　玲（女）　吴瑞涛（12月任）

陆凌生（12月免）

区委巡察组

组　　长　肖永林　王卫其　俞　勤（女）

朱根龙（12月免）

副 组 长　宋永良　俞玉忠　马鸽龙　顾　中

仲卫红（8月任）　高永军（12月任）

陆凌生（12月任）　任青峰（12月任）

李希一（12月免）　王　旻（女，8月免）

施卫娟（女，12月免）　朱永明（12月免）

区委老干部局

局　　长　胡洪明

副 局 长　吴献忠　王　靖

区发展和改革委员会

主　　任　沈伟江（8月任）　陈建忠（8月免）

副 主 任　颜有明　史　伟（女，6月任）　朱穗华

吴新敏（女，12月免）

党组书记　沈伟江（8月任）　陈建忠（8月免）

党组成员　颜有明　陆根林　史　伟（女）　朱穗华

宋卫东　吴新敏（女，12月免）

区粮食和物资储备局(在区发展和改革委员会挂牌)

副 局 长　陆根林

区长三角地区合作与发展办公室

副 主 任　吴志祥

区教育局

局　　长　陈　宇

副 局 长　周　萍(女)　翁春强　王卫明　水菊芳

区委教育工作委员会

书　　记　陈　宇

区政府教育督导室(在区教育局挂牌)

主　　任　陈　宇(兼)

副 主 任　姚伟斌

苏州青少年科技馆

馆　　长　周　萍(女)

副 馆 长　陆向红　顾桂荣(12月免)

区科学技术局

局　　长　季小峰

副 局 长　蔡惠祥　潘宏亮

党组书记　季小峰

党组成员　潘宏亮

区工业和信息化局

局　　长　徐惠林(8月任)　朱云根(8月免)

副 局 长　陈建刚(9月任)　吴海峰(8月任)
　　　　　何莎莉(女)　孙　健　周敏杰(12月免)

党委书记　徐惠林(8月任)　朱云根(8月免)

副 书 记　陈建刚

区公安局

局　　长　李文斌

督 察 长　李文斌

副 局 长　朱学军　顾世忠　沈卫东　钱伟阳(12月任)
　　　　　余伟伟(挂职,8月任)　戴忠浩(12月免)
　　　　　潘曙亮(挂职,1月免)

党委书记　李文斌

副 书 记　李怀忞　殷海根　丁晓华(12月任)
　　　　　陈瑞江(12月免)

政　　委　李怀忞

副 政 委　李正华

区公安局政治处

主　　任　李正华

教 导 员　王　静(女)

区公安局松陵派出所

所　　长　钱伟阳

教 导 员　吴忠明

区公安局八坼派出所

所　　长　叶卫林

教 导 员　邱　玥(8月任)

区公安局盛泽公安分局

局　　长　殷海根(6月任)　陈瑞江(6月免)

教 导 员　徐夫明

区公安局盛东派出所

所　　长　徐春红

教 导 员　戴永凯

区公安局盛西派出所

所　　长　严晓峰

区公安局盛泽派出所

所　　长　李正华

教 导 员　沈卫东(6月任)

区公安局盛南派出所

所　　长　俞志标

区公安局吴江经济技术开发区派出所

所　　长　孙晓峰

教 导 员　范建春(6月任)　沈永明(6月免)

区公安局滨湖新城派出所

教 导 员　丁　亮

区公安局城南派出所

教 导 员　甘　羽

区公安局运西派出所

所　　长　李　峰

教 导 员　金志峰

区公安局汾湖派出所

所　　长　沈国平

教 导 员　徐伟忠(6月任)　钱晓忠(6月免)

区公安局黎里派出所

所　　长　沈永明(6月任)　柳　强(6月免)

区公安局北厍派出所

所　　长　蒋　瑜(6月任)　周旅康(6月免)

区公安局金家坝派出所

所　　长　吴　欢(6月免)

区公安局平望派出所

所　　长　邱建峰

教 导 员　顾　伟

区公安局震泽派出所

所　　长　郭　峰

教 导 员　张　健

区公安局同里派出所
所　　长　钱晓忠（6月任）　陈建中（6月免）
教 导 员　董扣忠
区公安局横扇派出所
所　　长　程　利
教 导 员　沈勤荣（8月任）
区公安局七都派出所
所　　长　迟东伟
教 导 员　方纪恩（8月任）
区公安局桃源派出所
所　　长　孟　杰
教 导 员　沈勤荣（8月免）
区公安局水上派出所
所　　长　吴新荣
教 导 员　屈兴祥
区看守所
所　　长　计长虹
教 导 员　范　森（8月任）
区公安局指挥中心
指 挥 长　陈　胜
区公安局国内安全保卫大队（反恐怖工作大队）
大 队 长　潘连荣
教 导 员　沈文泉
区公安局刑事侦查大队
大 队 长　盛　斐
区公安局治安管理大队
大 队 长　周孝中
教 导 员　沈　峰
区公安局交通警察大队
大 队 长　沈志勇
教 导 员　沈　华
区公安局经济犯罪侦查大队
大 队 长　陈建中（6月任）　范建春（6月免）
区公安局巡特警大队
大 队 长　金志荣
教 导 员　施　铭（8月任）
区公安局网络安全监察大队
大 队 长　吴　欢（6月任）　蒋　瑜（6月免）
教 导 员　钮国良
区公安局禁毒大队
大 队 长　华敏浩
教 导 员　黄玲苓（女）

区公安局出入境管理大队
大 队 长　柳　强（6月任）
教 导 员　劳国芳
区公安局法制大队
大 队 长　俞卫清
教 导 员　冯庆志
区公安局战训大队
大 队 长　陈　莹（8月任）
教 导 员　徐志峰
区公安局警务督察大队
大 队 长　孙平方（8月任）　徐伟忠（8月免）
教 导 员　郑晓晖（12月免）
区公安局科技信息化大队
大 队 长　高新峰
区公安局人口管理大队
大 队 长　徐文婷（女）
教 导 员　金　挺
区民政局
局　　长　蔡　薇（女）
副 局 长　沈文华　金志洪　周　浩
　　　　　王志萍（女，12月任）　王　红（女，12月免）
党委书记　蔡　薇（女）
区社会福利中心
主　　任　吴　昊（女）
区司法局
局　　长　薛建国
副 局 长　曹国荣　董芳芳（女，6月任）　王建斌
　　　　　陆学明（6月任）　陆　雄（12月免）
党委书记　薛建国
区委全面依法治区委员会办公室
副 主 任　谷万林（12月任）
区法律服务中心
主　　任　连滢滢（女）
区财政局
局　　长　吴吉祥
副 局 长　庄建荣　史铁磊　王伟华　高　明
党组书记　吴吉祥
党组成员　庄建荣　史铁磊　王伟华　浦　浩　陆子兴
区政府国有资产监督管理办公室（在区财政局挂牌）
主　　任　庄建荣
副 主 任　陆子兴

区国库(财政)集中支付中心

主　　任　倪国强(6月任)　惠　巍(6月免)

区财政投资评审中心

主　　任　顾春明

区委国企工作委员会

书　　记　吴吉祥

副 书 记　庄建荣

区财政局平望镇财政分局

局　　长　杨晓玮(10月免)

区财政局震泽镇财政分局

局　　长　黄　强

区财政局七都镇财政分局

局　　长　朱晓明

区财政局桃源镇财政分局

局　　长　沈新卫

区人力资源和社会保障局

局　　长　张　燕(女)

副 局 长　蔡绍广　钱校良　张　峥　张　霞(女)

党委书记　张　燕(女)

区社会保险基金管理中心

主　　任　嵇敏雁(女)

区人力资源管理服务中心

主　　任　沈　煜

区退休人员管理服务中心

主　　任　顾建英(女,6月任)

区劳动保障监察大队

大 队 长　卢　亮

区自然资源和规划局

局　　长　沈卫林(12月任)　曹月见(12月免)

副 局 长　朱　晨　范文群(女)　吴雁预(8月任)
杨　烨(12月任)　费坤荣(8月免)
吴永明(8月免)　景乐平(12月免)

党组书记　曹月见

副 书 记　朱红南(3月任)

党组成员　朱红南　范文群(女)　吴雁预(8月任)
杨　烨(12月任)　景乐平(12月免)
吴永明(8月免)　费坤荣(8月免)

区土地储备中心

主　　任　朱红南

副 主 任　计　芳　汝小芳(9月免)

区国土资源局松陵分局

局　　长　金林弟

区国土资源局盛泽分局

局　　长　沈心明(8月免)

区国土资源局震泽分局

局　　长　金永康

区国土资源局汾湖分局

局　　长　张建中

区国土资源局七都分局

局　　长　费　峰

区自然资源和规划综合执法大队

大 队 长　杨　烨

区住房和城乡建设局

局　　长　陈宇威(9月任)　王雪良(9月免)

副 局 长　朱雁鸣(女)　孙文广　凌菊明(12月任)
徐红伟(12月免)

党委书记　陈宇威(9月任)

区人民防空办公室(在区住房和城乡建设局挂牌)

副 主 任　张　华

区政府房屋征收办公室

主　　任　翁洪方

区建设工程招标投标办公室

主　　任　吴新荣

区房产管理处

主　　任　钱培新(6月免)

区城市建设管理综合执法大队

大 队 长　张伟娟(女,6月任)

区建设审图有限公司

董 事 长　董玉兰(女)

总 经 理　董玉兰(女)

区城市管理局

局　　长　王明辉(11月任)　蔡建忠(11月免)

副 局 长　徐瑞忠(8月任)　马永伟　孙　荣(6月任)
王春风(女,8月免)　陆学明(6月免)

党委书记　王明辉(11月任)　蔡建忠(11月免)

区综合行政执法局(在区城市管理局挂牌)

局　　长　王明辉(11月任)　蔡建忠(11月免)

副 局 长　徐瑞忠(8月任)　马永伟　孙　荣(6月任)
陆学明(6月免)　王春风(女,8月免)

城市管理法制大队

大 队 长　沈兴华

教 导 员　张雪中

区综合执法监督指挥中心

主　　任　孙　洁(女)

区交通运输局

局　　长　姚文明（12月任）　孙雪龙（12月免）
副 局 长　刘　峰（11月任）　费　瑛（女）
　　　　　周伟康　金　良　沈春伟（9月免）
党委书记　姚文明（12月任）　孙雪龙（12月免）
副 书 记　刘　峰（11月任）　沈春伟（9月免）

区交通投资集团有限公司（9月撤销）

董 事 长　孙忠明（9月免）
总 经 理　孙忠明（9月免）
副总经理　叶　菁（女，9月免）　丁　悦（9月免）
　　　　　史　炜（9月免）

区交通运输综合执法大队

大 队 长　费惠江

区公路事业发展中心

主　　任　范志荣（8月任）

区港航事业发展中心

主　　任　陈菊芳

区运输事业发展中心

主　　任　潘炜挺（12月免）

区交通运输应急管理中心

主　　任　吴志华（8月任）

区交通工程建设处

主　　任　庄志强

区铁路建设服务中心

主　　任　汪旭辉

区水务局

局　　长　胡明忠
副 局 长　王春风（女，8月任）　孙建忠
　　　　　王　舟（10月任）　徐瑞忠（8月免）
　　　　　孙志剑（9月免）
总工程师　吕　萍（女，8月任）
党委书记　胡明忠

区水利工程运行中心

主　　任　马旭荣（12月任）

区农业农村局

局　　长　沈卫民
副 局 长　陆健龙（12月任）　吴惠华　马斌斌　钱志伟
　　　　　朱羊宝　齐　艳（女，12月免）
党委书记　沈卫民

区委农村工作领导小组办公室

副 主 任　陈惠锋（10月任）

区农业技术服务中心

主　　任　周　君（6月任）

区农业综合执法大队

大 队 长　沈利明（6月任）

区动物卫生监督所

所　　长　孔令勇

区商务局

局　　长　赵　伟
副 局 长　朱新荣　朱冬梅（女）　吴敏娟（女，6月任）
　　　　　张　静（女，6月免）
党组书记　赵　伟
党组成员　朱新荣　朱冬梅（女）　吴敏娟（女，6月任）
　　　　　张　静（女，6月免）

区外商投资促进中心

主　　任　沈程远（女，6月任）　吴敏娟（女，6月免）

区文体广电和旅游局

局　　长　石　荣
副 局 长　李惠兰（女）　陆梦南　陈　园（女，6月任）
　　　　　沈明根　刘　洋（女，12月任）
　　　　　陆　晨（6月免）　董爱斌（6月免）
党委书记　石　荣

区文化市场综合执法大队

大 队 长　张　萍（女，10月任）

区公共文化艺术中心

主　　任　朱晓红（女，12月免）

区卫生健康委员会

局　　长　沈　宇
副 主 任　孙建民　管罕英（女）　薛建英（女，10月任）
党委书记　沈　宇
副 书 记　范建光

区疾病预防控制中心

主　　任　朱金华

区卫生监督所

所　　长　孔菊林

区爱国卫生指导中心

主　　任　范建光
副 主 任　翁佩方　张育英（女）　曹曙光（12月免）

区退役军人事务局

局　　长　卞如景
副 局 长　何进康　李震乾
党组书记　卞如景
党组成员　何进康　李震乾

区应急管理局（12月撤销党组，成立党委）

局　　长　沈春荣
副 局 长　王忠林　王建忠
　　　　　孙永林　陆　飞（8月任）　陆健龙（12月免）
党委书记　沈春荣
党委委员　王忠林　王建忠　孙永林
　　　　　陆　飞（8月任）　陈　青（11月任）

区安全生产委员会办公室

专职副主任　钱崖岗（11月任）

区安全生产监察大队

大 队 长　陈　青（6月任）

区审计局

局　　长　周　群（12月免）
副 局 长　黎　飞（女）　程　磊　吴海荣
总审计师　石　剑
党组书记　周　群（12月免）
党组成员　程　磊　吴海荣　石　剑

区经济责任审计中心

主　　任　李　瑾（女）

区行政审批局

局　　长　孙曙东
副 局 长　任苏俊　陆　健　陆彩萍（女，10月任）
　　　　　李晶晶（女，11月任）　赵小华（11月免）
党组书记　孙曙东

区政务服务中心

主　　任　孙立堂（6月任）　庄文华（6月免）

苏州市公共资源交易中心吴江分中心

主　　任　王　志（12月任）　孙立堂（6月免）

区农村产权交易中心有限公司

董 事 长　李　凯
总 经 理　李　凯

区市场监督管理局

局　　长　刘　峥（12月任）　杨志荣（12月免）
副 局 长　徐亚军　戴海滨　周学忠　陆伟祺（6月任）
　　　　　沈建林
党委书记　刘　峥（12月任）　杨志荣（12月免）

区知识产权局（在区市场监督管理局挂牌）

区检验检测中心

主　　任　吴颖育（女）
副 主 任　钱青峰　吕　莉（女）

区市场监督管理局吴江开发区（同里）分局

局　　长　沈文荣
副 局 长　吴建平　金懂林　王爱春（女）

区市场监督管理局汾湖高新区（黎里）分局

局　　长　许远峰

区市场监督管理局吴江高新区（盛泽）分局

局　　长　杨华荣

区市场监督管理局太湖新城（松陵）分局

局　　长　梅寒青

区市场监督管理局桃源分局

局　　长　沈燕清

区市场监督管理局震泽分局

局　　长　沈建东

区市场监督管理局平望分局

局　　长　姚海良

区市场监督管理综合执法大队

大 队 长　沈　园（女）

区统计局

局　　长　钱伟健
副 局 长　陆建新　许国江　许　咏（6月免）
总统计师　陈建芬（女，12月任）
党组书记　钱伟健
党组成员　陆建新　许　咏（6月免）

区医疗保障局

局　　长　沈卫芳（女，12月任）　孙阿利（女，12月免）
副 局 长　游余根（12月任）　钱　斌　汝亚琛
党组书记　游余根（12月任）　孙阿利（女，12月免）
党组成员　钱　斌　汝亚琛

区信访局

局　　　长　戴忠浩（12月任）　丁晓华（12月免）
副　局　长　陈雪荣　蒋　峰　黄小华
　　　　　　沈建新（12月免）
信访督查专员　朱　挺（12月任）
党 组 书 记　戴忠浩（12月任）　丁晓华（12月免）
党组副书记　陈雪荣
党 组 成 员　沈建新　蒋　峰　黄小华

区地方金融监督管理局（11月成立）

局　　长　吴　誌（11月任）
副 局 长　曹卫生（11月任）
党组书记　吴　誌（11月任）
党组成员　曹卫生（11月任）

区政府金融管理办公室（在区地方金融监督管理局挂牌）

主　　任　吴　誌
副 主 任　曹卫生

区委党校

校　　长　钱　斌（兼，4月任）　王燕红（女，兼，4月免）
常务副校长　钱晓明
副 校 长　张宇红（女）　凌　晖　张洪蛟（11月任）

区行政学校（在区委党校挂牌）

校　　长　钱晓明
副 校 长　张宇红（女）　凌　晖　张洪蛟（11月任）

区委党史工作办公室

主　　任　施国强
副 主 任　寿建民　许　咏（6月任）

区档案馆

馆　　长　施国强
副 馆 长　陈永康　范红明

区接待办公室

主　　任　徐永红
副 主 任　朱　星　祝震球　吴　芳（女）
党组书记　徐永红
党组成员　朱　星　祝震球　吴　芳（女）

区政府外事办公室（在区接待办公室挂牌）

主　　任　徐永红
副 主 任　朱　星

区融媒体中心

主　　任　王　庆（12月任）　袁　智（12月免）
总 编 辑　王　庆
副 主 任　凌春明　张惠平　刘　弋　陈　洁（女）
党委书记　王　庆（12月任）　袁　智（12月免）
副 书 记　凌春明　王　庆（12月免）

苏州市高级人才太湖培训中心

主　　任　沈震松
党委书记　孙　峰（11月任）
副 书 记　沈震松　张　燕（女）
副 主 任　张　燕（女）　张　霞（女）

区机关事务管理中心

主　　任　张林法
副 主 任　盛玉芳（女）　王利新　吕　华
　　　　　庄文华（6月任）
党组书记　张林法
党组成员　盛玉芳（女）　王利新　吕　华
　　　　　庄文华（6月任）

区供销合作总社

理事会主任　陆　晨（6月任）
理事会副主任　庄云霞（女，6月任）　胡　冰
监事会主任　王丽华（女）
党委书记　庄云霞（女，6月任）

区社会综合治理联动指挥中心

主　　任　王明辉（11月免）
副 主 任　张利荣　冯康明　曾建宏（女）
党组书记　王明辉（11月免）
党组成员　张利荣　冯康明

【群众团体】

区总工会

主　　席　陆　斌
副 主 席　张玉堂　程　杰（女）　王　红（女，12月任）
　　　　　钮国良（挂职，8月任）　吴如其（兼）
　　　　　赵勤妹（女，12月免）　殷礼斌（挂职，8月免）
党组书记　陆　斌
党组成员　张玉堂　程　杰（女）　王　红（女，12月任）
　　　　　钮国良（挂职，8月任）　殷礼斌（挂职，8月免）
　　　　　赵勤妹（女，12月免）

共青团吴江区委员会

书　　记　朱　颖（女，11月任）　王鹏宇（11月免）
副 书 记　朱　媛（女，11月任）　聂鹏程（11月任）
　　　　　李冬梅（女，兼）　朱　颖（女，11月免）
　　　　　施瑶绯（女，挂职，8月免）
党组书记　朱　颖（女，11月任）　王鹏宇（11月免）
党组成员　朱　媛（女，11月任）　聂鹏程（11月任）
　　　　　施瑶绯（女，挂职，8月免）

区妇女联合会

主　　席　朱钰芯（女）
副 主 席　沈珺琛（女，8月任）　张晓蕾（女，10月任）
　　　　　朱丽岚（女，挂职，8月任）
　　　　　胡毓芳（女，兼）　钟　艳（女，兼）
　　　　　陆彩萍（女，10月免）
党组书记　朱钰芯（女）
党组成员　沈珺琛（女，8月任）　张晓蕾（女，10月任）
　　　　　陆彩萍（女，10月免）
　　　　　沈珺琛（女，挂职，8月免）

区工商业联合会

主　　席　沈向东
副 主 席　孙阿利（女，12月任）　赵　军
　　　　　刘　峥（12月免）
党组书记　孙阿利（女，12月任）　刘　峥（12月免）
党组成员　赵　军

区科学技术协会

主　　席　沈卫芳(女,12月免)

副 主 席　李　秀(女)　钟海涛(6月免)

党组书记　季小峰

党组成员　李　秀(女)　钟海涛(6月免)

区文学艺术界联合会

主　　席　孙俊良

副 主 席　凌　芬(女)　范新巍

党组书记　凌　芬(女)

党组成员　范新巍

区归国华侨侨眷联合会

主　　席　沈永明

副 主 席　朱爱莲(女)　朱雁鸣(女,兼)

　　　　　施清岛(兼)

党组书记　沈永明

党组成员　朱爱莲(女)

区残疾人联合会

理 事 长　张建国

副理事长　吴月芳(8月任)　沈建明(12月免)

党组书记　张建国

党组成员　沈建明(12月免)

区哲学社会科学界联合会

主　　席　沈伟荣

副 主 席　黄　燕(女)　钱晓明(兼,6月任)

　　　　　伊忠心(兼,6月任)

　　　　　吴　誌(兼,6月任,11月免)

区红十字会

会　　长　钱　斌(6月任)　王燕红(女,6月免)

常务副会长　凌　云(女,6月任)

副 会 长　杨罡昱　吴昱頔(挂职,8月任)

【国有企业】

东方国有资本投资经营有限公司

董 事 长　顾　焱

总 经 理　张彦红(女)

副总经理　沈　琦　王　斌(9月任)

党委书记　顾　焱

副 书 记　张彦红(女)

吴江城市投资发展集团有限公司(9月成立)

董 事 长　王雪良(9月任)

总 经 理　王雪良(9月任)

副总经理　许晓江(9月任)　张中军(9月任)

　　　　　孙玲玲(女,9月任)　吴　昕(9月任)

党委书记　王雪良(9月任)

副 书 记　许晓江(9月任)　沈育新(9月任)

长三角投资发展(江苏)有限公司(9月成立)

董 事 长　陆　欣(9月任)

总 经 理　陆　欣(9月任)

副总经理　丁　悦(9月任)　顾海珍(女,9月任)

　　　　　杜　静(女,9月任)

总会计师　周长吉(9月任)

党委书记　陆　欣(9月任)

副 书 记　孙忠明(9月任)

吴江文化旅游发展集团有限公司

总 经 理　吕建国

副总经理　钱立新　袁春中　庄荣金　范金培(9月任)

党委副书记　吕建国　钱立新

吴江水务集团有限公司(9月成立)

董 事 长　孙志剑(9月任)

总 经 理　孙志剑(9月任)

副总经理　徐云华(女,9月任)　沈昌寰(9月任)

　　　　　李　民(9月任)

党委书记　孙志剑(9月任)

苏州市融湖投资发展有限公司(9月撤销)

董 事 长　顾　焱(9月免)

总 经 理　张彦红(女,9月免)

副总经理　王　斌(9月免)　钮孝炳(9月免)

党委书记　顾　焱(9月免)

党委副书记　张彦红(女,9月免)

吴江东太湖综合开发有限公司(9月撤销)

董 事 长　许晓江(9月免)

总 经 理　许晓江(9月免)

吴江城乡一体化建设投资有限公司(在吴江城市投资发展有限公司挂牌,9月撤销)

董 事 长　许晓江(9月免)

总 经 理　许晓江(9月免)

吴江区市政公用集团公司(9月撤销)

董 事 长　沈育新(9月免)

总 经 理　沈育新(9月免)

副总经理　徐云华(女,9月免)　沈昌寰(9月免)

吴江传媒集团

董 事 长　王　庆(12月任)　袁　智(12月免)

副总经理　杨长辉

吴江智慧城市运营管理有限公司（9月撤销）

董 事 长　孙玲玲（女，9月免）
总 经 理　孙玲玲（女，9月免）
副总经理　包曙峰（9月免）

【苏州信息职业技术学院】

副 院 长　徐国平　陈　宇　徐　兵
党委副书记　徐国平

【驻江机构】

吴江海关

关　　长　张　建（12月任）　马红兰（女，12月免）
副 关 长　肖荣堂　许立新　顾灏明　于　洋
　　　　　王小峰（9月免）
党委书记　张　建（12月任）　马红兰（女，12月免）

吴江区税务局

局　　长　顾友成
副 局 长　戴布谷　戴建忠　张其中　单　虹（女）
　　　　　陈　葺　顾鹏飞（9月免）　张建民（9月免）
党委书记　顾友成

苏州市住房公积金管理中心吴江分中心

主　　任　俞剑刚
副 主 任　金振宇　董　进（女）

吴江生态环境局

局　　长　沈志勇
副 局 长　张荣虎　　陆国祥　宋雄英（女，12月免）
党组书记　沈志勇
党组成员　张荣虎　　陆国祥　王　伟（6月任）
　　　　　宋雄英（女，12月免）

中国电信股份有限公司吴江分公司

总 经 理　沈跃明
副总经理　丁建华　徐　激　汪至正
党委书记　沈跃明

中国电信股份有限公司吴江南分公司（12月撤销）

总 经 理　陈其东（12月免）
副总经理　李　军（12月免）　陈　皓（12月免）

中国邮政集团公司苏州市吴江区分公司

总 经 理　高旻峰
副总经理　胥海铭　丁　斐（女）　吴梅燕（女）
党委书记　高旻峰

国网苏州市吴江区供电公司

总 经 理　姜德宏
副总经理　沈　飞　顾马荣　钱祖建　蔡献中
　　　　　沈国民（12月免）
党委书记　沈　飞
党委副书记　姜德宏

区气象局

局　　长　朱　燚（11月任）　沈利洪（11月免）
副 局 长　解小寒

吴江区烟草专卖局（苏州市烟草公司吴江分公司）

局长（经理）　高　峰（3月任）　潘彦峰（3月免）
副 经 理　张宏涛
副 局 长　李国弘

中石化吴江公司

经　　理　冯晓东

苏州市吴江盐业有限公司

经　　理　沈保平
副 经 理　吴伟伟

中国人民银行吴江支行

行　　长　倪　民
副 行 长　庄学锋　余　刚（女）
党组书记　倪　民
党组成员　庄学锋　余　刚（女）

中国银行业监督管理委员会苏州监管分局吴江监管办事处

主　　任　丁　皓

苏州农村商业银行

董 事 长　徐晓军（8月任）　魏礼亚（8月免）
行　　长　庄颖杰
监 事 长　吴大刚
副 行 长　王明华　张亚勤（女）　黄　迅
　　　　　徐卫忠（12月任）　邱　萍（女，8月任）
　　　　　戴童毅（8月免）　王春良（8月免）
党委书记　徐晓军（8月任）　魏礼亚（8月免）
副 书 记　庄颖杰　吴建中

【吴江经济技术开发区】

中共吴江经济技术开发区工作委员会

书　　记　李　铭（6月任）　王庆华（6月免）
副 书 记　王国荣（12月任）　王　牟（12月任）　张伟华
　　　　　李　铭（6月免）　范建龙（12月免）
委　　员　金建伟　查旭东　汝少峰　陆　斌
　　　　　朱云根（7月任）

吴江经济技术开发区管委会

主　　任　王国荣（12月任）　李　铭（6月免）

副 主 任　王　牟(12月任)　张伟华　查旭东　汝少峰
　　　　　陆　斌　朱云根(7月任)　范建龙(12月免)

中共吴江经济技术开发区纪律检查工作委员会

书　　记　金建伟
副 书 记　孙广琦

吴江经济技术开发区监察工作委员会(在中共吴江经济技术开发区纪律检查工作委员会挂牌)

主　　任　金建伟
副 主 任　孙广琦

党政办公室

主　　任　陈若峰(8月任)　金海洪(8月免)
副 主 任　邱劲松　薛维付

宣传办公室(在党政办公室挂牌)

主　　任　金海洪

机关党委(在党政办公室挂牌)

专职副书记　徐武强

招商局

局　　长　金海洪(8月任)　徐惠林(8月免)
副 局 长　肖剑英　金尖锋　顾　威(11月任)

建设局

局　　长　吴建林
副 局 长　王　玲(女,聘)　卢勤凤
　　　　　王宇清(8月任)　焦晓锋(聘,6月免)

财政和资产管理局

局　　长　李美珍(女)
副 局 长　韩雪峰　许海根　蒋海燕(女)

组织人事和社会保障局

局　　长　吴晓萍(女)
副 局 长　周金林　秦春芳(女)　李　俊(女,11月任)

非公有制企业和社会组织委员会(在组织人事和社会保障局挂牌)

书　　记　吴晓萍(女)

经济发展局

局　　长　郑　屹
副 局 长　王蔚农(3月任)　李美新(10月任)
　　　　　赵小明(12月免)　曹耀志(12月免)
　　　　　沈国忠(3月免)

科技局(3月在经济发展局挂牌)

局　　长　郑　屹(3月任)　朱国华(3月免)
副 局 长　王蔚农

应急管理局(3月更名)

局　　长　郑　屹(3月免)
副 局 长　沈国忠(3月免)

生态环境局(3月更名)

局　　长　郑　屹(3月免)

安全生产监督管理和环境保护局(3月成立)

局　　长　朱国华(3月任)
副 局 长　沈国忠(3月任)　吕　扬(3月任)
　　　　　王　欢(11月任)

吴江现代农业产业园区管理办公室

主　　任　沈芳芳(女)
副 主 任　苏天方(8月免)

行政审批局

局　　长　苏静英(女)
副 局 长　蒋卫群　胡靖云(女)　董芳军(10月任)
　　　　　吕　扬(3月免)

吴江综合保税区管理局

局　　长　肖明华
副 局 长　顾　华　朱禹宏(10月任)
　　　　　李美新(女,10月免)

吴江经济技术开发区发展总公司

董 事 长　王　净(女)
总 经 理　王　净(女)
副总经理　徐　浩　庄志强　朱　晴(女)　范　宏

【江苏省汾湖高新技术产业开发区(黎里镇)】

中共江苏省汾湖高新技术产业开发区工作委员会

书　　记　张炳高(12月任)　万　利(4月任,12月免)
副 书 记　张炳高(7月任,12月免)　吴　琦(4月免)
委　　员　沈健民　邓运华　陈朝林　吴伟斌(11月任)
　　　　　肖　军(11月任)　沈伟江(11月免)
　　　　　陈　琦(女,11月免)

江苏省汾湖高新技术产业开发区管委会

主　　任　张炳高(7月任)　吴　琦(4月免)
副 主 任　沈健民　陈朝林　吴伟斌(11月任)
　　　　　肖　军(11月任)
　　　　　周　刚(挂职,11月任)　沈伟江(11月免)
　　　　　陈　琦(女,11月免)

中共江苏省汾湖高新技术产业开发区纪律检查工作委员会

书　　记　邓运华
副 书 记　沈红梅(女)
纪工委专职委员　陈　骁(11月任)

汾湖高新技术产业开发区监察工作委员会（在中共江苏省汾湖高新技术产业开发区纪律检查工作委员会挂牌）

主　　任　邓运华

副 主 任　沈红梅（女）

党政办公室

主　　任　徐炳华

副 主 任　金　骏　方华东（6月任）

招商局

局　　长　陈之茂

副 局 长　李　江　陈月红（女）　张　明（11月免）

服务业发展局（在招商局挂牌）

局　　长　陈之茂

副 局 长　李　江　陈月红（女）　张　明（11月免）

建设局

局　　长　姚　俊

副 局 长　沈建中　徐永明　胡迎东（6月任）
　　　　　汝小芳（女，8月任）
　　　　　戴园新（10月免）　吴月芳（女，8月免）

财政局

局　　长　陈雁萍（女）

副 局 长　苏向东　惠　巍（6月任）

组织人事劳动局

局　　长　吴文骏

副 局 长　周　强　何伟刚

非公有制企业和社会组织委员会（在组织人事劳动局挂牌）

书　　记　吴文骏（兼）

经济发展局

局　　长　吴伟斌

副 局 长　姚伟中　夏建明　史琛浩（11月任）

科技局（在经济发展局挂牌）

局　　长　吴伟斌

社会事业局

局　　长　袁　奕（女）

副 局 长　张卫勤（女）　陈志刚
　　　　　吴岳芳　陈学广（11月任）　张洪蛟（11月免）

农村工作局

局　　长　周　宇

副 局 长　张建新　张卫东　沈建兴　陈晓春

安全生产监督管理和环境保护局（挂政法和社会管理办公室、综合行政执法局牌子）

局　　长　杨　勇（3月任）

副 局 长　吴晓平（3月任）　陆　飞（3月任，8月免）
　　　　　顾利平（8月任）

政法和社会管理办公室

主　　任　杨　勇

副 主 任　吴晓平

综合执法局（在政法和社会管理办公室挂牌）

局　　长　杨　勇

副 局 长　梅海华　吴晓平　顾利平（8月任）
　　　　　陆　飞（8月免）

生态环境局（3月撤销）

局　　长　杨　勇（3月免）

副 局 长　吴晓平（3月免）

应急管理局（3月撤销）

局　　长　杨　勇（3月免）

副 局 长　陆　飞（3月免）

苏州汾湖投资集团有限公司

董 事 长　杨亚峰

总 经 理　杨亚峰

副总经理　包玲英（女）　陈卫秋　钮孝炳（9月任）

黎里古镇保护开发管理委员会

党委书记　肖　军（11月任）　陈　琦（女，兼，11月免）

副 书 记　张育英（女）

主　　任　张育英（女）

副 主 任　李淑赟（女）　陆向忠　徐小龙（12月免）

中共黎里镇委员会

书　　记　张炳高（12月任）
　　　　　万　利（4月任，12月免）　吴　琦（4月免）

副 书 记　张炳高（8月任，12月免）
　　　　　吴云为（挂职，9月任）　沈伟江（8月免）

委　　员　沈健民　邓运华　陈朝林　吴伟斌
　　　　　肖　军（11月任）　孙　虹（女）　姚　俊
　　　　　沈红梅（女）　吴文骏　周　宇
　　　　　陈　琦（女，11月免）

黎里镇人大

主　　席　孙　虹（女）

副 主 席　凌刚强（12月免）

黎里镇人民政府

镇　　长　张炳高（8月任）　沈伟江（8月免）

副 镇 长　陈雁萍（女）　袁　奕（女）　陈之茂

政协黎里镇工作委员会

主　　任　徐炳华（兼）

副 主 任　金　骏（兼）

【盛泽镇(江苏吴江高新技术产业园区[筹])】

中共盛泽镇委员会

书　　记　王益冰(12月免)
副 书 记　吕伟峰　徐国华(11月任)　张建华
　　　　　赵菊观(11月免)
委　　员　钱永高　吴伟红　朱晓斌　吴文青(女)
　　　　　王　君　林小林　殷海根(6月任)
　　　　　陈志明(兼,6月任)　陈瑞江(6月免)

盛泽镇人大

主　　席　徐国华(11月任)　赵菊观(11月免)
副 主 席　杨晓华

盛泽镇人民政府

镇　　长　吕伟峰
副 镇 长　沈钰方　吴利根　宗　亮
　　　　　姚文明(12月免)　徐永泉(12月免)

政协盛泽镇工作委员会

主　　任　王　君(兼)
副 主 任　严以待(兼,8月任)　顾建兵(兼,8月免)

盛泽镇纪律检查工作委员会

书　　记　朱晓斌

中共江苏吴江高新技术产业园区(筹)工作委员会

书　　记　王益冰(12月免)
副 书 记　吕伟峰
委　　员　张建华　徐国华(11月任)　赵菊观(11月免)

江苏吴江高新技术产业园区(筹)管委会

主　　任　吕伟峰
副 主 任　张建华　徐国华(11月任)　赵菊观(11月免)

党政办公室

主　　任　王　君
副 主 任　顾建兵　周　蕾　严以待(8月任)

组织人事和社会保障局

局　　长　吴伟红
副 局 长　金　华　周　磊

政法和社会管理办公室

主　　任　林小林
副 主 任　洪　亮　钱健强(11月任)

应急管理局(在政法和社会管理办公室挂牌)

局　　长　林小林

经济发展和改革局

局　　长　宗　亮
副 局 长　陆子平(6月任)　焦　蛟　陈明源(8月任)

服务业发展局(在经济发展和改革局挂牌)

局　　长　宗　亮

科技局(在经济发展和改革局挂牌)

局　　长　宗　亮

招商局(在经济发展和改革局挂牌)

局　　长　宗　亮

财政和资产管理局

局　　长　沈钰方
副 局 长　杨沛超(女)　杨　帆(女,6月任)

建设局

局　　长　吴利根(12月任)　姚文明(12月免)
副 局 长　邱耀平　华钰林　王宇清(8月免)

社会事业局

局　　长　吴文青(女)
副 局 长　计丽华(女)　曹云平(6月任)
　　　　　施瑶绯(女,8月任)

农村工作局

局　　长　钱永高
副 局 长　陈建荣　田栋卿

综合执法局

局　　长　孙健华(12月任)　徐永泉(12月免)
副 局 长　施　荣　沈钰峰　王　勇(8月任)
　　　　　赵　翔(6月免)

行政服务局

局　　长　吴利根(12月免)
副 局 长　何海华　卜　燚

江苏盛泽投资有限公司

总 经 理　罗玉坤
副总经理　陈　建(女)　史　炜(9月任)
　　　　　石燕红(女,9月任)

中共中国东方丝绸市场工作委员会

书　　记　王益冰(12月免)
副 书 记　张建华　吕伟峰

中国东方丝绸市场管委会

主　　任　张建华

中共中国东方丝绸市场纪律检查工作委员会

书　　记　朱晓斌

东方丝绸市场管理办公室

主　　任　孙健华(12月免)
副 主 任　张　雷　钟　方(6月任)　陆子平(6月免)

【东太湖生态旅游度假区（太湖新城）】

中共吴江东太湖生态旅游度假区（太湖新城）工作委员会

书　　记　邱全明（11月任）　高建民（11月免）
副 书 记　陈　琦（女，11月任）　杨志荣（12月任）
　　　　　邱全明（11月免）
委　　员　吴云为　朱雪忠　沈建华　解　冻
　　　　　钮小平（12月免）

吴江东太湖生态旅游度假区（太湖新城）管委会

主　　任　陈　琦（女，11月任）　邱全明（11月免）
副 主 任　吴云为　朱雪忠　沈建华　钮小平（12月免）

中共吴江东太湖生态旅游度假区（太湖新城）纪律检查工作委员会

书　　记　解　冻
副 书 记　黄晓林

吴江东太湖生态旅游度假区（太湖新城）监察工作委员会（中共吴江东太湖生态旅游度假区（太湖新城）纪律检查工作委员会）

主　　任　解　冻
副 主 任　黄晓林

党政办公室

主　　任　徐文磊
副 主 任　高杏林　石　峰（10月任）
　　　　　曹　莉（女，11月免）

组织人事和社会保障局

局　　长　谭　燕（女）
副 局 长　万　能　游余根（12月免）

经济发展局

局　　长　胡伟彪（9月任）　陈建刚（9月免）
副 局 长　王小寒（女）　金　枫　何振飞（11月任）
　　　　　袁哲俊（6月免）

应急管理局（在经济发展局挂牌）

局　　长　胡伟彪（9月任）　陈建刚（9月免）

生态环境局（在经济发展局挂牌）

局　　长　胡伟彪（9月任）　陈建刚（9月免）

招商局（在经济发展局挂牌）

局　　长　胡伟彪（9月任）　陈建刚（9月免）

建设局

局　　长　陈小华
副 局 长　张　剑　沈宏伟（6月任）　胡迎东（6月免）

财政和资产管理局

局　　长　李苏雷
副 局 长　翁培红（女）　严桂兰（女）

文体旅游局

局　　长　宋　涛
副 局 长　吕继平　张　杰　顾潇佳（女，11月任）

综合协调办（在文体旅游局挂牌）

主　　任　宋　涛

吴江滨湖投资集团有限公司（9月撤销）

董 事 长　张中军（9月免）
总 经 理　谢耀方（9月免）
副总经理　李　民（9月免）　王丽英（女，9月免）
党委书记　张中军（9月免）

吴江项目建设管理有限公司（9月撤销）

董 事 长　陆　欣（9月免）
总 经 理　周长吉（9月免）
副总经理　吴斌华（9月免）　杜　静（女，9月免）

苏州湾投资发展（江苏）有限公司（12月成立）

董 事 长　谢耀方（12月任）
总 经 理　谢耀方（12月任）

【镇】

中共七都镇委员会

书　　记　蔡建忠（11月任）　肖　军（11月免）
副 书 记　王　炜　张建平　张惠忠
委　　员　孙坚真　沈　虹（8月任）　沈国宏（6月任）
　　　　　龚　洁（女）　倪凤林　赵　翔（6月任）
　　　　　钱志强　凌　云（女，6月免）　曹云平（6月免）

七都镇人大

主　　席　沈宏彪
副 主 席　沈　虹（兼，8月任）　凌　云（女，兼，6月免）

七都镇人民政府

镇　　长　王　炜
副 镇 长　孙坚真（6月任）　沈娟萍（女）
　　　　　梅　峰　王　法（6月任）
　　　　　王志萍（女，12月免）　陆伟祺（6月免）

政协七都镇工作委员会

主　　任　张建平（兼）
副 主 任　倪凤林（兼）

中共桃源镇委员会

书　　记　袁智（12月任）　沈卫林（12月免）
副 书 记　翁琳燕（女，11月任）　邱学兴　胡琴芳（女）
　　　　　吕　剑（11月免）
委　　员　柳　楠　邱建忠　汝文英（女，6月任）
　　　　　钱明华　卢灿发　王国豪（12月免）

张玉衡（10月免）

桃源镇人大

主　　席　沈伟勇

副 主 席　邱建忠（兼）

桃源镇人民政府

镇　　长　翁琳燕（女，11月任）　吕　剑（11月免）

副 镇 长　柳　楠（6月任）　吴永方　余诚康

陆　艳（女）　沈良华（8月任）

汝文英（女，6月免）　张玉衡（10月免）

政协桃源镇工作委员会

主　　任　邱学兴（兼）

副 主 任　汝文英（女，兼，8月任）　柳　楠（兼，8月免）

中共震泽镇委员会

书　　记　顾　全

副 书 记　沈俊霞（女）　沈小林　邱震宇

委　　员　黄立峰（8月任）　刘　亚　孙　忠

沈国强　汤伟忠　徐　健（6月任）　翁育松

陈若峰（8月免）　董芳芳（女，6月免）

震泽镇人大

主　　席　周根表

副 主 席　刘　亚（兼）

震泽镇人民政府

镇　　长　沈俊霞（女）

副 镇 长　黄立峰　卢斌煜　瞿　东

高柳一（长三角挂职）

陈若峰（8月免）　徐　健（6月免）

政协震泽镇工作委员会

主　　任　沈小林（兼）

副 主 任　汤伟忠（兼）

中共平望镇委员会

书　　记　沈春荣

副 书 记　戴　丹（女）　顾　艳（女）　刘金平

委　　员　张　晖　叶　丹　葛伟星　刘　森（10月任）

顾鸿斌（12月任）　石伟林　吴雁预（8月免）

仲玉琴（女，12月免）　吴国祥（12月免）

平望镇人大

主　　席　沈　琼（女）

副 主 席　叶　丹（兼）

平望镇人民政府

镇　　长　戴　丹（女）

副 镇 长　张　晖　顾永强　方贤实（女）

钱培新（8月任）　吴海峰（8月免）

顾鸿斌（12月免）

政协平望镇工作委员会

主　　任　顾　艳（女，兼）

副 主 任　顾鸿斌（兼，12月任）

仲玉琴（女，兼，12月免）

中共同里镇委员会

书　　记　汪晓东（6月任）　史　纲（6月免）

副 书 记　周佳雨（6月任）　姚晨峰　汪晓东（6月免）

委　　员　焦晓锋（6月任）　陶蓉芳（女）

董爱斌（6月任）　苏天方（8月任）

殷礼斌（8月任）　陈凤兰（女，12月免）

陈　园（女，6月免）

同里镇人大

主　　席　陈凤兰（女，12月免）

同里镇人民政府

镇　　长　周佳雨（10月任）　汪晓东（10月免）

副 镇 长　焦晓锋（6月任）　顾海兵　计红华　史大林

史　军（10月任）　陈　园（女，6月免）

政协同里镇工作委员会

主　　任　姚晨峰（兼）

副 主 任　殷礼斌（兼，8月任）　陈　园（女，兼，8月免）

【街道】

中共苏州市吴江区松陵街道工作委员会

书　　记　华　磊

副 书 记　沈跃华　钮国民

委　　员　王　旻（女，8月任）　赵建英（女）

徐华（女，6月任）　蒋晶伟（10月任）

张国平（6月免）

区人大常委会松陵街道工作委员会

主　　任　曹吉华

副 主 任　赵建英（女，兼）

区政协松陵街道工作委员会

主　　任　钮国民（兼）

副 主 任　赵建英（女，兼）

苏州市吴江区松陵街道办事处

主　　任　沈跃华

副 主 任　赵粉强　郑国英（女，8月任）　王端公（6月任）

徐菲菲（女，11月任）　沈宏伟（6月免）

蒋晶伟（10月免）

中共苏州市吴江区江陵街道工作委员会

书　　记　蒋剑虹

副 书 记　沈　彬（女）　翁琳燕（女，11月免）
委　　员　钟海涛（6月任）　沈　晓　胡卫娟（女）
　　　　　沈　斌　吴纪峰（11月任）
　　　　　李　俊（女，11月免）

区人大常委会江陵街道工作委员会

主　　任　李宁宇（女）

苏州市吴江区江陵街道办事处

主　　任　翁琳燕（女，11月免）
副 主 任　倪红英（女）　张凌健　马志平
　　　　　梅以能（11月任）　吴纪峰（11月免）

区政协江陵街道工作委员会

主　　任　沈　彬（女，兼）
副 主 任　沈　晓（兼）

中共苏州市吴江区横扇街道工作委员会

书　　记　丁　明
副 书 记　宋　莲（女）　周　蕾（女）
委　　员　黄　波　黄晓林　吴为民　江献明（11月任）

区人大常委会横扇街道工作委员会

主　　任　徐利明（女）
副 主 任　周　蕾（女，兼）

苏州市吴江区横扇街道办事处

主　　任　宋　莲（女）
副 主 任　朱林芳　陈剑峰　陈文华（女）
　　　　　陈思敏（11月任）　江献明（11月免）

区政协横扇街道工作委员会

主　　任　周　蕾（女，兼）
副 主 任　黄　波（兼）

中共苏州市吴江区八坼街道工作委员会

书　　记　夏国强
副 书 记　李静宇（女）　凌　强
委　　员　唐建林　杨伟泉　沈　娟（10月任）

区人大常委会八坼街道工作委员会

主　　任　胡晓耀（女）
副 主 任　凌　强（兼）

苏州市吴江区八坼街道办事处

主　　任　李静宇（女）
副 主 任　何金皓（女）　李宗国
　　　　　郑益峰（6月任）　倪建新（10月任）
　　　　　郑国英（女，8月免）

区政协八坼街道工作委员会

主　　任　凌　强（兼）
副 主 任　杨伟泉（兼）

重要文献

聚焦沪苏同城化　聚力建设示范区
乘势开启全面建设社会主义现代化新征程

——在中国共产党苏州市吴江区第十三届代表大会第六次会议上的报告

区委书记　李　铭

（2020年12月30日）

同志们：

这次会议的主要任务是，全面贯彻党的十九大和十九届二中、三中、四中、五中全会以及中央经济工作会议精神，深入落实习近平总书记视察江苏重要讲话指示精神、对长三角一体化发展重要指示批示精神，认真落实省委十三届九次全会、市委十二届十一次全会要求，回顾总结2020年工作，研究部署“十四五”和2021年工作，动员全区各级党组织、广大党员和干部群众，统一思想、凝聚共识、激发干劲，聚焦沪苏同城化，聚力建设示范区，乘势开启全面建设社会主义现代化新征程。

下面，我受中共苏州市吴江区第十三届委员

会委托，向大会作工作报告，请予审议。

一、攻坚克难实现“十三五”发展圆满收官

即将过去的2020年，是大事、要事、难事交织叠加的一年。全区上下坚持以习近平新时代中国特色社会主义思想为指导，创造性贯彻落实中央和省委、市委部署要求，扎实做好“六稳”*工作，全面落实“六保”*任务，在构建“双循环”新发展格局中主动作为，在一体化示范区建设中走在前列，全区经济社会发展稳中有进。

这一年，我们积极应对风险挑战，夺取了“抗疫情、稳发展”的双胜利。面对突如其来的新冠肺炎疫情冲击，严格落实“外防输入、内防反弹”总体策略，慎终如始抓好常态化疫情防控，始终保持患者零病亡、医护零感染。42名医护人员主动请缨，千里驰援湖北。发布“吴江惠企十八条”等系列政策措施，兑现政策资金超60亿元。用好自贸区联动创新区改革举措，稳住外贸外资基本盘，有效挖掘和激发强大内需潜力，把疫情影响降到最低。首次以央企合作为主题举行北京投资推介会，与中建、中车等央企建立更紧密合作关系。全区经济展现巨大韧性，预计全年实现地区生产总值2000亿元，同比增长2.3%；完成一般公共预算收入236.5亿元，同比增长6%以上；完成全社会固定资产投资586亿元，保持增长，其中工业投资215亿元，同比增长23.3%；实际使用外资4.6亿美元，同比增长13%。全区市场主体克难奋进、化危为机、打开新局，新增上市公司4家，累计境内外上市公司20家；有效高新技术企业数达920家；恒力、盛虹上榜“世界500强”企业，分别位列第107位、第455位。

这一年，我们抢抓国家战略机遇，取得了“走在前、当示范”的丰硕成果。紧扣“一体化”和“高质量”两个关键，带头做好对接上海大文章，深化与青浦、嘉善协同发展，共同推进示范区建设。精心编制“十四五”规划和国土空间规划、产业规划，排定143项示范区建设重点工作，全部启动实施，其中136项取得实质性进展。出台支持先行启动区建设定向支持政策和组织保障举措，建立三个指挥部高位协调、驻点攻坚。恒力长三角国际新材料产业园、京东智能制造产业园等一批重量级项目签约落地，沪苏湖铁路正式开工，“水乡客厅”、汾湖高铁科创新城和苏州南站高铁枢纽加快规划设计。康力大道东延、元荡生态岸线贯通工程示范段、英诺赛科三个展示项目收获好评；一体化制度创新和项目建设入选典型案例数位居三地首位，为示范区一周年增光添彩。“跨界联合河长制”入选中国改革2020年度50典型案例，为苏州大市唯一上榜。整合组建长三角一体化、城市投资、资本运作、文旅开发、水务运营等5大集团公司，更好发挥国有资本示范引领作用。长三角“一网通办”政务服务专窗、全国首创破产司法联动机制等一批改革成果落地见效，政务服务中心整体搬迁至苏州湾大厦，全区营商环境不断优化，在2020赛迪营商环境百强区中排名全国第十、全省第二。

这一年，我们优化全域功能布局，描绘了“产业强、城市兴”的现实图景。统筹城乡布局和产业发展，协调推进五大经济培育、新型基础设施建设、传统产业转型、城市有机更新、美丽吴江建设等重点工作。主导产业之一的装备制造业首超千亿能级。吴江现代农业产业园成功纳入国家现代农业产业园创建名单，为苏州大市唯一。坚持创新驱动和人才优先发展战略，“工业企业资源集约利用信息系统”升级为3.0版大数据云平台，新增国家级重大人才工程A类1人、省双创计划12人，获评中国领军智慧城区、江苏省大数据开放共享与应用试验区。举办“双12苏州购物节——乐购吴江”等系列活动，引进虹桥国际贸易港消费场景，“家门口的进博会”吸引眼球，带动消费超5.9亿元。聚焦空间格局、水韵、田园、古镇、产业、人文等“六美”特质，推进美丽吴江建设21项重点任务，长三角绿色智能制造协同创新示范区、融创桃源国际生态文旅度假区、开弦弓村综合提升等项目相继落地，众安桥村上榜“中国美丽休闲乡村”，10家获评“江苏省特色田园乡村”，入选省级全域旅游示范区。推进大运河文化带建设，精心策划“通运小镇”“四河汇集”“丝绸水路”等地标性项目。“云梨桥畔”“未来社区”等22个城市有机更新项目集中启动。完成治违拆旧11024亩（734.9公顷），“三优三保”*复垦5280亩（352公顷），获“江苏省国土资源节约集约利用模范县（市、区）”称号。

这一年，我们坚持以人民为中心，干成了“看

得见、摸得着”的实事好事。坚持就业优先政策，稳步提升兜底保障水平，确保居民持续增收，预计城乡居民人均可支配收入59897元。高标准配置教育、医疗、文化等公共服务资源，高水平全面小康成色十足。苏州大学未来校区、苏州中学附属苏州湾学校加快建设，南京师范大学、上海世外教育集团等合作办学项目签约，建立示范区教师发展学院。吴江区中医院异地新建、京东方（苏州）数字医院建设有序推进。苏州湾文化中心全面竣工，苏州湾大剧院开门迎客。老有所养基本公共服务标准化列入国家试点项目，省级健康镇建设在全省率先实现全覆盖。扎实推进区域社会治理现代化，有序推广网格化管理2.0版。全面落实防汛抗灾工作，顶住了太湖超保证水位、太浦闸大流量泄洪等巨大压力，确保堤防安全。抓牢抓紧安全生产“一年小灶”和“三年大灶”，事故起数、死亡人数同比分别下降66.3%和66.7%。

这一年，我们深化党建引领作用，凝聚了“敢担当、善作为”的强大合力。开展“四史”学习教育，持续巩固深化“不忘初心、牢记使命”主题教育成果。深入实施“融入式党建”*创新工程，打造乡村振兴党建联盟，实现街道“大工委”、社区“大党委”全覆盖，扎实推进模范机关创建。创新开展“百人百企、助力发展”挂职惠企行动，推动41个省级机关党组织、37个省属企业党组织与吴江基层党组织结对共建。制定“对标找差、再攀新高”常态化机制，出台激励干部担当“1+N”系列文件，开展新时代吴江精神大讨论，“敢干事、能干事、干成事”的导向愈加鲜明。筑牢意识形态主阵地，制定意识形态工作“三张责任清单”。持之以恒抓好省委乡村振兴战略专项巡视反馈意见整改，开展两轮区委常规巡察和两轮对村（社区）巡察，实现常规巡察全覆盖，对村（社区）巡察覆盖率67.8%。运用“四种形态”教育处理686人次，其中第一种形态占比60.5%。全力支持人大、政协履职尽责，统战、人武、老干部、群团等工作全面加强，和衷共济、团结奋进的氛围愈加浓厚。

今年是“十三五”规划的收官之年。五年来，在习近平新时代中国特色社会主义思想的指导下，全区经济社会发展取得了历史性成就，“强富美高”*成为吴江发展的鲜明标识。经济实力显著增强。地区生产总值年均增速5.9%，迈向2000亿元大关；一般公共预算收入年均增速10%；累计完成全社会固定资产投资超3100亿元。全社会研发投入占地区生产总值比重从2.25%提高到3.35%，新兴产业产值占规模以上工业产值比重提高到53.5%；在确保经济运行保持在合理区间的同时实现经济结构优化、产业实力增强。民生福祉持续增进。城乡居民人均可支配收入年均增速7.8%，城镇登记失业率保持在2%以下低位运行，社会保障体系全面接轨苏州。“教育名区”建设深入推进，医联体建设列为江苏省县域医共体试点。统筹推进被撤并镇环境整治提升、美丽镇村建设、特色田园乡村建设等工作。轨道交通4号线开通运行，吴江大道、常嘉高速吴江段建成通车，四通八达的交通路网加速形成。生态环境明显改善。切实打好“水、气、土”三大污染防治攻坚战，大力度实施“263”和“331”专项行动，PM2.5年平均浓度下降47%，空气质量优良天数达标比例提高11个百分点。全面完成太湖围网拆除和长江流域禁捕退捕任务，220条黑臭水体整治顺利完成；太湖百里风光带展现独特魅力，同里国家湿地公园成为国家重点示范湿地公园，国省考断面水质优Ⅲ比例提高14.3个百分点，获评江苏省生态文明建设示范区。文明程度全面提高。加强文明城市创建和新时代文明实践，文明城市测评成绩逐年提升，实现省双拥模范城“六连冠”。杨文头村、黄家溪村和众安桥村荣膺全国文明村，恒力集团荣膺全国文明单位，涌现了“时代楷模”“中国好人”“最美人物”等一批先进模范。社会治理持续创新，在全省率先建立社会治理大联动机制。平安吴江、法治吴江建设有力推进，扫黑除恶专项斗争深入开展，本质安全水平显著提升。

这些成绩的取得凝聚着全区上下的心血和汗水。在此，我代表区委，向大家以及全区广大党员干部群众表示衷心感谢！在肯定成绩、总结经验的同时，我们也清醒认识到，对标肩负的国家战略职责使命，对照省委、市委部署要求和群众关切期待，吴江改革发展事业还存在不少问题和困难。突出体现在：经济运行仍面临较大的不稳定不确定性因素，开发强度、资源要素制约明显，一体化制度创新的路径举措还要持续深化，高能级科创载体、高层次专业人才集聚能力还比较薄弱，一些党员干部的能力作风还不适应新发展阶段新发展要求。面对这些问题和不足，我们必须深入分析、精准研判，采取有力举措加以改进和提高。

二、坚定不移沿着总书记指引的方向奋勇前行

明年是中国共产党建党100周年，是“十四五”开局之年和我国现代化建设进程中具有特殊重要性的一年。站在这个关键时间节点上，我们必须把学习贯彻党的十九届五中全会精神与学习贯彻总书记视察江苏重要讲话指示精神、对长三角一体化发展重要指示批示精神结合起来，增强“四个意识”、坚定“四个自信”、做到“两个维护”，更加富有创造力地抓好落实。聚焦吴江当前发展面临的重大机遇、重大挑战，切实把思想统一起来、把力量凝聚起来、把责任担当起来，推动全区高质量发展始终沿着总书记指引的方向奋勇前行。

（一）深刻领会党的十九届五中全会和总书记重要讲话精神的时代内涵，切实提高贯彻落实的政治自觉。党的十九届五中全会是我们党在实现“两个一百年”奋斗目标的历史交汇点上召开的一次极其重要的会议，总书记在全会上的重要讲话为推动高质量发展、构建新发展格局、夺取全面建设社会主义现代化国家新胜利提供了科学指南和基本遵循。要科学把握新发展阶段。当今世界正经历百年未有之大变局，以习近平同志为核心的党中央对“十四五”时期新的历史方位作出科学界定，提出即将进入新发展阶段的重大论断。要以胸怀“两个大局”的视野格局来认识新发展阶段，从“五个根本”加强对经济工作规律性的认识，切实做到准确识变、科学应变、主动求变。要把党中央决策部署与吴江工作实际结合起来，积极争取把事关吴江长远发展的重大事项、重大项目、重大工程纳入上级规划的“篮子”里，努力赢得发展主动权。要深入贯彻新发展理念。党的十八届五中全会首次提出创新、协调、绿色、开放、共享的新发展理念；党的十九大报告中，“坚持新发展理念”成为新时代坚持和发展中国特色社会主义的14条基本方略之一；党的十九届五中全会上，进一步明确了创新在现代化建设全局中的核心地位，深刻体现了总书记和党中央对高质量发展一以贯之、一脉相承的原则要求。要坚持把新发展理念作为一切工作的先导，自觉将其贯穿到吴江推进一体化示范区和现代化建设的全过程、各领域，切实以发展理念转变引领高质量发展动力变革、质量变革、效率变革。要加快构建新发展格局。加快形成以国内大循环为主体、国内国际双循环相互促进的新发展格局，必须以深化供给侧结构性改革为主线，抓住扩大内需战略基点，充分利用国内超大规模市场优势，实现连通国内国际的更高水平动态平衡。要切实找准吴江在“双循环”新发展格局中所处位置和比较优势，深入研究服务对接上海、推进高水平对外开放、建设现代流通体系等全局性、前瞻性、撬动性课题，因势利导、扬长补短，在构建新发展格局中找准方位、积极作为。

（二）深刻领会总书记视察江苏重要讲话指示的殷切期望，切实增强率先探路的目标追求。党的十九届五中全会胜利闭幕不久，总书记首次到地方视察就来到江苏，作出一系列新的重要指示和部署，对全省高质量发展提出更高要求。要更加坚定发展信心。总书记充分肯定“强富美高”新江苏建设成果，提出了“着力在改革创新、推动高质量发展上争当表率，在服务全国构建新发展格局上争做示范，在率先实现社会主义现代化上走在前列”的新要求，这既是对我们当前工作的肯定和认可，也是对未来发展的信任和重托。要始终牢记总书记的谆谆嘱托，准确把握总书记提出的新要求、赋予的新使命、明确的新任务，坚定发展信心、保持战略定力，在继往开来的新起点上育新机、开新局。要更加坚定前进方向。“两争一前列”是总书记擘画“强富美高”新江苏建设的最新部署，是对江苏工作的精准把脉、科学定向。要坚持把总书记重要指示作为我们谋划“十四五”发展的总命题、总纲领，与时俱进审视当前和今后一个阶段的目标任务、思路理念、部署举措，做到“知其然、知其所以然、知其所以必然”，以总书记重要讲话指示精神为各项工作领航定向。要更加坚定探路先行。为全国发展探路，是党中央对江苏的一贯要求。吴江的发展一直处在全国同类区域前列，在进入新发展阶段、贯彻新发展理念、构建新发展格局中，更有条件、有责任争当表率、争做示范、走在前列。要积极践行总书记“勾画现代化目标”的指示要求，敢啃硬骨头、敢打攻坚战，用探索性、创新性、引领性的生动实践，努力建设社会主义现代化先行示范区，力争进入国家战略

层面试点。

（三）深刻领会总书记对长三角一体化发展的战略指引，切实扛起国家使命的历史担当。推进长三角一体化发展，是以习近平同志为核心的党中央着眼世界竞争格局、国家发展全局、区域合作大局作出的重大战略部署，要用全球视野、历史眼光看待“率先形成新发展格局，勇当我国科技和产业创新的开路先锋，加快打造改革开放新高地”的定位要求，切实扛起国家使命的历史担当。要强化机遇意识。长三角一体化发展是贯穿“十四五”乃至更长远时期的重大国家战略，是继乡镇经济发展、浦东对外开放之后，吴江迎来的第三次重大发展机遇，必须牢牢把握、迈步前进、脱颖而出。要突出“一体化”和“高质量”两个关键，坚持以项目化推动一体化、以一体化推动高质量，大幅提升项目显示度、改革创新度、百姓感受度，引领全面建设社会主义现代化新征程。要强化协同意识。把示范区建设摆在区域协调发展全局的高度来审视谋划，把长三角一体化发展置于代表国家参与国际竞争的角色来推进落实。牢固树立“一盘棋”思想，牢牢把握沪苏同城化导向，更加积极有为地学习上海、对接上海、服务上海、融入上海，紧密衔接示范区理事会、执委会工作要求和“1+1+N”规划体系，协同做好“660”先行启动区国土空间规划编制，共同把“水乡客厅”打造成集中体现长三角特色的最亮核心，率先实现“无边界”的一体化发展。要强化奋进意识。示范区成立一年来各项工作取得的良好成绩，离不开全区上下锚定节点、全速冲刺的奋斗拼搏和倾情付出。要继续保持好这种精神状态和干事劲头，持续发扬“钉钉子”精神，在跨行政区域共建共享、生态文明与经济社会发展相得益彰上打造更多“吴江场景”“吴江样板”，在示范区打造“世界级水乡人居文明典范”、苏州打造向世界展示社会主义现代化“最美窗口”中探路先行、作出示范。

三、全力以赴推动“十四五”发展高质量开局

“十四五”时期，是开启全面建设社会主义现代化新征程、向第二个百年奋斗目标进军的第一个五年，也是吴江在新的起点上推进长三角生态绿色一体化发展示范区建设，打造“创新湖区”、建设“乐居之城”的关键五年。我们的主要目标是：锚定二〇三五年远景目标，综合考虑未来发展趋势和条件，到二〇二五年实现一体化发展更快突破、经济发展更高质量、区域治理更加高效、生态环境更为优美、城乡发展更加协调、群众生活更具品质、文化实力更大加强，打造生态绿色是底色、创新引领是亮色、文化底蕴是彩色、高质量发展是成色的吴江样板，建设成为“世界级水乡人居文明典范”，位列全国综合实力百强区第一方阵前列。

围绕实现这些主要目标，我们要落实八个方面的重点任务。一是带头对接上海，走在沪苏同城化前列。坚决扛起长三角生态绿色一体化发展示范区担当，服务好上海这个长三角的龙头、长江经济带的龙头，在沪苏同城化发展中找准定位、主动作为，为长三角区域推动更高质量一体化发展提供先行示范。二是主动服务新发展格局，建设绿色创新发展新高地。强化创新在现代化建设全局中的核心地位，聚焦经济质量效益和核心竞争力提升，加快打造绿色、人文、创新有机融合的现代化经济体系。三是全面深化改革，优化发展环境。聚焦重点领域和关键环节，深化改革举措，促进改革和发展深度融合、高效联动，增创市场有效、政府有为、企业有利、群众受益的体制机制新优势，营造高质量发展良好环境。四是完善治理体系，提高治理现代化水平。坚持以人为本、安全为先、管建并重、精细智能，完善共建共治共享的社会治理新格局，全面提高治理科学化、精细化、智能化水平，打造区域治理体系和治理能力现代化样板区。五是推进“美丽吴江”建设，打造生态优势转化新标杆。坚持生态优先、绿色发展，以改善生态环境为重点，以绿色可持续发展为支撑，在有风景的地方嵌入新经济，率先将生态优势转化为经济社会发展优势。六是加快城乡融合发展，争创人与自然和谐宜居新典范。优化多中心、网络化、融合式发展模式，打造活力城区、特色小镇和美丽村庄三级城乡体系，构建生产空间集约高效、生活空间宜居适度、生态空间天蓝水秀的“三生”空间格局。七是创造高品质生活，增进民生福祉。统筹抓好底线民生、基本民生、质量民生，有效扩大公共服务供给，扎实推动共同富裕，促进人的全面发展和社会全面进步，让人民生活更有品质、更加幸福。八是繁荣发展文化事业和产业，提升文化软实力。坚持以社会主义核心价值观引领

文化事业发展，加强社会主义精神文明建设，培育文旅融合发展业态，提升"江南文化"品牌知名度和影响力，建设文化强区。

2021年是我国开启全面建设社会主义现代化国家新征程、向第二个百年奋斗目标进军的起步之年。做好明年工作，必须以习近平新时代中国特色社会主义思想为指导，深入贯彻党的十九大和十九届二中、三中、四中、五中全会以及中央经济工作会议精神，深刻把握习近平总书记对江苏、对苏州以及对长三角一体化发展系列重要讲话和指示批示精神，全面落实省委十三届九次全会、市委十二届十一次全会部署要求，坚持稳中求进工作总基调，立足新发展阶段，贯彻新发展理念，构建新发展格局，以推动高质量发展为主题，以深化供给侧结构性改革为主线，以改革创新为根本动力，坚定走在沪苏同城化前列，加快推进长三角生态绿色一体化发展示范区建设，打造"创新湖区"、建设"乐居之城"，确保"十四五"开好局、全面建设社会主义现代化起好步，以优异成绩庆祝中国共产党成立100周年。

2021年全区发展的主要预期目标是：地区生产总值增长6%以上，一般公共预算收入增长5%以上，全社会固定资产投资增长10%以上，社会消费品零售总额增长5%，进出口贸易保持稳定，全社会研究与试验发展经费支出占地区生产总值的比重3.4%左右，全员劳动生产率保持增长，工业增加值率高于上年，居民人均可支配收入增幅不低于地区生产总值增幅，城镇登记失业率控制在3%以内，完成上级下达的单位地区生产总值能耗下降目标任务、主要污染物排放削减目标任务。

围绕主要预期目标，我们要在持续完善重大疫情防控体制机制，毫不松懈抓好常态化疫情防控的基础上，重点做好四个方面：

（一）着力开创示范区建设新局面，打造走在前列的吴江

坚决贯彻落实好中央和省委、市委部署要求，在示范区执委会的统筹指导下，进一步完善机制、加大力度、优化措施，为示范区打造引领长三角一体化发展的标杆作出更大贡献。一要生态优势再彰显。坚持生态优先、绿色发展，在率先将生态优势转化为经济社会发展优势上不断破题，加快打造国家生态文明建设示范区和"世界级湖区"。更大力度做好"水"文章，学习借鉴上海"蓝色珠链"工程，用好元荡岸线贯通先导段示范效应，重塑河湖肌理，打造一批生态展示、文旅消费、慢行交通等体验场景，形成"一湖一景观""一湖一特色"。全面落实生态环境"三统一"制度，深入实施太浦河"沪湖蓝带"计划，协同推进元荡等跨界水体联保共治，尽快启动吴淞江（江苏段）整治工程，打造跨区域协同治水全国样板。依托自然生态格局做好产业布局，加快培育创新服务、会务会展、文化创意、科教体验等新业态、新模式，真正用"好风景"引来"新产业"、发展"新经济"。二要改革创新再突破。用好"一体化制度创新试验田"，大胆闯、大胆试、自主改，在"打破行政边界，不破行政隶属""探索跨区域协调发展体制机制"上创造更多"吴江模式"。强化"亩均论英雄"导向，更大力度推进僵尸企业处置、落后产能淘汰、低效土地整治更新，促进资源要素"优配适配"，向"高产田""高附加值"集聚。深入实施城市和产业双优融合更新，推动城市和产业协调发展、共兴共荣。提升自贸区联动创新区建设水平，推动汾湖高新区争创国家级高新区。出台"最舒心"营商环境升级版，更高标准实现"1330"改革，完善企业大走访常态化机制，不断增强企业满意度。集中力量推进重点领域改革突破，力争在明年示范区制度创新和改革举措入选案例中继续领先。三要项目建设再发力。梳理排定示范区建设重点项目清单和同城上海项目清单，聚焦基础设施、科技创新、公共服务等领域加强全面对接，尽快落地一批创新合作项目。依托示范区"金字招牌"，围绕发展"五大经济"，紧盯大型央企、国企和国际国内500强企业，瞄准北京、上海、深圳等一线城市，开展精准化招商、产业链招商、生态圈招商。对接用好示范区开发者联盟平台，支持恒力、亨通等骨干企业加强总部项目布局。加大重点项目跟踪服务力度，加快苏州湾环球企业中心、恒力长三角国际新材料产业园、亨通长三角科大亨芯研究院、英诺赛科新型半导体、迈为智能化装备产业园、京东方智慧产业基地等项目建设，尽快形成经济社会效益。高水平做好汾湖高铁科创新城、盛泽高铁站规划建设，推进沪苏湖、通苏嘉甬铁路建设，推动上海17号线与苏州10号线在"水乡客厅"实现换乘，打造示范区门户枢纽。

（二）着力培育高质量发展新动能，打造融合创新的吴江

聚焦构建“双循环”新发展格局，以创新驱动为强大引擎，以智能化改造和数字化转型为抓手，不断巩固壮大实体经济根基，努力实现经济更高质量发展。一要增强自主创新能力。坚持“四个面向”的战略方向，主动承接上海全球科创中心建设溢出效应，加快形成以企业为主体、市场为导向、产学研相结合的创新体系，争取更多上海产生和集聚的原创性研发成果在吴江率先落地转化，打造长三角科技协同创新高地。发挥大企业引领支撑作用，加快盛虹国家先进功能纤维创新中心、亨通苏大未来信息通信与人工智能技术研究院等载体平台建设，持续加大科技型中小企业、“独角兽”企业培育力度，确保明年有效高新技术企业数突破1000家。用好“苏州·大院大所合作热力图”及合作政策，加快推进苏州大学未来校区建设，积极引进国内外科研机构、大院大所、重大科研基础设施和国家级基础研究平台，明年与大院大所合作共建研发机构10家。优化完善“双招双引”*体制机制，启动实施新一轮人才创新创业“55352”工程，积极争取“两个15%”所得税等政策支持，高水平建设人才创新集聚区。二要构建现代产业体系。深入实施“链长制”，做强四大主导产业链，加快打造5G、新材料、半导体集成电路等产业链。加快推进制造业智能化改造和数字化转型，实施新一轮智能工业发展行动，确保明年完成智能化改造和数字化转型项目1000个以上，建成省、市级示范智能工厂3家以上、示范智能车间50个以上，全力在打响“苏州制造”品牌上走在前列。全面实施“企业上云”工程，依托亨通、康力等龙头企业打造业内领先的工业互联网平台，积极对接工业互联网研究院、信息通信研究院等高端院所和华为、浪潮等“双跨”平台，全力打造“工业互联网看吴江”品牌。围绕制造业发展需求，深入实施优化提升生产性服务业三年行动，推动研发设计、供应链管理等现代服务业与先进制造业深度融合。三要畅通经济内外循环。更好发挥消费在新发展格局中的基础性和引领性作用，办好“双12苏州购物节——乐购吴江”、盛泽时尚周、纺博会等重大活动，鼓励发展线上线下融合消费新模式，促进消费回补和潜力释放，挖掘国内消费新市场、新动能。更高水平布局国外市场，紧盯“一带一路”沿线国家和地区，鼓励更多本土企业参与双边合作、区域合作，大力发展跨境电商、服务贸易，深化服务贸易创新发展试点工作，面向全球集聚要素、布局产业、开拓市场。充分发挥有效投资关键作用，紧扣“六个一批”，加快推进新基建重点领域建设，为新技术、新产品、新业态、新模式发展提供支撑保障。更好发挥政府投资的引导作用，坚持“基金+人才+项目”新模式，加快苏州湾东方创投基地发展，集聚优质金融资源配置，加大重点领域补短板力度，激发社会投资动力与活力。

（三）着力展现美丽吴江新风貌，打造水韵江南的吴江

延续吴江文脉和肌理，精心雕刻江南韵、小镇味、现代风交织共鸣的生活场景，呈现“新鱼米之乡”和“新江南空间”现代面貌，加快从高质量生产走向高品质生活。一要江南韵更足。传承发扬蚕桑丝绸、水乡古镇、千年运河、莼鲈诗词、垂虹文化等独特文化基因，规划实施一批特色文旅项目和知名文化品牌，全力打造文化事业繁荣、文化产业昌盛、文化氛围浓郁、文化标识鲜明的“江南文化”名区。大力实施文化产业倍增计划，制定出台《文旅产业高质量发展三年行动计划》，对接融合上海、苏州古城区等优质文旅资源，加快打造“数字+文化”场景，争创国家级全域旅游示范区。大力推进大运河文化带建设，串珠成链打造“四河汇集”“运河客厅”“丝绸水路”等地标节点，着力展现“运河八景”，描绘大运河文化带“最精彩一段”。二要小镇味更浓。积极推动同里、黎里、震泽江南古镇联合申遗，协同共建江南水乡古镇生态文化旅游圈，积极推进震泽美丽宜居小城镇省级试点建设。统筹开展绿化园林建设、老旧小区改造、地下综合管廊升级、架空线入地等工作，全面提升生态宜居品质。深入推进国家现代农业产业园建设，加快“农业+互联网”“农业+文旅休闲”等新业态发展，全力打造智慧农业、数字农业示范样板。因地制宜打造一批特色精品乡村、特色康居乡村和特色宜居乡村，打造“魅力大运河”和“美丽湖泊群”吴江特色田园乡村组团，打响“中国·江村”乡村振兴示范区国家级品牌。三要现代风更强。积极运用国土空间全域综合整治试点，科学编制国土空间总体规划，协调推进“多规

合一”*实用性村庄规划等重点规划编制，打造更高品质的国土空间布局。加快江陵路、S230太湖新城段、S605等城市路网快速化改造，构建多层次立体化综合交通运输体系，不断提升区域通达能力和互联互通水平。高水平建设运营苏州湾文化中心、阿里体育苏州中心、水秀天地奥特莱斯等文旅项目，优化升级主城区核心商圈，培育壮大金融服务、总部经济、电子商务等现代服务业，打造具有国际气质和一流水准的苏州南部湾区。

（四）着力构筑民生福祉新高度，打造幸福乐居的吴江

深入践行以人民为中心的发展思想，持续加大民生社会事业投入，推进实施一批群众可观、可感、可享的民生实事工程、民心工程。一要推动增收富民。全面实施“就在苏州、乐业吴江”工程，用好“就业创业热力导引图”功能，加强高校毕业生、农民工、退役军人等重点群体就业服务，多措并举扩大就业容量、提升就业质量。深化农村集体产权制度改革，扎实开展新一轮相对薄弱村帮扶转化，深入实施“万企联万村、共走振兴路”行动，增强村级集体经济“造血”功能。优化完善困难群体主动发现、梯度救助机制，深化“一户一档一策”精准帮扶，全面构建“弱有所扶”大救助体系。二要优化服务便民。深化医药卫生体制改革，持续推进紧密型医联体建设，加快苏州九院、江苏盛泽医院创建三甲医院，吴江区中医院、吴江区儿童医院创建三级医院，推进京东方三级数字医院建设，完成基层医疗机构标准化建设率90%以上。持续扩大异地就医联网结算定点医疗机构覆盖面，实现异地就医“一单制”直接结算，打造示范区“医保一卡通2.0版”。深化教育综合改革，以长三角教育一体化江苏试验区建设为契机，深入推进“名校+”集团化办学“吴江模式”，打造示范区职业教育一体化高地。持续增加普通高中学位供给，力争让有意愿读普高的学生能进高中就读。链接上海养老服务能力建设基地，深入推进老有所养基本公共服务标准化国家级试点工作，加快建设适老型社会。保持房地产市场健康稳定，加大保障性租赁住房供给，做到住有所居、职住平衡。三要创新治理惠民。深入推进区域社会治理现代化试点工作，学习借鉴上海“一网通办”“一网统管”经验，加快建设区、镇两级集成指挥中心，完善城市运行“大系统、大平台、大数据”应用框架，推进城市数字化转型。深化基层整合审批服务执法力量改革，优化综合网格“1+5+1”配置体系，推行“全科社工”服务模式，加快实现“高效处置一件事”目标。坚持法治吴江、法治政府、法治社会一体建设，更好发挥法治固根本、稳预期、利长远的保障作用。统筹推进平安吴江建设，健全风险防控“四项机制”，巩固扫黑除恶专项斗争成果，深化新一代“雪亮技防”工程建设。更好统筹发展和安全，深入贯彻总体国家安全观，推进安全生产专项整治，提高防范和化解各类风险的能力，提升城市韧性，争创省级安全发展示范城市。

四、持之以恒推动全面从严治党向纵深发展

开启全面建设社会主义现代化新征程、开创“十四五”发展良好开局，关键在于加强党的领导。全区各级党组织和广大党员干部要深入贯彻新时代党的建设总要求，不断增强党的创造力、凝聚力、战斗力，把社会主义现代化建设的宏伟蓝图落在实干上，以优异成绩向中国共产党成立100周年献礼。

（一）加强政治建设，坚定引领发展理想信念

坚持把学习宣传贯彻党的十九届五中全会精神作为当前和今后一段时期的头等大事和重要政治任务，结合总书记对江苏、对苏州以及对长三角一体化发展系列重要讲话和指示批示精神，一体学习、一体把握、一体贯彻，在学懂弄通做实上下功夫、求实效。扎实做好新时代意识形态工作，坚持正确政治方向、舆论导向、价值取向，统筹内宣外宣、网上网下，把意识形态工作领导权、管理权、话语权牢牢握在手中。巩固深化主题教育成果，广泛开展“四史”学习教育，在学习弘扬“三大法宝”中凝练新时代吴江精神，建好用好吴江党史馆，精心组织庆祝建党100周年系列活动，引领和带动全区广大党员干部学史明志、知史明道，坚定信仰、矢志奋斗，不断提高政治判断力、政治领悟力、政治执行力。

（二）加强队伍建设，锤炼驾驭发展过硬本领

全面贯彻新时代好干部标准，强化狠抓落实和“以实绩论英雄”的用人导向，要把工作当事业干，坚持“马上就办”“一线去干”。深化运用“对标找差、

再攀新高”常态化机制，把任务分解到单位、量化到岗位、落实到个人，激励广大干部大胆闯、大胆试，敢于争先率先。大力推进干部队伍专业化年轻化，优化完善年轻干部发现培养选拔全链条机制，聚焦“七种能力”实施干部教育培训工程，积极探索同长三角一体化发展相适应的干部交流机制，打造高素质善作为的干部队伍。扎实有序做好区镇换届工作，选优配强各级领导班子。放大激励干部担当“1+N”制度体系效能，关心关爱各年龄段干部，充分发挥考核指挥棒作用，全力营造“为担当者担当、让实干者实惠”浓厚氛围。

（三）加强组织建设，筑牢推动发展坚强堡垒 贯彻落实新时代党的组织路线，以新时代、新内涵的“融入式党建”为引领，不断筑牢党在基层的组织基础和工作基础，推动党建工作与中心大局融为一体、同频共振。协同推进示范区党建工作创新发展“1+2”体系，优化提升三地组织力学院，做精做实省级机关、省属企业与基层党组织结对共建等特色工作，以党建激发改革发展新活力。持续深化网格化党建，促进基层党建与社会治理深度融合。稳妥有序做好村（社区）“两委”换届工作，推动“两委”班子结构优化和能力素质提升，高标准建设村干部职业化管理体系，打造过硬带头人队伍。

（四）加强作风建设，营造保障发展良好生态 抓实抓紧省委专项巡视和区委巡察整改“后半篇文章”，推动常态长效、实现标本兼治。强化监督执纪刚性约束，完善“四项监督”统筹衔接，推动政治监督具体化、常态化，构建一体推进不敢腐、不能腐、不想腐体制机制。加强对重大决策部署贯彻落实情况的监督检查，确保政令畅通、令行禁止。聚焦乡村振兴、农村集体“三资”监管、扫黑除恶、教育医疗等重点领域，深入整治群众身边腐败问题和不正之风，坚决破除形式主义、官僚主义突出问题。深化运用监督执纪“四种形态”特别是第一种形态，用足用好“三项机制”，准确把握“三个区分开来”，让监督的压力转化为干事创业的动力。

充分发挥党委总揽全局、协调各方的领导核心作用，全力支持人大、政府、政协依法依章高效履职，着力构建大统战工作格局，彰显新时代统一战线法宝优势，加强同各民主党派、工商联、无党派人士以及新的社会阶层人士的沟通联系，发挥工青妇等群团组织桥梁纽带作用，团结一切可以团结的力量，不断巩固壮大爱国统一战线，全力做好人民武装和双拥工作，最广泛地凝聚各方面的智慧和力量，最大限度激发人民群众的积极性和创造性。

同志们，锐始者必图其终，成功者先计于始。站在胜利收官“十三五”、开启新发展阶段的起点上，让我们更加紧密地团结在以习近平同志为核心的党中央周围，深入贯彻新发展理念，积极构建新发展格局，求真务实、拼搏进取、继往开来，打造“创新湖区”、建设“乐居之城”，把社会主义现代化建设的宏伟蓝图变成美好现实。

政府工作报告

——2021年1月6日在苏州市吴江区第十六届人民代表大会第五次会议上

代区长　王国荣

各位代表：

现在，我代表吴江区人民政府向大会报告工作，请予审议，并请区政协委员和其他列席人员提出意见。

一、“十三五”时期和2020年工作回顾

“十三五”时期，我们在苏州市委、市政府和吴江区委的坚强领导下，坚持以习近平新时代中国特色社会主义思想为指导，全面贯彻党的十九大和十九届二中、三中、四中、五中全会精神，认真落实习近平总书记对江苏、对苏州以及对长三角一体化发展系列重要讲话指示精神，自觉践行新发展理念，全力争当示范区建设先遣队和排头兵，扎实推进“强富美高”*新吴江建设，顺利完成

“十三五”规划确定的主要目标任务，经济社会发展取得显著成就。

*五年来，强的特征更加明显。*地区生产总值迈向2000亿元大关、年均增长5.9%，一般公共预算收入年均增长10%，装备制造业迈上千亿能级。民营企业总数超8万家，上市企业累计达20家。省级示范智能工厂、智能车间总数连年领跑全省。全社会研发投入占地区生产总值比重从2.25%提高到3.35%，有效高新技术企业数增长近2.5倍，新兴产业产值占规模以上工业产值比重提高到53.5%。承担国家级科技项目、获得国家级科技类政府奖项200多件。万人有效发明专利拥有量从22件提高到59.53件。

*五年来，富的成果更加可感。*城乡居民人均可支配收入年均增速7.8%。社保、医保政策全面接轨苏州大市。居民基础养老金、被征地农民养老补助金实现翻番，低保标准突破1000元。职工医保、居民医保政策范围内报销比例分别达到90%、75%。住房公积金缴存人员净增10.55万人。区域性养老服务中心、村(社区)文化服务中心实现全覆盖。苏州轨道交通4号线吴江段开通运营。累计新建改扩建各类学校77所，新增学位5万个。苏州市第九人民医院、苏州大学附属儿童医院吴江院区投入运营。纳入紧密型县域医疗卫生共同体国家试点。

*五年来，美的成色更加鲜明。*获评首批江苏省生态文明建设示范区。林木覆盖率提升至20.14%，累计拥有超千亩生态公园7个，同里国家湿地公园成为国家重点示范湿地公园。大力实施“263”*“331”*等专项行动，PM2.5年平均浓度下降46.4%。全面完成太湖围网拆除和长江流域禁捕退捕任务，整治黑臭水体220条，国省考断面水质优Ⅲ比例提高14.3个百分点。创新开展“三治”工作，治违拆旧超3万亩(2000公顷)。累计改造老旧小区317个，建成中国美丽休闲乡村2个、三星级康居乡村294个。

*五年来，高的成效更加突出。*文明城市测评成绩逐年提升。获评“中国曲艺之乡”。涌现了“时代楷模”“中国好人”“最美人物”等一批先进模范代表。垃圾分类、“厕所革命”等工作走在苏州前列。“全科社工”覆盖全部城乡社区。全省率先试点“一个号码管服务”“一张网格管治理”。安全生产形势持续好转，事故起数和死亡人数大幅下降，本质安全水平明显提升。全区实有人口万人发案数连续5年全市最低且逐年下降，省级测评群众安全感连续5年提升。省双拥模范城创建实现“六连冠”。

各位代表，刚刚过去的一年，面对突如其来的新冠肺炎疫情，全区上下同舟共济、众志成城、克难奋进，坚决落实中央、省、市和区委决策部署，围绕区十六届人大四次会议确定的目标任务，统筹推进疫情防控和经济社会发展，扎实做好“六稳”工作，全面落实“六保”*任务，全力打好三大攻坚战，加快长三角生态绿色一体化发展示范区建设，高水平全面建成小康社会取得决定性成果。

*疫情防控有力推进。*全区上下投身疫情防控人民战争、总体战、阻击战，党员干部不怕艰险、冲锋在前，广大医务人员坚守阵地、勇担重任，数万名志愿者无私奉献、奋战前线，全区人民积极参与、大力支持，一个月内实现本土确诊病例“零增长”，两个月内实现本土确诊病例治愈清零，构筑起了疫情防控的坚实防线。全力服务抗疫大局，紧急支援雷神山医院建设，选派42名医护人员驰援湖北，区卫健委获评省抗疫先进集体，1名援鄂医护人员荣获全国卫生健康系统新冠肺炎疫情防控工作先进个人、6人获评省抗击新冠肺炎疫情先进个人。针对性出台“吴江惠企十八条”等政策，兑现政策资金超60亿元，全力帮助企业复工复产，推动经济社会秩序加快恢复。坚持“外防输入、内防反弹”“人物同防”不放松，落实进口冷链食品集中监管等措施，大幅提高核酸检测能力，常态化抓好疫情防控，巩固来之不易的抗疫成果。

*经济运行稳步向好。*全年地区生产总值有望突破2000亿元。预计完成一般公共预算收入236.5亿元、同比增长6%，完成工业投资215亿元、增长23.3%。省、市重点项目建设全部超序时进度，258个区级以上重点项目完成投资586亿元。恒力、盛虹上榜“世界500强企业”。新增上市企业4家、过会4家，上市公司A股再融资规模蝉联苏州大市第一。京东、中车、绿地等世界500强企业投资项目落户吴江。全球最大硅基氮化镓晶圆生产工厂英诺赛科在汾湖高新区建成试生产，融创桃源国际生态文旅度假区项目开工建设。圆满完成智能工业发展标杆三年行动计划，新增

省级示范智能车间10个、列全省第一。中国工联院江苏分院和国家工业互联网大数据中心江苏分中心落户吴江，与中国信通院开展数字化转型战略合作。亨通光电获批光电缆行业首个标识解析二级节点、入围国家级网络安全技术应用试点示范项目，博众精工等企业成功创建国家级工业互联网试点示范项目，盛虹集团入围国家级制造业与互联网融合发展项目，永鼎股份荣获省长质量奖、入选国家级大数据产业发展试点示范项目。新增省星级上云企业207家、列全省第一。规模以上工业企业研发费用达70亿元，增长12%。有效高新技术企业数达920家。3家企业获评2020年度国家科学技术奖。吴江首个国家地理标志集体商标“震泽蚕丝”正式启用。成立全国光通信产业首个知识产权联盟和专利池。新增国家级博士后科研工作站2家、国家级重大人才工程A类1人、省“双创计划”12人。在新华网发布的2020地级市辖区高质量发展百强榜单中，吴江区位列第三。

改革开放全面深化。一体化制度创新和项目建设典型案例数位列示范区三地首位，“跨界联合河长制”入选“中国改革2020年度50典型案例”，实现示范区内中职学校一体化招生，创建“C位长安”政法协同品牌。“三治”“三优三保”等治违拆旧11510亩（767.3公顷），盘活存量建设用地12200亩（813.3公顷），超额完成全年目标任务，获评省国土资源节约集约利用模范县（市、区）。基层整合审批服务执法力量改革全面推进，“1+6+N”全域综合行政执法改革*获省法治建设创新奖。区政务服务中心搬迁入驻苏州湾大厦，全国首推“互联网+不动产金融”创新服务，“放管服”改革“1330”目标基本实现，营商环境在2020赛迪百强区排名中列全国第十、全省第二、全市第一。获评中国领军智慧城区、省大数据开放共享与应用试验区。吴江开发区在全省开发区科学发展综合考评中首次进入前十、位列第七。盛泽纺织循环经济产业园获批省产业园区生态环境政策集成改革试点。苏州自贸片区吴江联动创新区、汾湖联动创新区建设扎实推进，综合保税区企业增值税一般纳税人资格试点改革、通关一体化改革持续深化。新设立外商投资企业93家，注册外资14.6亿美元、增长114%，到账外资4.6亿美元、增长13%，外贸进出口额保持正增长。永鼎孟加拉国家电网改造11.4亿美元项目正式进入实施阶段，亨通收购华为海洋项目占全市境外协议投资总额的20%。组织“双12苏州购物节——乐购吴江”等系列活动，引进虹桥国际贸易港消费场景，举办“家门口的进博会”，带动消费超5.9亿元。国望高科、凯伦建材等项目落户吴江泗阳产业合作园区，吴江·安吉共建E产业园合作协议正式签订。

城乡面貌显著改善。衔接示范区“1+1+N”规划体系，精心编制“十四五”、国土空间、产业发展等关系吴江长远发展的重大规划。启动总面积超万亩、总投资超千亿的人工智能未来社区、江南运河、盛泽未来时尚城等22个城市有机更新项目。改造老旧小区89个，鲈乡二村、三村片区列入国家试点。建设污水主管网50公里，完成445个村庄生活污水治理、86个小区雨污分流改造，提标改造污水处理厂13家，总投资达16.8亿元。沪苏湖铁路开工建设，康力大道东延建成通车，公交线路里程达2600公里。扎实推进长三角绿色智能制造协同创新示范区等21项美丽吴江建设重点任务，众安桥村上榜中国美丽休闲乡村，新增省级特色田园乡村10个、总数列苏州大市第一，建成三星级康居乡村97个。吴江现代农业产业园纳入国家现代农业产业园创建名单，成功承办全国智慧农业改革发展大会。农村人居环境整治入选全国农村公共服务典型案例。新型农业经营主体培育获批全国农村改革试验区拓展试验任务。以全市一流成绩助力苏州通过全国文明城市复评，众安桥村、黄家溪村获评全国文明村，恒力集团获评全国文明单位。入选2020年度中国文旅融合发展名县（区）案例名单，获评第二批省级全域旅游示范区。“平望·四河汇集”入选苏州运河十景。

民生福祉持续增进。人均可支配收入增幅高于地区生产总值增幅，城镇新增就业3.11万人，城镇登记失业率保持在1.77%低位。城乡居民养老保险待遇、低保标准实现新提升。困难群众精准救助率100%。17所新建改扩建学校建成投用，新增学位近1.5万个。苏州大学未来校区加快建设，示范区教师发展学院落户吴江。苏州九院挂牌苏州大学附属苏州九院，区中医医院异地新建开工并挂牌扬州大学医学院附属医院，省级健康镇建设在全省率先实现全覆盖。长三角跨省异地就医

门诊费用“一单制”结算、示范区医保“同城化”加快推进。老有所养基本公共服务标准化列入国家试点项目。苏州湾文化中心建成启用，苏州湾体育中心全面竣工。全力抓好粮食、生猪等重要生活物资保供。扎实做好民族宗教、妇女儿童工作。认真开展全国第七次人口普查工作。深入推进扫黑除恶专项斗争，广泛开展信访积案等社会矛盾纠纷大排查、大化解，市域社会治理现代化试点工作扎实推进。有效应对“黑格比”台风正面冲击、太湖超保证水位、太浦闸大流量泄洪等巨大挑战，取得防汛抗灾全面胜利。铁腕开展安全生产百日“雷霆行动”，系统推进27个领域专项整治，完成三级政府挂牌重大隐患项目整改69项，消除问题隐患1.84万个，全区事故起数、死亡人数同比下降均超60%。

生态环境不断优化。中央环保督察“回头看”问题通过销号验收，12项中央环保督察问题、34项省环保督察反馈问题全部整改完成。与生态环境部环境规划院开展战略合作，全市首家试行区镇空气质量补偿制度，全区PM2.5年平均浓度降至30微克/立方米，空气优良天数占比升至82.5%。全面落实长江“十年禁渔”重大任务，实现1701艘渔船应退尽退、3266名渔民应保尽保。深入推进太浦河“沪湖蓝带”规划、元荡生态岸线贯通工程，启动太浦河共保联治江苏先行工程，规划实施40个生态美丽河湖建设，全面建设干线航道生态走廊，成功创建潜龙渠省级水利风景区，水环境国省考断面优Ⅲ比例达85.7%，全面消除城乡黑臭水体。新增危废4万吨/年、生活垃圾及一般工业固废3000吨/日处置能力，生活垃圾分类“三定两清一督”*居民小区实现全覆盖。

在推动经济社会发展的同时，政府自身建设扎实推进。严格落实全面从严治党各项要求，深入推进依法行政，会议、文件、督查、考核持续精简，“三公”经费进一步压缩。区政府年度92项重点工作高效落实。受理“12345”热线、区长信箱等平台公众诉求196.5万余件，办结率99%以上。主动公开政府信息4万余条，依申请公开305件，答复率100%。主动接受各方面监督，坚持重大事项向区人大常委会报告、向区政协通报，按期办复人大代表建议158件、政协提案193件。

各位代表，过去一年取得的成绩来之不易，这是在上级党委政府和区委的坚强领导下，全区上下同心同德、奋力拼搏的结果。在此，我代表吴江区人民政府向全区人民，向各位人大代表、政协委员，向各民主党派、各人民团体和各界人士，向离退休老同志，向驻吴解放军、武警官兵，向参与、支持和关心吴江经济社会发展的海内外朋友，致以崇高的敬意和衷心的感谢！

在肯定成绩的同时，我们也要清醒地看到面临的问题和挑战：贯彻新发展理念还需更加积极主动；服务构建新发展格局还需花更大功夫；形成美丽吴江新空间格局还需下更大决心；开放创新能力亟待提升；“多规融合”步伐亟待加快；城乡建设品质亟须改善；民生保障还有弱项，社会治理存在短板，老百姓身边的烦心事、揪心事还有不少；一体化示范区改革任务依然艰巨；政府依法履职、科学治理、高效服务的能力水平还需进一步提升等等。对于这些问题，必须采取切实有效的措施，努力加以解决。

二、“十四五”时期的总体思路与目标任务

“十四五”时期，是开启全面建设社会主义现代化新征程、向第二个百年奋斗目标进军的第一个五年，也是吴江在新的起点上推进长三角生态绿色一体化发展示范区建设，打造“创新湖区”、建设“乐居之城”的关键五年。做好“十四五”时期的工作至关重要、影响深远。“十四五”时期的指导思想是：在以习近平同志为核心的党中央坚强领导下，高举中国特色社会主义伟大旗帜，深入贯彻党的十九大和十九届二中、三中、四中、五中全会精神，坚持以马克思列宁主义、毛泽东思想、邓小平理论、“三个代表”重要思想、科学发展观、习近平新时代中国特色社会主义思想为指导，全面贯彻党的基本理论、基本路线、基本方略，深入落实习近平总书记对江苏、对苏州以及对长三角一体化发展系列重要讲话指示精神，特别是赋予江苏“争当表率、争做示范、走在前列”的新使命新任务，统筹推进“五位一体”总体布局，协调推进“四个全面”战略布局，坚持稳中求进工作总基调，立足新发展阶段，贯彻新发展理念，构建新发展格局，紧扣“一体化”和“高质量”两个关键，以深化供给侧结构性改革为主线，以改革创新为根本动力，以满足人民日益增长的美好生活需要为根本目的，统筹发展

和安全，全力推进长三角生态绿色一体化发展示范区建设，带头做好对接上海大文章，展现“创新湖区”“乐居之城”的现实模样，在全面建设社会主义现代化新征程中走在前、作示范。

“十四五”时期经济社会发展主要目标是：锚定二〇三五年远景目标，到二〇二五年实现一体化发展更快突破、经济发展更高质量、区域治理更加高效、城乡发展更加协调、群众生活更具品质、文化实力更为强大、生态环境更为优美，打造创新引领是亮色、生态绿色是底色、文化底蕴是彩色、高质量发展是成色的吴江样板，建设成为“世界级水乡人居文明典范”，位列全国综合实力百强区第一方阵前列。

围绕主要目标，落实八个方面的重点任务。一是带头对接上海，走在沪苏同城化前列。坚决扛起长三角生态绿色一体化发展示范区担当，服务好上海这个长三角的龙头、长江经济带的龙头，在沪苏同城化发展中找准定位、主动作为，为长三角区域推动更高质量一体化发展提供先行示范。二是主动服务新发展格局，建设开放创新发展新高地。强化开放创新在现代化建设全局中的核心地位，聚焦经济质量效益和核心竞争力提升，加快打造绿色、开放、创新、融合的现代化经济体系。三是全面深化改革，优化发展环境。聚焦重点领域和关键环节，深化改革举措，促进改革和发展深度融合、高效联动，增创市场有效、政府有为、企业有利、群众有益的体制机制新优势，营造高质量发展良好环境。四是完善治理体系，提高治理现代化水平。坚持以人为本、安全为先、管建并重、精细智能，完善共建共治共享的社会治理新格局，全面提高治理科学化、精细化、智能化水平，打造区域治理体系和治理能力现代化样板区。五是推进“美丽吴江”建设，打造生态优势转化新标杆。坚持生态优先、绿色发展，以改善生态环境为重点，以绿色可持续发展为支撑，在有风景的地方嵌入新经济，率先将生态优势转化为经济社会发展优势。六是加快城乡融合发展，争创人与自然和谐宜居新典范。优化多中心、网络化、融合式发展模式，打造活力城区、特色小镇和美丽村庄三级城乡体系，构建生产空间集约高效、生活空间宜居适度、生态空间天蓝水秀的“三生”共生空间格局。七是创造高品质生活，增进民生福祉。统筹抓好底线民生、基本民生、质量民生，有效扩大公共服务供给，扎实推动共同富裕，促进人的全面发展和社会全面进步，让人民生活更有品质、更加幸福。八是繁荣发展文化事业和产业，提升文化软实力。坚持以社会主义核心价值观引领文化事业发展，加强社会主义精神文明建设，培育文旅融合发展业态，提升“江南文化”品牌知名度和影响力，建设文化强区。

三、2021年工作安排

根据区第十三届党代会第六次会议的部署，今年政府工作的总体要求是：以习近平新时代中国特色社会主义思想为指导，深入贯彻党的十九大和十九届二中、三中、四中、五中全会以及中央经济工作会议精神，深刻把握习近平总书记对江苏、对苏州以及对长三角一体化发展系列重要讲话指示精神，全面落实省委十三届九次全会、市委十二届十一次全会、区第十三届党代会第六次会议部署要求，坚持稳中求进工作总基调，立足新发展阶段，贯彻新发展理念，构建新发展格局，以推动高质量发展为主题，以深化供给侧结构性改革为主线，以改革创新为根本动力，坚定走在沪苏同城化前列，加快推进长三角生态绿色一体化发展示范区建设，打造“创新湖区”、建设“乐居之城”，确保“十四五”开好局、全面建设社会主义现代化起好步，以优异成绩庆祝中国共产党成立100周年。

全区经济社会发展主要预期目标是：地区生产总值增长6%以上，一般公共预算收入增长5%以上，全社会固定资产投资增长10%以上，社会消费品零售总额增长5%，进出口贸易保持稳定，城乡居民人均可支配收入增幅不低于地区生产总值增幅，城镇登记失业率控制在3%以内，全社会研发支出占地区生产总值比重达3.4%左右，全员劳动生产率保持增长，工业增加值率保持增长，生产安全事故起数和死亡人数分别下降10%以上，完成上级下达的单位地区生产总值能耗下降、主要污染物排放削减目标任务。

围绕上述总体要求和工作目标，重点做好六个方面的工作：

（一）扛起国家战略使命，打造一体化高质量发展样板

坚决扛起示范区建设使命担当，带头做好对

接上海文章，积极谋划一批打基础、利长远、出成效的重大举措，加快推动先行启动区建设，全面提升示范区建设成效。

加快沪苏同城步伐。紧密衔接示范区“1+1+N”规划体系，加快全区国土空间规划、先行启动区空间规划和控制性详细规划编制工作，协调推进“多规合一”。全方位衔接上海“五个中心”建设，加快与上海自贸区临港新片区合作建设步伐。高起点做好汾湖高铁科创新城、苏州南站高铁枢纽、盛泽高铁站功能定位和规划布局，确保沪苏湖铁路按时序推进，力争通苏嘉甬铁路开工建设，如通苏湖城际铁路、示范区城际线取得新进展。推动苏州轨交10号线与上海地铁17号线在“水乡客厅”实现换乘。加快公共服务共建共享，全力推进异地就医“一单制”直接结算、示范区“医保一卡通2.0版”、长三角教育一体化发展江苏试验区等建设。

抓好重点项目建设。加强重点项目全生命周期服务管理，加快苏州湾环球企业中心、恒力长三角国际新材料产业园、亨通长三角科大亨芯研究院、英诺赛科新型半导体、迈为智能化装备产业园、京东方智慧产业基地等项目建设，确保205个区级以上重点项目完成年度投资618亿元。瞄准示范区“五大经济”类型，聚焦大型央企、国企以及世界500强、中国500强等领军企业，组建专业化招商队伍，强化项目招商全区统筹，精准招引和储备一批能体现国家战略意图的高显示度项目。加快排定、推进和落实示范区建设重点项目清单和同城上海项目清单，在新城建、新基建、新业态、新技术和生态、民生等领域形成更多合作项目。

推动生态优势转化。加快实施太浦河“沪湖蓝带”规划、“一河三湖”及沿岸地区综合整治，协同推进元荡等跨界水体联保共治，扎实推进太浦河共保联治江苏先行工程。持续巩固长江流域禁捕退捕成果。大力推进城乡生活污水处理提质增效精准攻坚“333”行动，实施110个达标区建设。全力打好PM2.5和臭氧浓度“双控双减”、固废危废处置等污染防治攻坚战。深入推进绿色制造工程，着力提升资源能源利用效率和清洁生产水平，推进产业绿色化改造升级。系统推进全区水系结构优化调整，做好湖光经济文章，有效释放水资源生态、人文、经济价值，逐步形成若干个以湖荡为核心的新经济组团，在田园风光中因地制宜植入科创、研发产业，培育建设风景中的产业新社区，构建一批生态展示、文旅消费、慢行交通等体验场景，打造“三生”融合吴江样板。

（二）推动产业优化升级，争做服务新发展格局示范

发挥吴江头部企业多、智能制造强、开放程度高等优势，加快提升产业基础高级化和产业链现代化水平，坚定走在打响“苏州制造”品牌最前列，更好地服务构建新发展格局。

夯实新发展基础。大力支持实体经济发展，加大“独角兽”“瞪羚”“专精特新”“隐形冠军”“新地标”企业培育扶持力度，扩大民营经济“领头羊”优势。通过精准扶持、嫁接外部资源、设置转型升级过渡期等方式，加快推动企业攀升进位。大力实施新一轮智能工业发展行动，确保新建省、市级示范智能工厂3家以上、示范智能车间50个以上，完成智能化改造和数字化转型项目1000个以上。引进国家十大工业互联网“双跨”平台2个以上，加快中国工联院江苏分院和国家工业互联网大数据中心江苏分中心建设，推动纺织、电子、装备及光通信产业与工业互联网深度融合，创建一批工业互联网标杆工厂，全力打造“智能制造看吴江”“工业互联网看吴江”品牌。找准数字经济增长点，推动大数据、云计算、人工智能、区块链等技术和产业发展，积极培育移动多媒体、网络视听、数字出版、知识服务等数字经济新业态。

建强新发展链条。深入实施生产性服务业三年行动计划，加快先进制造业与现代服务业融合发展，争创省生产性服务业领军企业2家。建设重大基础性、前沿性生产性服务业平台和“两业”深度融合试点示范项目4个。深入实施“链长制”，加快推动产业链与供应链、创新链、资金链、人才链深度融合，着力培育工业互联网产业链，做强四大支柱产业链，建好新材料和半导体集成电路两大创新产业链，布局发展生物医药、新能源等战略性新兴产业。加快自贸区联动创新区建设，推动汾湖高新区争创国家级高新区，提升吴江综保区能级。加快出口品牌和基地建设，大力发展跨境电商、服务贸易，探索吴江发展离岸贸易的实践路径。抢抓国家新加入双边、多边、区域协定带来的新机遇，更好地运用国际经贸规则拓展市场，支持

更多企业参与“一带一路”建设。加强与意大利、德国、韩国等国家的国际交流合作，大力引进国际知名设计大师、高端时尚品牌，全力打造“时尚之都”。合理增加教育、医疗、养老、育幼等公共消费，高水平开展“双12苏州购物节——乐购吴江”等促消费行动，大力推行终端产品集中展销直购，实施消费领域品牌塑造和老字号振兴工程，以线上线下同频共振强力激发消费活力。

强化新发展保障。实施好基本农田调整省级试点、自然空间用途管制部级试点，充分发挥试点创新、空间优化、要素保障实际效用。完善要素市场化配置机制，积极探索农村集体经营性用地入市、土地复合使用、弹性出让等举措，建立土地二级市场区域交易平台，加大对重大、优质项目的资源要素保障力度，提高资源配置、使用效率。开展新一轮“三治”“三优三保”和“双百”行动，力争治违拆旧不少于1万亩，完成复垦5000亩以上。深化资源集约利用综合评价，实施好差别化城镇土地使用税、用电、用气等各项差别化政策。全面落实减税降费举措，切实减轻企业负担，帮助企业精准纾困。发挥金融“源头活水”作用，提高企业直接融资比重，支持企业利用多层次资本市场实现跨越式发展，新增上市企业不少于5家。

（三）激发改革创新动力，勇当新发展阶段开路先锋

围绕打造“创业者乐园、创新者天堂”目标，聚焦发展所需、民心所向，坚定不移推动改革创新，充分释放发展动能，勇当科技和产业创新的开路先锋。

更大力度推动改革。立足“一体化制度创新试验田”战略定位，推动示范区财税协同联动机制建设、信用信息标准互认、跨地区信用信息交换共享，探索建立多元化生态补偿机制和跨区域生态项目共同投入机制，完善示范区联合河长“五大机制”，形成一批具有重大牵引作用的改革举措和制度成果。探索优化开发区和功能园区管理体制和运作机制。健全公平竞争审查机制，坚决反对垄断和不正当竞争。落实国企改革三年行动方案，提升国资公司市场化水平，推动国资公司做强做优做大。全面推进“一件事”“证照分离”、基层整合审批服务执法力量等改革工作，优化综合网格“1+5+1”配置体系。

更高水平推进创新。主动承接上海建设国际科创中心溢出效应，协同推进示范区创新共同体建设。着力推动苏州湾科技城建设。加快推进国家先进功能纤维创新中心、江苏省智能网联汽车创新中心、京东方（苏州）智慧系统创新中心、亨通苏大未来信息通信与人工智能技术研究院等载体平台建设，以关键共性技术、前沿引领技术、现代工程技术、颠覆性技术创新为突破口，大力开展关键核心技术攻关，促进创新成果转化落地。用好“苏州·大院大所合作热力图”及合作政策，加快苏州大学未来校区建设，与国内外知名大学、科研机构等大院大所合作共建研发机构10家。支持企业加大研发投入，确保年内企业研发投入增长10%以上、有效高新技术企业数超1000家。

更实举措集聚资源。加快打造优质资源集聚、生态体系完善、孵化培育高效的创新生态区，促进资本、科技、产业高水平循环。坚持“基金+载体+人才+项目”新模式，加快苏州湾东方创投基地发展。争取“长三角示范区知识产权保护服务中心”落户吴江，力争年底万人有效发明专利拥有量达65件。启动实施新一轮人才创新创业“55352”工程，积极争取所得税优惠等政策支持，大力推进人才公寓建设，力争全区人才总量突破34万人，其中高层次人才达2.9万人，新增市以上人才计划不少于20项。高水平运营公共孵化器江苏长三角智创科技园，创新科技人才培养、使用、评价机制，在5G等技术领域建设科技人才培养基地。

（四）聚力美丽吴江建设，构建宜居宜业新空间格局

推进以人为核心的新型城镇化，传承延续文脉肌理，推动城市数字化转型，打响“江南文化”品牌，加快呈现“新鱼米之乡”和“新江南空间”现代面貌，让城市更具品质、乡村更有魅力、生活更加美好。

着力提升城市品质。大力推进城市和产业双优融合更新，推动“未来社区”等22个城市有机更新项目取得明显进展。加快建设承接高端资源要素的国际化、功能型平台载体。推动智慧城市建设，促进数字化技术与城市管理、服务深度融合，精准植入更多具备现代化功能、体现人文关怀的设施。改造提升29个老旧小区，推进多层住宅电梯加装、物业管理提升、停车资源优化等工程。

统筹做好绿色建筑、海绵城市、架空线入地、地下综合管廊建设等工作。加快江陵路、S230太湖新城段、S605等城市路网快速化改造，构建通勤效率高、通达能力强、疏解功能好的多层次立体综合交通体系。高标准实施主干路网、节点绿化提升工程，打造展现城市形象的景观带、生态带，增强城市厚重感和文化底蕴。新建农贸市场2个，提升改造农贸市场4个。推进生活垃圾分类，加快再生资源综合利用项目建设，建成生活垃圾全过程、全链条收运处置体系。推进新时代文明实践中心提质发展，推动文明城市建设迈向更高水平。

全面推进乡村振兴。促进城乡要素平等交换、双向流动，补齐基本公共服务短板。推动人居环境整治进入品质提升阶段，争创特色精品乡村5个、特色康居乡村80个、特色宜居乡村400个，推进长漾特色田园乡村带、元荡美丽乡村群、七都开弦弓村综合提升项目等建设，打造"魅力大运河"和"美丽湖泊群"吴江特色田园乡村组团，打响"中国·江村"乡村振兴示范区国家级品牌。加快智慧农业农村试点建设，打造农产品电商供销平台，推进"光网乡村"、智慧广电等数字乡村工程。巩固"四好农村路"省级示范县创建成果，打造农村畅安舒美的通行环境。推进国家现代农业产业园更高质量发展，加快培育新型农业经营主体，积极引导社会资本投入乡村发展新经济，推动"农业+"新型业态繁荣发展。扎实开展新一轮相对薄弱村帮扶转化，深入实施"万企联万村、共走振兴路"行动，组建农村劳务合作社40个，确保村级集体经济增长6%以上。

加快打造文化强区。大力推进大运河文化带建设，高标准打造"平望·四河汇集""运河客厅""丝绸水路"等地标节点，呈现大运河文化带"最精彩的一段"。扎实做好东太湖国家级旅游度假区创建、融创桃源国际生态文旅度假区建设、震泽水系恢复和古镇保护等工作，推动同里、黎里、震泽江南古镇联合申遗，全力创建国家全域旅游示范区，努力打造成为国际文化旅游消费目的地。实施文化产业倍增计划，制定出台《文旅产业高质量发展三年行动计划》，加强与头部网络平台和重点数字企业合作，用好苏州湾文化中心、阿里体育苏州中心等载体平台，推动历史元素与现代因子、特色资源与时尚潮流紧密融合，焕发蚕桑丝绸、水乡古镇、江村富民等本土文化新活力，提炼一批文化IP品牌，全力做好"文化+"和"+文化"文章。

（五）回应美好生活期盼，推动幸福指数持续攀升

聚焦新时代群众新需求，对照示范区"人与自然和谐宜居新典范"目标，在民生保障、公共服务、社会治理等方面持续发力，不断满足人民群众对美好生活的向往。

让生活更有保障。全面落实就业优先政策，打造"就在苏州、乐业吴江"服务品牌，统筹做好高校毕业生、退役军人、农民工等重点群体就业保障工作，确保就业形势总体平稳。推进社保、住房公积金提质扩面，构建涵盖大病、低保、特困人员供养、低收入家庭和支出型困难家庭的分层分类大救助体系，健全妇女、儿童、老年人、残疾人、失能人员等群体的关爱服务体系，强化对社会弱势群体的托底保障。抓好"米袋子""菜篮子"等重要生活物资和应急物资保供。全力争创省双拥模范城"七连冠"。稳妥推进户籍政策并轨苏州大市。坚持"房住不炒"定位，促进房地产市场平稳健康发展。

让百姓更得实惠。扎实办好民生实事，加快实施十大民生工程。加大教育投入力度，完成14个新建改扩建学校项目，确保苏州中学附属苏州湾实验学校、南师大附属小学及幼儿园、上海世外教育集团合作项目正式投用。推动学前教育和义务教育优质普惠发展，努力让有意愿读普高的学生能进普通高中就读。加快集团化紧密型医联体建设，推动苏州市第九人民医院、江苏盛泽医院创建三甲医院，吴江区中医医院、吴江区儿童医院创建三级医院，推进京东方三级数字医院建设，确保基层医疗机构标准化建设率达90%。积极推进老有所养基本公共服务标准化国家级试点，实施老年人口密集社区综合为老服务提升工程，建设居家社区机构相协调、医养康养相结合的养老服务体系。

让社会更为安全。慎终如始抓好常态化疫情防控，健全完善现代化公共卫生体系，扎实推进省健康促进区创建工作。深入推进安全生产专项整治"三年大灶"，严格落实"三个责任"，加强源头管控与治理，提高防范和化解各类风险的能力，统筹27个领域安全体系建设，全面提升城市韧性，

争创省级安全发展示范城市。做好防台、防汛等防灾应急工作。统筹推进平安吴江建设，依法严厉打击涉黑涉恶、通信网络诈骗、非法金融等违法犯罪，实施新一代“雪亮技防”工程，强化流动人口实时动态服务管理，推动区域社会治理现代化建设取得更大成效。

（六）加快政府职能转变，建设更加满意有为政府

坚持党建引领，紧跟发展需求，创新政府服务管理方式，全面加强依法行政，持续改进工作作风，建设积极有为、人民满意的政府。

推动法治政府建设。全面启动“八五”普法，严格执行行政决策程序制度，认真落实行政执法“三项制度”，深入推进“双随机、一公开”监管、跨部门联合监管、“互联网+监管”、包容审慎监管，不断提升依法行政工作水平。扎实推进政务公开标准化规范化建设。健全非诉纠纷综合化解体系，集中治理重复信访、化解信访积案。发挥国家战略主战场实践优势，推动关键领域人大授权、人大立法。依法接受人大及其常委会监督，主动接受政协民主监督，强化审计监督，重视司法、舆论、社会监督。

推动高效政府建设。加快打造“数字政府”，全力打通“数据壁垒”、连通“信息孤岛”，推动政府决策更加科学、资源配置更加优化、服务管理和执行更加高效有力。完善区镇村（社区）三级政务服务体系，实施政务服务“一网通办”，推动不见面审批、政务服务跨省联办等方面取得新成效，全力打造更加优质的营商环境。大力弘扬求真务实的工作作风，强化各项工作争第一、创唯一、作示范的思想自觉和行动自觉，始终保持敢拼会赢、敢为人先的拼劲闯劲，坚持“以实绩论英雄”的鲜明导向，加快提升干事创业专业化水平，让干部想干事、能干事、干成事。

推动廉洁政府建设。坚持强化思想武装、补足精神之钙，切实增强“四个意识”、坚定“四个自信”、做到“两个维护”。坚决落实全面从严治党各项要求，严格执行中央八项规定及其实施细则精神，坚决防止“四风问题”变异反弹。扎实做好新时代意识形态工作。进一步降低行政成本，严控“三公”经费，带头过“紧日子”，让老百姓过“好日子”。完善权力运行监督体系，持续加强重点领域监管，积极构建亲清新型政商关系，坚决杜绝不正之风和腐败行为，以清正廉明的政风赢得人民群众的信赖和支持。

各位代表，蓝图因行动而美丽，使命因责任而光荣。让我们紧密团结在以习近平同志为核心的党中央周围，在中共苏州市吴江区委的坚强领导下，坚定扛起“争当表率、争做示范、走在前列”的光荣使命，加快推动一体化发展示范区建设，全力打造“创新湖区”、建设“乐居之城”，奋力交出无愧于时代、无愧于人民的出色答卷，以优异成绩向中国共产党建党100周年献礼！

2020年苏州市吴江区国民经济和社会发展统计公报

苏州市吴江区统计局

2020年，在区委、区政府的坚强领导下，全区上下坚持以习近平新时代中国特色社会主义思想为指导，扎实做好“六稳”*工作、全面落实“六保”*任务，统筹推进疫情防控和经济社会发展，加快长三角生态绿色一体化发展示范区建设，全区经济运行稳步向好，高水平全面建成小康社会取得决定性成果。

综合经济实力

2020年，全区实现地区生产总值2002.83亿元，按可比价计算，比上年同期（下同）增长0.6%。分产业看，第一产业实现增加值37.50亿元，下降2.3%；第二产业实现增加值1000.20亿元，增长0.5%；第三产业实现增加值965.13亿元，增长1.0%。三次产业结构比为1.9∶49.9∶48.2。

财政收入平稳增长。全年完成一般公共预算收入236.48亿元，增长6.0%。其中税收收入213.13亿元，增长4.0%，税收收入占一般公共预算收入的比重为90.1%。民生支出稳步增加。全年完成一般公共预算支出244.38亿元，增长

12.0%，累计民生支出192.23亿元，增长11.3%，占一般公共预算支出的比重为78.7%。

市场主体规模进一步扩大。全年新增市场主体33731户，其中私营企业11037户，个体工商户22175户。期末全区市场主体总数达到224770户，其中私营企业83314户，注册资本4944.10亿元，增长16.7%；个体工商户136079户，注册资本126.93亿元，增长18.8%。民营经济能级放大。恒力集团跃升至世界500强第107位，盛虹集团首次入围世界500强。新增上市公司4家，累计境内外上市公司20家。

农林牧渔业

农业生产基本稳定。全区实现农林牧渔业总产值63.33亿元，按可比价计算，比上年同期下降4.5%。全年粮食总产量15.63万吨，增长1.4%，其中夏粮3.13万吨，秋粮12.50万吨。蔬菜产量32.20万吨，瓜果产量7.22万吨。全年渔业总产量5.58万吨，猪牛羊禽肉产量0.22万吨，其中出栏生猪20370头，羊12070只，禽蛋总产量1930吨。成功承办全国智慧农业改革发展大会。吴江现代农业产业园纳入国家现代农业产业园创建名单。

工业经济

工业生产持续承压。全区实现规模以上工业总产值3578.55亿元，下降4.2%；规上工业增加值764.92亿元，增长1.5%。实现工业用电量231.27亿千瓦时，下降8.3%；工业开票销售收入4793.90亿元，下降3.3%。

按经济类型分，民营企业实现产值1887.49亿元，下降8.6%，占规模以上工业总产值的比重达到52.7%；外商及港澳台企业实现产值1660.24亿元，增长1.4%。规上工业制造业领域实现新兴产业产值1898.72亿元，占规模以上工业总产值的比重为53.1%。

主导产业中丝绸纺织业受创严重。全年规模以上工业中，四大主导产业合计实现产值2807.63亿元，下降6.0%，占规模以上工业总产值的比重为78.5%。受国内外疫情和国际原油价格暴跌的双重影响，丝绸纺织业受创严重，全年实现产值849.29亿元，下降20.7%，拉低全区规上工业产值5.9个百分点。

企业效益有待提升。全年规模以上工业企业实现营业收入3609.65亿元，下降6.0%；实现利税总额247.27亿元，下降10.9%；实现利润总额186.30亿元，下降13.7%。全区规模以上工业企业中，全年营业收入超亿元的企业共570家，超50亿元企业9家，超100亿元企业1家。

建筑业

建筑业稳定发展。全区资质以上建筑业企业177家（指具有资质等级的总承包和专业承包建筑业企业，不含劳务分包企业，下同），全年完成建筑业总产值137.99亿元，增长3.7%。其中，建筑工程产值126.66亿元，增长2.3%；安装工程产值10.16亿元，增长22.4%。建筑业企业房屋施工面积866.64万平方米，增长12.8%；竣工面积285.26万平方米，增长10.0%。

固定资产投资和房地产开发

固定资产投资量稳质升。全区完成全社会固定资产投资586.79亿元，增长0.5%。其中，工业投资215.30亿元，增长23.5%，占全社会固定资产投资的比重达36.7%，比上年同期提高6.8个百分点。全年完成工业技改投资166.06亿元，增长15.3%；完成高技术制造业投资67.71亿元，增长30.8%，占工业投资比重为31.4%，同比提高1.7个百分点。

按经济类型分，完成民间投资429.01亿元，增长1.3%；国有集体投资73.10亿元，下降19.8%；外商及港澳台投资84.68亿元，增长22.4%。

房地产市场保持平稳。全年完成服务业投资371.50亿元，下降9.3%。其中，房地产开发投资316.30亿元，增长1.1%。全区商品房施工面积1794.15万平方米，其中新开工面积340.82万平方米；商品房竣工面积202.55万平方米。本年商品房销售面积349.40万平方米，下降11.7%；商品房销售额592.67亿元，下降6.9%。

交通、邮政电信和旅游业

交通运输发展平稳。年末全区等级公路里程2374.84公里，其中高速公路100.2公里，一级公路250.59公里。全年完成旅客运输量4641万人，货物运输量2739万吨。全年新增、调整公交线路40条次，公交线路里程达2600公里。年末全区民用汽车保有量482043辆，本年净增53187辆；其中私人汽车保有量408651辆，本年净增52181辆。

邮电业务稳步增长。全年实现邮政业务收入3.59亿元，增长5.4%。实现电信业务收入24.76亿元，增长4.3%。年末全区拥有固定电话用户21.87万户，移动电话用户198.18万户，互联网用户110.51万户。

全域旅游建设承压推进。全年全区实现旅游总收入164.25亿元，下降46.8%，其中旅游外汇收入0.13亿美元。接待国内旅游人数1335.77万人次、入境过夜旅游人数0.76万人次。吴江入选2020年度中国文旅融合发展名县（区）案例名单，获评第二批省级全域旅游示范区。“吴江亨通苏州湾文化旅游开发”获选2020年度省重点文旅项目，太湖雪蚕桑文化园成功晋升省级工业旅游区。“美美江村”研学二日游入选省50条乡村旅游精品线路。

国内贸易

消费市场稳步复苏。全年实现社会消费品零售总额617.86亿元，下降3.4%。批发业全年销售额增长23.2%，其中盛虹和恒力两家龙头企业支撑作用明显。零售业销售额、住宿业和餐饮业营业额分别下降3.2%、22.6%、15.2%。

从限额以上批发零售业商品分类看，基本生活类商品零售额继续增长，日用品类商品零售额增长25.2%，粮油、食品类增长15.9%。消费升级类商品零售额增长，特别是书报杂志类增长37.8%。线上销售稳步发展。限额以上通过公共网络实现的商品零售额9.54亿元，同比增长30.8%。

对外经济

利用外资稳步增长。全年全区新设立外商投资企业94家，合同外资14.64亿美元，增长114.2%。新项目支撑作用明显。新设项目合同外资8.86亿美元，增长166.7%，占引资总量的60.5%。实际使用外资4.56亿美元，增长13.1%。

外贸形势好于预期。进出口额实现正增长。全年实现进出口总额216.68亿美元，增长2.4%，其中出口159.68亿美元，增长2.9%。

对外投资走在前列。2020年全区新批境外投资项目13个，增资项目2个，完成实际境外投资额3.01亿美元，完成境外承包工程营业额2.24亿美元，同比增长39.4%。龙头企业成绩亮眼，永鼎孟加拉国国家电网改造11.4亿美元项目正式实施，亨通收购华为海洋项目占苏州全市境外协议投资总额的近20%。

金融业

金融机构存贷款稳健增长。2020年末辖内金融机构人民币存款余额3393.52亿元，比年初增加334.07亿元，增长10.9%，其中个人存款（住户存款）余额1308.74亿元，比年初增加140.21亿元，增长12.0%；人民币贷款余额3529.63亿元，比年初增加497.74亿元，增长16.4%。金融机构不良贷款率0.88%，比年初下降0.32个百分点。

证券业平稳运行。全区共有证券营业部8家，证券登记开户数126095户，全年共实现证券交易额2814.74亿元（仅东吴证券提供）。

科技和教育

创新能力加速提升。全年高新技术企业净增292家，有效高企达920家。扎实推进各级各类创新载体建设，新增国家专精特新“小巨人”4家、省级制造业创新中心1家、省级工业设计中心7家、省级工程技术研究中心7家、省级关键核心技术攻关项目2个。新增省级示范智能车间10个、高创电子获评省级智能工厂。中国工联院江苏分院和国家工业互联网大数据中心江苏分中心落户。3家企业获评2020年度国家科学技术奖。年末全区万人发明专利拥有量60.56件。国家地理标志集体商标“震泽蚕丝”正式启用，全国光通信产业首个知识产权联盟和专利池成立。

创新人才有力引育。全区人才总量达33万人，其中高层次人才2.7万人。本年新增高技能人才13641人，全区技能人才总量23.63万人。新增国家级重大人才引进工程1人、省“双创人才”11人、省“双创博士”1人、市“姑苏创新创业领军人才”18人。

教育资源有效供给。17所新改扩建学校建成投用，新增加学位14835个。苏州大学未来校区、苏州中学苏州湾学校、北大新世纪世恒学校、南师大附属小学及幼儿园等优质教育资源先后引进。实现示范区内中职学校一体化招生，示范区教师发展学院正式落户。年末全区拥有各类各级学校226所，其中幼儿园（含分园）122所、小学56所、特殊教育学校1所、初级中学35所、普通高中9所、普通中专2所、普通高等学校1所。全区在校学生总数208803人，增长4.1%；专任教师13314人，增长8.3%。全区义务教育阶段入学率、巩固率以及高中阶段教育毛入学率均达100%，高等教育毛入学率73.61%。2020年普通高考共录取3456人，录取率96.75%，其中本科录取2833人。

文化、卫生和体育

公共文化服务水平提升。全区拥有文化馆1个，镇文化站8个，村（社区）文化中心实现全覆盖。全年开展文化“三下乡”活动620场，放映农村公益电影2512场。拥有区级公共图书馆1个，藏书量249.07万册。博物馆1个，档案馆2个，向社会开放各类档案数4.52万卷、0.08万件。电影放映单位19家，影院观众98.57万人次。有线电视用户33.71万户，有线电视入户率100%。报纸出版量3.6万份。吴江博物馆获评国家二级博物馆。大运河文化带建设持续推进，举办第七届吴江太湖文化节、第十七届区域文化联动暨长三角群众文化优秀节目展演等。

卫生健康服务能力不断提高。年末全区拥有各类医疗卫生机构456个，比上年末增加10个，其中医院、卫生院39个。卫生机构床位数7496张，比上年末增加570张。拥有卫生技术人员8896人，比上年末增加490人，其中执业医师、执业助理医师3425人，注册护士3829人。区中医医院异地新建开工，省级健康镇建设在全省率先实现全覆盖。长三角跨省异地就医门诊费用“一单制”结算、示范区医保“同城化”加快推进。乡镇卫生院、社区卫生服务站标准化建设率分别达88.89%和95.31%。

体育事业持续发展。完善“10分钟体育健身圈”建设，全年新建多功能运动场2片、笼式球场11片、健身步道35.15公里，安装健身路径133套。全区人均体育场地面积4.13平方米。完成国民体质监测4095人，体质达标率96.3%。利瑞宝运动器材（吴江）有限公司获选省体育产业基地（2020—2022年度），熊猫体育、聚慧体育获评2020年度“苏州市体育产业示范基地”。

城乡建设

城市有机更新不断加强。沪苏湖铁路开工建设，康力大道东延建成通车。苏州湾文化中心建成启用，苏州湾体育中心全面竣工。人工智能未来社区、江南运河、盛泽未来时尚城等22个城市有机更新项目集中启动。完成老旧小区改造89个，生活垃圾分类“三定两清一督”*居民小区实现全覆盖。

美丽吴江建设加快推进。众安桥村上榜中国美丽休闲乡村，新增省级特色田园乡村10个，全年创建98个三星级康居村和3个康居特色村。长三角绿色智能制造协同创新示范区、融创桃源国际生态文旅度假区、开弦弓村综合提升等项目相继落地。农村人居环境整治入选全国农村公共服务典型案例。

人民生活

人口总量保持增长。全区户籍总户数为280542户，总人口为876671人，比上年末增加20837人。其中男性429678人，女性446993人，男女性别比为96.13∶100。全年出生人口8231人，出生率为9.50‰；死亡人口7114人，死亡率8.21‰；人口自然增长率为1.29‰。全区非农业人口710694人。

民生保障更加有力。精准推进社会保险扩面提质。年末城镇职工基本养老保险参保人数79.28万人，城乡居民基本养老保险参保人数9.9万人，医疗保险参保人数123.06万人。实现社保、医保政策全面接轨苏州大市。最低生活保障标准提高至1045元/月，职工医保、居民医保政策范围内报销比例分别达90%、75%。就业形势保持稳定。全年城镇新增就业3.11万人，开发公益性岗位1056个，城镇失业人员再就业7134人，城乡就业困难人员就业4185人，城镇登记失业率维持在1.77%低位运行。养老服务供给水平提升。新增区域性养老服务中心1家。全区共有居家养老服务机构315家，覆盖率超100%，拥有养老机构床位5116张，社区照料床位6399张。老有所养基本公共服务标准化列入国家试点项目。

居民收入增幅超地区生产总值。城乡居民人均可支配收入59997元，增长4.3%，高于地区生产总值增速3.7个百分点。其中，城镇居民人均可支配收入70910元，增长3.3%；农村居民人均可支配收入37216元，增长6.7%。城乡居民人均消费支出34885元，下降1.8%。

节能降耗与环境保护

生态环境不断优化。"十三五"地表水环境质量国省考断面优Ⅲ比例达到85.7%，全面消除城乡黑臭水体。扎实推进城乡生活污水治理。建设污水主管网43.19公里，完成445个村庄生活污水治理、78个小区雨污分流改造，提标改造污水处理厂13家，总投资达到16.9亿元。PM2.5年平均浓度30微克/立方米，同比改善16.7%。空气优良天数302天，同比增加34天，优良率82.5%。全区林木覆盖率达19.82%。全面落实长江"十年禁渔"重大任务，成功创建潜龙渠省级水利风景区。盛泽纺织循环经济产业园获批省产业园区生态环境政策集成改革试点。

专项治理成效显现。全区完成"三治""三优三保"治违拆旧11510亩（767.3公顷），年内盘活存量土地12200亩（813.3公顷），获评省国土资源节约集约利用模范县（市、区）。系统推进27个领域专项整治，完成三级政府挂牌重大隐患项目整改69项，消除问题隐患1.84万个。

节能降耗扎实推进。推进"去产能"工作，实现全区864家低端低效企业淘汰及转型，关停化工企业16家。实施重点节能与循环经济项目70个，投资4亿元，节约能源4万吨标准煤，新增国家级绿色工厂2家。

过去一年取得的成绩来之不易，在肯定成绩的同时，我们也清醒地看到面临的困难和挑战：疫情变化和外部环境存在诸多不确定性，保持经济平稳健康发展的压力仍然较大，开放创新能力亟待提升，城乡建设品质亟须改善，民生保障、社会治理、公共服务等领域仍需持久发力。2021年，必须以习近平新时代中国特色社会主义思想为指导，坚持稳中求进工作总基调，立足新发展阶段，贯彻新发展理念，构建新发展格局，以推动高质量发展为主题，以深化供给侧结构性改革为主线，以改革创新为根本动力，坚定走在沪苏同城化前列，加快推进长三角生态绿色一体化发展示范区建设，打造"创新湖区"、建设"乐居之城"，确保"十四五"开好局、全面建设社会主义现代化起好步，以优异成绩庆祝中国共产党成立100周年。

注：1.本公报数据为2020年度快报数和预计数，定案数以2020年统计年鉴为准。

2.人口数据为户籍人口，来源于公安部门，第七次人口普查数据暂未公布。

2020年吴江区国民经济主要指标

项　目	计量单位	2020年	2019年	2020年为2019年
一、地区生产总值（GDP）	亿元	2002.83	1958.16	105.7%
第一产业	亿元	37.50	37.43	91.0%
第二产业	亿元	1000.20	1008.22	104.6%
其中：工业	亿元	920.96	932.63	104.5%
第三产业	亿元	965.13	912.51	107.8%
人均生产总值（按常住人口计算）	元	129873	127605	101.8%
二、农业				
（一）农业总产值（现行价）	万元	633344	649344	97.5%
农业	万元	268705	256827	104.6%
林业	万元	22589	27154	83.2%

（续　表）

项　目	计量单位	2020年	2019年	2020年为2019年
牧业	万元	40360	35140	114.9%
渔业	万元	244904	279003	87.8%
农林牧渔服务业	万元	56786	51220	110.9%
（二）主要农副产品产量				
粮食总产量	吨	156344	154139	101.4%
油料总产量	吨	300	288	104.2%
蚕茧总产量	吨	212	214	98.9%
生猪年末存栏数	万头	1.81	0.25	732.5%
水产品总产量	吨	55799	59837	93.3%
三、工业总产值（现行价）	亿元	4350.00	4500.00	96.7%
其中：规模以上工业总产值（现行价）	亿元	3728.61	3718.37	100.3%
四、交通运输、邮电				
（一）客运量	万人	4641	7050	65.8%
客运周转量	万人千米	143878	218561	65.8%
货运量	万吨	2739	3100	88.4%
货运周转量	万吨千米	238900	296269	80.6%
（二）邮电业务总收入	万元	284055	271942	104.5%
五、全社会固定资产投资完成额	亿元	586.79	583.81	100.5%
（一）按产业分				
第一产业	亿元	0	0	0.0
第二产业	亿元	215.30	174.40	123.5%
其中：工业	亿元	215.30	174.32	123.5%
第三产业	亿元	371.50	409.41	90.7%
（二）按建筑性质分				
新建	亿元	85.20	104.17	81.8%
扩建	亿元	85.58	80.05	106.9%
改建	亿元	84.54	79.07	106.9%
其他	亿元	15.17	7.55	200.8%
房地产开发投资	亿元	316.30	312.97	101.1%
（三）按经济性质分				
国有集体经济投资	亿元	73.10	91.20	80.2%
外商及港澳台投资	亿元	84.68	69.16	122.4%
民资投资	亿元	429.01	423.46	101.3%
施工房屋面积	万平方米	1794.15	1800.53	99.6%

（续　表）

项　目	计量单位	2020年	2019年	2020年为2019年
竣工房屋面积	万平方米	202.55	108.33	187.0%
六、贸易、外经				
社会消费品零售总额	亿元	617.86	639.87	96.6%
进出口总额	亿美元	216.68	210.91	102.7%
其中：出口	亿美元	159.68	154.62	103.3%
七、金融、保险				
（一）银行存款余额	亿元	3393.52	3059.45	110.9%
银行贷款余额	亿元	3529.63	3031.89	116.4%
（二）居民储蓄余额	亿元	1308.74	1168.53	112.0%
（三）保险收入	亿元	50.73	11.79	430.3%
赔款和结付支出	亿元	14.76	15.04	98.1%
八、人民生活				
（一）职工收入				
年末在岗职工（含劳务派遣工）人数	万人	32.0	32.00	100.0%
在岗职工（含劳务派遣工）年平均工资	元	93226	87831	106.1%
（二）城镇居民人均可支配收入	元	70910	68644	103.3%
（三）农村居民人均可支配收入	元	37216	34879	106.7%
九、文教、卫生				
普通中学校数	所	44	44	100.0%
在校学生人数	人	50819	49268	103.1%
职业中学校数	所	2	2	100.0%
在校学生人数	人	5459	5626	97.0%
小学校数	所	56	55	101.8%
在校学生人数	人	105401	102409	102.9%
文化馆（站）数	个	12	10	120.0%
图书馆数	个	1	1	100.0%
影剧院	个	20	16	125.0%
卫生机构数	个	456	446	102.2%
床位数	张	7496	6926	108.2%
专业卫生技术人员数	人	8896	8406	105.8%

注：1.地区生产总值、各产业增加值绝对数按现价计算，增长速度按不变价格计算；

2.2010—2020年常住人口数据根据第七次人口普查结果修订；

3.2019年社会消费品零售总额数据根据第四次经济普查数据普修订。

（区统计局）

优秀企业名单

2020年度吴江区“世界500强企业”名单

恒力集团有限公司
盛虹控股集团有限公司

2020年度吴江区“中国企业500强”名单

恒力集团有限公司
盛虹控股集团有限公司
亨通集团有限公司
通鼎集团有限公司

2020年度吴江区“中国民营企业500强”名单

恒力集团有限公司
盛虹控股集团有限公司
亨通集团有限公司
通鼎集团有限公司
永鼎集团有限公司

2020年度吴江区百强企业名单

民营工业企业(共50家)

恒力集团有限公司
盛虹控股集团有限公司
亨通集团有限公司
通鼎集团有限公司
康力电梯股份有限公司
永鼎集团有限公司
博众精工科技股份有限公司
苏州迈为科技股份有限公司
江苏凯伦建材股份有限公司
苏州帝奥电梯有限公司
高创(苏州)电子有限公司
吴江南玻玻璃有限公司
苏州赛伍应用技术股份有限公司
法兰泰克重工股份有限公司
苏州华源控股股份有限公司
苏州欧普照明有限公司
吴江市明港道桥工程有限公司
佳禾食品工业股份有限公司
吴江变压器有限公司
苏州市罗森助剂有限公司
苏州中成新能源科技股份有限公司
通用电梯股份有限公司
东南电梯股份有限公司
苏州易升电梯部件有限公司
苏州蒙特纳利驱动设备有限公司
德尔未来科技控股集团股份有限公司
苏州巨峰电气绝缘系统股份有限公司
苏州新吴光电科技有限公司
江苏达胜热缩防护用品有限公司
鹰翔控股集团有限公司
申龙电梯股份有限公司
江苏天吴投资集团有限公司
苏州太湖电工新材料股份有限公司
大唐苏州热电有限责任公司
苏州世华新材料科技股份有限公司
江苏新恒通投资集团有限公司

吴江赴东纺织集团有限公司
苏州明志科技股份有限公司
苏州翔楼新材料股份有限公司
苏州彤帆智能科技有限公司
吴江新民实业投资有限公司
苏州捷力新能源材料有限公司
江苏聚力智能机械股份有限公司
苏州海顺包装材料有限公司
吴江市涂泰克纺织后整理有限公司
苏州孚杰机械有限公司
江苏科林集团有限公司
吴江林善精密机械制造有限公司
吴江罗森化工有限公司
苏州富士精工电梯有限公司

外资企业（共30家）

瑞仪光电（苏州）有限公司
卡特彼勒（吴江）有限公司
中达电子（江苏）有限公司
英格索兰（中国）工业设备制造有限公司
吴江华丰电子科技有限公司
亿光电子（中国）有限公司
苏州顶津食品有限公司
群光电能科技（苏州）有限公司
康宁生命科学（吴江）有限公司
飞旭电子（苏州）有限公司
顺达电子科技（苏州）有限公司
吴江华衍水务有限公司
威特电梯部件（苏州）有限公司
群光电子（苏州）有限公司
苏州璨鸿光电有限公司
吴江港华燃气有限公司
万宝至马达（江苏）有限公司
福斯润滑油（苏州）有限公司
苏州市合兴食品有限公司
敏华家具总部（吴江）有限公司
北美枫情木家居（江苏）有限公司
碧然德净水设备（江苏）有限公司
苏州塞维拉上吴电梯轨道系统有限公司
代尔塔（中国）安全防护有限公司
依工聚合工业（吴江）有限公司
苏州东吴水泥有限公司
崇德碳技术（苏州）有限公司
索格菲（苏州）汽车部件有限公司
爱思开希高科技材料（苏州）有限公司
苏州欧圣电气股份有限公司

服务业企业（共20家）

恒力华东石化销售有限公司
苏州华夏集团有限公司
宝通易捷智能科技（苏州）有限公司
苏州新湖置业有限公司
港中旅太湖湾（苏州）置业有限公司
苏州绿地江城置业有限公司
苏州太湖雪丝绸股份有限公司
苏州同里湖大饭店有限公司
江苏海晨物流股份有限公司
吴江市深记设备搬运安装有限公司
江苏五一互联电子商务有限公司
江苏亿友慧云软件股份有限公司
苏州青颖飞帆软件科技有限公司
江苏苏州农村商业银行股份有限公司
亨通财务有限公司
吴江市苏南农村小额贷款股份有限公司
爱慕（苏州）投资管理有限公司
苏州京东方人力资源开发有限公司
苏州华业检测技术服务有限公司
苏州清研博浩汽车科技有限公司

2020年度吴江区十大纳税企业名单

（按纳税总额排名，不含房地产企业）

恒力集团有限公司
盛虹控股集团有限公司

亨通集团有限公司
江苏苏州农村商业银行股份有限公司
国网江苏省电力有限公司苏州市吴江区供电分公司
瑞仪光电（苏州）有限公司
威特电梯部件（苏州）有限公司
康宁生命科学（吴江）有限公司
康力电梯股份有限公司
中达电子零组件（吴江）有限公司

2020年度吴江区纳税大户名单

（按纳税总额分行业排名，共433家）

工业企业（共201家）

恒力集团有限公司
盛虹控股集团有限公司
亨通集团有限公司
国网江苏省电力有限公司苏州市吴江区供电分公司
瑞仪光电(苏州)有限公司
威特电梯部件(苏州)有限公司
康宁生命科学（吴江）有限公司
康力电梯股份有限公司
中达电子零组件(吴江)有限公司
吴江赴东纺织集团有限公司
博众精工科技股份有限公司
吴江南玻玻璃有限公司
通鼎集团有限公司
飞旭电子（苏州）有限公司
凯伦控股投资有限公司
苏州市合兴食品有限公司
卡特彼勒（吴江）有限公司
佳禾食品工业股份有限公司
吴江港华燃气有限公司
苏州迈为科技股份有限公司
依工聚合工业（吴江）有限公司
德尔集团有限公司
苏州顶津食品有限公司
中达电子(江苏)有限公司
江苏新恒通投资集团有限公司
苏州赛伍应用技术股份有限公司
英格索兰（中国）工业设备制造有限公司
碧然德净水设备（江苏）有限公司
苏州帝奥电梯有限公司
苏州欧普照明有限公司
江苏华电吴江热电有限公司
大唐苏州热电有限责任公司
吴江南玻华东工程玻璃有限公司
北美枫情木家居（江苏）有限公司
高创（苏州）电子有限公司
吴江罗森化工有限公司
福斯润滑油（苏州）有限公司
苏州波特尼电气系统有限公司
苏州东吴水泥有限公司
江苏盛氏国际投资集团有限公司
群光电能科技（苏州）有限公司
吴江华丰电子科技有限公司
代尔塔（中国）安全防护有限公司
亿光电子（中国）有限公司
江苏吴江丝绸集团有限公司
鹰翔控股集团有限公司
苏州世华新材料科技股份有限公司
吴江华衍水务有限公司
江苏澳盛复合材料科技有限公司
中广核达胜加速器技术有限公司
万宝至马达（江苏）有限公司
苏州钧和伺服科技有限公司
苏州迈为自动化设备有限公司
捷讯精密橡胶（苏州）有限公司
崇德碳技术（苏州）有限公司
江苏天吴投资集团有限公司
苏州明志科技股份有限公司
苏州新吴光电科技有限公司
岱高（苏州）汽车零部件有限公司
苏州捷力新能源材料有限公司
法兰泰克重工股份有限公司

苏州蒙特纳利驱动设备有限公司
敏华实业（吴江）有限公司
苏州彤帆智能科技有限公司
通用电梯股份有限公司
苏州琼派瑞特电子科技有限公司
苏州海顺包装材料有限公司
苏州众合生物医药科技有限公司
立隆电子（苏州）有限公司
苏州美达王钢铁制品有限公司
苏州华音制衣有限公司
康哲电脑配件(吴江)有限公司
苏州巨峰电气绝缘系统股份有限公司
吴江市福琪纺织有限公司
苏州新盛超净化系统有限公司
苏州顶裕节能设备有限公司
苏州天山水泥有限公司
苏州市罗森助剂有限公司
苏州凯富精密模具有限公司
吴江市涂泰克纺织后整理有限公司
吴江市明港商品砼有限公司
苏州华源控股股份有限公司
爱思开希高科技材料（苏州）有限公司
苏州翔楼新材料股份有限公司
吴江京奕特种纤维有限公司
顺达电子科技（苏州）有限公司
苏州科利科技发展有限公司
吴江福华织造有限公司
吴江市八都机械锻造厂
苏州欧圣电气股份有限公司
东宾国际(吴江)电池有限公司
沪华五金电子(吴江)有限公司
吴江新民化纤有限公司
苏州美山子制衣有限公司
大峡谷照明系统（苏州）股份有限公司
苏州太湖电工新材料股份有限公司
鹏辰新材料科技股份有限公司
苏州嘉财电子有限公司
吴赣药业（苏州）有限公司
东南电梯股份有限公司
江苏聚杰微纤科技集团股份有限公司
苏州孚杰机械有限公司
群光电子（苏州）有限公司
吴江梅塞尔工业气体有限公司
科林环保技术有限责任公司
永鼎集团有限公司
九龙科技集团有限公司
苏州意华通讯接插件有限公司
吴江市新达印染厂
索格菲（苏州）汽车部件有限公司
苏州富士精工电梯有限公司
苏州通产丽星包装科技有限公司
吴江三联印染有限公司
苏州金刚防火钢型材系统有限公司
苏州五方光电材料有限公司
申龙电梯股份有限公司
力索兰特（苏州）绝热材料有限公司
江苏美爱斯化妆品股份有限公司
苏州亚德林股份有限公司
博星印刷器材（苏州）有限公司
苏州钧信自动控制有限公司
苏州普丽盛包装材料有限公司
苏州太湖雪丝绸股份有限公司
苏州欧福蛋业股份有限公司
苏州上建混凝土有限公司
吴江市盛泽水处理发展有限公司
苏州璨鸿光电有限公司
苏州德奥电梯有限公司
苏州易升电梯部件有限公司
苏州市江诚人防设备有限公司
苏州康斯坦普工程塑料有限公司
博洛尼家居用品（苏州）有限公司
吴江变压器有限公司
吴江林善精密机械制造有限公司
苏州立泰家具有限公司
苏州安特威阀门有限公司
吴江永盛混凝土有限公司
阿姆斯壮地面材料（中国）有限公司
苏州海宏水泥制品有限公司
吴江大鼎精密模具有限公司
苏州卓宝科技有限公司
台表科技（苏州）电子有限公司
金名山光电（吴江）有限公司
苏州中成新能源科技股份有限公司
固德电材系统（苏州）股份有限公司

苏州塞维拉上吴电梯轨道系统有限公司
苏州诚骏科技股份有限公司
家颖科技(苏州)有限公司
苏州布赫液压设备有限公司
苏州璨宇光电有限公司
利瑞宝运动器材(吴江)有限公司
苏州中耀科技有限公司
同享(苏州)电子材料科技股份有限公司
苏州江天包装彩印有限公司
苏州安信伟光木材有限公司
江苏恒宇纺织集团有限公司
江苏聚力智能机械股份有限公司
苏州三电精密零件有限公司
依工净化(吴江)有限公司
亚崴机电(苏州)有限公司
吴江梅堰三友染料化工有限公司
苏州艾特斯环保设备有限公司
海拓仪器(江苏)有限公司
苏州易昌泰塑胶有限公司
苏州一统混凝土有限公司
苏州帝航防护设施有限公司
泰东汽车部件(苏州)有限公司
泉亿电子(苏州)有限公司
苏州楚星时尚纺织集团股份有限公司
升贸焊锡材料(苏州)有限公司
阿姆斯壮建筑制品(苏州)有限公司
吴江云圣染织有限公司
吴江市润建商品混凝土有限公司
锐迈机械科技(吴江)有限公司
苏州美盈森环保科技有限公司
国产实业(吴江)混凝土有限公司
苏州丰川电子科技有限公司
吴江永基混凝土有限公司
巨孚仪器(苏州)有限公司
斯必克冷却技术(苏州)有限公司
苏州普莱特环保新材料有限公司
江苏达胜热缩防护用品有限公司
苏州吴江光大环保能源有限公司
和信精密科技(吴江)有限公司
苏州三新供电服务有限公司吴江分公司
吴江南联电子有限公司
明阳科技(苏州)股份有限公司
苏州蜜思肤化妆品股份有限公司
依工特种材料(苏州)有限公司
上海红双喜体育用品苏州有限公司
吴江市平望镇污水处理厂
苏州南华纺织整理科技有限公司
佳施加德士(苏州)塑料有限公司
吴江一炼康鑫印染有限责任公司
国新电梯科技股份有限公司
吴江市东港工业用布线绳有限公司
苏州华德电子有限公司
吴江吴月齿轮制造有限责任公司
苏州科德软体电路板有限公司
吴江市隆鑫电梯部件有限公司
苏州加联亚工业有限公司

房产建筑业(共117家)

华润置地(苏州)开发有限公司
苏州新太阳置业有限公司
苏州新湖置业有限公司
苏州高新地产集团有限公司吴江分公司
苏州绿地泊玺湾置业有限公司
苏州绿地江城置业有限公司
苏州迅和置业有限公司
苏州兆悦房地产开发有限公司
苏州绿杰置业有限公司
苏州俊昌置业有限公司
港中旅太湖湾(苏州)置业有限公司
苏州开平房地产开发有限公司
苏州吴江建屋摩丽茂置业有限公司
苏州红星美凯龙房地产开发有限公司
苏州市吴江海亮房地产有限公司
中海海润(苏州)房地产有限公司
苏州晟铭房地产开发有限公司
苏州联憬房地产开发有限公司
苏州辉煜置业有限公司
苏州碧桂园置业有限公司
苏州高新新吴置地有限公司
苏州绿地太湖置业有限公司
苏州绿港置业有限公司
绿地集团(吴江)置业有限公司

苏州新希望置业有限公司
吴江恒力地产有限公司
苏州金宸房地产开发有限公司
苏州港中旅城市建设有限公司
苏州昱成房地产开发有限公司
苏州绿瀚置业有限公司
苏州盛泽碧桂园房地产开发有限公司
苏州市凯竣房地产开发有限公司
苏州兴创复置业有限公司
苏州伟业集团有限公司
苏州中交雅郡地产有限公司
苏州绿沄置业有限公司
苏州绿淼不动产开发有限公司
苏州城投瀚远置业有限公司
苏州建馨置业有限公司
苏州锦官置业有限公司
苏州星盛房地产开发有限公司
吴江市明港道桥工程有限公司
中交地产（苏州）有限公司
苏州绿游置业有限公司
苏州高铭房产发展有限公司
苏州创瑞房地产咨询有限公司
苏州锦麟置业有限公司
天健地产（苏州吴江）有限公司
苏州绿地风清置业有限公司
苏州绿颖置业有限公司
苏州融政置业有限公司
苏州泊萃湾置业有限公司
苏州圣美置业有限公司
苏州市吴江恒运置业有限公司
苏州华东国际商业城投资发展有限公司
苏州正誉房地产开发有限公司
苏州市同佳房地产开发有限公司
苏州苏源房地产开发有限公司
光明房地产集团（苏州）置业有限公司
苏州恒万置地有限公司
苏州奥远房地产开发有限公司
吴江市力良送变电工程有限公司
吴江华衍建筑工程安装有限公司
苏州德信置业有限公司
天健置业（苏州吴江）有限公司
吴江市梅堰建筑工程有限公司
江苏立新置业有限公司
中交华创地产（苏州）有限公司
苏州招商瑞创房地产有限公司
苏州市碧桂园不动产开发有限公司
苏州嘉得宝置业有限公司
苏州华运地产有限公司
苏州市龙光骏誉房地产有限公司
苏州正瑞置业发展有限公司
苏州市吴江交通投资集团有限公司
苏州震泽东渡房地产开发有限公司
苏州亿崧伟圣房地产开发有限公司
江苏广吴建设园林有限公司
华润置地（苏州）建设有限公司
苏州正创置业发展有限公司
苏州市八都建筑有限公司
苏州绿泓置业有限公司
吴江金科扬子置业发展有限公司
苏州腾宇房地产开发有限公司
苏州远汇伟圣房地产开发有限公司
江苏万宝房地产有限公司吴江分公司
苏州梁悦房地产开发有限公司
苏州华鼎置业发展有限公司
江苏久新地产开发有限公司
苏州市绿森不动产开发有限公司
江苏步步高置业有限公司
苏州祥盛建设工程有限公司
苏州当代原绿置业有限公司
吴江东运房产投资有限公司
苏州坤信房地产开发有限公司
苏州鑫元茂置业有限公司
苏州市鲈乡电力工程有限公司
江苏四通路桥工程有限公司
苏州万奥置业有限公司
苏州集台房产发展（集团）有限公司
苏州市庙港建筑有限公司
吴江神鹰房地产开发有限公司
苏州首开龙泰置业有限公司
苏州瑞景房地产开发有限公司
吴江市中泰建筑工程有限公司
江苏康隆环境建设工程有限公司
苏州桃源建筑有限公司
苏州蓝光置业有限公司

苏州颐泽置业有限公司
吴江中源地产有限公司
吴江市水利建筑工程有限公司
吴江市震泽镇投资发展有限公司
国测（苏州）智慧城市科技产业园有限公司
江苏姑苏净化科技有限公司
吴江天鸿房地产开发有限公司
吴江市舜新建筑工程有限公司
吴江财智置业发展有限公司

服务业（共115家）

江苏苏州农村商业银行股份有限公司
吴江经济技术开发区发展总公司
江苏盛泽投资有限公司
吴江新民实业投资有限公司
中国农业银行股份有限公司吴江分行
中国工商银行股份有限公司吴江分行
中国银行股份有限公司苏州长三角一体化示范区分行
中国建设银行股份有限公司苏州长三角一体化示范区分行
苏州市吴江城市投资发展有限公司
苏州市烟草公司吴江分公司
苏州金茂新兴产业创业投资企业（有限合伙）
中国人民财产保险股份有限公司江苏省分公司
敏华家具总部（吴江）有限公司
宝通易捷智能科技(苏州)有限公司
苏州汾湖投资集团有限公司
中国平安财产保险股份有限公司江苏分公司
中信银行股份有限公司吴江支行
中国太平洋财产保险股份有限公司江苏分公司
苏州京东方医院有限公司
中国建设银行股份有限公司吴江盛泽支行
苏州永鼎医院有限公司
江苏银行股份有限公司吴江支行
交通银行股份有限公司吴江分行
招商银行股份有限公司吴江支行
中国邮政储蓄银行股份有限公司苏州市吴江区支行
兴业银行股份有限公司苏州吴江支行
苏州京东方人力资源开发有限公司
中国石化销售股份有限公司江苏苏州吴江石油分公司
苏州朴睿电子商务有限公司
中国人民财产保险股份有限公司吴江中心支公司
吴江东运创业投资有限公司
中国民生银行股份有限公司吴江支行
苏州天伦燃气管网有限公司
吴江之星汽车销售服务有限公司
吴江宝致汽车销售服务有限公司
吴江近岸蛋白质科技有限公司
吴江庆丰雷克萨斯汽车销售服务有限公司
上海浦东发展银行股份有限公司吴江支行
综合物流（香港）有限公司
江苏沪苏浙高速公路有限公司
中国平安财产保险股份有限公司吴江支公司
苏州铁近机电科技股份有限公司
上海银行股份有限公司苏州吴江支行
吴江东方国发创业投资有限公司
吴江艾威马达制造有限公司
江苏悦阳电子有限公司
苏州市吴江创业投资有限公司
中国太平洋财产保险股份有限公司吴江中心支公司
华夏银行股份有限公司吴江支行
吴江市开源商品混凝土有限公司
宁波银行股份有限公司吴江支行
苏州银行股份有限公司吴江支行
爱慕（苏州）投资管理有限公司
宁波银行股份有限公司吴江高新技术产业园区支行
苏州市吴江创迅创业投资有限公司
南极电商股份有限公司
苏州中迪汽车销售服务有限公司
盖璞（上海）商业有限公司苏州汾湖分公司
中国光大银行股份有限公司吴江支行
中国农业发展银行苏州市吴江区支行
江苏海晨物流股份有限公司
如家酒店连锁（中国）有限公司
上海宝尊电子商务有限公司吴江分公司

吴江佰陆进出口有限公司
江苏传虹面料有限公司
东方新民控股有限公司
苏州平望投资管理有限公司
苏州兰生沃德威企业管理有限公司
苏州永纺纤维科技有限公司
浙商银行股份有限公司苏州吴江支行
苏州市吴江文化旅游发展集团有限公司
中旺精密机械（吴江）有限公司
吴江润良商业有限公司
中国人寿财产保险股份有限公司江苏省分公司
嘉合（苏州）仓储有限公司
苏州君联欣康创业投资合伙企业（有限合伙）
吴江市深记设备搬运安装有限公司
苏州市吴江创联股权投资管理有限公司
苏州市吴江区松陵城乡一体化建设投资有限公司
苏州鼎酷通讯电子有限公司
苏州市朗电机器人有限公司
苏州市吴江区松陵农村经济投资发展有限公司
广发银行股份有限公司苏州吴江支行
苏州豪璟实业有限公司
江苏吴赣生物科技有限公司
江苏亿友慧云软件股份有限公司
冠捷信息技术（苏州）有限公司
苏州盛泽资产经营管理有限公司
苏州巨禾石油科技有限公司
吴江市润泰商业有限公司
苏州金宏气体股份有限公司吴江分公司
吴江润江商业有限公司
吴江连诚汽车销售服务有限公司
太平财产保险有限公司江苏分公司
苏州吴江中银富登村镇银行有限公司
江苏工享创联网络科技有限公司
苏州中园丰田汽车销售服务有限公司
如薇化妆品（苏州）有限公司
苏州立邦新材料科技有限公司
苏州中核华东辐照有限公司
苏州莱德臣赛诺沃食品有限公司
江苏盛泽东方纺织城发展有限公司
苏州华业检测技术服务有限公司
苏州上达股权投资基金合伙企业（有限合伙）
吴江市科欧污水处理有限公司
江苏建能建设科技有限公司
苏州力宏丰智能科技有限公司
苏州甲骨文纺织科技有限公司
苏州睦友电子科技有限公司
吴江经济技术开发区投资建设有限公司
中国人寿财产保险股份有限公司苏州市吴江支公司
苏州三能能源有限公司
苏州吴江江城液化气有限公司
江苏盛泽东方农发商业保理有限公司
苏州步步高互联网软件发展有限公司

2020年度吴江区工业企业税收规模奖名单

净入库税收超5亿元工业企业

恒力集团有限公司
亨通集团有限公司
盛虹控股集团有限公司

净入库税收首超1亿元工业企业

康宁生命科学（吴江）有限公司
苏州市合兴食品有限公司

2020年度吴江区工业企业亩均税收十强企业名单

康宁生命科学（吴江）有限公司
依工聚合工业（吴江）有限公司
吴江新民实业投资有限公司
江苏亨通电力电缆有限公司

江苏凯伦建材股份有限公司
威特电梯部件(苏州)有限公司
卡特彼勒(吴江)有限公司
吴江市力良送变电工程有限公司
苏州迈为科技股份有限公司
苏州赛伍应用技术股份有限公司

2020年度吴江区进出口十强企业名单

苏州市海晨物流有限公司
中达电子(江苏)有限公司
亚旭电子科技(江苏)有限公司
峻凌电子(苏州)有限公司
高创(苏州)电子有限公司
群光电子(苏州)有限公司
亿光电子(中国)有限公司
吴江华丰电子科技有限公司
江苏恒力化纤股份有限公司
苏州璨鸿光电有限公司

2020年度吴江区成长型先进企业名单

江苏工享创联网络科技有限公司
吴江近岸蛋白质科技有限公司
碧然德净水设备(江苏)有限公司
吴江市涂泰克纺织后整理有限公司
苏州钧信自动控制有限公司
苏州奥易克斯汽车电子有限公司
苏州琼派瑞特电子科技有限公司
鸿灌环境技术有限公司
江苏建能建设科技有限公司
苏州市朗电机器人有限公司

2020年度吴江区工业互联网融合创新标杆企业名单

江苏亨通光电股份有限公司
博众精工科技股份有限公司
通鼎互联信息股份有限公司
盛虹集团有限公司
江苏国望高科纤维有限公司
江苏永鼎股份有限公司
江苏亿友慧云软件股份有限公司
康力电梯股份有限公司
吴江市兰天织造有限公司

2020年度吴江区数字商务示范企业名单

江苏五一互联电子商务有限公司
发网(苏州)供应链管理有限公司
苏州宜布网电子商务有限公司
苏州科帅电子商务有限责任公司
巨之泰信息科技(苏州)有限公司
苏州太湖雪丝绸股份有限公司
江苏华佳丝绸股份有限公司
苏州爱慕电子商务科技有限公司
江苏苏州农村商业银行股份有限公司
苏州乐庭家居用品有限公司

2020年度吴江区制造业提升先进企业名单

盛虹集团有限公司
江苏亨通光电股份有限公司
苏州迈为科技股份有限公司
法兰泰克重工股份有限公司
苏州明志科技股份有限公司
科林环保技术有限责任公司
博众精工科技股份有限公司

《吴江年鉴(2021)》部分缩略语、专业词语注释

“1+6+N”全域综合行政执法改革：“1”指建立区级层面1个综合行政执法局；“6”指在市场监管、文化市场、交通运输、农业、城市建设管理、自然资源六大领域整合组建综合执法队伍；“N”指优化N支镇域(街道)综合执法队伍。

“263”专项行动/“263”：全称“两减六治三提升”专项行动，由省委、省政府于2016年底部署启动，以弥补生态环境这个江苏发展中的突出短板。“两减”指减少煤炭消费总量和减少落后化工产能。“六治”指治理太湖及长江流域水环境、生活垃圾、黑臭水体、畜禽养殖污染、挥发性有机物和环境隐患。“三提升”指提升生态保护水平、环境经济政策调控水平和环境执法监管水平。

“331”专项行动/“331”：“331”整治火灾隐患百日专项行动，第一个“3”指容易引发火灾事故的“三合一”场所、出租房(群租房)和电动自行车三类突出隐患；第二个“3”指专项行动要对照执行的任务清单、履职清单和追责清单“三张清单”；“1”指专项行动为期100天，从2018年5月份正式开始，至8月份基本结束，后经苏州市委、市政府决定，延续开展至2018年年底。

“9+1”场所/“九小场所”：设在城乡的小歌舞厅、小录像厅、小美容理发厅、小茶楼、小旅店、小商店、小浴室、小餐饮休闲场所、小游戏游艺场所和具有火灾危险性的家庭小作坊。

“八严禁”：严禁有与“两个维护”、党的政治纪律政治规矩和全面从严治党要求不一致的言行；严禁利用职权或职务影响搞特权、谋私利；严禁接受可能影响公正执纪执法的礼品礼金、有价证券和宴请等活动安排；严禁压案不查、拖案不办、办人情案关系案、越权执纪执法等不作为乱作为行为；严禁非因工作需要谈论、透露纪检监察工作秘密和可能影响纪检监察工作正常开展的内部信息；严禁以权压人、以势压人等粗暴执纪执法行为；严禁酗酒、公务活动期间饮酒和酒后参与公务活动；严禁出入私人会所、营利性陪侍场所消费。

“多规合一”：将国民经济和社会发展规划、城乡规划、土地利用规划、生态环境保护规划等多个规划融合到一个区域上，实现一个市县一本规划、一张蓝图，解决现有各类规划自成体系、内容冲突、缺乏衔接等问题。

“河(湖)长制”：即由中国各级党政主要负责人担任“河长”，负责组织领导相应河湖的管理和保护工作。“河长制”工作的主要任务包括六个方面：一是加强水资源保护，全面落实最严格水资源管理制度，严守“三条红线”；二是加强河湖水域岸线管理保护，严格水域、岸线等水生态空间管控，严禁侵占河道、围垦湖泊；三是加强水污染防治，统筹水上、岸上污染治理，排查入河湖污染源，优化入河排污口布局；四是加强水环境治理，保障饮用水水源安全，加大黑臭水体治理力度，实现河湖环境整洁优美、水清岸绿；五是加强水生态修复，依法划定河湖管理范围，强化山水林田湖系统治理；六是加强执法监管，严厉打击涉河湖违法行为。

“六保”：保居民就业、保基本民生、保市场主体、保粮食能源安全、保产业链供应链稳定、保基层运转。

“六稳”：稳就业、稳金融、稳外贸、稳外资、稳投资、稳预期。

“强富美高”：2014年12月13—14日，习近平总书记视察江苏时发表重要讲话，殷切希望江苏积极适应经济发展新常态，紧紧围绕率先全面建成小康社会、率先基本实现现代化的光荣使命，协调推进全面建成小康社会、全面深化改革、全面推进依法治国、全面从严治党，努力建设经济强、百姓富、环境美、社会文明程度高的新江苏。

“融入式党建”：2013年7月1日，吴江区委出台《关于实施“融入式党建”创新工程，建设学习型、服务型、创新型基层党组织的意见》，启动“融入式党建”创新工程。要求广大党员坚持理念融入、组织融入、作风融入，通过党建融入发展、服务融入民生、组织融入区域、党员融入群众，推进学习型、服务型、创新型基层党组织建设，充分发挥

党组织战斗堡垒作用和党员先锋模范作用。

“三定两清一督”：三定即定时、定点、定人；两清即家庭分清、投放袋清；一督即现场督导。

“三合一”场所：人员住宿场所与加工、生产、仓储、经营等场所在同一建筑内混合设置。

“三优三保”：指苏州市启动实施的“以优化建设用地空间布局保障发展、以优化农业用地结构布局保护耕地、以优化镇村居住用地布局维护权益”的专项行动。

“双随机一公开”：是国务院办公厅于2015年8月发布的《国务院办公厅关于推广随机抽查规范事中事后监管的通知》中要求在全国全面推行的一种监管模式，即在监管过程中随机抽取检查对象，随机选派执法检查人员，抽查情况及查处结果及时向社会公开。

“双招双引”：招商引资、招才引智。

“四新”讲座：“新思想、新理论、新知识、新技术”系列讲座。

“四史”：党史、新中国史、改革开放史、社会主义发展史。

“四种形态”：运用监督执纪“四种形态”，经常开展批评和自我批评、约谈函询，让“红红脸、出出汗”成为常态；党纪轻处分、组织调整成为违纪处理的大多数；党纪重处分、重大职务调整的成为少数；严重违纪涉嫌违法立案审查的成为极少数。

“退二优二”：在产业结构调整中，逐步将“三低一多”，即科技含量低、土地利用率低、产值低、占用资源多的“落后”企业清退，让更多的要素资源倾向高科技、高产值、高质量企业。

“一带一路”：指“丝绸之路经济带”和“21世纪海上丝绸之路”，“一带一路”不是一个实体和机制，而是合作发展的理念和倡议，是充分依靠中国与有关国家既有的双多边机制，借助既有的、行之有效的区域合作平台，旨在借用古代“丝绸之路”的历史符号，高举和平发展的旗帜，积极主动地发展与沿线国家的经济合作伙伴关系，共同打造政治互信、经济融合、文化包容的利益共同体、命运共同体和责任共同体。

吴江区部分机构全称—简称对照表

全　称	简　称	全　称	简　称
中国共产党苏州市吴江区委员会	区委	苏州市吴江区供销合作总社	区供销合作总社
苏州市吴江区人民代表大会	区人大	苏州市吴江区自然资源和规划局	区资规局
苏州市吴江区人民政府	区政府	中国共产党苏州市吴江区委员会政法委员会	区委政法委
中国人民政治协商会议江苏省苏州市吴江区委员会	区政协	苏州市吴江区人民法院	区法院
中国共产党苏州市吴江区纪律检查委员会	区纪委监委	苏州市吴江区人民检察院	区检察院
苏州市吴江区人民政府外事办公室	区外事办	苏州市吴江区残疾人联合会	区残联
苏州市吴江区机关事务管理中心	区事管中心	苏州市吴江区退役军人事务局	区退管局
苏州市吴江区社会综合治理联动指挥中心	区联动中心	苏州市吴江区发展和改革委员会	区发改委
中国共产党苏州市吴江区委员会组织部	区委组织部	苏州市吴江区人力资源和社会保障局	区人社局
中国共产党苏州市吴江区委员会机构编制委员会办公室	区委编办	苏州市吴江区住房和城乡建设局	区住建局
苏州市吴江区“治违、治污、治隐患”工作领导小组办公室	区“三治”办	苏州市吴江区城市管理局	区城管局
中国人民解放军江苏省苏州市吴江区人民武装部	区人武部	江苏省苏州市吴江区烟草专卖局	区烟草局
中国共产党苏州市吴江区委员会党校	区委党校	苏州市吴江城市投资发展有限公司	吴江城投公司
苏州市吴江区总工会	区总工会	国网江苏省电力有限公司苏州市吴江区供电分公司	国网苏州市吴江区供电公司
中国共产主义青年团苏州市吴江区委员会	团区委	苏州市吴江区市场监督管理局	区市场监管局
苏州市吴江区妇女联合会	区妇联	苏州市吴江东方国有资本投资经营有限公司	东方国资公司
中国共产党苏州市吴江区委员会老干部局	区委老干部局	国家税务总局苏州市吴江区税务局	区税务局
中国共产党苏州市吴江区委员会宣传部	区委宣传部	苏州市高级人才太湖培训中心	太培中心
中国共产党苏州市吴江区委员会统一战线工作部	区委统战部	苏州市住房公积金管理中心吴江分中心	吴江住房公积金中心
苏州市吴江区科学技术局	区科技局	中国人民银行吴江支行	吴江人民银行
苏州市吴江区文体广电和旅游局	文体旅局	中国银行保险业监督管理委员会苏州监管分局吴江监管组	银保监组
苏州市吴江区卫生健康委员会	区卫健委	苏州市吴江区关心下一代工作委员会	区关工委
苏州市吴江区归国华侨侨眷联合会	区侨联	中国电信股份有限公司吴江分公司	吴江电信
苏州市吴江区科学技术协会	区科协	中国移动通信集团江苏有限公司吴江分公司	吴江移动
苏州市吴江区文学艺术界联合会	区文联	中国联合网络通信有限公司吴江分公司	吴江联通
苏州市吴江区工商业联合会	区工商联	中国石化销售股份有限公司江苏苏州吴江石油分公司	中石化吴江公司
中国共产党苏州市吴江区委员会党史工作办公室	区委党史工办	中国邮政集团公司苏州市吴江区分公司	吴江区邮政公司

（续　表）

全　称	简　称	全　称	简　称
苏州信息职业技术学院	苏信学院	吴江经济技术开发区	吴江开发区
江苏有线网络发展有限责任公司吴江分公司	江苏有线 吴江分公司	江苏省汾湖高新技术产业开发区	汾湖高新区
苏州市吴江区工业和信息化局	区工信局		

（本栏编辑　沈　瑶）

索　引

说　明

（1）本索引采用主题分析索引方法，按主题词汉字拼音字母顺序排列，同音字按声调排列，音调相同按下一字的音序排列。

（2）索引主题后的阿拉伯数字是主题内容所在的页码。

（3）重复出现的主题，索引中只排列一次，页码中间以“，”分隔，按顺序排列。

（4）年鉴重要的栏目以黑体字为索引款目。

A

B

C

K

X